別冊 環 ㉕

KAN: History, Environment, Civilization

# 日本ネシア論

長嶋俊介＝編

青木さぎ里 赤松達也 麻生直子 阿比留勝利 蘭由岐子 安渓貴子 安渓遊地 池田哲夫 石井正己 石堂和博 井出明 伊東豊雄 稲田道彦
岩城裕 岩下明裕 上田嘉通 上原伸一 王智弘 大岩根尚 大西広之 岡田充 奥野一生 遠部慎 嘉数啓 加賀谷真梨 鹿熊信一郎
片山一道 可知直毅 加藤久雄 金井賢一 叶芳和 河合渓 神田優 喜山荘一 黒川信 桑原季雄 呉尚浩 古坂良文 小西潤子
小林恒夫 佐藤快信 渋谷正昭 全京秀 菅田正昭 菅野敦司 菅原弘樹 鈴木勇次 須山聡 高江洲昌哉 高梨修 高橋美野梨 高宮広土
財部めぐみ 俵寛司 對馬秀子 土屋久 津波高志 鶴間和幸 渡久地健 鳥居享司 仲田成徳 仲地宗俊 中俣均 中村敬子 西田正憲
西谷榮治 延島冬生 野呂一仁 長谷川秀樹 原眞一 伴場一昭 深見聡 藤田陽子 本田碩孝 本間航介 本間慎 本間浩昭 前利潔
前泊美紀 前畑明美 真崎翔 升屋正人 三上絢子 三木健 三木剛志 溝田浩二 皆村武一 宮野豊稔 村上和弘 森隆子 森下郁子
山上博信 山口英昌 山田吉彦 山本宗立 劉亨淑 湯本貴和 吉岡慎一 吉嶺明人 渡辺芳郎

藤原書店

# まえがき

日本という国の広がりを表すのに、列島という言葉が多用される。連なり繋がる。一帯をなす。陸地のみを「国土」とする認識であれば、さほど異論は無い。しかし海域と小島を含めると異ってくる。管理水域（排他的経済水域等）の基点となる島の存在を念頭に入れると、列島日本観に揺らぎが出てくる。付け足しや飛び地扱いの小島にも「日本観」が及ぶにはどうしたらよいのか。

世界的にも画期的な昭和二十八年制定の離島振興法は第一条から「後進性の除去」をうたい文句にしてきた。五〇年その規定は揺るがなかった。経済社会発展の恩恵が国の隅々にまで至り、国土の均衡ある発展意識にも変化が出てきた。振興法の成果もあり、二十一世紀に入ると、離島の役割と認識が変わる。遠い島ほど国益のかかる存在として、荷やっかい観から解き放されていく。どんな小さな島にも「強い光」が当たり始めた。このような時代にふさわしい呼称として、「日本ネシア（ネシアは島の大きな集合体）」を考えてみようとするのが本書の意図である。

①島の点在、②海域も含めた国土、③脱「狭い国」感覚、④島のくに・海のくに・山のくに・平野のくにに都市部を加える総体性、⑤それぞれの隅っこをフロンティア境界とするときの環境保全・善隣友好・交流の過去現在未来的視座の豊かさ、⑥「本土内」と「本土外」の役割関係の見直し、⑦日本人と日本文化の本来的混在性・多様性への視座、⑧ヤマトと周縁の歴史観を、さらに＝境界外からも見据える視座、⑨全球的位置づけから国の役割を見据える視座、⑩脱イディオロギー的に、しかし

国の隅々に生きる主体の内発的発展をサポートする視座……これらに「日本ネシア」認識は何らかの問いかけができそうである。

似た表現にヤポネシア論や多様な日本論があるが、それらを否定するのではなく、それらをも包含する議論をここでは目指す。島に光を当てた日本論を呼びかけることにネシア論の眼目がある。本土四島は架橋とトンネルで一体と見ると、本土ネシアと他のネシアにもなる。多様かつ広域な存在として彼らは登場してくる。島々の内発性の時空には、島毎の、地域毎の個性がある。そこに住む者と、関わる者、訪れる者との共有空間には、それぞれの居心地・評価・貢献感もあるであろう。本書では総論遍（遍は遍路のように日本ネシアを展開する意図で用いる）に加え、各ネシアへのイントロとして、それぞれ地域に知見と関わりのある方々に、自在に島（トウ）論を展開してもらうこととした。各ネシアの内容は本来、個別（サブ＝下位ではなく主人公）ネシア毎に一書、またはシリーズ本で論ずべき程、奥が深い。小さな空間であっても、そのコスモスには人間生活と環境との相互作用の積み重ねがあり、ライフ（精神的・文化的＝人生、社会的・経済的＝暮らし、生理的・生殖的＝生命）の営みと環境（海と大地と生物）との相互作用の全てとその歴史がある。そこに通底する島社会の妙味もある。ここでは敢えて島嶼性の議論は最小限にして、多様な専門家に依頼して、代表的な認識や個別的議論を、多様に寄せ集めてみた。狭小性が認識されがちな島認識には欠かせない手法である。特定の専門視座から見える相互作用も、専門分野の数を増やすことで、より実体に近づく。本来は十分条件を整えて、専門的知見を照射すべきであるが、ここでは紙面の都合もあり、必要条件的な事例提起に留まる。

編者の主張は第一遍で論じるが、多様な視座と異見と専門性のこだわりを尊重し、各島論担当者の意見はそれから独立している。多様の塊としての日本の原点を、トウ論の中にも見いだしていただきたい。「島の於かれどころ」も、それぞれに見えてくるであろう。それが今回の眼目でもある。表題も日本ネシア論「序説」とすべきではあるが、日本ネシア的眼目の提起という意味では「本論」でもある。その次なる展開では参考文献で示したように、知の巨人や達人たちによるシンポジウム形式や対談型で深みを加えた著作も有効であろう。多様な展開が続くことにも期待したい。

日本島嶼学会が発足したのは一九九八年七月であった。本来その五〇年前にできていて良いものであった。学際性を旨とする学会として誕生できたのは、むしろ後発優位な幸運でもあった。発足二〇年にあたり、会員外の協力も得られて、本書ができたことを喜びとしたい。まだまだ若い学会であるので、社会的使命や期待に応え切れていない面もあるかも知れない。今回のように多くの方々のご理解とご叱責を戴きながら、島国日本に一定の貢献を力強く続けられるように、温かい見まもりとご指導をお願いしたい。

本書は上記意図で地域・分野別多様を満たすべく多数の方々に声をかけて執筆作業を始めた。重なりと集中排除を意識して本来依頼すべき人々で断念した数は知れない。一方分散的・自在な依頼に応えてくれた執筆陣には厚く感謝したい。それらの分、出版社には多大な忍従を強いることになってしまった。自身瀬戸内海の霊的中心島出身である藤原良雄社長のご理解もあって本書は誕生した。粘り強い協力を惜しまなかった小枝冬実様には特段に深い感謝を申し上げたい。

二〇一九年二月吉日　日本海ネシア佐渡島のオフィスにて

編者　長嶋俊介

## 日本ネシアの用語と概観

ネシアは古典ギリシャ語で νησιά/nesia（現代ギリシャ語ではニシア／ネシア）に由来する。島 νήσι/nesi の複数形。「ネシア」は原則としてギリシャ語単語の後につく。ヘスペロネシア Hesperonesia: 西の女神名＋諸島等である。世界においてはメガネシアとして、トライネシア（ミクロネシア Micronesia＝小さい、メラネシア Melanesia ＝黒い、ポリネシア Polynesia ＝多い、＋諸島）、インドネシア、マカロネシア（Macaronesia）＝幸福＋諸島（カナリア・カーポベルデ・マディラ・アゾレスの諸島）等が認識されている。アウストロネシア（Austronesia）＝南＋諸島は実に広くマダガスカルから東南アジア諸島・トライネシア・台湾をも含む。その語族概念はよく知られている通り豪州大陸を含んでいないが、マレー半島を中核として含んでいる。カリブ概念は、大陸の沿岸部分を相当数含むので 100%島嶼域ではない。人類史的悲劇である原住民抹殺・奴隷貿易・植民地履歴で総称される「西インドのネシア」では未来志向性や穏当さに配慮が足りない。「カリブ海ネシア」とすれば、必要且つ十分な総称となる。

ヤポネシア Japonesia ＝日本＋諸島は、日本人による造語であるが、主たる提唱者島尾敏雄とその議論に参画した人たちの議論も多様であり、深みがある。重要なテーマと名称であるので発信地奄美群島に住む硯学（日本島嶼学会理事の一人）に第 1 遍 総論で論じてもらった。日本ネシアをヤポネシアにしない理由は編者のこだわりにある。はしがきに述べた 10 の視座を得たいからである。いずれにせよ島々の小さな集合体である群島・列島を越えた、独自世界を持つやや大きめの集合体をネシアと呼んで支障がない。ミクロネシア連邦（FSM）は未来の楽園「他のリゾートでは得られない命のリチャージ」を提供する環境観光立国とそのあり方として「レインボーネシア」を標榜している。世界屈指の多雨地首都島ポーンペイにも因んでいる。

ここでは日本ネシアのサブカテゴリーとして、多様なネシアを登場させる。日本全体がその集合体であることを示すためである。編成便宜のため細分をここでは避けているが、名称・括りに関する建設的提言は大歓迎である。四本島も集合体とみれば、本土ネシアである。架橋とトンネルで結ばれているので一体とする見方も成り立つが、本書では架橋島・トンネルでの接続群も島として、ネシアの中に含める。架橋・埋立等で離島定義からは「卒業生」化したところでも、なお「半」島ではなく島嶼（又は準島）としての振興に豊かな可能性がある。またさらに小さな群島・諸島・列島でも独自の島宇宙として繋がっていればそれらはサブサブカテゴリー・ネシアとなる。

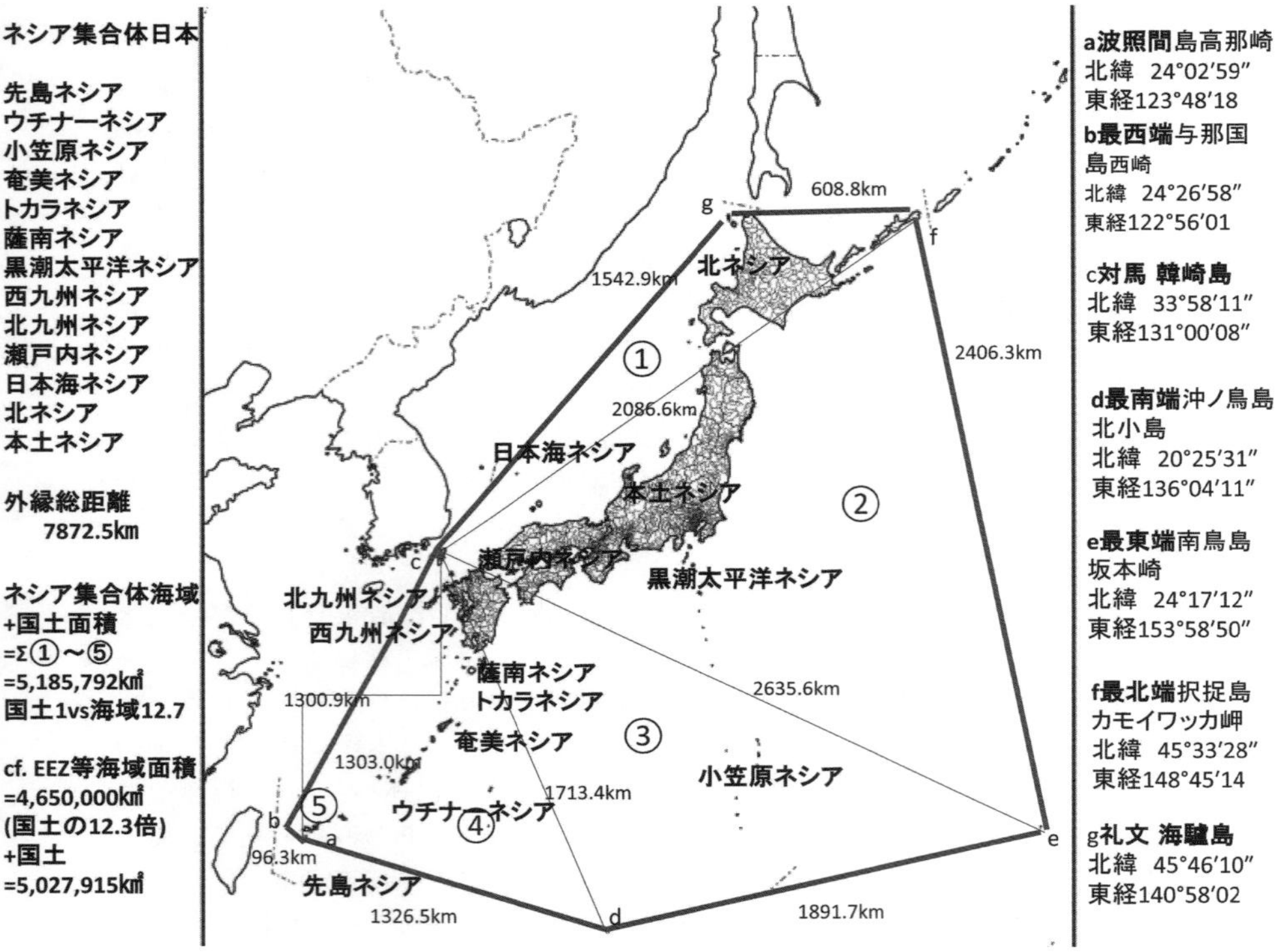


図　日本ネシア全体とサブネシアと外枠島嶼線

本論に入る前に図を示しておく。ここでは日本ネシアを 12 のサブネシアからなるとした。かく端を構成する部分の、概ねの外枠島嶼を結んでみると意外な数字が見えてくる。その外縁総延長は 7872km（地球の半径は 6370km）で、その内側面積は EEZ を含む海洋管理面積と国土面積の和に相当する。まさに大群島＝ネシア論で見えてくる国家景色である。

# 日本の架橋島

| | 島　名（県名） | 橋　名 | 種 別 | 橋長（m） | 供用開始年度 |
|---|---|---|---|---|---|
| 1 | 伊良部島（沖縄県） | 伊良部大橋 | 離島間 | 3,540 | 2015 |
| 2 | 来間島（沖縄県） | 来間大橋 | 離島間 | 1,690 | 1995 |
| 3 | 池間島（沖縄県） | 池間大橋 | 離島間 | 1,425 | 1992 |
| 4 | 奥武島（沖縄県） | 新奥武橋（替） | 離島間 | 170 | 1997 |
| 5 | 阿嘉島（沖縄県） | 阿嘉大橋 | 離島間 | 530 | 1998 |
| 6 | 慶留間島（沖縄県） | 慶留間橋 | 離島間 | 240 | 1989 |
| 7 | 野甫島（沖縄県） | 新野甫大橋（替） | 離島間 | 320 | 2004 |
| 8 | 奥武島（沖縄県） | 奥武橋（替） | 対本島 | 92 | 2010 |
| 9 | 浜比嘉島（沖縄県） | 浜比嘉大橋 | 離島間 A | 900 | 1997 |
| 10 | 藪地島（沖縄県） | 藪地橋 | 対本島 | 193 | 1985 |
| 11 | 平安座島（沖縄県） | 海中道路（改） | 対本島 | 4,750 | 1999 |
| | | 平安座海中大橋 | | 280 | 1999 |
| | | 世開橋 | | 96 | 1998 |
| 12 | 宮城島（沖縄県） | 桃原橋 | 離島間 A | 17 | 1973 |
| 13 | 伊計島（沖縄県） | 伊計大橋 | 離島間 A | 198 | 1982 |
| 14 | 瀬底島（沖縄県） | 瀬底大橋 | 対本島 | 762 | 1985 |
| 15 | 奥武島（沖縄県） | 羽地奥武橋（替） | 対本島 | 92 | 1982 |
| 16 | 屋我地島（沖縄県） | 屋我地大橋（替） | 対本島 | 300 | 1993 |
| | | ワルミ大橋 | 対本島 | 315 | 2010 |
| 17 | 古宇利島（沖縄県） | 古宇利大橋 | 離島間 A | 1,960 | 2005 |
| 18 | 宮城島（沖縄県） | 塩屋大橋（替） | 対本島 | 360 | 1999 |
| | | 宮城橋 | 対本島 | 93 | 1996 |
| 19 | 中甑島（鹿児島県） | 鹿の子橋 | 離島間 | 240 | 1989 |
| 20 | 中島（鹿児島県） | 甑大明神橋 | 離島間 | 420 | 1992 |
| 21 | 諸浦島（鹿児島県） | 新乳之瀬橋（替） | 離島間 A | 141 | 2002 |
| 22 | 伊唐島（鹿児島県） | 伊唐大橋 | 離島間 A | 675 | 1996 |
| 23 | 竹島（鹿児島県） | 竹島大橋 | 離島間 A | 295 | 1996 |
| 24 | 長島（鹿児島県） | 黒之瀬戸大橋 | 対本土 | 502 | 1974 |
| 25 | 牧島（熊本県） | 中瀬戸橋第 1 橋 | 離島間 | 452 | 1986 |
| 26 | 前島（熊本県） | 御所浦第 2 架橋 | 離島間 A | 942 | （休止） |
| 27 | 御所浦（熊本県） | | | | |
| 28 | 横浦島（熊本県） | 御所浦第 3 架橋 | 離島間 A | — | （休止） |
| 29 | 下須島（熊本県） | 通天橋 | 離島間 A | 125 | 1970 |
| 30 | 通詞島（熊本県） | 通詞橋 | 離島間 A | 184 | 1974 |
| 31 | 天草下島（熊本県） | 天草瀬戸大橋（替） | 離島間 A | 703 | 1974 |
| 32 | 樋島（熊本県） | 樋島橋 | 離島間 A | 287 | 1973 |
| 33 | 坊主島（熊本県） | | | | |
| 34 | 椚島（熊本県） | 椚島橋 | 離島間 A | 15 | 1971 |
| 35 | 天草上島（熊本県） | 松島橋（天草 5 号橋） | 離島間 A | 178 | 1966 |
| 36 | 前島（熊本県） | 前島橋（天草 4 号橋） | 離島間 A | 510 | 1966 |
| 37 | 大池島（熊本県） | 中の橋（天草 3 号橋） | 離島間 A | 361 | 1966 |
| 38 | 永浦島（熊本県） | 大矢野橋（天草 2 号橋） | 離島間 A | 249 | 1966 |
| 39 | 大矢野島（熊本県） | 天門橋（天草 1 号橋） | 対本土 | 502 | 1966 |
| 40 | 樋合島（熊本県） | 樋合永浦橋（替） | 離島間 A | 33 | 1993 |
| 41 | 野釜島（熊本県） | 野釜大橋 | 離島間 A | 295 | 1980 |
| 42 | 維和島（熊本県） | 東大維橋（大維 2 号橋） | 離島間 A | 380 | 1975 |
| 43 | 野牛島（熊本県） | 西大維橋（大維 1 号橋） | 離島間 A | 238 | 1974 |

| | 島　名（県名） | 橋　名 | 種 別 | 橋長（m） | 供用開始年度 |
|---|---|---|---|---|---|
| 44 | 戸馳島（熊本県） | 戸馳大橋 | 対本土 | 301 | 1973 |
| 45 | 伊王島（長崎県） | 栄橋 | 離島間 A | 54 | 1981 |
| 46 | 沖之島（長崎県） | 伊王島大橋 | 対本土 | 890 | 2011 |
| 47 | 樺島（長崎県） | 大漁橋 | 離島間 A | 20 | 1982 |
| 48 | 中島（長崎県） | 樺島大橋 | 対本土 | 227 | 1985 |
| 49 | 崎戸島（長崎県） | 本郷橋 | 離島間 A | 99 | 1971 |
| 50 | 蛎浦島（長崎県） | 中戸大橋（替） | 離島間 A | 200 | 1998 |
| 51 | 大島（長崎県） | 寺島大橋 | 離島間 A | 269 | 1987 |
| 52 | 寺島（長崎県） | 大島大橋 | 対本土 | 1,095 | 1999 |
| 53 | 黒島（長崎県・五島列島） | 金毘羅大橋 | 離島間 | 87 | 1972 |
| 54 | 斑島（長崎県・五島列島） | 斑大橋 | 離島間 | 290 | 1978 |
| 55 | 島山島（長崎県・五島列島） | 玉之浦大橋 | 離島間 | 170 | 1994 |
| 56 | 桐ノ小島（長崎県・五島列島） | 前島橋 | 離島間 | 11 | 1987 |
| 57 | 日ノ島（長崎県・五島列島） | 北防波堤 | 離島間 | 220 | 1979 |
| 58 | 有福島（長崎県・五島列島） | 南防波堤 | 離島間 | 466 | 1977 |
| 59 | 漁生浦島（長崎県・五島列島） | 漁生浦橋 | 離島間 | 112 | 1978 |
| 60 | 若松島（長崎県・五島列島） | 若松大橋 | 離島間 | 522 | 1991 |
| 61 | 頭ヶ島（長崎県・五島列島） | 頭ヶ島大橋 | 離島間 | 300 | 1980 |
| 62 | 生月島（長崎県・平戸諸島） | 生月大橋 | 離島間 A | 960 | 1991 |
| 63 | 平戸島（長崎県・平戸諸島） | 平戸大橋 | 対本土 | 879 | 1976 |
| 64 | 鷹島（長崎県・佐賀県） | 鷹島肥前大橋 | 対本土 | 1,251 | 2009 |
| 65 | 福島（長崎県・佐賀県） | 福島大橋 | 対本土 | 225 | 1967 |
| 66 | 長島（長崎県・壱岐） | 珊瑚大橋 | 離島間 | 294 | 1998 |
| 67 | 赤島（長崎県・対馬） | 赤島大橋 | 離島間 | 80 | 1979 |
| 68 | 泊島（長崎県・対馬） | | | | |
| 69 | 沖ノ島（長崎県・対馬） | 住吉橋 | 離島間 | 45 | 1970 |
| 70 | 島山島（佐賀県・対馬） | 浅茅パールブリッジ | 離島間 | 124 | 1994 |
| 71 | 下対馬島（長崎県・対馬） | 万関橋（替） | 離島間 | 210 | 1996 |
| 72 | 瀬戸ロ（長崎県・対馬） | 大船越橋 | 離島間 | 52 | 1969 |
| 73 | 加部島（佐賀県） | 呼子大橋 | 対本土 | 728 | 1989 |
| 74 | 柏島（高知県） | 柏島橋 | 対本土 | 99 | 1967 |
| | | 新柏島大橋 | 対本土 | 120 | 1993 |
| 75 | 九島（愛媛県） | 九島大橋 | 対本土 | 468 | 2016 |
| 76 | 大島（愛媛県） | 海中道路 | 離島間 | — | — |
| 77 | 生名島（愛媛県） | 生名橋 | 離島間 | 515 | 2011 |
| 78 | 佐島（愛媛県） | 弓削大橋 | 離島間 | 567 | 1995 |
| 79 | 大島（愛媛県） | 来島海峡大橋第 1 | 離島間 A | 960 | 1999 |
| | | 来島海峡大橋第 2 | 離島間 A | 1,515 | |
| 80 | 馬島（愛媛県） | 来島海峡大橋第 3 | 対本土 | 1,570 | |
| 81 | 伯方島（愛媛県） | 伯方・大島大橋 | 離島間 A | 1,230 | 1988 |
| 82 | 大三島（愛媛県） | 多々羅大橋 | 離島間 A | 1,480 | 2001 |
| | | 大三島橋 | 離島間 A | 328 | 1979 |
| 83 | 櫃石島（香川県） | 瀬戸大橋 | 対本土 | 12,300 | 1988 |
| 84 | 岩黒島（香川県） | | | | |
| 85 | 羽佐島（香川県） | | | | |
| 86 | 与島（香川県） | | | | |
| 87 | 前島（徳島県） | 前島橋 | 離島間 A | 65 | 1983 |
| 88 | 島田島（徳島県） | 小鳴門新橋 | 対本土 | 308 | 1971 |
| 89 | 大毛島（徳島県） | 小鳴門橋 | 対本土 | 531 | 1961 |

|  | 島　名（県名） | 橋　名 | 種 別 | 橋長（m） | 供用開始年度 |
|---|---|---|---|---|---|
| 89 | 大毛島（徳島県） | 小鳴門大橋 | 対本土 | 155 | 1997 |
|  |  | 堀越橋 | 離島間 A | 441 | 1970 |
| 90 | 青海島（山口県） | 青海大橋（替） | 対本土 | 260 | 1991 |
| 91 | 角島（山口県） | 角島大橋 | 対本土 | 1,780 | 2000 |
| 92 | 長島（山口県） | 上関大橋 | 対本土 | 220 | 1969 |
| 93 | 笠戸島（山口県） | 笠戸大橋 | 対本土 | 476 | 1970 |
| 94 | 頭島（山口県） | 頭島大橋 | 離島間 A | 22 | 1972 |
| 95 | 沖家室島（山口県） | 沖家室大橋 | 離島間 A | 380 | 1982 |
| 96 | 屋代島（山口県） | 大島大橋 | 対本土 | 1,020 | 1976 |
| 97 | 鹿島（広島県） | 鹿島大橋 | 離島間 A | 340 | 1975 |
| 98 | 沖野島（広島県） | 沖野島橋 | 離島間 A | 24 | 1971 |
| 99 | 江田島（広島県） | 早瀬大橋 | 離島間 A | 624 | 1973 |
| 100 | 能美島（広島県） |  |  |  |  |
| 101 | 倉橋島（広島県） | 音戸大橋 | 対本土 | 172 | 1961 |
| 102 | 長島（広島県） | 長島大橋 | 離島間 A | 402 | 1986 |
| 103 | 岡村島（広島県） | 岡村大橋 | 離島間 A | 228 | 1995 |
| 104 | 中ノ島（広島県） | 中の瀬戸大橋 | 離島間 A | 251 | 1998 |
| 105 | 平羅島（広島県） | 平羅橋 | 離島間 A | 126 | 1995 |
| 106 | 大崎下島（広島県） | 豊浜大橋 | 離島間 A | 543 | 1992 |
| 107 | 豊島（広島県） | 豊島大橋 | 離島間 A | 903 | 2008 |
| 108 | 上蒲刈島（広島県） | 蒲刈大橋 | 離島間 A | 480 | 1979 |
| 109 | 下蒲刈島（広島県） | 安芸灘大橋 | 対本土 | 1,175 | 2000 |
| 110 | 大芝島（広島県） | 芝大橋 | 対本土 | 470 | 1997 |
| 111 | 高根島（広島県） | 高根大橋 | 離島間 A | 205 | 1970 |
| 112 | 岩子島（広島県） | 向島大橋 | 離島間 A | 140 | 1968 |
| 113 | 生口島（広島県） | 生口橋 | 離島間 A | 790 | 1991 |
| 114 | 因島（広島県） | 因島大橋 | 離島間 A | 1,270 | 1983 |
| 115 | 向島（広島県） | 尾道大橋 | 対本土 | 385 | 1968 |
| 116 | 横島（広島県） | 睦橋（替） | 離島間 A | 220 | 1979 |
| 117 | 田島（広島県） | 内海大橋 | 対本土 | 832 | 1990 |
| 118 | 鹿久居島（岡山県） | 備前♡日生大橋 | 対本土 | 765 | 2015 |
| 119 | 頭島（岡山県） | 頭島大橋 | 離島間 A | 300 | 2004 |
| 120 | 長島（岡山県） | 邑久長島大橋 | 対本土 | 185 | 1988 |
| 121 | 淡路島（兵庫県） | 明石海峡大橋 | 対本土 | 1,990 | 1998 |
|  |  | 大鳴門橋 | 離島間 A | 1,629 | 1985 |
| 122 | 大島（和歌山県） | くしもと大橋 | 対本土 | 676 | 1999 |
| 123 | 能登島（石川県） | 能登島大橋 | 対本土 | 1,050 | 2005 |
|  |  | 中能登農道橋 | 対本土 | 620 | 1999 |
| 124 | 江の島（神奈川県） | 江の島大橋 | 対本土 | 786 | 1962 |
| 125 | 城ヶ島（神奈川県） | 城ヶ島大橋 | 対本土 | 575 | 1961 |
| 126 | 出島（宮城県） | — | 対本土 | — | （計画中） |
| 127 | 大島（宮城県） | 大島大橋 | 対本土 | 400 | 2019 |

※（替）は架け替えのケースを、（改）は改修のケースを示している。
また離島間 A は、本土・本島から他島の橋を経由して本土に接続されている橋（沿陸橋）のケースを意味する。単なる「離島間」表記は B でもあるが見やすくそのままにした沿島橋（韓国語的表記）である。本表は主として前畑明美が作成した。

# 第1遍　総論

日本ネシアは多様な海の中にある。その海の広がりは大洋（ocean）繋がりであり、多様な流れがさまざまな恵みを届けている。

①台湾沖からは世界屈指の強い**黒潮**が流れ、②房総・伊豆沖あたりから**黒潮続流**、一部はさらに北上する。③続いて小笠原方向に南下西進する**黒潮反流**となる。④黒潮は東シナ海から分かれ九州北部を抜けて日本海に至る**青潮**（対馬暖流）となる。青潮は朝鮮半島東域・本州沿い・大和堆《やまとたい》側へと分かれる。⑤それらは北ネシアと接続しつつ**津軽暖流**と、⑥**宗谷暖流**へと進む。⑦黒潮と親潮は瀬戸内海の三口から出入し、**強い潮汐**の度に大阪湾一杯分の海水が毎日入れ替わる。⑧日本ネシア東側の寒流**親潮**は三陸沿いからさらに南下し黒潮と対峙し世界的好漁場を形成する。⑨日本海沿海州沿いの**リマン寒流**は朝鮮半島沖・大和堆・北大和堆傍で青潮と合流。好漁場を形成すると共に、古代には対岸からの使節が通る公道の役割も果たした。⑩沿海州東海面の冷寒濃縮により、**日本海水循環**（**日本海固有水深層循環**）が生まれ、日本海の水産資源的豊穣を支えている。また**オホーツク北海道流氷**は、樺太東側・北海道北東側・国後択捉両島西側に至る。海水濃縮で垂直的循環を伴う対流現象をうみ、日本海同様に水産資源の豊かな海域が形成されている。

このように、日本ネシアを取り巻く海は南のサンゴ礁から、北の流氷、そして内海・沿海の潮汐、地中海の四割の面積を誇る多国籍の縁海（日本海）等まさに多様。世界的にも希有で貴重で豊穣な広域海域である。

（各遍扉の写真・文は編者）

ネシア集合体日本

先島ネシア
ウチナーネシア
小笠原ネシア
奄美ネシア
トカラネシア
薩南ネシア
黒潮太平洋ネシア
西九州ネシア
北九州ネシア
瀬戸内ネシア
日本海ネシア
北ネシア
本土ネシア

外縁総距離
7872.5㎞

ネシア集合体海域
+国土面積
=Σ①〜⑤
=5,185,792㎢
国土1vs海域12.7

cf. EEZ等海域面積
=4,650,000㎢
(国土の12.3倍)
+国土
=5,027,915㎢

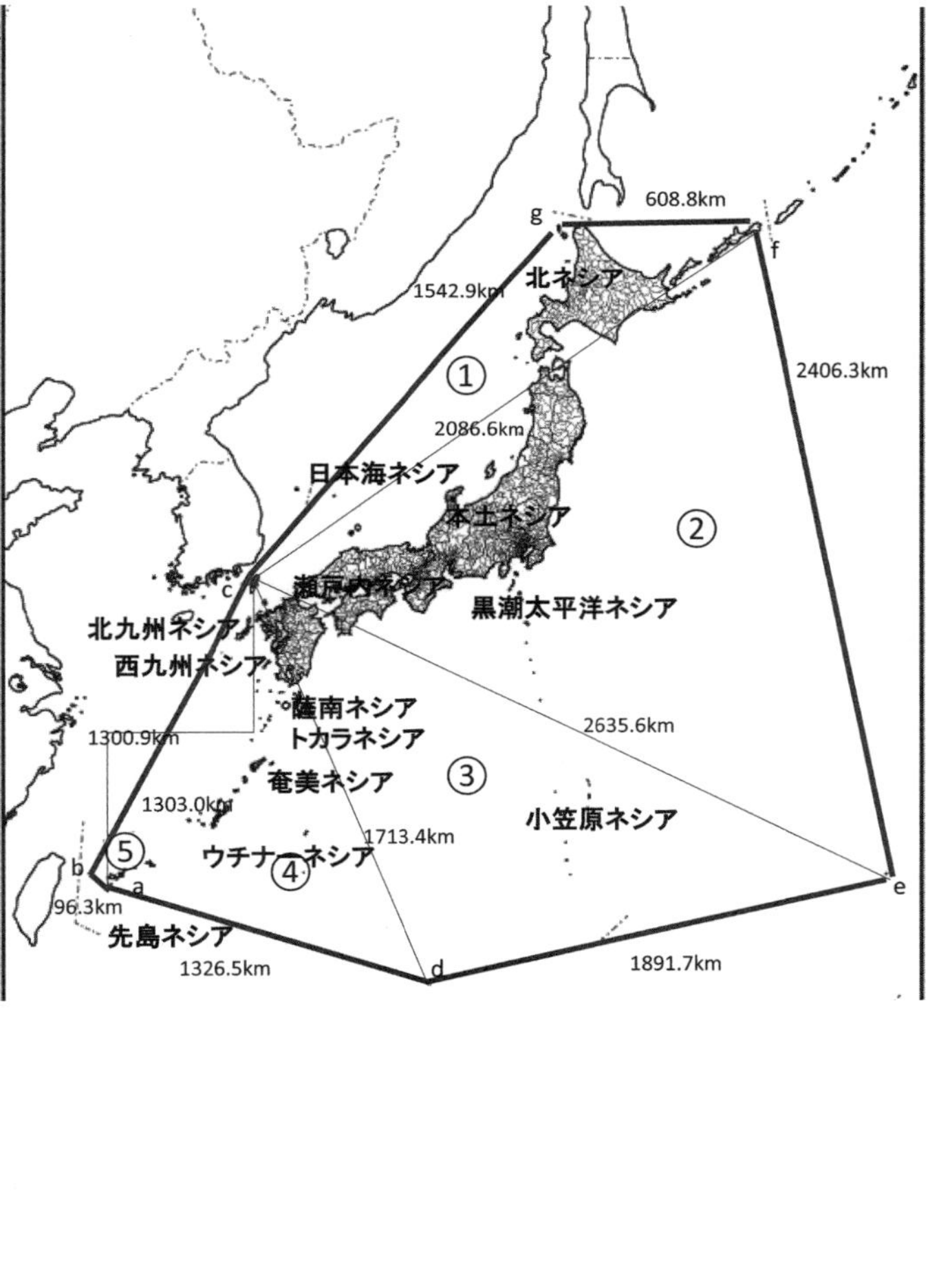


a波照間島高那崎
北緯 24°02′59″
東経123°48′18

b最西端与那国島西崎
北緯 24°26′58″
東経122°56′01

c対馬 韓崎島
北緯 33°58′11″
東経131°00′08″

d最南端沖ノ鳥島北小島
北緯 20°25′31″
東経136°04′11″

e最東端南鳥島坂本崎
北緯 24°17′12″
東経153°58′50″

f最北端択捉島カモイワッカ岬
北緯 45°33′28″
東経148°45′14

g礼文 海驢島
北緯 45°46′10″
東経140°58′02

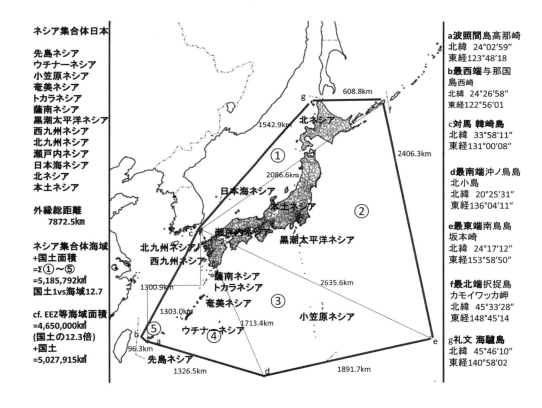

# ネシア・ニッポン

## 【島小宇宙の連なりで日本を捉え直す】

長嶋俊介

●ながしま・しゅんすけ　一九四九年佐渡島生まれ。定年退職後郷里佐渡で暮らす。京都大学・会計検査院・奈良女子大学を経て鹿児島大学名誉教授。佐渡市社会教育委員・同環境審議会会長・同新エネルギー導入促進協議会座長。［前］日本島嶼学会会長・太平洋学会常務理事・国際島嶼学会理事・NPO瀬戸内オリーブ基金理事長。鹿児島大学名誉教授・前日本島嶼学会会長。著作に『水半球の小さな大地』（同文館出版、一九八七年）、『豊かさの生活学』（一九九〇年）、『世界の島大研究』（以上PHP研究所、二〇一〇年）、『島は山のてっぺん!?』（監修、徳間書店、二〇一五年）、『日本一長い村 トカラ』（共著、梓書院、二〇〇九年）、『九州広域列島論』（北斗書房、二〇一五年）等。

### 日本の日本たる島々と国のかたち

日本論は多様に展開されてきた。文芸論、心性論、美術論、起源論、言語論、社会論、コミュニティ論、経済発展論、風土論、自然誌、固有歴史論等々である。

何らかの比較視座で語るとき、「日本の島々たる確たる事実」からの立論が重要な基点の一つとなる。柳田國男が「島国日本と言いつつ島の統計が不備だ」と嘆いたこともその裏返しである。あるいは日本を掘り下げた沿岸交易論・海洋国家論・日本統一過程論等々において「島個性」「島役割」「島繋がり」「島基点海洋観」「島が培う文化と心性」「サブネシアから見た全体ネシア視座」にまで踏み込まないと、日本が形をなして現れてこないのも事実である。それは本土ネシア論各論についても「本土のネシアたる事実」の内と外、そして繋がりの視座から見えてくるものの積み重ねによる議論が期待される。日本という「国のかたち」について、英傑作家・司馬遼太郎は街道現場学・歴史的視座から、宮本常一は山村離島常民史・民俗道具採集・歴史・芸能・技芸・暮らしの複合記述学の積み重ねで、今日に至る時代過程を表してきた。柳田國男も伊波普猷の影響もあり、海と山からの日本論に視座を加えていた。傑物による斬新で核心をついた日本論は数知れない。また島尾敏雄はヤポネシア論で奄美に視座を据えて強権的中央視座とその背景思想に対し厳しい立場を表明した。論ずべき仔細検討の前に、今一度「島々と国のかたち」に思いをおいてもらえたら幸いである。その際以下のサブおよびサブサブネシアに念のため、目を注いでいただければありがたい。

日本ネシアは、国としての政治的一体性の内部に、多様性・異質性を抱えつつも、島アイデンティティを重要な一部として共有している集合体である。そのアイデンティティは、島暮らし＝人間生活の場として島特性に大なり小なり影響を受け、多次元の島嶼気候・風土（＝地理＋歴史）・文化・心性を濃淡抱えつつも部分・地域・全体で共有し、それが連続的一体性を醸し出している。

この特性は、世界の島嶼域（＝島を抱える沿岸国）や大小島嶼国、また島嶼集合体メガネシアとも共通する、友愛共感連動を通じて、寄与すべきことに気づかせてくれる発想にも連なる。島を取り囲む海洋は、地球面積の七〇・八％（太平洋1／3、大西洋1／6、インド洋1／7）である。島々は大陸沿岸域よりも深く且つ直接的に関わり、地球海洋の環境・文化・気候・平和利用（経済・政治）・科学研究の広域管理拠点である。国際連携上のリーダーシップを共有すべき重要なるネシア主体＝日本に求められる地球規模的な役割と責任がそこにもある。

## 世界の島国・世界ネシアの中の日本

世界の島国・未独立島嶼地域を面積・人口で学生に示すと、驚愕の目線に変わる。奄美大島や徳之島や小豆島以下面積の独立国もある。英国ですら日本対比で面積六五％、人口四九％。日本は大きな島嶼国であるにもかかわらず、「小さな国日本」意識が強い。それが、欧米を先頭とする植民地獲得競争時代の洗脳残像であるとすれば危険である。小さいことは悪いことではないが、日本は（図1）に見るように海洋大国である。ＥＥＺは本土面積の一二倍に相当する。その最大自治体が東京都であり過半以上を占め、沖縄県がそれに次ぐ。

大海洋の中に日本ネシアを位置づけるときに、加えられるべき認識がある。海底資源・海底地下資源・海流蛇行に加えて、海嶺・海溝・海洋サイクルである。例えば日本ウナギ大回遊は海嶺・黒潮反流に沿って南下し、塩分フロント（薄くなるところでプランクトンが増える）以南に至り、新月の頃産卵があり、黒潮源流に沿って日本にシラスが来て、日本ネシアの河川を遡上するダイナミズムが明らかになっている。この例に見るように、自然科学・人文社会科学の統合による真日本論・日本ネシア論の展開が期待されている。

## 本土ネシアの提唱

島嶼国日本は四本島の視座だけでは、当然語り切れない。図1を本島基点のみで線引きしてみれば容易に想像がつく。隣国境界のこともあり八割減近くにも見えてくる。重厚長大・沿岸工業地帯国家や大都市経済圏論は論じられても、この国の実情を語るに重要な部分がスッポリ抜けてくる。均衡ある国土発展の一翼を担ってきた離島振興の歴史や、瀬戸内・日本海島嶼等を幹線のご

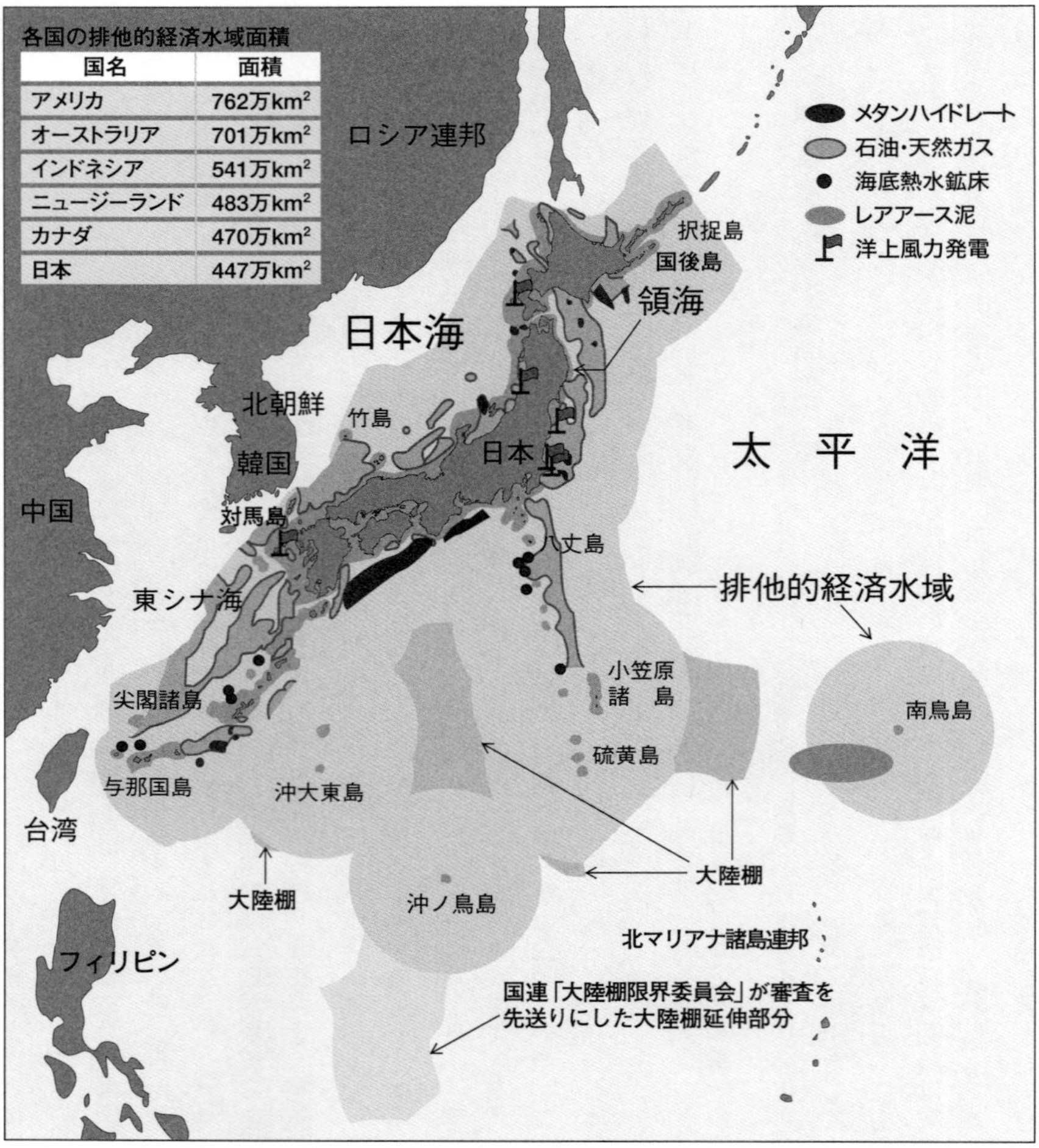


**図 1　日本ネシアの排他的経済水域 EEZ**

（出所）日本離島センター「排他的経済水域と海底資源の分布」『シマナビ』2014 年

（注）国連大陸棚限界委員会により 2012 年 4 月連続地殻＝地形＋地質として＋ 350 海里相当の大陸棚＝国土面積 8 割相当 31 万 km² が認定された。沖ノ鳥島の南部 25 万 km² は政治的判断で審査先送りとなった。国際間相互理解が要。詳しくは長嶋俊介『九州広域列島論』北斗書房、2015 年

とく繋いできた帆船交易史や、硫黄特産加工を核とする海洋王国の琉球の実力や、弥生時代において南島（奄美近辺）から北海道にも届けられた「貝の道」等は、日本列島史を美しく彩ってもいる。生態系や文化圏でも個々の島々とその繋がりが多様な彩を放っている。島嶼国日本＝日本ネシアを現日本領の「四本島＋小ネシア群の集合」として見る。それはネシアとしての日本を「内側に捉え直す」視座にもなる。以前の視座はややもすれば四島を中心視して、上から目線（遅れた地域・発展途上地扱い）で「外の島々」を捉える視座であった。やっかいもの、つけたし、遅れた地域、低水準な生活空間、さらには大陸利権取引で分島（他国領土化）危機を迎えたことさえあった。中央の論理で、逆に千島列島と樺太の交換もあった。島は外＝権力の論理で振り回されることも多かった。

しかし時代は逆転している。金銭的一次元的な見方を離れ、等身大の人間性豊かな暮らしぶりや、自然からの豊かな恵み＝生態系サービスに視座を広げ、あるいは文化・芸能・言語・社会・行事・自力更生（困窮島）制度の成り立ちの島的個性に目が行くとき、さらにそれによる防災・減災・救助・相互支援力の豊かな在り方に、しなやかで強靭な回復力を持つ持続可能社会の模範を見ることであろう。境界の島々を隣接地との関わり合いや外側から見ることも必要である。島宇宙の再発見から改めて別の日本論が見えてきたりもするであろう。山中の小集落もシマ（沖縄奄美で水系を同一にする最小共同体単位をさす）である。それらのシマ・島宇宙の集合体が、本来の日本の秘され気味だが本質的な核部分である。そう認識するときに、都市的メガ社会の中に潜む脆弱性・虚構性・非人間性をも逆照射できることになる。裏側・外側・例外視から逆照射される真性でもある。

## 島の島たることの共通性と文化・社会・生態系

一九五三年制定の離島振興法は、日本最初の議員立法であり学者・地方自治体からの強い要請で誕生した画期的なものであった。第一条は「隔絶性によって来る後進性」の克服にあった。当時の社会状況が背後にある。一九七〇年代の離島ブームは、「最後の秘境」扱いの好奇心や、上から目線での、島訪問客を抱えてもいた。その条項が変わるのが五〇年後のことであり、本土とは異なる「価値ある地域差」を特性として生かして、国家国民への貢献の地たるべき役割になる。その大きな流れを凝縮して理解する概念が真離島性と島嶼性の相違である。

「離島」としての指定は、制約（本土より隔絶せる特殊事情よりくる後進性）としての不便さ・小ささ・制約の海（最初は外海）を基準とした。「隔絶・狭小・環海故の地域ハンディ」を、高率補助・担当部課設置・一括計上（国投資額の島毎の横割り集計と計画的執行）で、克服することを目指してきた。光（発電）・水（簡易上水道）・革命と、交通路・生産インフラ（漁港・港湾・道路・船舶・農地等）

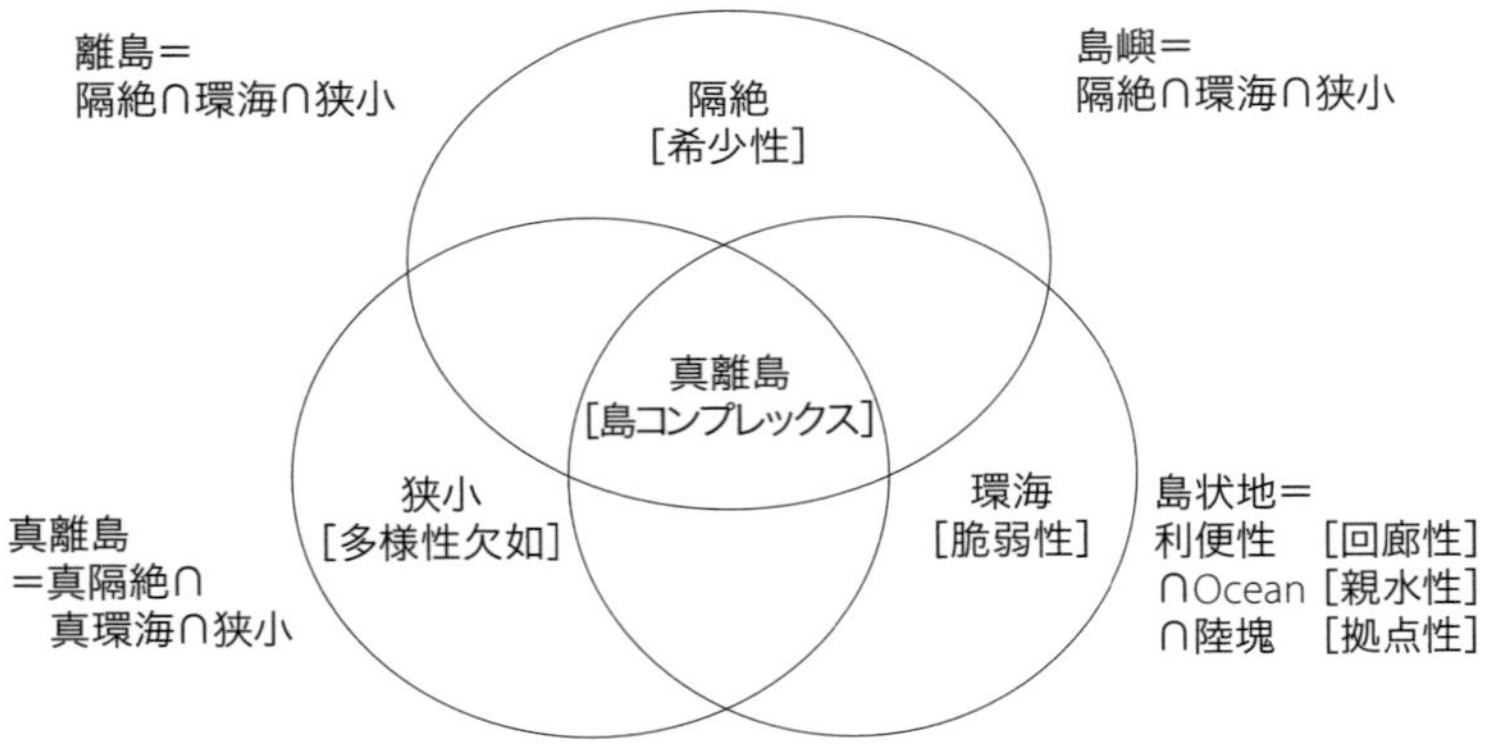


**図２　離島性と島嶼性の基本認識**（⇔アイランドコンプレックス理解構図）

革新と、生活福祉基盤充実が、島の生活水準を「本土並み」に近づけてきた。公的認識は便宜的ではあるが歴史的社会的認識の証左でもある。島らしさの対極に「離島」理念型としての「真離島（韓国語で落島）」がある。図中の積集合＝最も離島らしい人が住む離島である。時代が変わると、アクセスの容易性で、別天地としての島をそこで体得・体験・享受すべく人気が出てきた。

そのいまひとつの対極が和集合＝島嶼である。回廊地域や架橋島や人工島、運河水路に囲まれた島状地も含む概念である。極小基点の無人島状地渚線・大陸地塊も国益をかけた要保全地域である。島を相対化して、発展可能性を模索する上でその両者の違いと多様性を読み取り、「島らしさを活かした」戦略と、そのあり方が見えやすくなる。掛算（相乗（シナジー）効果）を乗り越え、あるいはそれとして積極的に活かす合力・協働・共生力。微分（部分解・速度・最適化）から積分（全体解・時間移動・多様化）へ展開することにより見えてくる近未来と、持続可能性に至る展望がある。

自然科学的には、大陸と繋がったことのない洋島で、（隔絶性故）希少種が形成され、（狭小性故）種の多様性が少なく、（環海性故）保持されてきた無垢性が外来／侵入物に脆弱である特徴が、アイランドコンプレックス（＝ガラパゴス方程式といっても良い）とされる。その生態系の特質は小笠原ネシア編の中でも触れられるのでそこを参照して欲しい。その人文社会科学的に類似の特質は真離島にも見られる。脆弱性故の文化的社会的結束力の高さ・相互作用的な問題解決力の所在である。防災方程式にも応用可能な島嶼方程式であるがここでは深く触れない。

隔絶・環海・狭小は島の生業（経済）・社会・文化・生活にも色濃く影響を及ぼしてきた。応用例を若干示しておこう。本土や本島よりも小さいことはSmall is beautifulが売りになる。離島の中でより大きいことは、地域内多様性と総合力、地産地消力があることである。身構えたネシア的展開によっては規模の経済＝集積効果すら狙える。島を線として、面として、立体として、地質・人的資源の時間軸をフルに活かして、多種多様で多次元的な観光を仕掛けることも手である。自然探訪のみならず、特定テーマでの（マニアックな特定の匠・芸能・文芸分野ですら）数日掛かりの体験旅トレイルも組める。島らしさを売る（来訪者向け戦略）には、海が欠かせないことも知るべきである。裏座敷としてだけではなく、大海に突き出た拠点の、特徴ある島個性とは何か、売り込み方の工夫を問いたい。また空路再開・遠隔都市直行便で桃源郷・別荘地としての需要も喚起される。加えてインバウンド開拓などにつながればサービス産業・六次産業化の可能性・専門職の雇用口も開拓することになる。

## 環海性とネシアのつながり

本島は巨大すぎて海の影響が、沿岸部や海岸線近くでしか感じられない。しかし、グリーンランド程度の大きさ（世界第一の面積をなす。同七位の本州九・五倍、二一位北海道・三六位九州・四九位四国を合わせた本土ネシアの六倍）でも、基本的には海洋性気候の影響下にある。島の島たる定義にも抵触する。砂漠＝内陸性気候を持つ大陸（島大陸豪州はグリーンランドの三・五倍、南極は同六倍）とは異なり、ネシアはおしなべてその海洋性の影響下にある。本土以下の島々に置いては、その認識は日常であり、本土においては海岸部以外においては概ね非日常である。島嶼部性＝海岸線÷面積で各島の海影響度を見ることができる。本土クラスでは本州〇・〇四、北海道〇・〇三、九州＝四国〇・一一、次の六〇〇～一二〇〇km²クラスでは沖縄本島〇・三九、佐渡〇・三三、淡路〇・二八と倍々、リアス式地形のある奄美〇・六〇、対馬一・二九と桁違いになる。島が小さくなればさらに海が身近になる。しかし形が同類の場合、差はさほど一気には広がらない。例えば伊豆大島九一km²〇・五四に対して利島四・一km²二一・八七である。それは佐渡の水産業就労比率一・七％に対して対馬一六・八％のように、島の形状・地形・大きさ等は産業構造にも反映されていく。

ネシアはそれらの異なる海の影響性の集合体であるが、それを取り囲む海域性が個性ともなる。レインボーネシア＝ミクロネシア連邦憲法前文には「海はわれらを繋ぐものであり、われわれを引き離すものではない」とある。気候的・海域的・海流的状況等での塊、文化・歴史・風土的な地域の繋がりや一体性での纏まりが、ネシアの括りに関しては、議論となることであろう。とりわけ海況に強い影響を及ぼす、海流と季節風への顧慮は重要となる。日本ネシアの内部ネシア同士の繋がりと区切り、その延長線上の外国との繋がりと区切りには、島同士の距離以外にも、流体（海流＋季節風）の影響が強烈に存在している。何といっても日本の多くの島々は、黒潮の影響下にある。本書の括りを広げてみれば、南黒潮ネシア＝先島ネシア＋ウチナー（沖縄）ネシア＋奄美ネシア＋トカラ・薩南ネシア、そこから北に分かれて西黒潮ネシア＝西九州ネシア＋北九州ネシア、そこから東に直進する太平洋岸西岸ネシア（南海・東南海ネシア）＋北・中央東京（東京湾岸諸島・伊豆諸島）ネシア＋太平洋東岸（房総・松島・三陸）ネシアとなる。南東京ネシア＝小笠原諸島は黒潮反流、瀬戸内ネシアは南海ネシアの分流の影響域で、日本海ネシアは西黒潮ネシアを経て直進する対馬暖流影響下にある。北ネシアの日本海域と南域＝太平洋岸は黒潮の到達点的な影響域であるが、その北域にすら、宗谷暖流として流れていく。アイスオロジー（氷下植物プランクトン）豊かな親潮の影響域は北ネシア東域にある北方四島諸島に強い影響を与え、三陸まで南下して、黒潮と交わる。自ずから、豊かな世界的漁場がそこに形成される。海流は、日本海を循環する海洋深層水でも海の豊かさに関わっている。氷や冷風で形成される比重の高い濃縮栄養塩基が海底に沈み、それが表層のリマン海流に影響を受けつつ循環する。海底地形に影響されつつ、日本海ネシア沿いに東進北上し、北ネシア西岸域に達し、沿海州まで戻り一〇〇年かけて循環を繰り返す。小さな大洋（ミニチュアオーシャン）とも呼ばれ地球規模の海洋大循環二〇〇〇年サイクルとは異なるが、逆に地球温暖化海洋サイクル（海洋蓄熱・温暖化測定）の最先端研究場としても期待されている。

また図3〜5に見るように海流＋季節風による漂流も意図的に組み込まれてきた。朝鮮と琉球間の交易は、冬の北風・夏の南風も利用してなされた。

## 国境極小島状地昇格の時代

国境・大陸棚・EEZの基点・限界線が、諸国の国益を巡る重要テーマとなる時代を迎えている。二〇一四年八月、政府は一五八島に新たに名前をつけた。ごくごく小さな、「岩」「瀬」「嶼」「山」「鼻」「礁」「丸」「根」「碆」「石」も島としての昇格が必要な時代が到来し、とりわけEEZ外縁線の基点となるものについて特別な配慮が加わりつつある（図6）。日本ネシア認識を、人の住まない島々のみならず、人の住むことのできない極小拠点にまで広げなければならない時代の到来である。一九九四年発効「海洋法に関する国際連合条約」第一二一条第一項では「島とは、自然に形成された陸地であって、水に囲まれ、高潮時においても水面上にあるもの」、第三項では「人間の居住又は独自の経済的生活を維持することのできない岩は、排他的経済水域又は大陸棚を有しない」とする。つまり島の認定は満潮高水位で決まり、領海・

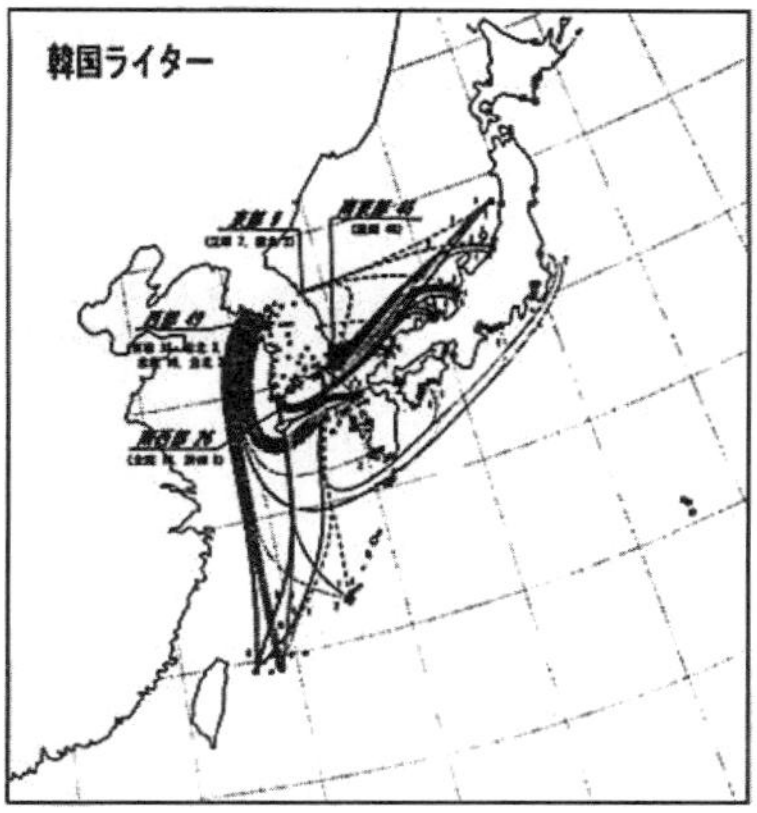


図3　韓国地域発ライター漂流図

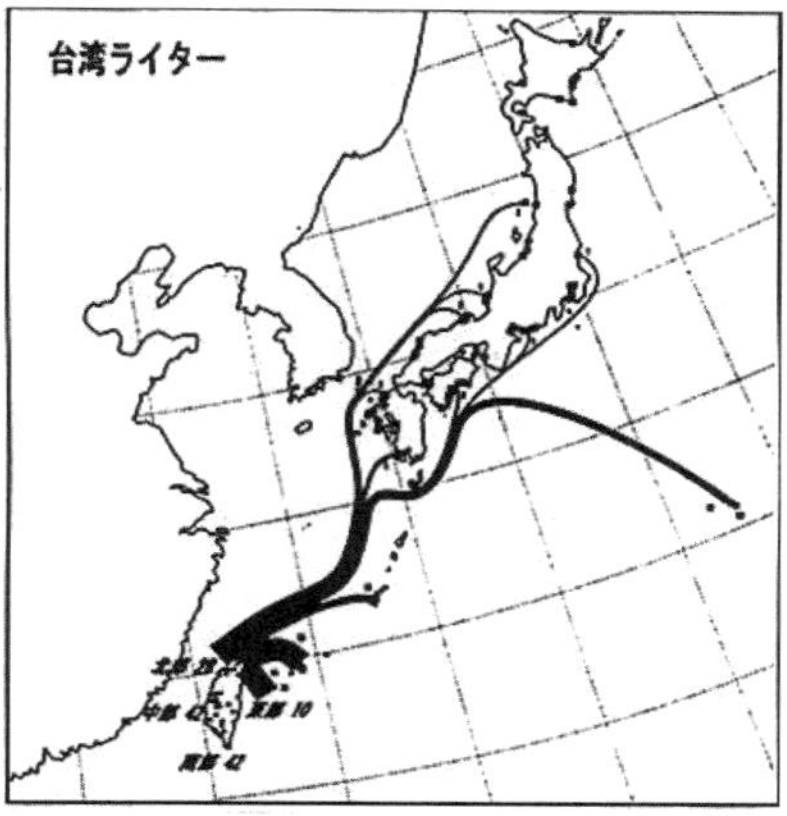


図4　台湾地域発ライター漂流図

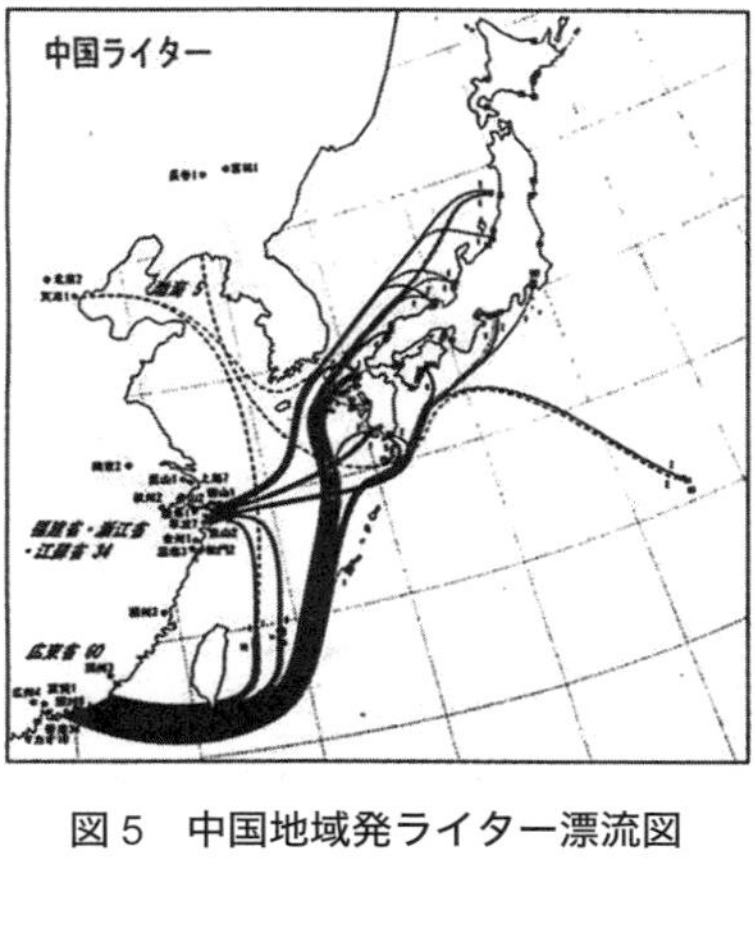


図5　中国地域発ライター漂流図

（出所）藤枝繁・小島あずさ・兼広春之「ディスポーザブルライターを指標とした海岸漂着ごみのモニタリング」『廃棄物学会誌』Vol. 17、No. 2、2006年、pp. 117-124

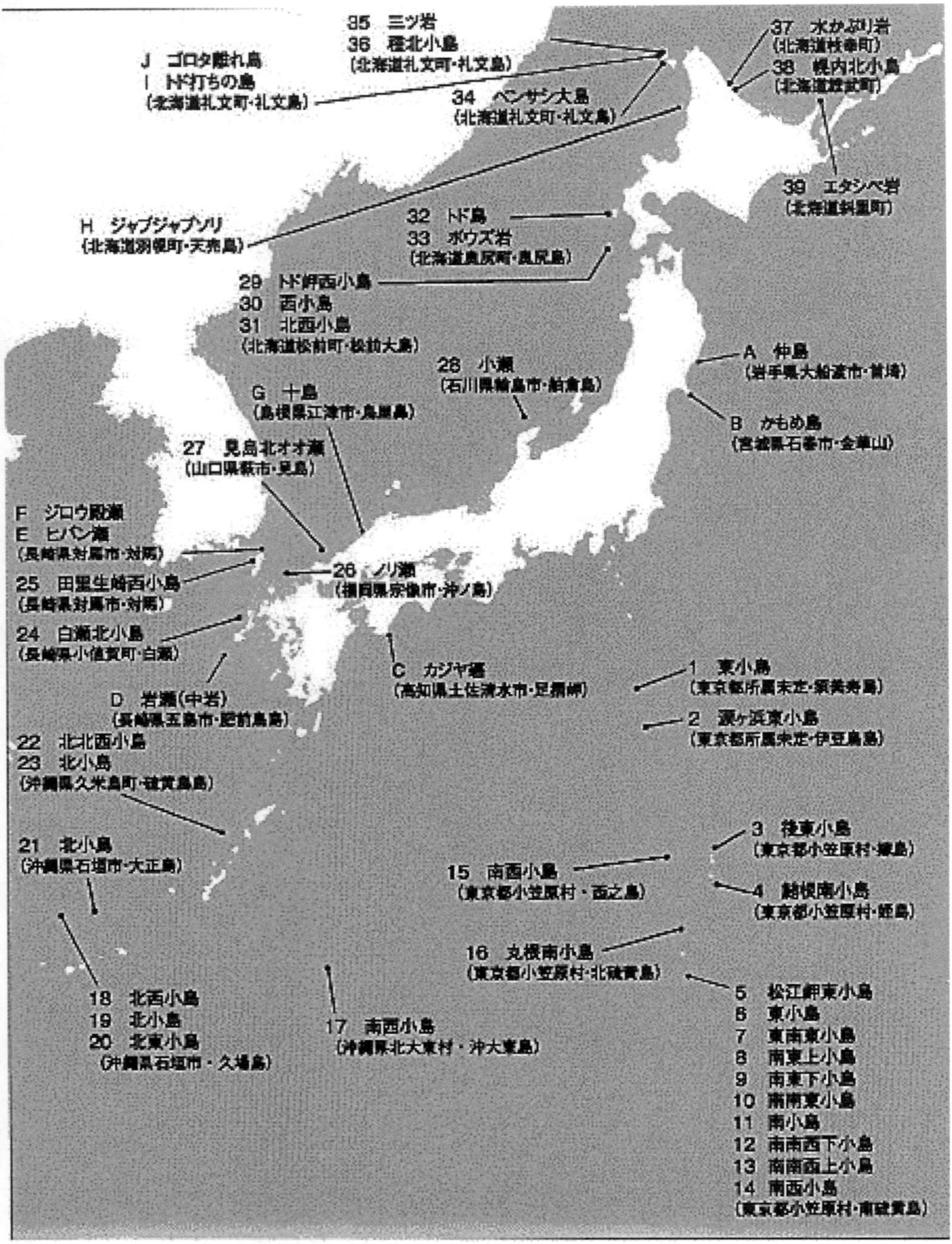


図 6　地図・海図に名称記載のなかった EEZ 基点 49 離島の位置図

（出所）日本離島センター『季刊しま』229 号、2012 年、142 頁

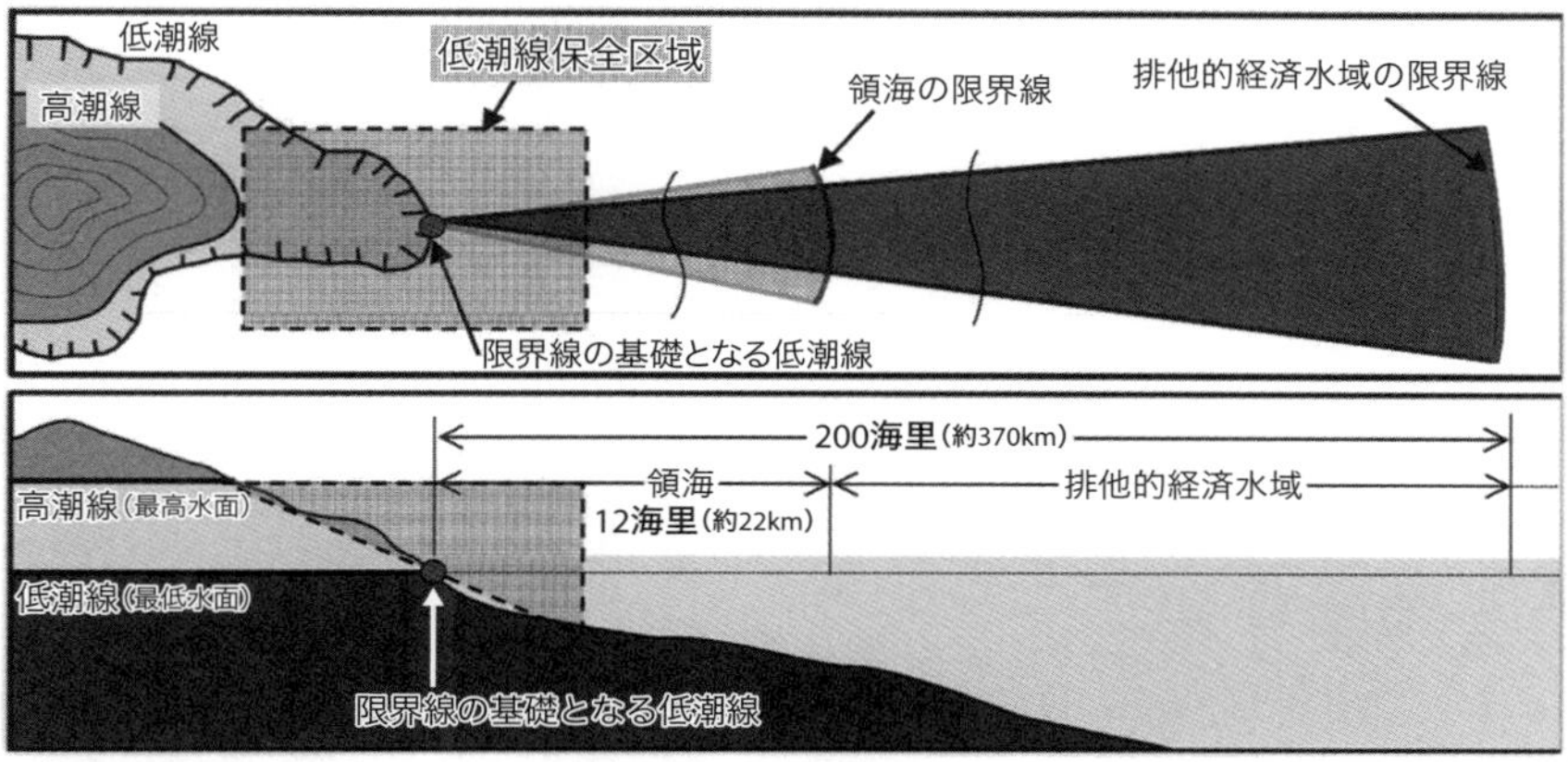


■低潮線保全区域は、海域並びにその海底及びその下を含みます。
■隣国が近接しているところは、領海、排他的経済水域の範囲が異なる区域があります。

**図7　低潮線を基点とする200海里EEZと満潮高水位を基点とする領海**
（宮古島東平安名崎のパナリ干潟説明看板より）

ＥＥＺは島や岩礁の低潮渚線を基点とする（図7）。領海・領土は岩か島かでさほど複雑な問題にはならないが、ＥＥＺ海域主張根拠では天と地ほどの違いを生む。例えば、沖ノ鳥島の島認定認否は日本国土面積を上回る四〇万km$^2$の死活問題となる。国は南北約一・七km東西約四・五km周囲約一一kmの環礁中、三等三角点設置の北小島（旧称北露岩。面積七・八六m$^2$海抜戦前海図で二・八m、〇八年約一mで満潮高水位では約一六cmが海面上に現れる）と一等三角点沖ノ鳥島設置の東小島（旧称東露岩。面積一・五八m$^2$海抜戦前海図で一・四m、〇八年約〇・九mで満潮高水位では約六cm海面上に露出する）を、第一項定義に従い「島」としＥＥＺを設定した。認定反対論者はキングサイズベッドの広さで経済活動不可と揶揄するが、高さもまた危機的である。一九三三年調査では海抜二・二五mの南露岩が北露岩南側にあり、〇・九m〜〇・六mの三露岩がさらに満潮時にも姿を現していた。そのわずか五年後には南露岩の消失を確認。一九六八年管轄権返還後から八二年にかけては露岩四とされていたが、八七年までに二小島を除き他は風化と海食により消えている。記録によると戦争中米艦艇が灯台基礎工事（三九年気象観測所・灯台を建設すべく調査・工事が始まり、戦争突入・戦局悪化で中断）を発見し砲撃を加えている。現在では、二島の重要性に鑑み、①地球温暖化が引き起こす海面上昇による「海面下沈没」に関してＧＰＳ測量（過去一〇〇年当たり一cm沈下）や自然力により島を高くすべく在来種珊瑚移植生成事業を開始。②暴風波浪・衝突・

攻撃等による「破壊防止」対策では、護ったはずのコンクリート破片が東小島を傷つけたので島上をチタン製防護ネットで覆った。③また「低潮線保全・拠点施設整備法」で人為・掘削等による渚線後退を防止。④経済等活動実績として水産資源放流・温度差発電・特定離島港湾指定で観測船用護岸・灯台や海上観測のみならず海底調査拠点としての施設充実を図っている。これはまさに孤島性の隔絶・環海・狭小デメリット克服→メリット化強化事例でもある。岩礁島嶼ならではの生まれ変わりは、海洋新時代のフロンティアとしての島の未来の可能性を体現している。

また大陸棚基点としても島認定は重要になる。一二年四月国連大陸棚限界委員会への申請七海域のうち、沖ノ鳥島南側海域のみが継続審査を除き六海域が認められた(図1)。四国海盆認定のくだりに九州・パラオ海嶺の領土(land territories on)からの広がりとある。日本の同海嶺上領土は沖ノ鳥島しかない。海洋法第三項で「岩は大陸棚を有しない」としていることから、結果沖ノ鳥島島認定拒否国も加わっている国連公式会議で島と認定されたことにもなる。このことは南側認定にも根拠を得たことになる。異議口上書国との平和外交=理解の推進に加えて、二島状地の保全は重要国策であり続ける。日本ネシアの島認識および島嶼型活用の展開軸に加えるべき新時代が到来している。日本ネシアは列島的動「線」視座に加えて、外縁を縁取る島状地をも加えた、グローカル(グローバル+ローカル)な広域管理責任という「面」としての視座の、議論と認識を必要とする時代に至っている。

## 日本ネシアを反映した島の数え方

改めて島の数の数え方の妥当性が問われる時代が訪れている。そもそも島の数の基本統計が整備されたのは最近のことである。調査自体が始まったのは戦後GHQ覚書一九四六年一月二十九日「特定領土の日本からの行政分離に関する件」で施政権が限定され、外務省が海上保安庁水路部に依頼。以来島数調査が始まったもので、その経緯は興味深い(詳論は「九州広域列島論」参照)。その公表の是非には政治的判断がつきまとう。高水位水没で島と認識されないリスクがある。国際舞台では「EEZ外縁線」変更要求として具体化されかねない。一方地球温暖化での水位変化や、大津波・高潮・暴風雨被害は、常にある問題である。とはいえ、従来の数え方には問題が多い。科学的計測や現認手続きが不十分で、基準も不動の根拠に基づくものではない。

従来の数え方は、最大縮尺海図と二・五万分の一地図で、①満潮高水位一m以上のもの、②周囲〇・一km以上のもの、③橋や防波堤などの細い構造物で繋がっているもの、④幅が広くつながっていて本土と一体化しているものや埋立は除外、⑤北方四島については別基準で面積一km²未満の小島は加えない(戦前調査に依拠)、という漠たる物であった。その数が今や不動扱いの公式島数六八五二である。⑤については日露共同作業(もしくは露国への協力要請)

が必要であるが、現認調査後には著しい増加が予想される。①と②については、合理的根拠はなく、便宜的基準でしかない。かつ地図上でのカウントに過ぎない。面積・高さ・海岸線の個別実測値の公表がないことと、仮に高さ三〇cmや一〇cmの基準変更でも、あくまでも便宜的基準となる。沖ノ島島事例に見るようにその推移も現実問題として問われている。海図が不正確と言うつもりはないが、現認を重ね、緻密に探せば数の著しい増（一部減）が予想される。問題はあえてその努力の継続がどこまで必要かという線引きとなる。特定離島における渚線変更は国益的事案であり、そこは例外的にも正確性が問われる。③と④の違いの認定も微妙である。埋め立てでは元島とせざるを得ないが、そこに水路をもうければ架橋島類似となる。堤防島は連結線が細くとも一体性があってその機能を果たしている。埋め立てとの差異を認めがたい。だがいずれも広義島状地ではある。堤防島は港湾整備の中で増え続けており、これを除外すれば島数の著しい減少が想定される。大村肇・山階芳生の認識を経て、『広辞苑』でも採用された「四囲を水にて囲繞せられたる空間」定義からは外れることになる。

架橋島についてはどうか、法指定離島の定義から外れて、その卒業生＝半島扱いになるのはやむを得ないとして、利便性に変化があるからといって島嶼外という扱いはおかしい。沿島橋（島同士をつなげる橋。韓国語表現）も、沿陸橋（本土とつながった橋。同）の島も、必要且つ十分に「四囲を水にて囲繞せられたる」島である。且つ人工島でもない。島数を減らす必要はない。西海九十九島では、植性の確認できるもので数え直したりもしている。いずれにせよ島数は便宜的数値として、ナーバスになりすぎないことがむしろ、島嶼の多様性の認識と、島嶼振興型の国土計画を奥深く、奥域広いものにしていくことになろう。

## 島の歴史概括と離島性・島嶼性・島役割

島はその置かれてきた時代環境のなかで多段階の推移を経験してきた。古代ではまず陸から直接移動し、海進海退（海面水位の変動）次第で、陸路又は海路の双方があり得た。海路移動では当時の最先端技術と知識による決死の渡島ではない日常性の延長と冒険で生活圏を広げてきたに違いない。動植物が3Wすなわち翼Wingと波Waveと風Windでの伝播・移動を重ねてきたように、知能を備えているホモサピエンスは、風と海流を読み、雲と波と島を見て天候と岩や島の近さを悟り、フロートを作り、帆を張り、星と太陽と月を見て、干満・方向のみならず到着地に向けての微調整をして予定を確たる物にしていく。洋島では一定の確たる見通しの下での家族・家畜・道具・種子などを携えての計画的移住と行き来が想定される。

人類の島との関わり合いの画期は次々とドラマチックに続く。①フロンティアとしての島嶼時代である。島の沿岸部での定住の後、島全域内での生活が始まる。生態系的には資源制約内での適

## 文政年間の御手洗湊

芸藩通誌（安政八年、1825 年）第 2 巻巻八十六所載。芸藩通誌には「中国第一の湊」とあるが、この後また外港の大調築が行われている。

地図中矢印の所は、殆ど原形のまま残っている、写真はそれを示した（昭和 41 年河地貫一撮影）。

## 御手洗町の取扱い商品

（天保 10 年、1839 年）

| 他国より購入 | | | 他国へ売払 | | 領内へ藩札にて売払 | |
|---|---|---|---|---|---|---|
| 商 品 | 数 量 | 買入先 | 数 量 | 売払先 | 数 量 | 売払先 |
| 米 | 17,000石 | 北国、北九州、瀬戸内沿岸 | 11,200石 | 土佐、日向、瀬戸内沿岸 | 5,800石 | 町内、近辺 |
| 酒 | 3,500丁 | 大坂、播磨、備前、伊予、その他 | 2,000丁 | 諸回船 | 1,500丁 | 町内、近辺 |
| ソーメン | 1,200箱 | 灘目、小豆島 | 500箱 | 諸回船、その他 | 700箱 | 町内、島々 |
| 砂糖 | 250丁 | 備前、讃岐、大坂 | 200丁 | 北国、諸回船 | 50丁 | 町内 |

その他、たばこ、干鰯、ローソク、かつをぶし、呉服、藍玉、薬種などの商品取引きがあげられている。（後藤陽一『瀬戸内御手洗港の歴史』、御手洗史編纂委員会、1962 年、148 頁）

（注）御手洗の購入相手地域は、北国、越前、長門、周防、伊予、備前、備中（以上米）、大坂、播磨、備前、伊予（以上酒）、豊後（たばこ）、灘目、小豆島（ソーメン）、筑前（ローソク）、大坂（薬種）、土佐、日向（かつをぶし）、肥前、大坂、讃岐（砂糖）、大坂、京都（呉服）、阿波（藍玉）に及び、売払先は、土佐、日向、讃岐、大洲、宇和島、上ノ関、北国或いは諸回船である。領内へは、町内と近傍の島々に限られていたようである。

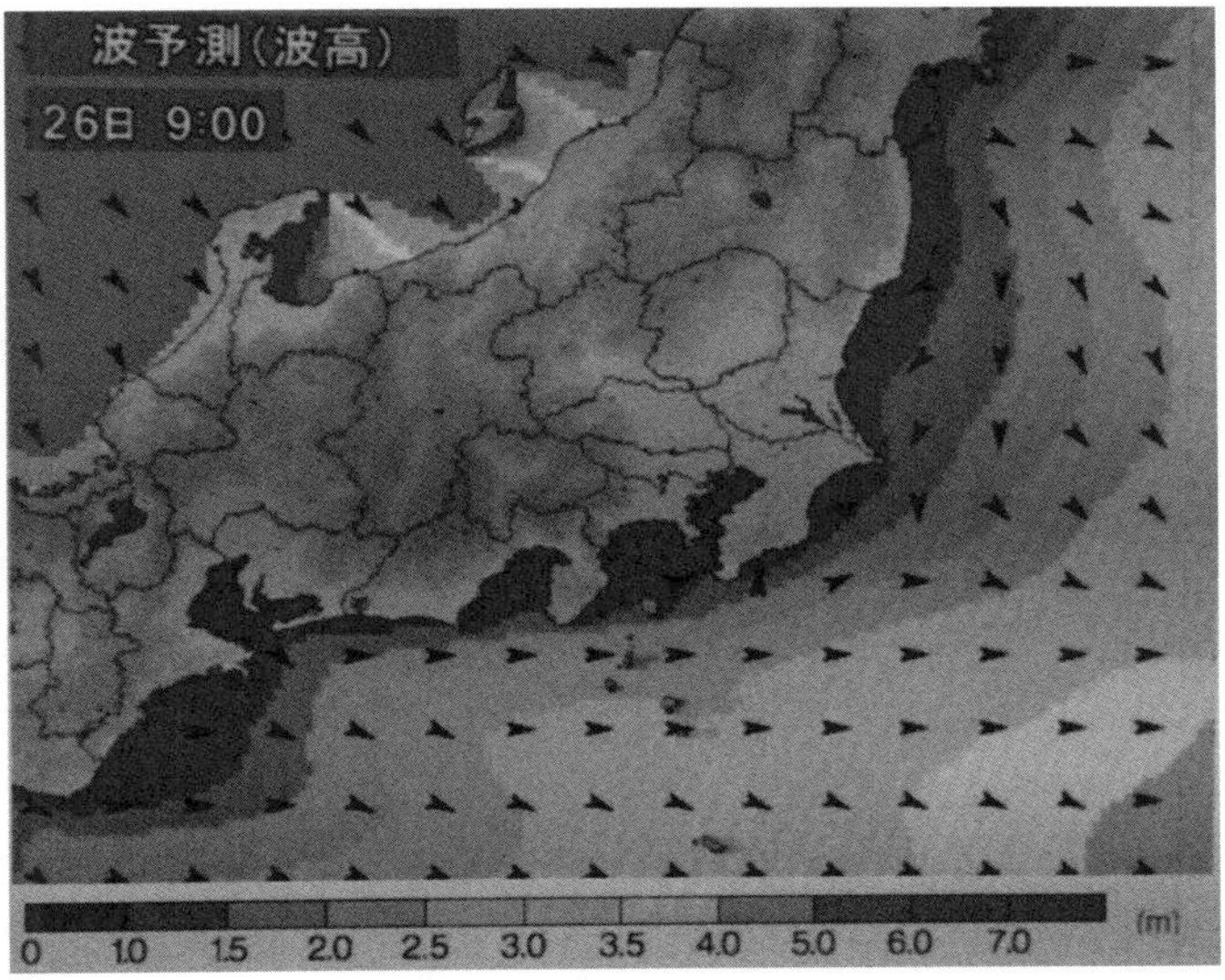


**図8　2018年1月末「数年に一度の大寒波」時の波浪**
(シベリア颪の冬の季節風は、波浪警報さながらの荒波が襲うが、島影は波が低くなる。その島影・半島影は魚達の逃げ場で、冬は寒ブリの大漁が期待される場所にもなる。魚介類の美味しい季節でも船の欠航頻度と荒波は観光客誘致の障害にもなる。飛行機便での集客への期待はその分大きい)

応から始まるので、アイランド現象＝矮小化適応が生き物世界では指摘される。②アイランド現象時代を経験するのは、孤立性と資源制約性が強い地域に限られる。③陸域と海岸域の双方が発展的に拡大を遂げていく中で、海の交通移動性が優位であれば、海岸域の方が先進的な情報・技術の交換が先行する。これを沿岸先進性島嶼時代とする。沿岸域交通体系の道筋に存在する島々も当然拠点＋ハブ中心地となっていく。

④時代が陸の交通体系革命期に入ると、本島沿岸・内陸発展先行化が進んでくる。島と島を結ぶ海路交通体系は相対的衰退期を迎え、島と本土中心地に物流と情報の移動はシフトしていく。島は抹消・末端・行き止まりの辺境に姿を転じてくる。これを河地貫一は「離島化」時代と称した。このとき島の特徴である隔絶・環海・狭小は強い制約要因となってくる。⑤柳田國男・宮本常一の指摘や奮励努力もあり、島々の後進的状況脱却のための、国策的支援が画策される。本土並みの交通・産業・生活基盤＝インフラ投資の優遇的強化が始まる。国土の均衡ある発展への仲間入りを「目指す」展開である。脱後進化時代である。⑥後進性除去の被支援を旨とする振興から、やがて、国家・国土の個性ある一部としての地位と役割の発揮を目指した展開に入る。法制上はここまでに五〇年近くを要している。その次の時代が離島役割発揚時代といっても良い。国土＝領土・領海を保全し、食料や観光資源を提供し、その生活環境が十全なものとして保持されていること

が、国全体の安心安全を担保するものでもある。⑦同時期平行して架橋化の推進での、離島卒業生化＝半島化推進も強力に展開されてくる（河地のいう架橋化時代であるが、⑦の中に⑥が含まれているとも考えられるが、ここでは⑧⑨⑩時代との違いを際立たせるために分けて論じる）。⑧は島個性全開時代とでも言うべき現在である。環海性の海洋性への役割推進、狭小性の small is beautiful な等身大ヒューマニティ技術・人間性社会への揺り戻し、隔絶性による異空間桃源郷的な個性と特別域的な自己回復（転地療養）・癒やし（仲田成徳が命名したアイランドセラピー）・地産地消的小空間なりの持続可能性・その地でしか味わえない体験の希少性・小世界完結的な全体性、それらの全集合としての本物の島嶼性である。憧れと敬意も付与される島宇宙の提供時代とも言える。⑨は地政学的科学技術的な新フロンティア性の時代である。ＥＥＺ二〇〇海里の基点であり、二〇〇海里に加える大陸棚延長の基点としての、今は国益の最重要先端地である。水産資源・海洋資源（温度差発電・海洋深層水等）・海底資源・海底地下資源などに国益・人類貢献的な寄与が期待されるその最先端の地である。無論国防もある。⑩は地球環境測定・観察基点としての役割の時代である。遠隔の固定観測点として、フロートではなく固定箇所が果たす役割は絶大である。国内最遠隔地を結ぶネットワーク、特に南北の遠隔観測点、それは国境も越えて設定されることで地球（＋宇宙）観測精度は向上する。

# 日本ネシア人

## 【形質人類学からみた日本列島人の成立】

片山一道

●かたやま・かずみち　一九四五年生。京都大学名誉教授。理学博士。自然人類学、およびオセアニア学。著作は『ポリネシア人　石器時代の遠洋航海者たち』（同朋舎、一九九一年）、『ポリネシア　海と空のはざまで』（東京大学出版会、一九九七年）、『考える足　人間はどこから来て、どこへ行くのか』（日本経済新聞社、一九九九年）、『古人骨は生きている』（角川選書、二〇〇二年）、『海のモンゴロイド　ポリネシア人の祖先をもとめて』（吉川弘文館、二〇〇二年）、『骨考古学と身体史観　古人骨から探る日本列島の人びとの歴史』（敬文舎、二〇一三年）、『骨が語る日本人の歴史』（ちくま新書、二〇一五年七月）、『身体が語る人間の歴史』（ちくまプリマー新書、二〇一六年一〇月）、『南太平洋海道記　ポリネシア行き人類学の旅（仮題）』（二〇一九年八月刊行予定）等。

### 東アジアの外側に広がるネシアの世界

琉球弧、西南日本弧、東北日本弧、千島弧が南北東西に連なり、さらには伊豆小笠原弧が加わる日本諸島（あるいは、日本ネシア?）は、長さ三〇〇〇kmを超える弧状列島だが、日本人の多くが思っているほどには、小さいわけではない。西ヨーロッパと比べても、陸地面積はともかく、空間スケールでは遜色ない。テレビの天気予報から、短期の天候を予測するにも、台風の進路を先読みするにも、ひととおりは全国の流れをおさえねば、どうにもならない。広くて込みいる複雑な地形条件、地理条件、気候条件のせいだ。

東シナ海、日本海、オホーツク海をはさんでアジア大陸の東部と東北部に沿うように連なる列島は、大陸とは、つかず離れずの関係。だが、そこは島嶼世界のことだ。自然環境も生活環境も、それらの多様性も、いにしえからの人間模様も、人々の在り方も暮らし方も、まるで異なる。つまりは人間の生きかた死にざま（社会や文化や死生観）にいたるまで、アジアの大陸世界とは異なるのだ。また、人間の歴史の展開も一筆書きで描写できるほどに単純ではなかった。

### 「地域つまみぐい」の歴史観、あるいは時代意識

そんな複雑な事情がゆえに、できるだけ法則性を抽出せんとする学問的営為や、できるならば直截簡明な分別をうながしたい為政の思惑では、ともすれば、「地域つまみぐい」の歴史観や時代意識が大手をふってきた。たとえば、大和時代や江戸時代のごとし。本州の一部だけを取り上げて時代を語る、〈木を見て森を語るがごとき歴史観〉が大いばりしてきた。土地の広さではなく海の広がりがものを言い、海岸線が長く入りくむ〈ネシアの世界〉のことだから、列島全体を視野に入れて考えないと、日本人の

歴史も日本文化の歴史も総体としては見えてこないはずなのに、大陸世界と同じような手口が常套とされてきた。

本州の一つ地域だけに視線を向けるのではなく、目を少し離して、列島全体が等しく映る位置から眺望したほうがよいに決まっているだろう。琉球諸島や東北地方や北海道などは、歴史の舞台で不当に扱われてきたのではないか。そんな疑念から、しっかりと琉球弧を視野に入れないと、日本列島の全体像は見えてこないだろう、と問題提起、奄美大島の名瀬市の市立図書館を拠点にして、文学の視点から日本列島の社会と文化に対する思索を継続したのが島尾敏雄さん（1969）である。

## 琉球弧の視点とヤポネシア論

島尾さんは、琉球弧での人間の営みや文学的営為を相対化するため、日本列島全体を一括り、〈ヤポネシア〉と呼んだ。琉球弧への思いが浮きあがるべく、日本列島をよそよそしく、近くて遠きの負のイメージで感じるべく、あえてポリネシア、メラネシア、ミクロネシアの並びに置いたわけだ。実際、「ヤポネシアを口に出すと、ぼくに拒否反応のようなものが生まれるから、あんまりは言わないだろう……」。あるとき、そんな本音を口に出している（2017）。

〈ヤポネシア人〉という独自の切り口で日本人の歴史を解読しようと試みる人類学者たちもいる。DNAゲノムの分析により日本人の起源や系譜を論じる斎藤成也さん（国立遺伝学研究所）らである。特に古い時代の日本列島人（縄文時代人など）のことを斎藤さんは、そう呼んでいる（2017）。

実は私自身も、島尾さん（1969）を引用するかたちで、日本学の某国際シンポジウムで〈ヤポネシア論〉を切り出したことがある（KATAYAMA, 1996）。さんざんの批判を受けたようだ（実際には、その真意はつかめず）。日本の歴史教育バッシングがさかんなときで、どうやら戦前の〈大東亜共栄圏〉と同工異曲かのようにみられたらしい。もちろん、たいへんな誤解。

ともかく日本列島人はあまりにも多様でありすぎた。時代をめぐる時代性、あるいは地域による地域性、さらには社会の身分や階層化に伴う階層性。そのうえ、そうした多様性はときに地域的に輻輳してきたが、日本列島の各地域の特殊性がそうさせたのだ。だから、一般化単純化することは、なんら、正鵠を射ることにはなるまい。そのあたりの具体的な説明は、片山（2015）を参照されたい。

## 日本列島人の成り立ちは複雑、ステレオタイプにあらず

実際に日本人の成り立ちは複雑にすぎる。そのイメージは、時代により、地域により、ときに階層により微妙に変化する。交通整理する必要があろう。たとえば、時代を異にする縄文時代人と弥生時代人、地域が違う西北九州人と北部九州人、階層が違う江

A. 縄文時代人
（3000年ほど前）

B. 弥生時代人
（2000年ほど前）

C. 古墳時代人
（1500年ほど前）

（佐々木玉季、画）

戸時代の大名と江戸の町民などを、ごったに風に一緒くたに論じるのはまずかろう。ともかく比較対照する視点が欠かせない。

ことに縄文人は、弥生時代以降の日本列島と明確に区別できるほどに温暖化した〈縄文列島〉の独特な気候風土に適応した人々。もちろん人口も小さすぎたので（一万年の長きに及んだ縄文時代の初期で一万人以下、最終期で二〇万程度）、〈ヤポネシア人〉などと区別して呼ぶことに妥当性があろうかもしれない。日本列島人の成り立ちを人口論で論じる今後の議論を、たのしみに待とう。

いま思い起こすと、私が人類学に向かうことを選択し、人類学者となる道に踏みこみ、のちにポリネシア人を研究する方面に進んだのは、まさに島尾さんの存在、彼の〈ヤポネシア論〉と〈琉球弧の視点〉とが、きっかけとなった。そして、のちの私の日本人論、あるいは日本人形成論の原点ともなった。

実は私は一九七〇年に一年ちかく、島尾さんの住む奄美大島に居ついた。そこで目にする耳にする肌で感じる景観、そこに生活する人たちの息使い、食事や酒呑み事などの文化、さらに空を飛ぶ鳥たちや波止場で釣り上げる小魚までもが、なにもかもがみな、まさに〈ネシア（島々）の世界〉を実感させた。なにしろ、潮風の味がする小世界。もちろん島尾流の〈ヤポネシア論〉、〈琉球弧の視点や発想〉が、皮膚にこびりつき、脳内にひっそりとインプットされたのは申すまでもなかろう。

島尾さん流の言い方からすれば、ヤポネシアはヤポネシア、アジアのどこかからか、もたらされた輸入世界ではない。アジアであるがアジアそのままではない。むしろ〈アジアもどき〉の本質をもつ〈ネシア〉独特の世界である。また、琉球弧や東北を拡大コピーしたものではないし、座敷牢に閉じこめたものではない。ましてや母胎ですらない。共通性と独自性とが交差する微妙な関係を保ち続けてきた。正鵠を射た言い方ではないか。まさにヤポネシアなのであり、固有の歴史とアイデンティティとが人々にも言葉にも文学にさえもうかがえる。くわしくは、島尾(1969)なり、島尾(2017)なりでも参照していただきたい。

## 日本列島人が生成したのは、ネシアの世界でのできごと

私自身は、日本人起源論や日本人のルーツ論における〈起源〉や〈ルーツ〉のごとき、純なばかりに怪しき用語を好まない。使いたくないのだ。そんな単純きわまりない発想で、人間現象にかかわる複雑な歴史が説明できようか。それが私流儀の哲学である。それに、あらぬ誤解もまき散らされかねない。どの人間グループも、いつ、どこで、なにから出発したなどと、単純明瞭な切り口では十分に説明できないのが道理ではないだろうか。

とりわけ難儀な質問は、「どこから日本人の祖先は来たのか」ではないか。もっとも素朴そうだが、難易度は高すぎる。たとえば講演のあとなど、さかんに飛んでくる質問だ。できるだけ質問者の気に障らぬよう、「まちがいなく、最初はアフリカです」とか、「東アジアの外世界のあちこちから、およそ三つのルートで、四万年ほど前以降のさまざまな時代に、まるで〈吹きだまり〉か〈流木〉のように寄せ集まって来たのでしょう」と答えることにしている。なにしろ大陸世界から来た人たちのことだ。日本列島独特の〈ネシアの世界〉の気候と風土、生活条件などに適合していく必要があった。人間の身体、生活技術、社会と文化、なにもかもが大きく変容したのは間違いない。だからこそだ。身体的、生活的、文化的、いずれの側面でも類をみない〈日本ネシア人〉が生まれ育ったわけだ。

人間の地球開拓史で言えば、人間そのもの、生活技術、文化傾向が漸進的に変わっただけのケースのほうが多いが、たとえばアフリカからユーラシアに拡散した出アフリカ、アメリカ大陸やオセアニアに拡散した出アジアなどの場合と同様、日本列島に拡がったときにも大きな変容が人間の側に生じたようだ。それゆえに、縄文人の身体特徴、日本語の系譜、日本人気質性などは独特なのだ。

## 日本ネシア人、吹きだまり論

大陸世界のあちこちから〈吹きだまり〉のごとく集合、異質の土地に適合、漁撈活動を工夫、ほかに類をみない生活文化を育むなどして誕生した人々。そうした人々こそが日本ネシア人ではあるまいか。もちろん人物像は平均的ではなく、多元的である。誰

でも、どれかの要素が強く内在するか、あるいは現れるのだろう。
それなのに戦後というもの、すくなからずの日本国民の遠近感では、アジア大陸は非常に遠い場所にあるような思いがしてきたのかもしれない。まちがいなく、アメリカ大陸より隔たり、さらにはヨーロッパ大陸よりも遠くに意識してきた人がいたかもしれない。つまりは、近くて遠き地域、あるいは国々だったのだ。じつは私自身もそうだったのかもしれない。その証拠に、中国や韓国やロシア（旧ソ連）を最初に訪れたのは、ニュージーランドやオーストラリアや太平洋の国々、カナダやアメリカ合衆国やイギリスなどの欧米諸国、東南アジアの国々などよりも遅かった。

**参考文献**


島尾敏雄『琉球弧の視点から』講談社、一九六九年
島尾敏雄『琉球文学論』幻戯書房、二〇一七年
斎藤成也『日本人の源流』河出書房新社、二〇一七年
KATAYAMA, K. 'The Japanese as an Asia-Pacific population', in "Multicultural Japan" Cambridge University Press, 1996
片山一道『骨が語る日本人の歴史』ちくま新書 1126、二〇一五年


# 日本ネシアの自然地理学的理解


## 須山聡

●すやま・さとし　一九六四年生。駒澤大学文学部教授・奄美観光大使。人文地理学。著作に『奄美大島の地域性』（海青社）、『離島研究Ⅰ～Ⅵ』（共編、海青社）、『図説　日本の島』（共編、朝倉書店）等。


日本列島は主島である北海道・本州・四国・九州と、それに連なる諸島嶼とのまとまりと見なされてきた。この観点からは、大なる主島四島に群小の諸島嶼が付き随う構図となる。しかし、花《はな》綵《づな》のように連なる諸島嶼の広がりは、主島四島よりもはるかに長い延長を有し、さらに世界第六位の排他的経済水域の主要部分を形作る。このように考えれば、主島四島のみを中心とした地域観・領域観には変更が迫られよう。島嶼を含めて考えれば、日本は決して極東の島国とばかりはいえない。

## 一　島弧―海溝系

日本における島嶼の多様性を理解するためには、日本列島の成り立ちを地質・地形の側面から理解する必要がある。周知の通り、日本列島周辺では、ユーラシア・北アメリカ・太平洋・フィリピン海の四プレートが接する。大陸プレートであるユーラシア・北米プレートの境界は判然としない。一方、フィリピン海プレートはユーラシアプレートの、太平洋プレートは北アメリカ（ユーラシアプレートとする説もある）およびフィリピン海プレートの下方に沈み込む。ユーラシアプレートとフィリピン海プレートの境界には、琉球海溝と南海トラフが、北アメリカ（ユーラシア）プレートと太平洋プレートの境界には日本海溝が、フィリピン海プレートと太平洋プレートの境界には伊豆・小笠原海溝が形成される。日本列島では、これらのプレート境界に沿って、大小の島々が列状に連なる。

日本列島はもともとユーラシア大陸の一部であったが、一五〇〇万年前頃に日本海が形成されはじめ、約二万年前には弧状列島の原形が形作られた。プレートテクトニクス理論に基づいて日本の諸島嶼を捉えるには、「島弧―海溝系（island arc-trench system）」と呼ばれる概念が有用である。島弧―海洋系としてみた場合、日本列島は、①千島弧、②東北日本弧、③西南日本弧、④伊豆・小笠原弧、⑤琉球弧の五つから構成される（中村ほか 2005）。北海道は千島弧と東北日本弧が、本州は東北日本弧と西南日本弧が、九州は西南日本弧と琉球弧が接合されて形成された島である。また、伊豆半島は元来島であったが、伊豆・小笠原弧が東北日本弧と西南日本弧の接点に衝突して半島になった。

日本列島に限らず、西太平洋の弧状列島には、共通する地形上の特徴がある。それは海洋側から大陸側にかけて、前弧海盆（海溝・トラフ）―外弧（前弧）―内弧（火山弧）が規則的に配列されていることである。これら一連の地形のセットが、島弧―海溝系である。琉球弧に位置する奄美群島付近を例に取ると（図1）、比較的平坦な西フィリピン海盆の西には、フィリピン海プレートの沈み込みによって形成された琉球海溝が延び、その西側に位置する外弧の頂部は九州東岸から種子島・屋久島、奄美群島、沖縄島、さらには与那国島へと続く。外弧は中央沈降帯によって、火山性の内弧と隔てられる。奄美群島に火山はないが、西側に延びるトカラ列島から硫黄鳥島までの内弧には複数の活火山があり、火山フロントを形成する。内弧のさらに西側には沖縄トラフが存在するが、一般に内弧側の深まりは、前弧海盆と比べると浅い。沖縄トラフの西側は東シナ海の大陸棚である。

島弧―海溝系は、島嶼国としての日本を捉え直す基盤となる地形概念である。島弧―海溝系と捉えると、日本列島と呼ばれる陸域は、二本の海溝またはトラフにはさまれた二列の弧状の高まりとみなすことができる。それらのうち、一般に外弧は非火山性で

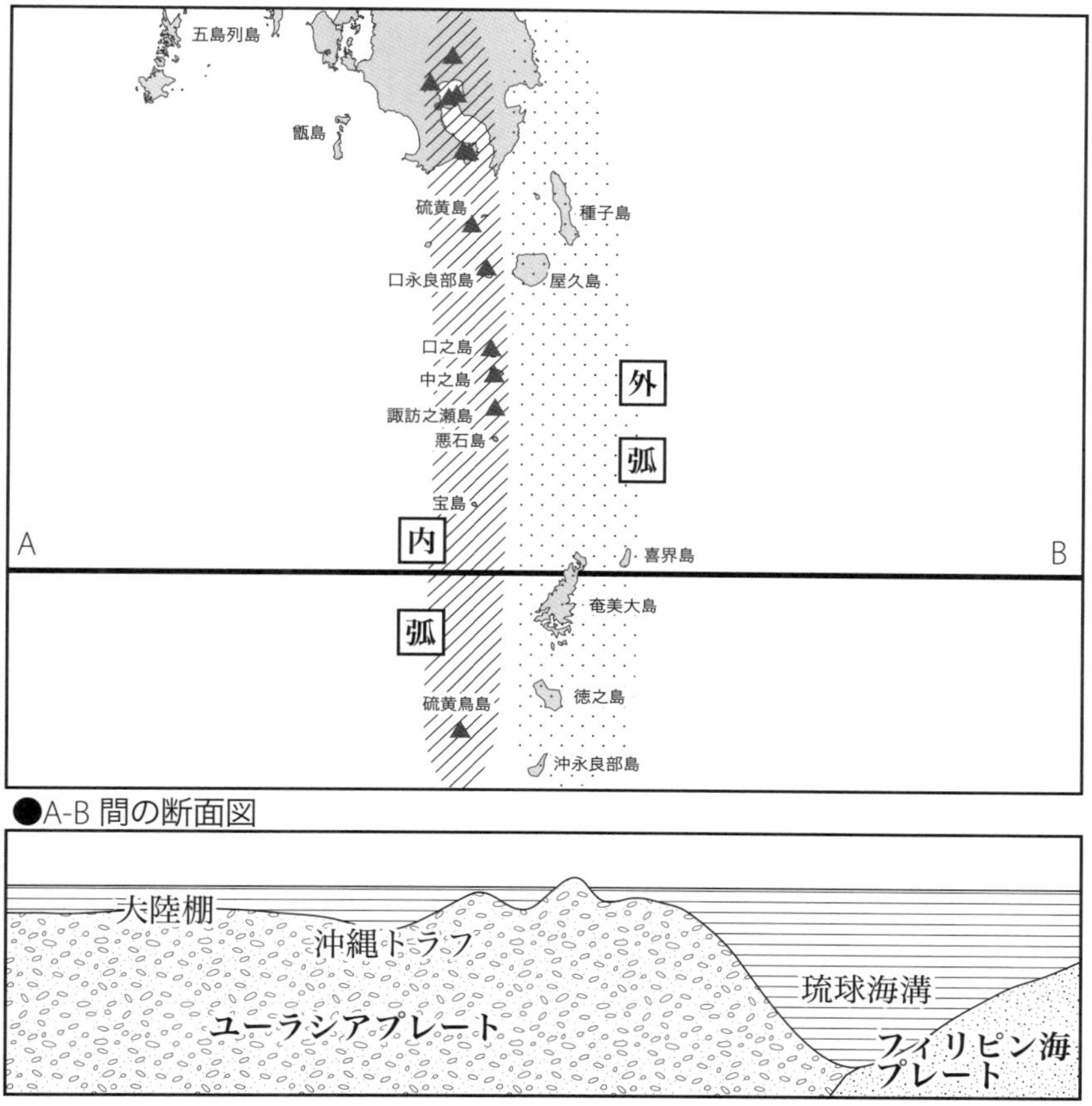


**図1　島弧―海溝系の断面モデル（奄美群島付近）**

あり、内弧は火山性である。このことは、東北日本弧に属する東北地方をみた場合でも、外弧に当たる北上山地や阿武隈山地には火山はないが、奥羽山脈・出羽山地には、蔵王山・鳥海山をはじめとする火山や、十和田湖などのカルデラ湖が分布することからも理解できる。

五つの島弧―海溝系は、太平洋プレートの沈み込みによって形成される東日本島弧系（千島弧、東北日本弧、伊豆・小笠原弧）と、フィリピン海プレートの沈み込みの影響を受ける西日本島弧系（西南日本弧、琉球弧）に大別できる。また、それぞれの島弧は属するプレートが異なる。すなわち、千島弧と東北日本弧は北アメリカプレートに、西南日本弧と琉球弧はユーラシアプレートに、伊豆・小笠原弧はフィリピン海プレートに含まれる。それぞれのプレートが接するプレート境界は衝突帯であり、非常に複雑な火山地形が形成される。北アメリカ・ユーラシア・フィリピン海の三プレートが接する富士山・箱根付近はその典型である。

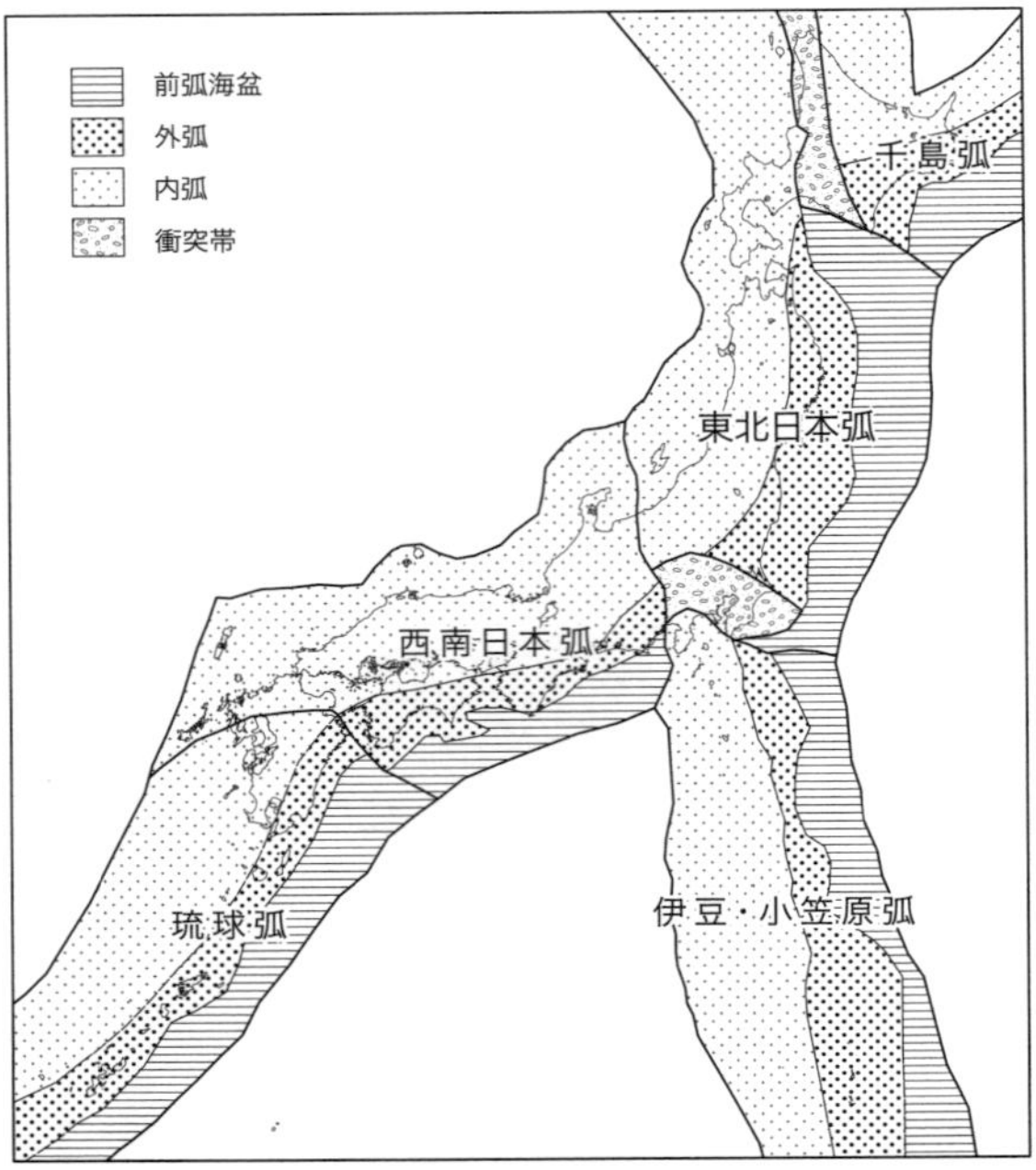


**図２　島弧—海溝系**

**表１　島弧−海溝系と各ネシアの対応**

| 島弧—海溝系 | 分類 | 地　　域 | ネシア |
|---|---|---|---|
| 千島弧 | 前弧海盆 | 千島・カムチャツカ海溝 | |
| | 外弧 | 根室半島、歯舞諸島、色丹島 | 北ネシア（千島列島▲、北方領土） |
| | 内弧 | 知床半島、国後島・択捉島 | |
| 衝突帯 | | 天塩—夕張衝突帯 | |
| 東北日本弧 | 前弧海盆 | 日本海溝 | |
| | 外弧 | 北上山地、阿武隈山地 | 太平洋黒潮ネシア（房総三陸） |
| | 内弧 | 奥羽山脈、日本海東縁帯 | 日本海ネシア（佐渡島以北） |
| 衝突帯 | | 南部フォッサマグナ衝突帯 | 太平洋黒潮ネシア（東京湾岸） |
| 伊豆・小笠原弧 | 前弧海盆 | 伊豆・小笠原海溝 | |
| | 外弧 | 小笠原諸島 | 小笠原ネシア◎ |
| | 内弧 | 七島・硫黄島海嶺 | 太平洋黒潮ネシア（伊豆諸島▲） |
| 西南日本弧 | 前弧海盆 | 南海トラフ | |
| | 外弧 | 能登半島・中国地方・北部九州 | 日本海ネシア（舳倉島以西）、北九州ネシア、瀬戸内ネシア |
| | 内弧 | 明石・四国帯 | 太平洋黒潮ネシア（南海東南海） |
| 琉球弧 | 前弧海盆 | 琉球海溝 | |
| | 外弧 | 種子島、奄美群島、沖縄諸島、宮古諸島、八重山諸島 | 奄美ネシア◎、ウチナーネシア◎、先島ネシア◎ |
| | 内弧 | トカラ火山列 | トカラ薩南ネシア▲ |
| 海洋島 | | 大東諸島◎、沖ノ鳥島◎、南鳥島◎ | |

（注）▲は火山島、◎はサンゴ礁島を示す。　　　中村ほか（2005）をもとに作成。

ここでは、それぞれの島弧—海溝系の成因と特徴を述べるとともに、本書の骨格である一一のネシアとの対応を示したい（**図2、表1**）。

**千島弧**

千島弧は、北西太平洋海盆と千島海盆にはさまれた、千島・カムチャツカ海溝、根室半島から色丹島にかけての外弧、および知床半島から択捉島にかけての内弧によって構成される。外弧は色丹島以北では海面下に没するが、内弧は千島列島・カムチャツカ半島に連なる。内弧である国後・択捉島には、爺爺岳《ちゃちゃだけ》（一八二二m）を最高峰とする火山群が連なる。千島弧は天塩・夕張・日高山地で東北日本弧と接合し、接触面は天塩—夕張衝突帯と呼ばれる。千島弧には、北ネシアのうち、北海道東部および北方領土を含む千島列島が属する。なお、サハリンはユーラシア・北アメリカプレートの境界上に位置するとされるが、明確な島弧—海溝系を形成しない。

**東北日本弧**

東北日本弧は北海道西部から本州東部に延びる。太平洋側から順に、北西太平洋海盆、日本海溝、北海道および本州、日本海が配列される。外弧側においては、沈降海岸である三陸海岸沿岸に沿海性の島嶼が分布する。これらは太平洋黒潮ネシアのうち、房総三陸ネシアに属する。三陸海岸はリアス式海岸を呈するが、これは東日本大震災を引き起こした太平洋プレートの活発な沈み込みによる。東北日本弧の外弧は東北地方の東半分を構成し、中央沈降帯である北上川・阿武隈川流域の盆地を介して火山性の内弧と接する。

孤立的な島嶼はむしろ内弧である日本海側に分布する。日本海側には、ユーラシア・北アメリカプレートの境界の存在を示唆する、奥尻海嶺・佐渡海嶺が北東から南西に走行し、日本海中央部には変動が少ない大和海盆・日本海盆が位置する。北アメリカプレートの境界は、従来北海道中央部とされていたが、一九九三年の北海道南西沖地震を契機に、奥尻島から佐渡島に連なる奥尻・佐渡海嶺がその境界であるとする説が有力となった。これによると、フォッサマグナ以東の本州と北海道は北アメリカプレートに含まれる。しかし、東北日本は北アメリカプレートから分化したオホーツクプレートや、東北日本マイクロプレート上にあるとする説もある。いずれにせよ、本書では日本海ネシアに属する、利尻島・礼文島・天売島・焼尻島・奥尻島・飛島・粟島・佐渡島は、日本海中部の海嶺の頂部であり、比較的動きの小さな大陸プレートの境界に位置する。

**西南日本弧**

西南日本弧は、日本列島が付加体の堆積によって形成されたことを端的に物語る島弧である。付加体は海洋プレート上の堆積物が、プレートの沈み込みによって剥ぎ取られ、大陸プレート側にくっついた地層である。西南日本弧では、一般に日本海側（内弧）の岩石が古く、太平洋側（外弧）の岩石が新しい（小出 2012）。日本列島で最も古い岩石は、能登半島を中心とした飛騨帯と、山陰地方沿岸に分布する隠岐帯である。両者は先カンブリア時代から古生代に、大陸で形成された片麻岩や花崗岩からなる。したがって隠岐諸島は大部分の日本列島とは異なり、大陸を起源とした岩石で構成されている。

西南日本弧は、中央構造線を境に外弧（外帯）と内弧（内帯）に分かれる。東端はフォッサマグナで東北日本弧に、西端は阿蘇カルデラで琉球弧に接する。内弧には明確な火山フロントはないが、火山は九州北部と山陰側に集中する。中央構造線の北側には浅い瀬戸内海が横たわり、中央沈降帯を形成する。

外弧側には太平洋黒潮ネシアのうち、南海東南海ネシアの大部分が属する。これらの島々はフィリピン海プレートの沈み込みにともなう沈降海岸に付随する。これ以外のネシアはすべて内弧側に属する。西九州ネシアのうち、西海／五島ネシア、および北九州ネシアの全域がそれである。瀬戸内海ネシアおよび日本海ネシアの舳倉島以西も西南日本弧の内弧に含まれる。属する島嶼の数では、五つの島弧—海溝系の中で最も多く、火山性・非火山性・大陸起源など、島嶼の成り立ちが多様なことが、西南日本弧の島々の特徴である。

## 伊豆・小笠原弧

伊豆・小笠原弧はフィリピン海プレートに太平洋プレートが沈み込んでいるため、太平洋プレート側を外弧、フィリピン海プレート側を内弧と呼ぶ。北西太平洋海盆と四国海盆にはさまれて、伊豆・小笠原海溝、四国海盆外弧である小笠原海嶺、および内弧である七島・硫黄島海嶺が南北に続き、南のマリアナ弧に接続する。小笠原諸島付近では、外弧と内弧は小笠原トラフによって隔てられている。

北に目を転ずると、伊豆・小笠原弧は伊豆半島基部で東北日本弧および西南日本弧に接する。関東南部から甲信地域にかけてはこれら三島弧の衝突帯であり、非常に複雑な地質構造を呈する。本書における太平洋黒潮ネシアのうち、東京湾岸ネシアは、強いていえばこれに該当する。

伊豆・小笠原弧も、他の島弧—海溝系と同様、内弧である七島・硫黄島海嶺が火山フロントであり、伊豆大島・三宅島・青ケ島・鳥島・西之島・硫黄島などの活火山が列をなす。内弧でも孀婦岩《そうふがん》より北側では比較的大規模な島嶼が続くが、孀婦岩以南では火山の規模が小さく、明神礁に代表される海底火山を形成する。一方、外弧上に位置する小笠原諸島は非火山性の島嶼である。小笠原諸島の火山活動は新生代古第三紀には終息した。小笠原海嶺の島々は、地質構造よりは、むしろ第四紀におけるサンゴ礁の形成によって特徴づけられる。外弧の島々は、火山噴出物の堆積が旺盛なため、サンゴ礁があまり発達しない。

本書の区分では、小笠原ネシア、太平洋黒潮ネシアのうちの伊豆諸島ネシアが、伊豆・小笠原弧を形成する。

### 琉球弧

地質学・地形学用語としての琉球弧は、南西諸島のみにとどまらず、阿蘇カルデラ以南の九州全域を含む。したがって、本書の区分では、先島ネシア、ウチナーネシア、奄美ネシア、トカラ・薩南ネシア、および西九州ネシアのうち、天草／不知火／島原ネシアと甑《こしき》／長島ネシアを含む。

先に述べたように、琉球弧は四国海盆と東シナ海に挟まれ、琉球海溝、外弧、内弧、沖縄トラフからなる。外弧は種子島から与那国島にいたる南西諸島の主島部であり、内弧は鬼界カルデラから硫黄鳥島にいたるトカラ火山列である。トカラ火山列は明瞭な火山フロントを形成する。また、甑島や草垣群島も内弧の一部に含まれる。沖縄トラフは水深二〇〇〇m以上に達する比較的大規模な舟状海盆で、北側の延長線は、二〇一六年に熊本地震を引き起こした別府—島原地溝帯に続く。

島弧—海溝系としてみた場合、日本の島々は、①外弧に属する非火山性の島と、②内弧に属し火山フロントを形成する火山島、および③内弧ではあるが火山活動がなかったか、終息した島に大別することができよう。①には沖縄島、奄美群島、小笠原諸島など、比較的大規模な島嶼が属するほか、沈降によって主島から切り離された沿岸の島嶼が含まれる。②の多くは現在も活発な火山活動を繰り返している。三宅島がその代表例であり、薩摩硫黄島や諏訪之瀬島など、住民の生活に多大な影響を与える島もある。③には日本海に加え、瀬戸内海の島嶼が含まれる。

## 二　サンゴ礁

島弧—海溝系を軸に日本列島の島々を捉えたが、島弧—海溝系は新生代新第三紀には原形を表している。日本列島の島々にさらに多様性を加える要素が、新生代第四紀に発達したサンゴ礁である。日本では琉球弧の北緯三〇度以南、伊豆・小笠原弧の北緯二七度以南において、サンゴ礁が分布する。日本は世界的にはサンゴ礁分布の北限に当たり、ほとんどのサンゴ礁が島とリーフが接続した裾礁である。

琉球弧ではトカラ列島が、伊豆・小笠原弧では小笠原諸島が、サンゴ礁の北限とされる。琉球弧南部では幅一km程度の大規模なサンゴ礁が分布するが、小笠原諸島のサンゴ礁は断続的で、リーフの幅も狭い。

サンゴ礁は石灰岩を形成するが、日本の石灰岩層の多くは中生代・古生代のものである。琉球弧に分布する新生代第四紀の石灰岩は、とくに琉球石灰岩と呼ばれ、沖縄独特の土壌である国頭《くにがみ》マージの母材となる。

サンゴ礁が島嶼の性格を特徴づけるのは、島の形状がサンゴ礁によって決定されるからである。琉球弧では、新生代新第三紀以前の山地を含み、比較的標高が高い島を高島、大部分が琉球石灰岩で覆われ、標高二〇〇m以下を低島と呼ぶ（木崎・目崎 1985）。奄美大島・徳之島・西表島は高島の代表例で、侵食により深い谷が形成され、湿潤な環境が保たれる。小笠原諸島の島は、いずれも高島に分類できよう。

一方低島の頂部はフラットなことが多く、大部分がサンゴ由来の石灰岩で構成される。そのため保水性が低く、比較的乾燥した環境である。沖永良部島・与論島・宮古島などがこれに該当する。新生代第四紀後期には多くの島が隆起したため、サンゴ礁島の中には大規模な海岸段丘を形成するものもある。低島である喜界島では、サンゴ礁面が標高二二〇mにまで隆起している。

日本列島の島嶼のほとんどは、島弧—海溝系に属するが、例外的にプレート上に孤立する海洋島がいくつかある。フィリピン海プレート上には北大東島、南大東島、沖大東島、および日本最南端の沖ノ鳥島が、太平洋プレート上には南鳥島がある。これらはいずれもサンゴ礁島で、低島に分類される。

大東諸島の三島はいずれももとは環礁であり、フィリピン海プレートの移動にともない、琉球海溝に向かって北上を続けている。大東諸島のもとの島々は沈降を続けながら頂部にサンゴ礁を形成し続けたため、基部には分厚い石灰層が堆積する。しかし約一〇〇万年前からは隆起に転じ、周囲に崖や段丘をともなう隆起サンゴ礁が形成された。

フィリピン海プレート上の沖ノ鳥島は、九州—パラオ海嶺上の火山島を土台とする。火山島は沈降し、島にはほとんど陸域はなく、テーブル状のリーフが広がる卓礁である。

同じ卓礁でも、日本最東端の南鳥島は、太平洋プレート上に位置する。南鳥島が存在する北西太平洋海盆は、太平洋プレートの中でも最も古く作られた。したがって南鳥島もまた古く、基盤となる火山はジュラ紀から白亜紀に形成された。南鳥島全体は比高九〇〇〇mにも及ぶ平頂海山（ギョー）の頂部である。

島嶼—海溝系の観点からは火山／非火山によって島嶼が大別され、さらにサンゴ礁を有する島嶼が区分される。日本列島のスケールでみた場合、火山島／非火山島は地域的に分離するのではなく、一種のペアを作ると見た方が理解しやすい。サンゴ礁島はさらに高島と低島に分類される。すなわち日本の島嶼は、新生代新第三紀に形成された火山と、新生代第四紀に成長したサンゴ礁によって特徴づけることができる。火山島は内弧に列状に分布し、サンゴ礁島にはトカラ列島以南の琉球弧と小笠原諸島の外弧側、および島弧を形成しない大東諸島・沖ノ鳥島・南鳥島が含まれる。

文献
木崎甲子郎・目崎茂和 1985。「琉球石灰岩と沖縄社会」『石膏と石灰』199：386-392。
小出良行 2012。「島弧—海溝系における付加体の地質学的位置づけと構成について」『札幌学院大学人文学会紀要』92：1-23。
中村和郎・新井正・岩田修二・米倉伸之編 2005。『日本の地誌1　日本総論I（自然編）』二宮書店。

# 島の未来を考える

## 【その固有性と脆弱性を超えて】

湯本貴和

●ゆもと・たかかず　一九五九年生。京都大学霊長類研究所教授・所長。生態学。著作に『屋久島——水と巨木の島の生態学』（講談社ブルーバックス、一九九五年）、『熱帯雨林』（岩波新書、一九九九年、以上単著）、『水と世界遺産』（小学館、二〇〇七年）、『食卓から地球環境がみえる——食と農の持続可能性』（昭和堂、二〇〇八年）、『里山・里海——自然の恵みと人々の暮らし』（朝倉書店、二〇一二年）、『島嶼地域の新たな展望』（九州大学出版会、二〇一四年）、『里山という物語』（勉誠出版、二〇一七年、以上共著）等。

### はじめに

島嶼は、本土からの隔離の度合いによって程度は異なるが、それぞれ独自の自然と文化といえるものを育んできた。ごく最近まで開発の中心から離れていて、固有の自然や文化が良好に保存されてきた島が多い。いっぽう、狭い面積の島内では限られた水などの天然資源に依存するしかない。そのため、資源の持続的利用の知恵が発達していると同時に、飢饉や病気の蔓延などに対してきわめて脆弱な側面をもっている。また、限定された種類と量の資源しか持ち得ないゆえに、交易など島外に大きく依存してきた歴史をもつ島も数多く、それらの島ではかなり流動性の高い社会を形成している。

今日、世界的にヒト・モノ・カネの流動性が高まり、多くの離島では深刻な過疎と、それにともなう文化喪失の問題に直面している。一方で、島固有の自然と文化に外部的な価値が付与されてユネスコの世界遺産などの「冠」がつき、ブランド力をもった特権的な島では、ツーリズムが盛んとなって人口減にはストップがかかるものの、計画的とはいいがたい観光開発や、あるいは島外からの移住者の増加が生態系の持続的利用や伝統文化の理解や継承を困難としているなど、別の諸問題を抱えることになった。このような問題解決にあたっては合意形成が必要であるが、多くのケースでは島の「うち」の住民と「そと」の住民の意識がはっきりと異なっていることが独特の困難を生み出している。

## 島の「豊かさ」と「貧しさ」

島々は、それぞれの面積や人口などにしたがって、また隔離の程度にしたがって、独自の経済・自然・文化をもっている。そこに、島の固有性と脆弱性、別の言い方をすれば「豊かさ」と「貧しさ」があるのだ。

離島では、日常物資について流通上の問題を抱えており、ある種の自給経済が発達している。多くの島では半農半漁というのがあたり前であるが、屋久島では「山に十日、野に十日、海に十日」ということばがあり、人々は林業、農業、漁業をうまく組み合わせて生業としてきた。とくに南の島々では気候に恵まれることもあって、衣食住の多くの部分を自給あるいは物々交換によって得てきた。このことは貨幣経済に頼らない「豊かさ」といえるが、GDPといういくらお金が動いたかを尺度にして「豊かさ」を計れば、たちまち「貧しさ」に変わってしまう。もちろん面積や人口の規模が大きな島では、沖縄島やシンガポール島のように、海運を活用して交易によって経済を成り立たせているところも多い。

また、経済の中心から遠いために、開発が及ばず、そのことが島固有の自然や文化を良好に保全している「豊かさ」がある一方で、開発から取り残され、社会資本の整備が遅れることによって離島苦（しまちゃび）と表現される「貧しさ」を否定できない。なかでも医療と教育といった、高度な施設と人材を必要とする住民サービスの不整備は、人口減少に直結している。

さらに現在では観光などで成功し、人口減少に歯止めのかかっている島は一見「豊かさ」を享受しているようにみえるが、もともと環境収容力の少ない島の観光資源や水資源を過剰利用して環境問題を引き起こし、島の「貧しさ」を露呈している。反対に人口が減り続けている島々では過疎問題が深刻さを増しており、それぞれの島で育まれてきた言語や伝統芸能などの文化だけでなく、これまで人間活動で維持されてきた自然も失われつつある。

離島のさまざまな問題を考えるにあたって、世界遺産などに登録されて成功しているように見える「特権的な島」を論じることも重要であるが、そうではない「普通の島」、さらには国境を守るという特別の役割を担っている「特別な島」にも目を向けることも必要となっている。

## 離島と地球環境問題

現代社会では、生物多様性も文化多様性も共通の原因で喪失している。文化の均質化と単純化を推し進めているのと同じ力、たとえば多国籍企業や農業の近代化、グローバルな市場といったものが、生物相の均質化と単純化を進めている。この半世紀、世界

**竹富島の種子取祭の練習風景。9日間に奉納する芸能は、親から子へ、島生まれから移住者に受け継がれる。**

各地で地域の生物資源によって衣食住とエネルギーの大半を賄ってきた生活が消えていき、そのかわりに低廉なエネルギーを使って、地域の気候風土とは必ずしも調和しない生活を受け入れてきた。蒸し暑い日本の夏に背広とネクタイを着用する衣生活や、北極圏で一〇〇%輸入に頼るコムギと牛肉を使ったハンバーガーを常食する食生活、熱帯域や亜熱帯域でわざわざ気密性の高い建物に住んで冷房を効かす住生活は、戯画的にわかりやすい例といえる。

もちろん、グローバル化によって、豊かで便利な生活が普及し、飢饉や災害には即座に海外からの援助を得ることができ、多くの人々が最新の医学や薬学の恩恵を受けられるようになった。しかし、それはエネルギーを際限なく消費し、温室効果ガスを多量に排出する生活でもある。それにもまして、グローバル化によって世界中を巻き込んだダンピング競争が進んでいくことで地場産業がどんどんつぶれていき、地域の有用資源が使われなくなり、地域間・地域内の経済格差が広がっていく。このような経済原理に沿った、わたしたちの行動そのものが、地球温暖化や生物多様性の喪失などの地球環境問題を産み、経済発展がもたらす利益の公正・衡平な享受を妨げ続けているといえる。

生物多様性と文化多様性を発展的に継承することは、決して「過去へ帰れ」というノスタルジックなものではない。そのなかで、わたしたちが注目すべきなのは、交易に支えられながらも、資源の限られた離島では、循環型の生活のためのさまざまな工夫が生まれたことである。島の固有性と脆弱性を超えて、水や食べ物を無駄なく使う知恵の宝庫が離島にあるといえるほどだ。多様な自然や風土のなかで、長年培われてきた再生天然資源の枯渇を招かず、さまざまな生態系サービスを持続的に利用してきた知恵を活かすことで、環境負荷を抑えた、しかも豊かな生活を推進するという未来可能性、極めて現代的な課題の解決につながっていくのである。

## 本当の「豊かさ」と離島振興法

では、豊かな社会とはいったい何なのであろうか。宇沢弘文は『社会的共通資本』(二〇〇〇年)で、豊かな社会とは「すべての人々が、その先天的、後天的資質と能力を充分に生かし、それぞれのもっている夢とアスピレーションが最大限に実現できるような仕事にたずさわり、その私的、社会的貢献に相応しい所得を得て、幸福で、安定的な家庭を営み、できるだけ多様な社会的接触をもち、文化的水準の高い一生をおくることができるような社会である」としている。

続けて、このような社会はつぎの基本的諸条件をみたしていなければならないとしている。(1)美しい、ゆたかな自然環境が安定的、持続的に維持されている。(2)快適で、清潔な生活を営むことができるような住居と生活的、文化的環境が用意されている。(3)すべての子どもたちが、それぞれのもっている多様な資質と能力をできるだけ伸ばし、発展させ、調和のとれた社会的人間として成長しうる学校教育制度が用意されている。(4)疾病、傷害にさいして、そのときどきにおける最高水準の医療サービスを受けることができる。(5)さまざまな稀少資源が、以上の目的を達成するためにもっとも効率的、かつ衡平に配分されるような経済的、社会的制度が整備されている。

宇沢はこのような豊かな社会を実現するためには、社会的共通資本として、大気、森林、河川、水、土壌などの自然環境、道路、交通機関、上下水道、電力・ガスなどの社会的インフラストラクチャー、教育、医療、司法、金融といった制度資本が不可欠であるとしている。また「社会的共通資本は、それぞれの分野における職業的専門家によって、専門的知見にもとづき、職業的規律にしたがって管理、運営されるものであるということである。社会的共通資本の管理、運営は決して、政府によって規定された基準ないしはルール、あるいは市場的基準にしたがっておこなわれるものではない」とも見解を述べている。

後進性をもつ島の社会的共通資本の整備を行うために、離島振興法をはじめとして、奄美群島振興開発特別措置法、沖縄振興特別措置法、小笠原諸島振興開発特別措置法が成立した。社会的インフラストラクチャーと制度資本に関しては格段の整備が進んだといえる。しかしながら、これらの整備事業は、宇沢の見解とは反し、「政府によって規定された基準ないしはルール、あるいは市場的基準にしたがっておこなわれ」、結果として自然環境と生

名護市役所の建物。沖縄の住まいの知恵を近代的に発展させた。

活文化の豊かさを大きく損なってきたのではあるまいか。わたしは屋久島などの離島の研究をしてきたのだが、この二〇年あまり、離島振興法あるいは奄美・沖縄特別措置法で、島々の港湾や道路が見違えるように立派になったかわりに、水産資源を涵養するのに必要な藻場などの沿岸生態系、美しい景観、あるいは有形無形の文化財が壊され、結果として若者を引きつける島の魅力や生態学的な生産力がなくなり、過疎が進行するという現実を目の当りにしてきた。

## 離島振興法の改正と島の未来

二〇一一年三月十一日に始まった東日本大震災とそれに伴う福島第一原子力発電所事故では、大災害によってネットワークが寸断されると即座に全機能が麻痺してしまうという、過度のグローバル化社会の脆弱性が誰の目にも明らかとなった。いま本当の「豊かさ」を見直す価値の転換が求められている。日常の用途から水産物加工にまで使われていた薪炭にかわって、ガスや灯油、さらに電力が使われるようになり、むかしは木製や竹製だった漁船や農具・漁具が、プラスチックや特殊材料になってしまった。すべて島の外から買わなくてはならないものだ。お金を使わなくても、目の前の海で獲れる魚や畑の野菜を食べ、裏山の木竹を使って身近なものでなんとかなるというのが島の「豊かさ」のひとつであった。低炭素社会では、お金をたくさん使い、その結果として二酸化炭素を多量に排出するような生活が「豊か」であるという価値からの脱却が求められている。その意味で、本来、島は低炭素社会の先進例であった。

離島振興法（二〇一三年六月末で失効）の法期限延長に伴い、離島振興法関係事務等を規定する関係政令の改正が、二〇一二年六月二十二日の閣議で決定された。改正法では、新たに一四の条文が追加された。なかでも、これまで都道府県任せになりがちだった離島振興のための施策を「国の責務」と明記したのが大きな前進である。日本は離島があるからこそ、排他的に経済的な権利が及ぶ海域が世界で六番目の広さをもつ。また離島周辺はもっとも重要な漁場を多く含んでいる。このような海洋資源の保全や国境を守るなど離島が果たす国家的な役割をしっかりと踏まえ、その維持管理は「国の責務」であるとした。その上で、これまでの道路・港湾整備などハード事業中心の財政支援を改め、新たに「離島活性化交付金」を創設し、妊婦の通院・出産支援や高校生の修学支援など、ソフト事業に幅広く使えるようにしたことも注目される。さらに、地域の創意工夫を生かした離島振興を図るため、税制優遇や規制緩和などの特例を設ける「離島特区」を創設した。

宮本常一は「離島振興法ができたから島がよくなるのではない。島をよくしようとするとき離島振興法が生きてくる」と述べている。その意味では、「離島振興法が改正されたから島がよくなるのではない。島をよくしようとするとき改正された離島振興法が生きてくる」のである。

自然資本である海は、水産業と観光の元手である。高度成長期以降、著しく損なわれてきた自然海岸、魚付き林、浅海底（藻場や砂地）、河川、地下水脈などを取り戻し、魚湧く海と風光明媚な景観を取り戻すことが必要である。「鉄とコンクリート」から「土とみどりと青い海」へと政策目標を大きく転換すべきである。現在、日本のあらゆる海で、基本的には水産資源が大きく衰退しているのはほぼ間違いない。漁業権や密漁、漁業規制の不徹底など漁業者側の問題も大きいが、海自体の生産力の衰退は危機的である。とくに地付きの魚が産卵し、稚魚が育つ「ゆりかご」としての浅海底はふだん人目に触れないだけに状況の悪化が見過ごされやすいし、モニタリングも不十分である。水産物生産の起点である海藻や植物プランクトンの育成を助け、さまざまな陸上起源の汚染を未然に防ぐため、陸上生態系から沿岸域生態系への連関を考慮した豊かなエコトーンを再構築すべきである。この取り組みには、有人島の大半を占める「普通の島」が、自然共生社会として日本全体の自然資本の再生からみれば大きな意味をもつ。

この島の自然資本の再生を前提として、本当にいま必要とされていることは、都会で働いている青年が生まれ故郷の「普通の島」へ帰ってこられる状況を整えることである。先祖代々受け継がれてきた土地で農業を営み、あるいはさまざまな形態で沿岸漁業を営むという第一次産業をベースに、家族数人が暮らしていくだけの現金収入が得られる小さな生業を起こしていけることが切実な課題である。小さな生業は伝統工芸でもいいし、地産地消の小さな食堂やお弁当屋さんでもいい。あるいはグリーン・ツーリズムやブルー・ツーリズムでもいい。一家がなんとか暮らしてゆけて、まわりの人々も暖かい気持ちになれるような多様なスモールビジネスを起こすことへの理解と協力が必要なのではなかろうか。

# ヤポネシア論から半世紀

前利潔

●まえとし・きよし　一九六〇年生。知名町教育委員会。日本島嶼学会会員。法政大学沖縄文化研究所国内研究員。奄美諸島の近世史、近現代史、文学、思想。著作に『反復帰と反国家』（社会評論社、二〇〇八年）、『琉球文化圏とは何か　別冊『環』⑥』（以上共著、藤原書店、二〇〇六年）、知名町教育委員会編『江戸期の奄美諸島――「琉球」から「薩摩」へ』（南方新社、二〇一一年）等。

## ヤポネシア論の背景

二〇一八年は、明治一五〇年の年であった。半世紀前の一九六八年前後、島尾敏雄のヤポネシア論はかたちをととのえつつあった。ここでは島尾にならって、「明治〇〇年」を「近代日本〇〇年」という意味で使いたい。ヤポネシア論は、明治一〇〇年と無関係ではなかった。

ヤポネシア論とは何か。谷川健一の言葉を借りれば、「単系列の時間につながる歴史空間」としての「日本」の歴史に対して、「多系列の時間を総合的に所有する空間概念」として存在するのが、「ヤポネシア論」である。この言葉からもわかるように、ヤポネシア論は時間（歴史）と空間、つまり時空概念である。

空間概念としてのヤポネシアとは、どういうことか。大陸にへばりつくように存在する日本列島の位置を、南太平洋の島々を主題に調節してみると、ひとつのグループとしての姿がみえてくるはずだ。ヤポネシアという言葉そのものが、ポリネシア、ミクロネシア、インドネシアなどのイメージから生まれた言葉である。

時間概念としてのヤポネシアとは、こういうことだ。歴史教科書をひらくと、近畿や関東などのいわゆる「中央」を中心においた歴史、単系列の時間」が記述されている。琉球弧の島々が登場したとしても、辺境の島々として記述されるにすぎない。それに対して、「多系列の時間を総合的に所有する空間概念」としてのヤポネシア論は、琉球弧や東北の歴史も日本列島の歴史として正当に位置づける。

ヤポネシア論から半世紀、何が変わり、何が変わらないのか。初期のヤポネシア論は、琉球弧の島々が独特の風土と文化をもつ地域であるとしつつも、基層においては「日本」と同一のものをふくむ地域であることを強調していた。ところが六七年以降、この同質性という視点は背景に退き、むしろ「日本」と「琉球弧」の異質性を強調するようになる。

島尾は六七年になると、「琉球弧」について積極的に発言しはじめる。「琉球弧の視点から」では「日本の、歴史も政治も、その目の位置が低すぎ、南はせいぜい鹿児島どまり」「北海道も東北もそして琉球弧も等距離で見渡せるような場所から、日本を見たい」と書き、「琉球弧を目の中に――明治百年と鹿児島」では「明治百年は鹿児島県のためにあるような気持ちさえ起こってくる」と書く。さらに鹿児島県教委月報に「独立政権を持っていた琉球や、まつろわぬ蝦夷地の東北が、日本歴史の展開にどれほども役立たなかった異域だなどと考えることができることではない」と強い調子で書く(「偏倚」)。そして六九年には、日本という国は「東北」と「中央日本」と「琉球弧」の「三つの部分から成立している」とまで書くようになる(「私にとって沖縄とは何か」)。

この考え方が、その後のヤポネシア論の骨格となってくる。そして七〇年一月、谷川健一が『日本読書新聞』元旦号に「〈ヤポネシア〉とは何か」を発表した。前述の谷川の言葉だ。この谷川の文章がきっかけとなって、〈ヤポネシア〉という言葉が一般化し、かなりのひろがりをもって受けとめられるようになった。

## ヤポネシア論の現在

島尾は県立図書館奄美分館長として、『名瀬市誌』(三巻、六八～七三年)編纂に深く関わった。同誌は「奄美諸島史」とでもいえるような内容であり、その後の町村誌編纂に与えた影響は大きい。ヤポネシア論は、沖縄においては〈琉球弧論〉として受容され、沖縄の歴史家に与えた影響も大きい。ヤポネシア論から半世紀が過ぎたいま、奄美諸島史、琉球史を抜きにしては、日本史を記述できなくなっているといってもよい。とはいえ、昨年(二〇一八)一年間をふりかえると、「明治〇〇年は鹿児島県のためにある」という島尾の指摘は、いまでもあてはまるのではないか。

南太平洋の島々を主題に調節してみるという、ヤポネシア論のもう一つのモチーフはどうなのか。それは沖永良部島からみえてくる。古代から語り継がれてきた創世神話「島建てシンゴ」は、国土創造から人間の誕生、そして穀物の起源までを描くことで、物語としての体系的な完結性をもっている。記紀神話とは別物語である。谷川健一は「宇宙と大自然を背景とした壮大な叙事詩」

と高く評価している。外間守善によれば、南島各地に断片的に伝わっている神話、神歌が沖永良部島の創始神話につながり、ひとつにまとまっているという。さらに日本、東アジア、東南アジアの神話とのつながりだけでなく、広大なポリネシア、メラネシア、ミクロネシア、インドネシアなどの島々の創世神話にもつながっていることが、わかってきたという。その他にも国内で沖永良部島だけに残されている物語が複数あり、それらはベンガル湾上のサン＝ニコバル島や台湾の原住民、アイヌ民族の物語との共通性が指摘されている。

島尾は「奄美の呼び方」（1959）で、「沖永良部島や与論島で、自分の島が奄美と呼ばれていることを知ったのは、やっと昭和にはいってからだ」と書く。続けて、「それぞれの島はそれぞれキカイであり、トクノシマであり、エラブ、またヨロンであって、観念的にはアマミの中の一つだと理解しても、島々のあいだに差異が多く、何となく実感としてぴたりとこない」と書いている。島尾の指摘は鋭い。奄美諸島も、多系列の時間を総合的に所有する空間である。

奄美　日本を求め、ヤマトに抗う島

斎藤憲・樫本喜一著

話題本題

物語ではない戦後史

奄美群島では復帰記念日（12月25日）が近づくと、物語が氾濫する。「郡島民一丸となって復帰を勝ち取った」、という物語だ。復帰運動史が「物語となった戦後史」であるとすれば、本書は「物語ではない戦後史」である。

戦後の前半部分に焦点をあてている。「昭和の時代」ともいえる。復帰直後から、対立と矛盾は現れた。50年代は市町村合併と学校統廃合、60年代は大型製糖工場などの企業誘致、70年代は迷惑施設（石油基地、原子力船「むつ」、核燃料再処理工場）、80年代は「保徳」選挙、これらをめぐって奄美群島は揺れた。著者は膨大な資料（議会議事録、新聞等）を読みこんだうえで、当事者たちから聞き取りを行っている。賛成派と反対派、どちらも生身の人間味あふれる人物として登場する。

本書で再確認できたことがある。鹿児島県と琉球政府の離島政策の違いだ。鹿児島県は奄美群島に国策をストレートに導入した。琉球政府は日本政府の国策をそのまま導入するのではなく、離島経済の観点から、独自の政策を適用している。それはパイン農家や、黒糖農家の保護政策となって現れた。

徳之島への核燃料再処理工場立地計画の背景には、驚かされた。鹿児島県でさえも反対した計画である。米国が多国間再処理センターの徳之島設置を要請していた、という。立地計画を水面下で進めていた日本政府であるが、歓迎したわけではない。核戦略をめぐって、「日米両国のむき出しの国益がぶつかりあった場所が、ここ奄美群島の徳之島だった」と指摘する。

ある報告書（1992）は奄美経済の三重苦として、①基幹産業の衰退とその影響、②若年人口の流出と人口減少、③縮小閉鎖経済への悪循環、をあげている。象徴的な事例は、大島紬の生産額がピーク時の287億円（1980）から、3億6千万円（2017）へと激減したことだ。激しい住民対立の背景である。

「ヤマトに抗う島」は、「国策に抗う島」と読み替えてもいい。21世紀の奄美群島では、二つの国策が進行している。世界自然遺産登録と自衛隊誘致である。「自然と軍事基地」、ほとんどの郡島民はそれを矛盾として認識していないようだ。その背後に何があるのか、著者と議論してみたい。

（前利潔・沖永良部島／知名町役場職員）

南方新社・4104円
／さいとう・けん　1958年生まれ。大阪府立大学名誉教授。かしもと・よしかず　1964年生まれ。大阪府立大学客員研究員。


**参考文献**

『島尾敏雄全集』第一六巻（1982、晶文社）
——同第一七巻（1983）
岡本恵徳著『「ヤポネシア論」の輪郭』（1990、沖縄タイムス社）
谷川健一著『南島文学発生論』（1991、思潮社）
岩倉市郎著『沖永良部島昔話』（知名町教育委員会、復刻版、1984）
中脇初枝編『女の子の昔話』（2012、偕成社）
前利潔「無国籍の奄美」（朝日新聞社『論座』二〇〇三年八月号）
山本節「月の中の一本足の人」（2011、知名町教育委員会編『絵本／月の中の一本足の娘』解説）

# 季刊『しま』の六十五年

三木剛志

●みき・つよし　一九六七年生。全国離島振興協議会・公益財団法人日本離島センター広報課長兼調査課長。離島振興。共著に『宮本常一とあるいた昭和の日本　第12巻　関東甲信越②』（農山漁村文化協会、二〇一一年）、『海洋白書２０１５』（海洋政策研究財団、二〇一五年）、『離島研究Ⅴ』（二〇一四年）、『読みたくなる「地図」国土編』（以上海青社、二〇一九年）、『図説日本の島』（朝倉書店、二〇一八年）等。

## 離島振興を目的に幅広い読者を対象とする

季刊『しま』誌は離島振興法（十年間の時限立法）が制定された昭和二十八年、離島関係市町村が結集して組織された全国離島振興協議会の機関誌として創刊した。その中心となったのは、島嶼社会研究会（同二十五年発足）の竹田旦（民俗学）、山階芳正、大村肇、園池大樹（以上地理学）、そしてアチックミューゼアム（現日本常民文化研究所）の宮本常一である。この五氏は、対馬総合調査を実施した九学会連合会長で学問と行政との連携の必要を説く渋沢敬三からの要請もあり、同協議会の幹事を無給で担うこととなった。当時事務局は東京大学理学部地理学教室内に置かれ、誌名は「島を公けにし、島の住民をして互いに知り合わしめる」などの目的で創刊された柳田國男・比嘉春潮主宰の学術雑誌『島』（同八〜九年刊）に肖《あやか》って平仮名としたという。その後、同四十七年からは同協議会を母体として設立された財団法人日本離島センター（同四十一年設立、平成二十五年に公益財団法人）の広報誌として今日まで六十五年にわたり刊行し続けてきている。

創刊の辞に、「離島の振興は為政者のみの力によって成されるものではなく、又島の人達の力だけで遂げられるものでもない。全国民が、島の自然的・人文的の実情と、真の力を正しく認識し、深くこれを理解して、振興に邁進しなければならない。本誌『しま』はそうした本会の目的遂行のために、大きな使命をもって生れたのである」とある。誌面構成は関係法や施策の解説、各界識者の論説や座談会録、農漁業や各種技術に関する講座、現地報告、住民からの声、随筆、島の子供達の作文など、離島行政関係者のみならず一般住民や外部識者までをも広く対象とした盛り沢山の内容となっており、昭和三十年の第六号には三重県神島に取材して長編小説『潮騒』を上梓したばかりの三島由紀夫が随想「神島の思い出」を寄稿するなどしている。

以後、昭和四十年頃までは、各巻頭を追うだけでも、当時喫緊の課題だった水道・電気導入をはじめ、港湾・漁港・航路整備、急傾斜地帯農業振興、新農山漁村建設、小規模土地改良、農業構造改善、沿岸漁業振興、へき地教育・医療対策など、離島の「後進性」除去を謳う初期離島振興法に規定された基礎的諸問題ほか、七省四十二課に跨っていた離島振興関係国家予算の経済企画庁（当時）計上一本化と離島振興課設置、奄美群島の日本復帰に伴う復興特措法など、とりわけ基礎的な社会資本整備と行政支援の枠組みを確立させるための運動関連記事が続く。

季刊「しま」創刊号（昭和28年12月）書影

特筆すべきは昭和三十年に宮本常一の提唱によって始まった住民研修「全国離島青年会議」（同六十年までほぼ毎年実施、同四十五年からは婦人会議も別途開催。平成四年から「島づくり人材養成大学」として継続）には毎年多くの頁が割かれ、自らの島をよりよくするための実践活動報告が掲載されていることである。離島振興の実質的な担い手である青年層への大きな期待が窺える。

十年ごと数次にわたる離島振興法の改正期には、協議会内に組織した新法制定研究会の検討結果や、離島住民意識調査の結果報告などを踏まえ、新たな離島像の提示や次期振興計画の展望がなされており、「離島振興事業は、まず島の生産をあげることに重点をおいて立案計画すべきものでなければならない。これには生産拡大と流通と金融の面からこれを追究してゆかなければならぬ」（宮本常一「これからの十年」三十七号）との記述も見える。

## 離島の国家的位置づけの転換と自立への試み

昭和四十年代以降、特集的位置づけの記事は、交通（離島航路助成、道路・架橋整備）や生活（し尿・ごみ処理、電話の普及増設、過疎、消防体制）の諸問題改善が続き、全国総合開発計画と離島振興、臥蛇島などの全島離島問題、米国の信託統治下にあった沖縄離島の振興、長く離島振興法における離島の根幹認識だった「後進性をもたらす本土との隔絶性」が「わが国の領域保全を担う重要性」と改められ離島存在の国家的位置づけを大きく転換させることとなった国連海洋法条約や二〇〇カイリ問題についても言及がなされている。あわせて、観光レクリエーションと第三次産業の振興、島の役場論、住民運動、ファンド構想など、島々の自主自立を見据えたテーマが語られるようになる。

平成に入る頃からはその傾向がさらに顕著となる。交流と観光(手づくりイベント、国際交流、エコツーリズム)、情報(図書館、マルチメディア)、癒しと健康(アイランドテラピー、島の食)、自治のあり方(コミュニティ活性化、地域計画、市町村合併)、特産品開発と流通(水産物流と商品化)、医療と高齢者福祉(制度改革、日本版CCRC、保険制度、ケアシステム)、教育の場としての活用(域学連携、島留学)、新たな政策と施策(海洋基本法、改正離島振興法、有人国境離島法、離島活性化交付金、離島創生)、新たな担い手(協働と連携、NPO法人、島のサポーター、地域おこし協力隊、Iターン、定住と起業)などの主題が登場するようになり、社会と時代の要請を背景に、社会基盤を活用したソフト面の活用といった内容に推移してきている。

また、三宅島や伊豆大島の火山噴火、奥尻島を襲った地震津波、先頃の東日本大震災など、住民定住を揺るがしかねない災害発生にあたってはその都度詳細な現地レポートとその続報を掲載している。

ほかにも各種シンポジウムやセミナー、離島振興功労者表彰、海外離島調査、総合交流イベント「アイランダー」、離島人材育成基金助成事業など、両団体で実施する事業報告がなされてきており、連載記事としては、国境離島や瀬戸内海離島のレポート、住民生活誌の聞き書き、宮本常一写真の読解などを継続している。

なお、離島振興運動の理論支柱でもあった宮本常一については、没後、本誌でも数度にわたって追悼的特集を組み、また本誌収録記事から『宮本常一離島論集』(みずのわ出版)が編まれるに至っている。

本誌の多様な記録群は、その時々における戦後離島振興史の断片にしか過ぎないが、広く世界的な座標軸の中に各々を据え、島からの内発的な視座から通覧を試みる時、はじめて島々を主体とした新たな自国像が立ち現れてくる可能性があるのではないか。

また、全有人島と主要無人島の諸相を収録した『日本の島ガイドSHIMADAS』(平成五年創刊、改訂作業中)は、《日本ネシア》の総体表現の一つとして位置づけられるかもしれない。

国々のアイデンティティが試される時代にあって、今後も引き続き島をめぐる政治の動向、島々の生業のありよう、暮らしぶりなどの実情をつぶさに記録・発信し続けることは、「世界に類の無い大島国」(柳田國男)としての責務だろう。

# フランコネシアと日本ネシア

## 【コルシカから考える島の自治の問題】

長谷川秀樹

●はせがわ・ひでき　一九七〇年生。横浜国立大学准教授。フランス社会学。著作に『コルシカの形成と変容――共和主義フランスから多元主義ヨーロッパへ』（三元社）、『マクロン政権とコルシカ民族主義』（『日仏政治研究』二〇一九年三月）等。

　フランスは世界最大のＥＥＺ（排他的経済水域）を擁する海洋国家であり、欧州大陸周辺のみならず南太平洋、インド洋、カリブ海などに領土となる無数の島嶼を抱える。かかる島嶼、特に有人島のそれらは「フランコネシア」と呼ばれる。ヴァヌアツ、モーリシャス、セイシェル、ハイチ等フランスではないが仏語が何らかの形態で用いられる仏語圏《フランコフォニー》島嶼国もこれに含む場合もあるが、ここではフランス共和国の島嶼に限定し、日本ネシアに通じるものがあるか提起してみたい。

### コルシカ被支配史と民族主義

　「自治《オートノミー》」という概念でフランコネシアを考察する場合に、避けて通れないのが地中海にあるコルシカ島だ。この島は有史以来フォカイア、エトルリア、カルタゴ、ローマ、ヴァンダル、サラセン、ピサ、アラゴン、ジェノヴァと島外勢力による支配や統治を絶えず被ってきた。無論、「フランコネシア」の存在は、仏植民地政策の残滓と言ってもよかろうが、コルシカはフランス統治（一七六九年以降）以前から多数の被支配が繰り返された島であり、また仏支配も島民が望んだものではなく、四〇年に及ぶ抵抗の結末として圧倒的な武力により併合されたものである。仏統治後も英国、ドイツ、イタリアの一時的な占領や統治を受け、特に言語文化的に近似しているイタリアは、一九四〇年、ファシスト政権が島を占拠し、ムッソリーニはこれをコルシカのフランスからの「解放」であるとしたものの、島民のほとんどはファシストには協力しなかった。

　そのコルシカ島では近年、「民族主義者《ナショナリスト・コルス》」と呼ばれる政治勢力が躍進している。二〇一五年以降、島の議会で多数派となり、島の政治的決定権を握る状態となっている。これはすなわち島民の多くが民族主義者を支持しているということでもある。民族主義

フランスのEEZ

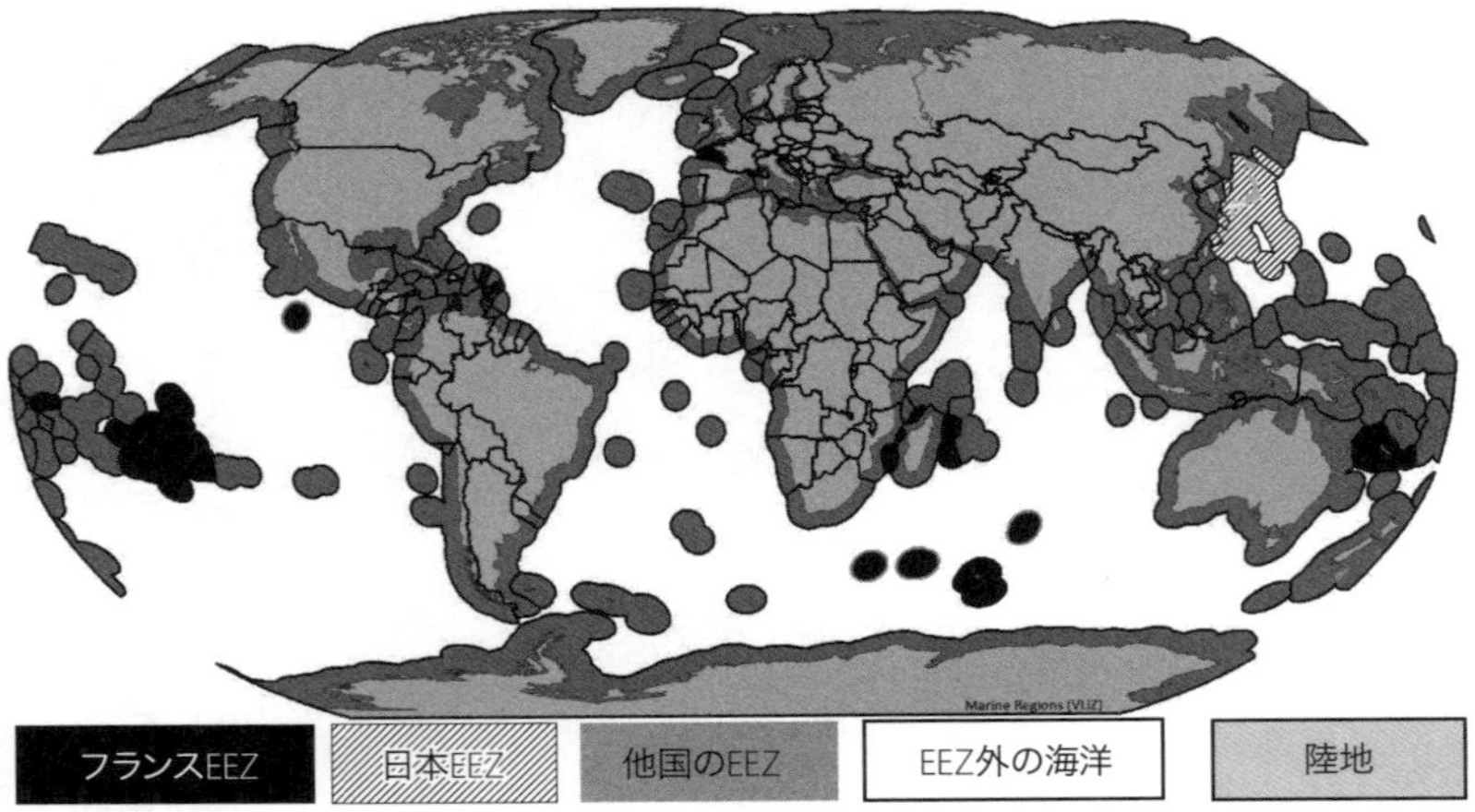


（注）フランスと日本のEEZ海域には係争となっている領域も含まれる。

フランス共和国に属する島々（有人島のみ）

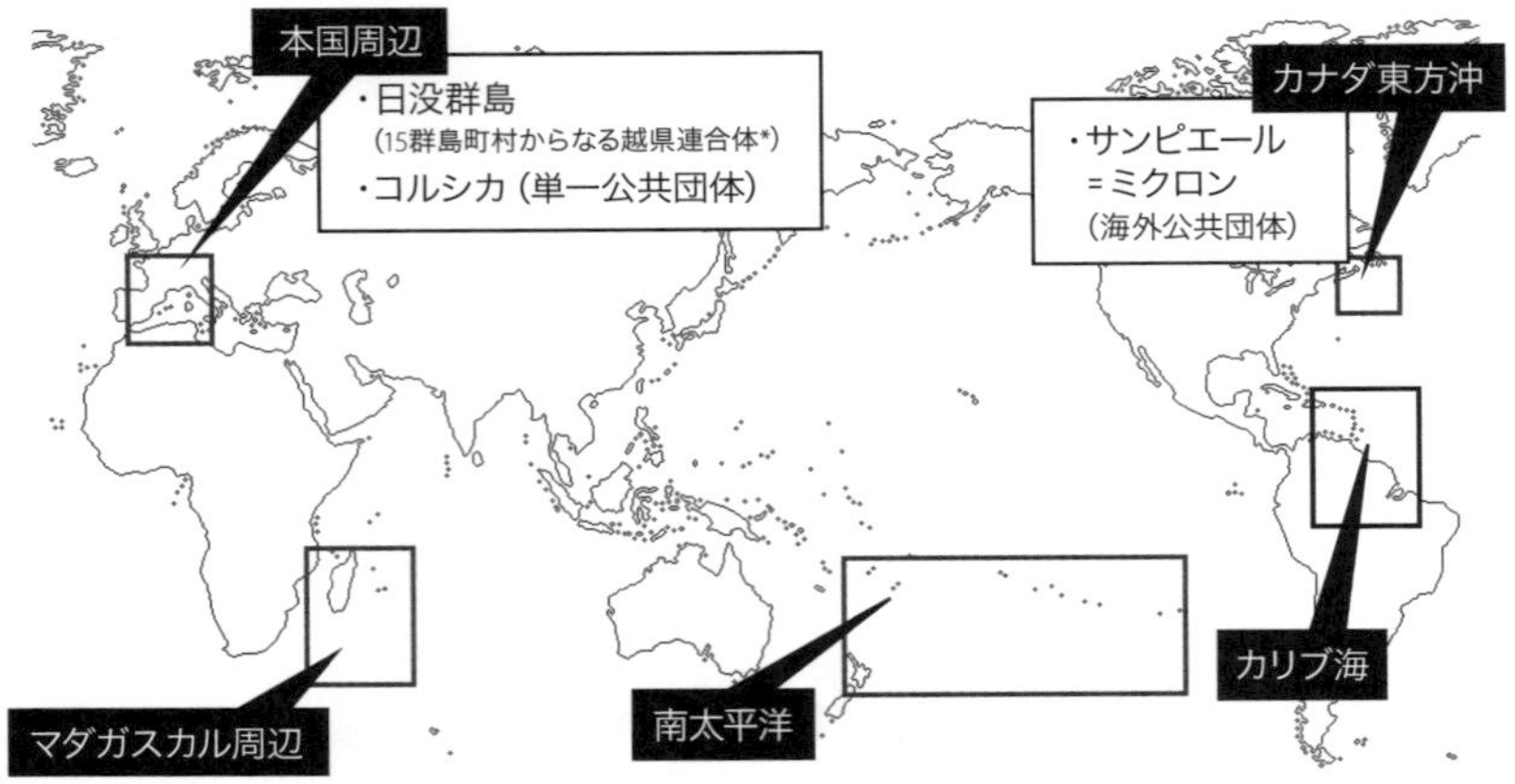


・マヨット（海外県）
・レユニオン（同）

・ニューカレドニア（特別公共団体）
・仏領ポリネシア（海外公共団体）
・ワリス＝フツナ（同）

・マルティニック（単一公共団体）
・グァドルップ（海外県）
・サンマルタン（海外公共団体）
・サンバルテルミ（同）

＊「海外公共団体」は島ごとに自治の大きさや政治行政組織がことなり、名称は同じでも同一制度ではない。「越県連合体」とは地方自治制度ではなく、アソシエーション（法人格を有する団体）を意味する。

フランコネシア

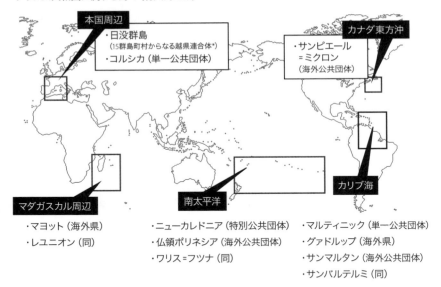

とは、コルシカ島民をフランス本土人とは異なる一つの「民族」とし、このコルシカ民族の生存と発展を最優先とする立場や主張である。現在ヨーロッパではフランスに限らず国内の一地域が民族主義を高らかに掲げるケースが見られ、スペインからの「分離独立」を宣言したカタルーニャなどがその典型であるが、コルシカ民族主義はフランスからの分離独立を主張しているのではない。求めているのは「自治」である。それも単にフランスという国家に対する「自治」にとどまらず、ＥＵ（欧州連合）を巻き込んだ「自治」である。

## コルシカの自治とフランス・ＥＵ

具体的にコルシカ民族主義が掲げる自治とは主に次の四項目である。①併用公用語《コ・オフィシャリテ》、②「島民」地位、③特別税制、④国土連続制。①併用公用語とは、島の少数言語、コルシカ語とフランスの公用語である仏語をどうするのか、という問題である。コルシカ語は話者三〇万人程度でユネスコにより消滅危機言語に指定された少数言語である。二〇〇〇年から島内全学校で教育されているが、この状況は変わりない。仏語と対等に処遇するという二言語主義政策では不十分で、コルシカ語能力保有者を島内就職・昇進で優遇するほか、島内地名や広告・放送・文化芸術活動を二言語ではなくコルシカ語のみにするという方策である。二〇一三年コルシカ議会がこれを決議したが、仏政府は反対している。②は島内の地価高騰および定住困難となる島の若者の離島現象抑制のため、不動産売買権を島内継続定住五年以上の「島民」に限定するものである。これも二〇一四年議会で採決されたが、やはり仏政府は反対している。③は島内の相対的物価高を抑制するため付加価値税等の税率を仏本土よりも低税率に設定するという施策で、一九九四年より実施されている。コルシカにはさらに相続税の減免措置やコルシカの直接財源となる出入島税などもある。ＥＵは税制調和（加盟国の課税対象や税率をなるべく一律にするという政策）を掲げており、特別税率の維持は困難でもある。④も物価高抑制と海運・航空路の安定的運営のために出された政策で、コルシカ議会があらかじめ決めた便数・使用機種・料金体系・職員雇用形態をもとに航空・海運会社と運航契約を交わし、国庫補助金により契約運航に伴う赤字や新機種購入に伴う負担を補填するものである。だが、これを契約しないスイス・イタリア資本の多業種企業がコルシカ航路に進出し、格安料金設定により従来からの契約運輸業者を圧倒している。こちらもＥＵとフランスの政策が絡む中で生ずる問題である。

フランコネシアにおいてコルシカ島の自治問題は、仏本土沿岸、特にブルターニュ半島周辺にある「日没群島《イル・デュ・ポナン》」の諸問題（日本ネシアの離島に同じ過疎や架橋に係るケースが多い）やニューカレドニア等海外島嶼の問題（フランスからの独立とＥＵとの関係再構築）とも異なるも、これらの問題も共有する。少数言語文化の維持と再生、税制、交通問題や経済発展、アイデンティティと観光など沖縄県が抱える問題にも通ずるところがあろう。ただ、自治は単にシマと国家との二者関係ではなく、EUのような超国家的共同体ともかかわる三者関係で解くべき問題であり、そのことが日本ネシアに何を投げかけるのか考える余地は大いにある。


**参考文献**

長谷川秀樹（2014）「コルシカ島における二言語状況と併用公用語について」Revue japonaise de didactique du français 9(1-2)：209-224

長谷川秀樹（2016）「コルシカ島における海運の状況と国土連続制」『しま』62（1）:72-83


# 非核憲法の国パラオから見た日本列島


上原伸一

●うえはら・しんいち　一九五一年生。国士舘大学大学院客員教授、日本音楽著作権協会理事。著作権研究者、パラオジャーナリスト。著作に『海の楽園パラオ――非核憲法の国は今』『旅してみればパラオ――海・観光編』（以上あみのさん）『クリエイトする人たちのための基本からの著作権』（商事法務）「パラオ短信」（『パシフィックウェイ』連載中）等。


日本の真南にあり太平洋で繋がるパラオ共和国は、一〇〇年以上前から日本と深い関係にある。非核憲法の国パラオから日本を見てみる。

## 日本とパラオ

一九一四年に第一次世界大戦が始まると、日本はドイツが支配していたミクロネシア（南洋群島）を占領し支配下に置いた。第一次大戦後の一九二〇年、国際連盟により南洋群島は日本の委任統治領となった。一九三三年の国際連盟脱退後も日本はこの地域を植民地として第二次大戦終了まで支配した。パラオは南洋群島統治の中心地で、コロールには南洋庁本庁が置かれた。大戦末期の一九四四年には、南部のアンガウル島、ペリリュー島は玉砕の地となった。

現在、日本からはダイバーを中心に年間三万人前後が人口約二万人の小さな島国を訪れている。

## パラオの非核憲法

一九七〇年代にミクロネシアの独立の動きが進み、パラオは、一九八〇年に憲法を成立させた。翌年一月一日に発効、同日に自治政府も発足した。憲法一三条六項は、「戦争での使用を目的とした核兵器、化学兵器、ガス兵器、生物兵器、さらに原子力発電所及びそこから生じる廃棄物などの有害物質は、パラオの司法権が行使される領域内で使用、実験、貯蔵、処分してはならない。ただし、この特別な問題に関し、国民投票で投票総数の四分の三以上によって明白な承認が得られた場合は例外とする。」と定めている。

アメリカとの自由連合盟約により経済援助を受けることが独立の前提であったが、アメリカは、核兵器の有無には一切言及せずに基地を使用する権利を盟約に盛り込んでいた。核の持ち込みの可能性が否定されない以上、盟約締結には国民投票の四分の三の賛成が必要であった。七回の国民投票が行われたが四分の三には届かなかった。

一九九二年に、国民発案（有権者の二五％の署名により憲法改正の発議が出来る）で憲法改正の国民投票が行われ、アメリカとの自由連合盟約には憲法の非核条項を適用しない旨の修正が行われた。これにより、国民投票の五〇％の賛成で自由連合盟約は承認されることになった。一九七三年の国民投票で盟約締結が承認され、一九九四年十月一日に独立を果たした。

日本では「経済援助のために非核憲法を凍結」と報じられたが、これは正確さを欠く。大きな穴が空いたことは事実だが、米国との自由連合盟約以外には憲法の非核条項は生きている。この時点では、アメリカはパラオに軍を配置する予定はなくなっていた。近い将来米軍のレーダー基地建設の予定はあるが、今でも、パラオにはごく小規模

パラオ最北の有人島、カヤンゲル環礁

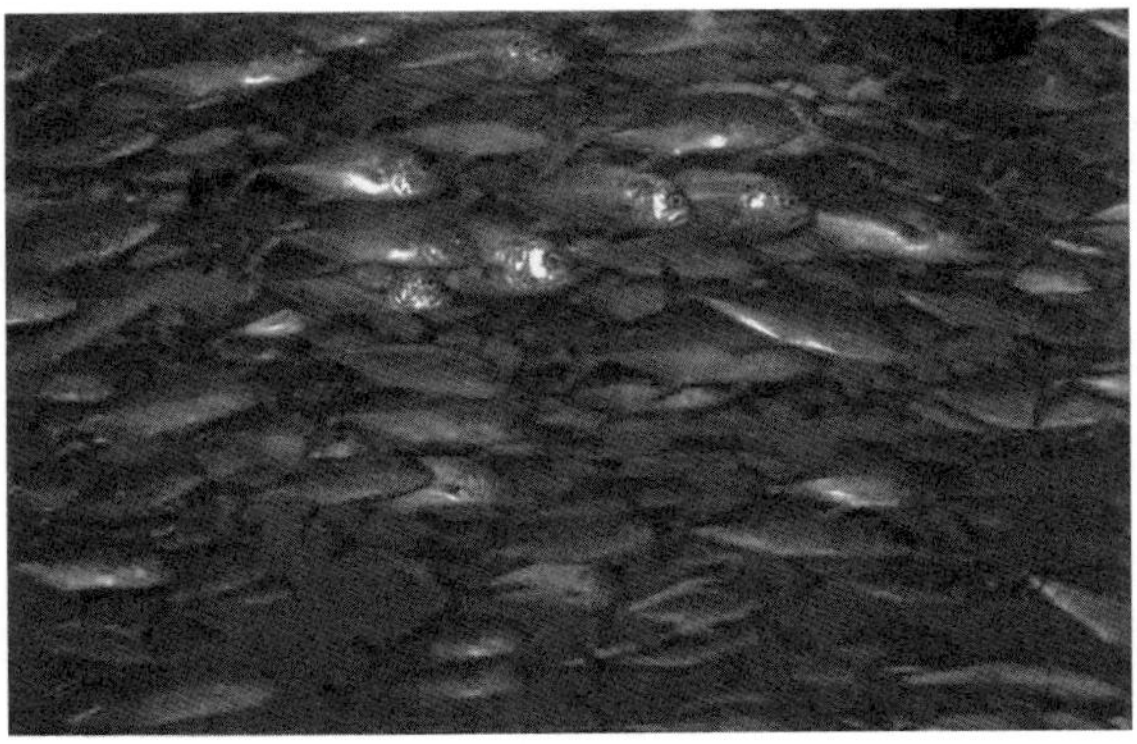

魚湧く海

な連絡基地のみで、原子力艦船の寄港もない。

何故非核憲法か。憲法の他の特徴とあわせてみると分かる。土地は国民でないと所有できず（一三条八項）、少なくとも片親がパラオの血を受け継いでいないと国民になれない（三条一項）。魚湧く海に囲まれ、降雨量も多いパラオは、相当数の住民を養える自然環境を有する単純再生産社会であった。独立にあたり最も大事なことは自らの伝統社会を支える土地と自然環境を守ることであった。ビキニやエニウェトクでの核実験は、核が人々から生活の基盤を奪う現実を示していた。憲法一三条六項は、独立にあたり必須であった。

## パラオから見た日本列島

パラオには核物質は全くない。日本には多くの原子力発電所も、アメリカの原子力艦船の母港もある。東日本大震災で福島第一原子力発電所は炉心溶融を起こし、数万人が避難を余儀なくされ、放射能汚染水が海に流出した。今なお放射線量の高い地区があり、廃炉が何時完了するかの明確な見通しもない。他地域の原発はまだ稼働しており、今後どうするかも定まっていない。

元々、島における生活は単純再生産をベースにした循環型であった。しかし、現代はグローバル化が進み、小さな島嶼国も持続可能な発展を求めざるを得ない。パラオは、排他的経済水域から外国漁船の操業を閉め出す法律を成立させた。重要な収入源である外国からの漁業ライセンス収入を断ち切ってまで、「無垢の天国」（Pristine Paradise、パラオのキャッチフレーズ）を維持する道を選んだ。

魚湧く海は生活の海である。旧南洋群島であったパラオ、ミクロネシア連邦、マーシャル諸島、グアム、北マリアナ諸島は共同して自然環境を守るため保護区を設定し、基金を積み立てている。しかし、海はつながっている。この自然環境はミクロネシアの努力だけでは守ることができない。

パラオは、無垢の自然を維持する事により、ハイエンドツーリズム（高付加価値観光）で収入を確保しようとしている。現実には、経済成長が続く中国からの団体観光客が二〇一四年から激増し、一気に年間の観光客が倍近くになるまで増えた。ホテルが足りなくなり、ビーチは混雑し、個人旅行客やリピーターが多く、重要な市場である日本からの客が減ってしまった。一方で、台湾との断交を迫る中国政府は、二〇一六年にパラオへのツアー旅行禁止の通達を出し、中国からの観光客もその後減少の一途をたどっている。

大きな島国日本は、全体としてはかなりの変化に対応出来る。しかし、個別の島は必ずしもそうではない。日本の人口減少は確実と予想されている。都市と地方の格差を抱えたまま発展してきた大きな島国は、グローバル化の中でその土地と文化を如何に守っていくことが出来るのか。

# 東アジア海文明の歴史と環境

鶴間和幸

●つるま・かずゆき　一九五〇年生。学習院大学文学部教授。中国古代史。著作に『秦帝国の形成と地域』（汲古書院、二〇一三年）、『人間・始皇帝』（岩波新書、二〇一五年）、『ファーストエンペラーの遺産　秦漢帝国』（講談社、二〇〇四年）、『始皇帝陵と兵馬俑』（講談社学術文庫、二〇〇四年）等。

## はじめに

二〇〇五年から二〇一〇年まで「東アジア海文明の歴史と環境」というテーマで日本・韓国・中国の国際共同研究を立ち上げた（鶴間和幸・葛剣雄編著『東アジア海文明の歴史と環境』東方書店、二〇一三年）。終了してすでに九年経ち、私たちの思いとは裏腹に、東アジアの政治情勢もますます緊張したものに変わってきていることに、驚かされる。

東アジアの海をめぐる研究には、「東アジアの海域交流と日本伝統文化の形成」というテーマで進行しているグループもあった。そこでは東アジアの海をめぐる文化の交流に関心があり、国境のない海の歴史を振り返ることによって、東アジアの現在の政治的な摩擦に何らかの提言をしようとする意図が認められる。私たちのテーマでは文明と環境というキーワードをとくに掲げ、その舞台を東アジア海と命名したことに特徴があった。

## 東アジア海

大陸と日本列島の間の海は、日本海（韓国、北朝鮮では東海《トンヘ》）、渤海、黄海、東シナ海（中国では東海《トンハイ》）というように名称は分断され、国によって異なる。私たちはヨーロッパの地中海を意識して、一つの名称を考えた。地中海はかつて古代ローマ帝国の支配下に入ったことでマレ・インテルヌム、すなわち内海の意味のラテン語で共通に呼ばれていたのに対して、東アジアの内海には共通の名称がない。台湾から南西諸島を経て日本列島、そして樺太へ弓なりに続くラインはユーラシア大陸との間で大きな内海を形成している。ここを東アジア海と命名した。中国語で東亜海（トンヤハイ）、韓国語でトンヤシヤへ（東アシヤ海）と呼ぶようにした。共同研究者の間では共有したが、一般に普及するまでには至らなかった。私たちの研究が、一般の方々に十分知られるところまでいかなかったことを反省している。

## 海の地勢

私たちは東アジア海の海底図にたえず注目してきた。普通の地図では中国大陸と日本列島との間に海があるが、海底の地勢まで詳しく示している地図では、日本列島の西の大陸棚は浅い海であり、列島のすぐ東側には深い海溝が走っていることに気づく。日本列島はユーラシア大陸と海で隔てられているというよりも、ユーラシア大陸の最末端に位置しているという認識をもつ必要を感じた。日本列島の西部分はユーラシアプレート、東部分は北米大陸プレートの上に位置し、両プレートのそれぞれに沈み込んでいるのが太平洋プレートとフィリピン海プレートである。その沈み込み部分が日本海溝、相模トラフ、南海トラフ、琉球海溝となる。このようなプレートテクトニクスの考え方が登場したのは一九六〇年代末であるが、私たちの海の認識は依然として、海が囲続する孤島という認識に止まっている。二〇一一年三月の東日本の海溝型地震は、今の時代の私たちには新たな体験であり、新たな海域文明の見方を提起する絶好の機会となった。海域の地勢までもが陸域の自然や生活や歴史と深く関わっていることを改めて認識することになった。

近年の東アジア海では海をめぐる大きな政治的摩擦が顕在化している。排他的経済水域EEZによって沿海から二〇〇海里（約三七〇km）までを領海として主張すると、日中間はEEZが重なる部分では日本はその中間線を境界として主張し、中国は大陸棚が続く沖縄トラフまでを領海と主張する。EEZが国際海洋法条約で認められたのは、一九八二年のことである。私たちは今一度過去の長い歴史のなかで海が果たしてきた役割を見直し、過去の歴史から将来に生かしていけるものを探さなければならない。

## 地中海世界との比較

東アジア海では黄河（全長五四六四km）と長江（全長六三〇〇km）という大河が、大量の土砂を含んだ泥水を大陸棚に注ぎ、このことが大陸棚の海の資源と環境に大きな影響を与えている。ヨーロッパの地中海との大きな違いである。黄河と長江の河口の海底には、古黄河と古長江の海底三角洲や、現長江の海底三角洲が広がり、東海大陸棚を形成している。一方地中海では唯一の大河ナイル川（全長六六五〇km）が内海の東南隅に注ぐものの、ほかにはイベリア半島にエブロ川、イタリア半島にポー川などの中河川が見られるだけである。ナイル川河口のデルタ地帯と、デルタ西端の地中海沿岸に位置するアレクサンドリアの海港を訪れたときに、浅い大陸棚に注ぐ黄河と深い海に注ぐナイル川の違いを実感した（長谷川奏『地中海文明史の考古学　エジプト物質文化研究の試み』彩流社、二〇一四年）。

『フェリペ二世時代における地中海と地中海世界』を執筆したフェルナン・ブローデル（一九〇二―一九八五）は、内海の地中海は海の生き残りのような古い海であり、浅い大陸棚が存在しないために資源は豊かでないという（フェルナン・ブローデル編『地中海世界』神沢栄三訳、みすず書房、一九九九年所収）。魚の種類は多いが、量はけっして多くないので、資源を枯渇させない漁業が行われてきたという。一方の東アジア海には大河が浅い海に流れ、大河が作り上げた陸の大平原が海に連結している。

　筆者は、黄河と長江が中下流で織りなす平原は南北に連なっているので、東方大平原と命名した。黄土高原に見られる森林の伐採による環境の変遷は、黄河の水量の増減や洪水にも影響を与え、黄河が洪水を起こせば、東方大平原で龍のごとく大きく流れを変える。ユーラシア大陸東端の東方大平原は東アジア海と連なっていることに注目した。

## 東方大平原の運河網

　東方大平原は海のように広がる平原であり、そこに広がる運河網は古来から航行できた。遣唐使船が大陸に渡航したときに、まず長江河口の揚州の海港に到着した。唐代の長江河口では現在の崇明島は形成されておらず、揚州が直接海に開けた海港であった。揚州からは東方大平原に形成された運河網を利用して船で北上することができ、唐の都長安に向かった。八世紀以降の遣唐使船は四艘で五〇〇～六〇〇人ほどの人間が乗船したという（古瀬奈津子『遣唐使の見た中国』吉川弘文館、二〇〇三年）。日本の海を出発した遣唐使船が、大陸に渡ったあとも、都長安まで船で航行できたことは、東方大平原と東アジア海が連結していることを物語っている。

　思い起こせば、東方大平原の水上交通は予想以上に発達していた。水上交通を発達させたものは、戦時における兵士や軍糧の輸送であり、長安・洛陽など首都圏への食糧輸送であった。秦は匈奴と百越との戦争のために、山東から黄河を溯って北に三〇万の兵士の軍糧を輸送し、南は霊渠という運河を築き五〇万の兵士の軍糧を運んでいた。やがて黄河と長江は運河で結ばれることになる。隋は江南の穀物を首都圏に輸送するために、通済渠《つうさいきょ》と広通渠を造り、南朝陳や高句麗への軍事行動のために南に山陽瀆《さんようとく》、北に永済渠《えいさいきょ》を開いた。当時隋の煬帝《ようだい》は開通を記念して、四層で全長六〇〇mもある龍船に乗って、南の揚州から北の現在の北京に近い涿郡《たくぐん》までデモンストレーションしたと伝えられている。

　こうした黄河、長江下流域における水上交通網の発達は、両大河の流れ込む東アジア海における航路としても広がっていた。広州で発見された秦代の造船工場の遺跡には、滑走斜面八八mものドックがあり、数一〇トンほどの木造船が大量に造られ、河川や沿海航路に利用されていた。中国に政治的な混乱が生まれたときには、多くの人々が東アジア海を渡り、大陸の文化、技術を伝えた。古代東アジアの諸国家が生まれると、今度は外交使節や留学生が海を渡って中国を訪れることになる。唐に渡った遣唐使の船は全長三〇m、幅九m、積載量約一五〇トンと推定されている。一艘に百数十人が乗り、水と食糧のほかに中国への土産を積んでいく必要があった。

## 沿岸と内陸の沈没船

東アジア海には十三世紀から十四世紀の南宋・元の時代の交易船が、中国製陶磁器を満載したまま沈んでいた。その海中の遺跡は長崎鷹島沖、韓国新安沖、中国遼寧省渤海沿岸、福建省泉州湾、広東省川山群島沖へと広がっている。近年の海中考古学の発展は、中国の龍泉窯や景徳鎮窯で生産された青磁・白磁が交易品として海を渡っていたことを明らかにしている。東アジア海は海上交易の舞台となっていた。

注目すべきは沿海だけでなく東方大平原の内陸でも沈没船が発見されていることである。内陸の沈没船では、一九九九年安徽省淮北《わいほく》市で柳孜《りゅうし》運河遺跡が発見されている。隋唐時代の通済渠の遺跡からは八艘の唐代の沈没船が発見され、大量の陶磁器が出土した。唐代の唐三彩、寿州窯、白磁、褐釉、白釉などが見られた。沈没船は独木舟と貨物船であり、再現された「柳江口」の波止場の遺跡に展示されている。貨物船は全長二七m、幅三・七m、独木舟は樹齢千年の香樟木で作ったもので、長さ一〇・五m、幅一・二m。内陸運河沈没船として歴史的な価値は高い。

## おわりに

筆者はこれまで東アジア海沿岸では、秦皇島、龍口、蓬莱、威海、煙台、成山、青島、琅邪《ろうや》、連雲港など渤海、黄海沿岸の海港都市を回った。ほかに大連、上海、杭州、寧波、泉州、廈門、香港、マカオ、広州なども回った。朝鮮半島では浦項《ポハン》、蔚山《ウルサン》、釜山、木浦《モッポ》、仁川《インチョン》、平壌《ピョンヤン》などを回った。日本では十三湊《とさみなと》、加賀能登を回った。さらに地中海沿岸ではジェノバ、ベネチア、アレクサンドリアの海港を訪れた。島嶼では、朝鮮半島と九州の間に位置する対馬、玄界灘の沖ノ島、また沖縄なども訪れた。東アジア海文明の歴史をさらに明らかにしていくためにも、今後さらに多くの海港や島嶼を訪れていきたい。

# 第2遍 先島ネシア

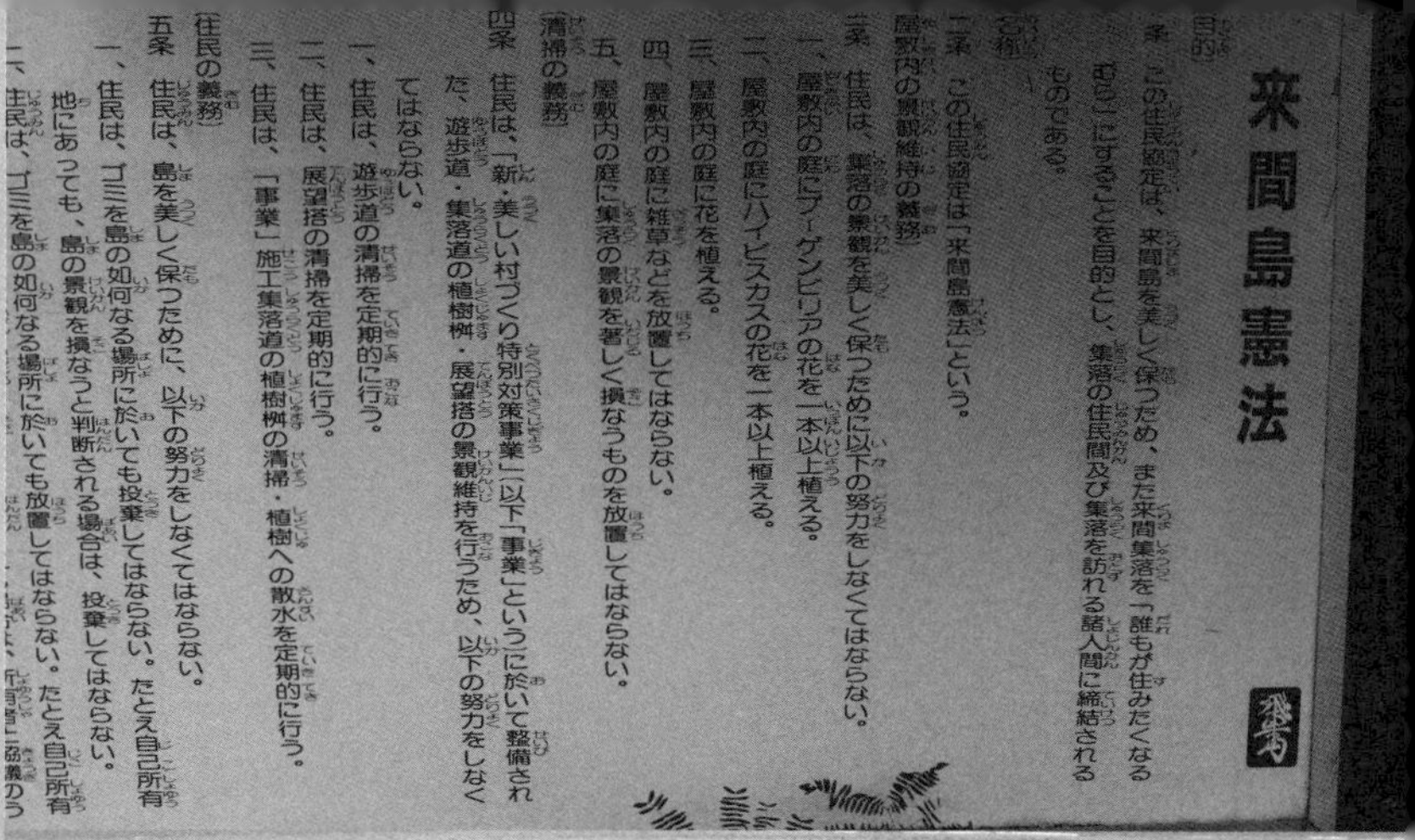

石西礁湖は国内最大の礁湖（写真下）。干満利用の大型魚垣があったが、港湾建設などで姿を変えた。その佐和田浜には数百規模の津波石があり、景観美の地でもある。その石を使っている。本土ネシアや日本海ネシア佐渡の棚田も同様の災害遺構である地滑り地の傾斜を防災的にも活用してできたものである。人々の生活姿勢は強靭でしなやか（resilient）である。その島に橋が架かり、飛行士訓練飛行場が民間航空路としても再開する。空港脇が清浄なスポレクの場でもある。おしゃれな民宿も増えた。また干満の大きさを利用したサンゴ礁のコモンズ的利用は観光資源化もしている。宮古島北域の八重干瀬（中）は、保全しつつも人気度の高い、限定的利用空間である。ルールの明示的遵守は教育的価値が高い。自然を学び、自然（生態系サービス＝生命系地球の営み）から感動を得る体験の場等、島々には多様な機能と役割がある。都会にもあるはずのものが、厳然かつ確として、自明かつ日常的に、そこにはある。あるべき文明とは何かを考えされる場もある。島民は決然として自らの島のルール（架橋後掲げられた栗間島憲法）を島外者に示してもいる（上）。

先島とは、八重山諸島と宮古諸島の総称である。日本ネシアの最西端域。与那国島から見える台湾は高山が連なるので水平線では無く角度高い位置に見える。有人離島の最南端島もここにある。その波照間島は戦争マラリアの被害地でもある。石垣島と西表島の間のサンゴ礁は日本最大。江戸時代大津波も経験している。人頭税など琉球のさらに末端地としての悲話も残っている。明治期には中国権益との国家的取引で「分島」妥結寸前の事態もあった。戦前戦後を通じて台湾との関係が深い。尖閣諸島をめぐる緊張のみならず漁業調整でも苦労を背負っている。黒潮が台湾から方向を変えて北上し、石垣島北沖を通り、沖縄諸島北上・奄美群島北上をパスして、トカラ列島（一部は分岐して青潮）に向かう。そのためであろうかトカラと先島の来訪神には近似性が見られる。何故来訪神（二〇一八年末ユネスコ世界無形文化財指定）がこの地域に残ったかについては諸説があるが、琉球王府支配の政教一致への反発も指摘されている。王府女系親族が担う支配力保持のため慣例的祭祀が規制された。神格的崇拝が庶民化してむしろ強く継承されてきた可能性もある。統一国家に組み込まれる一五〇〇年以前は、対中国私的交易集団が多数存在し、自治的ガバナンスも強かったとされる。ためにオヤケアカハチの乱も、オヤケアカハチの戦いと呼び名が変わっている。その後一気に倭人系ともされるその交易集団は姿を消した。

　面積的には西表島二八九・三km$^2$、石垣島二二二・五km$^2$、宮古島一五九・一km$^2$の順であるが、人口的にはその逆である。二〇一五年国調人口では八重山圏五万三四〇五人（面積五八一・七km$^2$）、宮古圏五万二三八〇人（同二二五・四km$^2$）とほぼ均衡している。宮古島と周辺四島は橋で結ばれ、宮古島には世界モデルの地下ダムがある。石垣島観光港はアイランド・ホッピングの国際的拠点となっている。

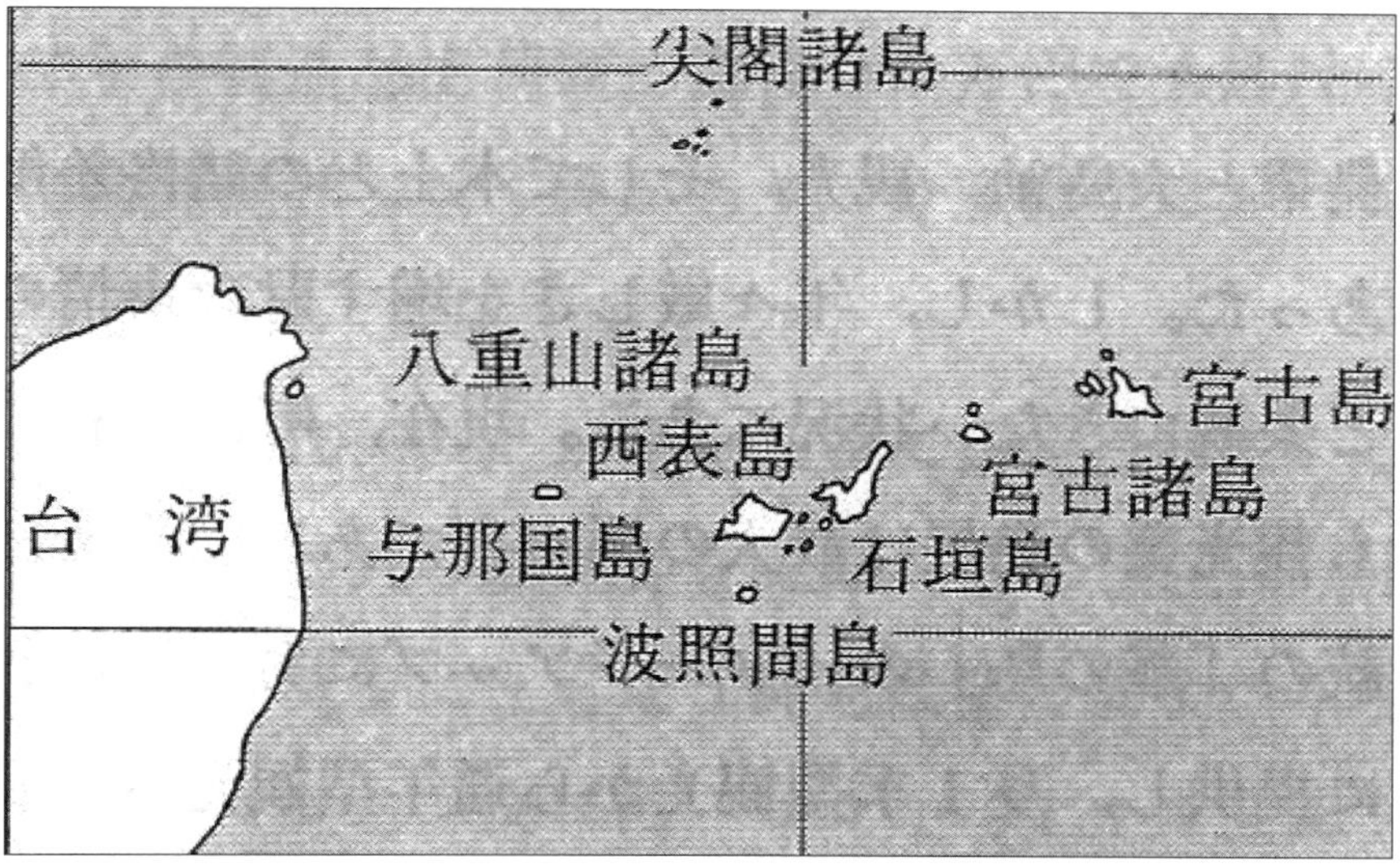
尖閣諸島
八重山諸島
西表島
宮古島
宮古諸島
台　湾
与那国島
石垣島
波照間島

# 日本における珊瑚ネシア群

## 【日本一の石西礁湖からの発信】

渡久地健

島は面積の小さい陸地であるが、サンゴ礁の部分を含めると、面積が数十%も増える島は少なくない。たとえば、与論島は、島の面積が二〇・八km²、サンゴ礁の面積が一一・二km²で、サンゴ礁の面積は陸地面積の五〇%にもなる。

石西《せきせい》礁湖は石垣島と西表島の間に広がる、南北約一五km、東西約二五kmの広大なサンゴ礁である。Google Earth上で面積を計測すると約一五〇km²で、西表島（二八九・六km²）の面積の半分ほどにもなる。

石西礁湖の「石西」は、石垣島と西表島の頭文字である。『沖縄県の地名』（平凡社、2002）によれば、名づけ親は一九六六年当時、海中公園センター理事長であった田村剛氏である。「礁湖」とは干潮時にも干上がることのない浅い水域（ラグーン）を指す言葉である。

宮古島北方に広がるサンゴ礁群には、正保国絵図にも記載されている「八重干瀬《ヤビジ》」という名称が古くから与えられているが、石垣島と西表島の間に広がる広大なサンゴ礁全体に対する呼び名は、一九六六年以前にはなかった。しかし、礁原《リーフ》（ピーもしくはビー）や礁原の切れ目の＝水道《チャネル》（クチ）などには地名が付けられている。**図1**に示した地名はほんの一部にすぎず、実際は多くの地名が施されている。

石西礁湖の大部分が「西表石垣国立公園」（海域公園）に指定され、その中には五つの「海中公園地区」（総面積六五・一km²）が設定されている。

## 島々のネットワークを支えたサンゴ礁

八重山諸島はおよそ一〇の島々から構成される。波照間島・鳩間島・与那国島の三島は石西礁湖の域外であるが、黒島・小浜島・竹富島・新城島（上地《かみち》）・新城島（下地《しもち》）・由布《ゆぶ》島の六島は石西礁

●とぐち・けん　一九五三年生。元琉球大学国際地域創造学部准教授、南島地名研究センター幹事。地理学。著作に『サンゴ礁の人文地理学――奄美・沖縄、生きられる海と描かれた自然』（古今書院、二〇一七年、第三八回沖縄タイムス出版文化賞「正賞」受賞）、「サンゴ礁漁場の多様性とその価値――奄美沖縄の漁師に学ぶ」（『地理』二〇一九年二月号）等。

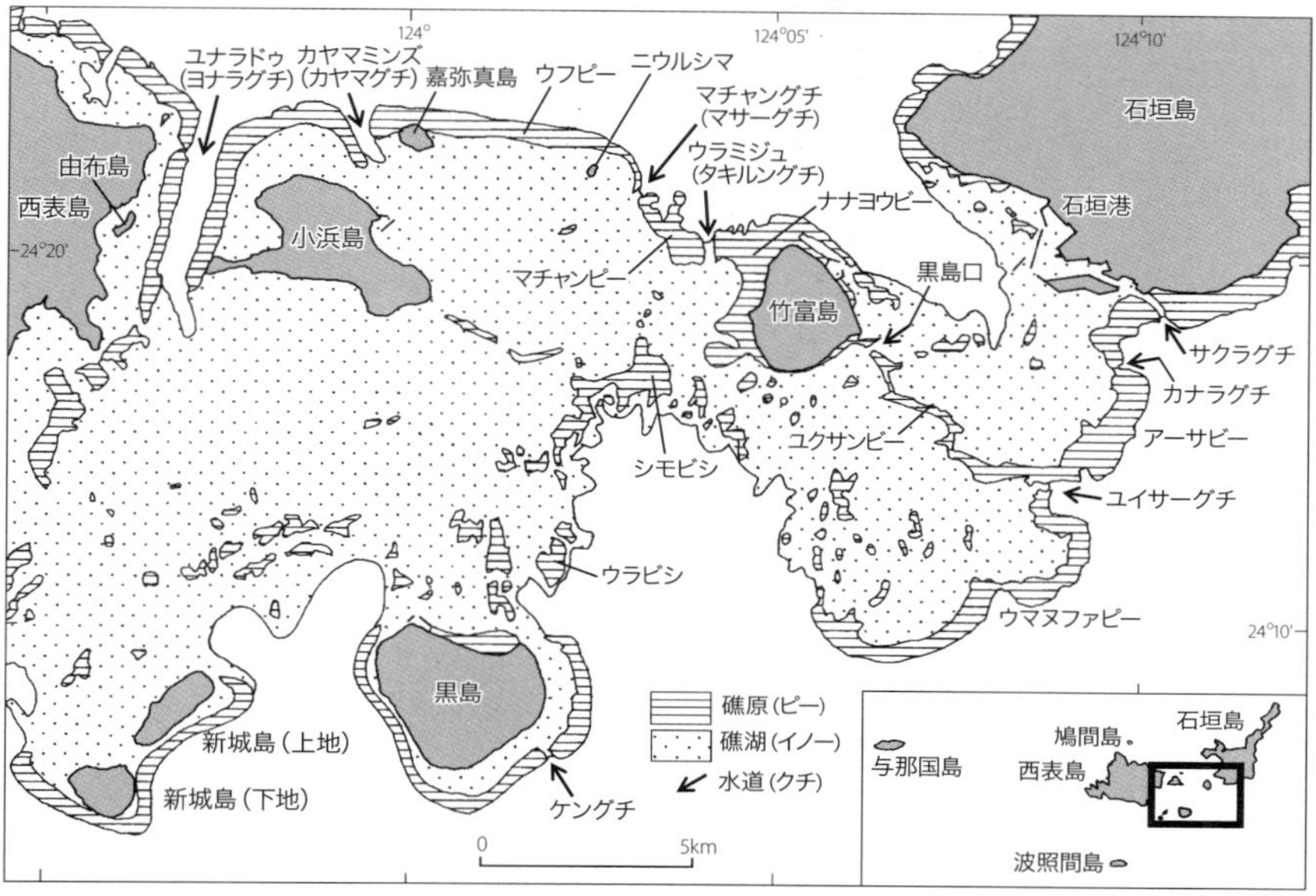


**図1　石西礁湖**

図は、海上保安庁の海底地形図「石垣島南部」（1992）、沖縄県「土地分類基本調査――西表島地域」（1987）などをもとに筆者作図。サンゴ礁地名は、牧野清『改定増補 八重山の明和大津波』などによる。

湖の中に位置し、石垣島の南西部と西表島の西部は石西礁湖に面している。八重山諸島の大半の島々が石西礁湖と深いかかわりがあることになる。

礁原に囲まれた礁湖内は、比較的静穏である。石西礁湖の内側にある石灰岩の小島（竹富島・新城島・鳩間島）は、島内で水田が営めないため、かつては西表島にある田んぼに舟で通って稲作を行なった。竹富島から西表島へ向かうのに、通常は小浜島の北方を通過したが、北よりの季節風の強い時には、小浜島の南側を通ったという。礁湖は全体として浅い。竹富島から西表島に行くのに、風のないときには、サンゴ礁沿いに竿でさして行った人もあったようである（浮田 1974、得能 2007）。

一七七一年（明和八年）に先島地方を大津波が襲った。「明和大津波」とよばれるこの津波による死者行方不明者数は、石垣島八四三九人、竹富島二七人、小浜島九人、鳩間島二人、西表島三二四人、黒島二九三人、新城島二〇五人であった（牧野 1981）。津波溯上高は石垣島南東岸で最も高く、最大約三〇m程度であったと推定されている（後藤・島袋 2012）。牧野（1981）は、竹富島と小浜島の被害が黒島と新城島に比べて軽かったのは、幅広いサンゴ礁が津波の「大波を進行の途中で受けとめ、弱めてくれたおかげであると思われる」と記している。

写真1　カゴ網漁の様子（2017年夏）

## 豊かな漁場

石西礁湖は、重要な漁場である。島の周辺のサンゴ礁における自給的な漁撈活動の情景は、たとえば黒島歌謡「ペンガントゥレー節」に生きいきと描写されている（渡久地2017）。カツオ漁の盛んなころは（戦前から戦後の一時期まで）、石西礁湖はカツオ漁に不可欠な生餌（ザコ）を捕獲する漁場であった（古谷野2011など）。現在の石西礁湖では、夜間の電灯潜り、昼間の銛突き漁、タコ獲り漁、底延縄漁、カゴ網漁（**写真1**）、定置網漁、刺し網、アカジン曳《び》き（スジアラの一本釣り）、モズク養殖など、多様な漁が営まれている。

サンゴ礁には、特定の時期・特定の場所に群れをつくって産卵する魚がいる。しかしそのような習性をもつ魚は、人間によって乱獲されてきた。八重山ではナミハタがそのような魚である。そのため、石西礁湖では、産卵場を守り「魚を増やしつつ獲る」という漁業者の思いにより、海洋保護区を設定し漁業資源を維持するという取り組みが、研究者との連携のもと、なされている（名波2018）。

**参考文献（五十音順）**
浮田典良（1974）、「八重山諸島における遠距離通耕」『地理学評論』四七巻八号。

後藤和久・島袋綾野（2012）、「学際的研究が解き明かす一七七一年明和大津波」『科学』八二巻二号。

古谷野洋子（2011）、「八重山のカツオ漁を巡る生業ネットワーク――波照間島のカツオ漁と黒島のザコ捕りを中心に」『沖縄文化研究』三七巻。

渡久地健（2017）、『サンゴ礁の人文地理学――奄美・沖縄、生きられる海と描かれた自然』古今書院。

得能壽美（2007）、『近世八重山の民衆生活史――石西礁湖をめぐる海と島々のネットワーク』榕樹書房。

名波敦・太田格・秋田雄一・河端雄毅（2018）、『海洋保護区で魚を守る――サンゴ礁に暮らすナミハタのはなし』恒星社厚生閣。

平凡社地方資料センター編（1998）、『沖縄県の地名』（日本歴史地名大系47）、平凡社。

牧野清（1981）、『改定増補 八重山の明和大津波』私家版。

# 先島から見た近代と自治制度

高江洲昌哉

●たかえす・まさや　一九七二年生。神奈川大学など非常勤講師。日本近現代史。著作に『近代日本の地方統治と「島嶼」』（ゆまに書房、二〇〇九年）、「近代沖縄の歴史経験と変遷する歴史像」（『歴史学研究』九四九号、二〇一六年一〇月）、「日本における島嶼研究の系譜から石原俊の小笠原群島研究を考える」（『クァドランテ』二一号、二〇一九年三月）等。

先島という括りも、自発的なものではなく首里王府によるものであった（もっとも近世は両先島）。そのため、この語の使用に躊躇するところ大である。さらに、先島を自己の所属する地域として使用する「自発的展開」があったのかといえば、どうもそうではないらしい。近代になって先島という呼称も一般化したかもしれないが、宮古列島と八重山列島を合わせた先島郡という政治的に自己完結した枠組みが設定されることもなく、先島諸島という地理的な区分が続いたことになる。個々の島はその島と周辺の島で自足した生活圏で生きてきたとすれば、先島という括りは、他者がこれらの地域を一括するためにこしらえた便宜的な枠組みといえよう。のっけから、先島ネシアを否定するような書き出しであるが、人々の移動が活発な今日、地元民と（外部の）他者と対話のない世界を想像するのは難しい世の中である。そうした中、土地に対する皮膚感覚を共有しなければ対話が成り立たないとす

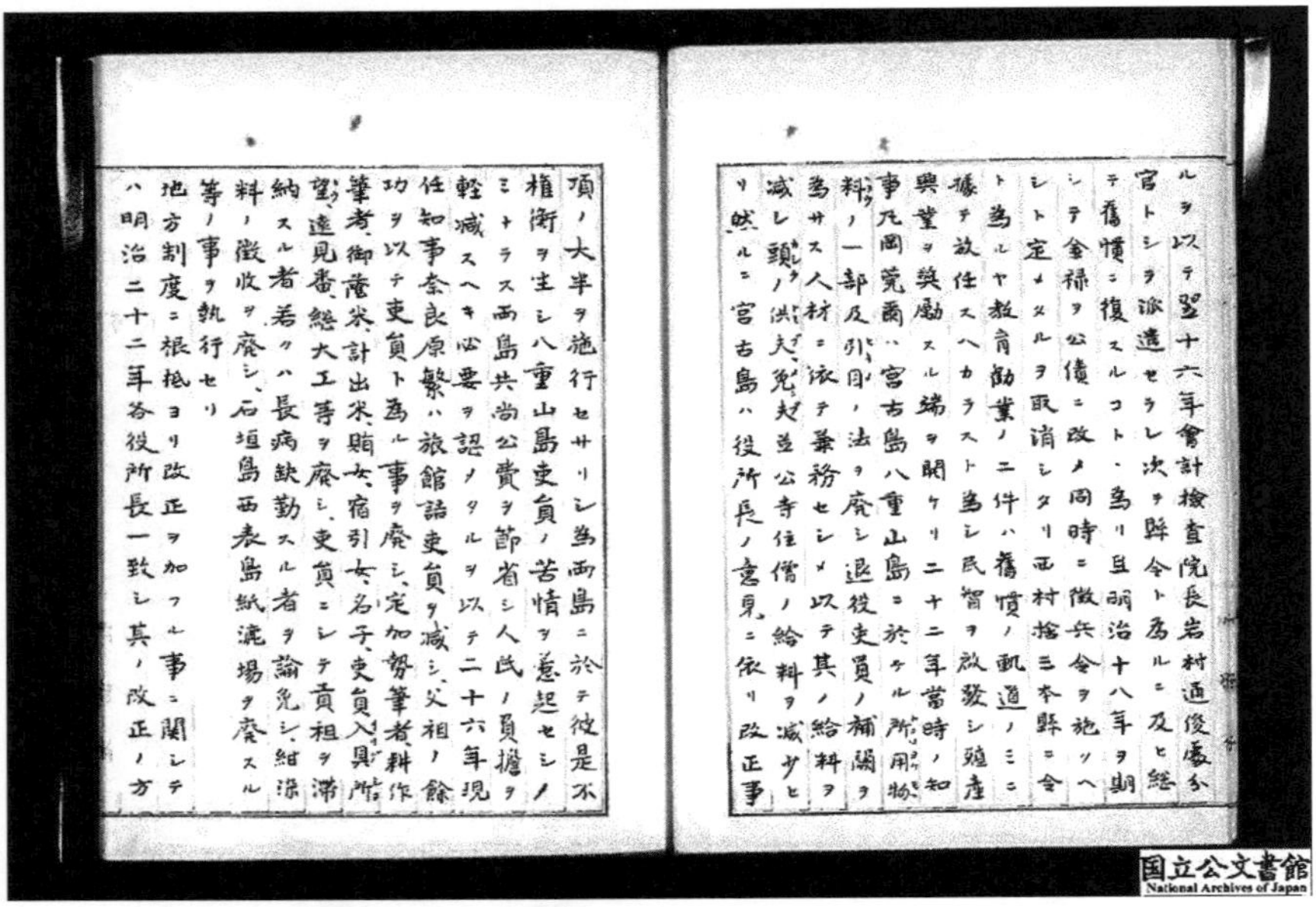
ルヲ以テ翌十六年會計檢査院長岩村通俊處分官トシテ派遣セラレ次テ縣令ト爲ルニ及ヒ総テ舊慣ニ復スルコト・爲リ且明治十八年ヲ期シテ金禄ヲ公債ニ改メ同時ニ徴兵令ヲ施ツヘシト定メタルヲ取消シタリ西村捨三本縣ニ令ト爲ルヤ教育勧業ノ二件ハ舊慣ノ軌道ノミニ據テ放任スヘカラスト爲シ民智ヲ啓發シ殖産興業ヲ奨勵スル端ヲ開ケリ二十二年當時ノ知事丸岡莞爾ハ宮古島八重山島ニ於ケル所謂物料ノ一部及引田ノ法ヲ廢シ退役吏員ノ補闕ヲ為サス人材ニ依テ兼務セシメ以テ其ノ給料ヲ減シ頭ノ供夫免夫並公寺住僧ノ給料ヲ減サヒリ然ルニ宮古島ハ役所長ノ意見ニ依リ改正事

項ノ大半ヲ施行セサリシ為両島ニ於テ彼是不権衡ヲ生シ八重山島吏員ノ苦情ヲ惹起セシノミナラス両島共尚公費ヲ節省シ人民ノ負擔ヲ軽減スヘキ必要ヲ認メタルヲ以テ二十六年現任知事奈良原繁ハ旅館詰吏員ヲ減シ父祖ノ餘功ヲ以テ吏員ト為ル事ヲ廃シ定加勢筆者、料作筆者、御蔵米、計出米、賄女、宿引女、名子、吏員入異所望、遠見番、総大工等ヲ廃シ、吏員ニシテ貢租ヲ滞納スル者若クハ長病缺勤スル者ヲ論免シ、紺染料ノ徴収ヲ廃シ、石垣島西表島紙漉場ヲ廃スル等ノ事ヲ執行セリ

地方制度ニ根抵ヨリ改正ヲ加フル事ニ関シテハ明治二十二年各役所長一致シ其ノ改正ノ方



**「沖縄県地方制度改正ノ件」より宮古・八重山の状況の説明**
出典：『公文類聚』第20編第1巻「沖縄県ノ郡編制〇沖縄県郡区職員及島庁職員ニ関スル件ヲ定メ〇地方官官制〇地方高等官俸給令中ヲ改正シ〇沖縄県宮古島司及八重山島司ノ俸給〇沖縄県区制ノ施行ニ依リ廃職ニ属スル那覇首里各村役場吏員ニ支給スヘキ一時給与金ノ件〇沖縄県区制ヲ定ム」より（画像は国立公文書館デジタルアーカイブズ）。

ると窮屈になる。もとより限られた紙幅で、十分な先島ネシア論の提示は難しいので、筆者の専門とする近代の地方制度の資料をひもときつつ、先島ネシアの議論を豊かにしていくような輪郭を提示することで、与えられた責を果たしたいと思う。

## 明治、先島の地方制度

近世の宮古・八重山には蔵元が置かれていたが、近代になり明治二十九（一八九六）年に区を除く地域に郡が置かれることになると、宮古郡・八重山郡が置かれることになった。合わせて宮古郡・八重山郡の責任者は郡長ではなく島司が担うことになった。(1) また、明治三十一（一八九八）年に間切島制が施行された際、「宮古郡八重山郡ニ於ケル間切行政ハ第一次ニ於テ沖縄県知事之ヲ監督シ第二次ニ於テ内務大臣之ヲ監督ス」(2)と、監督が一階梯少なくなっている。これは島司が除外されたわけでなく、複数の間切を一括して島司が担当(3)したため、島司が監督すべき間切吏員が存在しなかったことによる。「琉球処分」の結果、沖縄の統治は所謂日本本土の統治制度と比べて特例の道を歩んだが、更に宮古や八重山は特例の度を強めたことが分る。そこには「地理上ノ関係頗ル錯雑ニ渉リ到底明確ニ之ヲ分割スルコト能ハサルノミナラス交通上ノ点ヨリ見ルモ数個ノ役場ヲ設置スルカ如キハ施政上反テ不便ヲ感スルモノアリ」（沖縄県史13、671）という認識が介在していた。

## 国権のなかの自治

近代日本の地方統治の歴史を振りかえったとき、自治とは、主権国家の統合力の強さに規定されている。換言すれば、国家の業務補完としての自治と「固有の自治」の間での揺れ動きといえる。それでは、近代先島の自治の第一歩を考えたとき、それは「辺境と官治」と表現できるような展開になる。もちろん、これは制定する「中央」からの評価であり、制度の条文の背後にあるものをみつけだすことが今後の課題である。その際、日清戦争前に『南嶋探験』を著した笹森儀助を事例に再考の糸口を考えてみたい。笹森は重税からの解放と殖産を提言しているが、その背後に国防があったように、または、八重山島民に対し「地方自治ノ精神ヲ涵養セシメ明治昭代ノ恩澤ニ沐浴セシメ」（『琉球八重山嶋取調書付録』）と述べているが、その背後には「国権」の視座というものがあった。自治は言葉の割には、自己完結しているものではないし、行為の評価に対しても価値観の違いというものがつきまとう。そうすると、〝先島の人による先島のための自治〟と〝先島の人による国家のための自治〟では行為や評価に大きな違いが出てくる。急ぎ足の短文ではあるが、自治とは何か、豊かな「自治」を考える糸口になればと考える。

注

（1）「宮古諸島及八重山諸島ハ沖縄本島ト其ノ状況ヲ異ニスルノミナラス県庁トノ距離甚遠隔」という理由があった（沖縄県史13、635）。

（2）その他の間切島は「第一次ニ於テ郡長之ヲ監督シ第二次ニ於テ沖縄県知事之ヲ監督シ第三次ニ於テ内務大臣」になっている。

（3）間切島吏員規程第二三条には「間切ニ間切長ヲ置カス間切長ノ職務ハ島司之ヲ行ヒ」とある（沖縄県史13、667）。

# 海に開かれた「ネシア」を

【「先島」の歴史に見る島嶼性】

三木健

●みき・たけし　一九四〇年生。ジャーナリスト。沖縄ニューカレドニア友好協会顧問。著作に『八重山近代民衆史』（三一書房、一九八〇年）、『沖縄・西表炭坑史』（日本経済評論社、一九九六年）、『八重山研究の人々』（一九八九年）、『沖縄ひと紀行』（一九九八年、以上ニライ社）、『オキネシア文化論』（海風社、一九八八年）、『八重山合衆国の系譜』（南山舎、二〇一〇年）、『空白の移民史――ニューカレドニアと沖縄』（シネマ沖縄、二〇一八年）等。

## 「オキネシア文化圏」の提起

一九八八年に私は『オキネシア文化論』という本を出版した（海風社）。それは九州の薩南諸島から、奄美、沖縄、宮古、八重山に至る島々を「オキネシア文化圏」と位置づけ、日本本土とは区別して太平洋諸島のポリネシア、ミクロネシア、メラネシアと並ぶ太平洋文化圏の一つとして位置づけようとしたものである。本のサブタイトルを「精神の共和国を求めて」とした。その理由を「琉球弧を日本の枠組みから解放して、太平洋文化圏の中で捉えてみることで、新しい可能性が見出せるような気がしたからである」と書いた。

一九八五年におよそ五〇日間、ミクロネシアやメラネシアの島々を取材して回った体験がもとになっている。そこで気づかされたのは、琉球弧の島々と、太平洋の島々には根っこのところで共通するものがあるということ。改めて琉球弧は「オキネシア」なのではないか、との感想を強く抱いたことにあった。

島尾敏雄の「ヤポネシア」の概念は、それはそれで興味を惹かれたが、同時に琉球弧が「ヤポネシア」に包摂されることへの違和感も拭い去ることができず、あえて「ヤポネシア」からの分離・独立を提起する形で「オキネシア文化圏」を提示した。何も奇をてらうつもりはないが、しっくりする言葉が見つからず「オキネシア」と名付けた。その詳しい内容についてここで書く紙幅はないが、琉球弧のことを考える時、その概念規定からどうしても逃れることができないので、あえて触れた次第である。関心のある方は、前掲書をご覧いただきたい。

## 南島と先島という呼称

南九州から八重山諸島に連なる島々は、古代から北の蝦夷に対し「南島」と呼ばれた。遣唐使が中国に渡る航路も「南島路」と呼ばれた。南島の「南」とは本土の南、あるいは政治の中心地（都）から南を指してきた。本土の中心から見れば、遠く離れた「辺境」のイメージが付きまとう。琉球弧の島々が、「本土」の文化的影響を受けてきたのは事実としても、島は島なりに独自の文化を醸成し、発展を遂げてきた。決して「本土」の付属物ではなかった。

「オキネシア」という独立した文化圏という視点に立てば、付属品的な「南島」ではありえないのだ。島々は小さいかもしれないが、一九八もの島々が点在する海域は、南北に約一二〇〇キロ、東西に約一〇〇〇キロもあり、およそ本州に匹敵する広さだ。その広さは、そのまま海洋文化圏であることを示してもいる。それが私の言う「オキネシア」である。

しかし同じ「オキネシア」といっても、琉球弧の北部、中部、南部とでは、その歴史的・社会的様相を異にしている。その多様性もまた「オキネシア」の特性であるが、ここでは南部の宮古・八重山の歴史的トピックスを取り上げ、そこから両地域の歴史的位相を見てみよう。その際、宮古・八重山の両島を称して「先島」、あるいは「両先島」などと呼ぶ場合があるが、島に住んでいる多くの人は、そういう言い方をあまりしない。先ほどの「南島」同様、自分たちが「先の島」に住んでいるという意識はない。なぜなら住んでいる人にとっては、そこが中心だから、である。したがって宮古なり、八重山なり、あるいは石垣と言った地名をもって語ってきた。それはまた、ひとくくりにはできない島々の個性があることにもよる。

戦前から戦後の一時期にかけて、沖縄との海上航路を「先島航路」と呼んでいた。その航路も今はなくなったが、どことなくノスタルジックな響きを伴っている。石垣島の詩人・大濱信光の詩集に『先島航路』というのがあり「郷愁によろめく先島航路」というフレーズが、私の記憶にあったためかもしれない。そのころ（一九五〇年代半ば）、生まれ島の石垣から貨客船で那覇まで二四時間、さらに那覇から鹿児島まで二四時間、夜行列車で東京まで三五時間もかかった。乗り継ぎの宿泊も入れると、順調にいって四～五日はかかる。ゲロを吐き吐き幾度「七島灘」を渡ったことか。

## 先史・考古に見る宮古・八重山と沖縄島

さて、宮古・八重山の島々に、人類がいつごろから住みついたのか。これまで宮古島の先史遺跡ピザアブ洞穴から化石人骨が発見され、今から二万六千年前と発表されてきたが、八重山では旧石器時代の遺跡は発見されず、空白となっていた。ところが二〇一〇年に新石垣空港建設工事に伴い、化石人骨が竿根田原遺跡から発見された。分析の結果、その年代は二万七千年前の旧石器時代と判明。一気に先史時代にさかのぼり、遠い昔から人類がいたことが証明された。

これまでにも宮古・八重山の遺跡から、シャコ貝製の貝斧が発見されている。これらの貝斧はフィリピンからミクロネシアに分布する貝斧文化で、南からの影響を強く受けたことを示すものだ。しかし沖縄本島以北では発見されておらず、宮古が北限といわれている。逆に縄文や弥生の土器類は宮古・八重山では発見されておらず、北からの文化は沖縄本島に留まっている。このようなことから、考古学研究者の中には、宮古・八重山を「南琉球文化圏」とする見方もある。

なぜそのようなことになったのか。それは宮古と沖縄島を遮る海峡である。海峡はおよそ三〇〇キロも離れており、琉球弧の中でもこの海峡だけは、島から島が見えない。太古の昔の航海術では、この海峡を渡るのは容易ではなかったのだ。ちなみに琉球弧の島々は、必ずどこかに島が見え、有視界での航海が可能である。この隔ての海峡は後に見るように、「先島」の歴史に様々な影を落としている。

## 朝鮮・済州島漂着民の見聞録に見る古琉球の習俗

琉球史の時代区分では、グスク時代から琉球王国の成立を経て島津による琉球侵攻までのおよそ五〇〇年間を「古琉球」時代と称している。年代は一二〇〇年頃から一六〇九年の島津の琉球侵攻までで、日本史では鎌倉時代から室町、安土桃山時代にあたるが、その間琉球では、三つに分かれていた勢力が統一され、第一尚氏から第二尚氏へと王統が移行する。中国との冊封体制の下で盛んに海外との交易が行われ、琉球王国の文化が花開いた時期でもある。

ちょうどその時代の一四七七年に朝鮮・済州島の漁民三人が嵐にあい、与那国島に漂着。保護されて半年ほど滞在し、その後西表島に五カ月、さらに波照間や新城、黒島、多良間、宮古を経て沖縄に渡り、那覇に三カ月ほど滞在して済州島に戻った事件が起きている。彼らは帰国すると、朝鮮王朝当局から取り調べを受け、琉球滞在中の詳細な記録を残している。

『朝鮮王朝実録』の中の「済州島民漂着記録」がそれである。衣食住のことや生活習慣にいたるまで記録され、文字による記録としてはもっとも古いものである。その見聞記録を読むと、南方的と思われる習俗が垣間見られて興味深い。たとえば西表島で「男女とも耳たぶに穴をあけ、小さな青球を通したものを首から垂らしている」、「婦人は鼻の両方に穴をあけ、小さな黒木をさしている」、新城島では「青い球を腕輪や足の輪にしている」、伊良部島では「婦人は水晶の大珠を首にかけている」などである。

こうした習俗の南方的要素は、台湾の先住民とも共通することから、台湾の文化人類学者のなかには、台湾と宮古・八重山とを合わせた「東台湾海文化圏」を提唱する人もいる。台湾と与那国の間はわずか一一一キロで、天気のいい日には台湾が見える。その間には大河のような黒潮が北上している。流れにうまく乗れば、渡ることは可能だ。この近い両者の距離感は、その後の歴史にも

石垣島のハーリー（海神祭）

様々な影響を及ぼしている。

また、西表島南側の湾内に鹿川（カヌカー）という小さな村があった。大正末期に廃村となった小さな村だが、ここは南太平洋の先住民・カナカが住んでいた村ともいう。『沖縄県の地名』（平凡社刊）にも「崎山村の小村。同村の南東、南に開口する鹿川湾の西側に位置する。古く南太平洋のカナカ族が漂着・定住した所と伝える」と解説されている。また記事の中に「周辺海域は常に波が荒く、季節によっては舟での往来も困難であった。擁正六年には唐人が漂着し、五日間滞在して出帆したという記録もある」と記されている。海流や八重山の地勢学的なことを考えると、こうした漂着はあり得ない話ではない。それどころか、近世期に入ると、頻繁に起きており、琉球王府はその対応に腐心している。

## 近世期の人頭税制に見る「先島」差別

さらに時代は下って、島津の琉球侵攻の一六〇九年から一八七九（明治十二）年の明治政府による琉球王国併合までを近世琉球と称しているが、島津はその間に沖縄から八重山にいたるまで検地を行い、薩摩への貢納を課した。宮古・八重山では群雄割拠による勢力争いが、琉球王府によって制圧され、王府の権力が島々にも及ぶようになる。王府は人頭税と呼ばれる税制を両先島に敷いて、民衆から収奪を図る。

宮古・八重山では人頭税が一六三七年に施行され、十五歳から五十歳までの男女に税が課された。一六五九年に定額人頭税に改められ、耕地や人口の増減、気象の変動に関係なく人頭割りで課せられた。史料では「頭懸り」と表記され、やはり十五歳から五十歳までの男女に課せられた。米穀を基本に女性は布などの上納が義務付けられた。こうした税の上に「所遣米」という一種の地方税が地域の役人によって取り立てられたため、過重な負担として農民を苦しめた。納税義務の苦労は幾多の民謡や民話として伝えられた。これが廃止されたのは、実に一九〇三（明治三十六）年のことで、宮古島の城間成安らによる人頭税廃止国会請願運動が引き金だった。

なぜ人頭税は宮古・八重山にのみ課せられたのか。やはり宮古と沖縄本島との間の海溝の影が浮かび上がってくる。首里王府は「先島」を王府財政のための収奪地域と位置づけていたのではないか。それは「先島」に対する差別と言われても仕方がないものである。

八重山では人頭税の苦役から逃れるため、波照間島のヤグ村の人たちが部落あげて島を脱出したという伝承がある。向かった先を「パイパテロー」という。パイは南、パテローは波照間をいう。つまり「南の波照間」を目指した、というのだ。伝説とはいえ、あり得ない話ではない。ではその島はどこなのか。明治のころから、その行き先をめぐる論争は尽きない。台湾説、ルソン説、蘭嶼説などがあるが、確定できる史料は見当たらない。

私はこの伝承に興味を抱き、一九七九年に蘭嶼島を訪ねたことがある。戦前は「紅頭嶼」と呼ばれていた。台湾の原住民のヤミ族が住んでいる。ヤミ族はこの島だけに住んでいる部族で、フィリピンのバシー海峡のバタン諸島に住む人たちと同じ民族だという。だからお互いにタガログ語が通じるらしい。主にトビウオ漁などをし、タロイモを主食にしていた。夏は高床式の家に住み、寒い冬は半地下の住宅に住んでいた。

台東州政府が建てた四、五階建ての公営団地ができていたが、夏は暑くて島人たちは入りたがらなかった。昔ながらの涼み台の上で、のんびり語らっていた。波照間の人たちに似ていると言えば似ているし、違うと言えば違うと言え、印象だけでの判断はむつかしい。近年では島抜けした原因を、人頭税の苦役ではなく、キリシタン弾圧のがれではなかったか、という見方もある。いずれにせよ、いまは島の人たちが、はるか南にユートピアを求めて船出した背景に思いを馳せておくことに止めておこう。

## 近世期最大の自然災害・明和大津波

「先島」の民衆にとって、人頭税が近世期における最大の人災だとすれば、一七七一（明和八）年に起きた明和大津波は、最大の自然災害である。石垣島の東南海域で起きた地震（推定マグニチュード七・四）による大津波は、三波にわたり石垣島や周辺離島、さらには宮古島も巻き込んで多大の死亡者や家屋流失、農耕地の塩害などをもたらした。ちなみに八重山では人口の三分の一に当たる九三一三人、宮古では二五四八人が死亡している。石垣島の村によっては、壊滅的な死者を出している。たとえば震源に近い石垣島の東海岸の白保の死者行方不明は一五四六人で村人口の九八・二%、大浜は一二八七人で九一・八%、宮良は一〇五〇人で八六・〇%である。このため白保と大浜には波照間島から、宮良には小浜島から島人を「寄百姓」として移住させ、再建を図っている。

多大な被害をもたらした明和大津波だが、その大波は宮古と沖縄の間の海峡を越えることはなかった。それがまた、琉球王府の事後対応策にも温度差を与えたのではないか。大津波から八〇年余も過ぎた一八五七（安政四）年になり、男女五人、男ばかり四人を育てると人頭税が免除される「多子免税法」が施行され、ようやく人口が上向きになる。しかし元の人口に回復したのは、大正時代になってからというから、対応の遅れは推して知るべしである。

それも一九〇三（明治三十六）年に人頭税が廃止され、土地の緊縛から解放された村人の住居移動の自由が認められると、マラリアの猖獗していた村を離れる住民が増え、いくつかの村が廃村に追い込まれた。人災と天災は、あざなえる縄のごとく近世期の先島を貫いていたのである。

## 近代の琉球併合と「先島」分島問題

近代に入り琉球併合を巡る過程で、「先島」が重要な役回りをさせられる時が来る。琉球併合の端緒を開く役回りに利用されたのだ。一八七一年、年貢を納めに沖縄に出かけていた宮古島の島民六四人が、帰途台風にあい、台湾南部東海岸の八揺湾に漂着。同地の牡丹社で原住民のパイワン族に五四人が殺害される事件が起きた。宮古島民遭害事件である。台湾では事件の地名を冠して「牡丹社事件」と呼ばれる。

時あたかも日清修好条規の交渉中で、明治政府は清朝政府に抗議をした。清朝政府は「台湾は政府の権限の及ぶ地ではない。殺害の責任は負えない」と突っぱねたので、明治政府はこれ幸いと、一八七四年五月西郷従道を司令官に、兵三六〇〇人を台湾南部に派遣し、先住民を制圧した。近代日本が最初に行った海外侵略戦争である。台湾出兵は琉球が日本国の領土であることを、清国に見せつけるものであった。

これにより明治政府は琉球の帰属問題の解決を急ぐ。明治政府が全国の藩を廃止し、県を設置する「廃藩置県」を行ったのは、ちょうど宮古島民遭害事件の起きた年だが、琉球の処遇については、まだ決まっていなかった。長年、王国体制を敷いてきた琉球王府は、日本政府の元に入ることを拒否。また清朝政府も長年の冊封関係から、琉球の日本併合に反対した。

そこへ降ってわいたような事件が、宮古島民遭害事件である。明治政府はこの事件を利用して、琉球が日本の領土であることを認めさせ、清朝政府の琉球介入を封じようとしたのだ。明治政府はまず、抵抗する琉球王府に琉球藩設置を認めさせ、その後も抵抗する王府に対し、処分官・松田道之に熊本鎮台の歩兵大隊四〇〇人をつけて派遣し、首里城明け渡しを断行した。世にいう「琉球処分」である。

国内的にはカタをつけたが、それでも清国はこの処分に納得せず、交渉は続いていた。そうしたさなかにアメリカの前大統領・グラントが世界旅行の途中、清国を経て日本を訪れ、伊藤博文内務卿と会談。その際、グラントは「琉球問題で譲歩して、清国の資源に目をつけてはどうか」と進言する。それに乗り明治政府は、宮古・八重山を清国に譲る代わりに、清国内の通商権を欧米諸国並みに認める「二分割案」を、日清修好条規の改定で提案する。

これに対し清国は奄美大島を日本に、宮古・八重山は清国に、沖縄本島はこれまで通り琉球王国として残すという「三分割案」を提案。しかし、ロシアとの間でも国境問題を抱えていた清国はこの問題の解決を急ぎ、日本側の提案に同意し、調印の運びとなった。一八八一（明治十四）年に北京で調印することになったが、清国内で琉球救国運動に立ち上がった琉球人の反対にあい、土壇場で清国が調印を引きのばしたために、条約改定は流れた。

これが分島問題の大筋であるが、あたかも物々交換でもするように、「先島」が交渉のテーブルに上げられたのだ。台湾出兵で宮古・八重山を自国の領土と主張していた明治政府が、手のひらを返したように売りに出す。中国側が言うならまだしも、日本側から言い出していたのである。それもアメリカの前大統領の提案に乗った形で。早くも「対米追従」はそのころから始まっていたのか。清国内での琉球人の反対があったとはいえ、琉球王府でさえカヤの外に置かれていたのだ。そこには住民が住んでいる、という意識さえも感じられない。まさにどうでもいい「先の島」だったのだ。これが近代における「先島」の位相である。

取引の材料にされた「先島」であるが、ひとたび日本の領土となると、今度は「南辺の守り」、つまり国土防衛の「防人」として位置づけられた。卒業式に歌われる文部省唱歌の「蛍の光」は、明治十五年頃に作られ全国の学校で歌われるが、歌詞の四番には「千島の奥も沖縄も／八洲の国の守りなり」と詠まれた。

一八九四～九五年（明治二十七～八年）の日清戦争で、台湾が日本の植民地となると、地理的に近い「先島」との関係が強くなる。明治政府は沖縄統治で蓄積した植民地支配の実績を、今度は台湾に活かしていく。つまり統治の主要施策は、沖縄から台湾へとシフトしていく。

日本本土と台湾との航路が開かれ、その関連で灯台や気象台が石垣島にも設置され、鹿児島から台湾に至る海底電線も敷設された。台湾行きの船舶は宮古や石垣にも立ち寄るようになり、このころから「先島航路」と呼ばれた。この航路を伝って沖縄やヤマトから技術職人や商人が宮古・八重山にも流入し、島々は様相を変えていく。逆にそこから台湾へは、出稼ぎや、移住する人たちが増えていく。

昭和初期の大不況の頃には、島の若い娘たちが「女中奉公」として、台北の日本人家庭に住み込みで働きに出かけた。その数は八重山だけでも八四〇人余に上る。沖縄戦末期になると、沖縄本島は九州に疎開したが、宮古・八重山は台湾へ疎開している。その数宮古がおよそ五〇〇〇人、石垣が二五〇〇人であった。台湾統治五〇年の間に両地域の関係は、より一層深いものとなった。しかし日本が敗戦となるや、今度はどっと引き揚げ者が島に戻り、台湾との関係は断ち切られた。

## 「戦争マラリア」そして「島嶼防衛」

島における戦争は、大きな傷跡を残した。沖縄島におけるような地上戦こそなかったものの、軍命による山中疎開でマラリアによる多くの犠牲者を出した。これを「戦争マラリア」と称して、普通のマラリアと区別している。宮古・八重山共にその被害を受けているが、とりわけマラリア有病地の多かった八重山では、山中避難で多くの犠牲者を出した。ちなみにその死者は三六四七人に上った。一家全滅も出た。山中の避難地では、家族が枕を並べて床に就き、看病する人もなく、ある家族は死んだ母親の乳を幼子がまさぐり、地獄の惨状であったと、担当医師は証言している。また波照間島は全島民が、西表島に強制的に退去させられ、児童はじめ多くの犠牲者を出した。

なぜこのようなことが起きたのか。何事も駐屯軍の作戦が優先され、民政が無視され、事実上の軍政が敷かれたからだ。住民が受けた歴史的体験は、今もなお消えていない。

敗戦後、奄美群島から以南は、アメリカの直接統治下におかれ、軍政が敷かれた。統治機構も二転三転したが、一九五〇年から二年間は四つの「群島政府」が置かれた。すなわち奄美群島、沖縄群島、宮古群島、八重山群島の四政府である。各政府の首長は知事と呼ばれ、住民による直接選挙であった。この「四分割」は、分島問題の頃の「三分割案」を想起せしめる。

米軍政下ではあったが、限定的に自治が認められた「小さな政府」である。敗戦から復興へと向かう時期で、少年期の記憶でも活気に満ちていた。選挙で選ばれた群島知事は、いずれも米軍統治に批判的で「日本復帰」派であった。慌てたアメリカは一九五二年にこの制度を廃止し、全琉球を統一した琉球政府を作り、知事を無くし米軍が任命する行政主席に切り替える。そして恒久基地化を目指し「銃剣とブルドーザー」で、軍用地の接収に乗りだしたのである。

あれから六〇余年。一九七二年の「日本復帰」後も米軍基地問題は解決せず、今なお「戦後」を引きずっている。「先島」では、尖閣諸島を巡る中国公船の動向を理由に、「島嶼防衛」の名のもと、自衛隊配備がすすめられている。

ネシアは主張する。ネシアは自らの目的のため以外の手段に、使われることを拒否する。ネシアは物事を武力によって解決することを拒否する。ネシアはあくまで海に開かれた関係でなければならない。「先島」の歴史が照らすネシアの教訓に、私たちは今一度、学ばなければならない。

# 椰子の実が結ぶ縁

## 【柳田國男・井上通泰・松岡静雄】

石井正己

●いしい・まさみ　一九五八年生。東京学芸大学教授。日本文学、民俗学。著作に『文学研究の窓をあける』（共編著、笠間書院、二〇一八年）、『外国人の発見した日本』（編著、勉誠出版、二〇一八年）、『菅江真澄と内田武志』（勉誠出版、二〇一八年）、『世界の教科書に見る昔話』（二〇一八年）『菅江真澄が見た日本』（二〇一八年）『復興と民話』（二〇一九年）（以上編著、三弥井書店）等。

### 伊良湖での体験と島崎藤村・井上通泰

柳田國男（一八七五～一九六二）の問題意識の持続性で注目されることに、椰子の実の漂着がある。一八九八年、数え二十四歳のとき、愛知県渥美半島の先端・伊良湖に約一カ月滞在した。この時の手帖には、「徳川氏時代には難船の漂着するものあれば、里人はをの（斧）等のえもの（得物）を携へゆきて船を砕き、荷物なども皆家にもちかへりて、互にあやしまざりき。船人の生きこりたるがありとも、命一つをとりとむるを以て満足せざるべからざりき」のような難船の漂着に関する話題が見えるが、椰子の実の漂着の記述はない。

この手帖をもとに書いた文章に、一九〇二年の「伊勢の海」（『太陽』第八巻第八号、後に「遊海島記」に改題）がある。伊良湖の外海の岸は物凄まじき荒磯で、恋路が浜、玉章の磯などと言い、海草の実の藻玉を拾い上げたことを述べ、「嵐の次の日に行きしに、椰子の実一つ漂ひ寄りたり。打破りて見れば、梢を離れて久しからざるにや、白く生々としたるに、坐に南の島恋しくなりぬ」と書き留める。帰京してその話を島崎藤村（一八七二～一九四三）にしたところ、「君、その話を僕に呉れ給へよ、誰にも云はずに呉れ給へ」と言われ、それが一九〇一年発行の詩集『落梅集』の「椰子の実」になった。柳田は藤村が亡くなった後、この逸話を語った（「藤村の詩「椰子の実」」）。この詩の影響が大きかったこともあり、椰子の実の漂着はロマンとして語られるようになった嫌いがなくもない。

実は、椰子の実の漂着に早く言及したのは、兄の井上通泰（一八六六〜一九四一）らしい。一九三〇年の『南天荘雑筆』で、「二十歳頃日向国の海岸に椰子の実が漂着する事ある事実から我等の祖先が此瑞穂の国に渡来せし径路を推測して一小篇を草して東京日々新聞に寄せた事がある。これが余が新聞雑誌に寄稿した始である」と回顧した。掲載紙は未確認だが、この記述によれば、一八八五年の二十歳頃、椰子の実の漂着から日本人の渡来を構想したことになる。幼い柳田が兄の文章を読んだり構想を聞いたりした可能性は高いが、柳田はそのことに言及していない。日向国の都井岬で若山牧水（一八八五〜一九二八）が椰子の歌を作ったが、それは創作ではなく、実際に椰子の実が漂着することに触れるのみである（「藤村の詩「椰子の実」」）。

## 松岡静雄の構想した『太平洋民族誌』

椰子の実には触れないが、柳田の近くで最も日本人の渡来について考えていたのは、弟の松岡静雄（一八七八〜一九三六）ではないかと考えられる。松岡は海軍の軍人としてミクロネシアを航海し、一九一四年に第一次世界大戦が勃発すると、東カロリン諸島のポナペ島に上陸して二週間滞在した。一九一八年、海軍からの退役に伴い、柳田國男の助力を得て日蘭通交調査会を設立するが、病を得て一九二五年神奈川県の鵠沼に隠棲し、学問研究に専心する。

松岡は、軍人時代の航海の経験から、ミクロネシアの言語や民俗に広く深い関心を持って研究し、やがてその視野は太平洋に広がり、一九二五年に『太平洋民族誌』をまとめる。その際、「高天原より天降つたとか、葦芽から自生したとかいふ説明」を否定し、「南洋諸島の如き粟散片土でなくとも我日本のやうな構来の新しい国土に人間が自生する筈はなく、原人といふものがあらうとはおもへぬから、いづれは海を渡つて来たものであらねばならぬ」と述べた。

しかし、論調は慎重で、「例へば我祖先の南方渡来説を主張するものは必ず黒潮を云々する」として、黒潮による漂着を引きつつも、「自然の力に依頼して居ては一定の目的地に達することは困難である」と批判する。そして、「一族一門を率ゐ、或は部族を挙つて移住を企てる場合、そんな不確実な前途をあてにして発程するものはあるまい。少くとも其人々は目的地たる九州に確実に到達する方法、即ち今の語でいへば航海術を心得て居たものと見ねばならぬ」と主張する。その前提には、一九一六年の『南溟の秘密』で、ミクロネシアの航海譚をまとめたことがあり、それを踏まえた主張だった。

松岡は太古の人が独木舟かそれに近いもので航海したにしても、多数の人を乗せ得るもので、しかも行船渡海に習熟していたはずであるとして、単なるロマンではなく、現実的に日本人の海上移住を考えた。これは、井上通泰が椰子の実が日向国に漂着したことから日本民族の渡来を直観したことに対する批判であるだけでなく、後述するように、柳田國男が伊良湖で見た椰子の実の漂着を原点に置いて日本民族の渡来を展開することを、先回りして牽制したと見られなくもない。現在も日本人の南方渡来説を検証する際に、どのような船を使って、どのような方法だったかが重要な問題になる。

## 沖縄とヨーロッパで見た宝貝と『海上の道』

柳田國男は一九六一年、数え八十七歳で『海上の道』を著し、これが最後の著作になった。一九五二年初出の「海上の道」でも、伊良湖での体験を、「今でも明らかに記憶するのは、この小山の裾を東へまはつて、東おもての小松原の外に、舟の出入りにはあまり使はれない四五町ほどの砂浜が、東やゝ南に面して開けて居たが、そこには風のやゝ強かつた次の朝などに、椰子の実の流れ寄つて居たのを、三度まで見たことがある。一度は割れて真白な果肉の露はれ居るもの、他の二つは皮に包まれたもので、どの辺の沖の小島から海に泛《うか》んだものかは今でも判らぬが、ともかくも遥かな波路を越えて、まだ新らしい姿で斯んな浜辺まで、渡つて来ていることが私には大きな驚きであつた」と回想する。この体験から得られた示唆は半世紀を超えて持続したことになる。

だが、『海上の道』では、椰子の実の漂着のみならず、記録されなかった民俗事象を駆使して、日本人の海上移住を多角的に論証しようとした。例えば、一九五〇年初出の「宝貝のこと」では、一九二一年の沖縄旅行を回顧し、「私は今から三十年の昔、一たび沖縄を訪れた際に、故尚順男爵の宝貝の蒐集を見せてもらつたことがある。首里からすぐ近い別荘の前の海で、手づから撈《すく》ひ捕られたものばかりといふのに、名も附けきれない程の何百といふ種類で、形よりも色と斑紋の変化が目ざましく、今でもあの驚きを忘れることが出来ない」と述べて、「沖縄が世界に稀なる宝貝の豊産地であつたこと」を指摘した。

さらに、一九二一年から二三年にかけて二度のヨーロッパ滞在を踏まえ、「外国ではこの宝貝愛用の歴史を、探り求めようとする学問は、夙《はや》く始まつてゐる。遠い大陸の、名さへ珍らしい未開人の間からも、この貝を利用した数々の神像呪物等が蒐集せられて、国々の博物館に陳列せられ、誰がどうしてあの様な奥地にまで、この貝を運び込むことになつたかを怪しむばかりであるが、私はまだそれを明白に答へ得た人のあることを知らない」と述べた。柳田はヨーロッパ各地の博物館を見て歩いた際に、植民地か

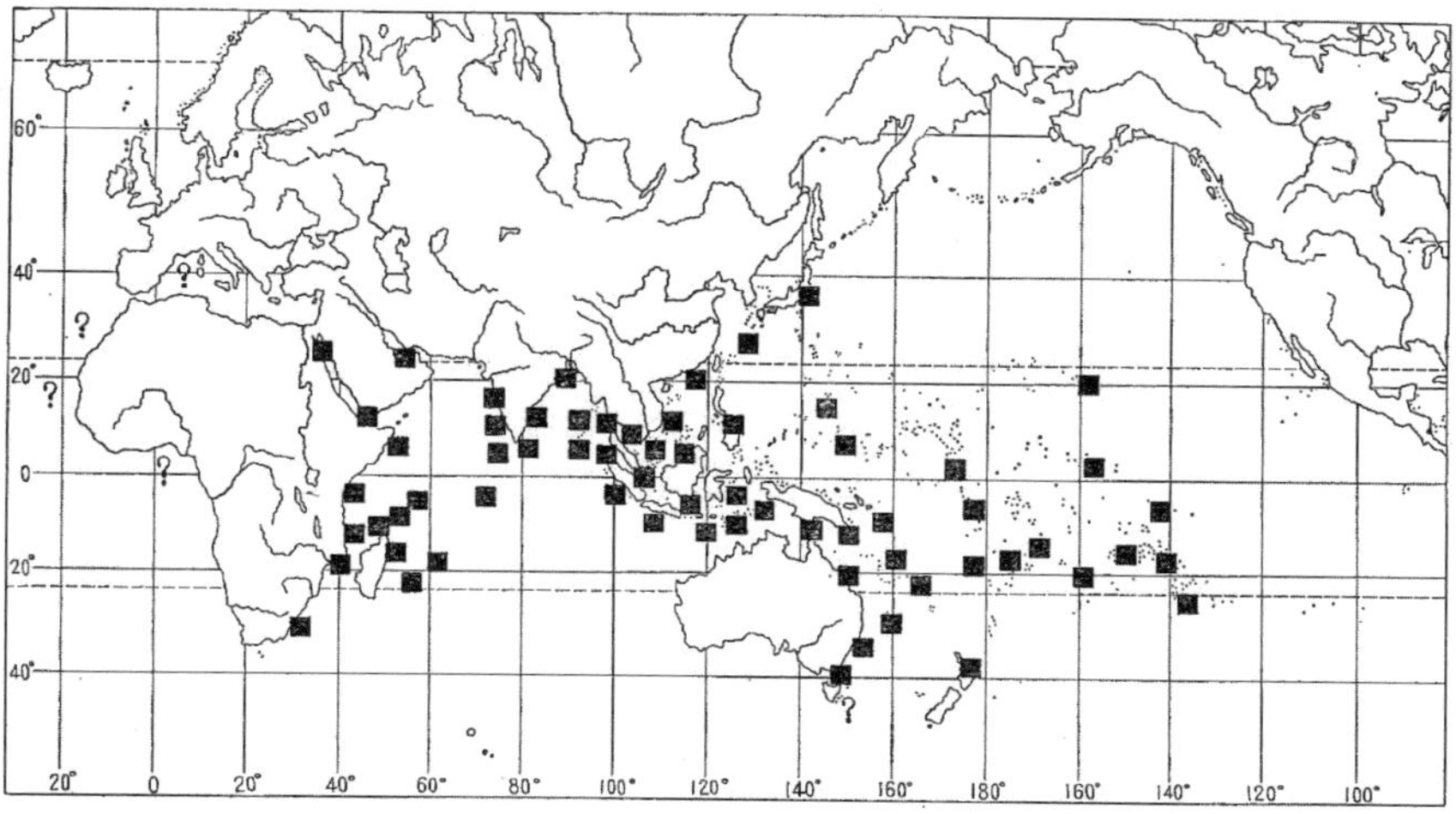


寳貝の產地分布圖（ジャクソン氏の著書より）

**柳田が二度読んだというジャクソンの『文化伝播の証拠としての貝類』からの引用**
（柳田國男『海上の道』）

ら持ち込まれた宝貝が展示されているのを見かけ、宝貝が人類史に関わる指標になることを確信したにちがいない。

今、人類の誕生と移住に関する研究が世界的な関心を呼んでいる。日本列島には四万年前から人が住むようになったと考えられるが、考古学や遺伝学の進展に伴って、どのように日本人が形成されたのかが明らかにされようとしている。柳田國男は稲を携えて来た民族に特化して日本人の起源を考えようとしたが、稲の品種も一様ではなかったという議論が始まっている。ましてや、日本人を一義的に固定することは難しく、多様性の中で考える必要があることは言うまでもない。柳田が言うように、「是は私たちの謂ふ一国民俗学の問題ではない」が、とりとめのない眼前の事実から壮大な歴史を考える方法は、今もなお有効だと言っていい。

**参考文献**

松岡静雄『南溟の秘密』春陽堂、一九一六年
松岡静雄『太平洋民族誌』岩波書店、一九二五年
井上通泰『南天荘雑筆』春陽堂、一九三〇年
柳田國男『海上の道』筑摩書房、一九六一年
柳田國男『定本柳田國男集　別巻3』筑摩書房、一九六四年
中村茂生「「南洋民族学」と松岡静雄」『史苑』55—2、一九九五年
石井正己編著『博物館という装置』勉誠出版、二〇一六年
岡田照子・刀根卓代編著『柳田國男の手帖「明治三十年　伊勢海ノ資料」』伊勢民俗学会、二〇一六年

# 与那国島で五世紀を越えて記憶された漂流民との交流

安渓遊地

●あんけい・ゆうじ　一九五一年生。山口県立大学名誉教授。京都大学理学博士。人類学・地域学。著作に『調査されるという迷惑』（共著、みずのわ出版、二〇〇八年）、『奄美沖縄環境史資料集成』（共編著、二〇一一年）、『廃村続出の時代を生きる』（二〇一七年）、『地中海食と和食の出会い――バスク人サビエルと大内氏の遺産を生かす』（二〇一九年、監修、以上南方新社）等。

## 「フガヌトゥ」伝承

文字に頼らずに、人はどのぐらい昔の事を伝承できるものだろうか。ふつう口頭伝承は日付をもたず、多くは「昔々」というだけでいつのことかわからないので、この問いに答えることは容易ではない。

日本の最西南端の与那国島の口頭伝承の中に、西暦一四七七年旧暦二月からの済州島漂流民との交流の記憶と思われるものが含まれていたので紹介してみたい。

現在この伝承を保持しているのは戦後生まれのN子さんただ一人である。生まれつき体が弱かった彼女は、あまり学校にも行かず地域の高齢者の中で育った。島の社会が戦中戦後の大きな変動を迎えて、様々な伝承を次の世代に伝えることに危機感を覚えた高齢者たちは、島の生き物との付き合い方を柱に、「フガヌトゥ」と方言で呼ばれる漂流者たちの物語を集中的に彼女にたたきこむことにしたらしい。病弱なものにかえって重い荷物を背負わせることで長生きさせようという島の知恵であった。

『朝鮮王朝実録』の一四七九年四月と五月に、二年余り前済州島から特産品のみかんを積み込んだ貢納船で難破した男達のうち、五人は戻らず金非衣ら三人が生還したという聞き取りの記録がある。琉球王国の首里城に到着するまでに彼らが巡った島々は、伊波普猷（一九二七）によって与那国島、西表島を始めとする八重山・宮古の島々と同定された。半月漂流して着いたユンイシマ（与那国島）には、二月中旬から七月の末まで滞在したと記されている。この史料はこれらの島々の生活のようすが書かれた歴史に初めて登場する貴重な記録となった。

家ごとに伝わっていた伝承のすべてをひとりの娘にたたきこもうとした結果、N子さんが記憶しているエピソードは膨大で系統

**山中のみかんの花に号泣する漂流民と島民**

当時の与那国島民にとって知られざる世界であった朝鮮の中でみかんが実るのは済州島だけであり、そのみかんを王様への貢ぎ物とする船が難破したのだった。

立ってもいない。以下はその抜粋の翻訳である。伝承は、ンカチンカチ、ダラーンカチユー、むかしむかし大昔のこと、で始まる。

## 人間的な交流の記憶

魚捕りの舟を出した男たちが、海に浮いている三人の男達を見つけて助けあげた。姿形は島の人たちと似ていたが言葉は通じなかった。髪の毛が短かったので、何かの罰を受けて切られたのかと思った。介抱し少しずつ食べ物を与えた。浜に小屋を建ててそこに収容した。当時の与那国島の人が知っていた、台湾でも紅頭嶼（蘭嶼）でも、中国でも日本のどこかでもない所から来たので「フガヌトゥ」つまり「余所の人」と呼んだ。言葉が通じなかったが、非常に察しがよくて、いちど教えたことをけして忘れなかった。やがて稲刈りが始まると自分たちの故郷には稲がないといいながら、刈り取りは上手でじつによく働いてくれた。時々わっと泣き出すので、ムラヌウヤ（村の親）という女性が背中をなでながら慰めると、五人の仲間が死んでしまったと言っているらしかった。ある時山の中に連れていったら、一面に野生のみかんが白い花をつけていた。その光景に泣き崩れてしまった男たちを見て、もらい泣きした島びとは（図参照）「この人たちの故郷にもみかんがたくさんあるのだろう」と話しあい「あなた方の心もこの山みかんのように香しい」という歌をうたってホームシックをなぐさめようとした。なんとか彼らを守り、無事に故郷に送り届けてやりたいと島びとはさまざまな努力をした。そのお返しに、フガヌトゥが教えてくれたことは数多い。子ども達の互いに競争するゲームや、海の幸と山の幸をまぜる料理、バショウから繊維を取ることなどはその一部だという。粟との物々交換で西表島から手に入れた大木で舟を作り、風を待って西表島に送り出した。その後、義兄弟の契りを結んでいた若者達が、無事故郷についたか確かめたいと舟を出そうとしたが、ムラヌウヤからこう諭された。「どこの港とも分からぬ所へ舟を出す無謀はよしなさい。あの人たちは、私たちの拝む石にも手を合わせ、寝床に差し込む月の光を喜ぶ同じ気持ちをもった人たち。必ず報せは届く。だから、それまで待ちなさい」。若者たちは大声で泣いて断念した。

いつ漂着し、いつ出て行ったものかは伝承されていないが、稲刈りは旧の三月に始まる。またN子さんは、子どものころから旧暦の八月に入ると、粟団子を作らされて、それを軒に下げてから食べると言うしきたりを守ってきた。これは、旅人の安着を願う祈りをこめて作るものだった。N子さんは、高齢者に教わった通り、年に一度、北の海に面したシキ浜で、フガヌトゥの無事を祈るという儀式を続けてきた（安渓・安渓 2011）。

自分の親の世代には伝わらなかったフガヌトゥ伝承のために、N子さんは島では口からでまかせを言っているという扱いを受けた。そのため四〇年にわたって封印されていた伝承を私と妻は記録する役回りとなった。済州島生まれの母親を持つ人類学者の全京秀教授とともに、与那国島のシキ浜で三人の済州島漂流民の帰郷報告の感謝祭を、西表島では生きて故郷に戻れなかった五人の仲間達の供養祭をとりおこなった。現在は、N子さんとともに、この膨大な記憶を子どもたちに伝えるための絵本づくりに取り組んでいるところである。

**引用文献**

安渓遊地・安渓貴子、二〇一一「一四七七年の済州島漂流民と与那国島民の交流の記憶」『奄美沖縄環境史資料集成』南方新社

伊波普猷、一九二七「朝鮮人の漂流記に現はれた尚真王即位当時の南島」『史学雑誌』三八（一九七三年『をなり神の島』平凡社、に改題して収録）

# 戦争マラリアと悲劇の乗り越え方

加賀谷真梨

●かがや・まり　一九七七年生。新潟大学人文学部准教授。文化人類学・民俗学。著作に「プロセスとしての〈共同体〉——沖縄・波照間島の「戦争マラリア」をめぐる語りを事例に」（『民衆史の遺産　第14巻』大和書房、二〇一九年）、「家族と地域が重なり合う場——沖縄の離島における小規模多機能型居宅介護」（『ケアが生まれる場』ナカニシヤ出版、二〇一九年、いずれも共著）等。

## 悲劇の証言をめぐる謎

時の経過とともに沖縄の人々も重い口を開き始め、第二次世界大戦をめぐる記憶が集積されてきた。忘却に抗する人々の営みは上陸戦を経験しなかった八重山諸島でも見られた。「戦争マラリア」(1)をめぐる記憶の蒐集とその上演である。沖縄の南端に位置する波照間島の住民は、終戦を間近に控えた一九四五年四月から六月の間に西表島へ疎開した。この疎開を契機に六六名の子どもを含む四八八名がマラリアに罹患して亡くなった。死亡者数は当時の人口の三分の一に該当する。この事件は青年学校の指導員として赴任し、後に日本軍の秘密工作員と判明した山下虎雄（通称）が、日本刀を振り回す等の高圧的態度で島民をマラリア有病地である西表島に「強制疎開」させたために起きた悲劇として、一九九〇年頃から紙芝居屋や本、朗読劇等で上演されるに到っている。

その一方、この悲劇をめぐっては〈沈黙〉も見られる。**図**に示したように島内には五つの部落があり、部落毎の死者数は大きく異なるものの、その説明がどこにも書かれていないのだ（石原 1983）。また、一九九二年に西表島の南風見田に慰霊碑が建立され毎年慰霊祭が行われているものの、波照間島からの参加者は少なく、さらには、波照間島内に学童慰霊碑が建立されても島を挙げての式典等は執り行われていない。一六名のうち一五名を亡くす壮絶な経験をした人、絶家になった家があるにもかかわらず、なぜ波照間の人々はこの経験と一定の距離を置いてきたのだろうか。

## 非同一性の消却／共同性への仮託

筆者の戦争経験者への聞き取り調査(2)から導いた暫定的な見取り図を示すならば、波照間島の人々は戦争マラリアの悲劇という「支

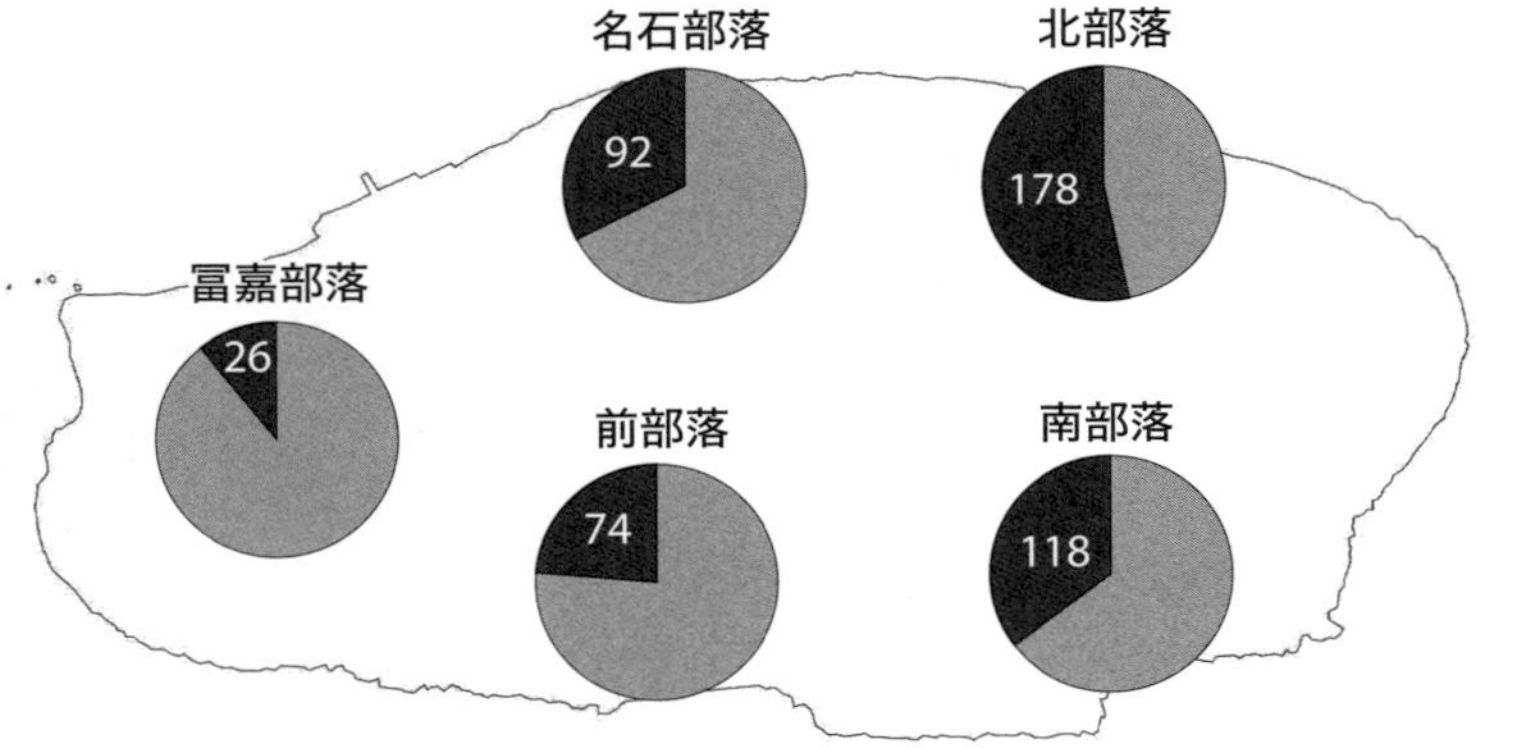


**部落別マラリア死者数**
（石原 1983：177 頁より加賀谷作成）

配的物語」の踏襲を通じて、当時表面化した非同一性を消却していると言える。その非同一性とは、（1）部落格差と家の階層差、（2）軍政下で誕生した新たな身分、（3）「生」へのアクセスの相違である。以下ではこの詳細について述べる。

まず、部落毎に死亡率が異なる背景に着目したい。波照間島民は、西表島南部の南風見田海岸、古見、由布島の三地域に疎開した。島民の大半は南風見田で共同生活を送ったが、島の有力者やその親族は古見や由布島に疎開した。その有力者は回想録に「自分はマラリアの恐ろしさを知っていたため、他の住民に疎開先はマラリアを媒介するハマダラ蚊が少ない由布島や古見にするよう進言したものの、多くの住民は波照間島からの食料運搬の利便性を考え、また防空壕として洞窟も多く存在する南風見田への疎開を希望し決定された」と記している（琉球政府 1971: 154-155）。この有力者の進言を受けた冨嘉部落の人々は蚊が多く生息する川から最も遠くに拠点を置いた。川の近くには北部落、続いて南部落、名石部落、前部落、冨嘉部落の順に部落ごとに疎開生活を送った結果、この位置関係がそのまま死者数に反映することになった。政治権力、財力、情報へのアクセス等が結びついた家の階層差、及びそうした家が属する部落であるか否かが、死者数の相違を生じさせたといえよう。

第二に、山下は国民学校四年生以上の十代の若者およそ二〇名を「挺身隊」として男女別に組織化した。挺身隊は、疎開先では隊員のみで共同生活を行い、刀を下げて軍事訓練を行う他、清掃や警備、炊事等を担った。高等学校での勉学の途を絶たれた十代後半の青年が、新たに与えられたこの役割に専心したことは想像に難くない。挺身隊であったある女性は「山下は各戸から米や雑穀を集めてそれを皆に均等に配分したが、ムトゥヤ[3]のおじーは、こんな混ぜご飯食べられるかといって米を投げつけた」と、当時を語った。若い挺身隊に既存の社会階層を揺さぶる力が与えられ、それに乗じた若者達がいたことは確かである。

第三に、実は家格や軍属ゆえに山下とつきあいがあったことで一命をとりとめた家族が少なくないという事実がある。むろんそのことが語りにすぐに現れることは稀で、多くの人は埋葬や戦後の生活の苦労話に主軸を置いた長い話をした後に「山下と船長だったじーさんが親しくしていて薬をもらった」といったように、自分の家族に被害がなかったことを明かした。無被害という島のマジョリティとの相違を打ち消すかのように「支配的物語」を踏襲している人が少なくないのである。

このように、山下の来島と共に波及した軍制は、間接的・直接的に島の既存の秩序体系に大きな揺らぎをもたらし、島民間の非同一性を顕在化させた。誰が加害者で誰が被害者かを特定するのは当時も今も困難である。それゆえ、戦後異なる無数の記憶を個々人に留めながら、画一的な悲劇の物語を「支配的物語」化させることは、未来の〈共同性〉に仮託した実践として解釈できるのではないだろうか。〈沈黙〉とは、自らの悲しみや苦しみのドキュメント化の拒否であると同時に、将来に投企された行為なのである。

**注**

（1）「戦争マラリア」という用語は、戦時下に人為的に引き起こされたマラリア被害という意味合いで、一九八〇年代後半の賠償補償請求運動の勃興に伴って使用されるようになった。だが、この用語は、沖縄全土のマラリアによる死者数のおよそ1／4を輩出した波照間島の惨事のシニフィアンとして用いられている。

（2）男性五名、女性七名（大正十一〜昭和十年生まれ）に対して聞き取り調査を行った。

（3）ムトゥヤ（元家）とは集落の宗家の意。最も古い草分け筋の家を指す。

**引用文献**

加賀谷真梨　2012「プロセスとしての〈共同体〉——沖縄・波照間島の「戦争マラリア」をめぐる語りを事例に」『東洋文化』93、七九—九七頁
琉球政府編　1971『沖縄県史10　沖縄戦記録1』琉球政府
石原昌家監修　1983『もうひとつの沖縄戦——マラリア地獄の波照間島』ひるぎ社

# 文化としてのソテツ食

安渓貴子

●あんけい・たかこ　山口大学医学部非常勤講師。理学博士。生態学・民族生態学。著作に『ソテツをみなおす』（二〇一五年）、『ソテツは恩人』（二〇〇九年、以上共編著、ボーダーインク）、『森の人との対話――熱帯アフリカ・ソンゴーラ人の暮らしの植物誌』（東京外語大AA研、二〇〇九年）、『食と農のアフリカ史』（共著、昭和堂、二〇一六年）、『酒をめぐる地域間比較研究』（共著、国立民族学博物館、二〇〇三年）等。

## 恐竜と栄えたソテツ

ソテツという植物をご存じだろうか。鳥の羽のような形の濃い緑色の葉と、ゴルフボールよりやや小さい赤い実を頂につける。日本固有種で、自然分布では南は八重山から、北は宮崎・鹿児島が北限だが、本州でも古くから庭園に植えられて大株となり、北は福井県や静岡県で天然記念物になっている。

ソテツは、イチョウと並んで花や実をつける「種子植物」のなかで最も古くに進化したものである。一億五〇〇〇万年―六五〇〇万年前、ジュラ紀後期から白亜紀にかけては「ソテツ時代」とも呼ばれるほど多くの種類がうまれ、恐竜たちの食べものだったという。しかしその後恐竜たちと共に絶滅したようで、化石は残っているが現在の日本にはソテツ *Gycas revoluta* Thunb. 一種のみが分布し、その遺伝的な変異は、台湾の近縁種タイトウソテツ *C. Taitungensis* と比べてたいへん小さい（Kyoda ら 2010）。これは、以下にのべるように島々の救荒食としての重要性から、少数の品種を人間が拡めた結果と思われる。

## 〝ソテツ地獄〟と「ソテツは恩人」

〝ソテツ地獄〟という言葉がある。一九三〇年代の世界大恐慌のなか、沖縄では基幹産業の砂糖が大暴落して経済は破綻。そのため人々は「サツマイモどころか毒があるソテツの実や幹までも食べた」。その〝悲惨さ〟を象徴的にあらわすことばとして『沖縄県史』や『沖縄近代史辞典』にも載っている。しかし沖縄には今もソテツをなつかしい伝統食として大切にしている島々があり、「ほんとうの地獄はソテツを食べ尽くしたその向こうにあった」という証言もある。沖縄の北の奄美では少なくとも十九世紀はじめには、ソテツが多くの人々の日常食であった（安渓貴子 2011）。

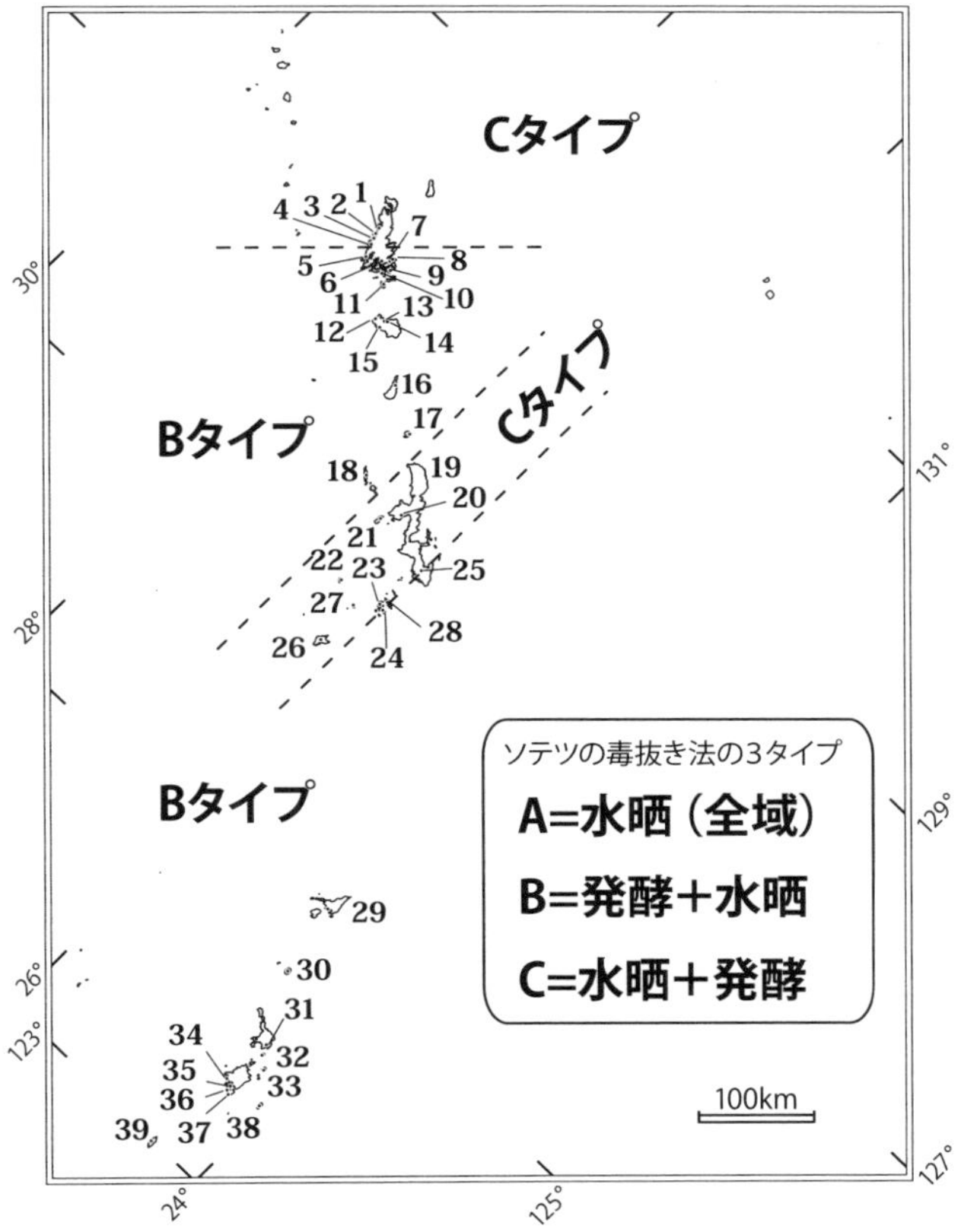


**「奄美・沖縄における蘇鉄の毒抜き法の分布」**

数字は調査地点。17 与論島と、29 宮古島は B タイプのほかに C タイプも報告されている。

今も空港でソテツ味噌が売られており「ソテツは恩人」という言葉を高齢者から聞くことができる。

## 毒抜きの原理から見えてきたソテツ文化圏

このように奄美・沖縄ではソテツの実や幹の澱粉の毒抜きをして、救荒食あるいは日常食として食べてきた歴史がある。しかし毒抜きの手順を市町村誌史などで見ても、地域によって異同があり、なかなか統一的に理解できない。琉球王朝の宰相・蔡温は、一七三四年に著した農業の手引き『農務帳』に、凶年の補いのためにソテツ植栽の奨励と、その安全な食べ方を庶民から聞き取った複数の詳しい記述を『農務帳別冊（第三）』に残した。それはしかし今日の伝承にも増して複雑なものに見えた。

私は、毒抜きを現地で教わりながら自分でやってみることで毒抜きの原理を理解し、伝承された毒抜き法をその原理から読み解くことができた。その結果は三種類にまとまった（**図**）。実の水晒しは各地で共通だったが、なかでも幹は毒が抜けにくく、カビによる発酵を含む二つの手法に分かれた。奄美大島以南の島々でのフィールドワークと聞き取り、市町村誌史や字誌史、古文書、報告から、毒抜き法を読み取り、毒が抜けていると理解できる報告のみを地図上に置いてみた（安渓貴子 2011, 2015）。

その結果は、沖縄島と久米島や慶良間諸島、そして名瀬をふくむ奄美大島北部では**図**のC、「水晒し後発酵」、大島南部以南の奄美の島々と八重山は**図**のB、「発酵後水晒し」と整理された。移行帯の与論島と宮古島では両方が見られた。この周圏的な分布は、琉球王朝と薩摩藩の支配の中心部に「水晒し後発酵」というより新しい技法が導入された歴史の反映と考えられた（安渓貴子 2011, 2015）。

『南島雑話』は名越左源太が一八五〇年―一八五五年に奄美大島の名瀬小宿に滞在したときの人々の生活を絵入りで詳しく記したものである（名越左源太 1984）。そこにはソテツの「水晒し後発酵」の過程の詳細が描かれている。それは蔡温の記した方法そのものであり、一七三〇年代の蔡温の聞き取りと、一八五〇年代の名越左源太の見た方法が同じだったのである。この他にも『南島雑話』にはソテツにかんする記述が多い。ソテツの育て方、ソテツ澱粉を使ったお菓子や酒、肥料・燃料・薬用・建材・子どものおもちゃなど、今も奄美の人々が伝承する「ソテツ文化」を知ることができる。

### 引用文献


安渓貴子 2011「ソテツの来た道――毒抜きの地理的分布からみたもうひとつの奄美・沖縄史」『奄美沖縄環境史資料集成』南方新社、三六三―四〇四頁

安渓貴子 2015「ソテツの三つの毒抜き法」『ソテツをみなおす――奄美・沖縄の蘇鉄文化誌』ボーダーインク、二六―四四頁

Kyoda, S. and H. Setoguchi, 2010 "Phytogeography of *Cycas revoluta* Thunb. (Cycadaceae) on the Ryukyu Islands: Very low genetic diversity and geographical structure", *Plant Syst. Evol.*, 288: 177-189.

名越左源太（國分直一・恵良宏　校注）一九八四『南島雑話』上下、平凡社

# 国境、主権は自明ではない

## 【台湾・与那国からみえる世界】

岡田充

●おかだ・たかし　一九四八年生。共同通信客員論説委員。元台北特派員。中台関係。著作に『中国と台湾――対立と共存の両岸関係』(講談社現代新書、二〇〇三年)『尖閣諸島問題――領土ナショナリズムの魔力』(蒼蒼社、二〇一二年)。共著に『領土問題の論じ方』(岩波書店、二〇一三年)など。「岡田充の海峡両岸論」(http://www.21ccs.jp/ryougan_okada/index.html)を連載。

浜辺に寝そべりながら、沖縄本島行きの船をひたすら待った。一九四九年十一月の与那国島。船を待つのは二十九歳の台湾高雄市の市議、陳浴億である。国民党の圧政から逃れるため、台湾北東の花蓮近くの漁村から、漁船で五時間かけて与那国島に〝密航〟したのだった。

### 四二年にわたる東アジア漂流

与那国に逃れたのは一九四七年に起きた「二・二八事件」のためである。台北でたばこ売りの女性を取締官が殴打し、これに怒った民衆に国民党軍が発砲。民衆との衝突は台湾全土に広がり、二万人を超える犠牲者がでた。高雄で反国民党側に立った彼も追われる身に。

陳は、約一カ月滞在した与那国から沖縄本島を経由して日本本土へ。東京と横浜で三年生活した後、社会主義者だった彼が目指したのは「あこがれ」の中国大陸。北京で日本語を教えたが、文化大革命中「国民党のスパイ」として拘束された。七二年の日中国交正常化の翌年、香港行きが認められ中国系百貨店に就職。香港での台湾統一工作が任務になった。

やがて台湾に大きな政治的転機が訪れた。李登輝が八八年、台湾出身初の総統に就任し政治の民主化と台湾化を進めた。陳は九一年春、与那国に逃れてから四二年ぶりに高雄に戻ることができた。二〇〇六年、高雄で八六歳の生涯を終えるまで、東アジアを漂流した一生だった。

### 今の認識枠組みで解釈する誤り

陳を取材してからずっと気になっていたのが与那国島だった。頭の中の地図には、与那国と台湾の間に国境線が引かれている。

**与那国の西端にある西崎灯台にあるタイル画**（遠方にみえる山並みは台湾）

しかし、現在引かれた「国境線」から過去を認識し解釈する思考からは、二つの島の間で長く続いてきた人びとの生活や、境界を超えた交流は見えない。「国境線」は自明ではない。

与那国は花蓮から一一〇キロと、台湾から最も近い「外国」。陳は与那国で漁民の家に一カ月世話になった。日本の敗戦まで台湾は五〇年間日本の植民地下にあり、与那国との間に国境線はなかった。二つの島民の共通言語は日本語。与那国は米軍政下に置かれたが、米軍は島に駐留せず、「お巡りさんが二、三人いただけ」。台湾のラジオが聴こえ、彼もラジオで台湾情勢を知った。

島では、米ドルのほか台湾発行の「中華民国紙幣」が流通していた。「主権」もまた自明ではない。さらに台湾人が持ち込む「砂糖交換券」も流通していたという。陳は、肌身に付けてきた「五俵」分の砂糖券をペニシリンと交換し、日本本土行きの準備をした。ペニシリンを現金化し生活費に充てたのである。

与那国など八重山は、台湾の日本植民地時代、「台湾経済圏」の一部だった。島民の主な就職、就学先は、沖縄本島ではなく台湾だったのである。台湾が「主」、沖縄は「従」。双方の間ではその後も、濃淡はあれ日常的な交流と交易が続いてきた。

当然のことだが、その土地で生きる住民にとって、生活は国境や主権以上に重要なのだ。東アジア近代史の時間軸でみれば、沖縄の施政権が日本に返還され、二つの島に国境線が引かれてから四五年余り。それ以前の無境界時代の約四〇〇年の十分の一に過ぎない。「無境界」は、決して文学が独占する世界ではない。

## 想像力が試される

陳が島に逃れてから間もなく七〇年。人口約一五〇〇人の与那国は現在、別の文脈で脚光を浴びている。日本政府は、中国の「軍事的脅威」に対応し、離島防衛強化のため二〇一六年から一五〇人規模の陸上自衛隊基地を配備したからだ。戦争中も旧日本軍が島に駐留したのは一九四一年末、海軍が「見張り基地」を作ったのが「最初で最後」。

自衛隊配備は「主権」と「国境」を可視化し、島を「日本防衛」の最前線に変えた。島から約一五〇キロ北には、領有権争いが続く尖閣諸島（中国名　釣魚島）がある。無人の孤島をめぐる無益な争い。ここを日本、台湾、中国の地方自治体による「海上平和特区」にしてはというのが、筆者の数年来の主張である。

「国家主権」を自治体に委ねて主権争いを「棚上げ」し、ゼロ以下の価値しかない島を、環境保護と資源共同開発の拠点として有効活用しようとするアイデアである。

陳の東アジア漂流から得たヒントと想像力がベースになっている。

ウチナーネシアには裾礁大移動の大東諸島もあれば、火山島もある。北端硫黄鳥島は琉球王府直営硫黄採取取場であり、中世中国王府にとり火薬原料の最大輸入先であった。黄金に匹敵する価値と質で、かつ中継貿易琉球観を覆すほどの量でもあった。噴火災害で久米島鳥島集落（新設）に移転。恩賜剰余金で高品質鰹節産業を興し、南洋トラック諸島にも進出した。戦後も硫黄鉱山経営が続いたが、戦後まもなくは奄美徳之島沖65km の近さもあり、奄美教官が教諭を務めた。県境界なき時代がそこにあった。再無人化。真新しい中国製凧遺物（写真上右）は無許可来訪外国人痕跡でもある。噴火口間近に祠痕跡があり、王府派遣ノロ時代以降、近代に至る製造・生活関連施設工場・荷揚げ施設・レール・貯水槽・タイヤ残存車両（上左）が残る。火口近傍にも御拝所痕跡（特に近辺に多い＝下）多々で、祀られた神々もほぼ東端の久米島にある。

# 第3編 ウチナーネシア

ウチナーネシアは島コスモスの中心地。ウチナーグチは個性文化の、ウチナータイムはワークバランスの先進地性ですらある。ウチナー語源は「沖の魚場」とか。まさにネシア感覚。久高島・伊是名・伊平屋は王府の聖地でもある。硫黄鳥島は王府直営地で、爆薬の材料として中国交易の戦略物資。奄美群島六五km傍にありながら奄美返還時にも琉球政府に留まった。大東諸島は列島の外にある。八丈島の鳥島アホウドリ乱獲者が初入植した島である。沖縄島一二〇七$km^2$（佐渡の一・四倍）は国土交通省が本土五島扱いにする程、空路を含め高い中心地性がある。那覇周辺域は日本サブネシア最大の都市圏である。国際ウチナンチュー交流も活発である。東南アジアまでをも含む「万国津梁」を誇った大貿易王国、明治期以降のハワイ・南米・南洋群島等への大量移民、国内唯一の住民巻きまれ地上戦は、その後の大米軍基地・チャンプル文化と相まって国際感覚豊かな地域文化を育んできた。

近年ではクルージング客も含め国内外からの一大観光地にもなっている。首里城をはじめ五グスク四関連遺産が世界遺産に登録されている。山原・沖縄島海岸線（一部）・慶良間諸島等は沖縄海岸国定公園を構成し、うち慶良間諸島海域（渡嘉敷島西部海域一二〇ha・座間味／阿嘉／周辺無人島海域二三三ha）はラムサール条約登録地となり、二〇一四年には慶良間諸島・周辺海域が新たに国立公園に指定された。沖縄島と奄美大島は地質的・生態系的・言語文化的一帯性があり「中琉球（ケラマ海裂とトカラ海峡が境界）」ともされる。沖縄本島北部山原森林地帯・西表島・徳之島・奄美大島とで世界自然遺産登録に向けた取組みが続いている。環境連携・経済連携・観光連携・学術連携・人材交流も期待されている。

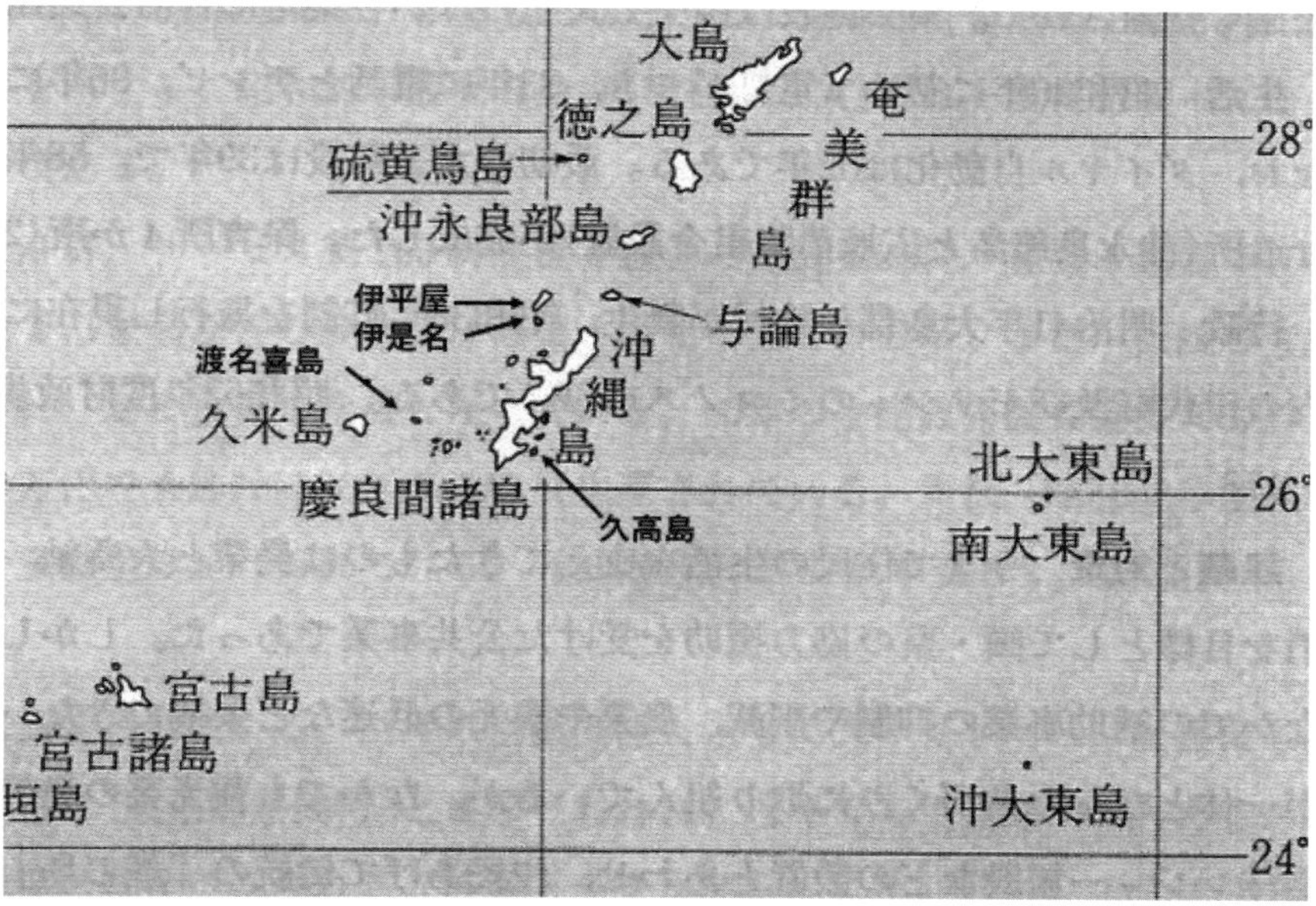

大島
奄
美
群
島
徳之島
28°
硫黄鳥島
沖永良部島
伊平屋
伊是名
与論島
渡名喜島
沖
縄
島
久米島
北大東島
慶良間諸島
26°
久高島
南大東島
宮古島
宮古諸島
垣島
沖大東島
24°

# 琉球弧の民俗学的眺望

津波高志

●つは・たかし　一九四七年生。琉球大学名誉教授。著作に『沖縄社会民俗学ノート』（第一書房、一九九〇年）、『沖縄側から見た奄美の文化変容』（第一書房、二〇一二年）、『奄美の相撲――その歴史と民俗』（沖縄タイムス、二〇一八年）等。

　奄美から八重山までの琉球弧の島々において、文化の諸側面あるいは諸要素ごとに、共通項とともに、顕著な地域差のあることもこれまで指摘されてきた。そして、その差異について大括りで見ていく際の代表的な地域区分の仕方として、奄美諸島・沖縄諸島・宮古諸島・八重山諸島に分けてきた。

　確かに、それにはそれなりの有効性がある。たとえば、村落祭祀における主導的な儀礼施行者である女性司祭を取り上げ、ドミナントな日本文化に対置すると、それら四地域において、その存在は明らかな共通項であると同時に、相互に比較すると、差異も顕著なのである。

　首里王府の宗教政策として、ノロ制度は奄美諸島と沖縄諸島に限られ、宮古諸島と八重山諸島にはそれぞれ全域を管轄する一人の女性司祭を置いただけであった。大雑把に各村落のレベルで見ると、現在（あるいは比較的最近まで）、前者では村落祭祀における儀礼の主導的役割を掌握しているのはノロで、後者ではそうではなく、ツカサと称される司祭である。

　ところが、それらの役割・地位を世代的にどのように受け渡していくのかという点になると、四地域とも異なってくる。ごく大まかな言い方をすれば、奄美諸島は父系の家筋、沖縄諸島は父系の血筋、宮古諸島は一定年齢の者達による神籤、八重山諸島は特定の血筋を中心にした神籤によるという具合である。

　それらにノロ制度も奄美諸島と沖縄諸島では歴史的に異なる方向へと変化していった事実を加えると、ことはより複雑になる。薩摩の琉球侵攻により奄美諸島のノロは、公的には首里王府から切り離されたのである。たとえ、個人的な主観的観念世界において関係の継続を希求したとしても、制度的には島ごとの慣行としてのみ存続し、あるいは消滅していったのである。

　女性司祭の一例だけを取り上げても、琉球弧全体を十把一絡げ

沖縄相撲の開始

に捉えるわけにはいかないのである。さらに、複雑なことに、どの文化要素を取り上げるのかによって、地域差のあり方も大きく異なってくるのである。理解しやすい例として、豊年祭系統の祭儀に纏わる行事として各地で行われている相撲を取り上げよう。

土俵上で対戦相手と離れて仕切り、土俵外に出すか、土俵内で体の一部でも土につければ勝ちとする相撲は全国的によく知られている。それに対して、全国的には余り知られていない沖縄（県）の伝統的な相撲は、土俵を設けず、砂の上で、最初から対戦相手の腰に巻かれた帯を掴み、仰向けになるように背中を地面につければ勝ちとする相撲である。したがって、沖縄相撲には仕切っての立ち会いはなく、審判（行事）は対戦相手同士でお互いの帯を掴んでいることを確認して、勝負の開始を告げるのである（写真参照）。

沖縄では全国的に一般的な相撲と伝統的な相撲とを並存させ、国民体育大会に選手を送り出す一方で、各地の祭礼においては従前どおりの相撲を継続させている。それに対して、奄美諸島では戦後じきまで、島相撲と呼ばれる沖縄相撲と同じ相撲があったにも拘わらず、現在では大和相撲と呼ばれる全国的に一般的な相撲一色になっている。

その現状の違いを掘り下げていくと、結局、両者の歴史の被さり方の違いに帰着するのである。つまり、琉球弧全域を民俗学的に見渡す際に、地域ごとの歴史の被さり方にまず注意すべきことがその一例からでも理解出来るのである。

それに加えて、元々あったと考えられる文化の違いも等閑視してはならないであろう。

首里王府によって琉球弧の政治的な統一がなされる以前のオーストロネシア的文化、閩人三六姓の文化などは当該地域の歴史と絡めながらどのように理解されてきたのであろうか。

地域ごとの歴史の被さり方の違いに元々あったと考えられる文化の違いも問いながら、単純な日琉同祖論や中国文化伝播論に惑わされることなく、琉球弧全体を見渡すと、戦前の研究および戦後この方の研究とは大分異なる民俗学的眺望が得られるのではなかろうか、と考えている次第である。

# 沖縄と世界をリンクする芸能と余興の文化

小西潤子

●こにし・じゅんこ　一九六一年生。沖縄県立芸術大学教授。民族音楽学。共編著に『音楽文化学のすすめ』（ナカニシヤ出版、二〇〇七年）、「松岡静雄が公刊したミクロネシア民謡と手稿『南嶋』の比較分析——沖縄県出身の南洋移民が耳にした歌の記録をめぐって」（『ムーサ』一八、二〇一七年）等。

## 世界に広がる沖縄の芸能文化

本土から見ると辺境だが、東アジアの中心に位置する沖縄。その芸能は、一八七九年の廃藩置県以降、移民とともに世界各地に広がった。移住先での労苦、戦中戦後の惨事と復興、本土復帰といった波乱のなかで、沖縄の人々は芸能を心の拠り所としてきた。ルーツへの敬意から、ハワイや南米をはじめとする沖縄県系コミュニティでは、三線や琉球舞踊のレッスンも盛んで、エイサーのパフォーマンスも行われている。二〇一六年沖縄で開催された第六回世界のウチナーンチュ大会には、海外二〇カ国二地域の六四団体五二〇〇人が参加した。十月二十七日の開会式では、一万三五〇〇人が総立ちで沖縄民謡などを大合唱、最終日三十日には、流派や国境を越えた一四〇〇人が一斉に歌三線の演奏を行った（『沖縄タイムス』記事より）。一方、沖縄に思いを寄せる沖縄県外の

**沖縄竹富郷友会の《バッサイロン》**（2019年、筆者撮影）

**三線伴奏による《バッサイロン》の踊り歌**（2018年、筆者撮影）

アーティストらも多い。《島唄》（The Boom）や《さとうきび畑》（作詞作曲：寺島尚彦）は、「沖縄の歌」として親しまれているし、ロンドン沖縄三線会のように、沖縄県外の音楽学研究者が立ち上げた団体もある。

## 神への捧げものから、舞台芸能、余興へ

琉球王国時代、中国や江戸幕府との外交手段として編み出されたチャンプルー（混淆）の芸能文化は、宮廷から庶民へと広がり、その一部が舞台芸能となった。しかし、それ以前から村落にあった芸能の多くは、超自然的存在への捧げものでもあり、村落をあげて芸能が演じられた。今日でも、豊年祭などでは集落の住民自らが芸能を行う。旧盆のエイサーやアンガマー（石垣島）を取り仕切るのも、集落の青年団である。沖縄の人々が自らうたい踊るのは、芸能が祈りであったことの名残とも言えよう。

南洋（ミクロネシア）の芸能の多くも、祈りを起源とした。ところが、植民地時代に入ると行政官や本国からの来賓に披露するために、新しい踊りが創作されるようになった。西洋人の軍事演習、フォークダンス、聖歌や民謡をもとに成立した行進踊りは、入退場や演目間のつなぎ目に行進やその場足踏みの動作を入れ、「レフト、ライト」などの号令が入るのが特徴である。踊り歌は西洋風の流行歌から選ばれ、振付はしばしばその都度新作される。祈りの芸能とは異なり、行進踊りはいつでも、どこでも、誰もが

演じることができる余興の踊りとして始まった。行進踊りを各地に広めたのは、サイパンなど北マリアナ諸島在住のカロリニアンで、とりわけ人気を誇ったのが《ウワトロヒ》という演目だった。

## 行進踊りの沖縄への伝播と普及

行進踊りは、一九三〇年代前後に小笠原に伝わったことが知られているが、実は沖縄本島北部・中部をはじめ八重山諸島にも分布している。一九三〇年代後半にサイパン支庁管内で全人口四万五〇〇〇人強のうち半分近くを占めた沖縄県出身者（南洋廳 1937, 43-46）が、南洋で大流行していた行進踊りを目にしないわけはなかった。うるま市栄野比、宜野座村惣慶などでは、南洋帰還者が伝えた行進踊りを観月祭等でも演じる（小西 2018）。竹富島では、仲筋の《バッサイロン》（写真参照）がさまざまな機会に演じられ、波照間島ではムシャーマのミチサネ（仮装行列）として、《南洋の土人》が西組定番の出し物となっている（飯田 2018, 507-508）。《バッサイロン》という演目名は、行進踊りの号令「アフタイラン」「マスタイロン」等が訛ったものである。石垣島出身で一九三〇年代半ばにサイパンに渡った新城浪（一九二一―二〇一七）も、《ウワトロヒ》の踊りをよく踊っていた。

## 余興として継承される南洋の記憶

沖縄の行進踊りは、カロリニアンや小笠原の行進踊りには見られない独自の要素が加わっている。たとえば、面白おかしい「自己紹介」、《酋長の娘》等による入退場行進、ハーモニカに代わる三線の伴奏、さらにはズールー族（南アフリカ）の《戦いの歌》といった具合である。こうした変化は邪道ではなく、その時々の出来事や人々の思いを取り入れた創造の賜物である。単純でわかりやすい行進踊りは、西洋から南洋、沖縄、小笠原と海を渡りながら、島々で歴史や人々の思いを掬い取り、地域ごとの表現を加えてきたのである。沖縄では、行進踊りは「めでたい踊り」と言われる。南洋で苦労の末に育てたサトウキビの収穫を祝い、激戦地の記憶とともに島に持ち帰られ、復興と共に村々で蘇った行進踊りは、まさに命のリレーによって受け渡されてきたのである。余興の芸能としての行進踊りは、こうして正史には載りにくい人々の生の営みを表現しながら、時間の経過と共に、再び祈りの芸能へと昇華していくことであろう。

# ウチナーネシアから大綱引き文化を照射する

前泊美紀

●まえどまり・みき　一九七二年生。宮古諸島池間島出身の両親を持つ「海洋池間民族」。ケーブルテレビ記者兼ニュースキャスターを経て二〇〇九年より那覇市議会議員。政策本位の地方政治・自治の優れた活動を表彰する日本最大の政策コンテスト「マニフェスト大賞」第一三回・第一四回実行委員長。コラムブック『書けば宮古!』（ボーダーインク、二〇〇三年）等に執筆。

綱引きが好きでたまらない人を「綱虫」と呼ぶことを知ったのは、二〇〇六年、与那原大綱曳でのことだった。これが私の「綱引き」との出会いであり、以来、綱曳に魅せられ、関わらせてもらっている。

ここでは、与那原大綱曳を中心に沖縄の綱引き文化を概観することで、「ウチナーネシアから大綱引き文化を照射」する序章としたい。

## 沖縄の綱引き概要

沖縄の綱引きは、偏りはあるものの県内全域に分布している。その数は、時代の流れで中止もしくは廃止または復活しており、正確には把握し難いが、過去の文献や調査資料を見るに、二〇〇程度ではないかと推察される。

その始まりは、首里王府が一七一三年に編集した『琉球国由来記』によると、その十八世紀初頭にはすでに綱引きが行われているが、それがいつから始まったのか、また、その由来が日本か中国かも不明とされている。

沖縄の綱の材料は主に藁で、綱を引く目的の多くは五穀豊穣、その他、害虫・邪鬼払い、年占い、雨乞い等の儀礼的な意味をもつ。

綱を引く期日は、日本本土が八月十五夜と盆、小正月の三つにおよそ大別されるのに対し、沖縄では、正月に引く綱は稀で、稲の収穫時期に合わせて、旧暦の六月十五日（六月ウマチー）前後、六月二十五日（六月カシチー）前後、七月十五日（盆の送り日）前後、八月十日（柴差し）前後、八月十五日（十五夜）前後に分けられる。

沖縄の綱引きの特色のひとつは、雌雄の綱をカナチ棒（かんぬき棒）で連結して引く、その形態である。

なお、薩摩の琉球支配の歴史の視点では、例えば、川内大綱引は、慶長年間に始まり兵士の士気を高めることを起源としており、期日等も異なることから、沖縄の綱引きとの関係性は認められないものの、その他の綱引きとの関係性や薩摩の琉球支配への影響については、今後の研究課題としたい。

また、薩南諸島の綱引きも様々で、奄美大島瀬戸内町油井集落の豊年祭で、猪か獅子かわからないが「シシ」と呼ばれる怖い形相の仮面をつけた者が綱を鎌で切る「綱切り」や、かつて伝染病等の悪疫を祓うために綱を引いて回った加計呂麻島瀬戸内町渡連のヤンセー綱など、島や地域で様々な個性があるのは興味深い。

## 沖縄の三大綱引き

「沖縄の三大綱引き」と呼ばれているのは、那覇大綱挽、糸満大綱引、与那原大綱曳である。

「引き」の字がそれぞれ異なるが、前出の『琉球国由来記』では、力を競う「挽」と疫鬼を祓うための不定期の綱「引」が書き分けられている。では、「曳」はどうか。明確な裏付けは見当たらないが、地元では、綱を海岸で引いていたため「曳」の字があてられたのでは、との解釈がある。

那覇大綱挽は、琉球王国時代の那覇四町（西村、東村、若狭町村、泉崎村）綱の伝統を引き継ぎ、国家平穏、海上安全を祈る祝綱で、交易都市として栄えた那覇の都市型（町方）の綱である。発祥は西暦一四五〇年頃とされ、六月頃に挽かれていたが、一九三五年を最後に途絶えた後、一九七一年十月十日に復活した。西東に挽き合う女綱、男綱は全長二〇〇m、直径一・五六m、総重量四〇トンで、ギネス認定（一九九七年十二月）世界最大規模を誇る。

糸満大綱引は、豊年と大漁祈願、家内安全、無病息災を祈り、勝負の結果で吉凶を占う。旧暦の八月十五日に引く綱で、南北で一斉に引き合った後、相手が引いている時は綱に腰掛けるなどして休みながら重量をかけ、疲れてきたころ合いを見計らって引き返すなど、双方での駆け引きが特徴的である。

## 与那原大綱曳

与那原大綱曳は、尚永王（在位一五七三―八八年）の時代に始まり、四〇〇年余りの歴史をもつ。本来は旧暦の六月二十六日に曳くアミシ（年浴、雨寄せ）綱で、その由来は、害虫が発生し稲が不作になったある年、畑の畔の下に捨てた村頭の老父の助言により、曳き始められたとされる。生活形態など時代の変化に伴い、昭和三十年代には旧六月二十六日以降の日曜日に繰り延べて曳かれるようになり、一九八三年からは与那原まつり（現在は与那原大綱曳まつり）の中で実施され、旧与那原地区の綱曳から町全体の行事として確立している。

綱曳の一連の行事は、旧暦四月十五日のアブシバレー（畔払い）に始まる。五月、六月と町内五カ所の拝所を廻り、六月ウマチーの夜には、子ども達によるウマチー綱小が行われる。

**与那原大綱曳**（写真提供：与那原町）

二週間前から本格的な準備に入り、綱作りが始まる。綱曳前日に、分担して作られた綱を撚り合わせ、綱を打ち、大綱が全容を現す。雌雄それぞれの綱の結合部分であるカナチには、「我謝巻き」という綱化粧が施され、美しく強いのが、与那原の綱の特徴だ。

大綱曳当日。決戦を前に、士気を高めるガーエーが行われる。東西の旗頭が、力強く若者の手で高々と舞う。リズムを刻む金鼓隊は中学生の役目だ。綱を招き、歌い踊る女性達の前舞いが、華を添える。機熟して、綱は会場に向かう。綱の上には、琉球史劇等の役に扮した支度が乗る。雌雄の綱が結合し、カナチ棒が入った瞬間、熱戦の火蓋が切って落とされる。全長九〇ｍ、重さ五トンの綱が、東西に波打つ。「与那原の綱は、作い美らさ、曳き美らさ、勝ち美らさ、負け美らさ」。戦い終えて、夏の陽射しが和らぐ頃、東西はお互いの健闘を讃え合う。

## 結びに

「あなたにとって綱曳とは何か」。与那原の綱虫達に聞いた。「与那原のＤＮＡ」、「藁の匂いに心が躍る」、「地域の団結であり、唯一の楽しみ」、「綱曳を中心に一年が回っている」、「年を取って動けなくなるまで、携わっていきたい」、「守るべき大切なもの。若い頃に関わらなかった事を後悔している」。

「自分達の綱が一番」という誇りは、与那原に限らず、各地にあることだろう。儀礼であり、祈りであった綱引きは、受け継ぐべき伝統文化となり、絆となり、人々の暮らしに息づいている。

**参考文献**
小野重朗『十五夜綱引の研究』慶友社、一九七二年
平敷令治『沖縄の祭祀と信仰』第一書房、一九九〇年
沖縄県教育委員会『沖縄の綱引き習俗調査報告書』二〇〇四年
与那原町教育委員会『与那原大綱曳』二〇〇五年
那覇大綱挽保存会「那覇大綱挽」パンフレット（二〇一七年）
糸満市「糸満大綱引」パンフレット（二〇一七年）
川内大綱引保存会サイト

# 現住人口主義からの脱却

**中俣均**

●なかまた・ひとし　一九五二年生。法政大学文学部教授、法政大学沖縄文化研究所所長。人文地理学。著作に『渡名喜島——地割制と歴史的集落景観の保全』（古今書院、二〇一四年）、訳書にS・ロイル『島の地理学——小さな島々の島嶼性』（法政大学出版局、二〇一八年）等。

## ホワイトボードの本籍人口数

沖縄の、那覇市西方海上に、渡名喜島という小さな島がある。小さいので一島一村、渡名喜村をなしている。役場の入り口をくぐってすぐ脇の、簡単な応接スペースの後ろの壁に、当月時点の人口数と世帯数とが書かれたホワイトボードがあった。それを写真に収めたのだが、書きつけられた数字が妙に印象に残っていて、今でも時々それを思い出す。

人口と世帯数だけなら、どこの役場でもよく見かけるものである。しかし渡名喜村の場合は、まず本籍数と本籍人口数とが一番上に大きく書かれ、現在の村の人口（現住人口）と世帯数はその下にあった。なぜ本籍人口が先なのか？　筆者はしばらくそのことを考えていた。

## 人口の測り方——現住人口という固定観念

自治体などが公表する人口統計には通常、国勢調査人口と、住

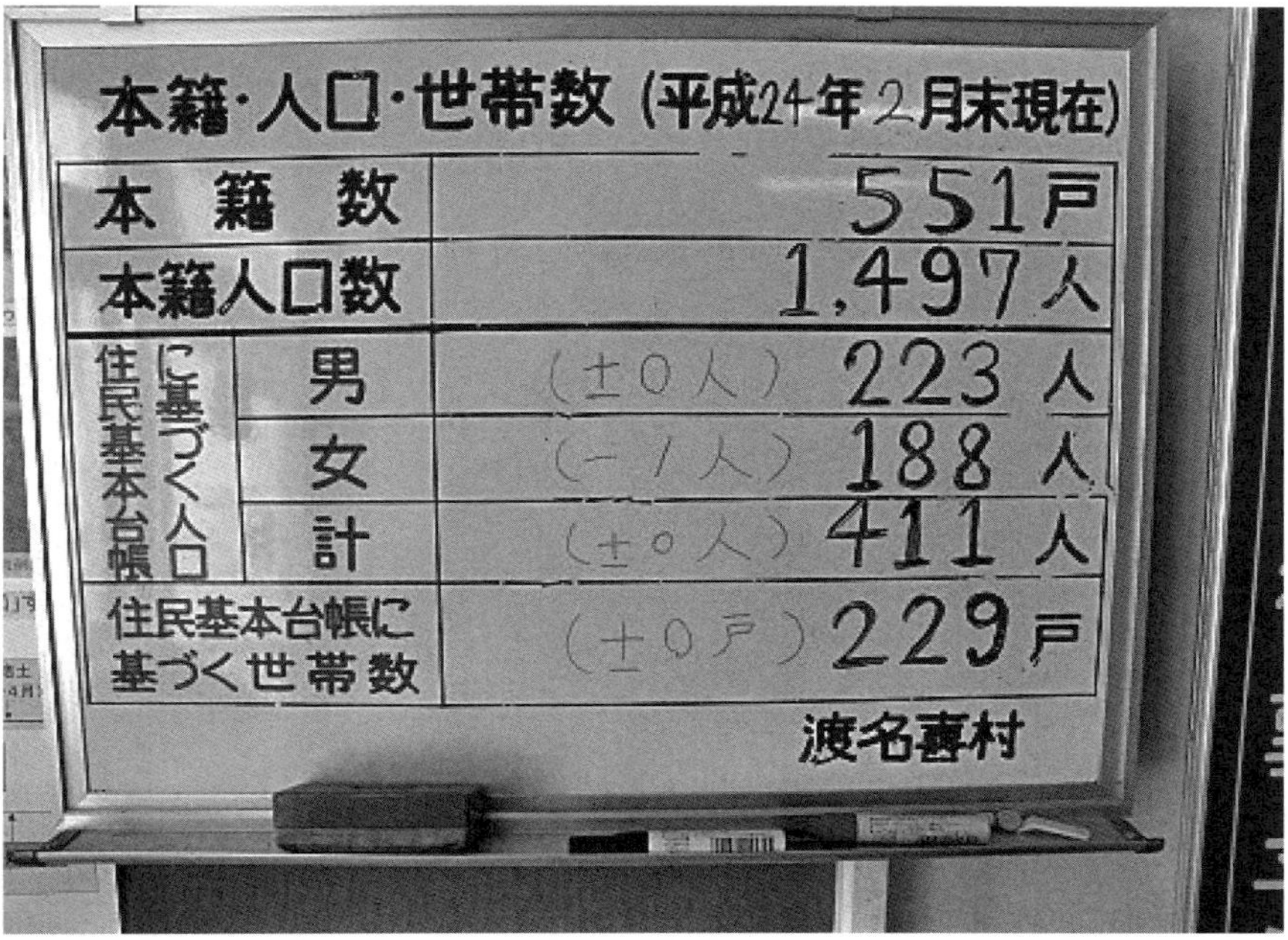


民登録台帳人口の二種類がある。前者は五年に一度の調査によるものであり、後者は住民登録により日々数字が変化するという違いはあるが、両者に共通するのは、人口のとらえ方、つまり人間を土地に拘束されるものであると考え、一人ひとりを地表のある一地域に対応させるという点である。確かに現代の社会は、こうした考え方（現住人口主義とでも呼びたい）に基づいて設計されたさまざまな制度により成り立っている。現住所がないと、住所不定となって怪しまれる。身分証明のために、住民票や戸籍謄本が要求される。都道府県市町村の規模も、これで測られる。

しかし、人間は空間を移動する。日単位でも年単位でも、そして一生を通じてならもっと長い時間単位で、移動している。交通機関の発達した昨今、人の移動は年々激しさを増している。生まれてから死ぬまで一地域にずっと居座り続ける人は、皆無といってよい。戸籍や住民票によって特定されたある一地域が、その人の存在証明となるのは、多分に制度的、そして情緒的なものである。ある土地が人に何らかの影響を与えるとしても、それがどこか唯一の場所に限られるというのは、実際は稀なことでしかない。

## 現住人口主義からの脱却

現住人口主義からの脱却は何をもたらすか？　具体的には差し当たり、二カ所への住民登録を認めることになる。すると、たとえば国政選挙における一票の格差という問題は、すべてを比例代表制にしなくても雲散霧消する。投票する選挙区を選べるからである。一見、表向きの票の格差は広がるかもしれないが、当事者の選択の結果であり、文句を言う筋合いはなくなる。

またたとえば辺野古の新基地建設に反対する人々が直接行動を起こすと、それが外部の勢力が勝手なことを……などと言って非難される場合がある。そんな場合でも、二カ所に住民登録ができれば、住民税も二分割して納めることになり、その人は内部の人間になる。ある土地で起こるできごとを、自分にも関わる問題だと認識する人が増えれば、そういう人の視野はスケール大きく広がる。いろいろなことがらへの社会的関心が広がって、国民が分断されることも減る。地球環境問題など、そういった視点が欠如するためにまさに問題となるのだ。

## 人口を膨らませる

冒頭に述べた渡名喜島の例は、一つの村の人口数を、本籍人口という概念を用いて「膨らませて」いたのであった。筆者にはそれが、（島が）現住人口の三倍以上の人々によって支えられそうやってここに存在するのだと、高らかに誇らしげに宣言しているように思えた。役場は、現住人口の三倍以上の人々のことをいつも考えて、身の丈にそぐわない大規模な観光開発などには手を出さず、重伝建に登録された歴史ある景観を守り、つつましく穏やかな日常生活を作り上げている。そして本籍人口の背後には、現在島と関わりのある人々だけでなく、過去何世代にもわたって島に生まれ島で育ち一生を送った今は亡き人々も、意識として含まれているのである。

それはまた、少子化高齢化の進む現代の日本社会が、これからどのような生活の場を作り出していくべきかを示唆する一つの重要な構想でもあるといえる。日本全体が人口減少に見舞われる現実を前にしながら、自分のテリトリーだけにいかに人口を増やすかという虫のいい取り組みに奔走するのは、身勝手な自己中心的行為であり、「敗者」となる自治体を続々と数多く作り出すだけの愚策に過ぎない。

本籍人口を掲げるというアイディアは、これまで百年以上もの間、数多くの人の移動（海外移民）を輩出してきた沖縄の、島チャビに苦しんできた歴史をもつ最も小さい島ゆえにこそ到達しえた発想であろうと考えたい。それがどれだけ人を自由にし、人と土地との結びつきを多様にするものであるか。

人間の土地拘束性を否定はしない。しかしそれにより、一地域に拘束される必要はないと言いたい。そう考えることによって救われる人々は、世界中に現に無数に存在する。小さな島からの発想を、地球大にまで広げたい。

# 大東諸島について

山上博信

●やまがみ・ひろのぶ　一九六六年生。名古屋こども専門学校講師、特定非営利活動法人国境地域研究センター理事。刑事訴訟法、パラオ法。著作に「大東島　大東島の歴史に連なる兄弟たち」『別冊『環』⑲　日本の「国境問題」　現場から考える』（藤原書店、二〇一二年）、『あなたにもできる借金対処法　いざというときの特定調停対処法』（共著、現代人文社、二〇〇三年）等。

## 大東諸島に二つの村ができるまで

　大東諸島は、行政では二つの村に分かれる。南大東村《みなみだいとうそん》は、大東諸島で一番大きい南大東島（面積三〇・五七平方キロメートル）ひとつで構成される。那覇の東方約三六〇キロに位置し、一九〇〇年一月八丈島から来た玉置半右衛門らが上陸に成功、開拓がはじまった。もう一つは、北大東村《きただいとうそん》である。こちらは、南大東島から約八キロ北に位置する役場所在地の北大東島《きただいとうじま》（面積一一・九四平方キロメートル）と南大東島から約一五〇キロ南に位置する沖大東島《おきだいとうじま》（通称ラサ島、面積一・一五平方キロメートル）である。[1][2]両村は、一九四六年六月十一日、敗戦の翌年、米軍が南北大東島を経営していた日糖社の土地所有権を除く全財産を接収（一九四六年六月十一日）、翌十二日両村が生まれた。[3]北大東島とラサ島が南大東島を飛び越え、一つの村を構成する事情は、両島が製糖業中心に開拓された南大東島とは異なり、燐鉱石採掘で栄えたことによると考えられている。

　大東諸島に開拓移民が成功したのは、一九〇〇年一月のことである。近代史上明らかな記録によれば、それに先立つこと一八二〇年、ロシアの軍艦ボロジノ号が南北大東島を発見した事実が指摘できる。また、一八五三年米海軍のペリー提督が小笠原諸島訪問ののち、琉球に戻る途中で南北大東を確認している。ボロジノとは、一八一二年にロシア軍がナポレオン軍を迎え撃った古戦場で、日本人にとれば、関ヶ原や天王山のような有名な地名である。もし、当時のロシアに強い領土的野心があれば、ロシア領と宣言されても何らおかしくなかった島々である。北方領土さながら南方領土として、在沖米軍の駐留理由の主たる理由になったはずで、日本史上幸運だったというしかない。

　わが国の行政記録においては、国が沖縄県に命じ、明治十八年八月二十九日に南大東島、三十一日に北大東島にそれぞれ探検調査の上、沖縄県が国標を建立している。[4] 明治二十九年、大東島は島尻郡に編入されている。[5] また、沖大東島については、明治三十二年新潟県出身の中村十作《なかむらじっさく》が島を探検、借用を願い出たことを機に、翌明治三十三年閣議決定により大東島の区域に編入された。[6]

南大東島の開拓は、明治二十四年古賀辰四郎《こがたつしろう》が開墾を許可されたことに始まる。[7] しかし、古賀は海況により上陸を断念、七番目に出願した玉置半右衛門《たまおきはんうえもん》が一九〇〇年一月に上陸に成功、玉置は国から島を三〇年間貸与されることになり（一九一七年玉置商会（一九一〇年合名会社として設立）は、国より払い下げを受ける）、製糖業を中心とした開拓が始まった。なお、北大東島の開拓は、三年遅れた明治三十六年玉置が社員を派遣し、開拓の意思を明らかにすべく、甘蔗を八株植えたことに始まる。

## 砂糖のシマ南大東島と燐鉱石のシマ北大東島、ラサ島

南大東島の農業は、甘蔗栽培を中心に発展したが、これはいくつかの池があったことが大きい。開拓が始まった二年目、人力で甘蔗の圧縮による製糖業が始まった。開拓当初、広大な池に水運が発達したが、島内は専用軌道が敷設され、島内の産業やくらしは大いに効率化された。

北大東島と沖大東島は、燐鉱採掘が適していた。沖大東島は、農商務省肥料砿物調査所初代所長を務めた恒藤規隆らが燐鉱採掘に適するとして、ラサ島燐砿合資会社（現ラサ工業株式会社）を設立、本格的に採鉱に着手した。北大東島は、玉置が製糖業と並行して燐鉱採掘を着手したことに始まる。

ただし、大東諸島のくらしは、専ら企業の経営下にあり、移民は小作農として製糖業に従事した。[8] 一九一七年には国が南北大東島の土地を玉置商会に払い下げられるなど、教育（玉置が南北大東島に尋常小学校を開設）、医療、そして通貨（いわゆる「玉置紙幣」）の発行に至るまで強い管理下に置いていた。

南北大東島は、玉置の開拓により八丈島出身者が多数移住定着したことから、琉球文化と八丈文化が交流した独特な「しま文化」が根付いている。写真は南大東島にある大東神社の豊年祭の様子である（新垣辰雄氏ご提供）。宗教や葬祭、芸能や食文化、ことばなど独特のものが見られる。南北大東村のくらしを深く知るには、出身者が多い八丈島、伊是名・伊平屋などの歴史と文化を詳しく学ぶと理解がより深まる。

## 閉じられた島から村民の手による開かれた島へ

上述のとおり、大東諸島は、開拓当初から戦後の米軍接収に至るまで、玉置商会やラサ工業などの企業の管理地として経営され、一般人は容易に立ち入りすることさえできなかった。戦後一九六四年になって琉球列島高等弁務官だったキャラウェイ弁護士は、土地所有権を南北大東村の島民に認める判断を行った。島のくらしが開かれたと同時に村民自らの実質的経営によることとなった

**大東神社**（©ARAKAKI Tatsuo）

歴史的瞬間であった。

玉置らの上陸から一二〇年近く経つ今日、南北大東島は、未だに沖縄県最東端の「遠隔離島」であることに変わりはない。(9) 北大東村は、村営学習塾「ふれあい塾」を全国に先駆けて開設、高校のない離島の小中学生の学力向上に大きく貢献した。両村では、港湾設備の大規模改良、航空会社による貨客混載の最新型飛行機（DHC8―Q400CC）の就航など、官民挙げての交通手段の確保を行い、観光業や農林水産業の発展著しい状況である。

**注**

（1）南大東島の気候と特徴（南大東島地方気象台ホームページ http://www.jma-net.go.jp/daitou/climet/index.html）。

（2）島の位置と概要（北大東村役場ホームページ http://vill.kitadaito.okinawa.jp/intro3/）。

（3）一九四六年六月十二日沖縄民政府告示第四号の一（大東島を沖縄民政府行政区域に編入する件）。

（4）「大東島巡視済ノ件」明治十八年十月太政官作成（公文録明治十八年第三七巻明治十八年十月内務省第一）。

（2）「沖縄県郡編制ニ関スル件」明治二十九年勅令第一三号。

（6）「沖縄県島尻郡南大東島ヲ距ル南約八十七海里ニ在ル無人島ヲ沖大東島ト名ツケ同郡大東島ノ区域ニ編入ス」（明治三十三年九月二十日付閣議決定）。なお、中村十作は、宮古島の人頭税廃止に尽力したことで有名。

（7）「八女あれこれ1 国境の島と八女」（広報やめ二〇〇五年五月一日号）ほか。

（8）「沖縄県南大東島開墾地移住規程」（農林省農務局『開墾地移住ニ関スル調査第二輯』二三二頁所収、一九三〇年九月）。

（9）仲田建匠南大東村長平成三十年度施政方針。

大東諸島に関する基本的な情報を得るには、以下の順序でお勧めしたい。

初学者向きに

RAC（琉球エアコミューター）ホームページ（https://www.churashima.net/rac/）から「発着先の島案内」南北大東島を参照

南大東島地方気象台ホームページ（http://www.jma-net.go.jp/daitou/）から「南大東島の紹介」を参照

国立国会図書館ホームページ「近代日本人の肖像」から開拓者玉置半右衛門について（http://www.ndl.go.jp/portrait/datas/134.html?cat=44）

島の歴史については

北大東村役場ホームページから歴史年表（http://vill.kitadaito.okinawa.jp/history/history4.html）

南大町村役場ホームページから歴史（http://www.vill.minamidaito.okinawa.jp/history.html）

ラサ島については、ラサ工業株式会社のホームページ「ラサの起源（http://www.rasa.co.jp/campany_info/origin/origin.html）」

ボロジノの名前の由来については、吉澤直美南大東村観光大使による「南大東島（ボロジノ）のルーツ・ロシア民間表敬へ（http://ryuqspecial.ti-da.net/e2841521.html）」

島の入門書として

中井精一、東和明、ダニエル・ロング編著『南大東島の人と自然』（南大東島シリーズ1）南方新社、2009.2

奥平一著『大東島の歩みと暮らし――北大東島を中心に』ニライ社、新日本教育図書、2003.8

南北大東両村の村史は次の二誌がおすすめである。本稿もこれらに頼っている。

『北大東村誌』北大東村誌編集委員会編、北大東村役場、1986.6

『南大東島開拓百周年記念誌』城間雨郎編、南大東村役場、2001.1

# 東シナ海のアジマー（交差点）としての島

## 【近代前久米島の異文化との出会い】

仲地宗俊

●なかち・そうしゅん　一九四六年生。琉球大学名誉教授。農業経済学。著作に「宮古農業の構造と課題」（宮古の自然と文化を考える会編『宮古の自然と文化』第4集、新星出版、二〇一八年）、「沖縄における村落の組織と機能」（大鎌邦雄編『日本とアジアの農業集落』清文堂、二〇〇九年）、「近代沖縄農業における農業経営と生産力水準」（日本農業史学会『農業史研究』第42号、二〇〇八年）等。

久米島は、沖縄本島の西方約八九kmの東シナ海上に浮かぶ面積五九・五三$\mathrm{km}^3$の島である。[1] 沖縄諸島のなかでは最も西に位置し、そのさらに西方には幅一〇〇$\mathrm{km}^3$にもおよぶと言われる巨大な黒潮の本流がほぼ北東の方向に流れている。[2]

久米島は、海によって外の世界と隔てられているが、一方、その地理的位置から、古来多くの人が訪れ、ある者は過客として、またある者は新たな天地とした。そこでは様々な文化が交差し歴史を刻んできた。久米島と外部世界との交渉で、文献で確認できる最も古い出来事は、七一四年（和銅七）十二月に大和朝廷の役人太朝臣《おお》遠建治《おけじ》らが奄美《あまみ》・信覚《しかく》（石垣）・球美《くみ》（久米）の島民を率いて帰朝し、翌七一五年（霊亀元）正月にはこれら南島の島民が土地の産物を貢上したという、『続日本紀』の記録である。[3] 信覚、球美の地名が今日のどの地域に比定されるかは論者の間で議論もあるが、「球美」が久米島に比定されることはほぼ共通の理解になっている。[4] 十五世紀から十八世紀の朝鮮や中国の文献にも久米島の呼称が登場しており、[5] 久米島が琉球の一つの島として認識されていたと考えられる。

### 按司の渡来

島の外部から渡来し、久米島の社会を大きく変えたのは按司（アジ）勢力の進出であろう。沖縄では、十一世紀ころから、各地に地域をまとめ率いる者が登場し、彼らは按司（アジ）と呼ばれた。[6] 久米島にいつ頃按司が登場したかははっきりしないが、上江洲均氏は十四、十五世紀としている。[7] 初期に島内の小地域に按司と呼ばれる勢力が現れ、後に伊敷索（チナハ）と呼ばれる一族が島全体を統治したと云われている。これらの按司は島の外部から進出してきた勢力であるとされている。[8]

久米島の歴史研究においては、久米島に按司が登場し滅亡するまでの時期を多くは「按司集団」対「地元有力者」という構図でとらえている。[9]地元の有力者は当初は、島外から進出してきた按司勢力に従属するが、しかし、やがて首里王府の勢力が進出してくると按司側から離反し、按司は滅ぶことになる。按司勢力の滅亡後、久米島は首里王府の支配体制のもとでの一地域として編成されていく。

久米島の按司達が島の外部につながる手づるを持っていたことをうかがわせる説話がいくつも伝えられている。「堂の比屋」と呼ばれる島の有力者は「海功の者」と云われ「唐」と行き来したという話や伊敷索按司の娘の婿になることを約束された男が結婚の準備のため「唐」へ渡ったという話はよく知られている。[10]また按司の拠点とされる「グスク」近くの海岸には大和泊（ヤマトゥドゥマイ）あるいは唐船小堀（トーシングムイ）といった地名があり、これらは海外との交易が行われた場所ではないかと言われている。[11]さらに考古学分野における「グスク」跡の発掘によって出土した中国や朝鮮の産とされる陶器や磁器は島外との交易の事跡をより具体的に示している。[12]

また、久米島には琉球の古い時代の神歌といわれるオモロが多く残されているが、そのなかには島の外部との交易を物語るものがあり、ノロと呼ばれる神女が交易に関わっていたことをうかがわせるオモロもある。[13]ほかにも、背景の時代は不明だが南蛮に行き来し胡椒を持ち帰ったという女性に関する説話も伝えられており[14]、島外との交易に女性が関わっていたことが目を引く。

外部世界から久米島の社会と文化に大きな影響を与えた今ひとつの大きな出来事は君南風（チンベー）と呼ばれる神女の出現であろう。伝承によれば、[15]琉球神代に三姉妹の神女があり、長女は首里の弁が岳に在し、次女は八重山に、三女は久米島に移り住んだと云われる。その末妹の神女が君南風である。君南風は一五〇〇年に首里王府の軍が八重山の勢力を攻略する戦に従軍し、軍勢の先頭に立ち敵軍に呪詛を行ったと云う。その結果、八重山の軍は敗北し、君南風は久米島へ帰還し地所を与えられ、高級神女として久米島在地の諸ノロを束ねる地位に就き、久米島の祭祀を司るようになる。君南風の地位の継承は今日に続いている。

君南風がその出自神話のなかでなぜ久米島に渡ってきたのかについて、上江洲均氏は首里王府が八重山を支配下におくための宗教上の布石として、君南風を久米島に配したのではないかと推論している。[16]しかし八重山には君南風の姉の神女が配されていることから、君南風はむしろ久米島の祭祀を統べる役割を与えられていたのではないだろうか。この時期、久米島も首里王府の体制の下には入っておらず、首里王府は久米島も祭祀の面から取り込むことを狙っていたのではないか。久米島の按司は首里王府の八重山攻略からほどなく王府によって滅ぼされている。

## 風待ちの島

按司が滅び、首里王府の体制下に組み入れられた久米島は、沖

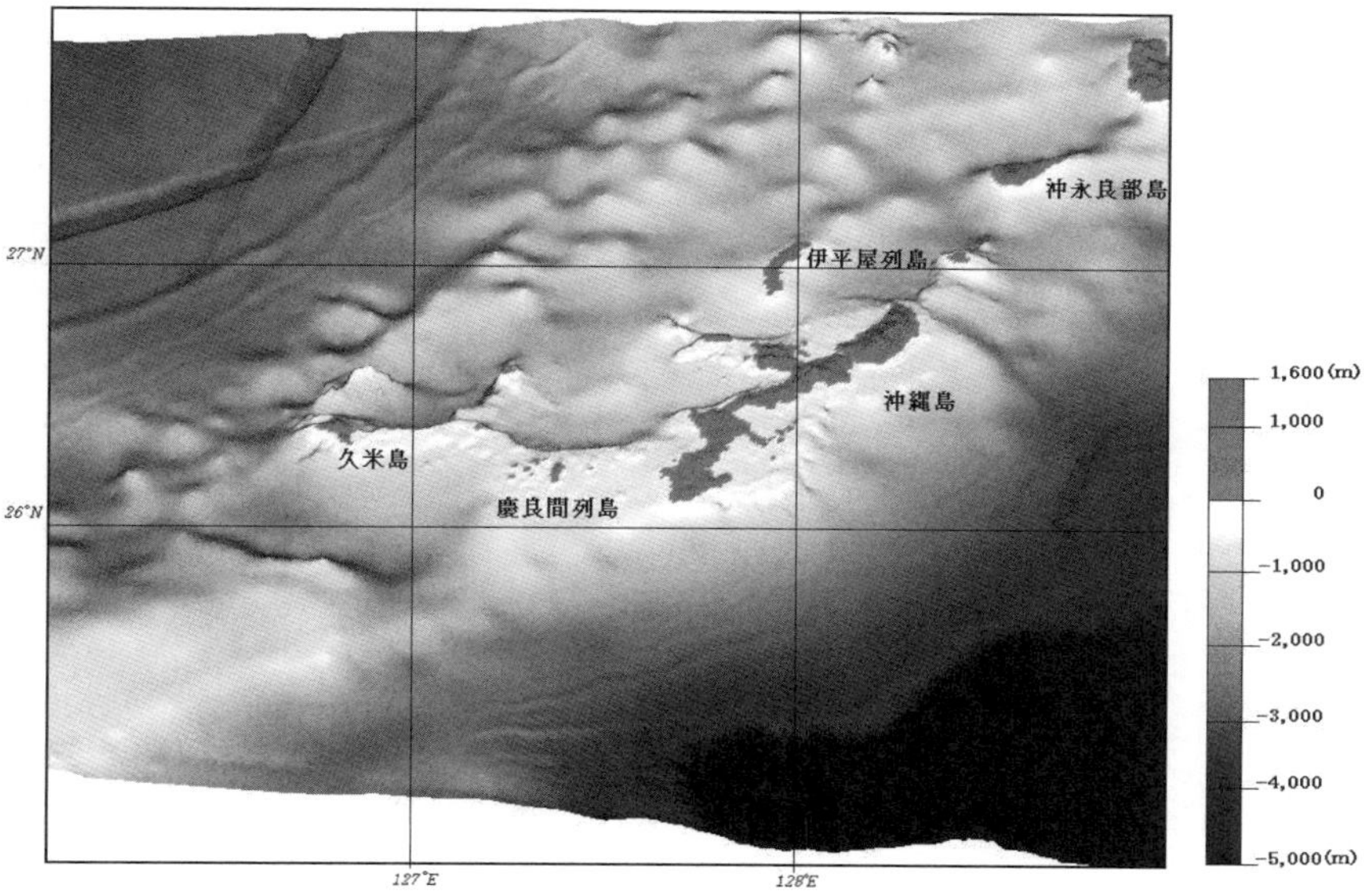


**沖縄群島**

出典：第十一管区海上保安部ホームページ。沖縄の海洋情報、海洋データ図集、沖縄群島
http://www1.kaiho.milt.go.jp/KAN11/atlas/top_atlas.html（2018 年 5 月 7 日　参照）。
（注）図タイトルは出典資料による。原図では色はカラーである。

縄諸島の最も西にある島として、中国福州へ向かう進貢船の風待ちの島、中国皇帝が琉球王を冊封するために派遣した冊封船にとっての目じるしの島として重要な役割を担った。[17] 久米島より西、福州までの間には巨大な黒潮の流れが横たわり寄る辺となる島はない。近世琉球の政治家として広く知られている蔡温も福州へ向かう途中台風に遭い、久米島で台風が収まるのを待ったと伝えられている。[18] 今ひとつの伝承は、久米島で広く知られている「三鳥問答」（三鳥論）と呼ばれる説話に関することである。この説話は、久米島の西南海岸に位置する岩山に鳥、鷺、隼が会し、島の住民の暮らしなどを語り合ったとされるものであるが、[19] この物語は中国へ渡る途中、潮懸かりのため久米島に滞在した王府の役人と在番の役人との合作とされている。[20]

一方、福州からの琉球へ向かう冊封船にとっては、久米島は琉球への入り口であり、冊封船を迎え物資等を支援し那覇までの水先の案内をする地方役人が配置され、冊封船の接近を見張る遠見台が設置された。[21] 台風に遭遇し難破した冊封使の船を島民挙げて救助した記録が残されている。[22]

久米島は中国に行き来する船の潮懸かりだけでなく、宮古・八重山といった琉球内の遠方の島々との行き来の足場でもあった。上江洲均氏は、島流しされた按司の娘が宮古島に流れ着いたという伝説や与那国へ流れ着いた久米島の女性の伝説、[23] また、近世末、禁制の真宗を布教したとして八重山へ流刑にされた人物がその地へ向かう途中に潮懸かりしたという史料を紹介している。(24) 一方で島である故の海難の伝えも少なくない。(25) さらに、近世末になると異国船が来訪したという記録も増えてくる。(26)

これらのことは久米島の歴史のなかではよく知られている話であり、これまで、それぞれが個別の物語として伝えられてきた。しかしそれらを島と外部の世界との接触の歴史という視点からみると、島外からの文化の受容、あるいは島外から進出してきた勢力への対抗という背景のもとでの伝承であるということがわかる。久米島は外部の文化を受容し、またある時は外部の勢力との相克のなかで歴史をつくってきた。

久米島の民話を幅広く研究した遠藤庄治氏は、久米島の民話の特徴としてその「多様性」をあげ、「こうした多様性は、久米島が東シナ海における航海の要に位置し、久米島の人達が、久米島を起点にして、東西の沖縄本島や中国とも、南北の大和や先島とも交流したことによってもたらされたものであろう」と述べている。(27) 久米島は東シナ海を行き来する船が立ち寄り、あるいは潮懸かりをし、外部世界の品物や情報をもたらし、さらなる航海への体勢を整える島であった。歴史的に東シナ海のアジマー（交差するところ）としての役割を担ってきたと言ってよいであろう。島の歴史を島内の物語としてだけではなく、広く外の世界の歴史と連動させてみることによってより具体的な歴史の動きが見えてくるであろう。

## 参考文献および注


（1）沖縄県企画部『離島関係資料』平成三十年一月（原資料：①国土地理院HP　GIS・国土の情報―地理に関する情報―日本の東西南北端点の経度緯度―沖縄県。②国土地理院「平成二十八年全国都道府県市区町村別面積調（平成二十八年十月一日現在）。

（2）新村出編『広辞苑』第七編、岩波書店、二〇一八年一月。第十一管区海上保安部ホームページ、「十一管区海洋速報」。http://www1.kaiho.milt.go.jp/KAN11/sokuhou/sokuho.html（二〇一八年五月七日　参照）。

（3）宇治谷孟『続日本紀（上）』（全現代語訳）講談社、一二〇〇三年六月、一五五頁。ルビおよび信覚（石垣）・球美（久米）のカッコ内の表記は同書による。

（4）来間泰男『〈流求国〉と〈南島〉』日本経済評論社、二〇一二年十月。

（5）上江洲均「岩礁の神の道」（『久米島の民俗文化』榕樹書林、二〇〇七年）。

（6）按司に関する諸論考については、来間泰男『グスクと按司』（下）（日本経済評論社、二〇一三年十一月）に整理されている。

（7）上江洲均「久米島の按司伝説にみる歴史性」奄美沖縄民間文芸学会『奄美沖縄　民間文芸学』第一〇号（二〇一一年二月）、六〇頁。

（8）仲原善忠「久米島史話」（『仲原善忠全集』弟三巻民俗編、沖縄タイムス社、一九七八年、一〇二頁）。前掲、上江洲均「久米島の按司伝説にみる歴史性」六〇頁。

（9）前掲、仲原善忠「久米島史話」一〇三頁。仲原善秀『久米島の歴史と民俗』（上江洲均編）、第一書房、一九九〇年、一九四―一九六頁。前掲、上江洲均「久米島の按司伝説にみる歴史性」六〇頁。

（10）史料としては、「久米具志川間切旧記」（沖縄久米島調査委員会『沖縄久米島資料編』弘文堂、昭和五十八年、に翻刻所収）に記述があり、島尻郡教育部会『島尻郡誌』昭和十二年、前掲、仲原善忠「久米島史話」、上江洲均「ムラの長」（前掲、『久米島の民俗文化』）に紹介、解説がなされている。中国の唐の時代と按司の時代は時期として対応しないが、伝承の表現としてそのまま表記した。

(11) 仲村昌尚『久米島の地名と民俗』ロマン書房、一九九二年。仲村昌尚「久米島のグシクについて」(沖縄久米島調査委員会編『沖縄久米島』弘文堂、昭和五十七年)。

(12) 沖縄県久米島町教育委員会『具志川城跡発掘調査報告書――史跡具志川城跡保存修理事業に伴う発掘調査報告書』二〇〇五年三月。沖縄県久米島町教育委員会『県指定史跡　宇江城城跡環境整備報告書』二〇〇七年三月。

(13) 上江洲均「久米島の神女」(前掲、『久米島の民俗文化』)。仲原穣「『おもろそうし』にみる久米島の按司と地域のかかわり」(前掲、『奄美沖縄民間文芸学』第一〇号)。

(14) 前掲、『島尻郡誌』。前掲、仲原善忠「久米島史話」九―一〇頁。

(15)「君南風由来并位階且公事」(前掲、『沖縄久米島資料編』に翻刻所収)。小川順敬「君南風の出自伝承について」(駒沢大学宗教学研究会編『宗教学論集』昭和六十二年三月)。太田健一・萩尾俊章「久米島のオモロと君南風」(沖縄県立博物館『大久米島展』一九九六年)。君南風の出自については、島外からの渡来ではなく土着の神女のうち最も勢力を持った者であるという説もある。(牛島巌「久米島の祭祀組織」(成城大学『伝承文化』8、一九七三年)、宮城栄昌『沖縄ノロの研究』吉川弘文館、昭和五十四年)。その根拠は示されていないが、この場合でも、上江洲均氏が指摘しているように(注16)君南風は「首里王府の息のかかった神女」と考えられる。

(16) 同時に上江洲均氏は、君南風の久米島に対する宗教的影響も指摘している。上江洲均「久米のきみはゑ考」(前掲、『久米島の民俗文化』)。

(17) 東喜望「近世期の久米島と唐船」(法政大学百周年記念久米島調査委員会編『沖縄久米島の総合的研究』弘文堂、昭和五十九年)。高良倉吉「唐旅の海域へ」(豊見山和行・高良倉吉編『琉球・沖縄と海上の道』吉川弘文館、二〇〇五年)。

(18) 豊見山和行「久米島と海外交流――冠船との関わりから」(前掲、『大久米島展』)。(史料は『那覇市史』資料編第一巻六)。公益社団法人沖縄県緑化推進委員会『蔡温――シンポジウム記録と資料集成』「蔡温とその時代　年表」。

(19) 伊波普猷『三島問答』(『伊波普猷全集』第一巻、平凡社、一九八〇年)。

(20)「三島問答」の作者については別説もあるが(久米島に流刑された人物の作)、近年の研究では、中国へ渡る途中に潮懸かりした首里王府の役人と在番役人の合作とされている(豊見山和行「久米島三島論研究の昨今」二〇一八年度第一回久米島研究会、研究発表レジュメ、二〇一八年四月二十一日)。

(21) 東喜望「近世期の久米島と唐船」(前掲、『沖縄久米島の総合的研究』)。『仲里村史』第三巻、資料編2、近代仲里の文献資料。平田光一「久米島における琉球王府時代の遠見番所と烽火台」(久米島博物館『久米島紀要』第一四号、二〇一四年)。

(22) 豊見山和行「久米島と海外交流――冠船との関わりから」(前掲、『大久米島展』)。上江洲均「中国往来の玄関口」(前掲、『久米島の民俗文化』)。

(23) 上江洲均「南下した久米島人」(前掲、『久米島の民俗文化』)。

(24) 上江洲均「久米島の歴史余話(2)」(前掲、『久米島博物館紀要』第一四号)。

(25) 仲原善忠「沖縄その他との交通」(前掲、「久米島史話」)。前掲、『久米島具志川村史』「海上交通と海難」。

(26) 安岡　昭男「幕末異国船の久米島来航」(前掲、『沖縄久米島の総合的研究』)。仲里村役場『仲里村誌』昭和五十年。

(27) 遠藤庄治「仲里村民話調査と記録保存」(『仲里村史』第四巻、資料編3、仲里の民話、平成七年)。

# 沖縄

## 【島嶼型持続可能発展モデル（試論）】

嘉数啓

●かかず・ひろし　一九四二年生。島嶼学。著作に『島嶼学』（古今書院、二〇一九年）、『島嶼学への誘い』（岩波書店、二〇一七年）、*Island Sustainability* (Trafford Publishing, 2012), *Sustainable Development of Small Island Economies* (Westview Press, 1994) 等。

### 無人島化する島々

沖縄県は、沖縄本島を含む一六〇の島々からなる日本唯一の島嶼県である。そのうち、四九が有人島で、沖縄本島に県人口一四五万人（二〇一七年）の九一％が集中し、八重山島嶼圏域と宮古島圏域がそれぞれ四％、宮古島嶼圏域に四％となっている。人口が一人の嘉弥真島もある。復帰後沖縄県の人口は五〇万人近くも増加し、戦後人口が倍増した唯一の県である。むろん宮古島を含む大半の島々では人口減少に歯止めがかかっておらず、最大の政策課題となっている。人口規模に限らず、自然環境、資源、歴史、文化、産業の営みなどで多様性に富んでおり、共通の特質を抽出できるものの、一つの発展モデルを当てはめるには無理がある。ここでは共通の特質と課題を前提にした一つの島嶼発展モデルを提示したい（詳しくは拙著『島嶼学への誘い――沖縄からみる「島」の社会経済学』岩波書店、二〇一七年参照）。

島嶼社会の持続可能性が問われて久しい。持続可能な発展とは、一言で表現すると「変化の方向が、現在と未来のそこで暮らす人々のニーズと精神的高揚を同時に満たす発展のあり方」である。つまり島の人的、自然的資源を現世代で毀損することなく、次世代に引き継ぐ発展のことである。われわれは歴史的にも、現代でも島社会を持続できない開発事例を数多く見てきた。海外ではナウル共和国のような、唯一の収入源であったリン鉱石輸出資源が枯渇して集団移住さえ計画しているミニ島嶼国家もある。また地球温暖化による海面上昇により、島そのものが沈下、消滅の危機に直面しているキリバス共和国などがある。国ではないが、ガンジス川河口のニュームーア島のように、海面上昇で水没した無人島もかなりある。日本でもリン鉱石や石炭を掘りつくして人が住めなくなった沖大東島や端島（軍艦島）などがある。日本の多くの

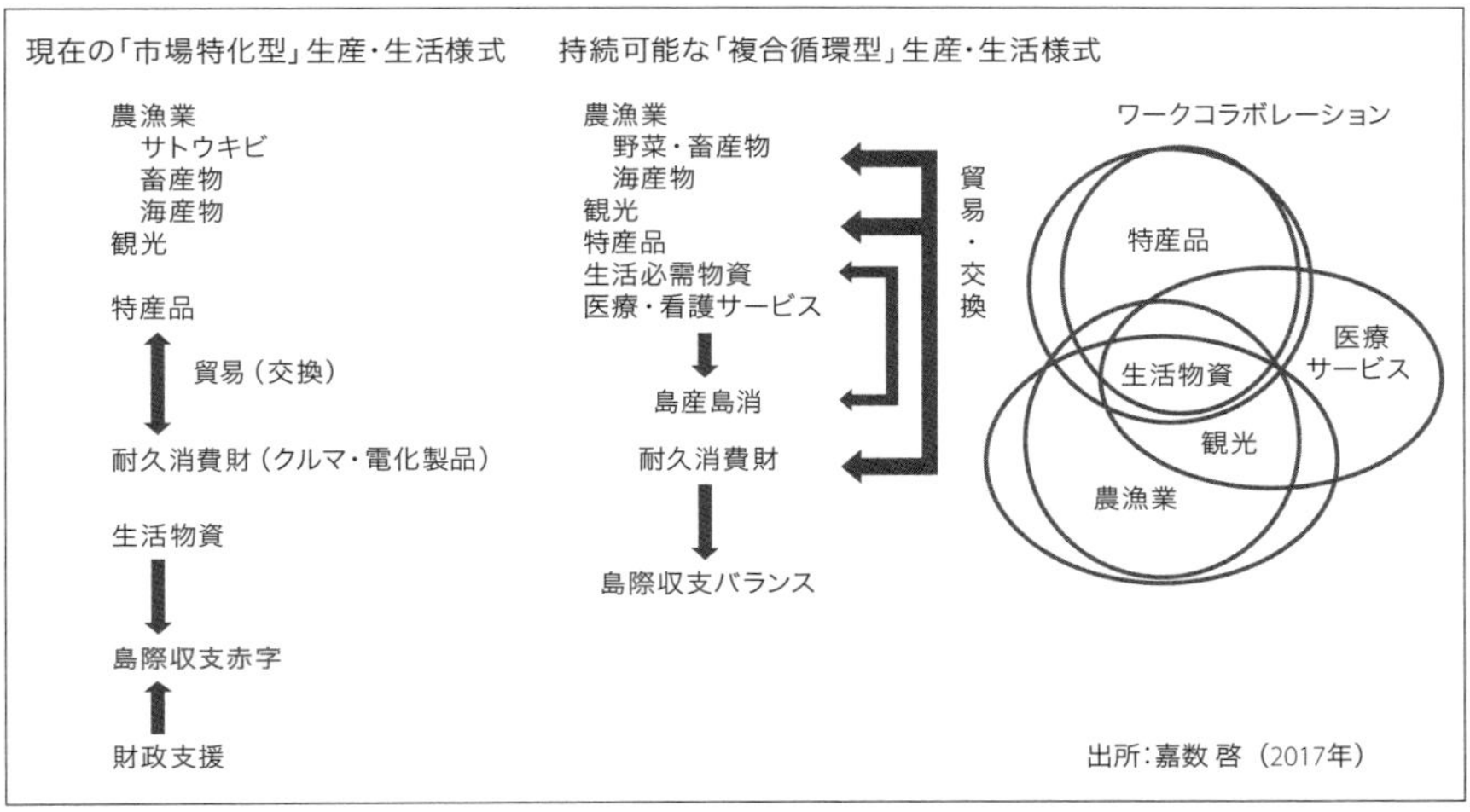


小島嶼は、少子高齢化による激しい人口減少と社会活力の低下もあって、このままでは無人島化する可能性が高い。

## 複合循環的アプローチ

ここで提案する沖縄島嶼の持続可能発展モデルを図示すると上記の通りとなる。

この発展モデルは、「複合循環型生産・生活様式」を基本とし、従来の「市場特化型」モデルとは異なる。小島嶼経済社会の持続性を担保するには、「複合的」、「循環的」、「ユイマール的」に考える必要がある。

「複合的」とは、必要な生活物資の大半を島で生産すべく、島民が複数の技術を持ち、複数の異なった職場を共有することである。これは現代の「市場分業論」の逆をいく発想だが、これが島の資源と労働力をフルに活用し、小規模経済を効率化する「妙案」だと思っている。おそらく一つのモノ、サービスを生産する「特化型」の職場より、複数職場制度の方が働く喜びも倍加するのではないか。

「循環的」とは、原材料から、中間財、最終消費物資まで島内で生産し、消費の結果としての廃棄物まで活用する「ゼロエミッション」型経済システムの構築である。

「ユイマール的」とは、図に示した協業（ワークコラボレーション）のことである。協業といっても、「贈与」や「ボランティア」とは異なり、参加者が一定の所得を得て、労働意欲をかきたてるシステムでないと持続しない。生活物資を島内で生産すると言っても、多くの物資は移輸入した方が安いうえに質も高く、消費者の満足度も高いはずである。島内で生産できないクルマ、農機具、家電などのハイテク製品などは移輸入に依存せざるをえないが、その使い方は現代版ユイマールである「シェアリング方式」を採用したい。特にクルマ、農機具などは共同で所有、利用したほうが取得、維持費用も安く、しかも効率的である。

これらの島で生産が不可能な物資を獲得するには、島の比較優位性を活かした移輸出部門も同時に振興する必要がある。観光、特産品などはその典型的な産業である。特に観光産業は、持続可能を前提に協業を通して振興することによって、島嶼内生産・所得・消費を拡大する契機をもたらす。この循環型経済を可能にするインフラ、人材育成、島嶼技能・技術の開発が不可欠である。島で暮らす人々が生活に必要な幾つかの技術を取得し、これを複合的に使う制度設計が必要である。開かれた市場を前提にしてこれらの技術を活用するから、効率も良くないといけない。

この発展モデルの厳密な「証明」はこれからだが、その方が市場特化型技術より島全体としての仕事の効率はよく、所得も上がり、しかもワークライフバランスを考慮しながら、楽しく仕事に従事出来るはずである。島で労働のコラボレーションを通して生産した生産物には当然愛着が湧き、「島産島消」を促進し、結果として島から外貨が逃げにくくなり、小島嶼経済の最大の課題である雇用の確保と島際収支の赤字を同時に解消することになる。本モデルは宮古島で実施に移されているが、久米島、伊江島、竹富島などでも成功する可能性が高い。本モデルの最大の課題は、島嶼経済社会に深く、広く浸透した逆戻りできない市場経済とどう折り合いをつけるかであり、島民の協業的（インクルーシブ）なコミットメントシートが不可欠である。

# 沖縄の里海
## 【里海は島のネットワークに貢献できるか】

鹿熊信一郎

いま、日本各地で里海づくりが進められており、この動きは世界に広まりつつある。二〇一八年三月に、筆者が筆頭編者となる『里海学のすすめ』が出版された。この本では、里海発展の歴史や日本発の環境保全・資源管理概念である「里海」の世界的インパクトとともに、国内五地区、海外四地区の里海の事例が紹介されている。日本の五地区のうち三地区（白保、沖縄市、恩納村）は沖縄である。この本で筆者が読者にいちばん伝えたかったメッセージは、「人を排除する原生自然保護を超え、人が海と密接に関わる里海をつくることが、日本・世界の沿岸環境を保全し、水産資源を守るうえで効果的である」ということである（鹿熊 2018）。

　いま日本でもっともよく使われている里海の定義は、柳哲雄による「人手が加わることにより生物生産性と生物多様性が高くなった沿岸海域」であるが、筆者は、里海の本質は「地域の人が密接に関わる環境保全・資源管理により沿岸海域の生態系機能を高めていること」だと考えている。「できるだけ人の影響を排除する環境保全・資源管理」という欧米的考え方に対比する位置づけである。

●かくま・しんいちろう　一九五七年生。沖縄県海洋深層水研究所主任技師。水産資源管理。著作に「地域が動かす沿岸資源管理——海洋保護区ネットワーク」（共著、『地域環境学』東京大学出版会、二〇一八年）、「海洋保護区を管理ツールとするフィリピンの村落主体沿岸資源管理」（『国際漁業研究』一五号、二〇一七年三月）等。

### 里海による人の交流促進

　里海には、生物多様性・生産性を高める機能以外に、物質循環の改善、水産資源管理、文化継承、流通改善などさまざまな機能がある。なかでも、人と海のつながりを強化するだけでなく、人と人のつながりを深める交流促進は、里海の重要な機能である。全国の里海地域、とくに離島地域では、漁業者数の減少と高齢化が大きな問題になっている。このため、漁業者だけで里海をつくり維持していくことは難しくなっており、漁業者以外の地域住民や都市市民を里海づくりに参加させることが課題になっている。

**石垣島白保の海垣**（撮影：上村真仁）

たとえば石垣島白保の里海では、サンゴ礁保全をサンゴ礁文化の継承と言いかえたことが、空港建設問題で分裂した地域のきずなを強めるとともに、目的の異なる自然保護団体と地域コミュニティの保全活動を結びつけ、多様な価値観や立場の人々の協働に役だった。そして、それが結果としてサンゴ礁の保全につながった。ここでは、失われた伝統的漁具の海垣（浅いサンゴ礁域に石を積んで囲いをつくり、干潮時に取り残された魚を捕る構造物）を復元し環境教育に活用した。海垣は、海域の生物多様性と生産性を高めるとともに、白保地区の重要なステークホルダーである農家が、里海へのオーナーシップを再獲得することにつながった。

恩納村の里海では、海藻のモズクひび建て式養殖の技術を応用したサンゴの養殖・植付け技術を漁業者が開発し、最先端のサンゴ礁再生活動を行っている。またここでは、サンゴ礁を保全するため、陸域からの赤土流出防止やサンゴを食べるオニヒトデの駆除も精力的に行っている。しかし、恩納村の里海の最大の特徴は、人の交流促進である。とくに、漁協・加工品メーカー・生協が協働し、「モズク基金」により里海の新しい価値を協創している点は注目される。このシステムは、生協の組合員が加工品メーカーを通じて恩納村産のモズクを買うと、その料金の一部がモズク基金に積み立てられるものである。基金の資金は、サンゴの養殖・植付けによる「サンゴ礁の海を育む活動」に使われている。このことにより、サンゴ礁再生の活動資金を得るとともに、都市市民を里海づくりに参加させている。

## 里海のネットワーク

今後、里海づくりを具体的に進めるため、日本各地の里海の技術的・制度的課題を解決していくのに、まずやらなくてはならないことは里海の社会ネットワークを構築することだと筆者は考える。そして、各地の里海実践者が相互学習により順応的に里海を改善していくことだと思う。

水産庁の水産多面的機能発揮対策は、漁業者が主体となる藻場・干潟・サンゴ礁などの保全活動支援を柱とする事業である。この事業で、自分たちの海を里海と呼んではいなくても、里海的プロセスを行っている活動組織が全国で六〇〇以上ある。また、同じく水産庁の事業である離島漁業再生支援交付金でも、里海的な活動を実施している島嶼地域は多い。これらの組織・地域がネットワークを形成し、情報交換・共有できるシステムを構築することができれば、相互学習により里海を発展させていくポテンシャルは高い。

「里海学のすすめ」では、海外の事例としてインドネシアの西ジャワ、フィジー、アフリカのマラウイ、米国のフロリダを取りあげた。これらの国以外にも、里海は世界中に広がりはじめている。もちろん、そのなかには島嶼国も多い。二〇〇八年中国の上海で最初の国際Satoumiワークショップが開かれて以降、フィリピン、日本（金沢）、米国（ボルチモア）、米国（ハワイ）、トルコ、日本（東京）、ベトナム、ロシア、フランスと、毎年、世界のどこかで里海の国際会議が開かれており、里海の国際情報ネットワークは構築されつつある。

**参考文献**
鹿熊信一郎（2018）、「終章——里海がひらく未来」鹿熊信一郎・柳哲雄・佐藤哲編『里海学のすすめ』勉誠出版

# 当事者性と共感性に基づく島嶼地域科学のフィールド——沖縄

**藤田陽子**

●ふじた・ようこ　一九六三年生。琉球大学島嶼地域科学研究所教授。環境経済学・島嶼研究。著作に『島嶼地域の新たな展望　自然・文化・社会の融合体としての島々』（九州大学出版会、二〇一四年）、『太平洋の島々に学ぶ　ミクロネシアの環境・資源・開発』（彩流社、二〇一一年）、"Economic Value of Coral Reefs in Palau" (*Palau International Coral Reef Center Technical Report* 18-12, 2018、いずれも共著）等。

## 「島嶼地域科学」の必要性

「隔絶性、遠隔性、狭小性」といった不利性や、大陸や大国の視点から見た「周縁」「辺境」的存在として特徴づけられてきた小島嶼地域であるが、近年の世界における認識は変化しつつある。世界の島嶼国は国連海洋法条約（一九九四年発効）による新たな海洋秩序の下で平和的資源管理に対する責務を担い、日本国内島嶼部についても「離島振興法」や離島活性化交付金制度の下での領土や境界の保全、海洋資源の利用、文化や自然の保全といった国益の増進に関する重要な役割を担う存在と位置づけられている。また、国内外ともに、固有の伝統や文化、自然環境保全が重視される時代となり、他者から隔絶されていたが故にこれらが維持されていることや、「辺境」である島嶼の非日常性が世界の観光客を惹き付けていることなど、島嶼としての不利性を優位性に転換させる可能性も高まっている。

こうした時代の変化に対し、島嶼社会は大国や本土・中央の論理に埋没せず、自らの島に関する意思決定を自らの手で行う主体性と自律性の確保を目指さなければならない。そのために、島の視点から主体的に島の課題を捉えて問題解決策や対応策を考える学問体系が必要となる。琉球大学島嶼地域科学研究所は、沖縄の島嶼としての当事者性を活かし、理論・実証・実践の三方向から一つの課題にアプローチする「島嶼地域科学」の確立という学術的取組を通して、島嶼地域の自律的・持続的発展に寄与する研究を推進している。

## 沖縄は島嶼地域課題のホットスポット

島嶼地域科学研究所では、大陸や本土の視点による島嶼の相対的不利性（隔絶性・遠隔性・狭小性・脆弱性）を踏まえつつ、沖縄が

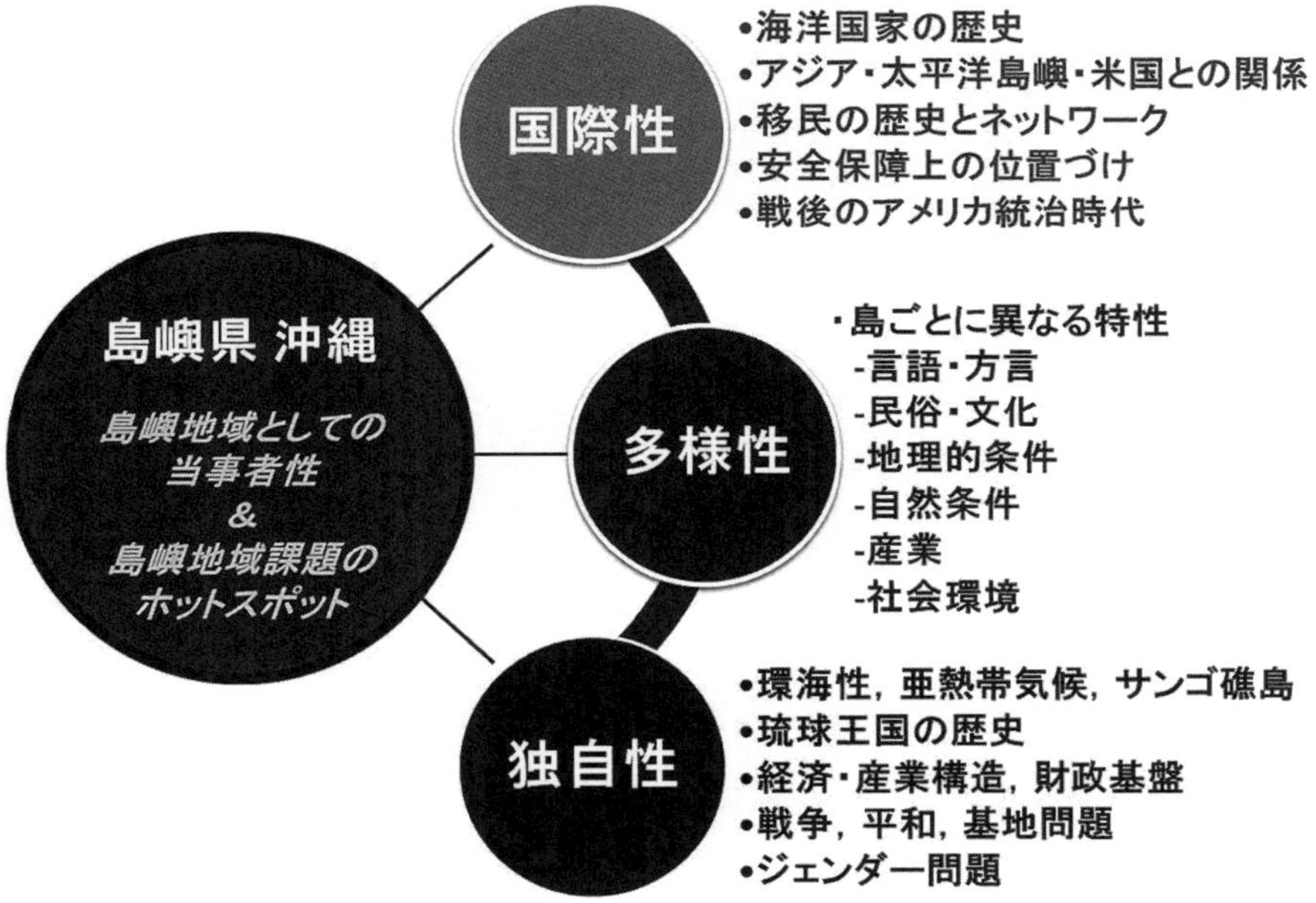
島嶼県 沖縄
島嶼地域としての
当事者性
&
島嶼地域課題の
ホットスポット
国際性
•海洋国家の歴史
•アジア・太平洋島嶼・米国との関係
•移民の歴史とネットワーク
•安全保障上の位置づけ
•戦後のアメリカ統治時代
多様性
・島ごとに異なる特性
-言語・方言
-民俗・文化
-地理的条件
-自然条件
-産業
-社会環境
独自性
•環海性，亜熱帯気候，サンゴ礁島
•琉球王国の歴史
•経済・産業構造，財政基盤
•戦争，平和，基地問題
•ジェンダー問題

（筆者作成）

小島嶼であるがゆえに有することとなった「国際性・多様性・独自性」という特性に着目した研究を進め、島嶼地域の自律的・持続的発展の可能性を探究することを目指している。沖縄は、これらの島嶼的優位性を顕著に示しており、島嶼地域科学に取り組む研究者にとって優れたフィールドである（図）。

沖縄の「国際性」に関しては、古くは海洋国家として日本から東南アジア一帯において大交易時代を築いた歴史から、現代のアジア太平洋島嶼との密接な関係、そして近現代に沖縄からハワイや南米等世界各地に移り住んだ移民の歴史と現在に続く人々のネットワークが例として挙げられる。また、戦後のアメリカ統治時代から現在の日米間安全保障上の位置づけについても、国際情勢の影響をダイレクトに受ける環境に置かれている。このような国際的な土地柄は、島嶼であるがゆえに培われてきた特性である。地理的に見ても、沖縄から北海道までを含む約二五〇〇kmを半径とした同心円を描くと、韓国、北京、香港等の東アジア、フィリピン、ベトナムの一部など東南アジア、グアム・サイパンなどミクロネシアなどが含まれることから、沖縄はまさにアジアとオセアニア圏との結節点に位置するということができる。この地理的優位性を活用した例として、国内航空会社による那覇空港を拠点とした国際貨物ハブ事業が挙げられる。

「多様性」は、島嶼・沖縄の最も特徴的な側面である。四九の有人島を含む三〇〇余の島々からなる沖縄は、最東端から最西端までは約一〇〇〇km、最北端から最南端までは約四〇〇kmという広大な県域を有しており、故にその中に点在する島々の個性は様々である。自然環境については、亜熱帯サンゴ礁島嶼の豊かな自然の中に、世界有数といわれる豊富な種類のサンゴや多くの希少生物種が生息している。人間の営みに目を向ければ、特に顕著なのは文化や言語の多様性である。とりわけ方言の種類は、集落によって異なると言われるほどに多様である。文化についても、各島や地域によって多彩な祭祀儀礼や慣習、芸能等を有しており、それは自然条件や歴史的背景の影響を受けながらそれぞれの地域で根付いてきたものである。現代社会に関しては、産業や経済基盤などにも島による差異があり、狭小な土地や遠隔性といった条件下での経済活動について多様な取組を見ることができる。また、沖縄本島中南部のように非常に都市化の進んだ地域もあれば、周辺島嶼部のように開発されず利便性には劣るが豊かな自然とともに生きる地域もある。こうした社会環境の違いもまた、多くの島々が点在している沖縄であるからこそみられる現状である。

「独自性」という特性は、海洋に囲まれ外部から隔絶されている島特有の環境に起因する部分が多い。自然環境については、亜熱帯性気候やサンゴ礁の島としての独特の生態系や景観を生み出しており、イリオモテヤマネコやヤンバルクイナなどに代表される多くの希少生物によってその重要性が知られている。また、かつては独立した王国であったという歴史があり、中国や日本との歴史的な関わりの中で生み出された独特の文化は、自然環境とともに現代の重要な観光資源の一つとなっている。財政については「沖縄振興特別措置法」に基づく「沖縄振興計画(沖縄二一世紀ビジョン基本計画)」が制定されており、特に「基地問題の解決と駐留軍用地跡地利用、離島の条件不利性克服と国益貢献、海洋島嶼圏沖縄を結ぶ交通ネットワークの構築、地方自治拡大への対応」の四点が「克服すべき沖縄の固有の課題」とされている。また、経済基盤となるエネルギーや水供給等もまた島嶼ならではの課題を有している。さらには、第二次世界大戦における沖縄戦の経験、そして在沖米軍基地を巡る問題なども、沖縄に特有の問題である。

## 当事者としての共感性が開く学術連携

そして、これらが沖縄の特徴であると同時に、国内外の他の島嶼地域に共通する特性であることが重要である。島と大陸・大国、あるいは島嶼間の対外関係のあり方、狭い陸地とそれを囲む広大な海に育まれた文化・言語・自然・社会の個性と多様性、小規模な社会の脆弱性を克服すべく自ずとその重要性が増すコミュニティの絆や役割、そして島嶼という特殊かつ困難な条件下での経済システムのあり方など、沖縄と他の島嶼が問題を共有し、互いを比較し探究することのできる研究課題が豊富に存在するのが沖縄というフィールドである。また、前述したように、沖縄の島々はそれぞれに異なる特徴を示しており、県内にいながら多様な島嶼性を見聞することができる。国内外の島嶼地域研究者がこの優れたフィールドで学術交流を重ねることによって、国内外の島嶼地域の発展に寄与する研究を発展させることが可能となる。そしてそれは、アイランダーあるいは島人（しまんちゅ）としての共感性に裏付けられた強固なネットワークを築くことによって、さらに確かな果実を実らせることにつながるのである。

# 第4遍 小笠原ネシア

小笠原ネシアは日本ネシアに列島のみでは語れない幅を問いかける存在である。小笠原全体特に南鳥島のような飛地こそ、地政学→海政学的（文化的・自然誌的アイデンティティを含む）国の外縁線を構成する。遠隔島嶼こそアイランド・スピリット＝フロンティア・スピリットを育む。排他的ではない国家像は、コスモポリタン島としての小笠原の国家組み入れの時から始まってもいる。始祖入植者たちの墓、明治維新時咸臨丸船員（香川塩飽諸島船員）墓地はその証でもある。小笠原には人踏なき南硫黄島（世界自然遺産）があり、その隣では硫黄島の戦いがあった。硫黄を採取し西欧野菜も栽培し栄えていた。戦時疎開後いまだ帰郷できない場所である。中心島父島内にも自然保護サンクチャリーがあり、外来種動物（グリーンアノールやノネコ等）侵入防止柵も設けられている。旅人の楽しみ方は色々ある。母島にある東京都道最南端地アクセス(だけ)は実に容易である。硫黄島（写真左）。小笠原歴史自然巡検（右上下）。

南鳥島と沖ノ鳥島は弧状列から離れた地域にある。日本を列島視すると見逃される場所の例である。小笠原諸島は三〇余の島々総面積は一〇四$km^2$。貴重な大地が国の四割近くの海洋の核として存在している。生物地理区分では唯一オセアニア区に属し、洋島特異生物環境から二〇一一年世界遺産に登録された。伊豆・小笠原・マリアナ島弧は、ミクロネシアにも繋がっている。古代史では北硫黄島一世紀頃の定住遺跡、父島でも打製石斧が発見されている。北マリアナからの渡来人痕跡である。第一次世界大戦後、南洋委任統治領（現北マリアナ諸島・ミクロネシア連邦・マーシャル諸島・パラオ）への経由地や先進西洋野菜栽培地としても栄えた。硫黄島等は裕福だったが、第二次世界大戦で強制疎開。未だ帰れない悲劇の地である。父島にも二万人規模の軍人がいた。フロンティアは要塞にもなる地政学的なパラドックスの地。日本復帰の前、日本側に国さかいがあり、復帰後は南側に国さかいができた。人の流れの双方化には、新たな観光戦略・研究／開発拠点化と、交通手段革命が求められる。

小笠原は英語でBonin。国内では一六七五年からムニンジマ（無人島）。阿波国蜜柑船が一六七〇年母島に漂着。八丈島経由で下田に七人が生還。一六七五年幕府は島谷市左衛門を派遣。三六日間調査で地名命名・スケッチ等記録と、「此島大日本之内也」碑を設置。その言説は欧州人書で欧州にも伝わっていた。その後多国籍定住があったが、領土係争時の日本側支持根拠となった。咸臨丸やジョン万次郎の活躍を含め『幕末の小笠原』は興味深いネシア史である。

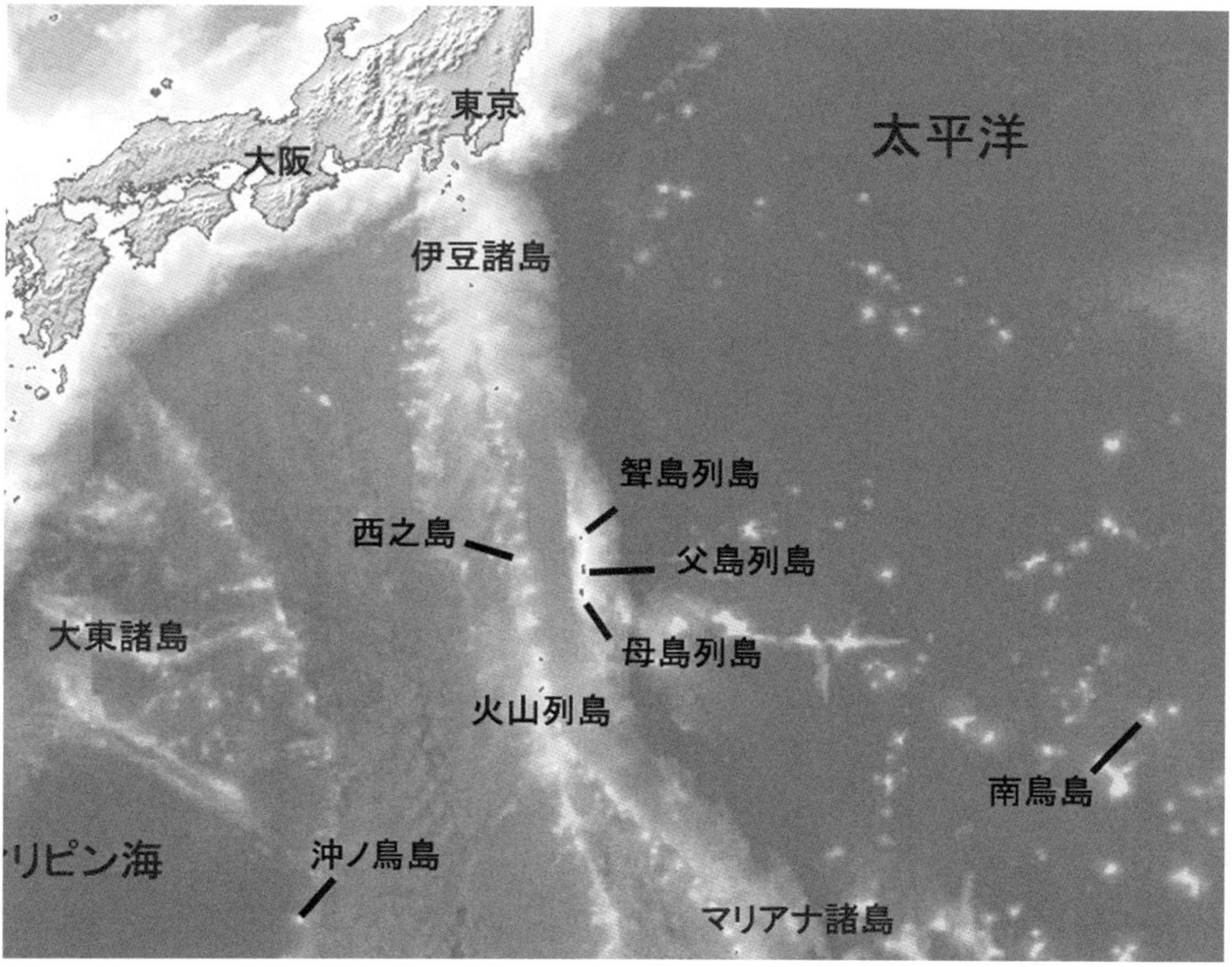
東京
太平洋
大阪
伊豆諸島
聟島列島
西之島
父島列島
大東諸島
母島列島
火山列島
南鳥島
リピン海
沖ノ鳥島
マリアナ諸島

# 芸能の伝播と創造的伝承をめぐって

【南洋群島と小笠原】

小西潤子

●こにし・じゅんこ（プロフィールは102頁参照）

## 小笠原に伝わる南洋の芸能

もともと無人島だった小笠原に、あったはずのない南洋群島の歌や芸能。それらは戦前伝わってから七〇年ほど島で育まれ、南方から伝わった民謡（一九八七年）および「小笠原の南洋踊り」（二〇〇〇年）として、東京都指定無形民俗文化財となった。南洋を思わせるメロディや見知らぬ歌詞を含む「小笠原古謡」四曲と、意味不明の号令や歌での足踏みやボディパーカッションを伴う上演時間七分ほどの南洋踊り――絶海の孤島で、これら不思議な歌や踊りは人々の心をもつかみ、想像力を沸き立たせた。

ところが、これらは南洋の伝統的な歌や踊りではなく、西洋文化との接触によって生まれたものだった。小笠原の南洋踊りの元となったのは、サイパン在住のカロリニアンの行進踊りである。行進踊りは、二十世紀初頭に東ミクロネシアで成立し、旧南洋群島内で発展した踊りの型である。ジャンル名称や島嶼間の交流関係から、①ナウル―マーシャル諸島―ポーンペイを結ぶ東ルートのレープ系統、②チュークを中心とする中央カロリン―北マリアナ諸島―ヤップ・パラオ―アンガウルを結ぶ中央・西ルートのマース系統に分けてとらえられる（図参照）。

かつて小笠原の南洋踊りは「土人踊り」と呼ばれ、目と口の周りを白く塗った全身黒塗の男性による勇壮な踊りだった。踊り手の中には、立派な装飾品を着けた「酋長」が君臨することもある。しかし、それは辺境の島で生まれたイマジネーションだった。一九二〇～三〇年代の南洋には、彼らが想像したような「酋長」も「土人」も存在しなかった。南洋の最高権威者は、自らが隊列に加わることはない。東のマーシャル諸島では白シャツ・長ズボン姿で踊られることもあったように、行進踊りは西洋的で土着性が低い、余興目的の新作踊りであった。

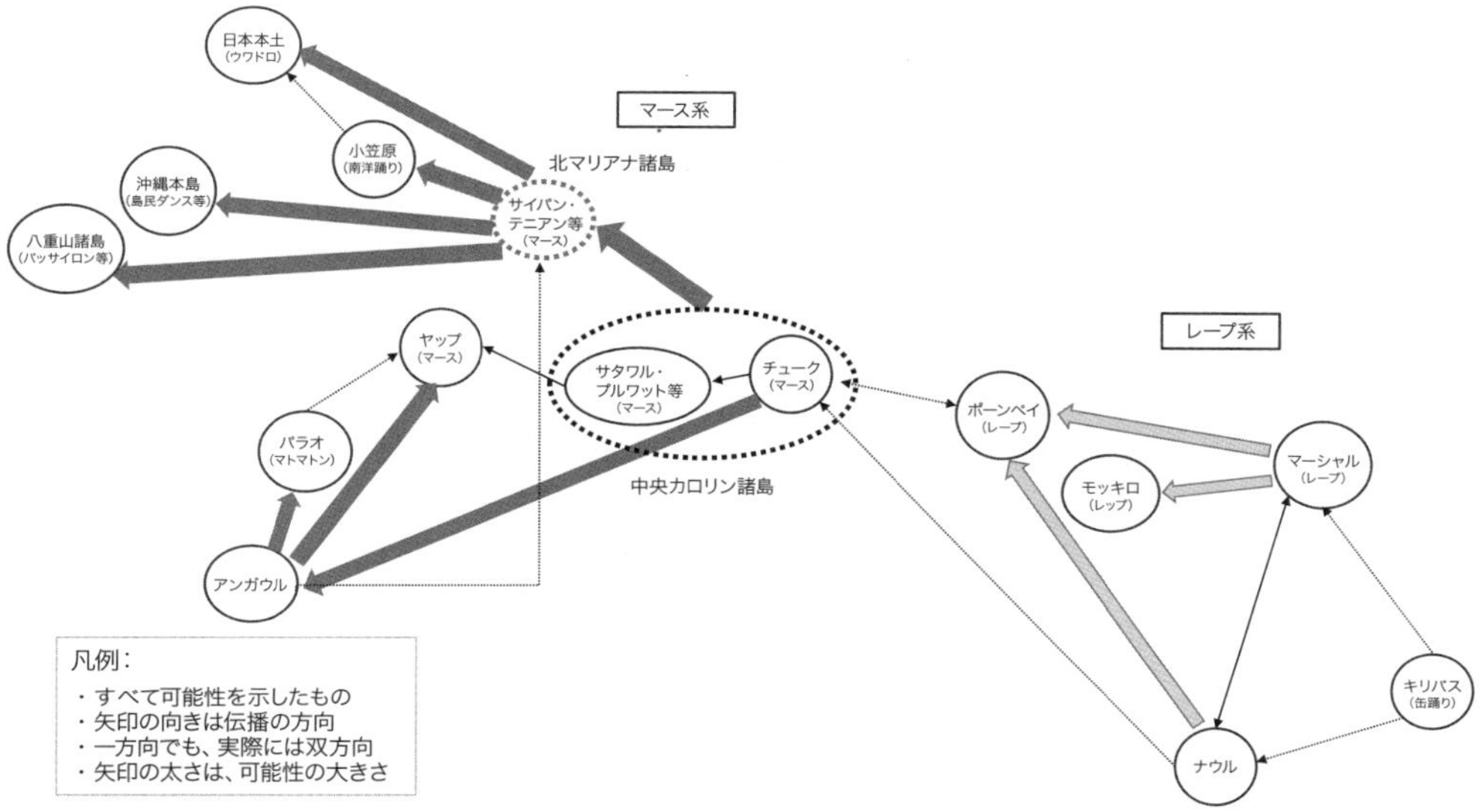


**行進踊りの伝播ルート図**（作成：小西潤子）

新作の踊り歌には伝統的なメロディは使えないので、当時の流行歌が使われた。サイパンで人気を呼んだ《ウワトロヒ》は、運動会で日本人児童までもが踊ったし、南洋興発の日本人社員にも忘れがたい一曲となった。小笠原では、《ウワドロ》という演目として伝承されているが、実はこれは若い女性をナンパしようとして断られた男たちの歌だった。だからと言って、不謹慎な歌だとも決めつけられない。母系のカロリニアン社会では、女性が男性を選ぶ権利を有していた。当時、カロリニアンの女性たちは、《ウワトロヒ》を勇壮に踊る哀れな男たちを陰から眺めて、彼らのランキングをしていたのだった（著者不明、1926手稿『南嶌』、沖縄県立図書館蔵）。

## 想像され創造される芸能文化

ところで、二〇一六年の太平洋芸術祭（開催地：グアム）では、ミクロネシア連邦チュークのフォネンギン Fonuengin（シース Siis）環礁のグループが、極めて勇壮な行進踊りを上演した。南洋では、行進踊りの創造と伝播にはチュークの人々が大きく関与したとも言われる。それを首肯する度肝を抜くような大迫力で、彼らはリーダーのけたたましい号令に合わせて棒をつきながら入場行進し、ボディパーカッションや棒踊りを演じた。伝統的な褌と頭飾り、足飾りのリーダーの姿と、三色のビニールテープを割いて作った腰巻に洋装由来の帽子と襟、カフスを着けた若者集団

**フォネンギン環礁の行進踊り**（撮影：小出光、2016年）

が、ビジュアルとして、島と西洋の文化の違いを対比していた。この「戦闘踊り」を創作したリーダーのM・マリアーノ氏は、長老たちの伝承をもとに、意図的に島と西洋の文化を組み込んだという（同氏への聞き取り調査、二〇一六年）。そのパフォーマンスに、島の人々の想像力と創造力を見た（**写真**）。

《ウワドロ》を含む小笠原諸島の民俗芸能は、「歴史を知る上で重要」（東京都教育庁 1987「東京都文化愛指定等議案説明書」、55）と見なされた。しかし、民俗芸能が伝えるのは単なる史実ではなく、その担い手の視点から再構築された歴史である。ルーツを辿る試みは否定しないが、その先には正統な伝統文化への回帰や冷凍保存ではなく、未来を見据えた創造があってほしい。祖先の思いを伝えるために、南洋で行進踊りが想像され続けているように、小笠原の南洋踊りももっともっと膨らんでいくことを願う。

# 「南洋踊り」の保存と交流

渋谷正昭

●しぶや・まさあき　一九五七年生。小笠原村副村長。南洋踊り保存会会長。

## 「南洋踊り」とは

南洋踊りは、大正末から昭和のはじめにかけて、欧米系住民のジョサイア・ゴンザレスが、小笠原父島からサイパンに働きに出かけていた際に、南洋諸島の人たちから南洋の島々の歌と踊りを覚えて小笠原に帰り、広めたことが起源とされている。

その後戦前は、神社の祭りの劇中で踊られたり、海岸でみながら集まり余興的に踊られたりする中で定着していった。

歌は「ウラメ」、「夜明け前」、「ウワドロ」、「ギダイ」、「アフタイラン」の五曲からなり、歌と歌の間を「レフト、ライト」で調子を整えて、連続して踊っている。

戦後は、小笠原諸島がアメリカの統治下に置かれ、ほとんどの日本人は帰島が許されなかったため、故郷を思う中で一部の島民によって座興として踊りが継承されていた。

昭和四十三年の日本への返還後、帰島した初代会長の浅沼正之や二代会長の高崎喜久雄らを中心に、南洋踊りが各種イベント等で披露されるようになり、もともとは男性だけの踊りであったが、女性や子供も加わりながら、現在に至っている。

サイパンに集まった南洋の島々の人からゴンザレスに伝えられ、小笠原で踊られるようになり、小笠原の踊りへと変化したことから、南洋からの文化の伝播として平成十二年東京都無形民俗文化財に指定されている。

## 「南洋踊り」歌詞

『ウラメ』　ウラーメ　ウ　ウルリーヒィ　イウメ　エファン

リーイトゴ　オシマー

ワーガリ　イヤ　ウェヤウェヤウイ　イリエー　エファン

ガーウェニモー

『夜明け前』　よあけまえに　あなたのゆめ見て　おきるとみたら　たいへんつかれた
もしできるなら　ああことりになって　あなたのもとへ　ときどきとんでいく
わたしの心は　あなたのために　たいへんやせた　死ぬかもしれません

『ウワドロ』　ウワドロフィ　イッヒヒイヒヒー　ウワドロフィ　イッヒヒイヒヒー
ウワドロフィネミネ　ウェゲルガ　アラーレンガ　リワツゥグラ
ウェゲルガツゥグラ　ゲッセメデネキニト　サヴウェンダ　リッヒウェンダ
イッヒヒ　イッヒヒ　イヒヒー　ホホ　サヴウェンダ
リッヒウェンダ　イッヒヒ　イッヒヒ　イヒヒー

『ギダイ』　ギダイノーウィ　ギッピネイ　ウエンナ　ウィヤ　ウィーヤ
ヤワウィヤウィヤガ　センワラウー　ヤワウィヤ　レンゲツゥウィ
ルギメッセ　ミナティパ　テギラニマナヨウ　エマシゲレ
ローレローレローレ　ローレランサンバー　ウェーイ　ウェーイナンー
ローレローレローレ　ローレランサンバー　ウェーイ　ウェーイナンー

『アフタイラン』　アフタイラン　アナダイ　スリータイムス　ワン　ツー　スリー
ワン　ツー　スリー　アフタイラン　オブ　ストップ

## 南洋踊りの保存

私たち南洋踊り保存会は、東京都無形民俗文化財の指定の際に、父島・母島それぞれの愛好者の集まりを合体させ、踊りの統一を図り、保存団体として登録した。

その後の保存活動としては、海開きや返還祭などのイベントでの参加や、旅行会社・教育旅行の際の披露や体験の要請に応えているほか、小学校三年生の総合の時間を使った指導、毎年五月頃の講習会の実施による会員確保などを行っている。

すでに戦前から踊っていた会員は故人となられているが、女性会員には返還後に覚えて、披露などに参加されていた方々もいる。やはり高齢となられて現役から退かれた方が多い。ただ母島在住の副会長小高氏が、今年八十二歳で元気に踊られているとともに、母島において後進の指導に当たっている。

現状では、数年間の赴任職員やその家族の方が新規会員になることが多く、島に定着して踊りの保存に務めてもらえる会員の確保が今後の課題である。

海びらき

## 南洋踊りによる交流

私が南洋踊りを始めたのは、小笠原に移り住んだ昭和五十八（一九八三）年からで、三六年が経った。

この間、さまざまな形で島内外の交流が行われている。

特筆できるのは、平成十六（二〇〇四）年にパラオで開催された太平洋芸術祭に参加したことと、平成十九（二〇〇七）年東京でのパラオのダンサーとの交流公演、またその翌年、返還四〇周年記念に小笠原で開催した「文化交流祭」にパラオの皆さんをご招待し、交流したことである。これらによって、ルーツとなる南洋の島々からの伝播と現在までの時間の経過の中で、踊りの変化を比較することができた。パラオの皆さんとは、「夜明け前」が共有されるとともに、その違いを見ることができたことと、踊り全体の調子が優しい感じになったことが分かった。

このほかにも、岩手県宮古市で行われた国民文化祭への出演（一九九三年）、地名の由来となっている小笠原氏ゆかりの「松本城四〇〇年まつり」の出演（一九九三年）、佐渡島で開催された「アイランドフェスタ佐渡」での出演（二〇〇九年）など、各地で踊りを披露しながら現地の方々との交流を図ってきた。

日本の伝統芸能には、大陸を起源とするものは多く残っていると思うが、この南洋踊りのように歴史的には浅いものの、南洋諸島から北上した芸能は非常に珍しいのではないだろうか。昨年は返還五〇周年を迎え、記念事業の中で「文化歴史交流祭」を十月に開催した。この中で、沖縄県うるま市に伝わる「島民ダンス」の皆さんをお招きして交流したい。「ウワドロ」と同じ起源をもつ踊りが伝承されており男性会員は島民ダンスを踊らせてもらった。

小笠原の特異な歴史の一端を垣間見ることができる「南洋踊り」。これからもその保存と交流に努力していきたい。

# 小笠原諸島

## 【地名が示す自然・文化・歴史】

延島冬生

●のぶしま・ふゆお　一九四四年生。日本地名研究所会員。地名、言語、文化、歴史、植物。著作に『小笠原学ことはじめ』（共著、南方新社、二〇〇二年）、「母島沖港に歴史と文化を読む」（『地図中心』二〇一八年一二月号、日本地図センター）、「標準語になった小笠原方言」（『ボーダーツーリズム』北海道大学出版会、二〇一七年）、「消える地名か武田牧場」（『小笠原研究年報』40、首都大学東京小笠原研究委員会、二〇一七年）、「小笠原諸島の歴史と地理」（『別冊『環』⑲　日本の「国境問題」』藤原書店、二〇一二年）等。

「小笠原諸島は大小三〇余りの島々よりなる」これは、小笠原諸島返還五〇周年記念シンポジウムの宣伝文句である。本題ではないが、領海三海里時代の表現で領海一二海里、排他的経済水域二〇〇海里、接続海域の時代にこれでよいのだろうか？

### ボニネシア

日本ネシア論として、小笠原諸島が取り上げられるのに「未完のボニネシア」（1985）[1]を提起してから三三年を要した。今日、小笠原、小笠原諸島よりボニンアイランド（Bonin Isdands）の呼称が、広く知られている。「小笠原ネシア」より〝ボニネシア〟とするのが妥当であろう。

Bonin Isdandsという英語名は、林子平『三国通覧図説』のフランス語訳で無人島の読み方が分からずIles Bonine-simaとしたことによる。「無人島《ぶにんしま》」に由来するとの通説は、ボニンから逆推定したに過ぎず、音韻的に成り立たない論であり、かつ用例が示されていない。筆者は、江戸時代には「無人島《むにんしま》」と呼ばれていたと用例『八丈の寝覚草』[2]をあげ、その後『遊歴雑記』でも同じ用例を見つけているが、「無人島《ぶにんしま》」の用例には出会っていない。これは〝悪魔の証明〟であり、ぶにん説論者は、その根拠を明らかにしてほしい。

**写真1　北袋澤——小笠原島図絵**（小笠原村教育委員会蔵）

## 小港、プクヌイ

父島南部西岸の小港《こみなと》海岸は、小笠原諸島返還後、海水浴場として賑わい、世界自然遺産登録前後から枕状溶岩がよく見られる場所として知られている。村営バスの停留所名でもある。旧島民は「小港は海（湾）の名前で北袋沢の海岸だ」と言う。利用する海岸でなかった故、地名が付けられなかったことを意味する。

北西太平洋におけるアオウミガメの最大産卵地である小笠原群島（聟島、父島、母島の三列島を指す）では、ガラパゴス諸島と同じく、無人島への定住の三大要件（水、食料、燃料）の一つが亀であった。ウミガメに因む地名は多い。ウェンテルベイ（弟島）、ウエントロビーチ（母島）、デキストホール（兄島）……。

石浜でなく、砂浜なのに海亀が産卵に上陸しない特筆すべき海岸である。同じ湾内のコペペ海岸には、先住移民コペペが小屋掛けして季節滞在し、産卵する上がり亀を捕まえていたのに（現在では禁止されている漁法）。返還前、米軍時代にはノートルビーチと呼んでいた。

今、ここは亀の産卵海岸の一つとなっている。八瀬川《やつせがわ》は、返還後の河川改修工事により海岸に沿っていた流路を、今見るように直線にされた。その結果、河川自然護岸の急斜面はゆるやかな砂浜と変わり海亀の産卵も始まった。それ以前は、崩れる砂壁に阻まれ海亀は上陸産卵できなかった。小港海岸と呼んでいる砂浜は、

**写真2　北袋澤耕地図――同前**（小笠原村教育委員会蔵）

海に面した河川の自然護岸であった。だから人も利用しなかった。

プクヌイと呼んだのが地名の始まりである。小港の海岸林に住んでいたドイツ系先住移民の話で、北側の岬に海食洞があるからという。ハワイ語 Puka Nui（穴 大きい）による。幕末巡検隊が描いた絵図（中央の右下）で今よりも長い岬と三つ穴が確認できる（**写真2**）。

英語を共通語としていた先住移民は、ポカニュービーチと訛った。その範囲は、小港海岸から八瀬川を遡り逢瀬橋《おうせばし》辺りまでを広くさしていた。満潮時は潮が遡上し大きく蛇行する川で、カノウ（カヌー）で往き来が容易であった。又、逢瀬橋辺りは八瀬川の由来となった多くの河川の合流点で、ハワイ太平洋諸島民の集落があり、キャナカタウン（Canaka town）と呼ばれ、『ペリー提督日本遠征記』のスケッチには Kanaka Villege と記されている。

幕末に八丈島から入植した日本人開拓者は、蛇行する河川ポカニュービーチの氾濫原で先住移民が手を付けなかった荒地を開墾し作物を育てた（**写真1**）。が、生麦事件で全員引揚げ放棄された。明治時代初期、ここには勧農局出張所が置かれ開墾の指導機関となった。しかし、これも同出張所の廃止、内務省所管への統一、東京府への移管で放棄された。

ポカニュービーチは、ハワイ・太平洋諸島人、欧米人、日本人の混合文化を示す場所であるとともに、歴史をも凝縮したところである。

注

（1）延島冬生（1985）「わたなかの小笠原2ボニンアイランドの博物誌」『しま』No. 123、日本離島センター

（2）延島冬生（1997）「無人島はぶにん島か、むにん島か」『小笠原研究年報20』東京都立大学

# 終わらぬ「戦後」

## 【硫黄島帰島問題に関する一考察】

真崎翔

●まさき・しょう　一九八六年生。名古屋外国語大学外国語学部英米語学科講師。日米関係史。著作に『核密約から沖縄問題へ——小笠原返還の政治史』（名古屋大学出版会、二〇一七年）、「小笠原諸島における一九六八年——施政権返還後の父島と硫黄島の変遷」（藤本博編著『「一九六八年」再訪——「時代の転換期」の解剖』行路社、二〇一八年）等。

### なぜ旧島民が帰れないのか

国家により難民化させられた旧硫黄島民の帰還は、いまだ実現していない。一九四四年に大多数の硫黄島民が本土へ強制的に疎開させられた。「硫黄島の戦い」の敗北にともない小笠原諸島は米国に占領されたが、一九六八年六月二十六日に施政権が日本に返還された。しかし、政府による不可解な理由により、旧硫黄島民の帰島はいまだ許されていない。

二〇一八年四月五日付の『毎日新聞』によると、中国の西太平洋地域における軍事活動に対処するため、硫黄島に固定式警戒管制レーダーを整備する方針を防衛省が決定したという[1]。硫黄島の軍事的重要性は、今後ますます高まることが予想される。その帰結として、旧島民の帰島が遠のくはずである。本稿では、遺憾ながらなぜこの結論が導き出されるのか、旧島民に対する政府方針の変遷をたどりながら論じたい。

小笠原返還交渉において、日本は硫黄島を米国に引き続き軍事利用させることを確約していた[2]。つまり、交渉段階において硫黄島への旧島民の帰還を想定していなかったのである。そのことを裏付けるように、返還から一一年余り経過した一九七九年五月に、日本共産党の上田耕一郎参院議員が大平正芳政権に旧硫黄島民の

**摺鉢山山頂の星条旗掲揚地点から望む硫黄島**（2014年2月に筆者撮影）

帰還の可能性について質した際、政府は返還以来一度も島民の帰島意志を直接聴取したことはなく、また帰島不可の理由とされてきた不発弾の実態も把握できていないと認めている[3]。

## 国会での政府答弁

一九八四年三月の第一〇一回国会参議院建設委員会で、日本社会党の村田秀三参院議員が藤井一夫防衛庁防衛局防衛課長に対し「硫黄島全体を占有したい」考えがあるか質した際、「島の施設を使用したい」という回答を得た[4]。ただし、上田が米国の安全保障に資するレーダーを硫黄島に設置する計画があるか確認すると、藤井は完全に否定した[5]。他方で公明党の二宮文造参院議員が不発弾を処理する積極的な努力をする予定はないのかと問うと、川俣芳郎国土庁地方振興局長はその予定のないことを認めた[6]。

第一〇一回国会会期中の一九八四年五月に中曽根康弘首相の諮問機関である小笠原諸島振興審議会が、火山活動や不発弾の存在を理由に旧島民の帰還が困難であると結論づけた[7]。しかし、その後の展開に鑑みると、国会における政府答弁の不誠実さが浮き彫りになる。レーダー基地の有用性を検討したうえで必要な措置を講ずることを定めた中期防衛力整備計画が翌年九月に閣議決定された[8]。十一月八日付の『朝日新聞』によると、防衛庁は米軍と協力して一九八五年の夏からレーダー基地の候補地を検討し、「米軍が強く希望し、防衛庁側も当初第一候補としていたのは硫黄島」

であったという。(9) 一九八七年五月二十六日の第一八回国会衆議院安全保障特別委員会において、公明党の井上和久衆院議員が、レーダーの設置候補地は硫黄島であるのか質問した際、「終始……硫黄島あたり」が最適であると西廣整輝防衛庁防衛局長は答弁した。(10)

小笠原諸島振興審議会による決定直後にレーダー基地の候補地として硫黄島の名が挙がった。火山活動で地盤が不安定であるならば、米国の占領中にロランC基地が置かれていなかったはずであるし、レーダー基地を設置する新規の計画も持ち上るはずがない。返還から今日に至るまで、さしたる問題もなく自衛隊員らが駐留し、米空母艦載機による夜間離着陸訓練が継続している。(11) 米国からの観光客も、日本政府の全面的な協力のもと毎年硫黄島に滞在している。(12) そして、冒頭の『毎日新聞』報道である。米国に配慮し、硫黄島を頑なに基地の島と位置づける日本政府の方針が変わらない以上、強制疎開させられた旧島民の帰島という戦後処理は終わらないばかりか、時を経るにつれ忘れ去られるであろう。硫黄島において「戦後」は終わっていないのである。

**注**

(1) 秋山信一「硫黄島に防空レーダー――防衛庁方針 中国空母進出備え」『毎日新聞』一四版（二〇一八年四月五日付）。
(2) 真崎翔『核密約から沖縄問題へ――小笠原返還の政治史』（名古屋大学出版会、二〇一七年）一六六―一六八頁。
(3) 上田耕一郎参議院議員「硫黄島戦時疎開者の地権と帰島に関する質問主意書」（第八七回国会（常会）質問第一八号、一九七九年五月十一日）三―五、七―一〇頁。大平正芳内閣総理大臣「内閣参質八七第一八号」（第八七回国会（常会）答弁書第一八号、一九七九年五月二十二日）三―六頁。
(4)『第一〇一回参議院建設委員会会議録第三号』（一九八四年三月三十一日）八頁。
(5) 同前、一九、二二頁。
(6) 同前、一五頁。
(7) 石原俊『〈群島〉の歴史社会学――小笠原諸島・硫黄島、日本・アメリカ、そして太平洋世界』（弘文堂、二〇一三年）一七六頁。
(8) 閣議決定「中期防衛力整備計画について」（一九八五年九月十八日）。
(9)『朝日新聞』朝刊四版（一九八五年十一月八日）「喜界島が最有力――OTHレーダー基地　防衛庁構想」『朝日新聞縮刷版一九八五年十一月号No.773』（朝日新聞社、一九八五年）一頁。
(10)『第一〇八回衆議院安全保障特別委員会議録第二号』（一九八七年五月二十六日）一八頁。
(11)「硫黄島調査特別委員会速記録」（二〇一七年六月八日）三―四頁。
(12) Military Historical Tours, "The 74th Anniversary of Iwo Jima Reunion of Honor (19-25 Mar 2019)." https://www.miltours.com/index.php?route=product/product&path=57&product_id=68 (Accessed on March 28, 2018); Stephen Ambrose Historical Tours, "Iwo Jima Tour: War in the Pacific." https://stephenambrosetours.com/tour/iwo-jima-tour/ (Accessed on March 28, 2018).

# 小笠原諸島の自然の価値とその保全

【進化の島の研究教育拠点】

可知直毅

●かち・なおき　一九五三年生。首都大学東京特任教授。生態学。著作に『はじめてのえころじい』（裳華房、一九九五年）、『植物根系の理想型』（博友社、一九九六年）、『外来種ハンドブック』（地人書館、二〇〇二年）、『植物生態学』（朝倉書店、二〇〇四年）、『世界遺産の自然の恵み』（文一総合出版、二〇一三年）、『奄美群島の野生植物と栽培植物』（南方新社、二〇一八年、以上いずれも分担執筆）等。

## はじめに

小笠原諸島は、日本列島南方の北大西洋上の南北約四〇〇kmの範囲の海域に散在する三〇あまりの島々からなり、日本の排他的経済水域（EEZ）のおよそ1／3を占める。一八三〇年に小笠原に移住した欧米人五名とハワイを主とする太平洋諸島民十数名が最初の定住者とされている。その後、江戸幕府や明治政府による調査や開拓が行なわれ、一八七六年に日本の領土として国際的に認められた。この章では、世界自然遺産地の小笠原諸島の自然の価値と外来種対策などの保全の取組みを紹介し、小笠原における人と自然の共生のあり方について考察する。

## 小笠原諸島の島々

小笠原諸島には、北から、聟島《むこじま》列島、父島列島、母島列島の三列島が連なり、小笠原群島を形成している。小笠原群島の約三〇〇km南には火山（硫黄）列島がある。一般住民が暮らす有人島は、父島と母島のみである。聟島列島は、戦前に家畜として飼われていたヤギが野生化して、森林を破壊したため、草原の島になっている。父島列島では、夏が乾燥する気候のもとに成立する乾性低木林がみられる。母島列島の母島は、標高が四六三mと高いため雲霧が発生しやすく、湿性高木林が分布する。硫黄島は自衛隊の基地があり、自然環境は大きく改変されている。一方、南硫黄島は標高が九一六mあるピラミッド型の島で、過去に人が定住したことがなく原生の自然が最も残っている島である。これらの島々は、いずれも亜熱帯気候帯に属しており、温帯に比べて気温の年較差や日較差が小さく、湿度が高い海洋性気候である。

## 小笠原をフィールドにした東京都立大学／首都大学東京の研究・教育

首都大学東京は、東京都立大学の時代を含め五〇年以上にわたり小笠原研究に取り組んでいる。一九六八年六月二十六日に小笠原が日本に返還された直後の八月に、海洋生物学研究者でもある団勝磨総長を団長とする学術調査団が派遣されたことに始まる。一九七〇年に東京都総務局所管の総合調査室を借用して父島に研究室が設置され、一九九二年に現在の小笠原研究施設が開設された。

首都大学東京の小笠原研究の特色はその学際性にある。気象や地形・地質などの自然環境、固有種や絶滅危惧種の生態や系統分類、自然再生や外来種問題に関する生態学などの自然系の研究だけでなく、観光学や欧米系言語と融合した小笠原特有の言語の研究など多彩な研究が展開されている。これらの研究成果は、小笠原研究委員会が発行する「小笠原研究年報」や「Ogasawara Research（小笠原研究）」にも紹介されており、小笠原研究員会のホームページ（http://www.tmu-ogasawara.jp）からダウンロードできる。

また、全学部を対象にした学外体験・合宿型の教養科目として「自然と社会と文化：小笠原コース」を開講している。これらの実績を背景に、二〇一七年には小笠原村と首都大学東京との間で連携協定を締結した。

**聟島（聟島列島）**（撮影：加藤英寿）

**父島（父島列島）**（撮影：加藤英寿）

**母島（母島列島）**（撮影：加藤英寿）

**南硫黄島（火山列島）**（撮影：加藤英寿）

## 海洋島と生物進化

小笠原諸島の島々は、海底火山を起源とする海洋島である。海洋島は、過去に大陸と繋がったことがない。そのため、海洋島に生息する生物の祖先は、全て海を超えてきたことになる。大陸から島に渡ってこられる生物は限られるため、その生物相は大陸と比べて偏っている。小笠原の在来種は、哺乳類ではオガサワラオオコウモリ一種のみ、鳥類でも一〇種程度、爬虫類ではオガサワラトカゲ一種であり、両生類はいない。

大陸に比べて天敵が少ない環境で、祖先とは異なるさまざまな環境に適応しながら新しい種が進化した。島で進化した新しい種は、世界中で小笠原にのみ生息する固有種である。小笠原に生息する植物の四〇％、鳥の二六％が固有種である。特に、カタツムリ（陸産貝類）は、小笠原で爆発的に適応放散し、一〇〇種以上の固有種が生まれた。植物でも適応放散による種分化がみられるとともに、ロベリア属など草本の大型化や木化、雌雄性の分化、種子散布能力の喪失など海洋島に特徴的な進化過程が多数知られている。

## 世界自然遺産

小笠原諸島は、二〇一一年六月にフランスのパリで開催された世界遺産委員会において、顕著で普遍的な価値（Outstanding Universal Value、ＯＵＶ）を持つ人類共通のかけがえのない資産として、世界自然遺産に登録された。二〇一八年八月現在、世界には文化遺産が八四五件、自然遺産が二〇九件、複合遺産が三八件、合計一〇九二件の世界遺産がある。二〇一九年現在、日本にある世界自然遺産は、東北の白神山地、九州の屋久島、北海道の知床、東京の小笠原諸島の四つであるが、日本政府は、二〇一九年に琉球・奄美地域を五番目の世界自然遺産候補地として世界遺産委員会に推薦した。

世界自然遺産として登録されるための基準（クライテリア）は四項目ある。具体的には、「特異な自然景観」、「地球の歴史を示す地形・地質」、「生物進化の見本」そして「稀少動植物の主要な生息地」である。これのうち少なくとも一項目について顕著で普遍的な価値をもつことが世界自然遺産登録の条件である。小笠原は、生物進化の見本（生態系）としての価値が高く評価された。

## 外来種の驚異

海洋島の生態系は、外来種の侵入に対して脆弱である。一八三〇年以来、人間とともに外来種も入ってきた。太平洋戦争末期にほとんどの島民（六八八六名）が本土に強制疎開させられた。終戦後一九四五年からは米軍の統治下に入ったが、多くの島民は帰島が許されなかった。そのため、放棄された農耕地が二次林化し、アカギなどの外来樹が優占する森林が繁茂するようになった。一九六八年に日本に返還されると、入植が再開され、それとともに、新たな外来種の侵入も増加したと考えられる。現在の小笠原は、固有種の宝庫であると同時に外来種の宝庫でもある。モクマオウ、アカギ、グリーンアノール、プラナリアの一種のニューギニアヤリガタウズムシ、クマネズミ、ノヤギ、セイヨウミツバチなど多種多様な外来種が、小笠原の自然の生態系にとって大きな脅威となっている。

たとえば、ギンネムは一八六二年に小笠原に入ったとされるが、窒素固定により栄養となる窒素を吸収できるため、やせた土地でも生育でき、撹乱されて開けた場所を中心に拡がっている。ギンネムが、生態系に入り込むと、在来樹種のヒメツバキの発芽や実生の成長が抑えられることがわかっている。これは、ギンネムが分泌する化学物質のためと考えられている。

小笠原では一五〇種以上の外来植物が野生化している。侵略性が特に高いのが、モクマオウ、リュウキュウマツ、ギンネム、アカギ、キバンジロウなどである。外来種が増加すれば、それだけ種の多様性は高まるが、問題は新たな外来種が増加する速度である。小笠原には、固有種を含め四二一種の在来植物が知られている。これらの在来植物種は、島ができてから一〇〇万年以上かけて自然移入や種分化により増加してきたとすると、およそ数千年に一種程度の増加速度になる。一方、外来種は一八三〇年以来約一九〇年間に一五〇種が野生化したとすると、およそ一年に一種の速度で増加した計算になる。外来種が、在来種に比べて平均して数千倍の速度で増える状況では、島の生態系を安定に保つのは難しい。

## 外来種問題と順応的管理

小笠原では、環境省、林野庁、東京都、小笠原村などの行政が、地元ＮＰＯ、研究者などとも連携して様々な外来種対策事業を実施している。外来種対策で最も留意すべきことは、ある外来種を駆除することで、他の外来種が増えないかという点である。小笠原では、多くの外来種がすでに生態系の中に組み込まれている。そのため、外来種どうしや、もともと生息していた在来種との間の生態学的な関係を無視することはできない。そこで、小笠原では外来種を駆除した後、生態系が想定どおり回復していくかをモニタリングしつつ、必要に応じて対策手法を変更するという「順応的管理」が実践されている。

外来種は、種間関係を通して生態系のバランスを崩すことがある。北米原産のイグアナ科のグリーンアノールトカゲは、侵略性が高く特定外来生物に指定されている。小笠原には、ペットとしてあるいは資材に紛れて入り込んだとされている。このトカゲは有人島の父島ではすでに全島に拡がっており、固有種を含む多くの昆虫が補食され、多くの種が激減した。固有昆虫が生息する無人島にグリーンアノールが拡散しないよう、父島の港周辺などで重点的に駆除が実施されている。ところが、二〇一三年三月二十二日、多くの固有昆虫が残っている兄島でグリーンアノールが発見された。兄島へのグリーンアノールの侵入は、小笠原の自然環境保全にかかわる関係者にとって衝撃であった。発見から五日後の三月二十七日、小笠原諸島世界自然遺産科学委員会は兄島に侵入したグリーンアノールに関する非常事態宣言と緊急提言を出した。

兄島には、小笠原の植生を代表する乾性低木林が広がっている。もしグリーンアノールが兄島で増えると、昆虫相は壊滅的な打撃を受ける危険性がある。昆虫が絶滅すると、それらの昆虫により送粉（花粉媒介）されている七〇種以上の植物の種子ができにくくなり、結果として乾性低木林の世代更新が阻害されてしまうかもしれない。そこで、兄島でのグリーンアノールの拡散をくいとめるため、大規模な対策事業が進められている。

## ヤギをめぐる生物種間相互作用

ヤギは、侵略的外来種ワースト一〇〇の一つである。小笠原諸島の聟島列島の島々では、戦後ヤギが野生化して増えた結果、森林が草原や裸地にかわり、さらに表土が流出し生態系の機能が大きく劣化した。そこで、東京都によりノヤギの駆除が行われた。ノヤギが駆除された後、それまでヤギに食われていた植物が回復し、カツオドリなどの海鳥の営巣が増えた。海鳥は、海で魚などを獲り陸上に運んでくる。また、その死体は分解されて土壌にはいり植物の栄養源となる。一方で、わずかに残っていた森林の減少は止まらず、草地では外来樹のギンネムの分布が拡大した。これは、ギンネムの拡大を抑えていたノヤギが根絶されたためと考えられる。生態系に組み込まれた外来種を駆除すると、様々な間接的な影響がみられる。そのため、外来種対策を実施する上で、外来種と在来種、あるいは外来種どうしの相互作用を考慮することが重要である。

## 人と自然の共生をめざして

小笠原の自然の価値は、「進化の見本」にある。すなわち、小笠原の自然環境保全の基本は「生物進化の歴史性を損なわない」ことである。実は、自然再生は、新たな自然を創る行為であり、もとの自然に完全にもどせるわけではない。たとえ、外来種を全て駆除できたとしても、絶滅した在来種は復活しないので、生態系の機能は元にもどるとは限らない。この場合、元の生態系を復元するのは困難である。

現実的な生態系の管理目標を設定する上で、ノベル生態系(Novel ecosystem)という考え方が有効である。ノベル生態系とは「人間の影響を受ける前の生態系とは異なる人間が管理しなくても持続可能な生態系」と定義される。生態系は、ある程度の攪乱を受けても元の状態にもどる復元力（レジリエンス）をもつ。攪乱前の元の状態をヒストリカル（歴史的状態）、ある程度の攪乱を受けても元の生態系にもどれる状態をハイブリッド（混在状態）という。さらに大きな攪乱を受けると元の状態にもどれなくなり、元の生態系とは異なる新しい生態系になるはずである。この新しい安定状態をノベル（新奇状態）という。たとえば、在来種と外来種が持続的に共存する生態系は、種組成は攪乱前の生態系とは異なるが、生態系機能は安定的に維持されているノベル生態系である。ノベル生態系の一般的な成立条件はまだよく分かっていない。今後の研究が望まれる。

小笠原には固有の自然とともに、固有の歴史や文化が育まれている。世界遺産の自然と共生する社会の実現は、外来種対策など行政主導の仕組みだけでは難しい。島民の日常生活や習慣に根ざしたボトムアップ型の取組みがますます重要になりつつある。人の価値観は多様である。多様な価値観を前提とした協働が、小笠原における人と自然の共生につながる。

**ヤギにより森林が破壊された媒島**（聟島列島）

**乾性低木林が拡がる兄島**（父島列島）

# 唐辛子を通して考える島々経由の伝播の可能性

## 【東南アジア・太平洋諸島と日本ネシア】

山本宗立

●やまもと・そうた　一九八〇年生。鹿児島大学国際島嶼教育研究センター准教授。民族植物学。著作に『唐辛子に旅して』（北斗書房）、『ミクロネシア学ことはじめ――魅惑のピス島編』（南方新社）（共編著）、『Ethnic fermented foods and beverages of Cambodia』『Ethnic Fermented Foods and Alcoholic Beverages of Asia』（Springer India）等。

### 小笠原諸島へのキダチトウガラシの伝播経路

唐辛子（トウガラシ属植物、*Capsicum* spp.）は中南米原産のナス科植物で、日本で栽培・利用されている唐辛子のほとんどが植物学的にトウガラシ（*C. annuum*）に属す。しかし、南西諸島や小笠原諸島では、「しまとうがらし」や「硫黄島とうがらし」などの名称で呼ばれている別種のキダチトウガラシ（*C. frutescens*）も栽培されており、その果実は非常に辛く、独特の香りや風味をもつ。トウガラシは近代育種技術により世界各地で品種改良がなされ、また様々な品種が各国を行き交っているため、アジア・オセアニアに現在分布しているトウガラシから近代以前の伝播経路を復元するのは非常に困難となっている。また、文字によって記録された資料が少ない国・地域では、作物の伝播を歴史学的手法によって明らかにするのは難しい。そこで、アジア・オセアニアにおいて在来品種に様々な変異があるキダチトウガラシに着目し、遺伝学的手法を用いることで、唐辛子のアジア・オセアニアへの伝播経路の一端を解き明かしてみたい。

一四九三年にコロンブスが唐辛子を新大陸からヨーロッパへ初めて伝えた後、唐辛子はアフリカ・インド・東南アジアを経由して日本へ伝播したと基本的には考えられている。しかし、アジア・オセアニアに分布するキダチトウガラシを生化学的手法によって分析したところ、①南西諸島のキダチトウガラシは東南アジアでは稀有なシキミ酸脱水素酵素のB型（ShDH-B）というアイソザイム型を持つ、②ShDH-Bは台湾・フィリピン・インドネシア・バヌアツには分布するが、東南アジア大陸部ではその分布が確認されていない、③新大陸の系統がShDH-Bを示したことから、ShDH-Bは変異によってアジアで発生したわけではない、ということが明らかとなった。つまり、南西諸島系統は新大陸から直接オセアニアを経由してアジアに伝播した可能性、そして東南アジア・東アジアの島嶼部を「島伝い」に伝播した可能性が高い。

それでは小笠原諸島のキダチトウガラシはどうであろうか？　小笠原諸島系統の果実は、一～一・五cmと小型で細く、未熟果が緑色であるのに対し、南西諸島系統の果実は少し丸みを帯びた三角錐で、長さ三～四cm、未熟果は黄緑色である。つまり、小笠原諸島と南西諸島のキダチトウガラシは明らかに形態的に異なる。一八八三年に書かれた『小笠原島物誌略』の「蕃椒」の項目に「山野町在自生多し人家に栽培する者なし」という記述がある。小笠原諸島ではトウガラシがほとんど自生しないことを考えると、この記述はキダチトウガラシを指していると考えられる。欧米人が太平洋の人々を連れて小笠原諸島に初めて移住した一八三〇年から一八八三年の間に、キダチトウガラシは小笠原諸島へ伝播したと考えていいだろう。小笠原諸島系統と形態的に非常に類似したキダチトウガラシがミクロネシアに広く分布していること、そして歴史的な背景を踏まえると、太平洋の島々から小笠原諸島へキダチトウガラシが伝播した可能性が高いと思われる。今後、小笠原諸島系統とミクロネシアに分布するキダチトウガラシの類縁関係を遺伝学的に分析し、キダチトウガラシの小笠原諸島への伝播経路を明らかにしたいと考えている。

小笠原諸島のキダチトウガラシ

## 唐辛子に関する伝統地の類似性

さて、これまでは分子生物学的な観点から唐辛子の移動をみてきたが、唐辛子の利用方法に関してはアジア・オセアニアの地域ごとで類似点や相違点はあるのだろうか？　奄美大島ではサトウキビの酢に唐辛子を漬けた調味料「くっしょうず」が、与論島では酢に唐辛子を漬けた調味料「あーぐしゅぺー」が利用されている。フィリピンでも様々な酢に唐辛子を漬けて調味料とするし、ミクロネシア連邦ではココヤシの酢に唐辛子を漬けている。アジア・オセアニアでは、柑橘の果汁や発酵させた米のとぎ汁、蟻酸などを酸味料に用いて「酸っぱい」と「辛い」が合わさった調味料を作ることもあり、「すっぱがらい」味を好むことがわかる。

また、南西諸島では泡盛や焼酎に唐辛子（特にキダチトウガラシ）を漬けた調味料が麺類などを食べるときに欠かせない。台湾でも唐辛子を蒸留酒に漬けた調味料が利用されている。唐辛子を蒸留酒に漬けて調味料とする例は他地域ではあまり知られていないため、南西諸島から台湾にかけての特異的な利用方法なのかもしれない。

次に唐辛子の薬としての利用をみてみよう。腹痛時に唐辛子の果実を丸のみにする、果実を食べるとよい、というような利用例は、アジア・オセアニアの幅広い地域で知られている。また、オセアニアでは唐辛子の葉が傷口や腫れ物、おできなどに用いられるが、日本でのこのような利用方法は寡聞にして知らない。南西諸島や台湾では、先述した唐辛子の果実を蒸留酒に漬けた調味料が薬としても利用されることがある。中国では生薬を酒に漬けた薬酒が古くから用いられており、日本でも江戸時代の本草学の書籍に薬酒が散見される。唐辛子の果実を蒸留酒に漬けて薬として利用するのは、本草学の影響を受けている可能性がある。しかし、このような利用方法は日本では奄美群島以北では現在のところ知られていないため、奄美群島以南から奄美群島へ伝わったと考えるのが妥当かもしれない。南西諸島では、腹痛時に唐辛子入りの卵焼きを食べるとよい、という薬用例も知られているが、これは南西諸島における固有の用法の可能性がある。

唐辛子を通して「東南アジア・太平洋諸島と日本ネシア」を考えてみた時、やはり重要なのは「島々経由の伝播の可能性」である。もちろん、朝鮮半島や中国大陸部などから日本へ唐辛子が伝播した経路も十二分にあったと考えられる。しかし、南西諸島のキダチトウガラシをみてみると、新大陸から直接オセアニアを経由してアジアに伝播し、その後東南アジア・東アジアの島嶼部を島伝いに南西諸島へ伝播したと考えられるし、小笠原諸島のキダチトウガラシはオセアニア（特にミクロネシア）から伝播した可能性が高いと思われる。唐辛子の「太平洋伝播経路」という仮説がより強固なものになれば、カボチャ、タバコ、トウモロコシ、トマト、パパイヤなどの他の新大陸起源作物についても、「太平洋伝播経路」の有無を検証する必要があるだろう。

**参考文献**


山本宗立　2010。「薬味・たれの食文化とトウガラシ――日本」『トウガラシ讃歌』（山本紀夫編著）、二三五―二四六頁、八坂書房、東京。
山本宗立　2016。「薩南諸島の唐辛子――文化的側面に着目して」『鹿児島の島々――文化と社会・産業・自然』（高宮広士・河合渓・桑原季雄編）、七二―八三頁、南方新社、鹿児島。
山本宗立　2017。「伝統と近代が交差する食生活」『ミクロネシア学ことはじめ――魅惑のピス島編』（大塚靖・山本宗立編著）、一〇五―一五三頁、南方新社、鹿児島。
山本宗立　2018。「薬としての唐辛子」『奄美群島の野生植物と栽培植物』（鹿児島大学生物多様性研究会編）、一九八―二〇七頁、南方新社、鹿児島。

# 小笠原諸島から考える国益にかなう海洋管理

山田吉彦

●やまだ・よしひこ　一九六二年生。東海大学静岡キャンパス長（学長補佐）・海洋学部教授、博士（経済学）。海洋政策。著作に『日本の国境』（新潮社、二〇〇五年）、『海から見た世界経済』（ダイヤモンド社、二〇一六年）、『日本は世界4位の海洋大国』（講談社＋α新書、二〇一〇年）、『国境の人々――再考・島国日本の肖像』（新潮社、二〇一四年）、『海の政治経済学』（成山堂、二〇〇九年）等。

## 豊富な資源に恵まれた日本のEEZ

日本の領海と排他的経済水域（EEZ）を合わせた面積は、約四四七万$km^2$であり、その内、EEZだけの面積は約三八五万$km^2$である。東京都総務局の発行した「東京諸島の概要」（二〇〇二年）によると、伊豆諸島が基点となるEEZの面積は約五二万$km^2$、さらに小笠原諸島の同面積は約一一九万$km^2$であり[1]、伊豆諸島、小笠原諸島から広がるEEZは、日本のEEZ全体の約四四%を占めている。特に日本の最南端の沖ノ鳥島、最東端の南鳥島、それぞれ四〇万$km^2$ほどの領海及びEEZの基点となっている。排他的経済水域内では、沿岸国に海底資源の調査、利用、漁業管轄権などの経済的な権益が他国を排し認められている。

日本のEEZは、熱帯から亜寒帯と広範囲にあり、多様な水産資源に恵まれている。また、海底のプレート等の動きもあり、海底資源においても埋蔵量が豊富である可能性が高い。

二〇一七年九月、経済産業省と石油天然ガス・金属鉱物資源機構（JOGMEC）は、沖縄本島西側海域で、世界で初めて海底熱水鉱床からの鉱石の採鉱、揚鉱試験に成功した。海底熱水鉱床は、世界で約三五〇カ所、存在の兆候が確認されており、日本国内では、沖縄トラフ周辺海域、伊豆七島および小笠原諸島周辺に存在することが確認されている。さらに、小笠原諸島海域には、白金、ニッケル、コバルトなどの最先端の技術開発に使用されるレアメタル（希少金属）を含んだ岩石であるコバルト・リッチ・クラストが存在していることが判明している。

また、二〇一八年、南鳥島に基線を置くEEZ内の海底には、レアアース（希土類）が多く存在することが東京大学と早稲田大学の調査チームにより報告された。レアアースは、電気自動車や風力発電などの部品となる強力な磁石をつくるジスプロシウムやレーザー等に使うイットリウムなどの総称であるが、この海域には、世界需要の数百年分が埋蔵されている。このレアアースの埋蔵海域は水深が五〇〇〇mを越え、採掘は技術的に難しいと考えられていたが、効率的に回収する技術が開発されている。

## 島をとりまく諸問題

国連海洋法条約第一二一条では、「島」の条件としては、「島とは、自然に形成された陸地であって、水に囲まれ高潮時においても水面上にあるもの」と規定している。島を基線として領海およびEEZを主張することが認められている。

ただし、同条三項には「人間の居住又は独自の経済的生活を維持することのできない岩は、排他的経済水域又は大陸棚を有しない」と書かれ、人が住むか経済活動の基点とならない限り、最大一二海里までの領海は認めても最大三七〇海里までのEEZは認められないと定められている。

日本の最南端の島、沖ノ鳥島は、東西約四・五km、南北約一・七kmの環礁の中に面積約八$m^2$の北小島と面積約一・六$m^2$の二つの島が存在している。日本は、沖ノ鳥島を基線としてEEZを主張しているが、島の規模が小さいため中国及び韓国は、「岩」に相当し、EEZの主張はできないと意見を述べている。しかし、沖ノ鳥島に基線を置いたEEZは、二〇一二年四月に国連大陸棚限界委員会の勧告により、国際機関においても実質的に認められている。

そのため中国などが主張を通そうとするならば、大陸棚限界委員会の判断を覆すことを国際司法機関に提訴することが求められる。沖ノ鳥島の領有権を主張している国は、日本以外には存在せず、また、中国も韓国も沖ノ鳥島のEEZに関し利害関係を有しないため実質的に提訴することは難しい。

漁業においても危惧される問題がある。二〇一四年に、小笠原諸島近海に、中国の漁船が二〇〇隻以上侵入しサンゴの密漁を行い、同海域の漁場被害が深刻となった。この事件を契機として、EEZ内の外国人による密漁は四〇〇万円以上三〇〇〇万円以下の罰金に罰則が強化されるなどの刑罰の厳格化がなされた。

小笠原海域は、サンゴの他、近年はメカジキ、ソデイカなどの好漁場である。また、世界自然遺産として島の存在自体に世界の注目が集まっている。今後は、ますます観光客の増加も見込まれる。この貴重な自然環境を守り、島嶼社会の振興を図るためには、海洋管理、海洋安全保障体制の構築が不可欠である。沖ノ鳥島及び南鳥島は、二〇一〇年に制定された「排他的経済水域及び大陸棚の保全及び利用の促進のための低潮線の保全及び拠点施設の整備等に関する法律」に基づき、海洋調査、海底資源開発、漁業資源確保の基点となる港湾を建設している。この港湾施設の活用が期待される。

**注**

（1）「東京諸島の概要」東京都総務局、二〇〇二年

硫黄島

日本復歸協議會

# 第5遍 奄美ネシア

これらの写真は奄美大島例を用いた。各島ごとに奥深い地域文化と亜熱帯の自然と景観がある。ウチナーネシアと言語・宗教・生態系的連続性を保持しつつも、一味違うまとまりのある世界がそこにはある。ヤマトの要素は、平家伝説と踊りにかすかに残るが、固有性の塊に対しての付足し程度である。世界自然遺産や島唄や亜熱帯産品や大島紬で個性を発信しつつ、島から出た人たちは郷友会で、黒糖焼酎・ロクチョウ(ハイヤ節リズムの踊り)・サンシン(三線)で交わり結束する。パパイヤ漬けやヒージャ(山羊)汁や鶏飯(けいはん)。長寿子宝・豊年祭(集落相撲等)・敬老会(演芸等)・闘牛等の定番的理解は、奄美への等身大的イントロでもある。岬や公園や博物館・図書館に立つと祖国復帰運動文物や、戦時空襲や、琉球遺跡と出会うこともある。集落(シマ)単位の個性もリピーターには深みのある訪問誘因である。地域共同体としてのシマは島嶼社会の維持・存続理由の根源・源泉とも通底する。防災・祭祀・暮らしの強靭さと持続可能性の源泉でもある。

ヒカゲシダは亜熱帯植生の代表格(写真右上)。行政分離の歴史は本島・本土と周縁の関係史でもある(右下)。マングローブは散策・カヌー・森林浴の場でもある(左)。

ヤポネシア論（第1遍）発祥の地である。この地からの内発的展開力に期待したい。終戦後国連信託統治下に置かれ、一九五三年クリスマスに祖国復帰。下記裏表紙はネシア統治被分断線である。先島分島・琉球政府・薩摩侵攻・二つの十島村・伊豆大島憲法・小笠原・北方四島・竹島他世界各地あるネシアのトカゲの尻尾切り事件。島側は社会存立基盤激変下、長期のアイデンティティ苦悩状態に置かれる。外部世界による巨大壁vs民拮抗力島史教訓の地。

八島一二自治体一二三二km²（沖縄本島に相当）に一一万人が住む。一九五三年七月成立の離島振興法とは異なる振興法（方法の違い）で発展戦略が続く。酒税でも黒糖酒が特例認可の地。世界自然遺産・島唄・島のジュリ（料理）・大島紬・田中一村絵画・貝の道・道の島・平家落人伝説・セゴドン（西郷隆盛）・海峡を渡る蝶・百年ユリ……ネシアテーマ満載の地である。

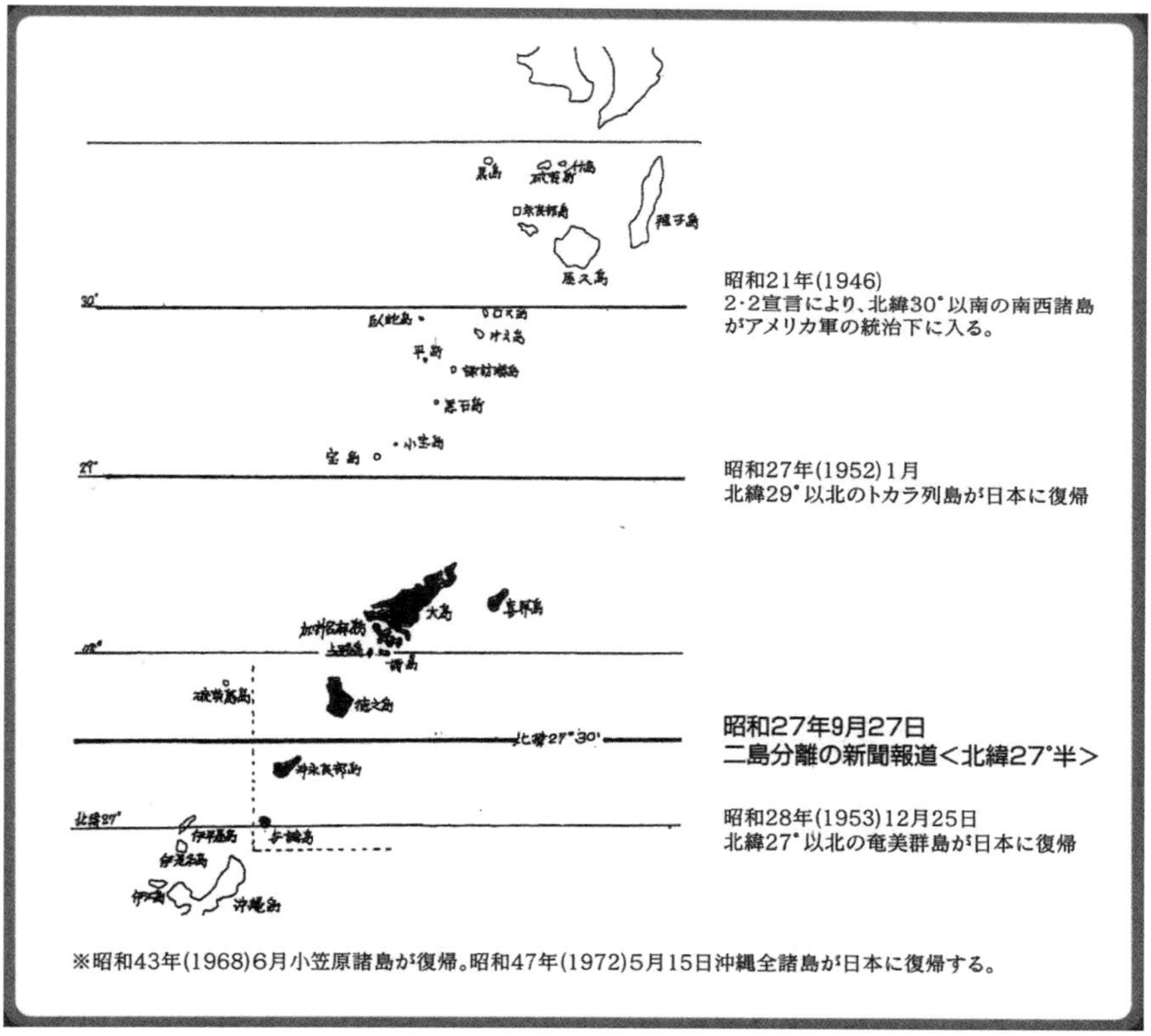


和泊町歴史民俗資料館『奄美群島日本復帰50周年記念：復帰運動の記録と体験記（郷里の人たちが苦難を乗り越え築いてくれた歴史を忘れることなく引き継ぐために）』和泊町教育委員会 2003年［沖永良部は知名町とで2町の島：平成の大合併でも独自性を保つ島魂の地］

# 先史人類学から見た奄美ネシア

高宮広土

●たかみや・ひろと　一九五九年生。鹿児島大学国際島嶼教育研究センター教授。先史人類学。著作に『奄美・沖縄諸島先史学の最前線』（南方新書、二〇一三年）、『琉球列島先史・原史時代における環境と文化の変遷に関する実証的研究研究論文集』（二〇一四年）、『先史・原史時代の琉球列島――ヒトと景観』（二〇一一年、以上六一書房、いずれも共著編）等。

先史人類学とは多くの読者にとって、聞きなれない学問分野であろう。それゆえ、その説明から始めてみたい。まず「先史」であるが、これはヒトが出現してから文字を有するまでの期間をいう。奄美諸島では九五％以上を占める。次に人類学であるが、この分野はヒトを総合的・科学的に研究する分野である。先史人類学とは「先史時代の人々を総合的・科学的に研究する学問」ということになる。先史人類学的に奄美諸島を検証すると、これらの島々は人類史的・世界史的に大変貴重な情報を提供する可能性があることが最近の研究で判明しつつある。ここではそのうち二つを紹介したい。

## 狩猟・採集・漁撈民のいた島

まず、先史人類学では、島嶼環境は食資源の種・量が狩猟採集生活で生存するには十分ではなく、例外を除いて、人間集団が島嶼環境に植民・適応するためには農耕が必要であるといわれていた。地中海、オセアニアおよびカリブ海のほとんどの島は農耕民によって植民されている。例外的に狩猟採集民が存在していた島は、以下の特徴がある。①本州島のように面積の広い島。②カリフォルニアチャネル諸島のように大陸あるいは大きな島に近接する島。③チャタム島のように栄養価の高い海獣がある程度入手できる島。④マヌス島のように母集団地域（マヌス島の場合はニューギニア）から食料となり得る動植物を持ち込んだ島。⑤コディアック島（広い、大陸に近距離、海獣の利用）のように上記①〜④の組み合わせが可能であった島。

専門家によると奄美諸島の島々は、狩猟採集で生活を営むには面積が十分とは言えない。九州島や大陸からは約三〇〇〜六〇〇kmの距離に位置している。海獣をコンスタントに食してはいなかった。現時点において、食料となり得る動植物を島外から持ち込んだという報告もない。それゆえ、①〜④のどの組み合わせもできなかった。遺跡からは、多量の動物遺体が回収されているが、家畜動物は今のところイヌのみである。一方、先史時代の人たちが食した植物食を示す、植物遺体はその微小さと脆弱さという特徴により、動物遺体と比較して最近まで回収することが困難であった。近年フローテーションという炭化した種実を回収することを目的とした方法が奄美の島々で実施されるようになってきた。

その結果明らかになりつつあることは約一〇〇〇年前まで、これらの島々に住んでいた人々は野生植物を食資源としていたということである。すなわち、狩猟・採集・漁撈民が数千年も存在した島であったのである。そして、彼らの島嶼環境への適応手段は今日まで世界の他の島々では知られていない手段であった。

## ヒトと自然と調和した（？）島

次に、先史人類学では島嶼環境は大変デリケートで、特に人間集団が植民に成功すると環境破壊や悪化が起こったことが様々な地域の島々から報告されている。すなわち人間集団の植民＝環境破壊・劣悪化という点も定説となっていた。例えば、今日ほとんど樹木が生えていないイースター島は人々が入植する前は豊かな森で覆われていた。また、オセアニアでは人間集団が植民して、二〇〇〇種以上の鳥類が絶滅したか、生息していた島から姿を消した。奄美諸島の島々の脆弱性も指摘されており、そのため、先史時代において環境破壊や劣悪化も当然あったであろうと想定された。しかしながら、現時点において人間集団入植後の極端な島嶼環境の変遷は今日の科学的手段では探知すること

先史時代の遺跡の発掘風景

先史時代の遺跡より出土したシイノミ
（サイズ 7.7 × 6.2 × 3.7mm）

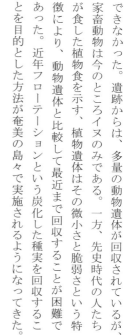

ができていない。つまり、奄美諸島の先史時代人はある程度自然と調和して生活を営んだことを示唆している。この点も世界的に大変珍しい情報である。

実は奄美諸島のような島で「狩猟・採集・漁撈民のいた島」「自然と調和した可能性のある島」は沖縄諸島でも明らかになっている。その点、奄美諸島と沖縄諸島は世界的に大変稀な先史時代の情報を提供する。薩摩侵攻までの奄美諸島と沖縄諸島は類似の文化があり、同様な文化進化過程を歩んできた。つまり、兄弟姉妹関係であったのである。そういう意味でいうと、先史時代のこの地域は奄美ネシアというよりはアマオキネシアと表現してもいいのかもしれない。

# 大宰府とキカイガシマ

高梨修

●たかなし・おさむ　一九六〇年生。奄美市立奄美博物館館長。日本考古学。著作に『ヤコウガイの考古学』（同成社、二〇〇五年）、共著に『鎌倉時代の考古学』（高志書院、二〇〇六年）、『沖縄文化はどこから来たか』（森話社、二〇〇九年）、『琉球史を問い直す――古琉球時代論』（森話社、二〇一五年）、『理論考古学の実践』（同成社、二〇一七年）等。

日本列島南縁を構成する奄美・沖縄地域が、初めて史料に登場するのは、『日本書紀』『続日本紀』で七〜八世紀にかけて記載された南島人来朝記事である。その後、天長一年（八二四）に多褹嶋が廃止されると、この地域の記事はほとんど認められなくなり、その動静は判然としなくなる。そうした史料が僅少となる様子は、平安時代以降、律令国家の地方統治が衰微していく過程で、この地域に対する中央政府の関心が向けられなくなる状況を反映したものと文献史学側では理解されてきた。

## キカイガシマ

ふたたびこの地域の記事が史料に現れるのは、十世紀末である。『日本紀略』の長徳三（九九七）年の記事に、大宰府管内である九州西海岸に南蛮（別史料には「奄美島人」と記載されている）の来襲事件が発生したので、大宰府が「貴駕島（キカイガシマ）」に南蛮

城久遺跡全景

追捕の命令を指示した様子が記載されている。大宰府から命令を受けたキカイガシマについては、出先機関のようなものが存在していたか、大宰府の命令を受けるような人びとが居住していたと文献史学側では考えられている。この『日本紀略』の記事を初見として、以後、キカイガシマの名称が断続的に史料に認められるようになる。

このキカイガシマは、複数の用例・用法が認められるため、固有島名だけではなく、鹿児島県の南方海域に位置する島嶼が含まれていると理解されていて、具体的島名が明らかにされているわけではない。ただし、このキカイガシマは、『平家物語』に「イオウガシマ」とも記載されていて、薩南諸島（南西諸島の鹿児島県側島嶼）には、イオウガシマの名称に対応する「硫黄島」、キカイガシマの名称に対応する「喜界島」が実在する。

## 城久遺跡

現在、この喜界島が、歴史学界から注目されている。喜界島は、薩南諸島の一つである奄美群島の最北部に位置する隆起サンゴ礁の小島であるが、この島から発見された古代・中世遺跡の「城久遺跡」で、南西諸島では類例がない傑出した遺構群・遺物群が発見されたからである。

最も特徴的なものは、大量出土した搬入遺物である。それらは、①九州系土師器・須恵器、②滑石製石鍋、③高級舶載陶磁器（白磁・

青磁・高麗青磁等）に大別されるのであるが、特に①②は、在地土器の中に混ざる客体的存在ではなく主要容器として使用されていて、また①③には国家的要素も認められた。そのほか一〇〇棟以上の掘立柱建物跡が確認されているほか、土葬墓・火葬墓・再葬墓（土葬後焼骨再葬）等の土壙墓群も多数確認されていて、遺跡全体として在地的様相が希薄である。遺跡の立地も、奄美・沖縄の遺跡が十一世紀頃まで海岸砂丘の立地を中心としていた時期に、城久遺跡は標高一五〇mを越える台地（段丘）縁辺を占地する特異な立地をしている。そうした要素は、この遺跡が九州方面から移住してきた特殊集団により営まれた可能性を強くうかがわせるものである。

城久遺跡は、出土遺物から、①古代の九～十世紀、②中世の十一世紀後半～十二世紀前半（盛行期）、③十三～十四世紀の長期間にわたり営まれていたことが明らかにされている。九世紀前葉に多褹嶋が廃止された時期と相前後して、さらに南方の海域にある喜界島に城久遺跡が出現しているのである。さらに前述したとおり十世紀末には九州西海岸に南蛮来襲事件が発生し、大宰府がキカイガシマに南蛮追討命令を発しているが、その時、キカイガシマの名称を持つ喜界島には国家的様相も持つ城久遺跡が既に営まれていた。大宰府から南蛮追討命令を受けたキカイガシマとは、奄美群島のキカイジマである可能性が、城久遺跡の発見により濃厚になりつつある。

## 境界領域としてのキカイガシマ

律令国家の統治が及ばない場所は「化外の地」と呼ばれていた。琉球方言は、「a」「i」「u」の三母音であり、「e」は「i」に、「o」は「u」に変化しやすい。もし古代の段階でそうした方言が形成されていたとするならば、喜界島等で「ケガイ」という言葉は「キガイ」と発音された可能性もある。キカイガシマとは「化外の島」の意なのかもしれない。

それでは、律令国家の統治が及ばない化外の島に、わざわざ九州から移住して、城久遺跡を造営した意図とは何であるのか。日宋貿易で日本から輸出されていた商品の刀剣の束等には赤木が、螺鈿の原料には夜光貝が使われていたが、これらは奄美群島以南を主産地とする南方物産である。また日宋貿易で大量に輸出されていた硫黄も、薩南諸島の硫黄島産が中心である。キカイガシマとは、国家領域の外側で機能していた境界領域の交易拠点なのである。

# 奄美諸島の「山と与路島」交流誌覚書

本田碩孝

●ほんだ・ひろたか　一九四三年生。郷土文化研究会主宰。著作に『奄美民話集１―７』（郷土文化研究会、一九七九―二〇一七年）、『徳之島の民俗文化　下久志編』（郷土文化研究会・同窓会、二〇一三年）、『徳之島の民俗文化　昔語り編』（国立国語研究所、二〇一四年）、『徳之島民話事典』（郷土文化研究会、二〇一九年）等。

## はじめに

うしまつつくぬしま　十八里ちゅがや／十八里の先なち　みき
ゆるきぶしぐわ／ありゃわんかなしが　たばくぬ　きぶしぐわ
（ちゅきゃいぶし碑、いなどめとうじろう書く）。

奄美諸島[1]徳之島母間（ぼま島ロブマ）の聚落の大半が眺望でき、海の向こうには大島[2]が見える景勝の地に記念碑は建立。同時発行の記念誌『ちゅっきゃいぶし』（稲留藤次郎編集発行、昭和四十八年、総一六七頁）に百首掲載。碑文歌詞訳・大島と徳之島とは十八里離れているとの事。その十八里の先でかすかに立ちのぼるけむりは、あれは私の彼氏の煙草のけむりに違いない（三五頁要約）。徳之島の東側の海峡は長年親しんだが呼び名はないようだ（詳細地図でも呼び名がない）。歌碑は心的距離だろう。大島本島と加計呂麻島との間は大島海峡。猪が渡る話を聞いたが、与路島にもいなかった猪がきており集落内まで荒らすという。

徳之島町には山《サン》があり、『山だより』[3]が発刊。瀬戸内町与路には『与路島誌』[4]など何冊かあり、多くの知見を得ることができる。

## 民話　ウナンドゥリ（牝牛凪）

徳之島と大島の間の海峡は多様な面を示す。時おり鯨が潮を吹きながら通っていく。

表題であるが、海峡がおだやかで、油を浮かしたような凪《アンバドゥリ》で静かに川が流れているような凪の状態をさす民俗語彙である。直訳はウナン（unaN）牝牛、ナギ（duri または dui）をいう。それには、由来話がある。筆者が採録したのは次である、

（1）昔の話。六月のある日、ウーシマ（大島）から徳之島にビョー（子牛）を買って船につんできた。親牛は子牛がつれていかれるのを見てなき、子牛は親とわかれるつらさにな

いた。親牛は子牛を思い出して海に飛び込んで泳ぎだした。その日は凪だった。それからウナンドゥリというようになった（徳之島町井之川『本田メト媼の昔語り』一九九八年、二六頁他）。

（2）「昔、面縄の人が漁に出て流され、ナーハナレ（七島）まで流され、七年目の六月夏海のウナンドル（伝未詳）のときに突然帰ってきた」と（大村達郎編『伊仙町の民俗文化――泉義正遺稿集』大村達郎発行、二〇〇四年、四四頁）。

（3）天城町当部では沖永良部島から泳いできたという（松村省三氏談、二〇〇九年十二月採録）。

（4）［異伝］子牛が泳いできたとなっている。徳和瀬、松山光秀『徳之島の民俗［2］』（未來社、二〇〇四年、一二四頁）。筆者は理屈から考えても親牛だと異議を申し上げたが、子牛だと主張。

## 島唄　山と与路島節

①与路では八月踊りによくしていた（在住体験者談）。

②「勝島徳郎傑作集」（一七七頁～。瀬戸内町古志出身）。

♪ハレ　山《サン》と与路島《ユロジマ》や　ハレ　親祝女《ウヤノロ》や一人ヨー／ハレ　舟《フナ》割《ワ》りやぬから（アリャコリャさ）／からが　ハレ　間切分《マギリワ》かそ
ヨーホンノ／アレ　舟割りやぬから（アリャコリャ）からが
ハレ　間切分かそ　ヨーホンノイ（二番略。共通語訳）

山と与路島は、親のろ[5]が一人で管轄する。難破の事件があってからは、間切（行政区画）が別れた。三つの由来話があり、伝承に違いがある。二つの共通点は親ノロに姪が同行を願い伴うが、役人などが飲み物で親ノロを殺して姪をものにしようとするが姪が死ぬ。親ノロが舟を遭難させる。『奄美民謡大観』（文［カザリ］英吉著、文紀雄発行、昭和四十一年）では山ノロが与路島へ行く話（一〇二頁）。『与路島誌』では那覇へ行く話になっている（四六二頁）。

三番目は、租税を取り立てに山の親ノロが船旅するが難船。ノロはトンバナレ（井之川『保マツ媼昔話集』［五頁］トゥンビャラ）に泳ぎ着いた。簪で貝を採って食べ命を繋いでいた。船乗りが発見し生還した（注（4）書、四六五頁）。それから歌詞の通りに行政区域が分かれた。

## 島唄　与路の与路くまし節

♪ハレ　与路《ユル》ぬ与路《ユル》くまし　響《トヨ》まれる　くまし／ハレ響《トヨ》まれるくまし　イトハラーエー。

（訳）与路島によく知られたユルくましがある。（紙数の都合で途中略）

♪ハレ北風《ニシカディ》ぬ　吹《フ》けば　南畦枕《ハイアブシマクラ》／ハレ南畦枕　イトハラーエー。

（訳）北風が吹けば南の畦を枕にするほど豊作だ。※イトハラヘイ。

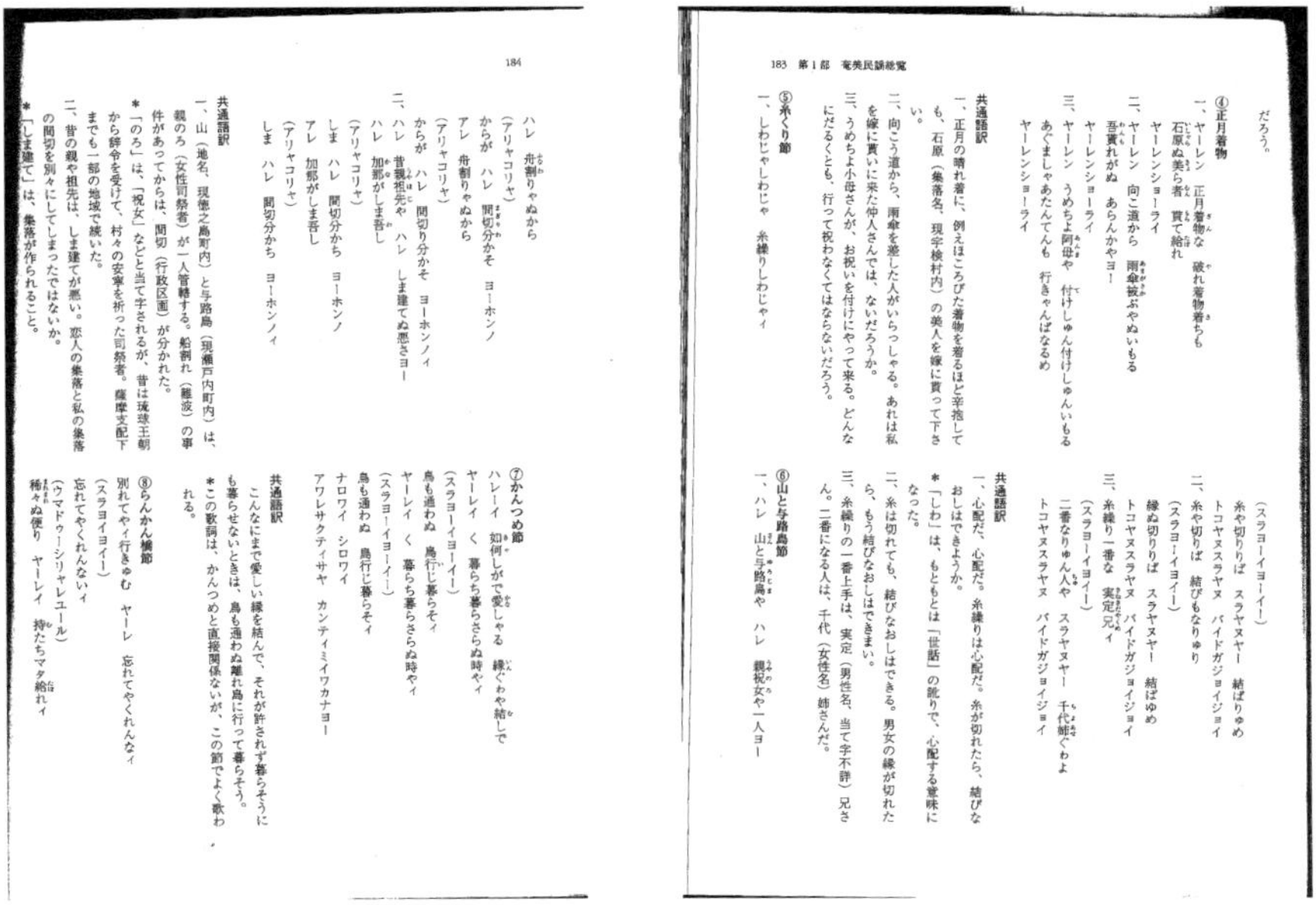
183　第1部　奄美民謡総覧

だろう。

④正月着物

一、ヤーレン　正月着物な　破れ着物着ちも
石原ぬ美ら者　貰て給れ
ヤーレンショーライ
二、ヤーレン　向こ道から　雨傘被ぶやぬいもる
吾貰れがぬ　あらんかやヨー
ヤーレンショーライ
三、ヤーレン　うめちよ阿母や　付けしゅん付けしゅんいもる
あぐましゃあたんてんも　行きゃんばなるめ
ヤーレンショーライ

共通語訳

一、正月の晴れ着に、例えほころびた着物を着るほど辛抱しても、石原（集落名、現宇検村内）の美人を嫁に貰って下さい。
二、向こう道から、雨傘を差した人がいらっしゃる。あれは私を嫁に貰いに来た仲人さんでは、ないだろうか。
三、うめちよ小母さんが、お祝いを付けにやって来る。どんなにだるくとも、行って祝わなくてはならないだろう。

⑤糸くり節

一、しわじゃしわじゃ　糸繰りしわじゃィ
（スラヨーイヨーイ！）
糸や切りりば　スラヤヌヤー　結ばりゅめ
トコヤヌスラヤヌ　バイドガジョイジョイ
二、糸や切りば　結びもなりゅり
（スラヨーイヨイー）
縁ぬ切りりば　スラヤヌヤー　結ばゆめ
トコヤヌスラヤヌ　バイドガジョイジョイ
三、糸繰り一番な　実定兄ィ
（スラヨーイヨイー）
二番なりゅん人や　スラヤヌヤー　千代姉ぐゎよ
トコヤヌスラヤヌ　バイドガジョイジョイ

共通語訳

一、心配だ、心配だ。糸繰りは心配だ。糸が切れたら、結びなおしはできようか。
＊「しわ」は、もともとは「世話」の訛りで、心配する意味になった。
二、糸は切れても、結びなおしはできる。男女の縁が切れたら、もう結びなおしはできまい。
三、糸繰りの一番上手は、実定（男性名、当て字不詳）兄さん。二番になる人は、千代（女性名）姉さんだ。

⑥山と与路島節

一、ハレ　山と与路島や　ハレ　親祝女や一人ヨー

184

ハレ　舟割りゃぬから
（アリャコリャ）
からが　ハレ　間切分かそ　ヨーホンノ
アレ　舟割りゃぬから
（アリャコリャ）
からが　ハレ　間切り分かそ　ヨーホンノィ
二、ハレ　昔親祖先や　ハレ　しま建てぬ悪さヨー
ハレ　加那がしま吾し
（アリャコリャ）
しま　ハレ　間切分かち　ヨーホンノ
アレ　加那がしま吾し
（アリャコリさ）
しま　ハレ　間切分かち　ヨーホンノィ

共通語訳

一、山（地名、現徳之島町内）と与路島（現瀬戸内町内）は、親のろ（女性司祭者）が一人管轄する。船割れ（難波）の事件があってからは、間切（行政区画）が分かれた。
＊「のろ」は、「祝女」などと当て字されるが、昔は琉球王朝から辞令を受けて、村々の安寧を祈った司祭者。薩摩支配下までも一部の地域で続いた。
二、昔の親や祖先は、しま建てが悪い。恋人の集落と私の集落の間切を別々にしてしまったではないか。
＊「しま建て」は、集落が作られること。

⑦かんつめ節

ハレーイ　如何しがで愛しゃる　縁ぐゎや結しで
ヤーレイ　く　暮らち暮らさらぬ時やィ
（スラヨーイヨーイー）
鳥も通わぬ　島行じ暮らそィ
ヤーレイ　く　暮らち暮らさらぬ時やィ
（スラヨーイヨーイー）
鳥も通わぬ　島行じ暮らそィ
ナロワイ　シロワイ
アワレサクティサヤ　カンティミイワカナヨー

共通語訳

こんなにまで愛しい縁を結んで、それが許されず暮らそうにも暮らせないときは、鳥も通わぬ離れ島に行って暮らそう。
＊この歌詞は、かんつめと直接関係ないが、この節でよく歌われる。

⑧らんかん橋節

別れてやィ行きゅむ　ヤーレ　忘れてやくれんなィ
（スラヨイヨイー）
忘れてやくれんないィ
（ウマドゥーシリャレユール）
稀々ぬ便り　ヤーレイ　持たちマタ給れィ

**山と与路島節**

『奄美民謡総覧　奄美シマ唄全歌詞、共通語訳、全曲目解説』（南方新社、編者・セントラル楽器奄美民謡企画部＝指宿正樹・指宿邦彦・小川学夫、2011年1月）

『山民謡集』と表記が違う。

この歌は徳之島で生まれたという。ノロ田に関しての物語になっている。与路島は大島ではタブク（田袋）は大きい方で米に不自由することはなかった。意訳を後方に簡単につけた。

**民話　娘がハブの化身と＝島唄　徳之島シュンカネィ（キ）節**

**由来**

大島のある家に二人の男児がいた。一家の心がきれいで、女児の誕生を願っていた。ある夜、父が漁に行っている間、ハブが父に化け、母と情交。月満ちて女児誕生。大喜び。成長して夜に頻繁に外出する。こらしめに舟に載せて流すと見えなくなる。徳之島井之川のヤウラ（地名）に流れ着き、妹（シュンカネィ）は井之川岳に登る。後から兄弟が捜しにくる。村人から山へ登ったとしる。兄弟も登山。そこでシュンカネィ節[7]をうたう。

共通語歌詞

（1）三味線を持ち出したが、さて、歌を誰につけて貰いましょうか。いや、私はシュンカネイグヮの歌を待っているんだよ。

（三番目以下略。共通語訳で掲載）

（2）トゥブィラ長筋に願を立ててありますので、どうか、あやくぶしゅむぇれんぐゎ（ハブのいち呼称。綾＝模様。むぇれん＝女子青年。ぐゎ＝愛称、少量、親愛、さげすむ意など『沖縄語辞典』内間・三原編、研究社）に行き合わせてください。

娘は大蛇になっていた。妹は神の子と知る。娘ハブ「大島の母

が見える。心配しているから帰れ。風を送るから懸命に漕いで行け」と。兄弟は帰って両親に状況を話した。(8)

## おわりに

覚書の一部報告である。山でも与路島との交流についての思い出などはないか。数人に尋ねたが、御教示いただくことは出来なかった。採録が課題である。

## エピソード

①与路島でご飯のおにぎりをつくり、舟で出発。山まできたら、まだおにぎりに温かみがあった。

②与路島から徳之島の浜にいる牛がみえる。「ちゅっきゃい節」記念碑の反対の場合だ。

③糸満の人々が舟を何艘も連ねて与路島にきた。「イユーグヮコーインショレー（魚を買ってください）」と叫んで歩いた。ヒキ（スズメダイ？［井］シキヌィユ）などユトゥイ（湯取）に計って打った。ヤシ（キビナゴ）は一升枡に計って売っていた。大きな魚は一斤などの重さで売った。物々交換もあった。

♪イトゥマンぬとぅじ（妻）になれば　イラブチ（ブダイ。刺身が美味）刺身やカマルンド（食べられるよ）。ハンシン（芋）やバン（飯）は食べられない。と歌った。

④三丁鼻で落殺処刑していた。前むきに突き落としていたが、ある死刑囚が「見るのが恐い。後ろ向きに落としてくれ」と懇願。そうしようとしたところ、刑吏を捕まえ共に落ちた。そこでの死刑を取りやめにしたという。

⑤秋の遠足に加計呂麻島の押角や伊子茂に行った。天気が心配だった。母に聞くと三通りの波の読み方があった。ウーナミ（大波）・シーナミ（瀬波）・はわ波（芭蕉の葉のような波）などがでたなぁと（回数か音が高くなるか不明）。雨が降れば大丈夫。もっと海からの視点、交流誌（史）が課題である。

注

（1）諸島と群島は、国土地理院は群島を使うと回答があったという（知友談）。筆者は群島の場合、島々全体を現す（説明など）にはよいが、個性のある島々について述べる場合は諸島の方がふさわしいと想うので諸島をつかう。「奄美」の場合は群島を現す。

（2）ウウーシマが集落や徳之島の人々の呼称。奄美大島が一般的になりつつある。この場合、加計呂麻島・請島・与路島を含める場合が多い。

（3）春夏秋冬に発刊されている。平成十一年A4判、総四一八頁の大冊発刊（昭和五十四（一九七九）年一二～一九九九（平成十一）年九月第一〇六号まで集成）。二〇一八（平成三十）年春号は第二〇二号（A3判四頁）。

（4）屋崎一著、自刊、与路島出身で古仁屋在住。『与路島に残る　おやふちゅぬ言葉〈タツィグツと島クツベ〉』（昭和三十五年、自刊、総三六四頁）など数冊ある。

（5）『奄美民謡総覧　奄美シマ唄全歌詞、共通語訳、全曲目解説』（南方新社、編者・セントラル楽器奄美民謡企画部＝指宿正樹・指宿邦彦・小川学夫、二〇一一年一月、総七〇九頁）に一人しか掲載がない。のろ（女性司祭者）、「祝女」などと当て字される。昔は琉球王朝から辞令を受けて、村々の安寧を祈った。薩摩支配下（一六〇九年以降）までも一部の地域で続いた（一八四頁）。沖縄県には多くの報告がある。与路では八月踊りに歌ったという。『山民謡集』（同保存会、奥付無、米谷義和同会長、平成十一年八月改定版発刊）にはない。

（7）治井秋喜氏（個人所有歌集より）の春代奥様より恵贈。春代様は歌詞の「ゆるくまし」を見たいという願いがかなったという。山から貸切船で行く知人がおり、急に行くことになり行き、見て感動したと。この歌詞について松山光秀著「与路のユルクマシ」（『徳之島郷土研究会報』第二三号、平成十年、同会、八頁）に詳しい報告がある。『山民謡集』、『奄美民謡総覧』、『奄美民謡大観』に無い。

（8）治井秋喜著「徳之島シュンカネィ節とそれにまつわる伝承」（『徳之島郷土研究会報』第二三号、平成十年、同会）に唯一の伝承者として報告。筆者も直接ご教示頂いた。

**謝辞**

かつて歌詞などを読んだり、与路島や山などを訪問したりしても意識して御教示頂くことはなかった。小稿作成にあたり特に次の人々にはお世話になった。記してお礼申し上げたい。

（敬称略五十音順）岡村耕吉、岡村章《たか》子、岡村隆博、木村勇

# 奄美におけるキリスト教の宣教

## 【カトリックとプロテスタント】

中村敬子

●なかむら・けいこ　一九五二年、鹿児島県奄美市生まれ。牧師。日本バプテスト連盟奈良キリスト教会牧師を経て現在、奄美キリスト教会で宣教開拓。専攻は神学、地域政策、人類学。西南学院大学神学部卒、神学専攻科修了。米国マーサー大学大学院修了。神学修士。鹿児島大学大学院博士後期課程、地域政策科学専攻。

奄美のカトリックとプロテスタントの宣教は互いに縄をなうように関わりながら開拓、形成、停滞、再生をしている。島嶼間の教派内協力は島の交通の不便さにもかかわらず開拓当初からなされてきた。

### 宣教開始から現在にかけて

奄美群島にキリスト教が伝えられたのは、組織としての宣教がカトリックのパリ外国宣教会フェリエ神父来島で一八九一年に奄美大島、一九〇一年に徳之島で開始する。プロテスタントは一八

八〇年代に奄美出身の個人伝道者によってなされるが、組織的宣教は一九〇八年にホーリネス系の教会が奄美大島と喜界島に始まる。喜界島出身の兼山常益牧師が開拓に携わる。一九〇九年にはメソジスト系の教会が同郷の大保富哉牧師により徳之島で開始する。

多くの入信者があり、次々と教会が建てられていくのは、奄美の歴史とも関係している。奄美の全島は一四六六年に琉球に、一六〇九年に薩摩支配下に置かれた。抑圧された貧しい民衆にキリストの受苦と種子を見た宣教師や牧師、伝道者たちが宣教していく。奄美の有識者の要請や地域の必要も起因していた。

昭和に入ると軍国主義の強化によりキリスト教への排撃、弾圧も激しさを増す。宣教は困難を極めた。しかし、戦後は復活し、新たなキリスト教諸教派も加わっていく。

カトリックは一つの最大教派であり、奄美群島に四四教会、プロテスタントが四教派と単立二教派系で二十教会・伝道所が存在する（図1）。各島で合同クリスマス、合同祈祷会や教会一致祈祷を教派間に取り入れたり、さらに共に読書会やコーラス、愛餐会と交わりがあったりする。教派間の礼拝出席の自由がある。互いを受容する姿勢は、信教の自由や人権とも繋がる。島を超えた環境や平和への祈りと取り組みは、キリスト教内部にとどまらず、諸宗教とも協力できると考える。

## 多様性と教会一致、キリスト教社会福祉と教育

プロテスタント諸教派はカトリックからの分離で十六世紀以降、欧米での国家や他宗教からの信仰の自由を獲得する歴史があり、現代では分離から多様性と一致の流れへの協力と模索が続いている。プロテスタントでは世界教会協議会の第一回会議が一九四八年に行われた。カトリックは第二バチカン公会議を一九六二年に開き、教会一致へ向けての大きなはずみとなる。

日本ではカトリックとプロテスタントで共通の聖書として原典の翻訳がなされ、一九八七年に「新共同訳聖書」が実現した。奄美においてはカトリックと日本基督教団が使用し、他の教派での使用は教会によって異なる。

奄美に来た宣教師たちは抑圧者としてではなく貧しいものの痛みを知り、解放者として連帯していく。その歩みはカトリックの教育や福祉にも繋がる。ネットワークの大きさから社会的弱者である女子や幼児の教育に始まり、高齢者介護、障がい者、養護等の福祉事業施設運営に至っている。

一九五三年の奄美復帰後、プロテスタント各教派は規模や資金の困難を超えて教会形成と幼児教育、保育、福祉に尽力している。保育園（大島、与論）、高齢者施設と障がい者施設（大島）やキリスト教事業に加わっている。また、教会を平日に障がい者施設として使用させている（徳之島）。このような繋がりは地域や他の宗

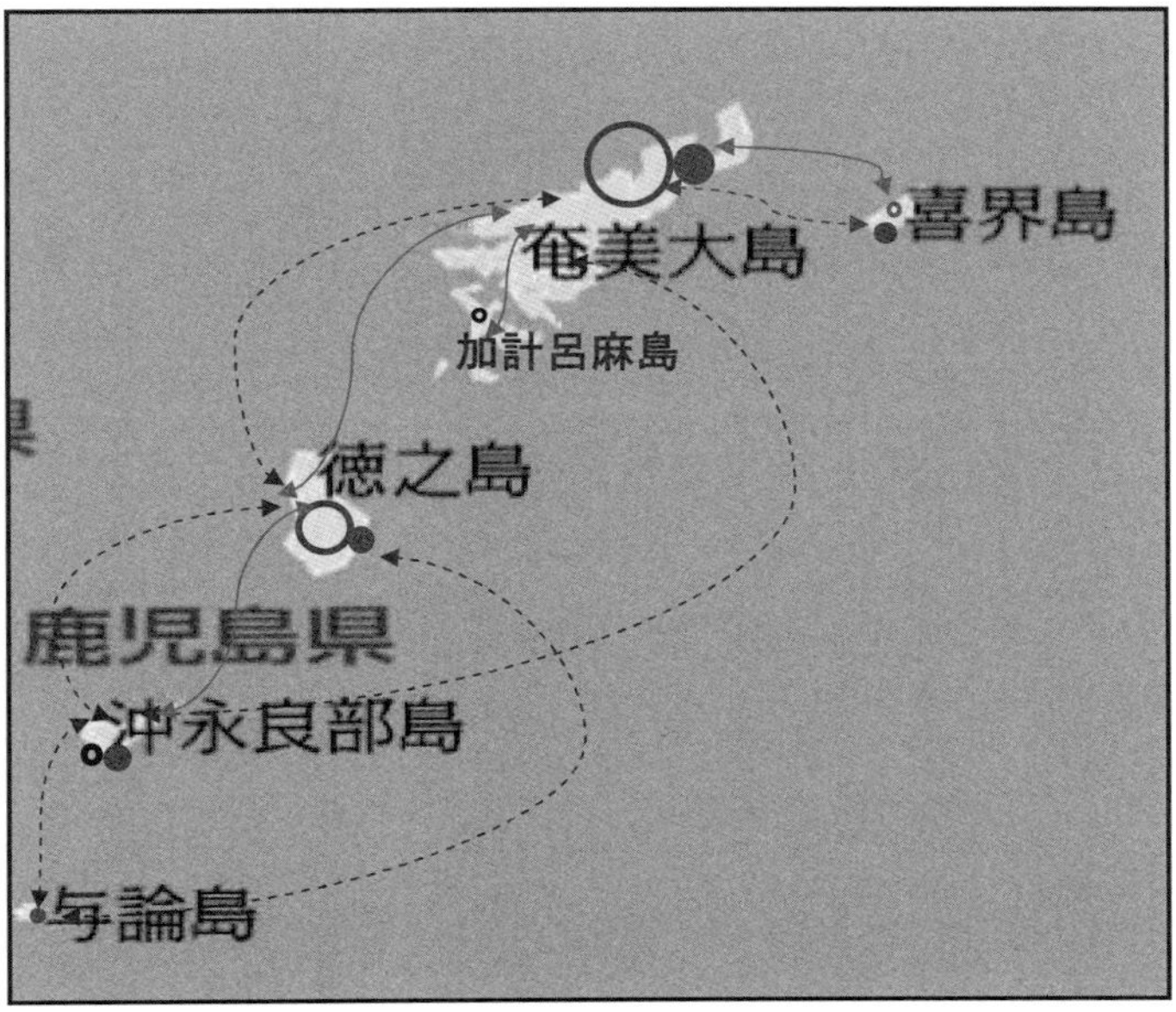


円の大きさは教会数を示す　○カトリック教会　●プロテスタントの教会

カトリックは全島に交流が及び、2地区に島を超えての巡回教会がある。

プロテスタントの教会　教派内交流が主であるが、教派外交流も含む。

教会数、教会間交流は教会訪問と聞き取り、教派資料と「キリスト教年鑑2018」（キリスト新聞社）で確認した。

教会数

○ カトリック教会（巡回教会を含む）45

喜界島 1　奄美大島 31　加計呂麻島 1　徳之島 10　沖永良部島 2

● プロテスタントの教会・伝道所　20

| | |
|---|---|
| 喜界島 3 | 日本ホーリネス教団 1　日本基督教団 1　イエス之御霊教会教団 1 |
| 奄美大島 8 | 日本ホーリネス教団 1　日本基督教団 2　イエス之御霊教会教団 1<br>単立南西諸島イエス之御霊教会 1　セブンスデー・アドベンチスト教団 1<br>単立（リバイバル・ミッション系）1　単立（バプテスト系）1 |
| 徳之島 4 | 日本ホーリネス教団 1　日本基督教団 1　イエス之御霊教会教団 2 |
| 沖永良部島 4 | 日本ホーリネス教団 1　イエス之御霊教会教団 1<br>単立（リバイバル・ミッション系）1　単立（バプテスト系）1 |
| 与論 1 | イエス之御霊教会教団 1 |

**図1　奄美群島のキリスト教会と交流**（yahoo 地図に筆者加筆）

教とも親和関係が広がると考える。

カトリックもプロテスタントもハンセン病療養園内での教会、伝道所を開いてきた。国立療養園奄美和光園で結婚、出産を守り、子どもを保護したカトリックの働きは日本において奄美の特別な例である。プロテスタントでも療養園外にある町の教会の和光伝道所としての位置付け、園内外の関りと礼拝を共にすることで行き来を可能にしてきた。

## 今後に向けて

奄美では自然や祖先の崇拝、琉球支配下以降のノロやユタの民俗宗教、薩摩支配下の仏教、明治期以降のキリスト教や仏教、神道があり、天理教や戦後の創価学会など新宗教が入っている。現在は信教の自由の保障のもとに多宗教の共在と人々の受容の選択肢がある。

奄美の宗教界の中にあってキリスト教諸教派は奄美の伝統や文化、他宗教に親和と配慮を持って臨んでいる。カトリックとプロテスタントは緩やかに連帯をしてきている。共に福祉や教育に尽くし、今後も個人と社会へキリストの福音宣教に参与していく。

### 参考文献


奄美福音宣教百周年記念誌編集部『カトリック奄美百年』奄美宣教百年実行委員会、一九九二。

木ノ脇悦郎『奄美大島におけるキリスト教受容とその展開の研究』序説「キリスト教主義教育研究室年報24」一九九六、一〇五―一一八頁。

キリスト新聞社キリスト教年鑑編集委員会『キリスト教年鑑』二〇一八。

小坂井澄『「悲しみのマリア」の島――ある昭和の受難』集英社、一九八四。

社会福祉学会（編）『日本キリスト教社会福祉の歴史』二〇一四。

高宮博人・河合渓・桑原季雄『鹿児島の島々』南方新社、二〇一六。

徳善美和・百瀬文晃『カトリックとプロテスタント』教文館、二〇〇八。

名瀬市誌編纂委員会『名瀬市誌　中』一九七一。

日本基督教団九州教区『日本基督教団奄美伝道五〇年記念誌』二〇〇七。

# 奄美諸島、交錯する時空

前利潔

●まえとし・きよし（プロフィールは47頁参照）

## はじめに

有史以来、奄美諸島領域では、さまざまな勢力（時空）が交錯した。日本、琉球、薩摩、米国などの時空である。そこには、朝鮮側の視線も加わる。奄美諸島は、「多系列の時間を総合的に所有する空間」（谷川健一）であった。古代から現代（占領期）まで、奄美諸島の時空をめぐる動態を紹介する。

## 古代並行期

古代並行期の奄美諸島の時空を、文字記録からみてみたい。それは中央政府（日本）からみた、歴史空間（時空）である。「並行期」と使うのは、当時の奄美諸島は、中央政府とは別の時空のもとに存在していたからだ。

一九八四年、大宰府政庁跡から「権美嶋」「伊藍島」と記された木簡が出土した。八世紀前半の荷札と考えられ、前者は奄美大島でほぼ確定、後者は沖永良部島だと推定されている。沖永良部島に関する文字記録はこれが初見であるが、奄美大島は『日本書紀』に「海見嶋」（六五七年）「阿麻彌人」（六八二年）、徳之島は『続日本記』に「度感」（六九九年）という文字で現れていた。高梨修によれば、古代奄美諸島の社会像について、文献史学側と考古学側の見解に食い違いがみられていたが、それは解消しつつあるという。高梨は、七—八世紀段階には階層社会がすでに形成され、奄美大島や徳之島から中央政府へ南方物産が貢納されていたのではないか、と指摘する。「伊藍島」と記された木簡からは、「竹」という文字も判読できることから、沖永良部島からは竹が貢納されていたのだろうか。

文字を持たなかった沖永良部島の古代人たちは、ユタの唱えごとの語り継ぎによって、当時の豊かな精神世界（創世神話「島建てシンゴ）を現代まで残してくれた。「島建てシンゴ」は三七六節にもおよぶ壮大な物語であり、国土創造から人間の誕生、そして穀物の起源までを描くことで、物語としての体系的な完結性をもっている。それは「宇宙と大自然を背景とした壮大な叙事詩」（谷川健一）と、高く評価された神話である。沖永良部島の古代人は、日本の創世神話（記紀神話）とは異なる時間と空間を持っていたことがわかる。

奄美諸島の先史、古代については、高宮広士、高梨修の各論考を参考にしてもらいたい。

## 中世並行期

中世並行期の奄美諸島は、中央政府からみると、「キカイジマ」という領域に属していた。古代並行期の奄美諸島からは、中央政府へ南島物産が貢納されていた。永山修一によれば、九世紀半ばから十世紀にかけて、喜界島には太宰府の出先機関が置かれており、そこを拠点に周りの島々から王朝貴族が珍重する赤木や夜光貝などの南島物産が集められ、中央政府へ貢納されていたという。このことから「キカイジマ」は、南島を代表する島名ともなった。

当時のキカイジマのキ音は「貴」「喜」という文字で表記されていた。ところが、日本の中世社会、十一世紀中期になると、太宰府の衰退もあって、キカイジマは境界的性格の強い領域となり、十二世紀には異域、異国として認識されるようになる。それにともなって、十二世紀末ごろには、キカイジマは「鬼」の字を用いた表記（鬼界島）へと変化していった。中央政府の空間認識が大きく変わったことがみてとれる。

十四世紀から十五世紀にかけて、奄美諸島海域では、南九州の武士勢力、朝鮮、琉球側からの時空が交錯する。鎌倉幕府が滅亡（一三三三年）すると、島津氏が勢力を南へ広げていく。一方、南側ではひとつの文明が時空を広げつつあった。琉球王国である。三山（国）対立時代を経て、一四二九年、尚巴志が統一政権（琉球王国）を樹立したのだ。そして奄美諸島内部からも、時空が南北に広がっていた。十一世紀から十四世紀にかけて、徳之島で生産された中世須恵器カムィヤキが、与那国島から南九州まで流通していた。カムイヤキには、朝鮮陶工の影響がみられるという。

朝鮮側の視線からみてみよう。一四五三年、琉球王国の使者が朝鮮を訪ね、奄美諸島海域の情報を伝えている。『朝鮮王朝実録』によると、十五世紀半ば以降、トカラ・奄美諸島の海域で、琉球と薩摩が軍事的に衝突していた。李氏朝鮮の宰相申叔舟が、日本と琉球の実情を記した『海東諸国記』（一四七一年）に収録されている「琉球国之図」をみると、奄美諸島の島々には「琉球に属す」という注記がある。一四六六年、琉球の尚徳王が鬼界島（喜界島）を攻め、支配下に置いていた。

琉球の歌謡集『おもろさうし』（オモロ）からは、当時（古琉球）の沖永良部島の時空がみえてくる。「古琉球」とは、島津氏の琉

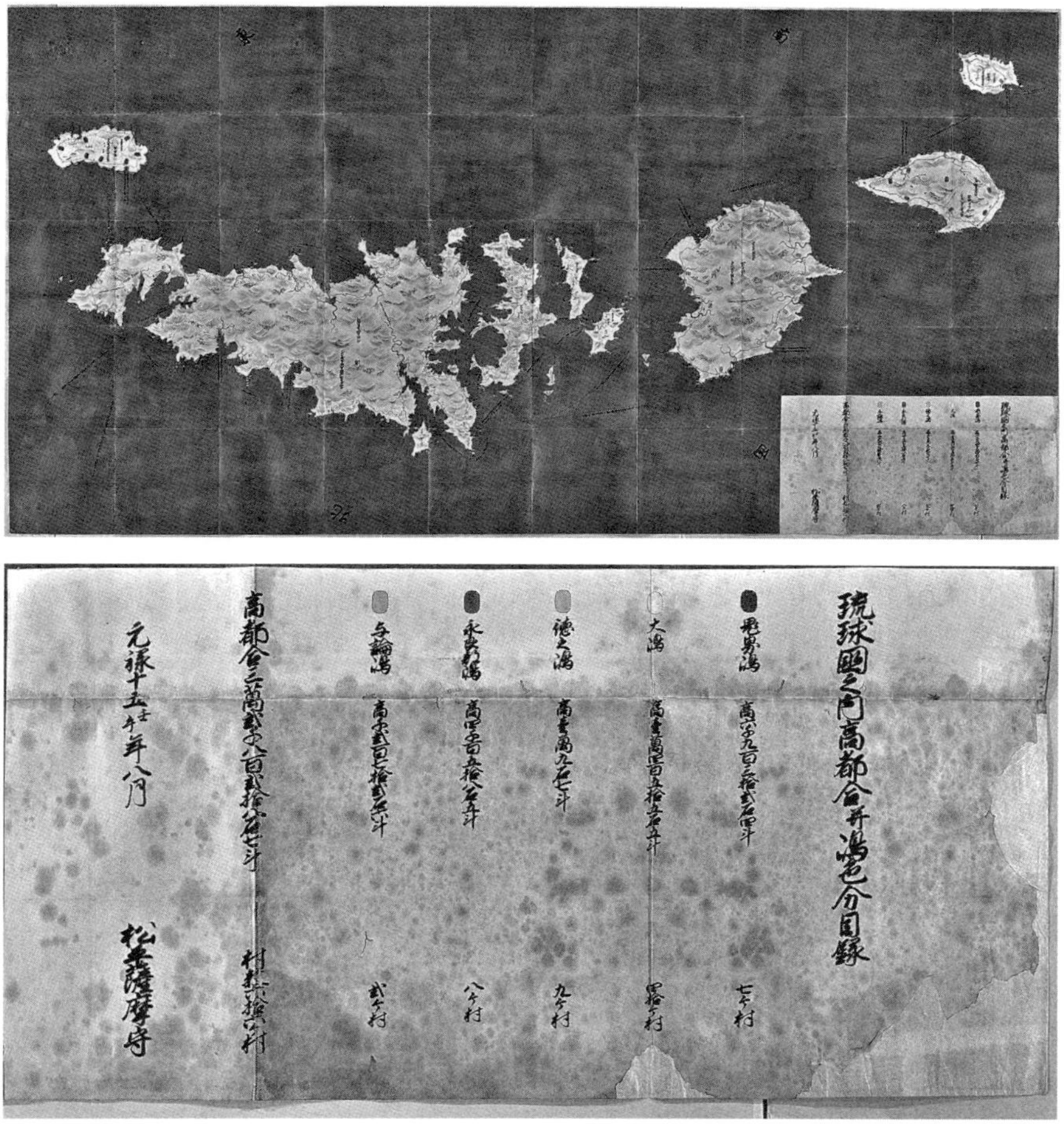


**元禄国絵図**
（「国立公文書館デジタルアーカイブ」から）

球侵攻（一六〇九年）以前の琉球社会のことである。徳之島以北については、「徳之島、奄美大島を／保護し、支配せよ／中城は国の中心」など、武力によって勢力圏に組み込んだことを意味するオモロが多いのに対して、沖永良部島については、沖縄～沖永良部島のあいだをかけめぐる船頭たちや、北山王国時代（一四〇〇年前後）、北山王の二男と伝えられている「永良部世之主」を謡ったオモロが多い。沖永良部島と与論島は、もともと琉球圏であった。それはユネスコが認定した消滅危機言語の分類で、沖永良部と与論の言語は「奄美語（方言）」ではなく、「国頭語（方言）」に分類されていることからもわかる。「国頭語」の範囲は、北山王国の時空とほぼ一致する。

## 近世

一六〇九年、島津氏が琉球を攻め、支配下においた。ここに奄美諸島をふくむ琉球は、日本の近世史に組み込まれることになる。薩摩藩は与論島以北を直轄下（代官支配）に置き、琉球王府から切り離した。中国（明）の冊封体制下にあった琉球国は、薩摩藩の支配下にあったとはいえ、独立国家として存続した。奄美諸島も冊封体制下に組み込まれていたことから、対外的には「琉球国之内」とされた。

薩摩藩は以後、奄美諸島の公称を「道之島」とした。薩摩から琉球に至る「道之島」という、支配者の空間認識がそのまま表現された言葉だ。一方、薩摩藩が幕府の命により提出した国絵図では、奄美諸島は「琉球国絵図」の中に描かれ、「琉球国之内」「鬼界嶋」「大嶋」「徳之嶋」「永良部嶋」「与論嶋」と表記されていた（前頁「元禄絵図」）。

奄美諸島は「琉球国之内」であったことから、島民が薩摩船で朝鮮や中国に漂着したときには、その身分が問題となった。一八一九年、沖永良部島代官所勤務を終えた藩役人を乗せた船が、薩摩に向けて出帆したが、暴風雨にあい、朝鮮半島に漂着。漂着者たちは朝鮮役人の取り調べをうけたあと、倭館がある釜山で対馬藩に引き渡され、帰還することができた。薩摩藩士である安田喜藤太が、詳細な「朝鮮漂流日記」を残していた。安田らは朝鮮役人の取り調べを受けながらも、彼らと漢詩や和歌による詩文贈答を通して、親交を深めていた。日記からは、薩摩と朝鮮の支配階級の姿がみえてくる。

漂着船の船底に「琉（球）人」六名が、隠されていた。永良部人であった。薩摩船に「琉人」が乗っていることは不都合であったことから、彼らは髪型を和風（月代）にさせられ、名前も「中右衛門」「田右衛門」というように和名に変更させられたうえで、取り調べを受けることになった。安田の日記からみえてくる永良部人は、被支配階級としての姿でしかない。

同時代、永良部人が書いた「渡琉日記」が残されている。一八三八年、琉球の新国王（尚育）を冊封するため、中国（清）から使者が派遣された。沖永良部島にも冊封使の食糧が割り当てられ、島役人の饒覇《にょうは》が那覇まで送り届けた。同行した饒覇の弟、ノ葉《へつよう》の日記である。ノ葉らは那覇滞在中、中国高官、王府高官らと漢詩、琉歌、和歌による詩文贈答によって、交流を深めた。ノ葉が親しくしていた王府高官の一人が、ペリー来琉時（一八五三）に通訳を務めた牧志朝忠であった。牧志は幕末薩琉史に登場する重要人物だ。「渡琉日記」からは、「朝鮮漂流日記」（安田喜藤太）とは異なる、生き生きとした永良部人の姿がみえてくる。

## 近代

二〇一八年は、明治維新一五〇年。大河ドラマ「西郷どん」の主役は西郷隆盛と大久保利通である。その時代の背後では、奄美諸島の支配権をめぐって、鹿児島、琉球王府、明治政府は別のドラマを演じていた。それには西郷や大久保も関わっていた。明治政府内部でも、外務省、大蔵省、内務省は同床異夢であった。

廃藩置県（七一年七月）を断行した大久保と西郷だが、琉球の帰属問題には危機意識をもっていた。廃藩置県後も琉球が引き続き鹿児島の管轄になったことに安堵（「幸鹿児島之管轄ニ属シ、其段ハ御安心之事」）していたが、七二年九月、琉球国王尚泰の代理として上京した伊江王子に対して、副島種臣外務卿は天皇に代わって、「（尚泰を）琉球藩王ト為シ、叙シテ華族ニ列ス」と宣告した。琉球藩の設置である。政府は琉球を鹿児島県から切り離し、外務省の管轄に移したのだ。

琉球藩の設置に際し、王府側は副島に、奄美諸島は「固より我琉球隷属なりし」という理由から、返還を要求した。副島は「宜しく琉球の為に処置すべし」と約束したが、翌七三年十月、政変により西郷とともに政府を去ったことから、王府の要求は実現しなかった。

次に動いたのが、大蔵卿の大隈重信である。七四年九月、大隈は太政大臣三条実美へ「大島県ヲ設置セント請フ」という稟申を行った。その目的は、貿易赤字の要因の一つが輸入砂糖の増加であったことから、奄美諸島を大蔵省の直轄下（「大島県」）に置くことによって、砂糖産業を保護育成することであった。しかし、内務卿の大久保利通の同意が得られなかったのか、「大島県」は実現しなかった。

七五年、奄美諸島の帰属問題に決着をつけた鹿児島県は、藩政時代の代官所を引き継ぐかたちで存続させていた在番所を廃し、大島に大支庁、他四島に支庁を開設した。在番所廃止に伴い、詰役（鹿児島役人）はいっせいに引き上げることになった。奄美諸島にとっての近代の始まり、といってもよい。

## 現代（占領期）

太平洋戦争後、奄美諸島の時空を支配する新たな勢力が現れた。米国である。戦後、奄美諸島と沖縄は日本政府の統治権が停止された。米軍は沖縄上陸（四五年四月一日）直後、沖縄島と周辺の島々に対しては「軍政府の設置」を宣言したが、奄美諸島に軍政府が設置されたのは翌四六年三月であった。米軍（国）内部に、奄美諸島の時空をめぐる混乱があったからだ。

四五年十一月末、米国沖縄海軍軍政府は軍政府設置のため、調査隊を北部琉球（奄美大島）へ派遣した。ところが、調査隊は「全員の一致した結論」として、「大島郡（奄美諸島）は経済的にも政治的にも、鹿児島県の一部である」などの理由から、軍政府設置に反対を表明。それは海軍軍政府から米国太平洋艦隊総司令部にも伝えられ、米国海軍も「同意する」旨の見解を表明した。

同じ頃、日本政府も奄美諸島の時空をめぐって、動いていた。四五年十月末、政府は総選挙についてGHQへ、総選挙について、沖縄ではあきらめざるをえないが、「鹿児島県大島郡（奄美諸島）」では実施したい、という要請文書を提出していた。総選挙実施は領土と主権、つまり日本政府が支配する時空に関わることである。GHQ内部でも議論となり、民政局は賛成、参謀第三部は反対であった。米軍の日本侵攻作戦が北緯三〇度以北は陸軍、以南は海軍と分割されていたことから、GHQは日本政府に対して総選挙実施は「北緯三〇度以北（口之島を除く）に限る」と許可を出した。このことが翌四六年一月二十九日付のGHQ覚書となって、北緯三〇度以南の島々が正式に日本政府から行政分離されることになる。

五三年六月、米国国家安全保障会議（NSC）の場、議題は奄美諸島の返還であった。軍事的権利をめぐって、国務省と国防省（軍部）が激しく対立していた。軍事的権利とは、沖永良部島のレーダー基地のことである。奄美諸島の返還（十二月）は、アイゼンハワー大統領が国務省の勧告（戦略的に重要な沖縄の保有を前提に、それほど重要ではない奄美諸島は返還する）を受け入れることで、決定した。

## おわりに

本稿では奄美諸島の時空を支配した政治勢力の視線、つまり天上からの視線だけでなく、沖永良部島という地上からみた時空も紹介した。近代初期（砂糖自由売買運動）、占領期（復帰運動）については数多くの文献があるので、それを読んでもらいたい。

文献を二冊、紹介しておきたい。昨年（二〇一八）から今年にかけて、沖永良部島の戦中から占領期を舞台にした小説が出版された。中脇初枝著『神に守られた島』（二〇一八、講談社）、続編『神の島のこどもたち』（二〇一九）。物語そのものはフィクションであるが、当時の歴史的背景や民俗（島言葉、島唄、昔話）が、正確に再現されている。沖永良部島からみた、戦争と占領の物語である。

**参考文献**
『東アジアの古代文化／特集古代・中世の日本と奄美・沖縄諸島』一三〇号（2007・冬、大和書房）

①高梨修「「南島」の歴史的段階」
②新里亮人「カムィヤキとカムィヤキ古窯跡群」
③永山修一「文献から見るキカイガシマと城久遺跡群」
④村井章介「鬼界が島考」
池田榮史編『古代中世の境界領域――キカイガシマの世界』（2008、高志書院）
外間守善・西郷信綱校注『おもろそうし』（1972、岩波書店）
知名町教育委員会編『江戸期の奄美諸島――「琉球」から「薩摩」へ』（2011、南方新社）
池内敏著『薩摩藩士朝鮮漂流日記』（2009、講談社）
松下志朗著『近世奄美の支配と社会』（1983、第一書房）
沖縄県教育委員会文化課編『琉球国絵図史料集第一集――正保国絵図及び関連史料』（1992、榕樹社）
永吉毅編『沖永良部島郷土史資料』（1968、改訂増補版、和泊町）
高江洲昌哉著『近代日本の地方統治と「島嶼」』（2009、ゆまに書房）
皆村武一書『戦後日本の形成と発展』（1995、日本経済評論社）
ロバート・D・エルドリッヂ著『奄美返還と日米関係』（2003、南方新社）
杉原洋「奄美・トカラの日本からの分離――ワトキンス文書とGHQ文書を読む」（1999、鹿児島県立短期大学地域研究所叢書『奄美群島の経済社会の変容』）
木部暢子編『消滅危機方言の調査・保存のための総合的研究――与論方言・沖永良部方言調査報告書』（2016、国立国語研究所）

# 奄美群島の「自立・内発・循環」社会の創造に向けて

皆村武一

●みなむら・たけいち　一九四五年生。鹿児島大学名誉教授。国際経済学・地域経営論。著書に『奄美近代経済社会論』（晃洋書房、一九八八年）、『戦後奄美経済社会論』（日本経済評論社、二〇〇三年）、『鹿児島の戦後経済社会史』（南方新社、二〇一〇年）等。

## はじめに

高度に発達した資本主義経済のもとにおいては、社会的分業も高度に発達しており、いかなる地域や島嶼といえども他の地域との結びつきなくして経済活動を行うことはできない。だが、資本主義の発展は、あらゆる地域の均衡的発展をもたらすものではなく、生産要素の偏在をつくりだし、地域の相互依存関係に歪みをもたらす。それゆえに、近年の政府の地域政策（地域計画）や都道府県・市町村の経済振興計画には必ずといってもいいほどに、「経済の自立化」が掲げられている。また、資本主義経済は自由競争と利潤追求の経済である。そのため、より大きな資本力、技術力、経営力、効率を有する企業が、安価な価格で競争相手の企業を駆逐し、市場を独占的に支配し、大きな利潤を得て成長を遂げていく。企業間の「共存共栄」は甚だしく困難である。政府による規制や資源再配分が必要になる。

「循環型」経済については、資本主義経済は、効率や即効性を重んじ、「大量生産・大量廃棄」によって地球環境を悪化させ、やがては、「経済成長の限界」のみならず、「人類・動植物の生存危機」に直面するであろう。それを回避するために、再生・処理技術の開発、計画的な資源の利用や処理、世界的な富や資源の再配分、等が必須である。

これまで、奄美でも大企業の誘致、地域資源の放棄、外国や域外からの商品輸移入に依存してきたが、「内発力」を振興・発展させた経済を構築していく必要がある。政府も国民も大資本や都市の繁栄は地方の繁栄をもたらすものではないことを認識しつつある。現在では子供から年輩の人達までが情報機器を操作し、「発信力」を強め、日本のみならず世界中と情報交換を行ない、奄美の地理的不利性を克服し、奄美の産業や観光の振興に貢献しつつある。

一九八〇年代以降、地方の時代や分散型社会への要求が高まるにつれ、地方自治体などでは地域自体のもつ政治的、経済的、社会的自立力への関心が益々強まっている。それは地域の自立力が、地域発展にとって最善の方策であると考えられ、学術研究書も刊行されるようになった。一九八三年には社会工学研究所『地域自立勘定の開発と応用に関する研究』が、一九九二年には奄美振興研究協会『経済自立化指標調査報告書』が刊行された。前者は、現行の県民所得統計に代表される分析道具は、閉鎖的体系に立つ国の社会会計システムに準じて作成されているため、地域経済の有する開放的側面を充分に把握できず、地域の成長・発展と地域自立の関係が甚だ不明確なままとなっている。そこで、新しい地域会計システムを開発することによって開放的な地域経済の成長・発展構造を実態に沿って把握し、かつ地域自立の進展度をより具体的に計測することを可能にしようとしたものである。後者は、経済自立化の指標の一つとして域際収支を分析することにより、域外との貿易、移転収支などの経済集計値が明らかになるだけではなく、域外取引と奄美群島各島の生産、所得、支出、貯蓄、雇用、資産などとの経済上の関連性を計量的に把握することにより、その結果を経済政策に活用することを目的としてとりまとめられたものである。

## 奄美群島の域際収支の推移

戦後の経済的・社会的状況の変化とともに、移出入構造も大き

**本場奄美大島紬 泥染の風景**（本場奄美大島紬協同組合提供）

く変化した。戦後の急速な本土化や食糧事情の変化、農業や経済構造の変化、外的資金の導入（国庫補助金等）によって、奄美の移入は急速に増加した。移出も増加したが、とても移入の増加には及ばず、一九五五年以降、移出入の収支は赤字を示しており、しかも年々赤字幅は拡大している。『郡民所得統計』によれば、一九六七年の赤字額は、一〇四億円であったが、二〇一一年には、赤字額は九〇二億円にのぼっており、郡内総生産額三二八八億円の三〇％に相当している。その赤字は、政府による財政移転、つまり、公共事業や公務員給与、社会保険給付、年金、生活保護などの支給によって賄われている。これらの収入の太宗をなすのが特別措置法に基づく財政補填である。この財政補填だけで赤字の七〇％前後を占めている。奄美の経済的自立化をめざして投入された莫大な投資、あるいは補助金による資金の移転は、雇用・所得創出効果、移出拡大効果を期待されたほどにはもたらさず、奄美の経済構造をますます財政依存的なものにしているのである。今後経済の自立化を図っていくためには、生産力を増強して移出増加をはかるとともに、移入代替産業を育成して域内供給を増やして移入を抑制することである。近年、奄美の島々においても地域資源を見直し、活用して地域産業振興策が講じられつつあることは喜ばしいことである。

## 資源浪費的経済から持続循環的経済へ

近代的農法の発展、人口増加、商品経済化、化学肥料・農薬の登場がこれらの農業形態を変え、高生産性と少品種大量生産・大量消費を可能にした。商品経済の発展によって、森林資源や土地収奪が急速に進展し、環境破壊を引き起こすようになった、と言われている。また、商品貨幣経済の発展は、村落共同体の崩壊や「コモンズの悲劇」を生み出した。

近代農法は、化学肥料と農薬を大量に投下することによって、生産量を増加させ、商品としての交換価値（安全性よりも高く売れる商品の生産）を高めているのである。国別の耕地面積あたり農薬使用量（有効成分／km²）をみてみると、日本が世界第一位で、一・五五トン、二位韓国一・二九トン、三位オランダ一・〇六トン、四位ベルギー〇・九二トン、五位ニュージランド〇・八五トンであり、以下二七位まで先進国が続き、発展途上国は二七位まで一国も入っていない。耕地狭少で農業の盛んな奄美群島でも林野の開発や農薬・化学肥料の大量使用により環境や土壌の劣化を招いている。

## むすび

資本主義経済（市場経済）は、生産要素（資本、労働力、技術、土地等）の合理的配分を通じて生産力の発展と利潤の最大化を測る。そのため、都市と農村、工業と農業の不均等は点により生産力格差が生じる。特に、自然的、経済社会的にハンディキャップを背負った地域、島嶼が市場経済の中で経済自立と経済発展をはかることは困難である。市場原理を優先させつつも、それによってもたらされた不均衡を是正するのが、政府や公的機関の役割である。と同時に、地方自治体の権限の強化、「自律性」の向上が必要である。域内資源の活用と島民の内発的なエネルギーこそが、経済自立化や経済発展あるいは望ましい経済社会の形成の原動力になりうるのである。

（多くの文献資料を利用したが、紙数の関係で列記することができなかったことをお詫びします）

# 加計呂麻島のネシア発信力

叶芳和

●かのう・よしかず　一九四三年生。日本経済論・農業経済・中国アジア経済論。著書に『農業・先進国型産業論』（日本経済新聞社、一九八二年）、『赤い資本主義・中国』（東洋経済新報社、一九九三年）、『走るアジア遅れる日本』（日本評論社、二〇〇一年）、『新時代の農業挑戦――優良経営事例に学ぶ』（新書版、全国農業会議所、二〇一四年）等。

奄美大島の南端の町、瀬戸内町古仁屋でフェリーに乗ると二〇分で加計呂麻島に着く。下船、大地を踏んだ瞬間、空気の変化を感じる。言葉でうまく表現できないが、何とも言えない和らぎの空気が漂っている。カンポン（マレー語の村）の空気だ。

加計呂麻（カケロマと読む）は、言葉自体に発信力がある。非大和《やまと》的な漢字で、強い響きがある。観光旅行者には「加計呂麻」という名前そのものが魅かれるものがある。

奄美大島と大島海峡で隔てられた、離島のさらに離島の加計呂麻島は、リアス式海岸で深く刻まれている。「島も通わぬ加計呂麻島〜」と新民謡に唄われているが、もちろんこれは加計呂麻讃歌である。椎の木など広葉樹林で覆われ、ルリカケス、アカショウビン、オットンガエル、等々、固有種の希少野生動植物が沢山棲息している。公共事業によるセメント型開発が少ないので、世界自然遺産登録を目指す奄美群島の中でも自然が一番残っている。島の人たちはアニミズムの流れをくむ自然・祖先信仰が厚く、人々の温かさも色濃く残る。また、家の周りは石垣も残っており、奄美の源郷の風景がある。

大島海峡は優れものである。リアス式海岸で深く刻まれた入り江は波静かで、薩川湾は戦前は帝国海軍の要塞として戦艦大和や武蔵が停泊した。最近の大島海峡はシュノーケリングなどマリンスポーツが盛んだ。中でも、毎年七月初めに開催されるシーカヤック大会は、世界中どこにも負けない魅力がある。カヤックが青い海を疾走する、弾けるような躍動感あふれる風景だ。

加計呂麻は「宝の島」と言われる。歴史と文化がある。そして、青い海、白い砂浜、サンゴ礁、色とりどりの熱帯魚、こんもりとした広葉樹林の森。亜熱帯の自然が豊かだ。大島海峡があるのも、加計呂麻があるから海峡が存在できる。

**諸鈍シバヤ**（瀬戸内町諸鈍）

## 昇曙夢・島尾敏雄、亜熱帯の人物と特産品

**奄美は何色？**　こんな問いかけが時々、起きる。「赤色」という答えが多いように思う。夏の灼熱、赤土土壌、あるいは戦後の復帰運動の頃の文芸活動「赤土文化」の影響であろうか。しかし、筆者には「赤色」は亜熱帯の柔らかな自然には合わないように思える。春先、奄美の森は椎の木の若葉が一斉に盛り上がる。黄緑、萌黄である。生命が輝いている。筆者の奄美・加計呂麻イメージはこの色である。沖縄は「赤」かもしれないが、亜熱帯の奄美はやわらかな色がふさわしい。人情のある、やさしさ、やわらかな気持ちの形成も、この風土の賜であろう。

加計呂麻には平家落人伝説がある。島の東端に位置する諸鈍《しょどん》集落に、古代日本の芝居の原型と言われる「諸鈍シバヤ」が伝わっており、国の重要無形民俗文化財に指定されている。「大屯《おおちょん》神社」には壇ノ浦の戦いに敗れ落のびてきた平家一族の平資盛（清盛の三男）が祀られている。「ノロ神」信仰も、琉球支配とは別に、この時伝えられたものであろうか。

島の特産物に、さとうきびから作る「黒糖」（純天然）がある。「さとうきび酢」も挙げたい。四〇〇年前から伝わる優れもので、長寿の効果がある。酢をつくるには酵母が必要であるが、きび酢はさとうきびの搾り汁を、加計呂麻の自然環境でのみ可能な、大気中に含まれる浮遊菌・酵母菌による自然発酵醸造酢である。九〇年頃、「世界でここだけにある酵母菌」で発酵させていると聞いたとき、またまたいい加減なことを言ってと思ったものである。

しかし、日本酒は蔵に住み着いている蔵付き酵母を取り入れて醸しているため、蔵ごとに酒の味が違うことを考えれば、さとうきび酢は「世界中で加計呂麻にしかいない」酵母菌で発酵させているから美味しいというのは正しいであろう。加計呂麻の大地を踏んだ瞬間、空気の変化を感じるのも、この浮遊菌のせいであろうか？

加計呂麻ゆかりの人物に昇曙夢（芝集落出身）がいる。日本最初のロシア文学者で、ロシア文学の翻訳研究を通して明治・大正・昭和初期の日本文壇に大きな影響を残した。また、郷土史家として不朽の名著『大奄美史』等の著作もある。戦後、沖縄と同じく米軍占領下におかれた奄美群島の日本復帰運動の際には、奄美連合全国総本部委員長として活躍した（一九五三年日本復帰）。

作家の島尾敏雄も、加計呂麻に関係する。戦争中の特攻隊体験を描いた『出発は遂に訪れず』は加計呂麻が舞台だ。中心から見た日本と違った「もう一つの日本」、「固い画一性」から抜け出すための概念「ヤポネシア」や「琉球弧」という造語も島尾のものだ。

## 地域振興策――資源植物園構想

人口は約一四〇〇人である（請島、与路島を含む）。一九五六年の町村合併前は一万人を超えていた。戦前の昭和二年には一万五六五七人、昭和十五年には一万一二四八人もいた。しかし、高度成長期以降、過疎化が始まった。最近は観光客が増え、また若者のIターンもあるが、若い人の雇用の場が少なく、過疎化は依然深刻である。

加計呂麻は亜熱帯の自然豊かなところである。これをどう生かすか。

筆者は「加計呂麻島に資源植物園を」という構想を提起したことがある（八〇年代）。育種改良による農業発展を目指し、日本の国家戦略として、〝東南アジア〟の資源植物を採集して遺伝子資源を生きたままプールできる資源植物園を創る。加計呂麻は気象条件から最適地域だ。

資源植物園が加計呂麻に出来れば、全国各地から研究者や修学旅行生が訪問し、大島南部は永久的に発展することになる。遅れていると言われる大島南部が、一躍、世界の最先端に躍り出ることになる。シンガポール植物園のように、地元の観光・経済への影響は大きい。奄美一番の豊かな自然を生かした発展戦略であったが、いまだ実現は夢のまた夢。

# 琉球弧をつなぎ、つむぐ

【与論島】

喜山荘一

●きやま・そういち　一九六三年生。マーケッター・野生の琉球探究者。マーケティング、琉球弧の「こころの考古」。著書に『珊瑚礁の思考』（藤原書店、二〇一五年）、『奄美自立論』（南方新社、二〇〇九年）、「サンゴ礁をめぐる原琉球の旅」（『モモト』二〇一六年七月、十月）、『聞く技術』（CCCメディアハウス、二〇〇五年）等。

## つなぐ島、与論

もうずっと前から、与論島は奇妙な境界を見続けてきた。それは、すぐ南の沖縄島とのあいだの海にある。与論島までが薩摩の直轄領に押し込められ、その海が境めいてきたのがことの始まりだ。明治になると、それは沖縄と鹿児島の県境として地図化される。そればかりではない。戦後は米軍統治でいったん消えるものの、奄美が復帰するとアメリカと日本という国家の境界線になり、沖縄の復帰後は再び県境となって今日にいたる。

この境界の不自然さ、いびつさはいまも充分に語られたとは言えない。それは、奄美の北に向かえば大和色が強まっていくとしても言いうることだ。けれど島人は違和を主張するよりは、つなごうとしてきた。単独で沖縄の向こうを張るような「ヨロン・おきなわ音楽交流祭」はすでに二十年超の歴史を持つし、沖縄島北部と持ち回りの「やんばる駅伝」はそれ以上だ。つなぎ手になる、あるいはつなぐ輪のなかに入らずにはいられない。それが与論島だ。

一方、境界が与論を「日本最南端」に置いたとき、サンゴ礁の島は観光ブームを引き寄せた。このとき、島はまるで海外のように「ヨロン島《とう》」と呼ばれるようになる。そのうえ自らもパロディで、「花とサンゴ」を意味する「パナウル王国」を建国する。これが現在でも観光ビジネスとして機能しているのだから面白い。あの奇妙な境界は、消えていない。しかし、それを笑うかのように、与論は県外どころか海外へと浮遊し、それだけではなく架空の存在へ変身する。いかにもありそうなフィクションにして、遊ぶ。このヨロンイメージは島の身体性が生んだ、語られることのない与論の思想だ。

入江奥のフバマ

## つむぐ島、与論

また、「境界の島」与論は、取るに足らないと見なされがちな「小さな島」でもある。無いもののように扱われるということだが、それにとどまらず、語るに値しないという思いに自ら沈んでしまうのだ。この弱小感や諦念は、より大きな島を前にしたとき、口をつぐむという形で表出されざるをえない。規模はもちろん、歴史上の偉人にしても耳目を集める習俗や祭儀にしても、大きな島に比べれば乏しい。与論を偉人たちによって語ることはできないし、忘れてしまった民俗も多い。

しかし、どんなに小さくてもそこには世界があるのをあらわにするのが島だ。市町村合併の際、大人しい島人が九割以上の意思で単独町を選択したのは、常は見えないものが露わになる稀な機会だった。だが、それ以上に大切なことがある。島はどんなに小さくても世界の底に宇宙を宿す。しかもそれは、島をシマ（集落）にまで分けて初めて姿を現す。そこまでいけば、大小の島々はシマの集合体に還元されて、共通の土俵で語ることができるようになる。

わたしはそこに引きつけられる。けれどシマ宇宙を紐解こうとすれば、与論だけにとどまるわけにいかない。夢見心地にせずにはおかないあのサンゴ礁の奥に、島人は何を見てきたのか、与論だけでは心もとない。それを明らかにするには、心の古層に降りたち、近しい島々の伝承や神話、祭儀、遺物などを尋ねて、その宇宙観をつむがなければならない。考えてみれば、もはやそれは大小を問わずどの島にも言えることだが、小さくかつ境界にある島与論はことにそれを促す。

わたしの方法は、先史琉球弧の内在的な精神史からシマ宇宙を浮かび上がらせることだ。そこでは、島人は動植物や自然物を「祖先（トーテム）」とし、人や自然をその化身（メタモルフォーゼ）態と捉えていた（琉球語でスデルと言う）。そして驚くことにトーテムはその系譜を辿ることができる。多良間島の神話にあるとおり、それは蛇、トカゲ、シャコガイ、植物という順になる。この先もあって、サンゴ礁、蟹、ヤドカリと続く。

これは、メタモルフォーゼの生命観が壊れゆく過程であり、これらのトーテムには、それぞれ心の画期が込められている。このトーテムとメタモルフォーゼを軸にした心の軌跡は、をなり神、ニライ・カナイ、ユタ、刺青、御嶽、来訪神といった、シマ宇宙をめぐる民俗の発生の母胎である。

琉球弧は島々であるがゆえにシマ宇宙が数多あり、それらはサンゴ礁という強力な通底器でつながる。かつ、大陸や本州弧から離れているので、激変や複雑化を免れたと思える。つむがれる精神史はサンゴ礁型の野生の思考をコンパクトに開示するだろう。

そしてそのなかに、与論の初期シマ宇宙も見えてくるのだ。

与論の場合、サンゴ礁トーテムの記憶が強力だ。そのとき島人は、サンゴ礁に姉妹兄弟と恋人を重ねるような親密感を抱いていた。わたしにしても「サンゴ礁」と言うだけで、おまじないの言葉みたいにもう心ここにあらずになってしまう。そこに、古層の心がこだましているのを感じないわけにいかない。だがそれはこと島人に限ったことではなく、数十年前に与論に大挙した若者たちもまた、どこかでそう感じていたのかもしれない。

# 米国軍政下における奄美の非正規交易

三上絢子

●みかみ・あやこ　一九三七年生。経済学・文学博士。グローバル経済と古事記・万葉集が専門。日本文学では古事記や万葉集の言葉が現在の奄美地方に日常的に存在することを確認。著作に『奄美諸島の諺集成』（二〇一二年）、『米軍軍政下の奄美・沖縄経済』（二〇一三年）、『奄美の歌掛け集成』（二〇一六年、以上南方新社）等。

## はじめに

奄美諸島は第二次大戦後の一九四五年から一九五三年までの八年間、日本本土から行政的・社会的・経済的に分離される。一九四六年二月四日、沖縄軍政本部より奄美諸島に対して、日本本土と奄美間の海上封鎖の指令通達によって自由渡航が禁止され、日本本土との交易は断絶される。

戦前には日本本土の消費を目的に生産されていた奄美特産の黒糖は販路を閉ざされ、戦前に生活必需品、学用品に及ぶ物資は日本本土から流入していたために極度の物資不足に陥る。他方、日本本土においても黒糖は貴重品で、奄美が分離されて黒糖不足の状況下にあり、日本本土の黒糖、奄美の生活物資といった需要と供給によって、発生したのが非正規貿易である。奄美本島の中心地では配給制度はあっても食料不足、物資不足は著しく、配給物資の横流し問題、不当価格や、不当配給等の問題が絶えず発生し、住民は貧窮した状況下におかれ、その結果、闇市場が活発化する。一九四七年一月に米軍政府は、人の往来の密航にもきびしく、取締まり対象と適用範囲を北緯二十七度二十分から北緯三十度に至る水域を出入りする特別渡航許可書を持たない船舶は密航とみなすと発令し厳重な取締り対策がとられる。

非正規貿易は鹿児島、奄美間の二百海里の海上をわずか五～六トンのポンポン船と呼ばれる焼玉エンジンの小型船で、巡視船や警備船の目をかいくぐり、口之島を拠点に本土商人と取引が盛んに行われる。もう一つの闇ルートが、奄美諸島を中継した沖縄・日本本土を結ぶ非正規貿易である。口之島に奄美からの入航に合わせて、日本本土の非正規船数十隻が取引に集結し、また、台湾、沖縄、朝鮮からの五十～六十トンの大型船が、本土商人と海上での沖取引をしているケースもある。

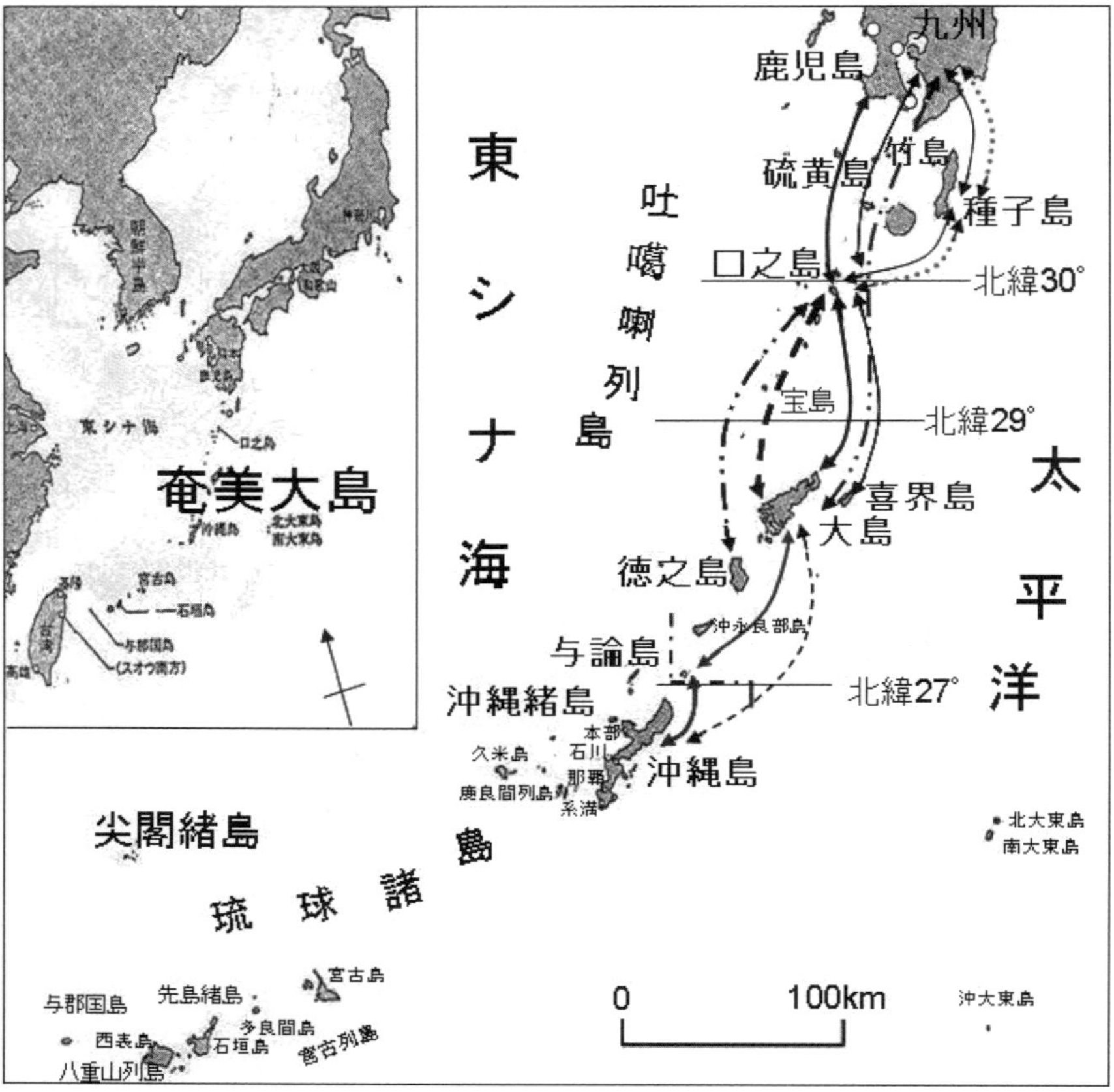

朝鮮半島
東シナ海
口之島
奄美大島
沖縄島
北大東島
南大東島
宮古島
台湾
与那国島
九州
鹿児島
硫黄島
竹島
種子島
東シナ海
吐噶喇列島
口之島
北緯30°
宝島
北緯29°
喜界島
大島
太平洋
徳之島
沖永良部島
与論島
沖縄諸島
北緯27°
本部
石川
那覇
糸満
久米島
慶良間列島
沖縄島
北大東島
南大東島
尖閣諸島
琉球諸島
宮古島
与那国島
先島諸島
多良間島
西表島
石垣島
宮古列島
八重山列島
0
100km
沖大東島


非正規貿易ルート

船賃は黒糖や米軍配給衣料の羅紗生地等のバーター方式がとられ、商人達の戦略商品は本土側の需要の高い黒糖が中心で、本土側からは学用品、日用雑貨品、瀬戸物、鍋、化粧品等の生活必需品を流入して、物資不足のトカラ列島、奄美、沖縄の島民の生活を支え、人々は密航船を「ヤミブネ」、「タカラブネ」と呼び密貿易を「ヤミトリヒキ」、「ヤミ商売」と呼んでいる。

一九五二年には、口之島を含むトカラの七島が奄美より一年早く日本に返還されると、これを基点にこれまでと異なり、北緯二十九度のトカラ列島は日本領土となり、非正規貿易船の出入りは、更に警戒が厳しい状況となった。非正規貿易や非正規渡航者の中継地点として口之島は、一時的に荷揚げし取引を行うケース、七島の島陰や海上で積替えられるケース等、警戒の隙間をぬって取引が行われている。これまでは非正規船のチャーター料金は黒糖とのバーターで行われていたが、積荷黒糖の二割五分を船賃として、しかも日本円で先払いの決済方法がとられるようになり、これまでの密貿易段階から取引手法も大きく変動期に入った。一九五三年十二月二十五日に奄美が日本に復帰すると、非正規貿易のルートも奄美と沖縄へと移行し、特に沖縄に接近している日本領土の最南端に位置する与論島が中継拠点となっている。非正規貿易は日本本土、奄美本島・各離島、沖縄を巻き込んで、更に外国船もまぎれ込んで複数のルートで行われている。

## むすび

奄美の商業空間で活躍していた寄留商人は撤退し、入れ代わって島の商人達が命がけで封鎖された海上を越え、生活物資をつなぐため、役目を自らの責任で非正規貿易が行われている。そこには需要と供給があるからである。米軍政府の厳しい取締りと摘発の中で、暮らし向きの自立を目指して非合法な商業活動ではあるが、非正規貿易は奄美経済の原動力となって、人々の生活を支える重要な役割を果たし、活性化させた側面もある。

このように米軍統治下での統治政策が島の経済に及ぼした影響はマイナスだが、闇市を起点の「市場」や非正規貿易による「商店街」を中心とした自立への興隆が奄美の暮らしに及ぼしたプラスの側面を見逃すわけにはいかない。それらの影響を受けて、奄美社会の足元を固めることとなったといえる。

ヤミ市、非正規貿易は奄美の有史以来の島の人達による商業空間を構築した時期である。

# 奄美研究拠点
## 【島で・島から・島民と学ぶ力】
河合渓

●かわい・けい　一九六三年生。鹿児島大学国際島嶼教育研究センター教授。海洋生物学。著作に「ソフトコーラル群集に生息する貝類の生態」『奄美群島の生物多様性――研究最前線からの報告』（南方新社、二〇一六年）、「島の微地形を形成する貝類と人間」『生物多様性と保全――奄美群島を例に（下）』（北斗書房、二〇一六年）、『Nature in the Islands of Kagoshima』『The Islands of Kagoshima』（Hokuto Shobou, 2015 いずれも共著）等。

### 鹿児島県島嶼と奄美群島

鹿児島県は全国でも有数の小さな島々が点在する県である。この小さな島々は他の県と比べて、地理的に特徴的な側面を持っている。それは島々が南西諸島の北部に位置することで島が南北に列をなしていることと、それぞれの島が生物学的にも文化的にも多様で固有性を強く持つことがあげられる。生物多様性という点では、北部の屋久島はすでに世界自然遺産に登録され、そして南部の奄美は令和二年に世界自然遺産登録を目指している地域である。文化的には焼酎に代表される食や、島唄に代表される文化では島々で固有性が高い。一方で、島の大きさが小さいために産業の発展が難しく、人口の流出が起こっている地域も多い。教育面では小中学校は設置されているが、すべての島で高校が設置されているわけでなく、大学は全く設置されていないため、高等教育の充実が求められている。

このような中で、奄美群島は世界自然遺産登録を目前に控え、奄美と本州・九州との間で格安航空便が増便されるなど、観光客の増加がみられ、観光産業の発展が進みつつある。

### 国際島嶼教育研究センター奄美分室

鹿児島大学国際島嶼教育研究センターは長年鹿児島を含むアジア太平洋を対象に分野融合的な手法を用い地域研究を行ってきた。その活動を活性化するため、海外と国内に研究拠点を設置することを大きな目標の一つにしてきた。このような背景のもと、平成二十七年四月に奄美大島に教育研究拠点として奄美分室を設置した。

この奄美分室は、鹿児島大学が奄美群島に設置した奄美群島拠点の中で唯一教員が常駐する地域活性化の中核的拠点で、教育、

植物観察会前に説明を行っている様子

研究及び社会貢献活動を推進し、地域課題を解決することを目的としている。また、高等教育機関のない奄美群島において、子供たちに高等教育を紹介し、より身近な存在になってもらうことも大きな目的になっている。

奄美分室は、奄美市名瀬の中心に設置することで、市民や研究者が気楽に立ち寄れる組織を目指している。ここには専任教員一名、以下で紹介するプロジェクトで雇用されたサンゴ類を研究する特任助教と固有種クロウサギを研究する研究員が常駐している。

奄美分室内には、中学生・高校生に鹿児島大学や大学生活を紹介するスペースも準備している。そして、鹿児島キャンパスで毎月行われている研究会をインターネット中継し、島民に参加してもらう環境を整えている。また、奄美分室を訪問した研究者に依頼し奄美での研究活動を地域に還元するための勉強会「奄美分室で語ろう」も定期的に開催している。その他には、奄美で開催する幼稚園・小学校・中学校・高校の教員の教員免許更新講習会の講師を務めたり、高校への出前授業を行ったり、親子向けの自然観察会やシンポジウムを企画し、地域貢献や地域との連携を図っている。

## 研究プロジェクト

上記の活動の他に、奄美分室の機能を強化するため、平成二十七年度より平成三十一年度まで文部科学省特別経費プロジェクト

「薩南諸島の生物多様性維持機構の解明と保全」を推進している。上述の特任助教やプロジェクト研究員と、全学の約五〇名の教員が参加し、「生態系の維持機構」、「保全地の管理・利用計画策定」、「生態系サービス」、「観光利用」についての教育研究を行うことを目的にしている。

平成二十九年度は、各自の研究以外に以下のような活動を行った。八月には講演会「大島海峡の〝ちょっとマニアックな〟海洋生物のはなし」、瀬戸内町手安の桟橋での観察会「満月の夜に泳ぎだすゴカイを探してみよう」、観察会「奄美の海岸植物観察会」、写真展「大島海峡、いきもの新発見」、十二月には生物多様性観察会「冬の湯湾岳を歩こう――アマミノクロウサギ生態調査体験」、さらに平成三十年三月には多様性シンポジウム「奄美の植物と世界自然遺産」の開催を行った。

また、その研究成果は『生物多様性と保全――奄美群島を例に』(北斗書房)、『奄美群島の生物多様性』『奄美群島の外来生物――生態系・健康・農林水産業への脅威』、『奄美群島の野生植物と栽培植物』(南方新社)など、一般社会への還元と観光ガイドの教材提供として書籍を出版している。

これらの奄美分室の活動に対して、島民からはおおむね高い評価をいただいている。例えば、行政からは「奄美分室は沢山の実績を上げている。例えば、島嶼住民に島の良さ、価値の重要性を知らせてくれたこと、そのことにより島の住民が誇りと自信を取り戻せたことなどがある」、出前授業での高校生からは「島の良さを再認識した」、「素晴らしい場所なんだと改めて感じた」、また観察会に参加した親御さんからは「四年生の子供は嬉しかったと思います」、「初めてでとても感謝しています」、「子供より私の方が興味が出たように思います」などの意見をもらっている。

奄美での活動は軌道に乗り始めている。今後は研究者の活動と島民の要望との相互関係を十分考慮しながら、島の魅力を世界に発信していきたいと考えている。

# 第6遍　トカラネシア

1970年7月臥蛇島は島を挙げて離島し無人になった。学校跡地に釘状に彫られたセメント版が祀られている（写真上）。島の諸々の御神霊をここに安置するとある。ほぼ50年たっても郷里への想いは多様に受け継がれている。上陸後集落入口でまずは献花・献米・お清め（下）。

一村一ネシア。有人七島無人五島。南北一六〇kmの「日本一長い村」。鹿児島からの航路距離は北端口之島まで二〇四km南端宝島まで三三四kmで、奄美名瀬—宝島間九〇kmを加えた四二四km航路は瀬戸内海横断に匹敵する。「ネシア」とすべきは、自然地理（火山・高山・小島列・珊瑚・黒潮）・生態系（境界域）・文化（熊毛＝屋久種子とも異なる秘境性）・歴史（琉球・ヤマト境）等の周囲から際立つ強い個性と内部一帯性にある。①七島灘＝黒潮本流で渡海困難。中世まで異界扱い。②李朝『海東諸国紀』：小臥蛇島は分属日本・琉球と記載。③一四五〇年朝鮮人臥蛇島漂着。国境詐称目的で薩摩ルート・琉球ルート各二名分離送還。③一六九八年薩摩藩令で「道の島々」を文化・姓・風俗分離。薩琉関係隠蔽で虚構の国「吐噶喇」を創出し偽装交易を目論む。④明治でも奄美大島郡と本土川辺郡に行政帰属交替三度。⑤島嶼町村制（本土並みは三一年後）。⑥戦後：行政分離＝二つの十島村（下七島・上三島）。⑦復帰後：本土に遠距離役場。⑧離島振興法対象⇔奄美とは別法で末端地化。⑨渡瀬線：トカラ構造海峡＝南部悪石島—小宝島間に動物分布境界線。⑩琉球より先島やヤマトとの準混交で独自性等である。約すれば周囲と不連続、異界的・魅力的個性であり、かつ似た自然形状の島連続体である。

臥蛇島は一九七〇年国策集落移転で全員離島。艀作業労力欠如を新住民援軍で凌げた隣島諏訪之瀬島とは運命を異にした。鰹節・関連品相場下落も影響した。五〇年前の臥蛇島教訓もバネとして限界集落視を打破し人口保持力確保に各島努めてきた。一九八五年～二〇一五年島当たり人口は一一二人から一〇八人に留まり、世帯は一四％増えた。長寿子宝の奄美ネシア、人口ピラミッド保持のウチナー・先島ネシアと並び、日本ネシアの中でも、特例的な健闘地域。島出身元公務員が特産品・観光資源の開発、買い物手伝い、アンテナショップのNPOでバックアップもしている。「小さな島ができる大きな可能性」の公共民連動モデル・実験ネシア。

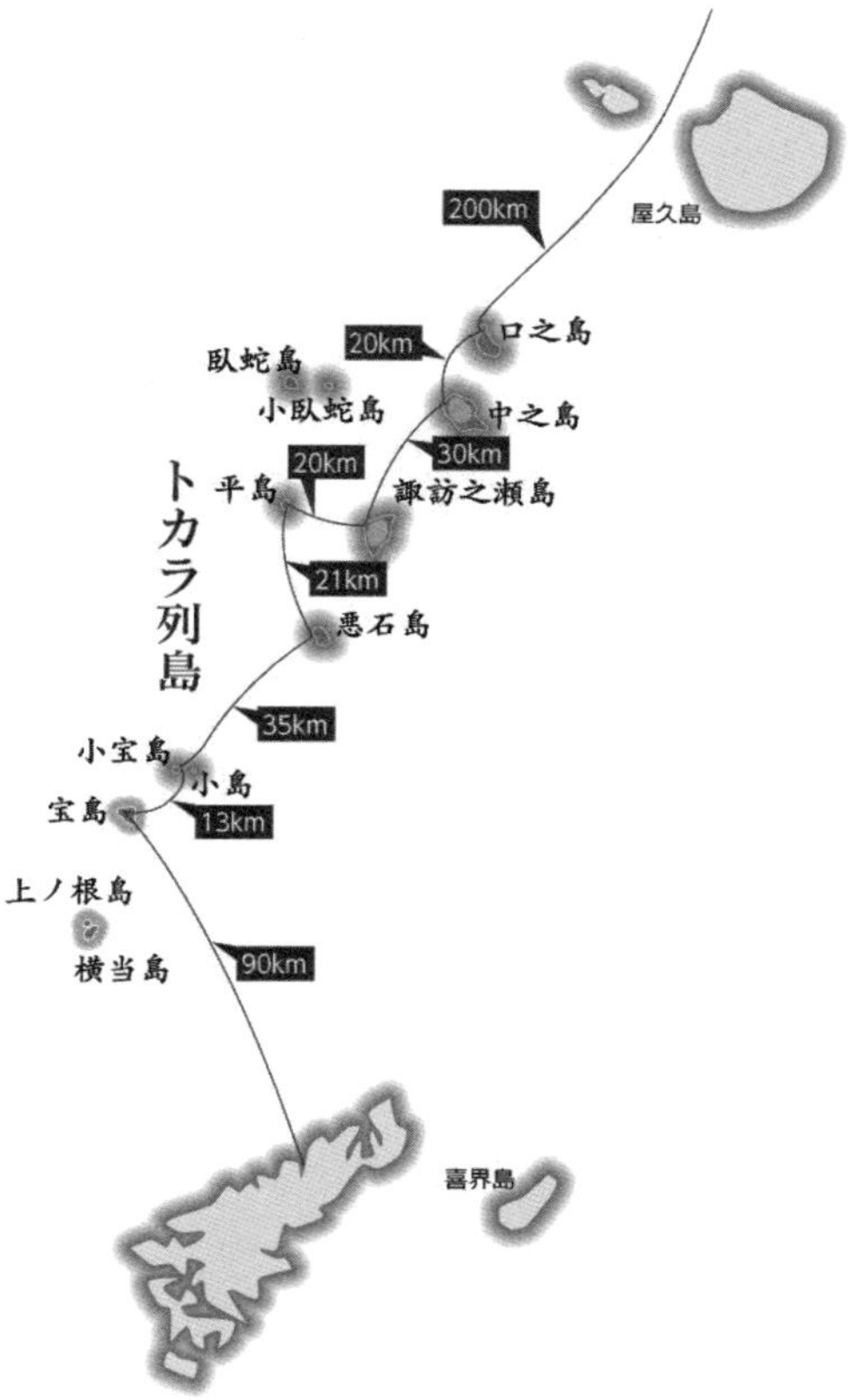
屋久島
200km
口之島
20km
臥蛇島
小臥蛇島
中之島
30km
20km
平島
諏訪之瀬島
トカラ列島
21km
悪石島
35km
小宝島
小島
宝島
13km
上ノ根島
横当島
90km
喜界島

# トカラの世界

桑原季雄

●くわはら・すえお　一九五五年生。鹿児島大学共通教育センター教授。文化人類学専攻。著作に『奄美の戦後史』（二〇〇五年）、『鹿児島の島々』（二〇一六年）、『奄美群島の生物多様性——研究最前線からの報告』（二〇一六年、以上南方新社、いずれも共著）等。

## はじめに

トカラ（吐噶喇）列島は、鹿児島県鹿児島郡十島村に属し、七つの有人島（北から口之島、中之島、平島、諏訪之瀬島、悪石島、小宝島、宝島）と五つの無人島の一二の小さな島からなり、総面積は一〇一$km^2$で、南北一六〇kmに及ぶ「列島」をなし、「日本で一番長い村」と称される（長嶋 2009: 4）。

トカラ列島の島々の全体的な地形上の特徴は、面積が微小であるのに比べて、標高が大きいことだ。最大の中之島は二七・五$km^2$であるが、御岳は標高が九七九mあり、南西諸島全体では屋久島に次いで高く、三番目と四番目がそれぞれ諏訪之瀬島（七九九m）と口之島（六二八m）となっている。小宝島以外は全て二〇〇mを超える山岳島で、平坦地が少なく、海岸からいきなり一〇〇m以上の山の急斜面や切立った崖となっている（塚田 1991: 1-2）。火山もトカラ「列島」を形作り、その列は、北は霧島山系から南は沖縄県の硫黄鳥島（徳之島の西約六五km）に至る。七つの有人島のうち三つの島に活火山があり、なかでも諏訪之瀬島の御岳は活発な活動を続けている（長嶋 2009b: 26、朝日新聞社編 1969: 69）。

現在、トカラの人口は三九〇世帯七〇九人（二〇一七年十二月現在）で、最も人口が多いのは宝島の一三七人、最も少ないのが小宝島の五六人である。近年、各島への移住者が増えている。二〇〇八年から二〇一二年までの過去五年間の移住者は、六九世帯一一四人となっている。一九五〇年に二九三八人だった人口は二〇一一年に六〇一人まで落ち込んだが、その翌年から増加に転じている（十島村役場）。かつてはカツオ節製造や畳表にするい草の生産が主な産業であったが、近年は早出しのビワやサンセベリア（トラノオ）、肉用子牛の畜産が盛んである。

## トカラの歴史

トカラ（吐噶喇）が史書に初めて登場するのは、六五四年の日本書紀だという（長嶋 2009: 5）。トカラの語源は諸説あり、一説には「火山島」を意味し、奈良時代から活火山を意味する「吐火羅」の字が当てられていた（朝日新聞社編 1969: 69）。ほかにトハラ説やトカフ説などがある。トハラ説は、奄美や沖縄で沖の海原を「トハラ」といい、黒潮のまっただ中にある島を意味する。トカフ説は、宝島の女神山が婦人の乳房に似た山で、アイヌ語で乳房のことを「トカフ」というのに由来するという。また、宝島を

十島村管内図（出典：十島村役場）

**鹿児島市とトカラ列島を結ぶ十島丸**（筆者撮影）

「トカラ」というのにちなみ、地理学者が七島を「吐噶喇」列島と言い始めてそれが定着したとも言われる（下野 2005: 335-336）。

近世になるとトカラは薩摩藩直轄領となり、幕末の一八二四年七月、日本史に関わる大事件が起きた。宝島沖に来たイギリスの捕鯨船から、「食料として牛を分けて欲しい」と言ってきたが、鎖国により交易が禁止されていたので藩の役人がこれを断ると、イギリス側も一旦引き上げたが、後日再上陸して番所を銃撃し、牛を強奪した。この銃撃戦でイギリス人が一名射殺され、この事件をきっかけに、幕府は翌一八二五年に「異国船打払令」を発布した（十島村誌）。

## 二つの海賊伝説

トカラの口之島や小宝島、宝島には、海賊に関する伝説が伝えられている。小宝島の伝承によると、昔、与助・与太郎・甚之助という三人組の海賊たちがやってきて掠奪行為を働いたが、落とし穴に落として生き埋めにしたという。与助は実在した海賊だったとみられ、『島津家列朝制度』や『三国名勝図会』には、日向国より海賊与助らが年々やってきたが中之島で殺害されたと記されている（原田 2015）。中之島に伝わる伝説では、室町時代にトカラ列島を荒らし回っていた海賊の与助らを、酒盛りを開いて捕え退治し、与助の霊が与助岩と呼ばれる岩になり、体は灰となって飛び散り人々の血を吸うブト（ブヨ）になったと伝えられている（原田 2017）。

宝島には、十七世紀後半のイギリスの海賊キャプテン・キッドが財宝を隠したというもう一つの伝説もある。一九三七年二月四日に、海賊キャプテン・キッドが一七〇〇年頃に描き残した島の地図がアメリカで発見され、どうやらトカラの宝島らしいということで、東京日日（現毎日）新聞等で大々的に報じられた。二〇〇六年八月には、夏恒例の二四時間テレビ「愛は地球を救う」（日本テレビ系列）で、重機や探知機を使った本格的な海賊キッドの宝探しが宝島から生中継され話題となった。

## 離村と移住

トカラの諏訪之瀬島は、一八一三年の大噴火では、全島民二〇〇人が悪石島と中之島に移住し、七一年間無人島となったが、一八八四年四月に奄美大島の住民二七人が入植し、一八九六年には三六戸に増えた。現在の住民は奄美大島からのこの移住者の子孫とIターン者からなる（長嶋 2009b: 37-38）。

臥蛇島《がじゃじま》は全国で初めて島民の自発的な全島移住により無人島化した島として知られる。一九六九年四月の時点で七戸三一人が暮らしていたが、一人でも欠けると「はしけ」[1]作業が続けられなくなるギリギリの状態が続いていた。同年八月に、七戸から六戸になると、「葬式も出せなくなったらもうおしまいだ」と、十二月に移住嘆願書が県に出され、一九七〇年七月二十八日に全世帯が集団離島し無人島化した（皆村 2006、下野 2009: 3-4）。

## 境界と分断

トカラ列島の地域は、様々な視点から境界領域として注目される。生物分布で言えば、温帯から亜熱帯にまたがる領域であり、悪石島と小宝島の間にはトカラ構造海峡が存在し、この地を東西に横切る生物地理上の重要な境界線が「渡瀬線」として知られる。村をこのような太い線が分断しているのは世界的にも珍しい（福澄 2009: 84、長澤 1969: 179）。また、亜熱帯と温帯にまたがる地域に島々が南北に連なっていることから、地球温暖化を知る貴重なセンサーゾーンの役割も果たしている（長嶋 2009: 6）。

トカラ列島は、戦前は「下七島《しもしちとう》」とも呼ばれ、元々は「上三島」とも呼ばれる現在の三島村と合わせて一つの村を形成し、「十島《じっとう》村《そん》」と呼ばれていた。終戦後の一九四六年二月に、北緯三〇度以南の下七島から沖縄までが米国軍政下に置かれ、村が突然分断された。一九五二年二月に北緯二九度線以北の下七島の返還が実現したが、その際、十島村と三島村に正式に分村し、トカラ列島の部分は鹿児島郡十島村となった。我が国で有史以来、村を国境で分断されたのは十島村だけである（斎藤 2008: 4）。

## 文化の接触混合

種子島・屋久島以北は九州文化圏、奄美大島以南は琉球文化圏

といえるが、トカラは両文化圏の中間にある。それを最もよく示しているのが民間信仰の担い手で、奄美では「ノロ（神役）」「ユタ（シャーマン）」などに見るように、主として女性がその主な役割を果たしているのに対し、トカラでは「ネーシ」という女性の神役が男性の神役とともに神祭りの司祭者であり、かつ病気治療や死者の口寄せを行なう呪術者でもあることから、奄美のノロとユタの両方の役割を同時に果たしている点で奄美と異なる（山下 1969: 150-153）。

奄美諸島は十三世紀から十六世紀にかけて琉球王朝の支配下にあったが、トカラ列島にもこのころ琉球文化の影響があったことが、八重山の赤マタという仮面に似た黒島の仮面や悪石島のボゼに見て取れる（長澤 1969: 167）。悪石島では旧暦七月十六日の盆踊りに、鬼の面を被った仮装神ボゼが出現し、踊りの輪をくずして盆行事の幕引きをする。昔は、トカラの各島に出現したが、今は悪石島でのみ現れる（下野 2009: 43）。このような鬼の姿をした神様は、黒島の面踊りや硫黄島の八朔踊り、種子島南部の棒踊り、屋久島の宮之浦や甑島のトシドンの行事にも出てくる。このように、トカラ列島は、南からと北からのものが混じり合い、独特の文化を伝えてきた（下野 2009: 7-8）。民俗学者下野敏見氏は、さらに、本土文化圏に属するといわれるトカラ列島が、ヤマト文化圏と琉球文化圏の接触地域であることを、農作業に用いる民具やその使用方法、祭礼や年中行事などの非物質文化の豊富な事例を挙げて例証する（下野 2005: 337-359）。

以上のように、トカラと奄美の間には生物学的にははっきりした境界線があるが、文化的にみると、トカラの文化は、主流は大和文化であるが、琉球ないし奄美文化の混入が考えられ、南北文化の接触混合地帯であるといえる（長澤 1969: 179-180）。

## 汽船とブロードバンド

トカラの交通は、村営汽船「フェリーとしま」に頼っている。村営船の初就航は一九三三（昭和八）年で、定期船が接岸できるようになったのは、一九六八年十月の中之島が最初で、一九九〇年四月の小宝島が最後となった（長嶋 2009c: 60）。二〇一八年四月には、新造船「フェリーとしま二」（一九五〇トン）が就航した。七つの島を結ぶ航路距離は一三一kmである。名瀬と鹿児島を結ぶ四二五kmは村が直接運営する航路としては日本一である（長嶋 2009a: 7-8）。

村営船の定期航路開設に尽力した第五代村長文園彰は、離島にとって「汽船も亦道路なり」と語ったとされる（長嶋 2009c: 55, 64-65）。今世紀に入って、十島村ではブロードバンド化の取り組みが始まり、二〇〇五年五月に初めてブロードバンドインターネットの体験教室が中之島小中学校と薩摩川内市の川内小学校を結んで行なわれ、二〇〇七年五月には悪石島と諏訪之瀬島が無線LANで結ばれた（升屋 2009: 75-79）。現在、十島村では、「ブロードバンド（情報）も亦道路なり」と主張している（長嶋 2009d: 65、升屋 2009: 69）。

## むすび

トカラの個性は、すでに見たように、その南北の連続性と東西の分断にある。また、かつて、トカラは交通通信のインフラ整備が遅れ、住民は情報と利便性から取り残されたため、限界集落を経験し無人島化した島も存在したが、現在、交通通信インフラが大幅に改善された。特にブロードバンド化で本土との情報格差が縮まってきたことや、近年、Iターン移住者が増えていることなどから、小さな島の生態系で人間と自然が快適に共生する暮らしが、我が国で初めて見られる日がやって来るかも知れない。今後、トカラの島々がどのように変貌していくのかが注目される。

**注**

（1）港湾などで大型船と陸との間を往復して貨物や乗客を運ぶ小舟。当時は船が港に接岸できないので、艀船を使って荷揚げ・荷下ろし作業をしていた。

**参考文献**

朝日新聞社編（1969）『薩南の島々』朝日新聞社
斎藤潤（2008）『吐噶喇列島――絶海の島々の豊かな暮らし』光文社新書
下野敏見（2005）『奄美、吐噶喇の伝統文化　祭りとノロ、生活』南方新社
下野敏見（2009）『南日本の民俗文化誌3　トカラ列島』南方新社
十島村誌編集委員会編（1995）『十島村誌』十島村
十島村役場『広報としま』(2017. 12. 4. No. 230)、統計資料：http://www.tokara.jp/resource/kankopdf/10.pdf（二〇一八年六月五日参照）。
塚田公彦（1991）「トカラ列島の自然観」鹿児島県保健環境部環境政策課編『トカラ列島学術調査報告書』鹿児島県、一―一六頁
長澤和俊（1969）「薩南諸島の自然と文化」朝日新聞社編（1969）『薩南の島々』朝日新聞社、一五七―一八三頁
長嶋俊介（2009a）「序章」長嶋俊介・福澄孝博・木下紀正・升屋正人（2009）『日本一長い村トカラ』梓書院、四―八頁
長嶋俊介（2009b）「「火の道」生活の島々」長嶋俊介・福澄孝博・木下紀正・升屋正人（2009）『日本一長い村トカラ』梓書院、二五―三八頁
長嶋俊介（2009c）「黒潮と交通」長嶋俊介・福澄孝博・木下紀正・升屋正人（2009）『日本一長い村トカラ』梓書院、五三―六五頁
長嶋俊介（2009d）「黒潮と交通」長嶋俊介・福澄孝博・木下紀正・升屋正人（2009）『日本一長い村トカラ』梓書院、五三―六五頁
原田信之（2015）「トカラ列島小宝島の海賊伝説」『新見公立大学紀要』36、一八二―一九二頁
原田信之（2017）「トカラ列島中之島の海賊伝説――与助岩とブトの起源」『奄美沖縄民間文芸学』15、三―一八頁
福澄孝博（2009）「生命の道――渡瀬線を越えて」長嶋俊介・福澄孝博・木下紀正・升屋正人（2009）『日本一長い村トカラ』梓書院、八三―九〇頁
皆村武一（2006）『村落共同体の崩壊――トカラの島じまと臥蛇島無人島への歴史』南方新社
升屋正人（2009）「情報の道」長嶋俊介・福澄孝博・木下紀正・升屋正人（2009）『日本一長い村トカラ』梓書院、六七―八二頁
山下欣一（1969）「民間信仰」朝日新聞社編（1969）『薩南の島々』朝日新聞社、一五〇―一五三頁

# 近世トカラ列島における陶磁器流通

渡辺芳郎

●わたなべ・よしろう　一九六一年生。鹿児島大学法文学部教授。考古学。著作に『日本のやきもの　薩摩』（淡交社、二〇〇三年）、『近世トカラの物資流通――陶磁器考古学からのアプローチ』（北斗書房、二〇一八年）等。

トカラ列島は、大隅諸島と奄美諸島との間、その距離約一六〇km の海域に所在し、有人島七島（口之島・中之島・平島・諏訪之瀬島・悪石島・小宝島・宝島）と無人島五島（臥蛇島・小臥蛇島・小宝小島・上根島・横当島）よりなる。行政的には鹿児島県鹿児島郡十島村に所属し、かつては「七島」と呼ばれた。周辺海域は黒潮が流れる「七島灘」という難所であるため、この海域を熟知していたトカラの人々「七島衆」は、中世において、九州から奄美、沖縄、さらに中国を結ぶ海上交易の担い手として活躍した。慶長十四（一六〇九）年、島津氏が琉球に侵攻し、奄美諸島まで薩摩藩の直轄領になると、七島衆は鹿児島―沖縄間を結ぶ海運に大きな役割を果たした。十八世紀初頭の『元禄国絵図』「薩摩国」には、トカラの島々を結ぶ航路が描かれている。また宝永六（一七〇九）年の記録では、当時の薩摩藩にあった「大船」二三〇艘のうち「七島船」が四〇艘（約一六％）を占めていたという。

南北を結ぶ経由地としてのトカラでは、北から南からさまざまな物資が行き交った。たとえば諏訪之瀬島切石遺跡からは、十四～十八世紀の中国・東南アジア・日本産の陶磁器が計一四八点出土しており、トカラがアジア海域の幅広いネットワークの中にあったことがうかがえる。また近世トカラからは鰹節を中心とした海産加工物が出荷されたが、鰹節は年貢として薩摩藩に上納されるとともに、「七島鰹節」として毎年「寒中」（旧暦十二月頃）に徳川将軍家へ献上されていた。このような流通物資の中に陶磁器がある。

## 陶磁器流通の重層性

トカラに流通した近世の陶磁器には、本土産のものとして、肥前地方（現在の佐賀県・長崎県）の陶器と磁器、薩摩焼と総称される薩摩藩領内（現在の鹿児島県全域と宮崎県南部）で生産された陶器と磁器、沖縄で焼かれた陶器の壺屋焼、中国で生産された清朝磁

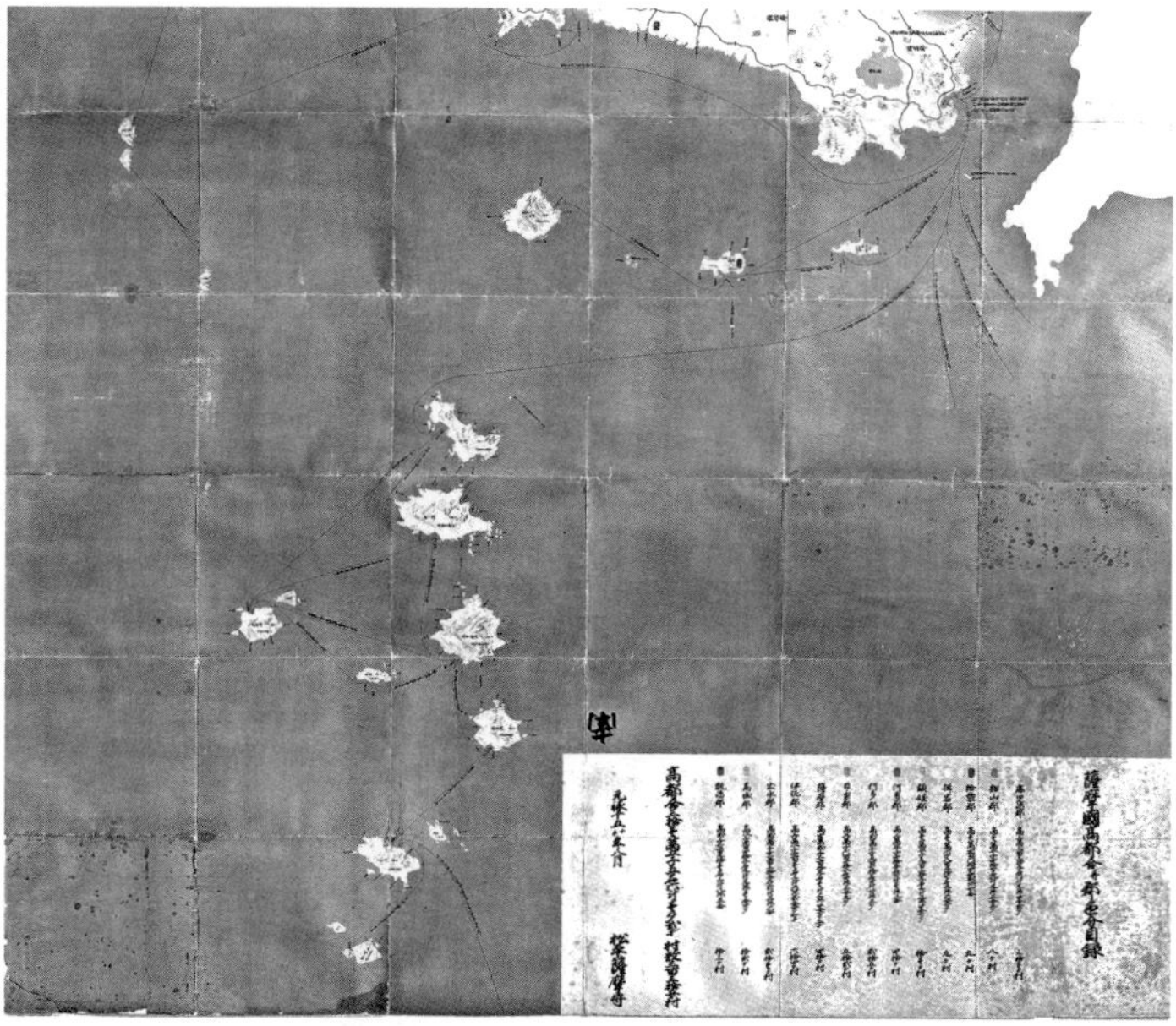

『元禄国絵図薩摩国』に描かれたトカラ列島と航路
（国立公文書館蔵（デジタルアーカイブより））

器（青花と色絵）がある。それらのうち、もっとも一般的に見られるのは、肥前陶器と磁器、薩摩焼である。ただし肥前陶磁器のほとんどが碗や皿などの食器類なのに対し、薩摩焼の陶器は甕や壺、擂鉢、土瓶などが中心である。また十九世紀になると薩摩産の磁器も流通するようになる。沖縄の壺屋焼では、「鬼の手」と呼ばれる泡盛を入れるための瓶（徳利）が採集されている。このほか民家の庭先に、壺屋焼の大壺などもしばしば見られるが、近代以後の製品もかなり含まれるようである。清朝磁器として注目されるのが、口之島で採集された十八世紀の色絵碗で、類例が沖縄那覇の真珠道跡から出土しており、沖縄経由で運ばれてきたと考えられる。このようにトカラの近世陶磁器の流通には、「北からの流通」（肥前陶磁器・薩摩焼）、「南からの流通」（清朝磁器）、「南西諸島内での流通」（壺屋焼）という三つの流通圏が重層的に存在していることがわかる。

## 陶磁器入手の契機と目的

それではこれらの陶磁器はどのようにトカラにもたらされたのか？　明治二十八（一八九五）年の笹森儀助『拾島状況録』によれば、トカラには商店はなく、また商人の来島もきわめてまれであり、日常に必要な物資は、先述した鰹節などを鹿児島や奄美に売りに行く際に入手したという。近世では、島の在番所（口之島・中之島・宝島）に派遣された藩の役人が公用で各島を、あるいは鹿児島との間を行き来する際に付随して運ばれたこともあったようである。年に一度、年貢を納めるために鹿児島に渡航することも貴重な機会であったろう。また鹿児島—沖縄間の海運の担い手であった七島衆は、航海の途中、沖縄や鹿児島から物資を入手する機会も多かったと思われる。トカラにおける陶磁器を含む物資流通は、純粋な経済活動だけでなく、さまざまな社会的活動に埋め込まれていたものも多かったと考えられる。

　トカラの人々が陶磁器を入手したのは、もちろん日用品として使用するためであったが、同時に祠に奉納することも目的だったと考えられる。『拾島状況録』に、宝島では鹿児島から無事に帰島できたとき、祠に陶磁器を奉納する習慣が記されている。前述の切石遺跡の陶磁器は碗や皿などの食器に限られ、甕や壺などはない。また同じ器形・文様のものが複数セットで見られる。十八世紀後半の薩摩焼龍門司窯の同形同大の碗がじつに四〇個も出土している。また中之島の十島村歴史民俗資料館には、臥蛇島の八幡神社由来とされる陶磁器が保管されているが、ここでも同種の碗が二点、四点のセットになっている。さらに切石遺跡出土例も臥蛇島のものも完形品が多く、使用痕跡が認められない。つまりこれらは日用品として入手されたものではなく、未使用のまま奉納されたと考えられる。トカラの人々にとって、島外からもたらされる陶磁器は、自分たちヒトのためのものであるとともに、カミのためのものでもあったと言えよう。

# 渡瀬線？　渡瀬帯⁇

金井賢一

●かない・けんいち　一九六九年生。鹿児島県立奄美高等学校教頭。著作に『環境ECO選書12　チョウの分布拡大』（北隆館、二〇一六年）、『奄美群島の外来生物』（いずれも共著、南方新社、二〇一七年）等。

　生物地理学において、旧北亜区と東洋亜区の境界線として、渡瀬線は非常に有名である。岡田（1927）が提唱したものとされており、近年は悪石島と小宝島の間に見られるという記述が多い（例えば、Motokawa & Kajihara, 2016）。確かに、毒蛇であるハブは小宝島を北限にトカラハブが分布し、悪石島以北には分布しない。また、自然分布ではリュウキュウマツが小宝島を北限とし、クロマツが悪石島を南限としている。

しかし、渡瀬線は明確にこの両島間に引かれるものではなく、屋久島と奄美大島の間に存在するとした方がより適切であるという主張もある（Komaki & Igawa, 2017）。このエリアでは、それぞれの生物ごとに歴史を持ち、一つの線では区切れないということを、いくつかの例で見てみたい。

## ヘリグロヒメトカゲ

本種は三島村の竹島、硫黄島、黒島を北限としてトカラ列島、奄美群島、沖縄諸島に分布する日本固有種である。屋久島・種子島には分布しておらず、口永良部島では一度記録されているが、現在はいないと考えられている。硫黄島では一九八〇年代には島内各地で確認されたが、外来種のクジャクによる捕獲圧が高いようで、二〇〇八年、二〇一一年の調査では見つからなかったらしい（環境省 2012）。しかし、二〇一五年に集落内で一頭見つかり、鹿児島県立博物館で標本として保管している。

本種はトカラ列島を大きく越えて北方に分布している。おそらくは漂流する倒木などにより分布を拡大したと考えられるが、詳細は不明である。

## リュウキュウカジカガエル

トカラ列島口之島以南の琉球列島に分布しており、国外では台湾にも分布している。

本種も小宝島—悪石島間を大きく越えて分布している。前述のヘリグロヒメトカゲと異なり、倒木などで両生類が海を渡ることができるのか疑問に感じるが、研究者には人為的な分布ではないと言われている（Komaki *et. al*, 2017）。なお、口之島の本種はセランマ温泉の流れ込む四〇℃以上のせせらぎでオタマジャクシが成長しているのが確認されており（Komaki *et. al*, 2016）、この島に来てから進化の過程に得た性質として非常に面白い。

なお、トカラ列島にはもう一種、ヒメアマガエルが諏訪之瀬島に分布しているが、こちらは人為分布である（鹿児島県 2017）。

## キマダラセセリ

北海道西部から本州、四国、九州に分布しており、南西諸島ではトカラ列島の中之島を南限としている。国外では北インドから朝鮮半島まで、インドシナ半島やマレー半島を含むアジアの大陸部に広く分布しているが、ホンコンを除く中国大陸部からは記録がない（白水 2006）。

国内において九州南部に南限を持つチョウには、ゴマダラチョウやサトキマダラヒカゲのように薩摩半島・大隅半島を南限とするか、ミヤマカラスアゲハやコジャノメのように屋久島・種子島を南限にするものが多い。なぜキマダラセセリのみが口之島、中之島に分布できるのか、不明である。なお、本種は林縁脇のススキ群落を利用していると思われ、似たような環境のある諏訪之瀬島、悪石島において分布していないか、調査が必要である。二〇一八年五月末の悪石島調査では発見できなかった。

## ナミエシロチョウとツゲモドキ

本種は近年分布が北上してきたシロチョウ科の一種である。インドから中国南部を経てオーストラリア北部にかけての熱帯・亜熱帯に広く分布し、南西諸島がその北限となる。八重山諸島では一八〇〇年代末から記録があり、普通に分布していたようである。宮古島では一九六三年に初めて記録され、一九七〇年代以降は記録が多い。沖縄島では一九二三〜三三年に少数の記録があるが、非常に稀だったらしい。その後一九六五〜一九六七年に少数の記録が出たが、定着できなかったようである。一九七六年に三頭の雄の記録が出て以降、一九七七年以降も多数見られるようになった。奄美大島では一九七三年に初めて記録され、一九八〇年以降は継続して記録されている。

トカラ列島悪石島では一九七五年七月に二頭雌を採集した記録が初めてである。その後も一九八二年七月に二頭雄が記録されるなど、奄美大島に定着したのと同じ頃に分布が拡大したと思われる。ちなみに小宝島は一九八二年に初記録、宝島は一九九九年が初記録である（福田2012）。

幼虫が食べる食餌植物のツゲモドキは、悪石島を北限として分布している。二〇一八年五月下旬に私は調査したが、きれいな雄や雌を多数目撃し、五雄一雌を採集した。また、ツゲモドキの新芽を探したが、卵や幼虫は見つからなかった。ツゲモドキがなぜ悪石島まで分布できているのかわからないが、その北限の地にたどり着いた本種は、定着したようである。

## リュウキュウノコギリクワガタ

本種は日本本土や薩南諸島にすむノコギリクワガタとは別種である。奄美大島、徳之島、沖永良部島において亜種分化が提案されており、トカラ列島の個体群も亜種とされている。口之島、中之島、臥蛇島、諏訪之瀬島、悪石島に分布しており（岡島・荒谷2012）、こちらも悪石島―小宝島間を大きく北に抜けている。おそらくこれも幼虫やサナギが入った倒木などの海流分布によるものであろう。

このように、生きものそれぞれに分布拡大・縮小の歴史があり、どの種に注目するかによって渡瀬線という境界を引くかという立場が異なる。むしろ、このエリア一帯を「移行帯」として捉えて、分布の類似性などを比較した方が、ふさわしいと思われる。

# 新保蔵技術の導入と民間企業との接合による離島漁業振興

鳥居享司

●とりい・たかし　一九七三年生。鹿児島大学水産学部准教授。水産経済学。著作に「離島漁業の振興にむけた水産物流通改善の取り組み」(『島嶼コミュニティ研究』二〇一八年)、「養殖魚のブランド化に果たす行政・漁協の役割」(『島嶼研究』二〇一八年)、「マグロ養殖の事業展開と漁場利用」(『漁業経済研究』二〇一九年)等。

## はじめに

離島の主力産業は漁業であるが、漁業衰退とともに地域経済が大きく弱体化するケースが散見される。離島の無人島化が国家的課題となるなかで、離島の産業振興策が必要とされている。

ただ、離島漁業は、数多くの条件不利性が存在する。燃油や資材などの価格が高く、生産コストを押し上げる。本土市場の出荷には費用が嵩むうえ、フェリーの運航ダイヤが漁業操業スケジュールを規定する場合もある。市場へのアクセスに時間を要し、鮮度劣化による価格低迷に悩む離島も多い。

本稿では、新たな保蔵技術の導入と販売力ある民間企業との接合によって漁業生産を伸ばした中之島（鹿児島県十島村）の取り組みを紹介したい。

## 鹿児島県十島村中之島における冷凍出荷の取り組み

### (1) 十島村の漁業概要

十島村は、七つの有人離島、五つの無人離島を抱える。人口は六八八名である（二〇一八年三月末現在）。十島村漁協の正組合員は三七名であり、多くは民宿業、畜産業、遊漁船業などとの組み合わせ経営である。

おもな漁業種類は、釣り、刺網、素潜り、漁獲対象魚はイセエビ、メダイ、チビキ、キンメ、ムツ、キハダなどである。年間の水揚量は約三八トン、水揚金額は約三八四三万円である（二〇一五年度）。出荷先は、鹿児島市場と山口水産である。

### （2）流通に不利をかかえる十島村の漁業

十島村から鹿児島市場への魚介類出荷は「フェリーとしま」による。台風や季節風などの影響を受けやすく、欠航時は魚介類の出荷が不可能となる。また、フェリーを用いた鹿児島出荷には九〇円／kgほどの費用が必要となる。出荷の不安定性、輸送費用、長時間輸送による鮮度劣化と価格下落が長年の課題であった。

そのようななか、二〇一一年より漁協の組合長（村議）が中心になり、流通改善策を検討した。生鮮出荷では鮮度劣化から逃れられないと判断し、冷凍施設を導入することとなった。そして鹿児島市の水産物卸売問屋・山口水産へ魚介類の冷凍処理と販売を依頼することとした。山口水産は、離島域の水産物に注目していたこともあり、この依頼を受けた。

### （3）中之島での事業経緯

二〇一二年、十島村は中之島に急速冷凍施設を設置（事業費は約三〇〇〇万円）、二〇一三年より山口水産が指定管理者として事業を担った。中之島周辺の漁獲物を三枚おろしにして急速冷凍し、フェリーにて山口水産本社へ搬送する事業を開始した。

買取価格は、鹿児島市場の平均価格をベースに、月決め価格を提示することとなった。全量買い付けを基本とするものの、「瀬もの」は漁獲後二日まで、そのほかの魚介類は一日までのものに限ることとした。さらに、漁獲した魚を海水氷でしっかり締めること、脱血処理を確実に施すこと、などを条件とした。冷凍処理は島内の女性が担うこととなった。

事業開始当初、山口水産は魚の集荷に苦労したものの、漁業者からは、輸送代や氷代を省くことができること、出荷に手間がかからないこと、小ロットでも出荷可能であること、などが評価されるようになった。

### （4）流通改善の取り組みの成果と展望

冷凍処理場の稼働を機に、フェリー便に規定されない新たな流通経路が誕生し、漁業者の出荷にかかる選択肢がひとつ増加した。漁業者は市場の相場、漁獲量、輸送費用、手間などを勘案しながら出荷先を選択できるようになった。

販売力のある民間業者が流通に関与し、出荷にかかる様々な制約が緩和されたことにより、操業日数の増加を指摘する漁業者が多くみられた。さらに、准組合員による出荷もみられるようになった。准組合員の多くは自家消費目的に漁獲するが、多少漁獲に恵まれた場合も市場出荷するほどのロットにならないため、周囲の島民に配ったりする程度であった。山口水産は鮮度が良ければ一尾でも購入することから、量がまとまらない漁業者の出荷先としても機能している。

その結果、二〇一二年以降、十島村漁協管内における水揚げ量は増加傾向を示している（図1）。

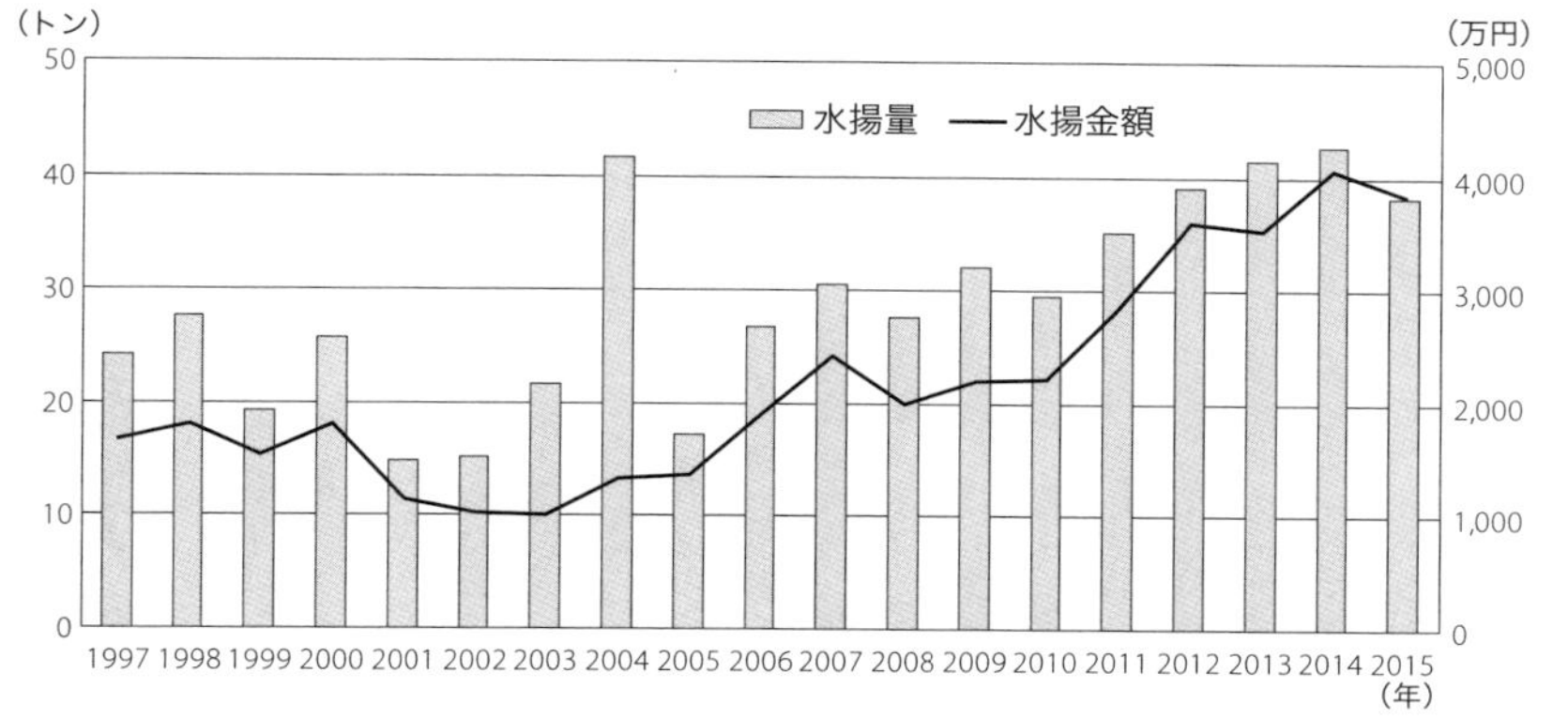


**図1　水揚量・水揚金額の推移**
（資料：十島村漁協「業務報告書」）

## おわりに

流通条件の不利性は、離島共通の課題である。鹿児島県内の離島に目を移すと、冷凍処理施設を保有する漁協も数多く存在する。また、新たに冷凍施設を設置する漁協もみられる。ただし、魚を冷凍しただけでは価値をもった「商品」とはならない。

本事例にみる流通体制の整備が漁業振興に結びついている最大の要因は、販売力を有する民間企業が関わっている点にある。商品づくりと販売に経験と知識のある企業が関わっているからこそ、冷凍魚が「商品」になるのである。魚介類の供給者（漁業者）と製造・販売を担当する民間企業（山口水産）、それらを施設面から支援する行政（十島村）が組み合わさることで、本事例にみる成果が生み出されている。

# 小規模離島の情報通信革命

升屋正人

●ますや・まさと　一九六九年生。鹿児島大学学術情報基盤センター教授。総務省地域情報化アドバイザー。情報通信工学。著作に『日本一長い村トカラ――輝ける海道の島々』（梓書院、二〇〇九年）、「条件不利地域における情報通信技術の普及啓発と情報通信基盤の整備」（『学術情報処理研究』二〇〇五年九月、いずれも共著）等。

鹿児島県薩摩半島の五〇キロメートル南に、三島村の竹島、硫黄島、黒島、そして、屋久島と奄美大島の間に、十島村の口之島、中之島、平島、諏訪之瀬島、悪石島、小宝島、宝島が点在している。これらの島々は、世帯数が三〇世帯から九〇世帯、人口が六〇人から一六〇人程度の、いずれも小規模な離島であり役場は村外の鹿児島市に置かれている。夏は台風、冬は北西季節風による荒天のため村営船はしばしば欠航し、長期にわたり本土から物資が届かないこともある。

## ブロードバンド整備の取り組み

こうした地理的条件が不利な地域であっても、高速にインターネットに接続できるブロードバンドを利用することで、全世界の情報を瞬時に入手することができる。電子メールやインターネット電話を使って離れた知人や家族と対話できる。銀行に出向くことなく預金口座の残高を照会したり、自宅にいながら買い物をしたり、映画や音楽の視聴もできる。大都市であろうと離島であろうと、ブロードバンドさえ利用できれば全く同じネット生活を送ることができる。

ところが、三島村と十島村では、ブロードバンドの整備が遅れていた。

全国のブロードバンド世帯普及率が五〇％を超えつつあった平成十八年時点でも、三島村と十島村の一般世帯のインターネット接続手段はアナログ電話回線のみであった。速度は十分でなく、通信は安定しない。天気図のダウンロードは失敗を繰り返してようやく成功、写真のデータを島外に送信するには長い時間と多額の通話料金を要した。

ブロードバンドの整備は技術的には難しくない。整備が遅れた最大の原因は、その費用にある。三島村と十島村では、外海離島

菱形のアンテナがブロードバンドサービス用。大半の世帯に設置されている。

という地理的条件から来るコスト高もさることながら、人口規模や村の財政規模に対して整備費用が大きく、費用の確保が難しい状況にあった。また、整備しても利用者が少ないと見られており、このことが関係者の理解を得にくくし、補助金の獲得を困難にしていた。

こうした状況においてブロードバンド整備を果たすには、費用を低減するための具体的な方策の検討と、地域住民に利用したいと思わせるための普及啓発活動の二つが欠かせない。

整備費用の低減策の検討は総務省や大学により実証的に進められた。例として、鹿児島大学が地域住民や役場と協力して取り組んだ、平島における島内全域の公衆無線ＬＡＮエリア化や、本土と三島村竹島を結ぶ四七・五キロメートルの当時国内最長の無線ＬＡＮ伝送実験などが挙げられる。こうした取り組みを通じて、整備への道程が示されてきた。

普及啓発活動としては、様々な機器やサービスに触れてもらうブロードバンド体験教室が各島で開催された。この影響は大きく、かねてから整備に強い要望を持ち、青年団によるパソコン勉強会なども開催していた宝島をはじめとした十島村では、中之島における体験教室の開催により住民のブロードバンドへの欲求がより高まることとなった。このほか、平成二十一年七月の皆既日食のインターネット中継の取り組みなどを通じて普及啓発を図ってきた。

## ブロードバンド整備後のくらし

これらの取り組みが実を結び、十島村では平成二十一年度と平成二十二年度の事業として、三島村では平成二十二年度の事業として、ブロードバンドの整備が国の補助により行われた。整備の後、十島村では平成二十二年から、三島村では平成二十三年から公設公営方式でブロードバンドサービスが提供されている。

整備されても利用しなければブロードバンドの恩恵を享受することができない。十島村では加入率が六五％を超え、鹿児島県内市町村の中で最も高い普及率となっている（写真）。三島村でもおよそ五〇％の世帯が利用しており県平均を超えている。

ブロードバンドの整備により生活は大きく変わった。三島村と十島村では民宿の多くが宿泊客に対して無料でインターネット接続サービスを提供しているほか、公共施設には公衆無線ＬＡＮが整備されており、情報通信環境については訪問者に離島の不便を感じさせない。港で荷下ろしされる貨物を見ると、世界最大のインターネット通信販売会社の特徴的な段ボール箱が目立つ。学校ではテレビ会議システムが日常的に利用され、大学からの遠隔授業や村内学校の生徒同士の交流に活用されている。港の様子を自宅から見たり、高齢者が役場の保健師とテレビ電話で会話したり、村議会の中継が行われたり、様々な場面でブロードバンドが有効に活用されている。

一方、利用者の増加や大容量通信の増大に伴い、設備の増強が必要になってきた。十島村では、海底ケーブルを新たに敷設するほか、島内について光ファイバによる有線接続に設備を更新する予定である。当初より光ファイバによるサービスを提供している三島村では、上流回線が逼迫してきており、上流回線容量の増強が喫緊の課題となっている。追加の費用が必要となるが、ブロードバンドが有効に活用されているからこそ必要なコストである。理解を求めるのは難しくないであろう。

# 第7編

# 黒潮太平洋ネシア

的野湾の養殖場に囲まれた渡鹿野島はホテル群の島でもある（写真上）。住宅地路地は狭い。孀婦岩（そうふがん）99mは伊豆諸島最南端（中）。所属市町村未定のため東京都直轄の活火山（下）。青ヶ島中心地。江戸時代噴火で約60年帰住不可であった。今は毎日ヘリコプタで八丈往復可能。

トカラネシア以東の黒潮が織りなすネシア世界。黒潮＋島個性＋本土ネシア沿岸性の三大相互作用が産業と文化と植生を個性化し共通化している。中央史観からは普通に見えても、そこはヤマト（文化・生業）・大洋（うねり・干満）・太陽（陽光・日照時間）の強烈な個性の地である。関東をも越えて三陸までの長距離波及があるのも世界最大潮流（全球最大オーシャン＋赤道熱）の恩恵である。加えて人の流れ（漁撈民・船団）もある。済州島海女の出稼ぎ（テングサ等）も過去には季節性があった。

島の成り立ちにも三系列ある。本土近接性の自然島（本土沿岸域との往来的類似度が高い）と人工島（東京湾岸・中京工業地帯等、加えて海堡・台場・要塞等）、そして火山列島弧で遙かに連なる島々。伊豆諸島はまとまりがあるネシアだが黒潮影響域分断を回避して、ひとまとまりとした。黒潮中流域であり中核ですら在る。地域は広域になり、一枚の地図で島名まで示すのは不可能である。黒潮図（はじめにと第1遍）と伊勢湾（第8遍内）を除いた四枚の地図を示す。（地図上左）活火山青ヶ島・ベヨネーズ列岩・須美寿島・鳥島のさらに南の孀婦岩（海底二五〇〇ｍから海上に屹立）まで伊豆諸島は続く。（地図上右）初島は観光航路で伊豆諸島と一帯化した。（地図中）サブサブネシア三陸は東日本大震災からなお復興途上で出島・気仙沼大島は架橋島になる。宮戸島は奥松島＋縄文貝塚島。（地図下）高知県西端の柏島には黒潮実感センターがある。島々は宇和島湾まで繋がる。リアスと潮流で豊穣の海。いずこも震災噴火防災が課題である。

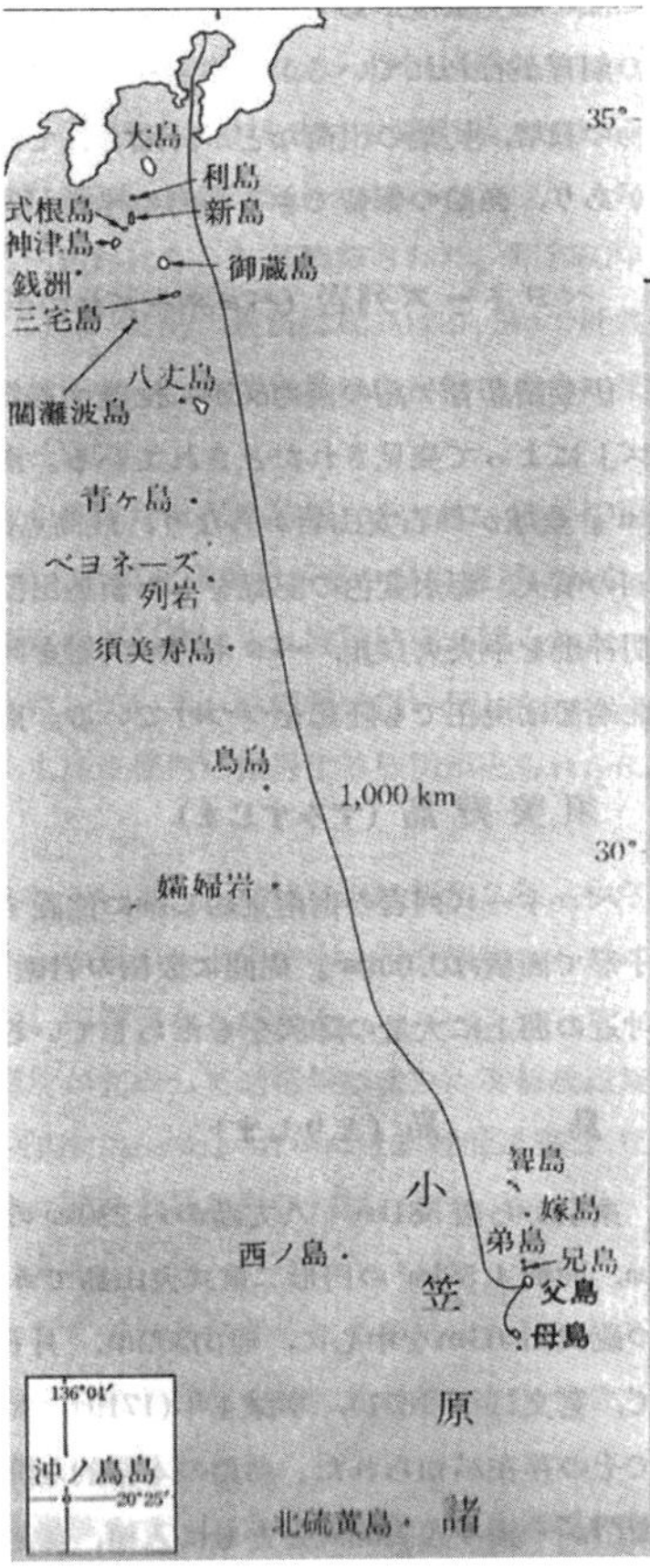
大島
利島
式根島
新島
神津島
御蔵島
銭洲
三宅島
八丈島
閣灘波島
青ヶ島
ベヨネーズ列岩
須美寿島
鳥島
1,000 km
孀婦岩
聟島
嫁島
弟島
兄島
父島
母島
西ノ島
小笠原諸
北硫黄島
136°04′
沖ノ鳥島
20°25′
35°
30°

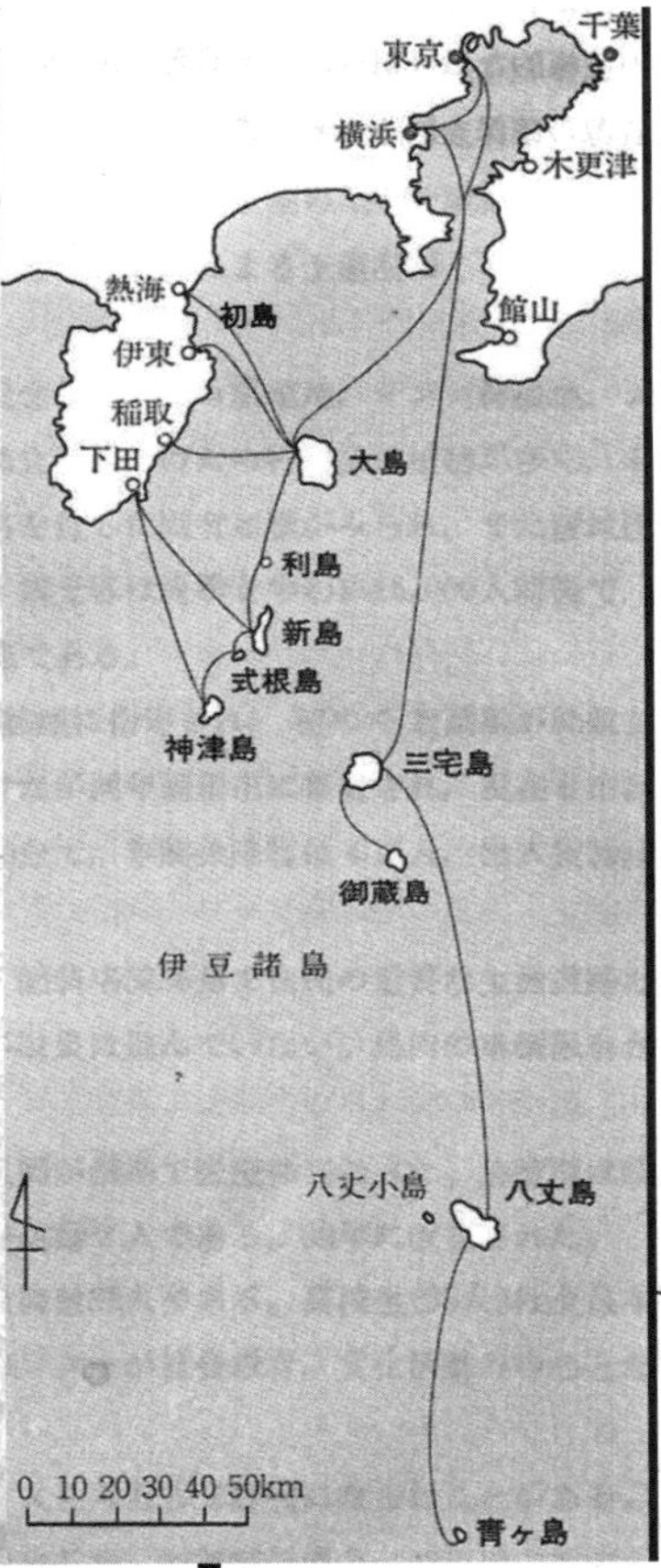
東京
千葉
横浜
木更津
館山
熱海
初島
伊東
稲取
下田
大島
利島
新島
式根島
神津島
三宅島
御蔵島
伊豆諸島
八丈小島
八丈島
青ヶ島
0 10 20 30 40 50km

←伊豆
←東京
諸島

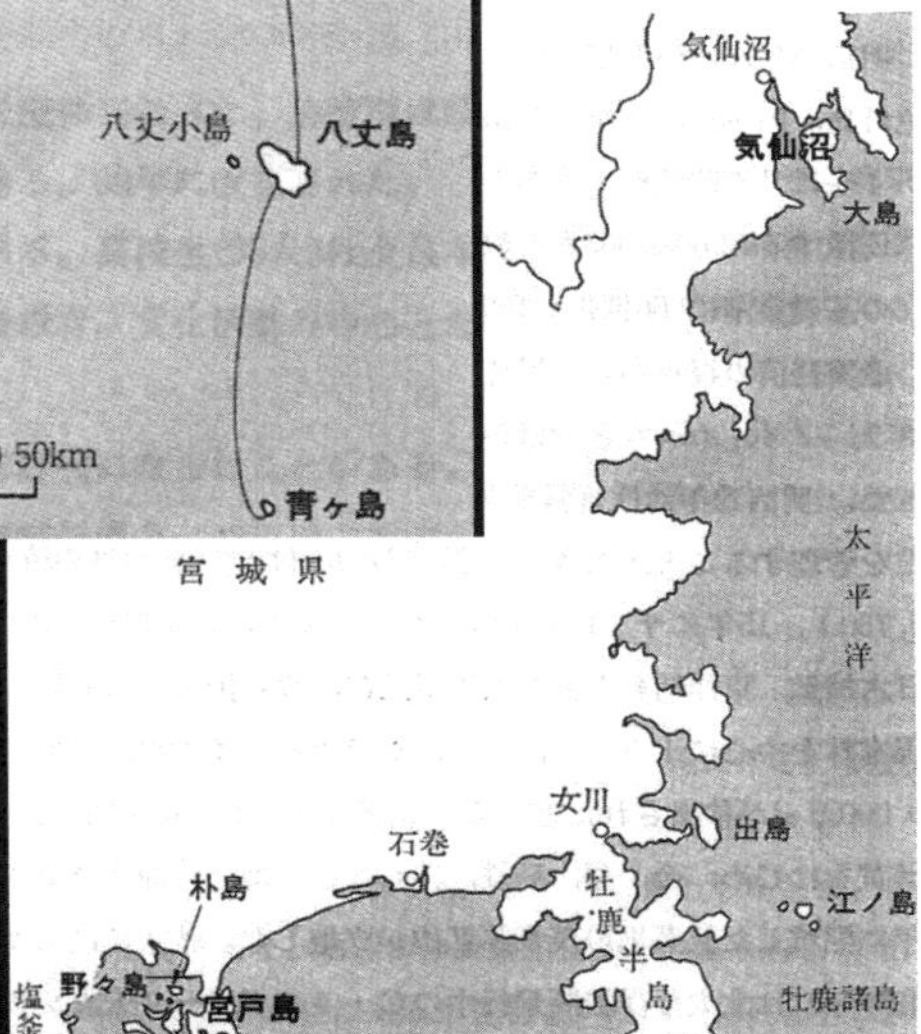
気仙沼
気仙沼
大島
宮城県
太平洋
女川
出島
石巻
牡鹿半島
江ノ島
朴島
野々島
塩釜
宮戸島
桂島
寒風沢島
田代島
鮎川
牡鹿諸島
金華山
浦戸諸島
網地島

宮城↑
高知→

宿毛
大月
鵜来島
柏島
沖の島

# 持続可能な里海づくり

## 【四国の端っこからの挑戦】

神田優

●かんだ・まさる　一九六六年生。NPO法人黒潮実感センター長理事（高知大学客員准教授）。著作に『持続可能な里海づくり』『里海学のすすめ　人と海との新たな関わり』（勉誠出版、二〇一八年）、『食べ方までわかるメジナの歯』『メジナ釣る？科学する？』（恒星社厚生閣、二〇一一年）、『柏島――島がまるごとミュージアム』『土佐アート街道をゆく　アートによる地域の魅力づくり』（株式会社New York Art、二〇一〇年）、『島が丸ごと博物館――地元の素材で子どもを育てる』『子育ち支援の創造』（いずれも共著、学文舎、二〇〇五年）等。

### 島がまるごとミュージアム

高知県の南西端にある周囲三・九km、人口四〇〇人ほどが暮らす小さな島、柏島。かつて湾内に設置されていた定置網には一日最大二四〇〇本ものキハダマグロが入るなど、湾内にマグロが回遊する豊饒の海であった。

柏島の海は南からの澄んだ暖流黒潮と、瀬戸内海から豊後水道を南下してくる栄養豊富な潮とが混じり合うことで、温暖な海には造礁サンゴが広がり、多種多様な海洋生物の宝庫となっている。二〇一三年の調査報告によると柏島周辺海域には一一五〇種の魚類が生息していることが明らかとなった。この数は沖縄や小笠原諸島をしのぎ日本一である。

昨今は湾内でも三〇mの透明度を誇る海が柏島ブルーと呼ばれ、船がまるで宙に浮いているように見えると言うことで評判にもなっている。

黒潮実感センターは、柏島の豊かな自然環境だけでなく、そこに住む人たちの暮らしも含めて、「島が丸ごとミュージアム」と捉え、島を拠点に環境保全・環境教育、調査研究など、海に関する活動や情報を発信し、それらを元に地域の暮らしが豊かになるお手伝いをしている。

「人が海からの豊かな恵みを享受するだけでなく、人も海を耕し、育み、守る。」これが私たちの提唱している「里海」の考え方だ。黒潮実感センターは、人と海が共存できる持続可能な「里海」づくりをミッションに、大きく三つの取り組みを行っている。

1　自然を実感する取り組み
2　自然と暮らしを守る取り組み
3　自然を活かすくらしづくり

黒潮実感センターはいわゆる「水族館」ではない。水族館は海

ウバメガシで作った人工産卵床で産卵するアオリイカ

にいる生きものをヒトが住んでいる陸上の水槽に入れ、観察するというもの。海のない場所やじっくりヒトのペースに合わせて観察できるという点では、非常に意味がある。私たちのアプローチはその逆。海の生きものが自然に生活しているところに、ヒトがお邪魔してその暮らしぶりを見せてもらうというもの。いわゆるヒトにとっては「アウェイ」な環境。ヒトの都合ではなく、生きものの都合にヒトが合わせることで、生きものの自然な営みが観察できる。その生きもの行動や形態にどういう意味があるのかを解説することで、海への興味関心を持ってもらう。黒潮実感センターでは調査研究をベースに、子どもから大人までの幅広い人を対象にした、体験実感学習やエコツアーを開催している。

当初描いていたプランは柏島に高知県の牧野植物園の海版としての、海のフィールドミュージアム（つまり箱を持たない博物館）を作りたいと思い活動を開始したが、島には様々な課題が山積していた。その一つが元々漁業の島として栄えてきた柏島に、新たな海洋レジャー産業としてのダイビング業が誕生し、両者の間で生じた海面利用についてのコンフリクトだ。

## ピンチをチャンスに　海の中の森づくり

レジャーダイバーが大勢訪れていた二〇〇〇年頃、アオリイカの漁獲が減少した時期があり、イカがとれないのはダイバーのせいと、漁業者がダイバーを排除しようという動きに出た。イカの減少がダイバーによるものかどうかわからないが、当時磯焼けという大型海藻の藻場が衰退する現象が発生していた。アオリイカは藻場に産卵するため産卵場所の減少が漁獲に繋がっているのではと考え、漁業者とダイバーに働きかけ、海中にウバメガシやヒノキの間伐材で作った代替藻場としての人工産卵床を設置することを提案した。産卵適地の見極めや産卵床の設置時期や方法など、研究者として色々と試行して行った結果、全国一の成果をあげることができた。その成果を「見える化」するために、海中の産卵映像や写真を漁業者に還元することで、次第次第に両者の関係が修復されていった。

その後この活動を地元の子ども達の環境学習に取り入れ、さらにアオリイカ減少の要因の一つである産卵場としての藻場の減少を理解しようと、森川海のつながり学習を展開。森林組合も協力してくれるようになった。子ども達を核にすることで、これまで関係の悪かった漁業者とダイバー、そして関係の無かった森林組合や行政関係者がうまくリンクして回り始めた。

この活動は柏島から自治体の枠を飛び越えて周辺海域や山林にまで広がり、また多くのメディアで紹介されることで全国にも広がりつつある。二〇一三年からはこの取り組みを全国的に展開すべく「アオリイカの里親」制度を始めた。全国各地の関心のある方にアオリイカの里親になってもらい、産卵床を一本一万円で購入してもらう。会員にはアオリイカへのメッセージプレートを書いてもらい、それをマイ産卵床に取り付けダイバーが海底に設置する。秋口以降、地元漁師が釣ったアオリイカを買い取り会員に送るというシステムだ。その際にマイ産卵床に産卵するアオリイカの写真や料理レシピ、捌き方の説明書も送る。頂いた費用からダイバーへの作業日当を支払い、漁業者にとってはアオリイカ資源が増え、漁獲したものを買い取る。里親には新鮮でおいしいアオリイカが届くと同時に、その海の資源を増やしているという満足感も与えることに繋がる。三方良しの活動の輪が次第に全国に広がりつつある。

ピンチをチャンスに、人が海からの恵みを一方的に享受するのではなく、人もまた海を耕し、育み、守る。人と海が共存できる「里海」づくりに向けた取り組みを全国に向けて発信中である。

# 高知離島保健婦の偉業に思う

森隆子

●もり・りゅうこ　一九八一年生。鹿児島大学医学部保健学科地域包括看護学講座助教。公衆衛生看護学。著作に「小規模島嶼における看護実践モデルの開発――理論的枠組みの構築と妥当性の検証」(『日本ルーラルナーシング学会誌』二〇一二年四月、共著)等。

本稿では、島嶼における看護職の看護実践モデル形成の機序について一部を論じ、そのうえで、かつて高知県島嶼部の駐在保健婦として活躍した荒木初子への眼差しを改めて向けてみたい。

これまで、筆者は島嶼における看護実践モデルの構築をテーマとした研究を行っている。一連の研究を通して、島嶼部へ看護職として参入することが、都市部への参入とはかなり異なる固有の経験であることが示されつつある。ここで、島嶼に特徴づけられる点が幾つかある。まず、隔絶性・環海性・狭小性の高い島嶼において、就業と日々の営みは、同一の空間で繰り広げられる(公私の境界は、看護職・地域住民双方にとって曖昧となりやすい)。さらに、地域住民とは看護職―対象者(患者)という関係を超え、多元的かつ緊密な関係性がもたらされる(時に場を越境し、互いに強烈な形で持ち込まれ合う)。保健医療資源の乏しさは、物理的/精神的な孤立しやすさへとつながる。島嶼空間において、生活者/看護職としての自己の境界は時に曖昧になりやすく、看護の深度と範囲(看護としてどこまで/何を為すか)も、実に無限とも思えるバリエーションを浮かび上がらせる。一義的には、島嶼の有する離島性の高さといった環境要因によって広域に看護職への役割期待の枠組みは一定以上が規定されつつも、そこから、島嶼におけるさまざまな相互作用(臨床経験や公私でのやりとり)を通して、「職住近接」「混在する多様な関係性」「専門職としての孤立」「役割の曖昧さ(深度と範囲)」――これらのコアな要素を組み合わせながら〝自らの生きる世界としての島嶼空間〟を看護職は循環的に再構築させていく。構築された島嶼空間は、時に曖昧で、混乱や対立も、時に相対化をも生む多様な島嶼世界である。広域には、島嶼のもつ離島性(隔絶性・環海性・狭小性)に影響されつつも、看護職自らも島嶼の作り手の主体となり固有の関係構図を生み出していく。無論、島嶼であるという文脈は時に残酷で、中には排他的な関係構図が築かれるリスクも内包している。このように島嶼における看護実践モデルの構築とは、地域との相互作用に基づきボトムアップに創発されていくという動的なプロセスである。

ところで、二〇年以上にわたって高知県の離島である沖の島にかつて駐在保健婦として勤めた人物がいる。貧困が著しかった当時において、乳幼児死亡率の減少、風土病であるフィラリアの撲滅等に貢献するなど、地域医療の発展における非常に大きな活躍を見せた荒木初子（一九一七—九八年）である。その功績は広く認められ、第一回吉川英治文化賞を受賞し、映画「孤島の太陽」のモデルにも取り上げられるまでとなった。

ここで、筆者自身が荒木の功績に対するもの以上に強烈に関心を寄せているものがある。それは功績を生み出す以前、具体的には荒木と島嶼（沖の島）とが樹立した関係構造とその成立機序への関心である。もちろん、荒木の活躍を支えた背景のひとつには、高知県で長らく採用されてきた保健婦駐在制度の存在があることは間違いない。保健婦駐在制とは、「本来保健所内に拠点を置いて活動するのが一般的である県保健婦が、管内各地に駐在し、保健所長の指示の下、日常的に住民の衛生管理指導を行う形態（木村：2012）」を指す。当時、健民健兵政策を支える目的で一九四二年に全国の各都道府県で実施されたものの、敗戦を機にいったんは停止し、戦後変革期の一九四八年から唯一高知県で継承された（「高知方式」と称されている）。その後、一九六〇—七〇年代にかけてへき地の医療・衛生問題を解決する方策として奨励され、全国二四の都道府県で短期的に採用される（木村：二〇一五）などの大きな広がりを見せた。そして、高知県・沖縄県の両県においては、一九九七年の地域保健法全面実施の方針を受けて駐在制が廃止されるまで長期にわたり継続された（沖の島においては特例的に一九九八年三月まで実施された）。さらに、荒木が駐在保健婦として着任以来、保健婦が継続的に駐在できたのには、離島振興法の予算措置が取られたこと（木村：2002）も、大きな要因となったことはいうまでもない。

しかし、それ以上に、荒木の看護実践モデルの在り様が島嶼コミュニティへ影響をもたらし、島嶼コミュニティも荒木の看護実践モデルに影響を与えるという地域レベルでの円環的な関係性が形成されたこと、さらにその前提として、その関係構造を生み出す起点としての看護実践モデルの在り様そのものが、時に緻密な設計の上に成立しているのではないかというものである。島嶼における看護実践モデルの形成のさせ方それ自体に卓越した技能があったのではないか。荒木自身が、一連の経過をどのように経験していたかを伺う術は、今となってはもち得ない。しかし、一義的な看護実践の結果のみならず、島嶼看護職の形成した看護実践モデルを構造化させることで、昨今盛んに叫ばれる地域への回帰に向けて、多くを学ぶことができるのではないだろうか。

**参考文献**

木村哲也「宮本常一から伝わったこと　忘れられた存在へのまなざし――高知県沖の島・生原林造さん聞き書き」（特集・宮本常一氏没後二〇年離島振興法の制定から半世紀（シリーズ　宮本常一は語りかける）『しま』192、二〇〇二年、六〇―六四頁。
木村哲也『駐在保健婦の時代　一九四二―一九九七』医学書院、二〇一二年。
木村哲也「報告2　駐在保健婦の歴史と活動――地域住民との関わりを中心として」『日本ヘルスコミュニケーション学会雑誌』第六巻第一号、二〇一五年、一〇―一四頁。

# 日韓の海女交流について

**劉亨淑**

●ユウ・ヒョンスク　一九六八年生。（韓国）東義大学ホテル・コンベンション経営学科教授。韓・日海女研究所長。ホスピタリティー産業経営・農山漁村観光。

## 韓・日海女研究所（東義大学）

二〇〇八年度韓国政府（国土海洋部）の研究課題を遂行する中で"海女"との出会いがあり、韓日における海女関連の研究や調査を本格的に行うため、二〇一六年三月、大学の中に「韓日海女研究所」を設立。研究所は一般人を対象とし、「海女文化体験教育プログラム」の実施や長崎県壱岐市の海女と韓国釜山広域市の海女を招いて「海女フォーラム」などを開催した。

十九世紀末、釜山は済州海女＝「出稼ぎ海女」として朝鮮半島全ての海岸地域へ行くための出発地及び経由地となっていた。故に韓国の海女文化を論じる際には、釜山は省いてはならない重要な地域である。尚、その際に少数の海女はこの地域に定着し、現在、一〇〇〇人ほどの海女が生活しており、全国的には約一万名の海女が荒々しい海で働いている。

韓日両国で近代水産業の一軸を担ってきた海女漁の漁業形態は、装置も何も着けずに素潜りで潜水して直接海産物を採取する漁村の伝統漁業文化であったが、海女の高齢化と収益率低下によりその命脈を受け継いでいくことが難しい現実に直面している。また、済州島を除いて、韓国では海女に関する関心度が低いのが現状である。

二〇一六年十一月三十日、韓国の「済州海女文化」がユネスコの人類無形文化遺産として登録された。個人的には、海女は韓国と日本のみに存在するため、韓国と日本の海女文化が共同で文化遺産となることが望まれたが、残念なことに韓国の「済州海女文化」のみとなった。

## 海女サミット

二〇〇八年ごろから済州島のイベント「海女祝祭」に日本の海女も参加し、済州の海女との交流会が始まった。また、二〇〇九年から三重県鳥羽市で日本全国の海女たちが集まる「海女サミット」が毎年開催され、数年前から済州海女は民間ベースで参加し、韓日海女交流などを行ってきている。また、二〇一五年からは釜山の海女も海女サミットへ参加するようになり、二〇一六年の海女サミットのパンフレットに海女漁を行っている日本の一八県[1]・済州とともに釜山が掲載されるようになった。数年前から韓国の海女漁は済州のみではなく釜山をはじめ多くの漁村で行われていることをアピールし続けてきたので、二〇一六年釜山海女表記は感慨深いものとなった。釜山以外の韓国漁村海女の存在もあり、徐々にでも良いので追加を期待したい。

二〇一五年、海女サミットに参加した釜山海女は釜山市の海女福祉支援策として、ウェットスーツ購入費の支援を受けていることを紹介し、鳥羽市の水産関係者へ海女たちのためのウェットスーツ購入費の支援をお願いした。そして二〇一六年から鳥羽市の海女たちもウェットスーツの購入費用として一人当たり三万円(ウェットスーツ購入費の1/2に該当、三〇〇万円予算消尽まで)を支給されるようになった。海女サミットを通じた韓日海女間の実際的な交流が、行政の政策にまで影響を及ぼした事例となった。次は隣の志摩市もウェットスーツ購入支援事業を実施する予定だといわれ、民間ではじめたこのような交流の重要性を痛感するようになった。

最近、海女サミットに若い海女(海女関係者)が多数参加するようになったことが目立つ。その理由の一つは日本全国で「地域おこし協力隊[2]」として海女役(観光海女ともいう)を行う隊員が増えたことであると思う。二〇一三年長崎県壱岐市の地域おこし協力隊員であった若い海女が、任期終了後壱岐市に定着したという成功事例があり、他の地域も若い女性を海女役に採用していくことが増えているようだった。二〇一八年現在、四八三〇名の隊員

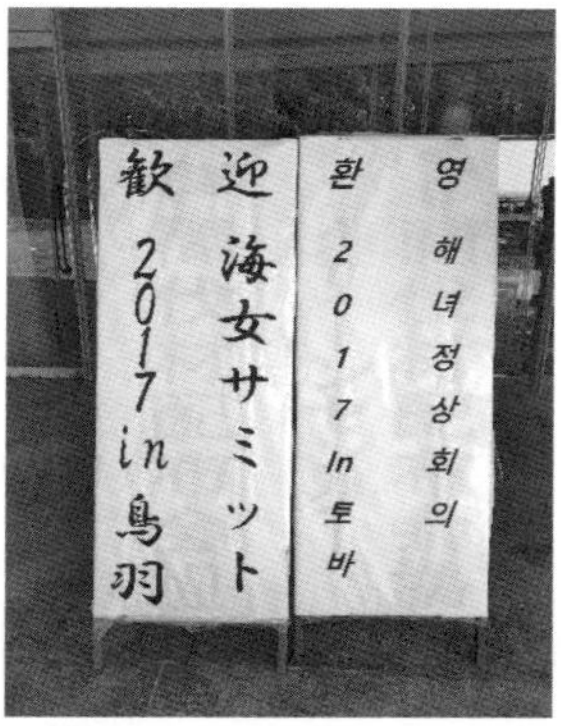

2017年海女サミット

が九九七の地自体（団体）で活動しているようで、隊員の約四〇%が女性で、約七〇%が二十歳から三十歳、任期終了後には約六〇%が活動した地域に定住すると報告されているようだ。

海が好きで海に関心を持つ若い女性の進路として海女漁が脚光を集めているようで、このような「地域おこし協力隊」政策が日本の海女後継者の養成につながっていくのではないかと期待している。さらに韓国にもこのように若い海女が受け入れられる制度があればと期待している。

**注**

（1）過去は日本全国の海岸地域に海女が分布したが、現在は日本の一八〜二〇県のみに海女が存在しているという。岩手、宮城、千葉、静岡、三重、京都、神奈川、和歌山、石川、福井、鳥取、山口、徳島、福岡、長崎、佐賀、大分、熊本、鹿児島、新潟である。

（2）二〇〇九年に総務省がはじめた制度で、大都市圏から過疎地域に生活拠点を移して地域おこし活動をしながら定住を図る取り組みである。

# 東海・黒潮の多様なネシア世界

原眞一

●はら・しんいち　一九四六年生。元・三重大学、琉球大学、名城大学、中京大学ほか非常勤講師。地理学専攻（景観・風土）。著作に『写真地理を考える』（ナカニシヤ出版、二〇一二年）、「名瀬市——道の島・奄美群島の港湾都市」（『都市の景観地理　日本編2』共著、古今書院、二〇〇七年）、「佐久島（愛知県）——アートで島おこし」（『地理』二〇〇四年一〇月号）、「琵琶湖の離島・沖島の地誌」（『日本離島研究会35周年記念誌』二〇一八年）等。

## 日本中央部の伊勢・三河の海域に広がる東海黒潮ネシア

日本の中央部に位置する伊勢・三河の東海ネシア世界は、伊勢湾・三河湾の海域が繋がり、さらに壮大な海原の太平洋・黒潮の潮流が直接交わる自然環境である。さらに、その沿岸の人文環境は、平城京、伊勢神宮、伊勢湾・三河湾沿岸などと関わり、さらに江戸時代、東三河や遠江から「船参宮」と呼ばれ伊勢参宮への海の街道でもあった。明治以降の鉄道交通の発達により、現在、関西圏や中京圏を中心とする観光・リゾート地でもあり、古来より現在に至るまで、幾多の歴史的地理的な多様な関わりを有してきた。

この広大な海域には三重県鳥羽市の坂手島、菅島、答志島、神島のネシア世界と、伊勢湾から続く知多半島と渥美半島に挟まれた三河湾には、愛知三島（三河湾三島）と呼ばれる日間賀島・篠島（愛知県南知多町）、佐久島（愛知県西尾市）のネシア世界が広がる。ともに現在は離島振興法指定の一部離島である。なお、一部離島は本土側の行政域に属する離島である。

## 伊勢のネシア
### ——黒潮の潮流が交わる海女漁業と中央と参宮文化との関わり

伊勢の島嶼四島は、それぞれ多様な特性を有するが、鳥羽市街地から近距離の坂手島を除く菅島、答志島、神島の三島の海域は、潜水漁業の好漁場で海女漁業の全国中心地域であり、島の暮らしとの関わりは強い。菅島で毎年、七月十一日の直近土曜日に行われる「しろんご祭り」は、通常は禁漁区である島の守り神とされる白鬚神社の聖なる白浜（通称「しろんご浜」）の海に入り、アワビのつがいの初獲りを競い、このアワビを白鬚神社に奉納する神

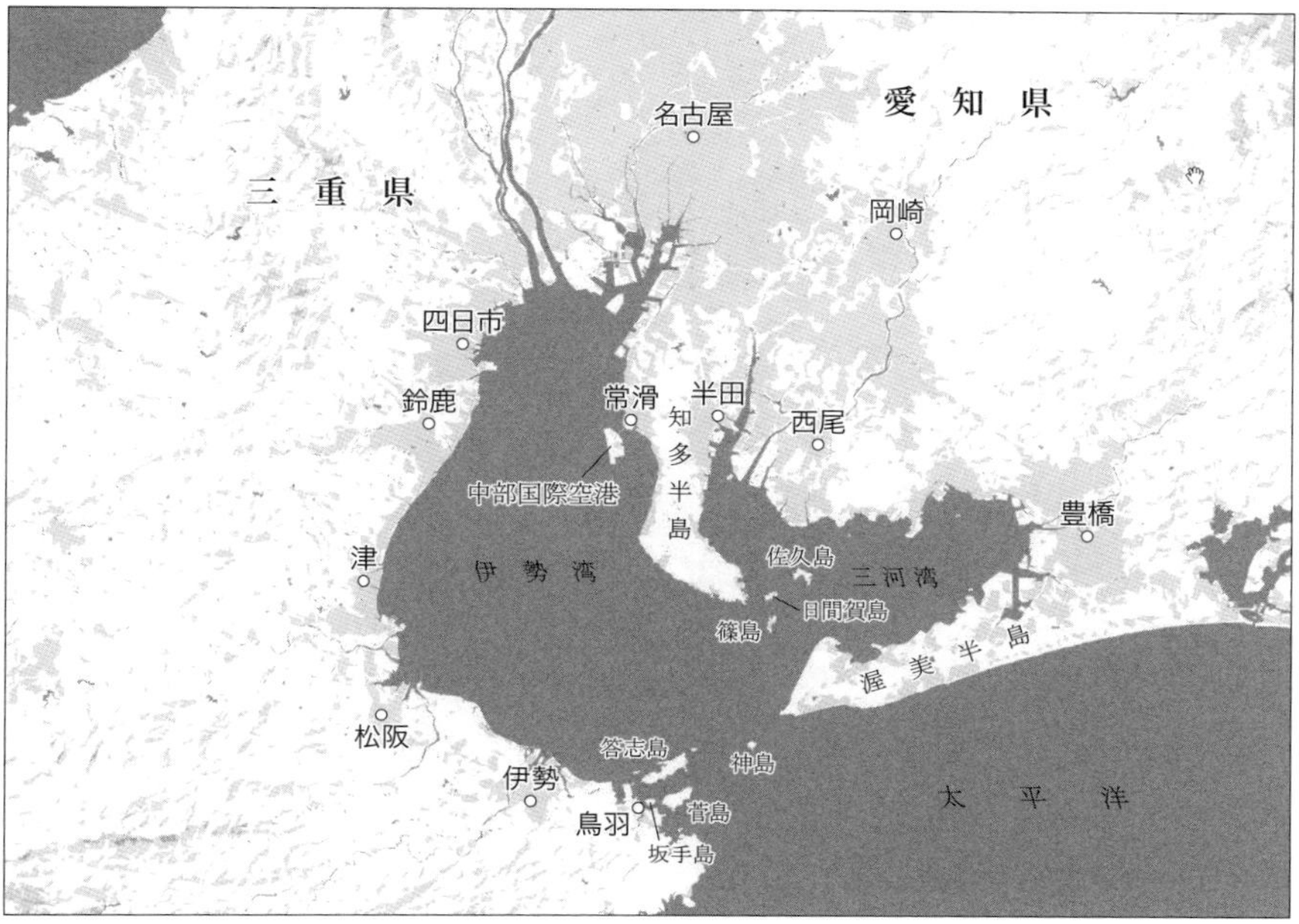


**地域概略図**（筆者作図）

事である。大漁と海上安全を祈願したのが始まりで、約七〇〇年の長い歴史を持つ海女の代表的な祭典で、白浜は観光客で賑わう。

三島由紀夫の名作『潮騒』の舞台とロケ地で有名な神島は、鳥羽市街地から東へ約一七km、鳥羽四島のなかで最も遠く離れ太平洋に面し、東北約四kmの間近に愛知県渥美半島先端の伊良湖岬を望む。神島は、海の神との関係が強い「神の島」であり、島の氏神である八代神社は、海神の綿津見大神を主祭神としている。近世、鳥羽藩の流刑地となり、志摩八丈とも称された。

民俗学の開拓者である柳田國男は、一八九八年に伊良湖岬での滞在時、太平洋の浜辺で椰子の実を見つけ、南方から黒潮に運ばれてきたことに着目。晩年の名著『海上の道』に繋がり、日本文化の源は、沖縄や奄美を通じて南方からきたとする黒潮説を唱える。柳田は伊良湖岬から神島にわたり、後に神島は民俗学の宝庫として注目される。

菅島は、弥生式土器や須恵器が出土し先史時代から開発され、鎌倉時代の『吾妻鏡』に伊勢神宮領と記載され、また、御厨を司るなど早くから伊勢神宮との関係をもち、答志島と神島とともに海女漁業が古くから行われきた。鳥羽四島の中で、人口・面積最大で海女漁業が答志地区の漁村で盛んな答志島は、万葉集で柿本人麻呂によって詠まれ、平安末期の西行法師の歌集『山家集』にも詠われる。年齢階梯集団である社会的組織「寝屋子制度」（若者宿）が、現在も機能している。

**菅島・しろんご祭**（筆者撮影）

海女漁業の中心である伊勢の海域は、現在、担い手の海女の高齢化と減少、後継者難、アワビなどの資源の減少、不安定な漁獲、価格の低迷など多くの課題を抱えている。

## 愛知三島（三河湾三島）
### ――古くより中央と伊勢に繋がり、近世は海運業と船参宮の道

三島とも先史時代から居住の歴史の古い島嶼である。万葉集の中に詠まれる篠島は、縄文時代から弥生時代にかけての遺物が島内各所から出土する。藤原京址や平城京址から篠島の名を記した木簡が発見され、中央との結び付きが早くからあったことが窺われる。当時は三河国幡豆郡に属し、室町時代は伊勢国度会郡、江戸時代初めに尾張国知多郡となり、何度か所属が変更されてきた。とくに古来より伊勢神宮との関係が深く、「御幣鯛《おんべだい》」と呼ばれる干鯛を、毎年、伊勢神宮に奉納してきた。古くから三河と伊勢との東西の海上交通の要衝として栄え、江戸時代から明治初頭までは海運業が発達した。

日間賀島は、飛鳥から奈良時代と推測される古墳などが発見され、平城京址から出土した木簡には地名が記され、鯛などを貢進するなど、漁業の盛んであったことが窺われる。古くから渥美半島との関係が深く、島の民俗については瀬川清子著『日間賀島・見島民俗誌』（一九七五年刊）に詳しい。佐久島は、三島の中で最も歴史が古く、数多くの古墳が発見され佐久島古墳群と呼ばれる。

篠島と同じく古代から中央との関係が深く、その後、鎌倉時代から三河方面との結び付きが強くなる。近世、遠江・三河からの伊勢参宮・海の道で風待ちなどの中継地でもあった。また、伊勢志摩と関東を結ぶ三河湾海運の拠点として栄え、千石船が活躍した。

## 近年の東海ネシアの動向
### ――地域資源を活かした島づくりに挑戦

全国的に著名な伊勢志摩国立公園の国際観光都市・鳥羽市の島嶼群は、現在、少子・高齢化・人口減少が著しく進み、市の人口の約二割近くが島嶼部に住み、多くの課題に直面している。鳥羽市は「離島振興なくして鳥羽市の振興はない」と捉える。島民との連携で、水産資源、海女文化をはじめ伝統文化、島の暮らし、景観、史跡、癒やし・健康、マリーンスポーツ・レジャー、海の幸など、島内と周辺の豊富な地域資源を活かした島づくりに取り組む。さらに交流型体験プログラムの開発、ウェルネスの旅、ロケツーリズムなど、ニューツーリズムに対応した島民主体の島ガイドの人材育成のソフト開発を推進する。また、世界遺産を目指し、日韓海女文化交流を積極的に推進し、海女サミットを継続している。

三河湾国定公園の海域のネシアでは、近年、大都市名古屋に最も近く全国の離島の中で最も人口密度が高い日間賀島は、漁業と観光業が連携し、「タコ（多幸）とフグ（福）」の島の標語を掲げ、日間賀島の海の幸と漁業体験プログラムを中心に地域振興を推進し注目される。篠島は、「東海の松島」と呼ばれる風光明媚な島で万葉集にも詠われ、漁業と水産加工が盛んである。自然景観、多様な史跡、祭礼などの伝統文化、さらに「篠島の鯛」を中心とした食の豊かさをPRする。

過疎化が最も激しい佐久島は、島の自然、近年注目される伝統と現代アートが融合した独自の手作りアート、「三河湾の黒い真珠」と称される黒壁の集落景観、弘法道（島弘法）、休耕地を活用した離島初の体験型農業施設など、多彩な島づくりを地道に実践する。過疎化対策として、「しおかぜ通学」と呼ばれる島外の小中学校の児童・生徒の受け入れを行っている。

東海ネシア世界は、自然と歴史文化が豊かで豊饒な海域である。ネシア相互と本土との交流と、島の暮らしの中における航路の役割は大きく、また、その航行ネットワークの改善などの課題がある。さらなる活性化に向け、地域資源を活かした新たな価値創造による島とネシアの域内利益循環や地域市場の拡大など、地域産業振興の模索と取り組みが広がりつつある。そのためには、島とネシア内外との多様な交流と連携の視点がとくに重要であろう。

# 教育の場としての伊豆諸島

【首都大学東京の取組み】

黒川信

●くろかわ・まこと　一九五七年生。首都大学東京（二〇二〇年四月より東京都立大学に名称変更）大学院理学研究科・准教授。動物生理学。著作に『動物の多様な生き方――様々な神経系を持つ動物たち』（二〇〇九年）、『研究者が教える動物飼育』（二〇一二年）、『研究者が教える動物実験』（二〇一五年、いずれも共立出版、共著）等。

## はじめに

東京の洋上に南北約一〇〇〇kmに渡って広がる伊豆諸島、小笠原諸島の島々には、島ごとに特徴ある自然と社会と文化が展開しており、魅力的でユニークな研究と教育のフィールドである。東京都の唯一の公立大学である首都大学東京では、前身の東京都立大学などの都立の四大学・短大の時代から引き続き、この特徴的なフィールドで人文・社会学、理学・工学、健康福祉科学など多様な分野の研究・教育が続けられている。

教育分野では、二〇〇六年度以来七年間に亘って、首都大学東京の教育を特徴づけるもののひとつとして「学外体験型教育プログラム　しまなび・やまなび」を拡充・開発することを目的とした全学的教育開発プロジェクトが進められ、伊豆諸島を中心に様々なプログラムが試行された。このプロジェクトでは、首都大学が特定の場所に附属の学外教育研修施設を持たないというデメリットをむしろ逆手に取り、島嶼地域から奥多摩地域までを含む広大な東京全体を教育フィールドとして活用することにより、多様な内容の学外体験型プログラムが実施可能となることを示した。多様な学外プログラムを実施するための学内外の体制やルール、最も重要である各地域の民・産・官の様々なレベルでの連携のしくみは実例とともにまとめられ、二〇一三年に「学外授業のてびき」として学内に公開された。

プロジェクトの成果のひとつとして二〇〇八年度に開講した全学を対象とした一般教養科目「自然と社会と文化」は伊豆大島、八丈島および小笠原父島で、二〇一八年度までに合計四一回開講されてきた。また、生物学や地学、考古学などの既存の専門教育科目に加えて社会人類学、日本語教育学、歴史学など新たな分野の専門実習科目や、留学生や社会人を対象とした宿泊型プログラムが立ち上がり定常化している。学外教育の時間的、空間的自由度を活かし、大学生に加えて留学生、社会人、あるいは他大学の学生を受講生として同時に迎えることで、互いに刺激し合いながら学ぶプログラムも実施されている。さらに島民講座や高大連携活動が継続的に実施されるなど、地域教育貢献活動も定着している。

## 教養科目「自然と社会と文化」

シラバスで「担当者　全学各分野の教員」を謳うこの科目は、歴史学、社会人類学、社会学、法学、言語学、経営学、観光科学、数学、生命科学、防災科学、土木工学、火山学、地理学、気象学、放射線科学、看護学等々の専門分野でそれぞれに個々の島と関わってきた教員が三名ないし五名程度の組み合わせで担当し開講する「学外体験・宿泊型」の一般教養科目である。

複数教員の担当といってもオムニバス方式とは異なり、現地で社会・文化、民俗・歴史・自然を見聞し、それらをもとに討論するすべての場に異分野の複数の教員がいる点は、学外・集中型講義ならではの本科目の特徴である。学期中のキャンパス内での数時間の事前学習・事前課題を経て実施される夏季・春季休業中の二泊ないし四泊の現地での授業では、異分野の教員による多角的視点を学びつつ実地に現場で見聞し、観察・調査するという共通体験を通して、異なる学部学科の学生達が討論し、物事を総合的に判断、考察する能力を高めあうことをめざしている。本科目を一度履修した学生が協力する形で自主的に始まったスチューデントアシスタント（SA）制度は、代々グループとして引き継がれ年間を通してプログラムの改善や立案、実施に参画している。一プログラム当りの受講生数は約二〇名で、開講以来これまでに全学部学科に亘る約七〇〇名が受講した。受講生への授業評価アンケート結果や受講前後の自己評価アンケート結果、受講後の感想などは、冊子「自然と社会と文化」概要とその効果および評価（http://www.tmu-edu-pjt.jp/students/）として公開されており、その中では座学とは異なる本プログラムの教育的効果の一端が示されている（図１）。

### 伊豆大島での「自然と社会と文化」

伊豆大島は二〇一〇年に日本ジオパークに認定されたことでも示されるように、自然、地球と人間の歴史、文化、社会との関わりを学ぶには絶好のフィールドである。数百回に及ぶ火山噴火の歴史が積み重ねられた地層大切断面をはじめ、マグマ水蒸気爆発の噴火口から造られ自然豊かで、多くの文人墨客の足跡が残る波浮港（図２）、為朝伝説から始まる数々の流人がもたらした歴史と文化、島を代表する植物である椿がつくる自然とそれから生まれた文化・産業、年貢でもあった塩造りや伊豆諸島だけのくさや産業、一九八七年の噴火と全島避難・防災・減災など、一つの島の中に異分野からの多角的視点が求められる学びの素材がコンパクトに集中している。さらに、伊豆大島は二〇一四年十一月の台風

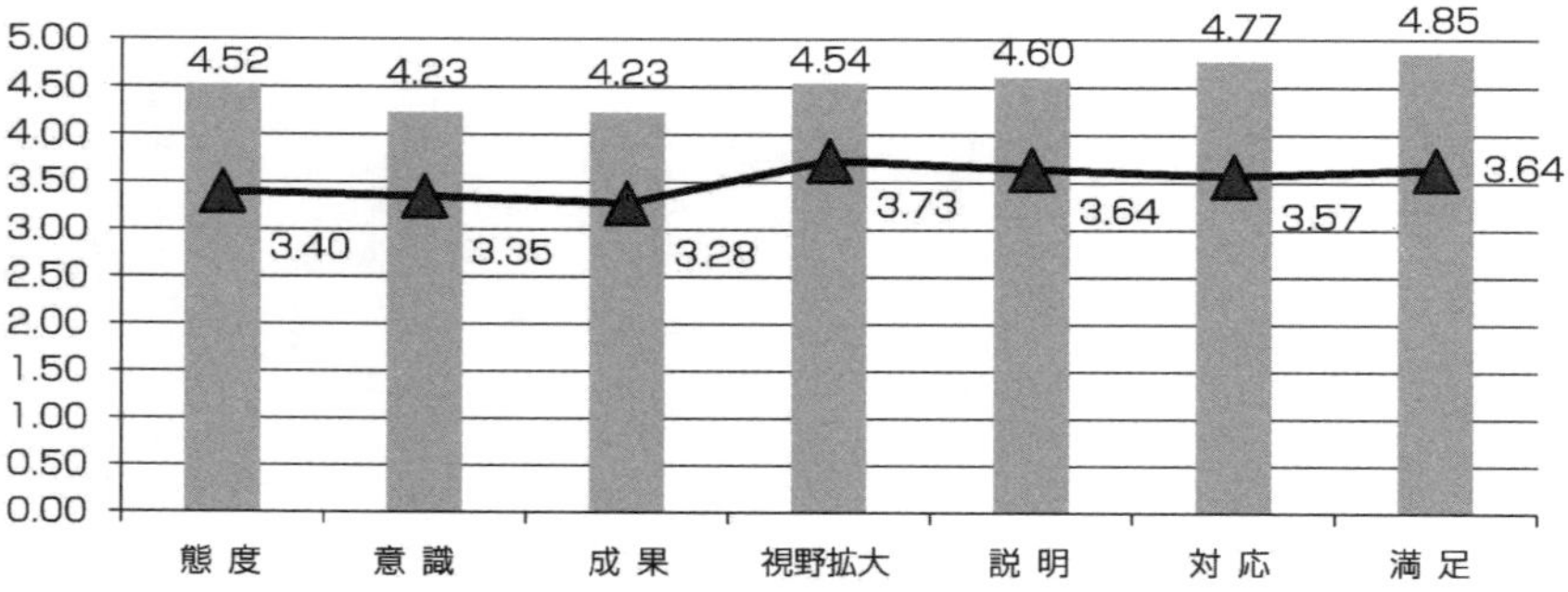


**図1　ある年の「自然と社会と文化」の授業評価アンケート結果**

首都大 FD（ファカルティーディベロップメント）委員会が全教養科目の受講生に対して実施したもの。学生は各項目に対し「全くそう思わない＝1」から「非常にそう思う＝5」の五段階で回答する。棒グラフは本科目のスコア（48人分）。△は教養科目全体の平均（89クラス分）。「授業に意欲的・積極的に望んだ＝態度」「授業目的を意識しながら学習した＝意識」などの項目を始め、「シラバスに掲げられた知識、能力を獲得した＝成果」「自らの視野が広がった＝視野拡大」などの評価項目も全科目平均に較べ0.8から1.1ポイント高い。「教員の説明がわかりやすかった＝説明」「学生の質問・意見に対して対応が適切だった＝対応」「受講に対する満足度＝満足」の項目などいずれも全体平均に対して高い。

**図2　大島波浮港での「海と生命」の講義風景。その場で採集した種々の動物を素材に、生物多様性、動物の発生、進化などを考える。**

二六号による土砂災害に見舞われ、三六名の方が犠牲となり、二〇一八年現在も三名の方が行方不明となっている。災害復興、原因究明、避難計画、防災・減災などの課題に多くの教員が関わるなか、災害翌年の「自然と社会と文化」から、災害・復興の現場を直接歩いて考えるフィールドワークと被災された方の体験を伺い、グループディスカッションすることを通して、学生がそれぞれの専門をベースにいかに災害と向き合うかを問うプログラムも取り入れられている。最前線で復興対策を担う町役場職員の貴重な時間の中で学生がフィールドワークで得たことを発表し、時に厳しい指摘を受けることで、さらに考えを深める端緒となっている。

## 専門実習科目

### 生理発生生物学臨海実習

上述のように首都大学東京は臨海実験所などの附属教育施設を持たない。このため、生物学や地学、考古学等々の学外専門実習やゼミ合宿などは他大学の附属施設や民間施設等を借用して実施してきている。こうした中、大島では都立大島海洋国際高等学校との連携により、教室をはじめ宿泊施設として寄宿舎（ドミトリー）を借用することにより、最大三〇人規模の野外実習を二〇〇六年来開講している。プログラム実施に際しては、同高生物部の合宿期間と合わせることで、高大連携活動も同時に実施している。東京都島しょ農林水産総合センター（旧水産試験場など）や栽培漁業センター、東京都大島支庁などの協力も得て、水槽や保管施設などを利用させてもらうとともに、地元漁師やダイバー等の協力を得ながらアメフラシやオニヤドカリ、ウニ・ホヤ類など実験材料の確保・維持を行っている。

### 植物系統分類学実習

生理発生生物学臨海実習と同様に都立大島海洋国際高等学校との連携により実施している。大島ではヤマユリやシダ類の調査研究を永年続けていることを基盤に、全島をフィールドとして開講している野外実習である。その他、大島では三原山での火山学の巡検や、波浮や泉津などの旧六ヶ村を順番に巡りながらの社会人類学演習などがある。

## 教職インターンシップ

教員免許取得済みの大学院生、あるいはそれを目指し既に教育実習を終えた学部四年生を対象に、教職を体験するインターンシップが大島の都立大島海洋国際高校および、八丈島の都立八丈高等学校で実施されている。前者は海洋科と国際科をもつ寮制の高校で、大型実習船も備えて国際航海もカリキュラムに組み込まれている。また後者は普通科・園芸科・家政科を持ち、全日制と定時制も備えた高校で、島外からの入学も推進するなど両校ともに都立高校のなかで非常に特徴的な高校である。この教職インターンシップは約一週間の宿泊型のプログラムで、大島海洋国際高校の場合は、生徒とともにドミトリーで寝食をともにしつつ、夜間学習の現場体験を含む終日のプログラムとなっている。教職を目指す学生達は、教育実習とは別に教職に関わる様々な職務体験をすることでそれぞれに多くの経験を得るとともに教職に対する新たな想いを抱くきっかけになっている。

図3　第73回八丈島民大学講座（2017年9月）を熱心に聴講する島民。

## 社会人講座

### 野外講座

大学が実施する社会人・生涯教育プログラムは教室での座学中心である中で、教室を離れ、宿泊を伴った学外体験型プログラム「野外講座」が伊豆大島で二〇〇七年に初めて開講された。以来、野外講座は、伊豆大島、神津島、八丈島など伊豆諸島を中心に、青梅・奥多摩・御岳山を含め各地域ごとに毎回一〇～一五名の受講者を集めて開講されている。この講座の特徴は、学生対象の講義「自然と社会と文化」と同様に様々な分野の大学教員とともに各地域に根ざす各界の人たちに講師として参画してもらいながら総合的に進められることである。大島の野外講座では、地元出身で島を知り尽くした元町議会議長、ジオパーク推進委員会の中心メンバーを地元講師として、島巡りをしながら歴史や文化、自然に関わる話を聴くとともに、椿油製油所やくさや製造所、製塩所などで現場の方々から直接地域産業・文化の話を伺っている。夜は潜水漁師や椿花ガーデン経営者など地域の様々な方々も交えてフリーディスカッションとなる。金曜日の夜行船で出発し、日曜日に戻るという日程のため参加者には有職者も多く、年齢層も二十歳代から八十歳までと幅広い。多くはリピーターと、彼らを通して口コミで講座を知った方々であり、東京都の伊豆諸島が持つ予想外の多様な魅力を素材にした学外宿泊型の大学講座のニーズは大きい。

### 島民大学講座

八丈島では、一九八〇年来続く八丈島民大学講座（八丈島文化協会主催）において二〇〇七年の第五三回から、年二回の講座のうちの一回は首都大学東京から二名の講師を派遣し開講している。演題は島民の広い興味に対応しながら憲法学と生態学、経営学と火山学、歴史学と工学のように文科系と理科系分野の教員の組み合わせで講座を担当しており、毎回五〇名から一〇〇名近い聴衆を集めている（図3）。

### まとめ

講座の多くは、都心の夜景を東京湾から眺めつつ大型客船でスタートする。ゆったりとした夜行の船旅の中で受講生たちは事前に学んだ事柄を思い返す時間を共有し、夜明けとともに大きくなる島影を甲板からとらえることで、学びへの意欲を一層高めることになる。非日常の時間と空間での教育は能動的な学びを涵養する一つの有効な手段であるが、「島」という都会と全く異質の場はそれを一層確実なものとする。

# 八丈島の古文書・郷土史料の意味

對馬秀子

●つしま・ひでこ　一九五二年。埼玉医科大学短期大学非常勤講師。文化人類学。著作に『八丈島の古文書集』（八丈島の古文書を読む会編、二〇一二年第一集、二〇一八年第二集）、「八丈島における明和年間の人口施策——餓死・人口過多による幕府助成金と年季奉公について」（『島嶼コミュニティ研究』二〇一七年四号）、「北マリアナ諸島からの引揚者——八丈島民の移民事例を中心として」（『白山人類学』二〇〇八年十一号）等。

古文書を読み解くことは、歴史を学び直す契機になり史実を実証することにもなる。八丈島の古文書は、天災、火災、戦災によって数多消失したものも多いが、一七〇〇年代以降の史料は比較的良く保存されていて公文書館などで閲覧できる。郷土誌は、これらの史料や遺跡を元に編纂されてきたが、現存する史料を駆使して史実の隙間を埋めることはまだまだ可能である。記録の管理・伝承は今日の課題である。古文書は、紙、墨、文字、名前の書き方、包紙、紙魚や破損に至るまで丸ごとが歴史を伝えるものである。

ここでは、寛政年間（一七八九～一八〇一）の八丈島と甘蔗（砂糖キビ）の関係を示す一枚の史料から八丈島の歴史をとらえ、史料が持つ意味について述べる。

**図**は、寛政二年（一七九〇）戌八月付け、池上新田・池上太郎左衛門幸豊より伊奈右近将監様御役所宛の書状である。内容は、

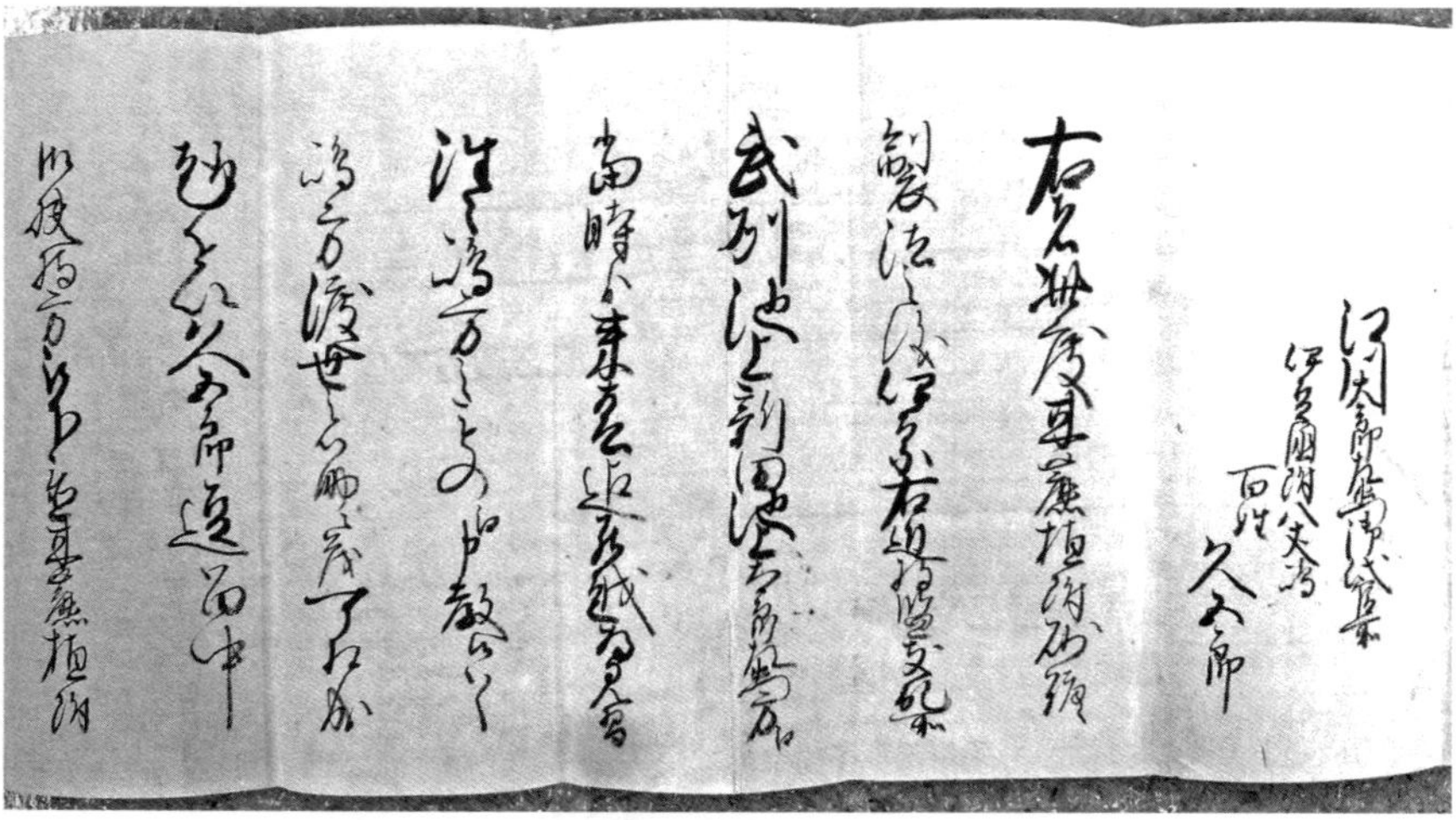

**寛政2年8月　書状の前部**
（川崎市市民ミュージアム所蔵、史料撮影：對馬）

当時の代官江川太郎左衛門英毅（第三十六代英龍の父）から発せられた、八丈島の百姓久五郎に、当時より来春まで甘蔗の植えつけと砂糖製法を見習わせよとの御達しに対し、委細伝授するという請書で、久五郎逗留中は幸豊に格別の手当てとして一人扶持（一人一日飯米五合宛）を授けること、末尾に八月二十一日に久五郎持参とある。この史料は、次の文書から八丈島の製糖業と久五郎という人物に関する情報を探していて、川崎市公文書館で偶然見つけたものである。

寛政七年（一七九五）、「同嶋甘蔗の儀、地味相応に相聞候間、元嶋同様追々植殖《ママ》し製法の儀、御用船頭山下与惣兵衛、百姓久五郎より伝授致し追々砂糖に製、国地え差出候ハヽ、往々は一廉の助成にも相成る可候、出情《ママ》植付候様申渡可候」との記録がある（「寛政七年至同十年凡百通 御條目写第五巻 八丈島陣屋」南海タイムス社蔵）。**図1**は、この久五郎が甘蔗の植えつけと砂糖製法を見習う為に扶持を貰って派遣されていたことを示す。

池上太郎左衛門幸豊は、享保三年（一七一八）生まれ、海浜の新田開発の開拓者で、砂糖製法の伝法者であり、氷砂糖の製造にも成功した人物である。池上新田（現川崎市）は、彼が海辺を埋立てて作ったものである。同年生まれに藍水こと田村元雄（医師、本草学）、翌四年には田沼意次がいる。田村藍水は幕命で朝鮮人参国産化の研究のかたわら砂糖の製法についても研究していた。砂糖は、吉宗の改革によって国産化が図られていたが、池上太郎左衛門は田村藍水から甘蔗の普及役として推薦され、田村藍水著『甘蔗造製傳』も伝授された。池上新田で製糖業に成功すると全国から伝法人を受け入れ、明和六年から寛政八年までの三三年間で一五三人に達している。そこに、伊豆八丈島から二人（寛政二年十月久五郎、寛政四年二月に万作）の名前がある。久五郎は寛政二年十一月二日には「吹上御筆頭役木村又助様（中略）当冬の製、御覧成られ度由に付き、久五郎製し候白糖瓦溜の儘にて御目に掛候也」とある（「糖製墾田一件諸書留十二」（川崎市市民ミュージアム藏））。

その後の八丈島における久五郎の活躍は不明であり、寛政四年万作についての史料も不明である。ただ、前述の「御条目写」に、当年（寛政七）は砂糖出方もなく、翌辰年よりは砂糖出方もあり行々は島方産物にもなるよう出精取計うべき、此度は製法を山下与惣兵衛へ委細伝授仰せ付けられ候とある。寛政の改革の折、山下与惣兵衛は取締役となる。

他方、幕府はなぜ八丈島が地味相応と甘蔗を奨めたのだろうか。寛政三年（一七九一）、御薬草木御用として医師・田村元長一行一三人が四月二十七日から約二カ月間滞在し八丈島と小島を巡廻し、各村落の植物・植生を調べ、タミと山帰来の製法を教諭したり、あした葉・タミ・山帰来の根を持ち帰っている。田村元長は、前述の藍水田村元雄の長男である。

甘蔗はその後の八丈島の主産業とは言い難いが、久五郎という名前から史料を辿ることで寛政年間に甘蔗の栽培が始まった経緯がわかった。一枚の史料が断片的な史実を結びつけ歴史への理解が深まる。大切な事は、史料を正確に解し史実を伝えていくことである。

# 青ヶ島

## 【八丈三島に共通の古代信仰】

菅田正昭

●すがた・まさあき　一九四五年生。民俗宗教史家。離島政策文化フォーラム共同代表。共同体論・離島論。著作に『アマとオウ――弧状列島をつらぬく日本的霊性』（たちばな出版、一九九九年）、『青ヶ島の神々――〈でいらほん流〉神道の星座』（創土社、二〇〇二年）等。日本離島センターの広報誌『しま』二〇六号（二〇〇四年八月）からコラムを連載。

### 今に生き残る古代遺跡

青ヶ島ではつい最近まで古代信仰が息づいていた。といっても、青ヶ島は天明年間に大噴火し、全島民が八丈島に避難し、その後、起こし返しの還住が試みられたが、一〇年ぐらいは完全に無人島の時代があった。伝統という点では断絶している。しかも、人の住み始めは室町時代であろうと考えられている。その意味で、青ヶ島の古代信仰は再興された信仰だった。

実は、八丈島・小島（八丈小島）・青ヶ島の、いわゆる〝八丈三島〟は、信仰的にはほとんど同じ基盤と構造を持っていたと考えられる。その三島共有の信仰文化で、どこが一番の古層を持っていたのか、あるいは、その本源が何処だったのか、と問えば、やはり八丈島であったといえるだろう。当然、青ヶ島の古代信仰は、八丈島から伝播したものと想定できる。

八丈三島に共通の古代信仰といえば、一つは神社の原像ともいうべきイシバ（石場）である。ハマ（荒磯）から拾い上げた玉石（丸石）を積み上げた石垣と、山から採ってきた尖った石から成るユニハ《わ》（斎場）で、石の祠が置かれていることもある。イシバの全体をクサラヌツベ（クサラヌは腐らぬ、ツベは壺の意か沖縄と同じくイベ・ユベ系か）とか、イシのホーデ（宝殿）とも呼ぶ。ただし、玉石一箇でもホーデである。イシバには鳥居が建てられ、祠や尖り石の前にはゴヘイ（御幣）が奉納されるが、高温多湿の気候のため、早く朽ちてしまう。

八丈小島は昭和四十四年に無人化したが、平成三年八月、國學院大學を中心とする海洋信仰考古学研究会が現地調査を行い、宇津木・鳥打の旧村集落で祭祀遺跡群を発見し、江戸初期の銅鏡を多数発掘した。八丈島の地方新聞『南海タイムス』は「それはまるで神様のアパートのようでした」（八月二十五日付）と調査員の

**金毘羅神社イシバ内側**（青ヶ島ヘリポートの北側の先の森の中）

コメントを報じていた。しかし、八丈小島が無人島化したから祭祀遺跡群と呼ばれているだけで、青ヶ島では遺跡ではなく、生きた形で存在し、現に信仰の対象になっている。八丈島でも神社境内にイシバを擁している所もある。実際に見ていただければ一目瞭然だが、古代祭祀遺跡を彷彿とさせる光景が展開している。ある種の磐境《いはさか》・磐座《いはくら》である。ちなみに、青ヶ島でもヘリ・コミューターの試験飛行が始まった平成四年までは、大里神社・東台所神社・金毘羅神社のイシバには、江戸神田の鋳物師《いもじ》・和泉守《いづみのかみ》の銅製の和鏡が転がっていた。

## 社を持たぬ神社の原像

八丈三島に共通のイシバは有形の古代信仰だが、無形のほうには神主〔いわゆる神社神道の神主ではない〕・卜部《うらべ》・社人《しゃにん》〔舎人〕・巫《み》女《こ》の祭祀組織があった。とくに、神憑《かみがか》りする巫女の存在は大きい。青ヶ島の場合、社人・巫女になりうる素質を持った人を「ミコケのある人」と呼び、そのミコケが生活の表面にあらわれたとき、カミソウゼ（神請ぜ・神奏ぜ）と呼ばれる一種のイニシエーションを行なう。ただし、成巫しても社人・巫女にならない人もいるし、ごく稀にカミソウゼ無しでも祭祀の一員に加入できる場合もある。

神憑りする巫女は八丈三島に共通したが、戦後は八丈島と青ヶ島だけになってしまった。八丈島では平成十四年七月、八丈島最後の巫女が九十六歳で亡くなったが、実は、青ヶ島の出身だった。

戦後、八丈島には何人かの巫女がいたが、いずれも青ヶ島で生まれ青ヶ島でカミソウゼを受けた人である。つまり、青ヶ島は巫女文化の発信源だった。それは、八丈島だけでなく、もっと南の小笠原諸島や南洋庁の島々にも広がっていたらしい。小笠原・父島の貞頼神社の境内には「石場宮」と彫られた、恐らく青ヶ島系ミコ託宣の、青ヶ島・東台所神社の祭神が小笠原島の守護をするという言葉が記されたものがある。また、青ヶ島の大里神社の上のイシバの一角の古い祠の収納置場には、戦後、サイパンから本土に引き揚げてきた、母方が青ヶ島系の人が青ヶ島村役場宛に送ってきた祠もある。八丈島には縄文文化の古層の底にマリアナ系の文化の残滓があると見られているが、青ヶ島は八丈島だけでなく、小笠原諸島や、それより南の島とつながっていたのである。

**参考文献**


菅田正昭『青ヶ島の神々――〈でいらほん流〉神道の星座』創土社、二〇一二年

青ヶ島村教育員会編『青ヶ島の生活と文化』（青ヶ島村役場、一九八四年）


# 青ヶ島保健医療福祉からみた東京ネシアの現状


青木さぎ里

●あおき・さぎり　一九七六年生。自治医科大学看護学部講師。NPO法人へき地保健師協会理事長。著作に『離島の保健師――狭さとつながりとケアにする』（青土社、二〇一七年）、『最新公衆衛生看護学各論2』（共著、日本看護協会出版会、二〇一八年）等。


青ヶ島村は人口約一七〇人の日本一人口が少ない自治体であり、最大の特徴はそのアクセスの難しさである。本土に直行する交通手段はなく、約七〇km離れた八丈島を経由する。八丈島まではヘリコプター（以下ヘリ）と船があるが、船は天候の影響を受け易く（就航率五〇～六〇%）[1]、確実な手段はヘリである。ヘリは一日一便定員九名で予約さえ難しい。島外に出るには宿泊が必須で些細な用事でも何日も要す。交通費（往復約五万円）や宿泊費の負担も大きく、入出島の不便さは住民の健康に多大な影響を及ぼしてきた。

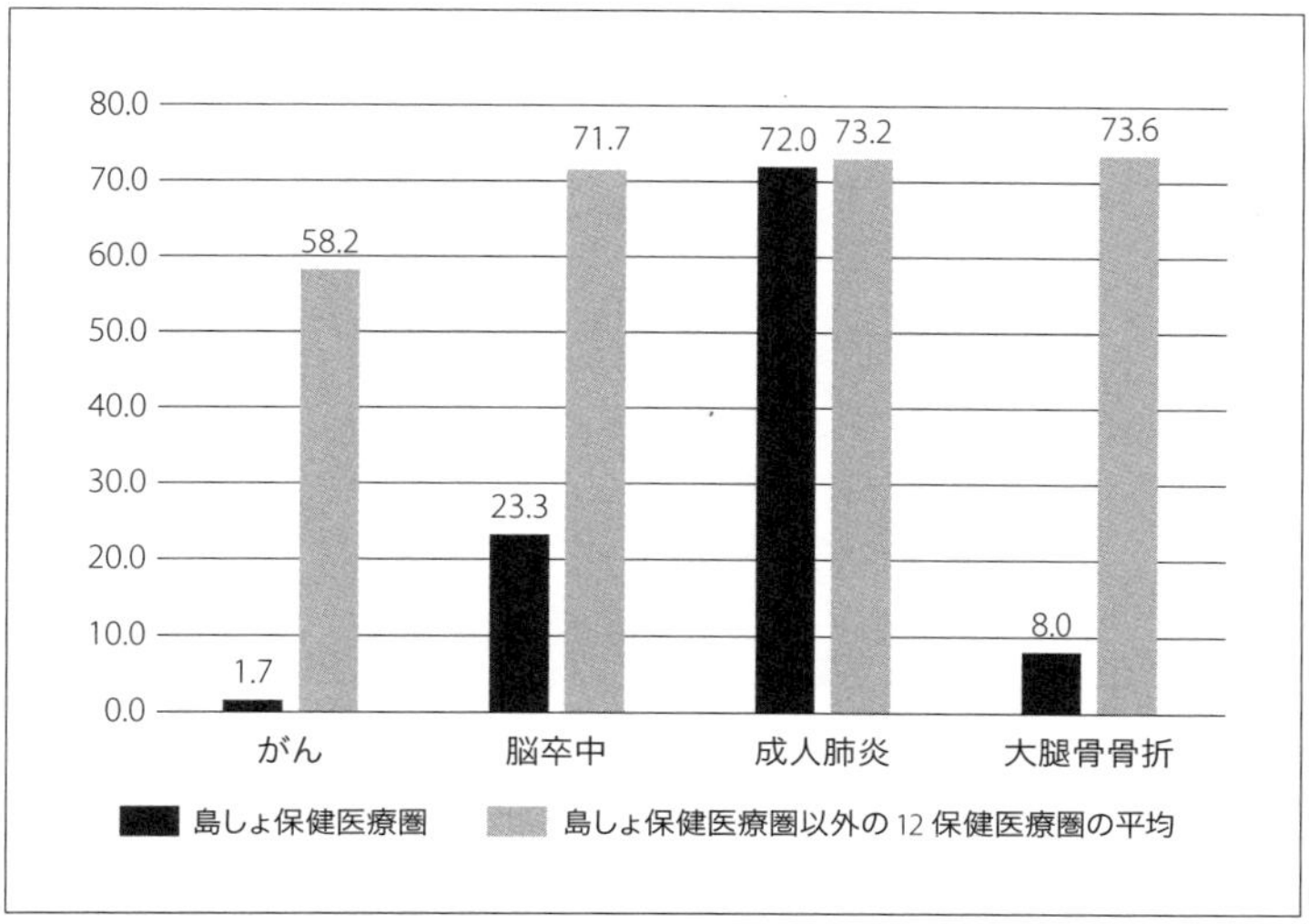


**東京都保健医療圏の医療完結率（%）**
（図は東京都保健医療計画平成30年3月改定より筆者作成。一部文言改変。）

## 東京ネシアに共通する保健医療福祉の特徴

青ヶ島村の保健医療福祉の現状から東京ネシアに共通する特徴として、次の三点を述べる。第一に医療資源の充実、第二に町村保健師の早期離職による保健活動の質向上の難しさ、第三に要介護高齢者の流出である。

医療資源の充実は、青ヶ島村の保健医療福祉の基盤になっている。青ヶ島村は長く無医島であったが、昭和三十三年から都の巡回診療が開始、翌年には診療所が開設、同三十七年から医師が定住し診療活動が開始された[2]。同四十六年には行政ヘリが制度化され、急患発生時の出動要請が可能になった[2]。この頃、青ヶ島のような僻地へ赴任してくれる医師を見つけることは非常に困難で、外国人医師が勤務した時期があった[2]。平成八年から自治医科大学卒医師（総合診療医）の六か月〜一年交代の派遣が開始された。現在、診療所は医師一名看護師一名体制で、医療設備の整備、救急ヘリの医師添乗、画像伝送システムによる診療支援や都立病院の病床確保など本土医療機関との連携、専門医による巡回診療等がなされている。代診医派遣により年間を通して無医島になることはなくなった。このような医療資源充実の背景には、東京都ならではの経済的及び人的資源の豊かさがある。しかし、医療資源が充実してもすぐには住民の意識は変わらない。外国人医師が勤務した時代を島で過ごした住民のなかには、怪我等外科処置に対応してもらえなかった経験や医師との意思疎通が取りにくく「医師がいても役立たない」という印象から専門職への不信感を持つ者もいた。平成十一年に村に保健師として着任した私は、専門職への不信感が払拭されずに住民の保健行動に影響し続けていることに驚いた。新たな価値観の醸成には経験の積み重ねが必要で、時間もかかる。

東京都では都全域を一三の保健医療圏に分け、地域の実情に応じた医療体制の確保を目指している。住み慣れた地域での医療完結は暮らしやすさにつながる。都の主要疾患別にみた保健医療圏内の医療完結率を図に示す。島しょ保健医療圏（九町村）の完結率は、成人肺炎は都内本土側一二保健医療圏の平均と大差ないが、がん、脳卒中、大腿骨骨折は大幅に下回る。(3)

こういった背景から、疾病の発症予防や健康の保持増進は特に重要である。活動の中心的存在となるのが保健師である。保健師には都道府県の保健所保健師と市町村保健師がいて、市町村保健師は住民に身近な業務を、保健所保健師は広域的専門的な業務を担う。伊豆諸島・小笠原諸島には、町村保健師が二〇名、(4)保健所保健師は九名が常勤で勤務している。(5)青ヶ島村では平成十一年から村保健師が採用されたが、同十八年以降は保健師の確保が難しく、現在は非常勤保健師が月一回程度来島し活動する方法をとっている。式根島、御蔵島、母島も保健師が不在であり、島外から定期的に保健師を派遣し保健活動を実施している。伊豆諸島・小笠原諸島では、町村保健師の勤務継続期間三年未満の早期離職者が多く、(5)管理職級の町村保健師もわずかであり、(6)保健所保健師は二年で交代する。町村保健師の確保・定着と保健活動の質の向上が課題となっている。

青ヶ島村では高齢者の流出も課題となっている。青ヶ島村の高齢化率は一五・七％であり、東京都二二・六％や全国二七・二％と比較して低い。(7)小笠原村は一四・八％（全国一位）、御蔵島村一七・八％で、(7)全国的に離島の高齢化が進む中、高齢化率の低い町村があることは特徴的である。退院後の帰島困難に加え、介護保険の施設及び居宅サービスの提供状況によるところが大きい。介護保険制度による施設及び居宅サービスは、利島村、御蔵島村、青ヶ島村、小笠原村いずれも提供されていない。青ヶ島村の介護保険認定率は一二・五％であり、全て要介護度3以上である。(7)介護が重度になると島外の施設に入所する傾向がある。身近な人に迷惑をかけたくないという思いも強く、専門職に相談する前から島内居住を諦めている傾向もある。

## 元気でなくても暮らせる島へ

「元気でないと島で暮らせない」ではなく、重度の疾病や介護、障害があっても「島だからこそ豊かに暮らせる」を目指したい。そのためには壮年期からの疾病や介護予防、介護者への支援、住民からの支え手の育成、新たなサービスの創出など、在宅療養や介護への心理的資源的敷居が下げられるような努力が求められる。地域での包括的ケアが期待される。

**注**

（1）青ヶ島村：青ヶ島村ホームページ、http://www.vill.aogashima.tokyo.jp/top.html、2019.1.12 最終アクセス

（2）青ヶ島村教育委員会『青ヶ島の生活と文化』四〇九―四一三頁、一九八四年

（3）東京都福祉保健局『東京都保健医療計画 平成三〇年三月改定』四五〇―五四六頁、二〇一八年

（4）厚生労働省『平成三〇年度保健師活動領域調査』〔詳細集計〕表6―2 市町村常勤保健師数 市町村別

（5）島しょ地域保健医療協議会『島しょ地域保健医療圏地域保健医療推進プラン（平成二五年度から平成二九年度）』一七―一九頁、二〇一四年

（6）厚生労働省『平成三〇年度保健師活動領域調査』〔詳細集計〕表23（1）―2 市町村職位別常勤保健師数 市町村別

（7）厚生労働省「地域包括ケア「見える化」システム」https://mieruka.mhlw.go.jp/ 見える化、2019.1.12 最終アクセス

# 三陸ネシアの動物と人々のくらし

溝田浩二

●みぞた・こうじ　一九七二年生。宮城教育大学教員キャリア研究機構准教授。昆虫学、環境教育。著書に『原色ペストコントロール図説　第Ⅴ集』（日本ペストコントロール協会、二〇〇一年）、『環境教育辞典』（教育出版、二〇一三年、いずれも分担執筆）、『ニホンミツバチが暮らす島――対馬の伝統養蜂をめぐる旅』（宮城教育大学環境教育実践研究センター、二〇一四年）等。

## 三陸沖からの贈りもの

黒潮と親潮が交差する三陸沖は、世界有数の漁場である。暖流と寒流とがぶつかる潮境であることに加えて、複雑なリアス式海岸に岩礁帯や砂浜、藻場などが点在し、そこに北上山地に源流をもつ無数の河川をとおして森林中のミネラル分が供給される。その結果、植物プランクトンが大量発生することになる。三陸沖がマグロやカツオ、サバ、サンマ、イワシ、イカといった海の幸に恵まれ、ギンザケやホタテ、カキ、ホヤなどの養殖が盛んに行われている背景には、そうした地先と沖合の奇跡的ともいえるよう

**黄金山神社にほど近いシバ草原で採食するニホンジカ。背後には鬱蒼とした森が広がっているが枯死した巨木も目立つ。**

な自然特性がある。三陸沖からの自然の恵みは黒潮と親潮というふたつの潮流に乗って、今も昔も変わらず、三陸ネシアの島々に打ち寄せている。三陸沿岸には縄文時代の貝塚遺跡が数多く分布しているが、松島湾に浮かぶ宮戸島（東松島市）の里浜貝塚からは、魚類（マグロ、タイ、スズキ、フグ等）、哺乳類（クジラ、イルカ、アシカ、シカ、イノシシ等）、鳥類（ウミウ、カモ等）、貝類（アサリ、カキ、アワビ等）など多様な動物の骨や殻が発掘されている。釣り針や銛などの漁労具や土器なども見つかっており、春には内湾での漁や貝拾いを、夏には外洋での漁を、秋には木の実の採集を、冬には狩猟を……と四季折々に生業を複合させていた縄文人の豊かな暮らしぶりが鮮やかに浮かび上がってくる。

　三陸ネシアの動物相の最大の特徴は、海鳥がきわめて豊富なことである。哺乳類やヘビといった捕食者がいない小島嶼や無人島が多く、その周辺には良好なエサ場が広がっているため、海鳥は安心してコロニーをつくり営巣・繁殖に専念することができる。海鳥たちにとって、三陸ネシアはまさに楽園であろう。海鳥の主な繁殖地は、北から順に、蕪島（八戸市　ウミネコが繁殖）、日出島（宮古市　クロコシジロウミツバメの日本最大の繁殖地、オオミズナギドリが繁殖）、三貫島（釜石市　オオミズナギドリ、ヒメクロウミツバメ、クロコシジロウミツバメ、ウミウが繁殖）、椿島（陸前高田市　ゴイサギ、ウミネコ、ウトウが繁殖）、江ノ島（女川町　ウミネコ、ウトウ、オオミズナギドリが繁殖）、足島（女川町　ウミネコ、オオミズナギドリが繁殖し、ウトウの国内最南端の繁殖地）などがある。三陸ネシアには、多様な海鳥を涵養するだけの環境が残されている一方、ごく狭い面積に多くの海鳥が集中することによって、食害、糞害による植生消失の問題が表面化しつつある。

## 変わりゆく三陸ネシアの生態系

三陸ネシアを語る上で忘れてならないのが、東北三大霊場のひとつにも数えられる信仰の島・金華山（石巻市）であろう。三陸海岸の南端・牡鹿半島の先端に浮かぶこの島には、ブナやモミの巨樹群が見られ、東北地方の太平洋沿岸地域本来の自然植生を色濃く残している。金華山の動物相をきわめてユニークなものしているのは、わずか一〇km²あまりの小島嶼に大型哺乳類であるニホンジカとニホンザルが生息していることである。特にニホンジカは神鹿として手厚く保護されてきた歴史があり、現在では五〇〇頭以上がひしめきあっている。金華山のブナ林には大木が林立しているものの、林内は明るく、林床には下草やササがほとんどない。過密に生息するニホンジカが下草を食べてしまうことが原因であり、ウスユキハナヒリノキ、ハンゴンソウ、レモンエゴマ、ベニバナヤマシャクヤク、イワヒメワラビ、ウラシマソウなどシカが嫌う一部の植物のみが勢いよく繁茂している。また、サンショウ、メギ、キンカアザミなどの有棘植物も目立つ。ブナやミズナラ、カエデなどの大木は盛んに種子をつけるものの、その幼木はすべてニホンジカによって食べられてしまうため、金華山の樹木の大部分は世代交代できていない。草原的な環境が増えることはニホンジカにとっては好都合であるが、森林はそれほど簡単に再生しないため、ニホンザルをはじめ他の多くの動植物の生息基盤が失われてしまう。神社周辺の鬱蒼とした森を守ってきたのが人ならば、ニホンジカを信仰の対象として守ってきたのもまた人である。だからこそ私たちは金華山の自然のしくみを理解し、保全に向けた努力を続け、次世代に伝えていく責務があるだろう。

金華山から牡鹿半島を挟んで西側には、一〇〇頭を越すネコが暮らし多くの観光客を集める田代島（石巻市）がある。ネコは養蚕の天敵・ネズミを防除するために導入されたらしいが、その愛らしさとは裏腹に、小型哺乳類、鳥類、爬虫類、両生類、昆虫類などを広く捕食する肉食動物である。遊びとしてハンティングを行うこともあり、ネコが田代島の自然生態系に与える影響はけっして小さくはない。また、架橋化が計画されている出島（女川町）や大島（気仙沼市）にはシカなどの大型動物が本土から侵入する可能性もあり、下層植生の改変が懸念されている。三陸ネシアの島々を訪れるたびに、脆弱で微妙なバランスの上に成立している島嶼生態系を保全することの難しさを痛感させられる。

# 宮戸島の景観保存と復興

菅原弘樹

●すがわら・ひろき　一九六二年生。奥松島縄文村歴史資料館　館長兼主任学芸員。動物考古学。著作に「松島湾沿岸における縄文時代の土器製塩」（『塩の生産と流通——東アジアから南アジアまで』雄山閣、二〇一一年）、『奥松島——自然・景観・歴史・文化』（共著、六一書房、二〇一四年）、「貝塚に残された災害の痕跡」（『遺跡学研究』第12号、二〇一五年）等。

## 特別名勝「松島」

松島は、安芸の宮島、天の橋立とともに日本三景の一つに数えられ、古くから国内有数の景勝地として知られてきた。大正十二年に名勝、戦後の昭和二十七年には特別名勝に指定されている。

松島の美しさは、東西・南北一〇kmにも満たない小さな湾の中に大小二三〇あまりの島々が点在する多島海と、白い岩肌と緑の松林が青い海に映える自然景観にある。湾を取り囲む植生に覆われた丘陵が外界を遮断し、日本的な箱庭を思わせる景観を造り出している。この静的な美しさと、荒波でつくられた彫りの深い海食崖や奇岩の動的な美しさを併せ持つ、独特の自然景観が特別名勝松島の特徴であり、いにしえより多くの人々を魅了してきた。

こうした松島湾の地形と景観が形作られたのは今から約七千年前のことである。湾内に流れ込む川の規模が小さく沖積作用が鈍いため、松島をめぐる地形と景観は今日に至るまで大きくは変わらなかったと考えられている。沿岸地域や島々に残された縄文時代の貝塚や古代の製塩遺跡、また江戸時代に描かれた絵画などからも、現在とほとんど変わらない松島の地形景観をうかがい知ることができる。

## 宮戸島の地形と歴史

特別名勝松島は、地形的特徴と歴史性によって、古くから遊覧の地として多くの人に知られる「松島」と、東松島市に所在する宮戸島及び野蒜海岸からなる「奥松島」に分けられる。

宮戸島は、松島湾東部の湾口部を形成する湾内最大の島で、仙台湾を松島湾と石巻湾とに二分する位置にある。東西約四・五km、南北約四・三km、周囲一五km余り、面積にして約七・九$km^2$の規模をもつ。現在は近世以降の石巻湾側の河川改修等の影響による洲

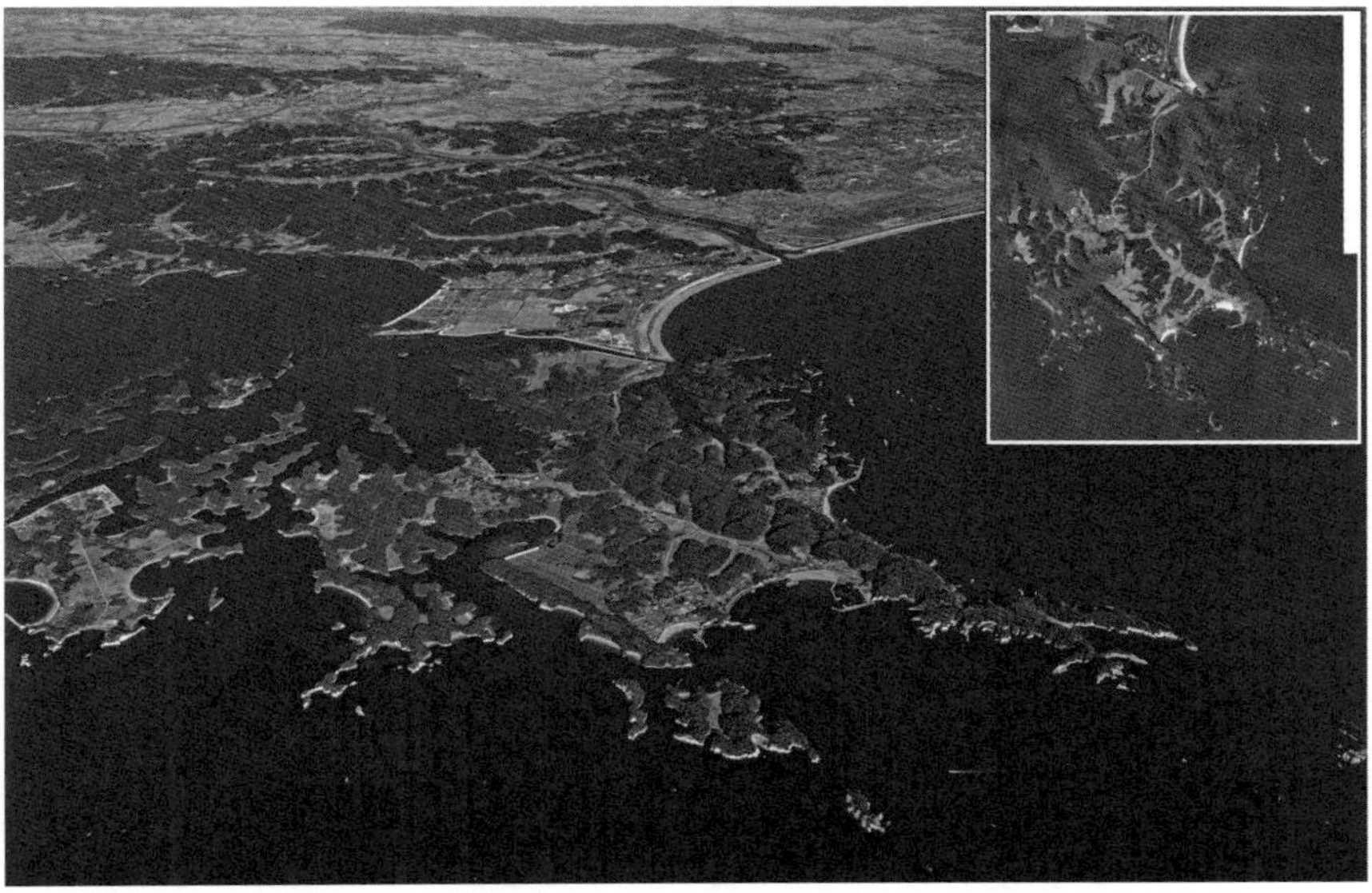

**宮戸島全景**（2018年12月撮影 、右上は震災前の宮戸島）

崎浜の急速な成長によって陸続きとなっているが、それ以前は本土から約一・五km離れた孤島であった。

島の地形は、松島四大観の一つ大高森（標高一〇五・六m）を中心に、複雑に入り組んだ起伏のある丘陵と海岸線が特徴で、奥深い入り江、勇壮な海食崖（「嵯峨渓」）、砂浜、谷底平野といった、特別名勝松島としての風致景観の基本的要素を備えた地域である。近年の様々な開発等によって、松島の美しい景観が失われつつある中、松島本来の姿をとどめる地域としても重要な位置を占めている。

宮戸島では、少なくとも松島の地形や気候風土がほぼ現在のようになった縄文時代前期の初め頃から人々が暮らし始め、集落を形成してきた。里浜貝塚では、自然と共生しながら四季折々の海の幸・山の幸を計画的に取り入れた生活が縄文時代を通して営まれてきたことが明らかになっている。こうした暮らしぶりは現代にまで受け継がれており、島の自然環境や風土に合った生業や生活、風習などに垣間見ることができる。

## 東日本大震災と復興

東日本大震災では、震度六強の地震発生の約四五分後に約一〇mの大津波が襲来し、外洋の石巻湾に面する室浜、大浜、月浜の三集落は壊滅的な被害を受けた。幸いにして人的被害は少なかったものの、全家屋の約九割に当たる計約一三〇戸が流失し、車や漁船なども谷奥まで押し流された。島と本土を結ぶ橋や道路も寸断され、震災後約二週間は孤島となった。

あまりの被害の大きさに、震災直後の新聞やテレビ等の報道では「住宅再建か、景観保全か」という二者択一的な論調が多く見られたが、東松島市では震災後の早い段階から震災復興と松島の景観の両立を図るための議論が始まった。「松島」を世界遺産暫定一覧表に記載提案する際や宮城県の『特別名勝松島保存管理計画』の改訂に際して、景観保護と生業生活の両立に市全体で取り組み、住民と協議を重ねてきたことが大きく、今回の震災後の対応においても、当初から市の震災復興計画の策定体制の中に組み込まれ、検討が行われた。

被災した三集落の再建にあたり、従前のコミュニティを再生しつつ、より安全な周辺の高台への集団移転を進めるためには、各浜とも新たに丘陵を掘削し、二〜三haの移転地の造成が必要となった。造成に際しては、松島の歴史的な展望地点の一つ「大高森」からの見え方に十分配慮し、地形・植生の残し方、切土の規模・位置、修景の在り方等の検討を行いながら計画を進めた。

また、再建する住宅についても住民との協議を重ね、形態・意匠（屋根形状）や色彩（屋根・外壁）等のルールを作成し、奥松島の風致景観への理解を求めた。こうした震災直後からの地域と一体となった取り組みによって、住宅再建と景観保全の両立が図られ、松島の風致景観に及ぼす影響も最小限に留められた。宮戸島における住宅再建は平成二十七年五月に完了し、市内では最も早い住宅再建となった。

## まとめにかえて

東日本大震災から八年が経過した。宮戸島は島全体が被災し大きな被害を受けたが、宮戸の人々は縄文時代以来幾多の災害、津波被害に見舞われながらも、豊かな自然と共存し、歴史と文化を育んできたことがこれまでの考古学や地形学的な調査によって明らかになってきている。今回の震災においても、代々受け継がれてきた地域力によって生業生活の再建が進められた。

被災した集落跡地や農地等の土地利用など、未だ先が見えない部分もあるが、地域の再生は一過性ではない、島全体として持続可能な地域づくりができるかにかかっている。宮戸島の「たから」である美しい景観や豊かな自然環境とともに、島の伝統や歴史、文化を将来に向けて繋げていこうとする地域の思いと、官民一体となった具体的な取り組みが、いま求められている。

# 第8遍　薩南ネシア

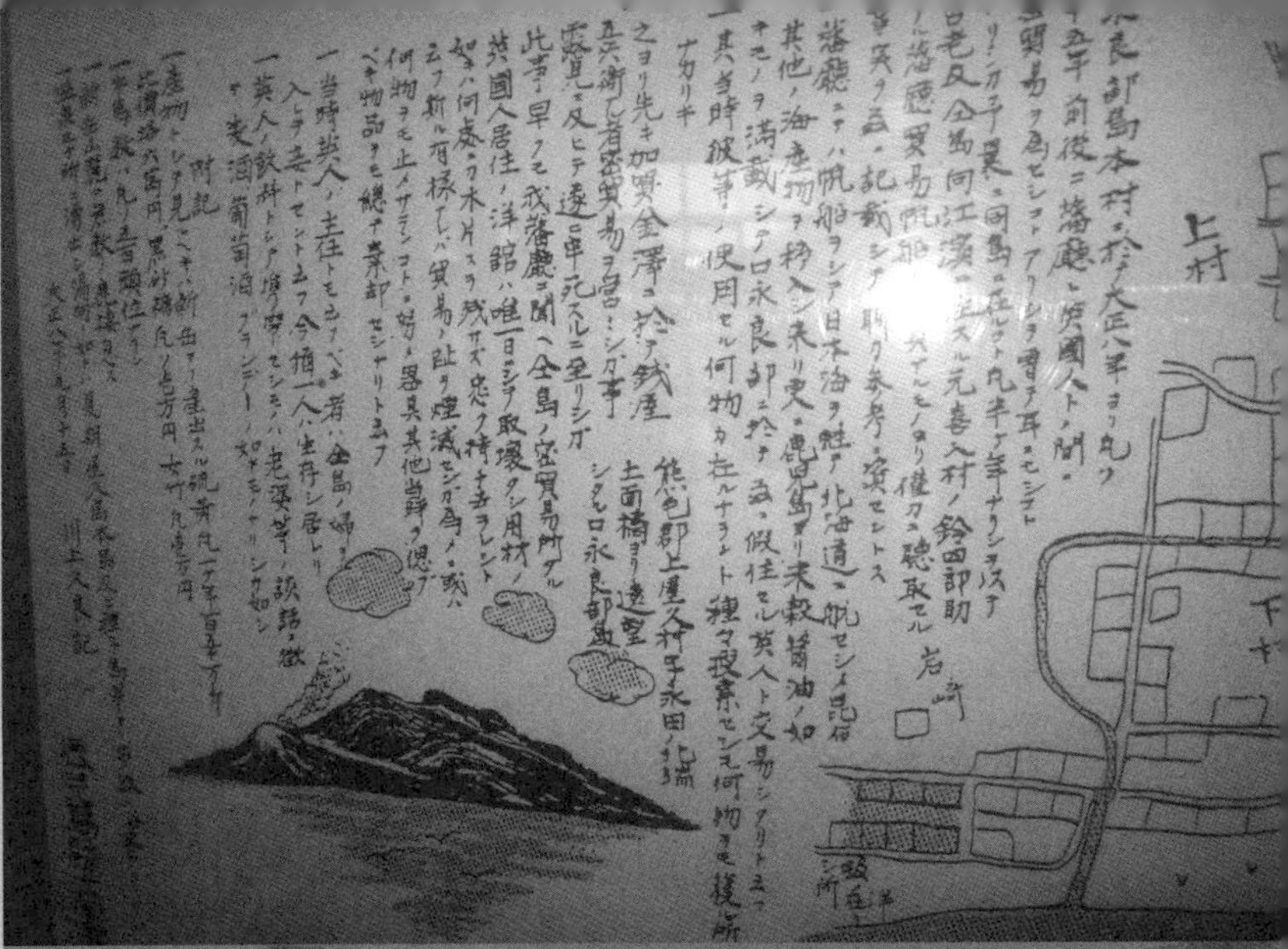

エラブオオコウモリ

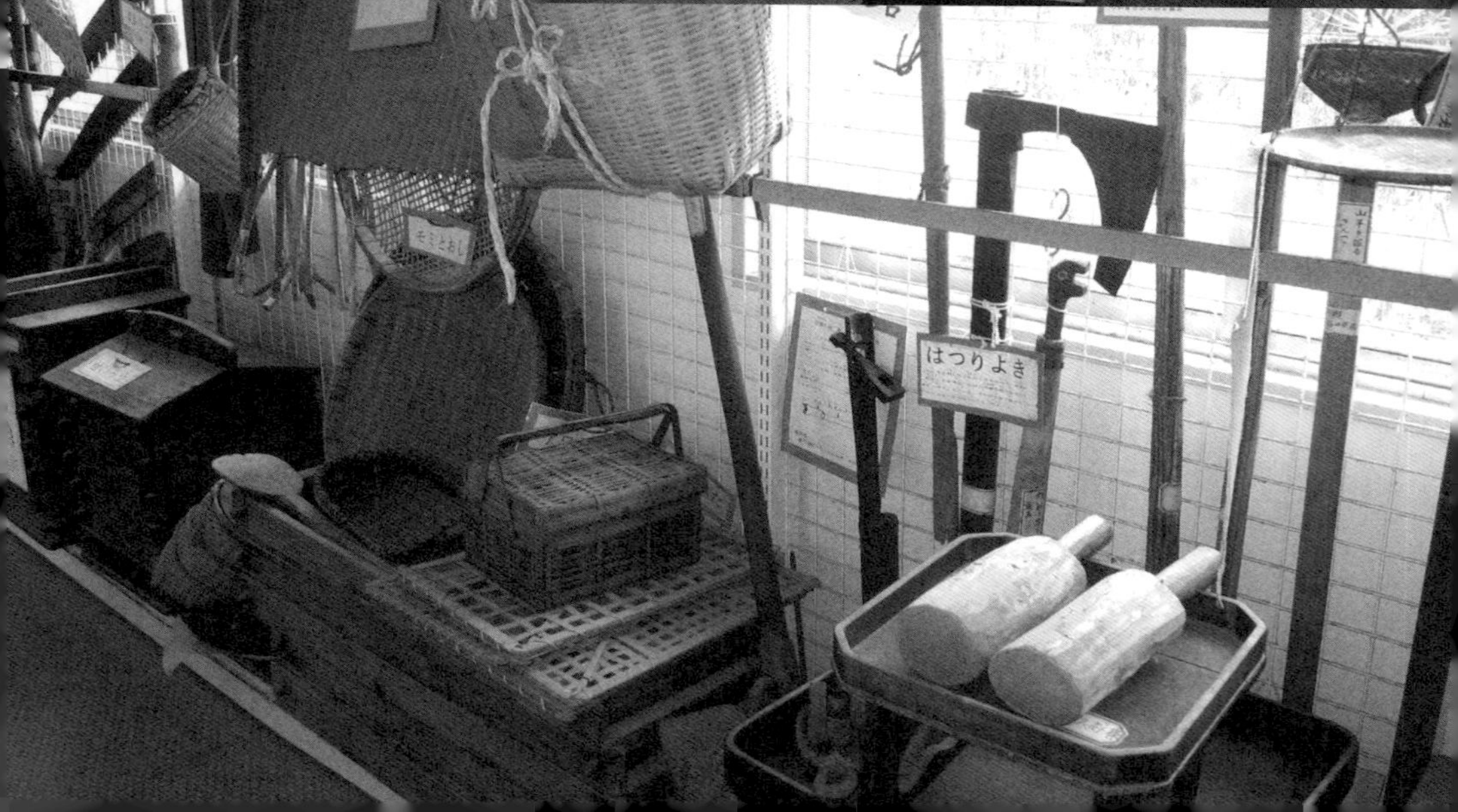

はつりよき

口永良部島は直近では 2015 年と 18 年噴火で知られた島であるが、硫黄鉱山と風待ち港（幕末英国商館も存在 :p.251 写真上）でも知られた島である。港反対側窪みの海岸淵にも集落が管理する無人温泉がある。写真はいずれも 2009 年。噴火前の緑豊かな噴火口近辺と避難壕（p.253 上）。この島の金岳中学校にある「口永良部島歴史資料館」は老人学級から始まった取り組みで総合的かつ貴重である（p.252 上）。課外活動でクチエラブオオコオモリの観察もしている（p.252 中）。ポータルサイトで各集落史も公表している。

南のトカラとは文化的民間宗教的境界がある。本土との間には生態系境界（三宅線）がある。植生も一九九三年世界遺産に登録されるほど、屋久島には個性がある。エコツーリズムの日本ネシア内先進地である。口永良部島は二〇〇七年屋久島地区の一部として国立公園に編入された。硫黄島硫黄岳と共に活発な活火山である。三島の竹島・硫黄島・昭和硫黄島は鬼界カルデラの縁。海面上は日本ネシア最小のジオサイト。約七三〇〇年前日本ネシア最最近のカルデラ噴火。南九州から縄文人を一掃し、縄文杉も噴火後の植生とされるほどの爆裂さであった。

旧来薩南（薩摩国の南）諸島に含まれてきたトカラ・奄美への薩南呼称はもう古い。内発性に反し反発もある。西北境は甑島（長崎・天草接続域）の南とし、大隅諸島（屋久・種子と属島）・南西諸島（狭義）のうち上三島・宇治・草垣群島（無人島灯台と避難港）のネシアとする。大隅諸島には七〇二～八二四年太宰府により多禰国が設置されていた。黒島と硫黄島には独自の文化（仮面鬼等）・信仰形態があり南方への平家落人伝説の起点でもある。三島は日本書紀にも登場する島々で、下七島とで旧十島村をなしていた。それらは口永良部島を挟む小島列である。

馬毛島は馬毛鹿・明治期政府緬羊牧場・松明トビウオ漁・バッタ異常繁殖経験の個性島。二〇一九年度から基地用買収交渉が始まった。口永良部島港と屋久島一湊港は琉球までも結ぶ航路泊地として南風北風両対応の補完港であった。幕末英国商館も短期間存在した。種子島の薩摩（唐）芋伝説・鉄砲伝来・衛星打上げ基地も日本ネシア史上に刻印される出来事である。

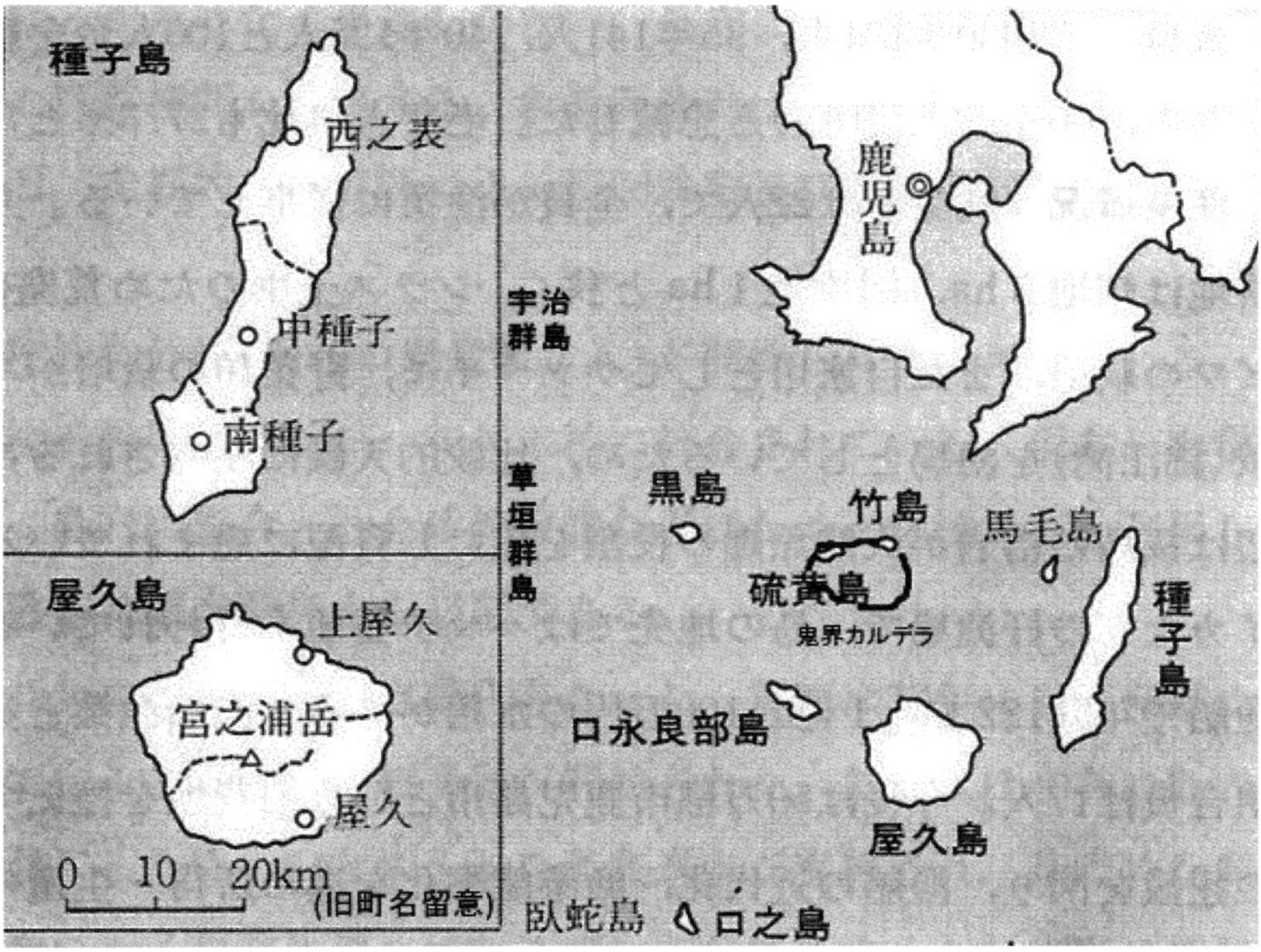
種子島
西之表
中種子
南種子
屋久島
上屋久
宮之浦岳
屋久
0 10 20km
(旧町名留意)
宇治群島
草垣群島
鹿児島
黒島
竹島
硫黄島
鬼界カルデラ
馬毛島
種子島
口永良部島
屋久島
臥蛇島
口之島

# 薩摩硫黄島
## 【メンドン・俊寛・ジャンベ・ジオパークの島からの発信】

大岩根尚

●おおいわね・ひさし　一九八二年生。合同会社むすひ代表社員。地質学・海洋地質学。著作に「ジオパークによる過疎地域再生の取り組みと経済の活性化」(『森林環境』二〇一八年)等。

薩摩硫黄島は、薩摩半島の南端から南に三〇kmほどに位置する。観光地として有名な屋久島や種子島よりも九州本土に近く、晴れた日には本土南端からその姿を見ることができる。島への主要な交通手段としては、鹿児島市内中心部からフェリーで四時間ほどの船旅がある。フェリーは週に四便あるが、高波や強風による欠航も多い。もう一つの交通手段として鹿児島空港からの空路があるが、週二便のセスナ機による運行で乗客は三名までと、旅行客にとってはハードルが高い。国内では最もアクセスが悪い地域に含まれる島である。

この薩摩硫黄島では、個性的な活動が続いている。ユネスコ無形文化遺産に指定された仮面神の祭りである八朔祭、平安時代の僧「俊寛」にまつわる歌舞伎、地元に根付いたアフリカの打楽器ジャンベの文化、そしてジオパークの活動である。

### 仮面神メンドン

仮面神メンドンの由来は、慶長三年、豊臣秀吉の朝鮮出兵に遡る。島津義弘に従って硫黄島から従軍した長濱吉延が、泗川の戦いで敵にとりかこまれた島津義弘を救い出すという戦功をたてた。凱旋ののちに藩主から恩賞を賜ったため、その祝いとして神社にこの踊りを奉納するようになったという。八朔祭、とも呼ばれ現代に伝わるこの祭りは、八回目の朔(新月)、つまり旧暦の八月一日に始まる。夕刻になると神社の前で踊り手が輪になり、勇壮な掛け声をかけながら踊りを始める。踊り手がかける掛け声は、音声としては伝えられているが、その意味は今では誰にも分からなくなってしまっている。踊り手が数十分の間踊り続けて時が満ちると、神社の中からメンドンが姿を表す。メンドンは、一mほどの大きな仮面をかぶった仮面神で、手に持った枝で島民を叩き

薩摩硫黄島の空撮写真。硫黄岳周辺の海中温泉群が島の周囲の海水を染めている（三島村提供）

ながら追い散らす。古老の話では、今ではそこまでする者はいなくなったが、昔は無礼講の祭りとして女性を連れ去ったり、夜這いをしたり、というものだったという。少しずつ形を変えつつも、数百年受け継がれてきた祭りは大切に守られている。

## 俊寛伝説

薩摩硫黄島は、平安時代の僧「俊寛」の流刑の島とされている。俊寛流刑の島と言われる場所は他にもあるが、平家物語の流刑の件には火山や硫黄に関する記載があることから、薩摩硫黄島が最も確からしいと著者は考えている。俊寛の伝説は歌舞伎の演目としても有名で、故十八代目中村勘三郎氏もこの演目を好み、伝説の地である薩摩硫黄島での公演をぜひ実現したいとのことで、二度ほど現地での公演を行っている。三島村では、三度目の公演の実現に向けて準備を重ねている。

## ジャンベ

薩摩硫黄島は、日本の中でジャンベの聖地とも言われている。西アフリカの打楽器であるジャンベがこの島に伝わったのは一九九四年のことである。ジャンベの神と言われたママディ・ケイタ氏が来日し、小さな村でジャンベを使って交流したい、という願いに村が応えたことが発端になっている。島の子供達にジャンベを教えて演奏旅行を行い、以降毎年のようにママディ氏が来島。

ジャンベの国際合宿の開催や、小中学校での授業、音楽コンクールでの発表、地元のジャンベチームの精力的な活動、ジャンベを練習する傍ら島の行事の手伝いをするジャンベ留学生制度、そしてフェリーみしま入出港時のジャンベでの出迎えなど、島民を挙げてのジャンベ関連の多角的な活動が奏功し、二〇一六年には地球市民賞を受賞している。また、そこからの縁で二〇二〇年のオリンピック・パラリンピックの際のギニアのホストタウンに決まっている。今後も硫黄島でのジャンベの活動は続いてゆくだろう。

## ジオパーク

三島村は、二〇一五年に日本ジオパークとしての認定を受けた。「三島村・鬼界カルデラジオパーク」として、日本ジオパークネットワークの一員に登録されている。ジオパークとしての三島村の見所は、日本中に火山灰を降らせ縄文人に大きな影響を与えた鬼界アカホヤ噴火のカルデラと海底火山、そのあとに成長してできた硫黄岳、さらに硫黄島の周囲を染める海中温泉群である。ジオパーク認定以前から火山学者を中心に研究者から注目されている島ではあったが、認定を契機として研究者からの注目がさらに集まることとなり、研究者の来島が増えている。特に硫黄島では、専門職員が研究者の調査サポートを行いながら成果をアーカイブしてゆき、小中学校での授業や大学の学生実習の受け入れ、一般の観光客への案内などに活用する仕組みが整ってきている。ジオパーク認定までの活動を行なった専門職員はその活動を持続的な活動にするため、村役場を辞職して硫黄島に移住。ジオパーク関連の事業だけでなく、人材育成研修なども引き受ける「合同会社むすひ」を設立し新たな人の流れをつくり雇用を生む挑戦を続けている。

また、これと時を同じくして別の島民らが役場からの出資を受けて「株式会社いおう」を設立。これまで島外の企業に委託していた種々の業務を島で受託し、役場からのお金が島内に流れる仕組みを作りつつある。

以上のように、薩摩硫黄島は、八朔祭、俊寛歌舞伎、ジャンベの文化、そしてジオパークの活動など、特色ある個性的な活動が続いている。この島に魅せられて移住した著者も、島の活動を内側から支える活動を続けたい。

# 口永良部島の年寄りが生物多様性保全活動により島を活性化する試み

## 【ユネスコエコパーク離島における地元の役割を模索する】

山口英昌

●やまぐち・ひでまさ　一九四二年生。「えらぶ年寄り組」代表。著作に「口永良部島・北部入り江におけるアオウミガメの回遊生態」（日本ウミガメ会議、『うみがめニュースレター』二〇一六年、共著）。

口永良部島は、屋久島の西一二kmに位置する離島で、二〇〇七年に屋久島国立公園に編入され、二〇一六年にはユネスコエコパークに指定されるなど、自然豊かな島である。久しく活動がなかった新岳が、二〇一四年に三六年ぶりに噴火した。翌年二〇一五年の噴火では、島民全員が離島し、七カ月の避難生活を余儀なくされた。以前から人口減少が続いていたが、噴火後はさらに二割減少し、一〇〇余名になった。島の活性化と若者の移住促進が課題となって久しい。

高齢者としての役割を模索する中で、有志が語らい「子々孫々の口永良部島を夢見るえらぶ年寄り組（略称　えらぶ年寄り組）」を二〇一二年に立ち上げた。災害復興や活性化に追われる若い島民に代わって、島の生き物や環境を守り、文化や歴史遺産を子々孫々に伝えたいと願って活動を始めた。

### 「えらぶ年寄り組」の活動と課題

「えらぶ年寄り組」の活動のメインは島の生物多様性保全で、いま一つは島の情報発信としてのホームページ（口永良部島ポータルサイト http://kuchinoerabu-jima.org/）の管理運営と古い記録のアーカイブ化などである。保全活動では島の動植物（エラブオオコウモリ、ウミガメ、照葉樹林の林床植生、タカツルラン、ヤクシカやノヤギなど）の生息調査を島民とともに続けている。この間、屋久島町によるウミガメ保護監視業務（二〇一三、二〇一四年）や、環境省のグリーンワーカー事業（以下GW事業、二〇一四〜二〇一七年）、屋久島環境文化財団の生物多様性調査・啓発業務（二〇一七〜二〇一八年）の委託を受け今日に至っている（表）。

環境保全事業の委託を受けて、島の動植物の保護や調査活動は

**表 「えらぶ年寄り組」の活動**

| 年 | 活動の内容 |
|---|---|
| 2012 | 発足<br>　動植物の生育・生息調査、保護活動を始める<br>島の情報発信<br>　ホームページ「口永良部島ポータルサイト」立ち上げ<br>生物多様性の啓発活動<br>　季刊「くちのえらぶの自然」発行<br>　学習会、見学会の実施 |
| 2013 | 屋久島町 ウミガメ保護・監視業務 受託 |
| 2014 | 屋久島町 ウミガメ保護・監視業務 受託<br>環境省 グリーンワーカー（GW）業務 受託 |
| 2015 | 環境省 GW 業務 受託 |
| 2016 | 環境省 GW 業務 受託<br>ボランティア体験・学習キャンプ事業の発足 |
| 2017 | 環境省 GW 業務 受託<br>屋久島環境文化財団 生物多様性調査・啓発業務 受託 |
| 2018 | 屋久島環境文化財団 生物多様性調査・啓発業務 受託 |

充実してきた。しかし、活動の成果を島民の暮らしに生かして島を活性化したり、生物多様性の啓発に資するという面では課題が残されている。また、ユネスコエコパークの地元組織としてのあり方も課題の一つである。

### 「ボランティア体験・学習キャンプ事業」の実施

これらの課題を解決するために、二〇一六年に「ボランティア体験・学習キャンプ事業（以下、「キャンプ事業」）を立ち上げた。

「キャンプ事業」では、島外の青少年に無料で宿泊場所を提供し「えらぶ年寄り組」の調査にボランティアとして参加してもらっている。若者の助力で生物多様性の保全活動を続けることが狙いである。また、キャンプ参加者に調査活動を体験して、生物多様性の理解を深めてもらおうとする目的がある。初年度二〇一六年には六グループ一五一人・日、二〇一七年は七グループ九七人・日、二〇一八年は二グループ一一人・日の参加があった。

さらに、「キャンプ事業」によって、エコパークの理念を実践できないか、離島の活性化に貢献できないだろうかという点も、事業を立ち上げた背景にあった。

エコパークとしての口永良部島には、三つの機能が要求されている。①生物多様性の保全の上で重要な地域であること、②環境保全と調和した取り組みがあること、③調査、研究、教育・研修の場を提供していること、である。要求される三つの機能を「えらぶ年寄り組」に当てはめると、③の「場の提供」は、「キャンプ事業」を運営する「えらぶ年寄り組」には要件を満たしていると云える。しかし、②の「自然環境の保全と調和した持続可能な発展の取組」つまりは「自然を暮らしに活用する」点は達成できていない。

## 「キャンプ事業」の課題と展望

「キャンプ事業」が、②の「自然を暮らしに活用する」課題を実現できていないのは、事業がボランティアで持続的でないからでもある。ユネスコエコパークの地元の成員である「えらぶ年寄り組」として「自然を暮らしに活用する」ためには、「キャンプ事業」を生業として位置づけ、持続的に運営できる財政基盤を整えなければならない。そのためには運営体制を整備して、責任のとれる体制を構築する必要がある。マーケティングの必要もあろう。もっとも大きな障害は、マンパワーが不足しており「えらぶ年寄り組」単独では生業化が困難なことにある。

このように「キャンプ事業」を生業として発展させることは、「自然を暮らしに活用する」と云う機能②を実現することになる。「えらぶ年寄り組」のあり方にとどまらず、離島である口永良部島の活性化にも直結する。青年・壮年層を巻き込んだ活動に発展させ、島の将来への展望を切り開きたい。

# タラソテラピー展開から見た薩南ネシアの未来可能性

吉嶺明人

●よしみね・あきと　一九四七年生。南日本新聞編集部長、文化部長、論説委員など歴任。現在、タラソネットかごしま代表として、海をテーマにした総合情報季刊紙「かごしまタラソニュース」を発行中。著作に『成人T細胞白血病（ATL）とHAM』（南方新社、二〇〇八年）、「医療と健康増進（『海洋深層水利用学――基礎から応用・実践まで』成山堂書店、二〇〇六年）」等。

日本列島南端に位置する鹿児島は東シナ海、太平洋に囲まれ、全国有数の海洋県である。北西には雲仙天草と連なる長島、甑島列島、南方に目を転じると三島、種子島、屋久島、さらにトカラ列島、奄美諸島が数珠つなぎだ。

その距離は南北六〇〇キロ、温帯から亜熱帯まで多彩な海洋環境は、全国でも稀有の資源である。島々は「海の道」で結ばれ、強大な黒潮も貫く。作家の島尾敏雄は「ヤポネシア」という概念を提唱したが、南から、様々な技術や文化も運ばれ、海の道は重要な役割を果たしてきた。

どこのネシアも、海との関係は密接だ。鹿児島の薩南ネシアも例外ではない。太古から海の恵みを受容してきた。今章ではタラソテラピーの観点から記述したい。

タラソテラピーは、海水、大気、海泥、風景など海洋環境のあらゆる条件を病気の治療・予防・健康増進に生かそうという概念で、日本では「海洋療法」と訳されている。

タラソテラピーの起源は紀元前にさかのぼる。ギリシャの医学の祖ヒポクラテスが温海水療法を実践した記録があり、近代的なタラソテラピーは十九世紀末にフランスで始まり、欧州各地を中心に世界に広がっていった。

鹿児島の島嶼域は、豊かな海洋の恩恵を受け、タラソテラピー環境はそろっている。

種子島でタラソテラピーの原点と思える〝現場〟を目の当たりにしたことがある。島の中央部、中種子町に残る「瀬風呂《せぶろ》」跡だ。目の前には、黒潮の本流が迫る太平洋の海原が広がる。満潮時に流れ込み干潮時に岩場に溜まった海水を、焼石で温め浸かる風習が瀬風呂である。

この風習、家風呂や公衆浴場のなかった昔から、島民の生活の知恵として定着していた。「浸かると、切り傷や皮膚病が治り、関節痛も改善する」「医者知らず」「かかりつけの病院」「親睦の場」と受け入れられ、海辺は集落民で賑わいを見せていた。瀬風呂は、種子島島内だけでなく、屋久島、徳之島にも存在し、戦後まで使用されていた。大昔からネシアの診療所、集会所の役割を担っていたのだろう。

## 自然治癒力高める海洋環境

海水など海の資源を活用した入浴風習は、日本各地でも行われていたのは周知のことである。海洋環境に身を置くと、海風は清らかで陸風に含まれるアレルゲンは含まれていない。潮騒の音を聞き、ミネラル分が濃厚に含まれるエアゾール（海塩粒子）を浴びると、心肺機能への刺激にもなる。

鹿児島の島民たちは「海は何か力を持っている」という共通認識を、経験的に共有していたと思われる。

こうした島のタラソ効果に科学的根拠を加え、地域活性化につなげようという試みが、官学民の手で行われてきた。

鹿児島の最南端に位置する小さな与論島。全島がサンゴ礁に囲まれ、サンゴ礁の先端で砕けたエアゾールが島全体を覆う。

この島に、自然と人が共存できる健康で豊かな社会づくりを図ろうと、島おこし共同体・与論健康村が設立された。医療機関と地域が連携して、海も生かした健康づくり、地域交流など展開した。医療機関には、全国からアトピー性皮膚炎、高血圧、糖尿病、ぜん息などの患者がきて、施療を受けた。担当した医師は「海は本来人間がもつ自然治癒力を高めてくれる」と島の力を確信している。

鹿児島大学医歯学総合研究科・国際島嶼医療学講座も「海」の効用を科学的に検証する研究を続けている。

沖永良部島和泊町、奄美大島の奄美市に相次いで開設したタラ

鹿児島県熊毛郡屋久町の吉田集落に残る瀬風呂『とんぼれ』。
目の前には東シナ海が広がり、海の癒しを存分に受けられる。

ソテラピー施設や与論町の海水プールを使い、県や市町村の受託でタラソテラピーが健康に及ぼす影響を考察している。その結果、関節痛の軽減、脳内活性物質の調整、体調を示す数値の改善、中性脂肪値・血圧低下などの効果があることが分かった。タラソテラピーは、統合医療的な役割があると期待されている。

## 長寿後押しする要件満たす

また、鹿児島大学医学部や与論島の医療関係者、民間人らが鹿児島タラソテラピー研究会を結成して、一定の成果を発信したのは特筆に値する。

和泊町と奄美市の施設では、住民対象の独自の健康増進プログラムに取り組み、成果を挙げている。

奄美群島は長寿者が多く、世界に誇れる「長寿エリア」と注目を集めている。長生きを後押しする要件が、島にあるのではないか。そこに着目したのが、鹿児島県だ。「あまみ長寿・子宝プロジェクト」を平成十六年度から五年計画で展開。産官学が協力して食、自然環境、地域連帯、習慣など多角的に検証した。

その結果、興味深い報告がなされた。長寿の要因として、海岸の大気に多く触れる居住環境が指摘され、「イラブチ」「もずく」などの海産物をよく摂取する食生活も挙げられた。奄美群島固有の文化、温暖な海洋性気候を十分に生かした癒しと健康の観光プログラム・メニューの開発を行うなど、体験型観光の推進が提起された。

鹿児島の島嶼域と一衣帯水の関係にある沖縄県。中頭郡西原町にある琉球大学の観光科学研究科ヘルスツーリズム研究センターは、沖縄の海洋療法施設内に、産官学連携のタラソ研究開発センターを設置した。海洋療法の国内外のニーズ調査、糖尿病改善と予防プログラムの開発、海洋環境を生かした健康滞在プログラムの構築を目指している。鹿児島を含め、全国の海洋療法施設を一つのフィールドと位置づけ、多施設共同での連携を視野に入れる。

奄美・沖縄はともに「世界自然遺産」登録を目指している。ユネスコ諮問機関の登録延期勧告を受け、運動の仕切り直しを図る。こうした取り組みが、薩南ネシアのタラソ環境を生かした数々の試みを後押しし、癒しと島活性化にもつながるモデルになると期待される。

# 世界遺産・屋久島

【その自然と生活】

湯本貴和

●ゆもと・たかかず（プロフィールは41頁参照）

## 雨の島・屋久島

屋久島は九州一の高峰・宮之浦岳（一九三五m）をはじめとして、七座の一八〇〇m級の山々を擁する山岳島である。東に種子島、西に口之永部島、南にトカラ列島につながる南西諸島の北端に位置する。

この屋久島には日本の縮図ともいうべき「亜熱帯から亜寒帯までの森林」が分布する。屋久島は、この植生の垂直分布が連続して残っている極めて貴重な島であり、世界自然遺産にふさわしい価値があるとして、日本で初めて遺産登録された。屋久島は雨の島である。標高二〇〇〇mにせまる高山を擁するために、斜面に沿って上昇した空気が冷却されて雲をつくりやすい。海岸沿いの小瀬田での一五年間の平均では、年間四二九〇mmの降水量を記録し、鹿児島の二倍、奄美大島・名瀬の一・五倍にあたる。また山間部ではじつに八〇〇〇～一万mmの雨が記録されている。日本有数、いや世界でも屈指の多雨である。

## 植物の宝庫

屋久島には五〇種以上の固有分類群を含む一五〇〇種以上の植物の自生が確認されている。日本に自生する植物数の約五分の一がこの小さな島に分布するわけである。日本本土と一度でもつながった歴史のある大陸島で、これほど多くの固有植物をもつ島はない。屋久島は、まさに植物の宝庫である。

いまから一万年より以前は氷河時代とよばれ、地球規模の気候変動によって、氷期とよばれる冷涼な時期と、間氷期とよばれる温暖な時期を繰り返す時代であった。間氷期の温暖で海水面の高い時期には島々は孤立する。高い山のない沖縄や奄美では、冷涼な気候を好む植物は逃げ場を失って絶滅してしまう。しかし、高い山をもつ屋久島では、これらの植物も冷涼な高地で生き延びたと考えられる。生き延びた植物は、母体となった大きな集団から隔離されて、独自の変化を遂げることになる。屋久島の固有種でもっとも多いのが、本土以北あるいは台湾高地の植物と明らかに近縁関係にあり、屋久島高地にだけ分布するタイプである。

このように屋久島は、琉球弧という植物の回廊のなかで特異な位置を占めている。豊かな降水量と複雑な地形に恵まれている屋久島は、植物が北へ南へと分布を移すたびに、渡来した植物に適した生育地を提供し、とらえて離さない構造となっているといえるかもしれない。屋久島になぜ多くの植物種が分布し、なぜ固有種や固有変種が多いのかは、このような気候変動と屋久島の地理的な特異性で説明できる。その意味で連続した垂直分布帯こそが、さまざまな植物の絶滅を防ぎ、新しい植物を産みだしてきた屋久島の植物の宝庫としての生命線なのである。

## 神の島と森林開発

こうした豊かな自然をもつ屋久島も、人間の手が加わっていない場所はほとんどないといってよい。

かつて屋久島は神の島であった。中央に険しい山岳地帯を抱えるために、海岸部にしか集落がない。島民は、集落から仰ぎみる標高一〇〇〇m前後の山を「前岳」、その奥の山々を「奥岳」と呼び慣わしてきた。前岳は照葉樹林という鬱蒼とした森に覆われていて、島民は精霊に失礼がないように十分に敬意を払いながら、薪をとったり炭を焼いたりしてきた。奥岳になると、そこはもう人間がみだりに足を踏み込んではならない精霊に満ちた恐ろしい神の園であり、立ち入るだけでも相当の覚悟を必要とした。

しかし屋久島を直轄領とした薩摩・島津氏は、十七世紀半ばからヤクスギの本格的な伐採にのりだした。宮之浦に屋久島奉行を置いて、ヤクスギを年貢として納める体制を確立した。当時、ヤクスギは屋根を葺く平木として用いられた。平木は長さ六〇cm、

屋久島固有亜種のヤクシマザルとヤクシカ

幅一〇cmほどの薄板である。巨大なヤクスギを丸太のままで麓まで搬出する手段がなかったため、伐ったその場で平木に加工した。平木にならないような瘤のある木や曲がった木、内がウロになっている木は伐採を免かれている。

明治以降、屋久島の八割弱の面積が国有林に繰り込まれたのちも、森林伐採は続く。太平洋戦争時代の木材需要期には、大量の木材が屋久島から出荷されている。さらには一九五六年にチェーンソーが導入されて以降、標高六四〇mに設けられた森林伐採の基地である小杉谷を中心にヤクスギが伐られ、またパルプ用材として前岳の照葉樹林も大面積で皆伐された。

一九六四年に「霧島屋久国立公園」として島の三八%が国立公園に編入されたが、禁伐の特別保護地域は公園の三二%、伐採方法や面積に制限のない第三種特別地域が六割を占める。一九七〇年代から九〇年は、屋久島で開発と自然保護がもっとも先鋭的に対立した時代であり、島民の間にも大きな対立が表面化した。一九七二年には屋久島原生林の即時全面伐採禁止を唱える「屋久島を守る会」が結成され、それに対抗して翌七三年には森林組合を中心とした「屋久島住民の生活を守る会」ができた。国有林である原生林の伐採の可否は、国会で議論されるまでに至ったのだ。

屋久島は一九九三年十二月九日に日本最初のユネスコ世界自然遺産登録地となり、全国的に知られるようになった。世界自然遺産地域に指定されているのは、島の五分の一に過ぎない。それでも植物の宝庫としての屋久島の生命線である垂直分布帯が、世界遺産として永久に残されるようになったことは評価しなければならない。屋久島は長い時間をかけて、ようやく本当の意味で人間と自然とが共存共栄する時代を迎えたといえるかもしれない。

## 世界遺産とツーリズム

ユネスコ世界遺産委員会では、エコツーリズムという新しい産業を奨励して自然遺産の価値を普及するとともに、遺産地域に現金収入をもたらして雇用を生みだし、地元の人々にも遺産を保護する重要性を理解してもらうように努めるべきであるとしている。エコツーリズムは、「比較的撹乱されていない自然地域をベースとした観光の一部で、その場所を劣化させることなく、生態学的に持続可能なもの」と定義され、その考え方を具体化した旅行をエコ・ツアーとよぶ。現在、遺産地域以外でもエコツーリズムは大きなブームになっており、世界各地で地域の自然を保護しつつ利用しようとする動きが盛んである。ただ、利益重視の方向に偏ると、生態系への負荷の小さい持続可能な活動という精神に反する似非エコ・ツアーの横行を招き、遺産自体の存続を危うくする結果となる。

屋久島ではすでに一五〇名以上がツアーのガイドとして生計を立てていると推定される。近年はガイドを目指して屋久島に定住する若者も増えている。その結果、南西諸島では例外的に、西表島のある竹富町とともに屋久島町では人口減が止まり、増加に転じている。エコ・ツアーガイドとしての研修と親睦を深めるための屋久島ガイド連絡協議会は一九九九年に発足した。自然遺産での観光では、ツアーの安全確保やエコツーリズム精神の徹底、観光客の体験学習に必要な自然知識の普及に努めることで、ガイドの果たす役割は大きい。それとともに、持続可能な活動がおこなわれているかどうかを逐次モニターするシステムの導入が、早急に必要である。今後のツーリズムの方向性を考える屋久島エコツーリズム推進協議会は、二〇〇二年に組織された。

また二〇〇九年六月に屋久島世界遺産地域科学委員会が設置された。この委員会の役割は、世界遺産に登録された屋久島の自然環境を把握し、科学的なデータに基づいた順応的管理に必要な助言をすることにある。さらに二〇一三年十二月には屋久島に関する最新の研究成果を住民と共有するプラットフォームである「屋久島学ソサエティ」が設立され、以来毎年、屋久島で学術大会を開催している。

二十一世紀は環境の時代といわれる。そのなかで屋久島は環境問題の聖地のひとつとしてのブランド・イメージを享受するだけではなく、それに見合った役割を果たすことが期待されている。

# 島嶼部における淡水生物生態系の特徴

森下郁子

●もりした・いくこ　一九三五年生。一般社団法人 淡水生物研究所所長。吉野ヶ里大使。陸水生態学、比較河川学。著作に『川の健康診断』（NHKブックス、一九七七年、毎日出版文化賞）、『環境を診断する』（中公新書、一九八一年）、『河口の生態学』（一九八一年）、『ダム湖の生態学』（以上山海堂、一九八三年）等。

## 水環境を評価する指標生物表の作成

一九五〇年代は日本でも河川の水質汚濁が特に注目されるようになった。河川の水質汚濁防止には住民の協力が不可欠で、それには、住民が水質汚濁とは何か、身近な河川の汚濁の状態がどうなっているのかを理解する必要があった。ドイツでは一九五一年にリープマンが「生物学的水質判定法」を提唱している。河川の汚濁を理解し、水質の良し悪しを判定する材料に生物を使う手法である。リープマンの「生物学的水質判定法」を日本で使うには、日本の指標生物表が必要だった。生物相は地形や地質、気候や開発のレベル、土地利用などに影響を受けるから、その背景を整理し、河川に生息する各種の生息条件から水質に対する耐久度のランクを数値で表し、指標生物表を作る作業が急がれた。

標高の高い山がそびえ気候的な条件が多く、かつ、人為的影響の少ない日本の最南端の屋久島（沖縄列島の本土返還以前の当時）が最適な条件を具えていた。一九五八年三月、一カ月半かけて屋久島全島の河川を調査し、水生生物相を分析した。宿泊地は営林署の作業場や小学校の分校の宿直室、神社の社務所など、とりあえず屋根があるところを拝借させて頂いた。地点間の移動はすべて徒歩で、食糧ほか捕獲網、採集瓶、固定用の薬品などの調査道具はリュックに背負って移動した。その調査結果は一九六三年の関西自然研究会会報に掲載されたほか、そのデータは津田松苗先生の『汚水生物学』（北隆館、一九六四年）や『水生昆虫学』（北隆館、一九六二年）に活かされた。その後、礼文島で北方の島の淡水生物相の調査を行ったあと、日本全国の河川の結果をまとめ、津田先生と共著で『生物による水質調査法』（山海堂、一九七二年）に著した。いわば屋久島の河川の淡水生物調査は、日本の河川の「生物学的水質判定法」の土台で、その後の建設省（現国土交通省）の

「河川水辺の国勢調査」等、日本の河川の生物学的調査の先駆けになった。

その屋久島は、自然環境が良好で豊かで清冽な水に恵まれたところだから、さぞ多くの水生生物が生息し、多様性が高いだろうと思われがちである。ほとんどの川が花崗岩質で河床に砂がザラザラと流れ、物理化学的な水質は良好である。しかし、生物相は非常に貧弱である。屋久島の河川の底生動物の生態系の頂点には、肉食性のヘビトンボがあり、それを支えているのは数種のカゲロウ、トビケラ、ユスリカであった。本州の河川では平均して一地点に数十種類の底生動物が生息するが、屋久島の河川ではほとんどの地点でその1／10から1／20である。本州の河川の上流域を代表するアミカやブユなど群生する生物や、大きな河川ならどこにでも見られる「ザザムシ」とよばれるヒゲナガカワトビケラも全くみられない。ヨーロッパやアメリカ大陸に似た生物相だった

永田川

宮之浦川

栗生川マングローブ植樹

のである。

## 島嶼部の生物多様性は低い

島では、島独特の固有種がおり、多様性も高いような印象が一般的だ（ガラパゴス島のダーウィンフィンチなど）。しかし、屋久島の水生生物に限れば種の多様性が低い。一九六四年に進化学者のブリストル・フォスターが「島の原則」を発表した。「島の原則」は、「フォスターの原則」、「島嶼化」とも呼ばれているが、大陸から離れた島に生息する種は、同種の大陸に生息するグループ（個体群）より競争相手が少なく、餌などの資源が豊富であるため体が巨大化し、逆に、資源が少ない場合は矮小化することを表した。巨大化あるいは矮小化した生物は、最初は同じ種でも長い時間ののち別の種に進化することもある。その後、一九六七年、ロバート・マッカーサーとエドワード・ウィルソンが「島の生物地理学」を発表した。「島の生物地理学」では、種の絶滅率と新しい種の移入率の二つで多様性が決まるとし、面積の小さい島ほど、また、大陸との距離が離れている島ほど資源が限られ、種の多様性が低くなるとした。これは、島に限らず孤立した地域や、河川の流域にもあてはめられる。島（や孤立した地域や小さな流域）では、現存の種が絶滅していく一方、生物種や資源が多いところ（大陸や広い流域）からの新たな種の移入が限られ、種数は補われることがなく種の多様性が低くなるという説である。指標生物学がきっかけで訪れた屋久島は「島の生物地理学」を明確に説明する場となった。

その後訪れたイエメンの千一夜物語の舞台になったソコトラ島や、チリの沖にあるイースター島、東南アジアの群島、ハワイ諸島でも河川の生物多様性は低い。多様性が高いことが良い生態系の第一条件のように捉われがちだが、島では種数の多さより、何が生息しているかに着目することが大事である。島では独自に進化した固有種や、人の移入に伴って持ち込まれた外来種が注目される。

# 資源の屋久島

## 【「夢」をめぐる中心と周辺】

王智弘

●おう・ともひろ　一九七三年生。総合地球環境学研究所外来研究員。資源論・環境社会学。著作に『臨床環境学』（共編著、名古屋大学出版会、二〇一四年）等。

「鹿児島の南、八〇キロの海上にある屋久島は、海抜一九三五メートルの九州で一番高い宮之浦岳をはじめ、モッチョム岳などの山々を抱く山岳の島です。では上陸してみましょう」。一九五三年に制作された鹿児島県の『県政ニュースNo.4』は、「起ち上る屋久島」の話題から始まる（図1）。管弦楽の明るく軽快なBGMに載せた三分弱の白黒映像の中で、屋久島の植生、製糖業、パパイヤ・バナナの栽培、製材業、トビウオ漁、発電所の竣工式、タングステン鉱採掘の電化が語られ、「資源と観光の屋久島は、今や電力の島となり、本県の原動力として、数多くの夢を抱きながら、今日もまた南の海に浮かんでいます」と結ばれる。

### 「持たざる国」の「夢」の島

ここで語られた「夢」とは具体的には工業化を指している。国内有数の降雨量を記録する屋久島の山岳地域の水力と急峻な地形には、戦前から水力発電の可能性が見込まれていた。鹿児島県は戦後まもない一九四七年に大隅・熊毛開発調査室を設置し、翌年には『大隅熊毛総合開発計画書』を取りまとめる。一九五二年に鹿児島県は、新日本窒素肥料、九州電力、神戸製鋼所、旭化成工業など民間企業一一社と共同出資で「屋久島電気興業株式会社（のちの屋久島電工株式会社）」を設立すると、翌年には映像の中で紹介された千尋瀧発電所が完成した（図2）。思い描いたのは安価な電力を利用した電気化学工業の展開と本土への海底送電である。産業構造における第一次産業の比重が目立って高く、工業の振興が課題だった鹿児島県にとって、全九州の発電能力の七割相当と試算された包蔵水力は、一離島をして県全体の「原動力」と表現するのに十分すぎる量であった。

「数多くの夢」の中には、戦時中に朝鮮半島で電源開発に従事し、敗戦によって海外事業からの撤退を余儀なくされた引揚技術者の夢も含まれていた。日本工営株式会社の取締役社長であると同時に、上述の屋久島電気興業株式会社の取締役社長となった久保田豊である。日本工営の社史には「久保田の夢は海外にあったが、当時はまったく考えられない時代だけに、この電源開発の大事業に久保田の胸はふくらんだ」と記されている。

　食糧・電力不足は鹿児島県に限らず戦後復興に取り組む政府が直面した問題であった。国内資源の高度利用ならびに電源開発が経済再建の鍵と位置づけられた時期である。河川総合開発のモデルとしてTVA（テネシー川流域開発公社）が政府・民間の高い関心を集めていた。一九五〇年に国土総合開発法が成立するが、翌年、屋久島を含む南九州特定地域が総合開発計画の対象地の一つに指定された。屋久島は一九五三年に制定された離島振興法の第一次対策実施地域にも指定されているが、後進性の除去とは別の次元で、国策においても資源の屋久島に期すものがあったことが

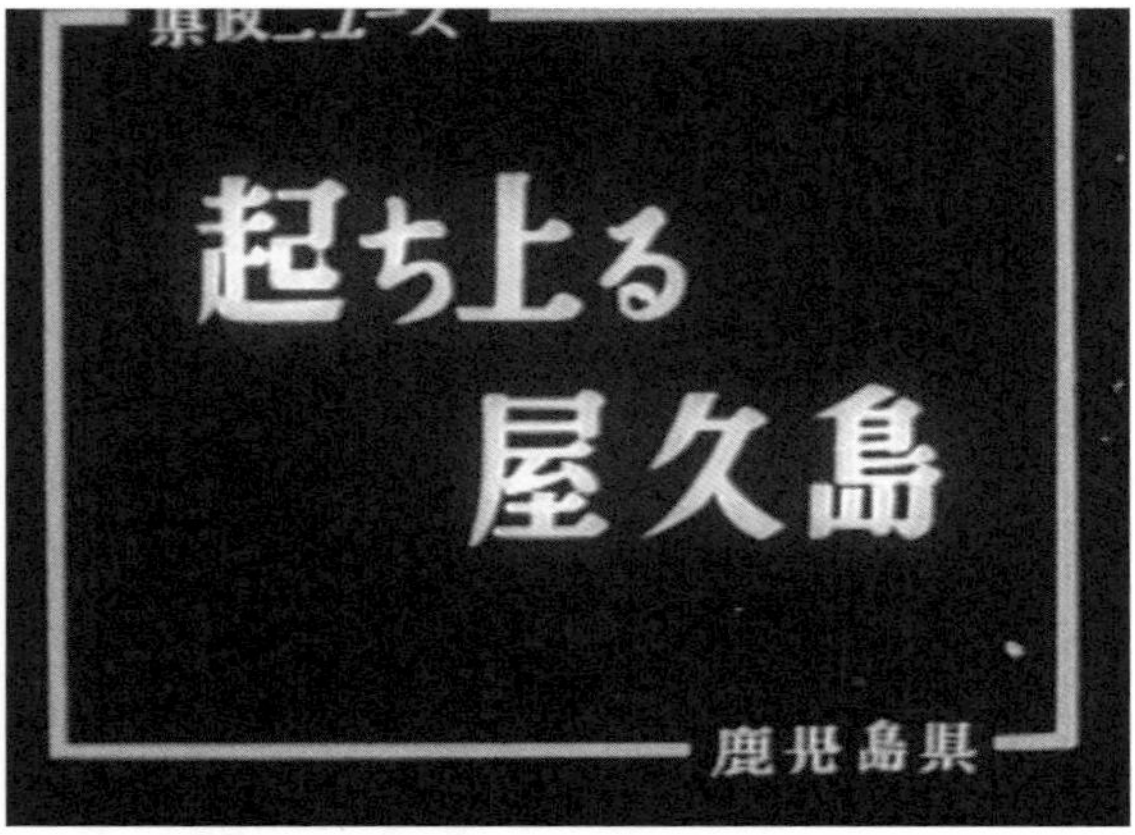

図１　鹿児島県の『県政ニュース No. 4』（1953 年制作）の冒頭映像「起ち上る屋久島」

図２『県政ニュース No. 4』で紹介された屋久島電気興業株式会社の千尋瀧発電所

わかる。

公共・民間放送の開始も国産テレビの販売も、この映像が撮られた翌年の出来事であり、県内の映画館で上映された屋久島の姿を目にした者は決して多くはなかっただろう。だが、フィルムに込められた意図が、敗戦によって植民地を失い、再び「持たざる国」に閉じ込められた国民を鼓舞し、一筋の光明を見せることにあったことは想像に難くない。同年の一九五三年に出版された最初の資源白書といわれる『明日の日本と資源』は、技術の進歩が新しい境地を開くと説き、読者に「あきらめるのはまだ早い」と呼びかけていた。そんな時代の中で、屋久島は多くの当事者に夢を、関係者に期待を、そして、国民には希望を抱かせる島として脚光を浴びたのである。

## 想像力の源泉としての島

ここに「夢」をめぐる中心と周辺の逆転を見ることができる。明治以来の交通手段の発達や産業構造の転換を背景に辺境性を帯びていた離島が、復興の鍵を握る中心地になったのである。もっとも、それは単に戦前・戦時を通じて海外に広がった開発の前線の後退であり、九州本土への送電という構想が示すように、中心への資源の供給地に過ぎないと捉えることもできる。しかしながら、資源を原料と区別し、技術や制度を組み合わせることで見いだされる可能性と捉えるならば、その時代に屋久島が構想の核として果たした力は見過ごせない。「困窮島」という概念が経済的貧困に陥った者の拠り所であるならば、屋久島は消沈した国民にとって想像力の源泉となった。国土面積の〇・一%程を占めるにすぎない離島であることを思うとき、資源の島として物質的側面で実際に担った役割もさることながら、イメージや空想も含め、屋久島が夢や期待、希望を喚起した精神的側面も注目に値するだろう。

ことに戦後の日本において、国内の島々は後進性や辺境性の克服が課題とされながら、本土と離島はより中心‐周辺的性格を強めていった。過疎化する農山漁村地域も同様である。そのあいだ、集団就職列車や上京、離村や出稼ぎといった言葉が示すように、都市部へ大規模な人口移動が生じた。今日では夢の島といえば廃棄物で埋め立てた人工の島を連想させるが、その廃棄物が夢を求めて中心に集まった人々の副産物であるならば、言い得て妙である。しかし、換喩ではない本来の意味での夢の島は戦後史の一局面に確かに存在していた。それは国内資源の開発が重視された時代の一時の現象であるとも限らない。今日、世界自然遺産の島は世間の耳目を集め、観光客や移住者が上陸する。屋久島は多くの人々の夢の中心に浮かんでいる。

**参考文献**

日本工営株式会社（1981）『日本工営三十五年史』日本工営

総理府資源調査会事務局編（1953）『明日の日本と資源』ダイヤモンド社
鹿児島県編（1974）『鹿児島県史第五巻上』鹿児島県
北辰企画編（2016）『屋久島電工株式会社六〇年のあゆみ』屋久島電工株式会社

# 大隅諸島の文化・自然環境と赤米交流

石堂和博

●いしどう・たかひろ　一九七七年生。広田遺跡ミュージアム学芸員。南島考古学。著作に「旧石器時代の大隅諸島における石材利用について」（『同志社大学考古学シリーズ論集XII』二〇一八年）、「大隅諸島の先史文化にみられる生業の特徴と変遷」（『琉球列島先史・原史時代の環境と文化の変遷に関する実証的研究　第2集』六一書房、二〇一四年）等。

## はじめに

大隅諸島は、南西諸島最北端の島嶼群で、主に種子島、屋久島、三島、口永良部島からなる。大隅諸島の最北端に位置する種子島は、九州島最南端の佐多岬から直線距離でわずか四〇kmの洋上に位置する。そのため、大隅諸島は、旧石器時代から現代まで、ほぼ一貫して九州島の文化的影響を強く受けた地域とされてきた。また、気候区分及び陸生生物相の境界はトカラ列島にあることから、それらの様相も九州島に類似するとされる。

一方で、島々を洗うように黒潮が流れているため、近年の研究によると魚類相の境界は、大隅諸島にあることが分かってきた。つまり、大隅諸島では亜熱帯性と温帯性の魚類が混在する様相が認められるというのだ。また、九州島に類似するとされる陸生生物相についても、メヒルギなどの亜熱帯性植物も認められ、両者が混在する境界域の様相を呈している。更に、文化的にみても弥生時代後期後半から古墳時代にかけての時期には、広田遺跡に代表されるように、九州島よりも奄美・沖縄諸島の文化的影響が強く認められ、両者の境界は時期や指標によって揺れ動いている。

このように、大隅諸島の諸相は、明瞭な境界線で捉えるのではなく、両者が混在する「ぼかし」の領域として捉えるべきであろう。

こうした非排除性、多様性、連続性は、大隅諸島のみの特徴ではなく、広く琉球列島を特徴付けるものであり、こうした視座よ

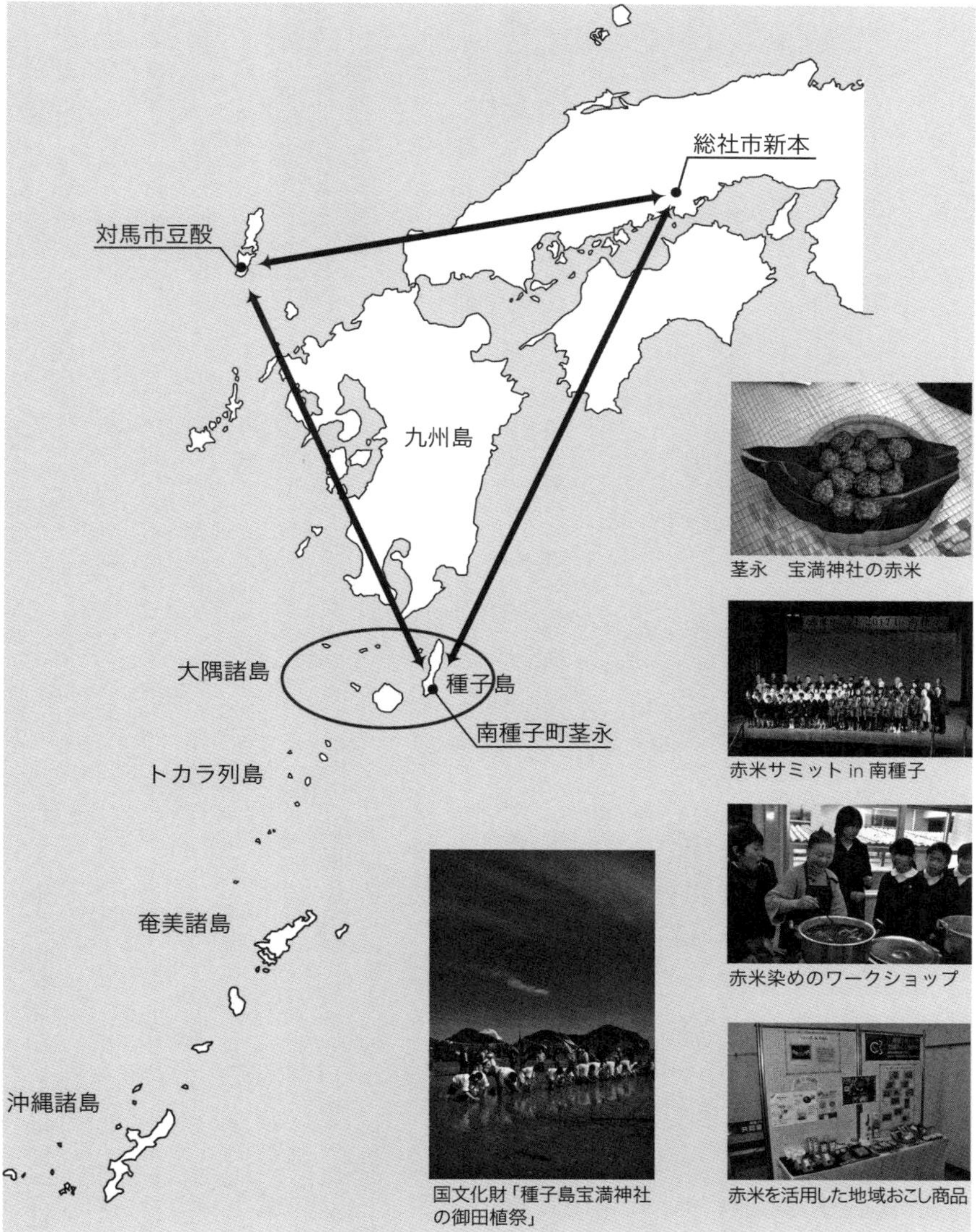


茎永　宝満神社の赤米

赤米サミット in 南種子

赤米染めのワークショップ

国文化財「種子島宝満神社の御田植祭」

赤米を活用した地域おこし商品

**屋久島固有亜種のヤクシマザルとヤクシカ**

り長嶋俊介氏が提唱した「琉球ネシア」[1]の概念は、大隅諸島を理解する上で、大変重要で有意義な考え方と言えよう。繰り返しになるが、琉球列島の文化・自然は、明瞭な境界線で区切られるものではなく、グラデーションのように変化するものであるからだ。本稿では、そうした「ぼかし」の領域である大隅諸島の文化を象徴する「赤米」と赤米にまつわる文化に拠った地域活性化・地域交流の事例を紹介したい。

## 赤米文化の概要

赤米は、種子島の南部に所在する茎永地区の宝満神社に伝わる御神米である。全国でも御神米としての赤米は、岡山県総社市新本と対馬市豆酘と種子島の南種子町茎永のみで伝承されている。対馬、総社の赤米が温帯ジャポニカ種であるのに対し、種子島茎永の赤米は、渡部忠世氏により、熱帯ジャポニカ（ジャバニカ）に比定されていて、いわゆる「海上の道」を経由し、南方より沖縄・奄美諸島経由で伝わったものとされる。一方で、この地の赤米文化の象徴である種子島宝満神社の御田植祭（国文化財）は、日本本土の御田植祭の南限である。このように、赤米とそれをとりまく文化は、奄美・沖縄諸島と九州島の両方の影響を受けて成立したものであることがわかる。

## 赤米文化を活かした地域活性化と赤米交流

茎永地区では、一九九八年十月に赤米の伝承を目的とする「たねがしま赤米館」が開館した。それを契機に赤米という茎永地区ならではの文化資源を活用した地域おこしを行う機運が高まり、一九九九年十二月には赤米文化による地域おこし団体「ミニ独立村赤米のふるさと千石村」が結成された。千石村では、茎永校区の境界に看板を設置し、茎永秋祭りと呼ばれる地域活性化を狙ったイベント等をはじめた。赤米交流の一環として、備中神楽（国文化財）が宝満神社で披露されると、茎永でも、赤米を題材にした神楽を創作しようとする機運が高まった。そして、備中神楽「総社社中」の指導のもと、新たな赤米文化として、一九九九年に「茎永宝満神楽保存会」が結成され、宝満神楽の伝承がはじまった。既存の伝統文化の継承のみに固執すると、新しい世代の参画が阻害されるなど、弊害が生じる場合があるが、茎永地区では、これらの団体が結成されたことで「赤米文化の継承」に主体的に関わる人が増え、結果として赤米文化の伝承に貢献している。

二〇〇〇年には、こうした赤米交流の集大成として、総社市、対馬との赤米交流をめざした「赤米サミット二〇〇〇 in 千石村」を開催し、三地域の保存団体がはじめて一同に会した。この一連の動きは、それぞれの保存団体が主体となって行ったものである。

その後、三地域は、それぞれに赤米伝承をつづけてきたが、二〇一四年三月に、赤米に深い関心を寄せるミュージシャン相川七瀬氏の仲介により、対馬市、総社市と南種子町が「赤米伝統文化交流協定」を締結し、行政を巻き込んだ赤米交流がはじまった。二〇一四年十月には、一四年ぶりに赤米サミットが茎永で開催され、保存会同士の交流再開を共同宣言した。二〇一五年六月には、総社市新本でサミットが開催され、赤米文化を文化庁の「日本遺産」に申請することを共同宣言した。二〇一六年三月には、種子島宝満神社の赤米御田植祭が国の文化財となった。同年十一月には対馬市で赤米サミットが開かれ、日本遺産へ向けた申請書の基本合意がされると、二〇一七年一月には九州国立博物館で赤米フォーラムを開催し、日本遺産への申請を正式に行った。第一回目の日本遺産申請は選外となったが、再チャレンジすることが決まるとともに、二〇一八年十一月には、通算三回目となるサミットが南種子で開催され、日本遺産だけでなく、ユネスコの未来遺産も目指すことが確認された。未来遺産は、次世代への文化の継承だけでなく、その文化伝承活動が、地域活性化に寄与することを審査基準としている。そのため、茎永地区では、町内会に相当する自治組織が中心となり、赤米を用いたお菓子作りをするなど、赤米を活かした地域活性化に取り組みはじめている。

このように、茎永地区では、過去の歴史的な事実や、自らが受け継いできたものを見つめなおすことで、「赤米文化」というこの地域を象徴する文化資源を見出し、それを中心に据えた地域活性化が動きはじめ、育ちつつある。道程はまだ長いが、この種が実となる日を信じて、この地区では活動を続けているのだ。

**注**

（1）長嶋俊介　2015『九州広域列島論——ネシアの主人公とタイムカプセルの輝き』北斗書房

# 種子島の特性と我が国に果たしてきた役割・今後の可能性

赤松達也

●あかまつ・たつや　一九五七年生。オフィス・アカマツ代表。離島観光振興、交通・流通改善。著作に「アイランドテラピーの可能性と課題」（季刊『しま』二〇〇九年九月）等他、調査報告書多数。

## 種子島の位置と地勢

種子島は日本の南方から延々と連なる島々の弧状列（琉球諸島・奄美群島・トカラ列島）の北端で、九州最南端鹿児島市からは南方一一五kmに位置する。気候は温帯の最南端にあたり、温帯と亜熱帯の境界に位置している。

面積は我が国の指定離島の中で七番目の広さ（ロシアの経済特区に指定されている択捉島・国後島を含む）。地形は隣接する屋久島が九州最高峰の宮之浦岳（一九三六m）を擁するのに対し、種子島の標高は最高点でも約二八〇m。島には珍しく平地が多く、人が住める土地や農業を営める土地が広い。森林資源や水資源も豊富で、鉱物資源では砂鉄の産出量が豊富で「たたら製鉄」の歴史を持つ島でもある。

## 南方文化と大和文化の融合

以上のような位置的・地勢的特徴を有する種子島は、南方からの文化と大和の文化が流入し、その文化を融合・醸成し全国に発信してきたという歴史がある。

### （南方からの文化流入例）

◎カライモ伝来の地

種子島は古くから琉球と交易を行っていたが、一六九八年、当時の当主種子島久基は飢饉に苦しむ島民の困窮を救うべく、琉球王尚貞に懇望し、甘藷一籠の寄贈を受ける。これが我が国のサツマイモ栽培の始まりとなり、やがて甘藷栽培は全国に広まり多くの飢饉を救った。現代においても、いまや全国的ブームになっている安納イモのルーツは種子島である。

郵便はがき

料金受取人払

牛込局承認

6015

差出有効期間
平成32年4月
24日まで

162-8790

(受取人)
東京都新宿区
早稲田鶴巻町五二三番地

株式会社 藤原書店 行

ご購入ありがとうございました。このカードは小社の今後の刊行計画および新刊等のご案内の資料といたします。ご記入のうえ、ご投函ください。

| お名前 | 年齢 |
| --- | --- |
| | |

ご住所 〒

TEL　　　E-mail

ご職業（または学校・学年、できるだけくわしくお書き下さい）

所属グループ・団体名　　　連絡先

| 本書をお買い求めの書店 | |
| --- | --- |
| 市区郡町　　書店 | ■新刊案内のご希望 □ある □ない<br>■図書目録のご希望 □ある □ない<br>■小社主催の催し物案内のご希望 □ある □ない |

| 書名 | | 読者カード |
|---|---|---|

●本書のご感想および今後の出版へのご意見・ご希望など、お書きください。
（小社PR誌『機』に「読者の声」として掲載させて戴く場合もございます。）

■本書をお求めの動機。広告・書評には新聞・雑誌名もお書き添えください。
□店頭でみて　□広告　□書評・紹介記事　□その他
□小社の案内で　（　　）（　　）（　　）

■ご購読の新聞・雑誌名

■小社の出版案内を送って欲しい友人・知人のお名前・ご住所

お名前　　ご住所 〒

□購入申込書（小社刊行物のご注文にご利用ください。その際書店名を必ずご記入ください。）

| | |
|---|---|
| 書名　　冊 | 書名　　冊 |
| 書名　　冊 | 書名　　冊 |

ご指定書店名　　住所

都道府県　　市区郡町

**砂浜でのノルディックウォーキング**（よきの海水浴場）

**波打ち際でのウォーキング指導**（浦田海岸）
出所：種子島アイランドテラピー・モニターツアー（平成 20 年 10 月実施）記録写真

◎サトウキビ栽培の北限地
　種子島は農業が盛んな島だが、主要農作物のひとつがサトウキビである。種子島一市二町の食料自給率（カロリーベース）は非常に高く、特に中種子町では八〇〇％を超える。

（大和からの文化流入例）
◎我が国の稲作の南限地
　日本一早い早場米と言われ、七月には収穫期を迎える。ガードレールに干される稲は島の風物詩でもある。
◎鍛冶の伝統技術
　製鉄と鍛冶の歴史は古く、抜群の切れ味を持つ種子鋏・種子包丁は一級の伝統工芸品である。
◎大和様式建築物
　西之表市の市街地には、築二〇〇～三〇〇年の武家屋敷や町屋が現存している。その代表的建築物が月窓亭。現在は歴史案内の役割を果たしているが、一七九三年、種子島家家老羽生道潔が建てた屋敷で、明治十九年以降は種子島家がこの屋敷に居住し、作家司馬遼太郎や数多くの著名人が訪れた。純然たる和風建築であるが、庭はソテツ等南方の植物に囲まれ、現在では低木に成長したポインセチアも植えられている。

（南方文化と大和文化の融合例）
◎移民と民俗芸能
　種子島は古くから沖縄・奄美・九州・静岡など全国各地からの移民を受け入れ、現在ではサーフィンの適地であることからサーファーなどのIターンも多い。そうした移民文化を背景に、島内各地で集落独自の民俗芸能が数多く残され、秋の願成就などで各神社に奉納される。その起源は武家社会に由来するもの、琉球文化に由来するものなど様々である。

## 我が国の歴史にインパクトを与えた鉄砲伝来

　こうした種子島が我が国の歴史に大きな影響を与えた例は、いうまでもなく鉄砲伝来である。当時の若き当主種子島時尭は、中国の貿易船に同乗していたポルトガルの商人から現在の金銭換算で数億円という大金で火縄銃を買い取り、刀鍛冶に命じ、僅か半年で火縄銃を製作する。それができたのは島内で蓄積されていた製鉄技術、高度な刀鍛冶の技術があったからこそである。その時の中国船は難破しており、行く先々の島々で助けを求めたが断られ、種子島でようやく救われたという。歴史が生み出した奇跡といえる。
　この火縄銃（種子島）の製作技術は堺に伝わり、戦国時代の戦い方を根底から変えていくこととなった。

## 今後の種子島の可能性――健康づくりの島へ

現在、種子島には〝世界一美しいロケット発射基地〟と称される種子島宇宙センターが立地し、我が国の宇宙開発研究に大きな役割を果たしているが、最後に今後期待される新たな役割についてふれる。その役割とは「健康づくり」の島としての波及効果である。そう考える理由は、私は以前、種子島でアイランドテラピーのモニターツアーを企画・担当したが、そのポテンシャルが非常に高いと感じたからである。

我が国では今後益々高齢化の進行が予想されるが、そうした中、予防医療の必要性は必然的に高まる。その一環として海洋療法があるが、種子島は島内一円に美しい砂浜が点在し、ウォーキング等の適地となっている。海洋環境へのアプローチも易しく、例えば北部の浦田海岸はビーチからダイビングのエントリーが可能で、海岸から数十メートル先に美しいサンゴ礁が広がっている。南部にあるマングローブでは、川から海へシーカヤックで漕ぎ出すことができる。

さらに、焼いた石で瀬だまりの海水を温める瀬風呂といった昔ながらの健康づくりの知恵があり、香りがよく、殺菌効果のあるシャニン（月桃）の葉でくるんだおにぎりなどの食文化の知恵もある。保養のためには島内に三つの温泉もある。

理想を言えば、そうした島の環境を総合的に生かした看護学・健康科学・栄養学等を学べる離島初の大学機関を設置し、島内各産業と連携しながら「健康づくり」を一大産業化していくとともに、そこで学んだ人材をコミュニティナースなどとして全国へ輩出していくことが望まれる。それが、今後の種子島の我が国に対する役割のひとつと考える。

# 第9遍 西九州ネシア

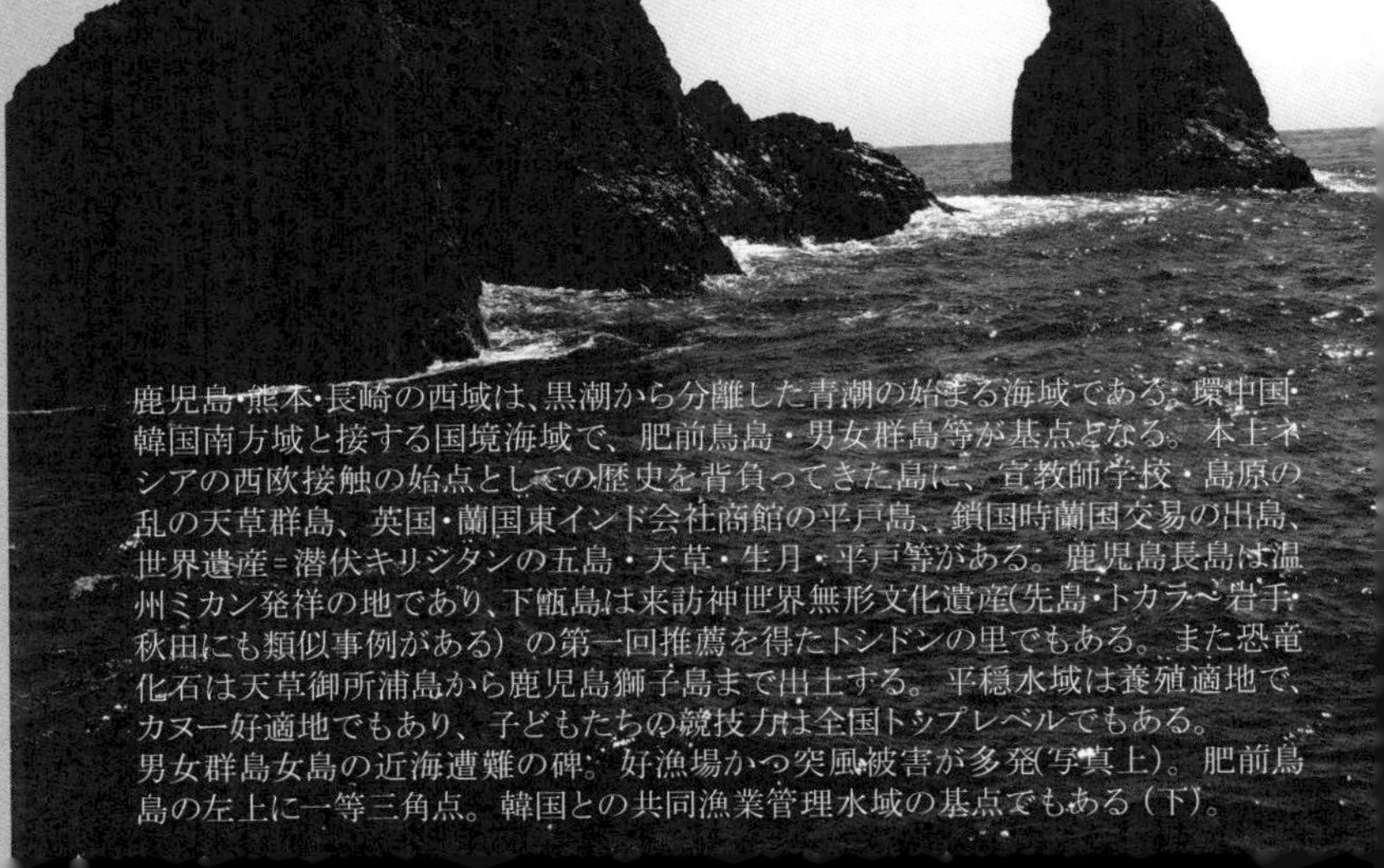

鹿児島・熊本・長崎の西域は、黒潮から分離した青潮の始まる海域である。環中国・韓国南方域と接する国境海域で、肥前鳥島・男女群島等が基点となる。本土ネシアの西欧接触の始点としての歴史を背負ってきた島に、宣教師学校・島原の乱の天草群島、英国・蘭国東インド会社商館の平戸島、鎖国時蘭国交易の出島、世界遺産＝潜伏キリシタンの五島・天草・生月・平戸等がある。鹿児島長島は温州ミカン発祥の地であり、下甑島は来訪神世界無形文化遺産(先島・トカラ～岩手・秋田にも類似事例がある) の第一回推薦を得たトシドンの里でもある。また恐竜化石は天草御所浦島から鹿児島獅子島まで出土する。平穏水域は養殖適地で、カヌー好適地でもあり、子どもたちの競技力は全国トップレベルでもある。

男女群島女島の近海遭難の碑。好漁場かつ突風被害が多発(写真上)。肥前鳥島の左上に一等三角点。韓国との共同漁業管理水域の基点でもある (下)。

九州の西域は外海型多島海である。特に熊本天草に一二〇余島嶼があることは余り知られていない。多くが橋で結ばれている。長崎西海九十九島は南北両九十九島からなる（その名は秋田象潟八十八潟九十九島＝国天然記念物からくる）。植生の有無を基準にすると二〇八。中通島以南を五島とすると一二〇島。小値賀・宇久で四四島等々、日本ネシア中屈指である。

一五九一年宣教師養成学校天草コレジヨ、一六〇五年グーテンベルグ活版印刷機、島原の乱談合島（湯島）、潜伏キリスタンと隠れ念仏、平戸・出島の英国・蘭国商館、明治近代化遺産端島。負の歴史も多々ある。水俣病は島住民も襲った。桂島一九六〇年一六二人は補償で島外に住居を建て五世帯八人後継者一世帯。島尾ミホ／石牟礼道子『ヤポネシアの海辺から』（弦書房、二〇〇三年）は、不知火と南相馬と加計呂麻のマージナルなネシア海辺を結ぶ。天草はカラユキ悲劇の地でもある。宇久島愛宕山から済州島が見え、四・三事件時は五島に避難民が来た。五島近海は境界海域。肥前鳥島と男女群島の岩礁は近年の国策で島名に昇格している。

恐竜化石ジオサイト御所浦島・獅子島等、牛深ハイヤ節全国ネット等連携が注目されている。下甑島トシドンは二〇〇九年ユネスコ無形文化遺産に登録。移住先でも継承されている。来訪神登録がそれを足掛かりに二〇一八年追加。キリスタン遺跡世界遺産登録と合わせて活気が出ている。しかし御所浦島町・甑四村・宇久島町は平成合併で「一部」離島。島から行政の核が抜けると、島振興常時思索で経験豊かな機動力が維持できなくなる。職員激減で役場周辺商店街も衰退。この「行政過疎」に対抗するには、新島民力＝ネシア力が求められる。

ハウステンボス（針尾島）運河内に島群ワッセナー別荘街がある。オランダ埋立地の集落景観と建物を模し、築二七年後も緑化協定を遵守。美しく生きる魅力的な街並島が広がっている。

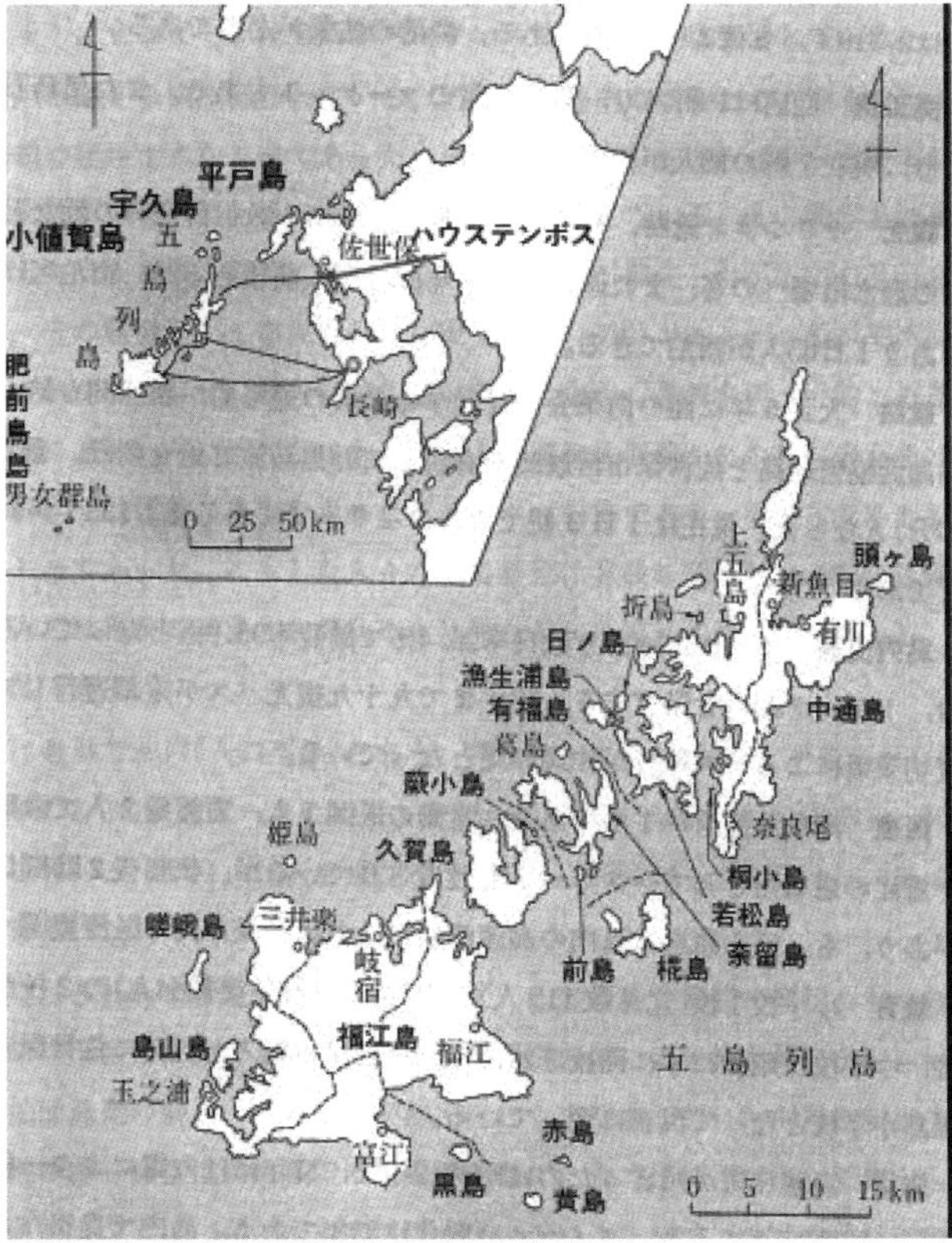

旧町村名表記物を用いた
(島の中の**文化圏・生活圏・歴史変遷**とも関わる)

**←五島列島**
広義五島列島には
小値賀群島
宇久諸島が含まれる

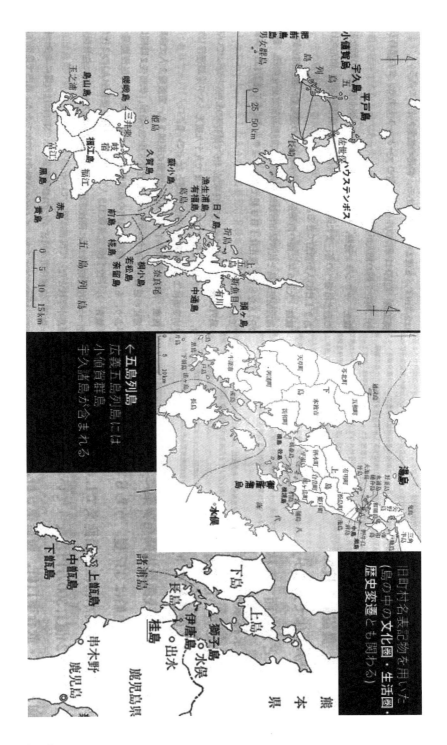

# 潜伏キリシタンの島々の信仰の現在

加藤久雄

●かとう・ひさお　一九七〇生。長崎ウエスレヤン大学現代社会学部教授。文化遺産と観光。著作に『復活の島』(長崎文献社、二〇〇七年)、『ザビエルと歩くながさき巡礼』(長崎文献社、二〇〇八年)、『新史料による天草・島原の乱』(九州文化財研究所、二〇〇九年)、『半泊の文化的景観――祈り暮らす島』(石造遺産調査会、二〇一三年、いずれも共著)等。

## 長崎と天草地方の潜伏キリシタン関連遺産と「五島列島」

二〇一八年六月末、バーレーンで開催されたユネスコの第四二回世界遺産委員会は、「長崎と天草地方の潜伏キリシタン関連遺産」の世界文化遺産への登録を決定した。

その構成資産を見てみると、五島列島を中心に、その半分ほどが「離島」所在のものであることがわかる。「離島」にある構成資産が、この世界遺産の価値において、主体的役割を果たしているのである。

現在、五島列島全域には五〇の教会堂がある。五島列島のカトリック信徒の人口は、二〇〇九年には九四七六人で一四・二%を占め、ちなみに日本全国でのカトリック信徒の人口割合は〇・三%であり、データのように五島列島は、日本の中でもカトリック信徒人口割合が最も高い地域の一つとなっている。[1]

## 潜伏キリシタンの「離島」への移住と拡散

まず、潜伏キリシタンの民衆の視点から見てみよう。九州本島から五島列島に渡った潜伏キリシタンに伝わっている謡のなかに「五島へ五島へと皆行きたがる　五島はやさしや土地までも」とのフレーズがある。[1] 潜伏キリシタンが禁教の苦難を越え、西海の「離島」に憧れ、新天地を求めて力強く移住していく姿が想像されるであろう。

翻って為政者の視点から見ると、この移住の背景がこれまで言われているように、潜伏キリシタンの信仰という側面だけでは説明できないことがわかる。キリシタンの追放を目論む大村藩と農業生産力を高めたい五島藩の間で利害が一致し、両藩は、一七九六年末に平戸藩松浦氏の仲介により、『公譜別録拾遺』に記されるように、大村藩から五島藩へ領民の農業従事者を千人移住させる約束をとりかわす。このとき大村藩は移住者を外海地域の潜伏キリシタンが多くを占めた集落である三重、黒崎、神浦などに限定し移住させている。一七九七（寛政九）年、大村藩は黒崎村、三重村の一〇八人を五島に送った。これが第一回の公式移住である。以降、公式移住は計画的に複数回おこなわれたようである。更に移住者は五島各地に二次移住を繰り返す。北は野崎島から、中通島、奈留島、久賀島、福江島などの大きな島々、さらには、小離島である日の島、有福島、折島、葛島、蕨小島、嵯峨島、姫島にわたって広がる。そしてその後も移住は続き、五島藩から千人の申し込みに対して、最終的に三千人もが移住したともいわれる。一説には、慶応年間には五島列島全域には七四もの潜伏キリシタンが営む集落があったといわれる。(1)(2)

**観音平《かんのんびら》の岩屋観音堂**（幾度か改修があり当時の建物ではない）
観音平へは1816（文化13）年に長崎市外海の神浦から移住者が、集落の入口の大岩の洞窟に観音像を祀り観音堂を創設した。潜伏キリシタンが聖母マリアに見立てて信仰の対象としていたものとの説もあり、カクレキリシタンの信仰を探る上で非常に重要な有形資産である。

## 長崎と天草地方の潜伏キリシタン関連遺産における「離島」の立ち位置

さて、「長崎と天草地方の潜伏キリシタン関連遺産」のホームページ(3)において、「顕著で普遍的な価値の言明」の中にも、「離島」というキーワードが現れる。『一七世紀から一九世紀の二世紀以上にわたる禁教政策の下で密かにキリスト教を伝えた人々の歴史を物語る他に例を見ない証拠である。本資産は、日本の最西端に位置する辺境と「離島」の地において潜伏キリシタンがどのようにして既存の社会・宗教と共生しつつ信仰を継続していったのか、そして近代に入り禁教が解かれた後、彼らの宗教的伝統がどのように変容し終焉を迎えていったのかを示している。』とある。

さらに、当該ホームページの中の「離島」というキーワードに注目してみる。

歴史ストーリーの中で一二の構成資産の中で『離島』の資産は、Ⅲ期「潜伏キリシタンが共同体を維持するための試み」に約三分の一が集中し、重要な役割を果たしていることがわかる。具体的に述べると、『「黒島の集落」「野崎島の集落跡」「頭ヶ島の集落」「久賀島の集落」はどのような場所を選んで共同体を維持したのかを示している。』というように、歴史ストーリーの中で、「潜伏キリシタンが、信仰共同体を維持しつつ移住と拡散によって版図を広げることで、その稀有な信仰の歴史を維持できた」という観点から「離島」の役割が述べられている。近世における禁教をすすめる中央政府から遠い、「日本の最西端に位置する辺境」とされる「離島」の地であるからこそ、稀有な信仰の歴史が展開できたととらえている。

他方、Ⅳ期「宣教師との接触による転機と「潜伏」の終わり」の中でも、「奈留島の江上集落（江上天主堂とその周辺）」が構成資産とされている。『これらの教会堂は、カトリックへの復帰をあらわす存在であると同時に、二世紀を越える禁教下における「潜伏」が終わりを迎えたことを象徴的に示すあかしでもある。』という部分でも、ストーリーにおける役割を果たしている。「禁教期の宗教的伝統の終焉を示す象徴的有形資産が教会堂である」とされている。

このように、当該世界遺産における「離島」の果たす歴史ストーリー上の価値を「終焉してしまった過去」の「潜伏キリシタンの信仰」としているのである。

しかしながら、残念なことに潜伏キリシタンの宗教文化を引き継ぐ「現在」の「カクレキリシタン」に視点が向いていない。実際、「離島」である五島列島では、「現在」も未だ「潜伏」の文化は終焉していないのである。

## 潜伏キリシタンの宗教文化を継承する「カクレキリシタン」の存続の危機

「カクレキリシタン」とは、潜伏キリシタンのなかで、一八七三年以降のカトリック再布教の際に教会に入ることがなく、潜伏期のキリシタン信仰を継承する信仰組織を呼称する。「カクレキリシタン」は、現在のカトリックとは異なり、土着の習俗などと混淆した独自の宗教文化を形成している。このように、潜伏キリシタンの信仰組織やその形態を変容させながら、現在も信仰が続いている。しかしながら、現在、後継者不足のため、多くの信仰組織が解散しており、現存する信仰組織も解散の危機に瀕している。また、昭和四十年代ごろの五島列島の「カクレキリシタン」信徒の総人口は一五〇〇〇～二〇〇〇〇人程度と推計されている。[1]

禁教期のオラショや行事などの習俗を継承する貴重な存在であるゆえ、昭和四十年に、長崎「かくれキリシタン」習俗は国の選択無形民俗文化財になった。平成九年度及び十年度にも全県下を対象とした調査事業を実施した。組織として残っているものは五島列島・生月・外海地方だけである。[4]下五島においては、かつて福江島でも一七もの地域にクルワ（信仰組織）が存在していた。現在ではそれらのほとんどのクルワが解散している。[1]現在、五島列島では、過疎化によってカクレキリシタンの信仰組織や習俗が存続の危機に立たされている。

今一度「離島」の貴重な無形民俗文化財の価値や危機状況を再

認識し、「記録作成等の措置を講ずべき」というレベルよりも格段に高い保護措置を講じる必要があるのではなかろうか。

**注**

（1）五島市世界遺産登録推進協議会 2013『五島キリシタン史』（pp. 24）五島市。

（2）久賀島近代キリスト教墓碑調査団 2007『復活の島』（pp. 171）長崎文献社。

（3）長崎県世界遺産登録推進課『長崎と天草地方の潜伏キリシタン関連遺産』http://kirishitan.jp/（二〇一八年七月八日参照）長崎県。

（4）文化遺産オンライン『長崎「かくれキリシタン」習俗』http://bunka.nii.ac.jp/heritages/detail/161271（二〇一八年七月八日参照）文化庁。

# 離島弁護士活動

## 【足場五島の魅力と課題】

**古坂良文**

●こさか・よしふみ　一九六九年生。弁護士。離島の法律事務全般。著作に「リレーエッセイ・公設事務所だより　津々浦々にひまわりの花を（第23回）西海の島々に暮らす——五島ひまわり基金法律事務所」（『自由と正義』二〇〇五年）、「ひまわり公設事務所だより（3）——五島ひまわり基金法律事務所」（『九弁連だより』二〇一一年）等。

### 五島に弁護士が来た

二〇〇四年、私は五島列島・福江島に法律事務所を開設し、以後、当地で弁護士活動を行っている。本稿では、「離島の弁護士活動」について簡単に紹介したい。

五島に弁護士が常駐するようになった歴史は浅い。二〇〇〇年頃までは、弁護士の所在は大都市に極端に偏在しており、裁判所の支部はあるものの弁護士が〇〜一名しかいない、という地域が全国で（五島を含め）七〇ヶ所以上にも上っていた。このような状況では住民が法の助力を受けられないため、日本弁護士連合会がこのような地域への法律事務所の設置を始めた。そして五島にも新たに法律事務所を設置することになったところ、もともと離島好きだったものの弁護士では離島には住めないだろう、と諦めていた私が五島での法律事務所開設を知ってから自ら手を上げるまでには多くの時間は要しなかった。そして二〇〇四年四月、「五島ひまわり基金法律事務所」（現・五島ひだまり法律事務所）開設に至った。

弁護士事務所の前で

## 離島の弁護士活動の魅力

離島で弁護士活動をする魅力は、何よりも、その地域の法的サービスを担う重要な役割を果たしている、という実感だろう。都会に比べると狭い地域ではあっても、その地域に必要不可欠な法的インフラである。しかも、都会へのアクセスが困難な離島においてはその重要性は高い。地域を支えている、という実感は、都会の弁護士ではなかなか感じることはできないだろう。

事務所開設当初の五島では、違法なヤミ金や事件屋もいた（事件屋に勝手に私の名前を使われた、という事件も起こった）が、その後一掃されて現在は跡形もない。これは、弁護士が常駐するようになったからだ、という自負はある。

かつては多くの弁護士が「地方には事件がない」と考えていたようだが、実際に五島で事務所を開設してみると、多くの相談が押し寄せてきた。

これまでの約一五年間での相談件数は数千件に達している。五島全体の総人口（約六万人）からすれば、かなりの割合の人が一度は相談を受けている計算だ。

近年、人口減などのため相談件数は徐々に減ってきているが、そこに人が住み企業がある以上は、法的需要は存在していたし、これからも存在し続ける。そのことは、離島である五島であっても変わることはない。

当初は借金の相談が多かったが、現在では離婚、相続、成年後見というような家庭の相談が増えてきている。特に、全国よりも高齢化率が高い離島では、生活や財産管理の手助けをする制度である成年後見が今後増大するだろう。そのため、最近は福祉関係との関わりの必要性を強く感じている。

## 離島の弁護士活動の課題

### (1) 他の離島との移動の負担

五島は多くの島が集まっている地域であるため、他の島への移動は欠かせない。また、他の島に行くと、船の時間の制約があるため、往復で丸一日がかりになることもある。陸続きなら夜遅くても道があるから帰れるが、離島ではそうはいかないのが辛い。

### (2) 利益相反

離島のような狭い地域で活動する弁護士には、「利益相反」という特有の困難性が存在している。利益相反とは、簡単に言えば、相談者・依頼者の相手方の相談や事件は受けられない、というルールだ。もちろんこれは都会の弁護士でも同様だが、都会では弁護士の数が多いので、相談者の相手方が相談に来る、というような問題は稀にしか生じない。しかし、弁護士が少ない離島では、相談者依頼者の相手方がそんなことは知らずに相談に来る、ということは日常茶飯事だ。そのため、相談の予約があるときには、実際に相談を受ける前に関係者の名前などを全て確認し、利益相反が判明したら相談をお断りして別の事務所を紹介する、ということをせざるを得ない。長く五島にいればいるほど相談者は増えていくのだから、その分、利益相反のリスクは増えていき、予約をお断りすることも増えていく。人と人とが対立する問題を離島という狭い地域で扱う弁護士ならではの悩みだ。

### (3) 研鑽

離島の弁護士は、他の弁護士との情報交換の機会が少なく、研修への参加も容易ではない。法は生き物であり、常に動いているから、過去の知識のままでいてはあっという間に取り残されてしまう。日々研鑽に努めることを意識的にしないと、離島での弁護士活動はやがて困難に陥るだろう。最近は、インターネットを通じての研修も徐々に充実してきたので助かっている。

## 五島に寄り添う弁護士として

五島に長年住み続けるにつれ、人や会社が減っていくことを肌で実感するようになった。しかし、最近は、移住者が増えたり、いろいろな活動をする人たちが増えており、以前とは空気が変わってきていることも感じている。このように動き続けるこの五島で、今後も弁護士としてできるだけ島に寄り添い、かかわっていきたい、と願っている。

# 内発的視座での島群論『小値賀アルカディアへの支援活動』

佐藤快信

●さとう・よしのぶ　一九五九年生。長崎ウエスレヤン大学学長。住民参加型地域づくり論。著作に『国境をこえた地域づくり』(新評論、二〇一二年)、『研究双書No.578 地域の振興――制度構築の多様性と課題』(アジア経済研究所、二〇〇九年)、『市民参加のまちづくり(戦略編)』(創成社、二〇〇五年)、『西海に浮かぶアルカディア小値賀――島の生活文化が未来を拓く』(農文協、一九九九年、いずれも共著)等。

長崎県に小値賀本島を中心に、大小一七の島からなる小値賀町がある。佐世保から航路で二～三時間、人口二四九九人(二〇一八年一月現在)の東シナ海に浮かぶ島である。小値賀島は、古くは古事記に登場し、遣唐使船の中継地点や捕鯨の基地でもあった。戦後間もない頃は自力更生の島として新聞に取り上げられ、平成の市町村合併が長崎県内で進むなかで合併しない選択をした島・町としても知られている。また、「NPO法人おぢかアイランドツーリズム協会」が二〇〇七年から活動を開始してからは、「豊かなむらづくり全国表彰事業　九州ブロック」農林水産大臣賞、「第七回オーライ！　ニッポン大賞」グランプリ・内閣総理大臣賞、「第四回JTB交流文化賞」最優秀賞、「毎日新聞グリーンツーリズム大賞」最優秀賞、「PTP(ピープル・トゥ・ピープル)アメリカ国際親善大使アンケート」二年連続世界一を受賞しており、最近ではツーリズムをうまく活用して活性化に成功した事例として注目されている。

## 支援活動

長崎ウエスレヤン大学が小値賀町に対しておこなった支援は、一九九七年度の人材育成塾に関わるところから始まった。支援は当初から長期的に計画されたものではなかったが、支援という関係性が薄くなったのは二〇一〇年度であった。

振り返ると、支援は第一期一九九七～一九九八年度、第二期二〇〇一～二〇〇五年度、第三期二〇〇六～二〇一〇年度の三つに区分できる。ただし、三期を通じて一貫した目的は小値賀町民の地域づくりに関わる人材育成にあり、その対象者は限定された若者から役場若手職員、地域づくりに関心のある町民、さらに多様

年　表

| 年 | 出　来　事 |
|---|---|
| 1996 | 人材育成塾準備委員会立ち上げ・企画立案 |
| 1997 | 第１期　人材育成塾スタート |
| 1998 | 第１期　第２回スタート |
| 1999 | 「西海に浮かぶアルカディア小値賀」発刊<br>国土庁モデル事業の実施 |
| 2000 | 第２期　人材育成塾（農業） |
| 2001 | 第３期　人材育成塾（エコミュージアム構想による人材育成／おぢかなんでんカンデン探検隊活動スタート）<br>JICA研修スタート |
| 2002 | JICA研修（春・秋）実施 |
| 2005 | JICA研修終了 |
| 2006 | JICA草の根事業スタート |
| 2008 | JICA研修（フィージーでワークショップ実施） |
| 2010 | 終了 |

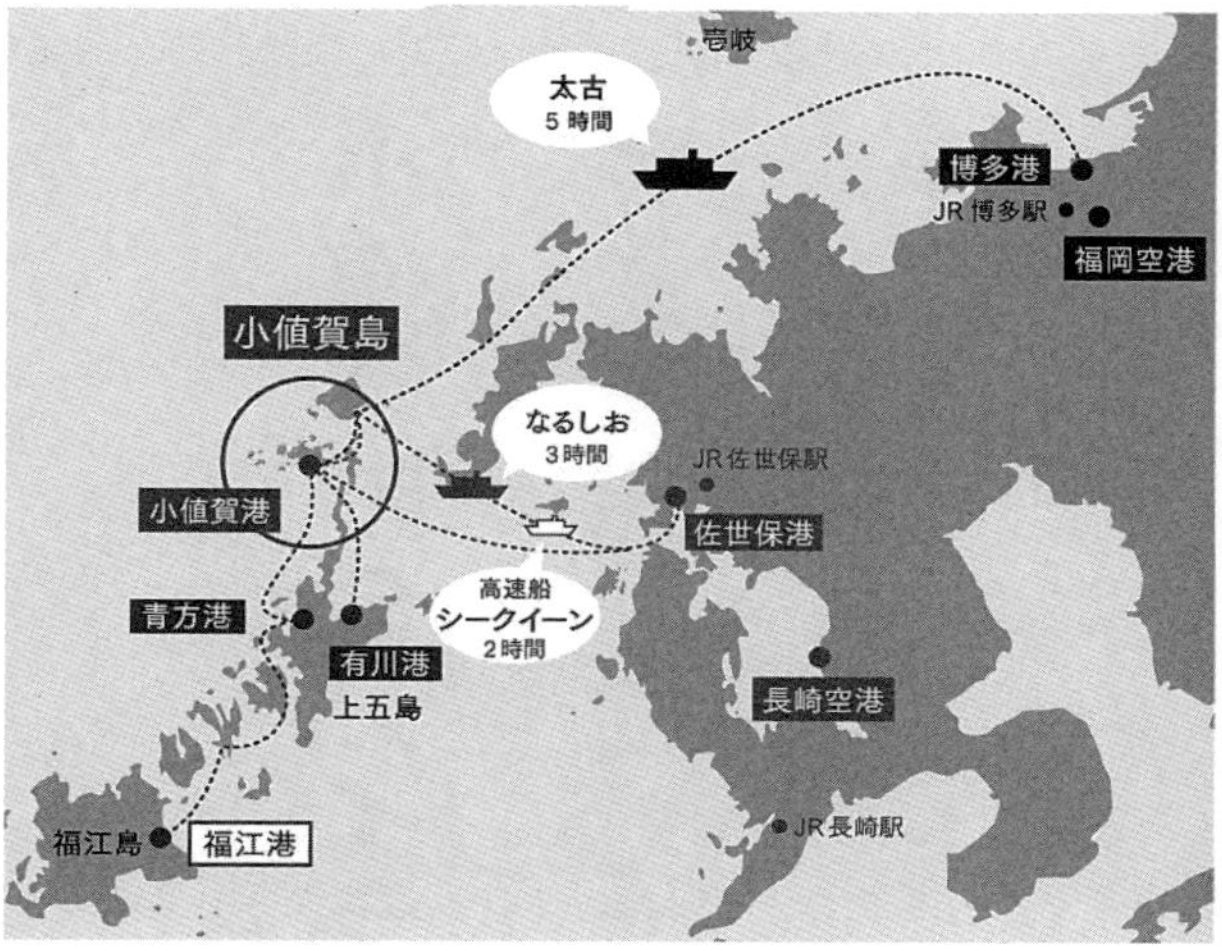


おぢかアイランドツーリズム ホームページより

な町民へと拡大された。

内発的発展において、重要なことは、①地域住民の自立への思いがあること、②地域住民が地元のことを知っていること、③地域の価値を認識できること、④地域愛が強く、誇りを持つこと、⑤何よりも目標に向かって行動する力を持っていること、である。小値賀においては、②と③が十分ではなかった。それゆえ第一期では、内発的発展の成功例である大分県の湯布院と小値賀は同じような価値があり、抱える課題も変わらないということを認識してもらうこと、外部者によってその価値を理解することをスタートとした。その学びの成果を農文協の協力を得ながら『西海に浮かぶアルカディア　小値賀』という本として出版した。

第二期では、外部者を国内だけでなく海外からも入れ込むことによって、小値賀の価値が世界でも通用するものであることを認識してもらうことで地域への自信を深めることになった。そのツールは、JICA研修の地域保健研修（春開催）と地域開発研修（秋開催）を小値賀で実施することである。支援者も拡大し、JICA九州、久留米大学、聖マリア病院、NGO地球共育の会ふくおか・エデュも関わることとなった。そして、第三期では、JICA研修は草の根協力事業（三カ年）へと発展し、最終年度の二〇〇八年度にはフィジーでセミナーとワークショップを実施し参加者を募り、小値賀で研修を実施した。フィジーでの研修には研修フィールドとしていた属島の大島の自治会長も参加し、帰国後研修実施報告会も島民を対象におこなった。この段階で、担当した役場職員をはじめとする関係する町民が地域経営戦略において人材育成が重要な要素であることを確信することができた。

ところで、第一期と第二期には二年間の空白がある。一九九九年度は、国土庁のモデル事業「歴史と伝統文化を活用した地域づくりと農漁村交流の促進による地域活性化支援事業」を実施していた。これは、第一期の人材育成塾の受講生を中心に事業を実施した。このモデル事業は、担当している行政職員を含め島民に自分たちがしている事業の方向性は間違っていないという確信と自信をもたらし、外部者に対する信頼性が深まり両者の関係性にも影響を与えた。二〇〇〇年度は第二期に向けた企画を立案する準備期間であった。

### 学んだこと

小値賀の支援を振り返れば、外部者が内発的支援をおこなうにあたって、地域が何を求めているのか、それを具現化するためにどのようなツールが最適なのか、場合によっては理解度を深化させるために敢えて悪役を引き受ける覚悟を持っているのかなど外部者としての力量と覚悟が試されることや、支援と言いながらも互いが教えられる存在であることを実感した。

# 小値賀町のアイランドツーリズム

深見聡

●ふかみ・さとし　一九七五年生。長崎大学環境科学部准教授。観光地理学。著作に『観光と地域』（南方新社、二〇一九年）、『ジオツーリズムとエコツーリズム』（古今書院、二〇一四年）、『ジオツーリズム論』（共著、古今書院、二〇一四年）、『観光とまちづくり』（共著、古今書院、二〇一〇年）、『真実の潜伏キリシタン関連遺産』（共著、メディアボーイ、二〇一八年）、『地域環境政策』（共著、ミネルヴァ書房、二〇一二年）等。

## 島暮らし体験を掲げる小値賀

小値賀町は、五島列島の北部に位置し、江戸時代から捕鯨で栄えた漁業の島である。佐世保港から航路（フェリーで約二時間半、高速船で約一時間半）で結ばれている。二〇〇四年の佐世保市との合併の是非を問う住民投票では、反対一二九七票、賛成一二四三

小値賀の民泊で提供される海の幸にあふれた夕食

票の僅差で、単独自治体としての道を歩むこととなった。小値賀町の人口は二三九一人（二〇一八年四月現在）と、一九七〇年比で約七割の減少と高齢化の著しい典型的な過疎自治体である。そこで、小値賀町の存続のために、役場も地域住民や民間への取り組みを推奨する方針を採っている。

その中核に位置づけられているのが、大量消費型のマス・ツーリズムから、いまあるものを活かしていくという観光の質的転換への取り組みであった。日本列島が大型リゾート開発にわいた時期にあたる一九八五年、小値賀町においても観光の起爆剤として小値賀空港が開港し、福岡・長崎への定期路線が就航した。しかし、不採算状態が続き、ついに二〇〇六年には空港が閉鎖された。これと前後して、小値賀町では、自地域の特性を活かした「アイランドツーリズム（島暮らし体験）」を通じて、まちに活気を取り戻そうという動きが高まっていく。その結果、二〇〇七年二月にNPO法人（特定非営利活動法人）おぢかアイランドツーリズム協会が設立認証を受け、同年四月より活動を開始した。本法人が誕生する前、もとは三つの団体が個別に活動していた。

（1）小値賀町観光協会……一九九六年設立。旧小値賀港ターミナルに事務所を設置し、自治体と連携して観光案内にあたっていた。

（2）ながさき・島の自然学校……一九九九年、自治体・民間団体により活動を開始した。とくに知られているのが、夏の子ども王国（一三泊一四日の長期キャンプ）の実施である。

（3）おぢかアイランドツーリズム推進協議会……観光形態の変化に呼応するように、二〇〇五年に民泊に関する事業が立ち上げられた。当初は七軒で民泊事業を始めた。

これらの窓口を一本化したことで、二〇〇七年度から早くもその効果がみられるようになった。とりわけ、米国の民間教育団体『ピープル・トゥ・ピープル』による国際親善大使派遣プログラム（PTP事業）で高校生約一八〇名を受け入れた成功体験は、翌年度も実施したPTP事業において、PTP米国高校生平和大使アンケートでの二年連続世界一という結果にも表れている。二〇〇九年度には、都市部四校（京都、大阪、静岡、神奈川）の修学旅行の受け入れも始まった。

## 民泊の持続的展開への模索

二〇一三年十一月九日～十日、筆者は長崎大学環境科学部学部生・大学院生とともに、六軒の民泊先を対象とした面接質問法による聞き取り調査をおこなった。具体的には、民泊の実施に対する当事者の意識把握を目的に設定した。

その結果、小値賀町の人々は、地域特有の自然環境や生活環境（地域資源）を活かしたアイランドツーリズムという着地型観光の確立にIターンやUターンといった移住者や元より小値賀で暮らしてきた住民とが連携して取り組んでいる。今後、持続的に民泊事業を展開していくためには、島民の生活を潤すための経済的効果の波及および高齢化が進む民泊経営者の後継確保が不可欠である。ただしここで留意すべきは、前者は民泊事業のみで生計が成り立つということを指しているのではない点である。無理のない受け入れ人数を考慮すると、公的年金や他の収入を得ながらの「兼民泊」も経営の一つの形としてとらえておく方が現実的であろう。また、住民が考える小値賀町の良さは、「人とのつながり」「自然環境」など、身近で日常的なものであった。それは、都市圏や首都圏の人々にとっては非日常化したものである点や、民泊体験によるツーリズムを展開する場合、民泊経営者だけでなく、島全体の活性化を視野に入れたアイランドツーリズムを推進するという観光まちづくりの視点が重要となる。

小値賀町は、小規模島嶼、合併しない選択、高齢化といった条件不利な点を、逆転の発想に立ち、「小値賀でしか提供できないもの」への着目とそれらの一元的な情報発信の徹底を推進したことで、アイランドツーリズムのモデルケースに成長しつつある。二〇一八年には、小値賀町野崎島にある旧野首天主堂を含む「長崎と天草地方の潜伏キリシタン関連遺産」が、ユネスコの世界文化遺産に登録された。民泊をはじめとする小値賀町の魅力に、今後さらなる注目が集まると予想される。

# 天草ネシアから架橋列島としての日本ネシアを考える

## 【島嶼ネットワークの視点から】

前畑明美

●まえはた・あけみ　法政大学文学部兼任講師・同沖縄文化研究所国内研究員。社会地理学・島嶼政策論。著作に『沖縄島嶼の架橋化と社会変容――島嶼コミュニティの現代的変質』（御茶の水書房、二〇一四年）、「国内島嶼における再生可能エネルギー開発の動向」（国立国会図書館調査及び立法考査局　科学技術に関する調査プロジェクト調査報告書『再生可能エネルギーをめぐる諸相』二〇一四年三月）、「島嶼性」による島の社会関係とその変化――沖縄県浜比嘉島の架橋化を事例として」（『比較日本文化研究』二〇一九年三月）等。

### 『嶋』と天草諸島

『嶋』という、日本で初めて出版された島の雑誌がある。一九三三年（昭和八年五月）、柳田國男と比嘉春潮によって編集され、北の島から南の島まで、島に関する貴重な論考が収められている。渡島を厭わない寄稿者たちの島への率直なまなざしは、島を研究する上で様々に学ぶことが多い。昭和初期という激動の時代、多くの人々が視点を逸らさず島を捉え続けていたことも、改めて感慨深く思われる。その第一巻第一号の巻頭言において、島々には絶ち切れない連鎖や共通点があり、読者自身も「一つの大きな島の島人」として意識するべきであると語りかけている。

表紙絵には、「天草洋」と題する、薄く彩色されたデッサン調の絵が掲載されている。長崎県の島原半島雲仙嶽より望んだ、天草諸島が丁寧に描かれ、見る者を優しくその場に誘ってくれる（写真）。穏やかな多島海の島景観は、おそらく日本の人々にもっとも親しまれている景観の一つであるだろう。不思議にも、そこには海との明確な境界線や島々をとり結ぶ船は描かれていないが、幾重にも重なり続いていく個性豊かな島々は、「島から島へ」という、古代より人々が海を旅して構築した、日本列島のダイナミックな「島嶼ネットワーク」を想起させる。大きな島―小さな島、高い島―低い島、北の島―南の島、外海の島―内海の島と、多様な相互補完のネットワークが生活空間を充足させ、小さな島々をも先進地としてきた。「海上の道」により築かれた「島嶼ネットワーク」とそこから醸成された島嶼文化をもまた、この表紙絵は象徴しているように思われる。

### 戦後の天草諸島――架橋列島の先駆け

昭和初期の天草諸島では、四方からの長距離航路と沿岸の航路が島々をつなぎ、縦横に海の交通網が広がっている。『嶋』第一巻第五号の竹内亮氏「天草島記事——特に交通・地勢・植物界の概記」（四四—五八頁）によると、長崎へは茂木—富岡（下島）、島原半島へは口ノ津—鬼池（下島）、熊本へは三角—合津・大浦（上島）、鹿児島へは阿久根—牛深・本渡（下島）と、いずれも一日数往復の定期便があり、その延長航路や沿岸航路が天草の諸港を結んでいる。「優秀なディーゼル船で船足も速く」、人々は島から島へと、協働して海を往来していたのである。

一転して、八〇年余が過ぎた今日の天草諸島では、「天草五橋」（一九六六年完成）をはじめ、海橋が次々と開通し、多くの島々が「陸上の道」でつながっている。島国の歴史上かつてない、この新しい道の登場には、じつは明治期以降の「島嶼ネットワークの断絶と島々の衰退」という思わぬ事態が関わっていた。本州など、大きな島での鉄道開通や高い工業生産性、船の大型化・動力化によって多くの島々が通過地点となり、さらに戦後、斜陽の道を辿っていく。国は「隔絶性の解消」を政策の柱として、大きな島へと橋でつなぐことで「島嶼ネットワークの修復」を図ったのである。現在、国内一二三島（有人島の約三割）に海橋が架かり、天草諸島は「架橋列島としての日本ネシア」のまさに先駆けとしても存在するのである。

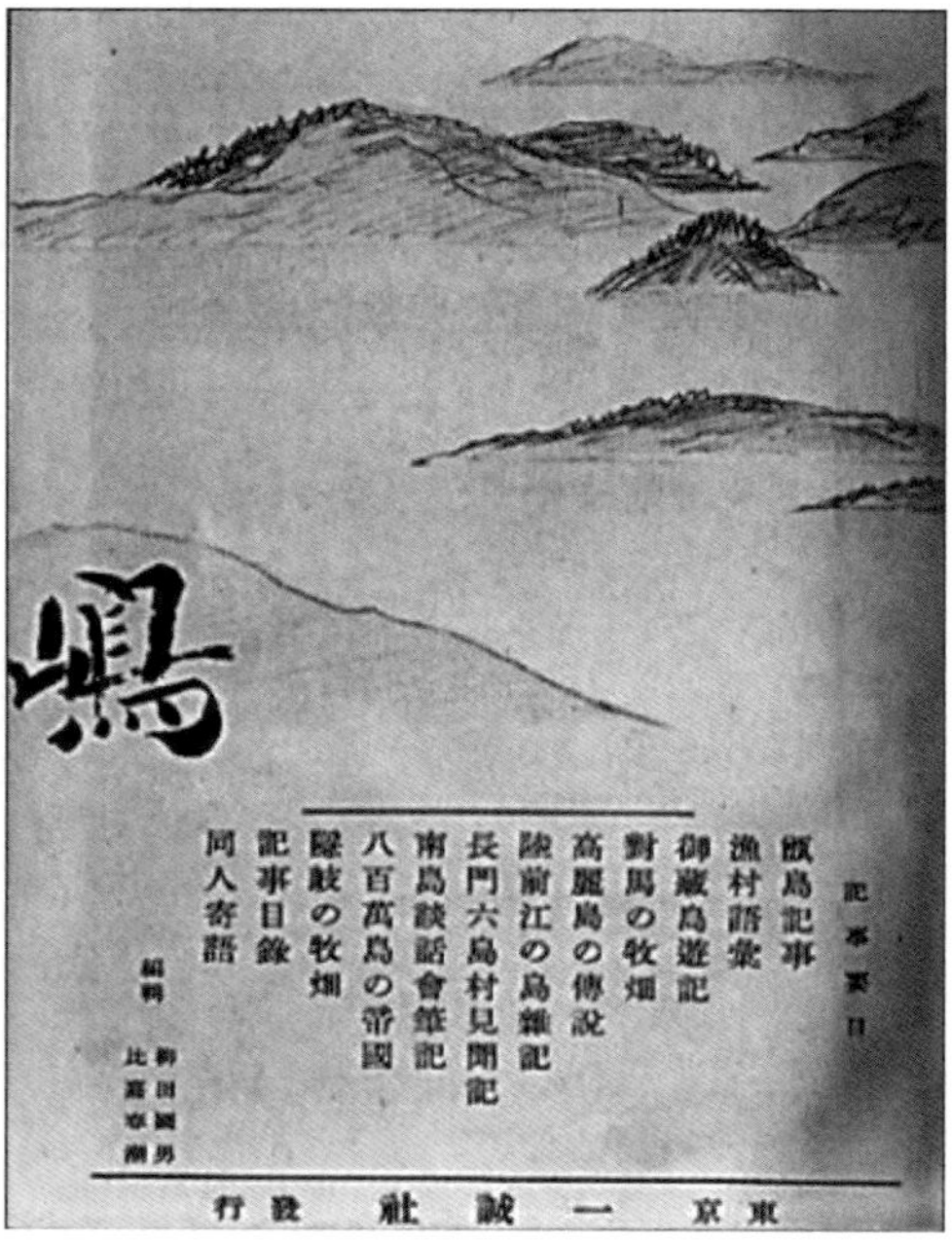

『嶋』（一誠社）の第一巻第一号の表紙

## 「海上の道」による島嶼ネットワーク

「陸上の道」の登場により、熊本方面への随時的な高速移動が可能となった天草の多くの島々では、主だった航路や沿岸の諸航路が現存しつつも、人々の協働にもとづく海の交通は今や一交通手段となっている。モータリゼーションが進み、確かに島嶼間の自動車利用は画期的ではあるが、本題に立ち戻れば、新しい道とそこでの移動形態、すなわち個人単位の自動車利用は、「島嶼ネットワークの修復」となり高次の島嶼文化構築へと導いてくれるであろうか。

島々をつなぐネットワークは、じつはそれ自体が実体として存在するわけではない。島と人とのコラボレーションが生み出す「結びつく力」であり、その原動力が「島嶼性」という島に内在される性質である。「島嶼性」の多様な構成要素が重層的に関わり合い、深層へと達することで「結びつく力」が涵養され、島同士の関係性が生まれてくる。つまり、①環境的要素の強い「環海性・隔絶性・狭小性」が協力的な生活体系を築く上での土台となり、②「集合性・集約性・温存性」が人々を結びつけてコミュニティを形成し、さらに③「伝搬性・拡散性・開放性」との融合が島同士を結びつけてネットワークを広げていく。個人単位の随時的な高速移動は、この「結びつく力」の涵養に対して高い機能を備えず、島々のネットワーク形成には容易に到達できない。「陸上の道」に伴い発現するストロー現象やコミュニティの変質も、島嶼ネットワークの未展開ゆえの現象であるのだろう。

## 架橋列島としての日本ネシアを考える

「島嶼性」を原動力として、島を基盤にコミュニティを立ち上げ、島同士のフェアな相互補完の関係が構築された時、持続可能な島嶼社会が実現できるのではないだろうか。かつての日本列島の「島嶼ネットワーク」は、島の規模や位置関係などを越えて創られた、ダイナミックなネットワークであった。一つ一つの島の存在と真の島々のつなぎ方について改めて深く思考してみることを、『嶋』の表紙絵は架橋列島に暮らす私たちに示唆しているように思われる。

インバウンド時代となり、島に渡る定期船乗り場で、近頃よく「Island Hopping」という言葉を耳にする。楽し気に話す海外からの旅人の「島へのまなざし」こそ、人々が海を渡って島から島へと伝っていった、古代からの日本列島の人々のまなざしであるにちがいない。そして勿論、『嶋』を届けてくれた人々のまなざしもまた、同様であると思うのである。

# 薩摩の「かくれ念仏」と離島への伝播

財部めぐみ

●たからべ・めぐみ　一九七五年生。鹿児島大学講師。著作に「近代的布教としての慈善活動――奄美大島における本願寺派寺院を事例にして」（『地域政策科学研究』二〇〇九年第六号）、「奄美大島における近代仏教の布教過程の特質――宗教者の移動性と布教スタイルを中心に」（『南太平洋研究』二〇一〇年第三十号）、「奄美大島における仏教の展開と特徴」（『鹿児島大学大学院人文社会科学研究科博士論文』二〇一一年三月）、"Amami Island Religion-Historical Dynamics of the Islanders' Spirit" *The Islands of Kagoshima: Culture, Society, Industry and Nature*（共著、二〇一三年三月）等。

## 薩摩の真宗信者への取り締まり

薩摩に浄土真宗が伝わったのは室町時代中頃と言われている。だが、程なく慶長二（一五九七）年には、十七代島津義弘により浄土真宗が禁止となった。禁止の理由については、既に各地で発生していた一向一揆が藩内で起きることを危惧したこと、また郷士を取り締まり藩の兵農分離を促進させ、信者の京都本山への上納金を食い止めるためだったと言われている。いずれにしろ明治九（一八七六）年に「信教自由の令」が県令で布達される迄の約三〇〇年間、真宗信者への取り締まりが繰り返されてきた。この間、信者たちは地域ごとに「講」（数世帯単位の信者の集まり）を形成し、山奥や洞窟や船上などで法座を開き、ときに肥後や水俣の寺へ赴いて信仰を守り続けてきた。一方で、幕末にかけて真宗信者への取り締まりが激化し、天保六（一八三五）年には摘発された本尊二〇〇〇幅・信者一四万人以上と言われ、殉教をめぐる悲話が多く残されている。

こうした真宗信者の摘発は、薩摩本国に留まらず薩摩半島から西に約三〇kmの東シナ海に浮かぶ甑島、また遠くは琉球にまで及んでいる。下甑島《しもこしきじま》長浜では村ごと全て焼き尽くされ、また男女数百人が入牢され熱病で死者が続出し、さらに十五歳以上の全ての男女から真宗を信じない旨の血判をとるなど大規模な取り締まりが行われた。その甑島への真宗伝播は、正徳元（一七一一）年に天草経由で下甑島瀬々野浦へと伝えられたのが始まりと言われている。下甑島二四座、上・中甑島二三座の講が形成されるに至った。現在、甑島のかくれ念仏遺跡としては、上甑島里の隠山、瀬上なまこ池の池平かくれ念仏、中野の座像様、中甑島平良の仏殿、下甑島鹿島の夕日のかくれ念仏（**写真1**）、長浜の岩之下洞窟（**写真2**）、手打のマテノ木穴、手打の岩穴洞窟（**写真3**）、瀬々野浦の棚田かくれ念仏、内川内の禁ノ木迫かくれ念仏堂（写真4）などがある。そして、この甑島の信者によって浄土真宗が伝えられたのが種子島である。明治十九（一八八六）年、下甑島手打から多くの移住者が種子島へ渡り、それまで全島法華宗であった同島にはじめて真宗が伝えられた。

## 真宗の琉球への伝播

一方、慶長十四（一六〇九）年に薩摩藩は山川港から大軍を送り込み、奄美諸島を経てついに琉球本国へと攻め入った。そして万治二（一六五九）年、当時琉球には未だ浄土真宗が伝わっていなかったにも関わらず、藩は琉球においても浄土真宗を禁止とした。そうした中で、明和四（一七六七）年に薩摩久志浦の船員中

写真1　下甑島鹿島の夕日のかくれ念仏と念仏発祥の碑（筆者撮影）

写真2　下甑島長浜の岩之下洞窟（筆者撮影）

写真3　下甑島手打の岩穴洞窟（筆者撮影）

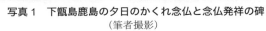

**写真4　下甑島内川内の禁ノ木迫かくれ念仏堂**（筆者撮影）

**写真5　仲尾次政隆の頌徳碑と宮良橋**（筆者撮影　石垣島）

村宇兵衛が琉球へと渡り密かに真宗を伝えたと言われている。こうして宇兵衛とその子孫仲尾次政隆が中心となった琉球二八日講、また中山国尼講など四座の講が形成されるまでに至った。しかし、天保期にかけて琉球でも信者の摘発が行われ、なかでも政隆は首謀者として八重山諸島へ約一〇年間の流罪となった（**写真5**）。現在、琉球のかくれ念仏に関しては、その布教活動が主に遊郭などで行われたこと、先の大戦で多くの資料が焼失したこと等からほとんど何も残されていないのが現状である。

他にも、琉球へ至る途中の「道の島」奄美には、これまでかくれ念仏に関する資料や伝聞といったものが一切確認されていない。その理由として、近世の奄美には幕藩制の身分制度や琉球のような官僚制度も存在せず、一部の島役人を除き基本的に皆農民の社会階級であったこと。また藩の直轄支配地で、とくに幕末期は黒糖の強制労働による厳しい監視下に置かれていたこと等が影響として考えられる。結果として、奄美はその歴史上、近代に至るまで真宗どころか仏教とはほぼ無縁の状態にあったと言える。

以上、かくれ念仏の離島への伝播について、甑島が天草や串木野方面、種子島が甑島経由、また琉球が南薩久志を経由してそれぞれ真宗が伝えられた。種子島を除いては、ご禁制の中で信者の手によって密かに真宗が伝えられ、なかには薩摩本国での弾圧から逃れるために海を渡った者もいた。次に、かくれ念仏堂の特徴として、薩摩本国に比べ単に仏像を隠すための場所、また遠く離れた場所あるいは夕日を仏像に見立てて拝むなどおよそ甑島の地理的環境が大きく影響していると思われる。一方、琉球ではかくれ念仏に関する伝承はあるものの、現在かくれ念仏の遺跡としては周辺の島々を含め何も残されていない。また弾圧に関しても、薩摩や甑島が既に相当数の信者がいる中で藩役人による厳しい取り締まりと信者への拷問や極刑がなされたのに比べ、琉球では薩摩との関係上あくまで王府による形式的な取り締まりであったことから、信者に対し拷問や極刑が下されるようなことはなかった点が異なっていると言えるだろう。

**参考文献**

伊波普猷（2010）（1926）『浄土真宗沖縄開教前史――仲尾次政隆と其背景』榕樹書林
上甑村役場（1960）『上甑村郷土史』上甑村役場
下甑村役場（1977）『下甑村郷土誌』下甑村役場
知名定寛（2008）『琉球仏教史の研究』榕樹書林
名越左源太（1984）『南島雑話』平凡社
星野元貞（1988）『薩摩のかくれ門徒』著作社
桃園恵心（1983）『薩摩真宗禁制史の研究』吉川弘文館

# 国土地理院の島名訂正は許されるのか

宮野豊稔

●みやの・ほうねん　一九五二年生。元鹿児島県職員（離島振興課長、大島支庁次長、熊毛支庁長）。一九九五年、歌舞伎「俊寛」の硫黄島での上演を企画、松竹関係者に働きかける（一九九六年五月、三島村歌舞伎公演）。一九九七年、ふるさと下甑島を舞台とした離島医療漫画を小学館に企画提案する（二〇〇〇六月、「Dr.コトー診療所」連載開始）。

まことに不思議な国である。地方自治体の長が理不尽なあり得ない理由で、島の名称を変えることが許されている。国土地理院が根拠のない薩摩川内市長の申請に応じて、甑島列島の三つの島の島名訂正を認めた。こうしたことが許されていいのだろうか。

## 千年の島名がわけもなく訂正された

薩摩川内市（二〇〇四年十月合併）は、二〇一三年に、甑島航路に就航する新船を「甑島（こしきしま）」と名付け、二〇一四年四月二日に就航させた。そして、同年四月十五日に、国土地理院に甑島の地名訂正の申請を行った。自らの不明を正当化するために、国土地理院のお墨付きを求めたのである。

ところで、この新船の就航は、翌日、新聞各紙で報道されたが、船名と島名が違っていることを認識している記事は、『西日本新聞』のみであった。「こしきじま」を採用している「鹿児島大百科事典」の発行元『南日本新聞』をはじめ他紙は、県内の島名を正しく理解していたとは思えない。

筆者は、同年九月三日、県内テレビ各社へ「地名は正しく報道してください」と呼びかけた。「日本語を守る最後の砦」という役割を期待して、甑島はコシキジマが正しいことを訴えた。同時に、甑島在住の唯一の市会議員である江口是彦氏に「コシキジマを取り戻して欲しい」と訴えた。江口氏は祖母を荒木博之広島大学名誉教授に引き合わせた人物である。筆者が荒木教授から直接聞いた話では、聡明な江口氏の祖母に出会わなかったら「甑島の昔話」は誕生しなかったという。筆者はそのような昔の話を持ち出し、江口氏を鼓舞したのである。さらに、甑島を知る下野敏見鹿児島大学名誉教授に、薩摩川内市が甑島を「こしきしま」へ呼び変える運動を展開していることを報告した。

離島の地名問題に関心が低いのか、筆者の呼びかけに県内マスコミは全く反応がなかった。が、江口議員のすさまじい議会活動のお陰で、薩摩川内市の島名の変更に拘る姿勢が浮き彫りにされた。まず変更する狙いである。「甑島の振興は観光振興である。将来外国の人たちもたくさん来ていただこうということからKOSHIKISHIMAにした」（市長）。理解できない理屈である。

JIMAよりSHIMAは国際的なのだろうか。いっそISLANDにすべきではないか。次に、SHIMAに変更した理由である。「いろいろな文献を調べた。下甑村・上甑村の村史、これにおいてはっきり〝こしきしま〟と明記してあったのが決定的な考えである」（市長）。はたしてそうなのか。下甑村郷土誌（一九七七年）を紐解

**コシキジマのトシドン**

約46年前、筆者が知人に頼まれて演じたトシドン（1973年12月31日、撮影者：宮野金剛（みやのかねのり）氏）。面は自作で、画用紙と棕櫚が主な材料だ。衣装は身近にあるものを適当に身につけて、手袋はビニル製である。当時は、あちこちで個性的なトシドンが活躍していた。

くと、〝「甑」「こしき」あるいは、「甑島」「こしきしま」という名称の記録された古い史書としては、おおむね次のようなものがある〟と、いくつかの史書を紹介している。あたり前であるが、説明文中の「甑島」という漢字にルビは付されてない。薩摩川内市長が「しま」のよりどころとする倭名類聚抄（和名抄）については、〝「管管古之木之萬」とある（甑島と解せらる）〟と説明がある。これは、古之木之萬がこしきしまの表記であり、「甑島」を意味しているという説明にすぎないのである。重ねて言えば、先ほどの「こしき」「こしきしま」という郷土誌の仮名表記は、甑や甑島を万葉仮名で表記しているに過ぎないのである。万葉仮名に濁音や半濁音の表記がないことを理解していない薩摩川内市長の主張は、決定的に間違っている。いずれにせよ、自己都合のため、現代の数多くの百科事典に拠らず一二〇〇年前の古い事典に拠ろうとする手法は普通ではない。

## 千年の島名の訂正は愚挙である

鹿児島が誇る民族学者下野教授の見解は明確である。「和名抄では、伊作はいさく、指宿はいふすき、鹿児島はかこしまと清音で記載されているので、これらもイザク、イブスキ、カゴシマというのはおかしいことになる。コシキジマだけ、何故和名抄に忠実にこしきしまでしょうか？　川内市長さんに、何故かと聞いてみたいものです。なお、鹿児島市長さんは鹿児島をかこしまとする気はないでしょう（笑）。住民の慣習を大事にするのであればコシキジマとすべきです」。

筆者は、二〇一五年二月二十三日受付けの特定記録郵便物で、「我が国の島の呼称をよく検討せず変更するのは国土地理院の自殺行為である。」と、島名訂正の撤回を求めた。国土地理院長からは今日までなんら反応がない。国土地理院は二〇〇九年に世界遺産登録された「Koshikijima no Toshidon」を無視するのだろうか。トシドン様と下甑ジマは不可分なのである。筆者が発案し仕掛けた医療漫画『Dr.コトー診療所』の舞台も当然「コシキジマ」。コシキジマは千年以上使われてきた地名である。

筆者の願いは、地名や島嶼の研究者が、この理不尽なケースを調査研究し、国土地理院の行為が正され、ふるさと甑島（コシキジマ）が復活することである。

# 離島振興法の黎明と九州の島

【その自然と生活】

鈴木勇次

●すずき・ゆうじ　一九四三年生。長崎ウエスレヤン大学名誉教授。離島振興論。著作に『日本島嶼一覧』（日本離島センター、一九八二年）、『離島振興三十年史』（全国離島振興協議会、一九八九—九〇年、分担執筆）等。

今回のテーマである「ネシア論と内発的視座」を考えるとき、そもそも離島振興法は国是として誕生したものか、それとも離島住民の熱意の結果であるのかの議論がある。少なくとも同法案は議員提案によって上程された。すなわち国会議員を通しての民意の表明である。ところで後述の通り、議員提案では、一定の国会議員の賛同者＝共同提案者の確保が必要であるが、離島振興法の場合、当初五都県のみの運動に熊本県が加入できたことは、共同提案者募集が意外にも影響したことをまず補足しておく。

## 離島振興法の切っ掛け

さて、旧来より離島振興法制定のきっかけは、昭和二十五、二十六年の九学会連合による対馬調査にあったとされてきた。多分「きっかけ」自体はそうであったかも知れない。しかし、九学会連合対馬調査のどの部分が離島振興法制定のきっかけになったのかは定かではなかった。

これまでの離島振興法の黎明についての説としてはおおむね次のことが言われてきた。

1．九学会対馬調査終了後、調査に参加された渋沢敬三が、調査員として参加していた宮本常一に「対馬調査では地元に大変お世話になった。何かお礼をしたいが、何をしたら良いであろうか。」と尋ねられたことに対し、宮本は「対馬はともかく電気が不足している。何とか電気導入が図れないであろうか。」と答えたところ、渋沢は「早速電力会社に照会してみよう。」と述べ、そのことが長崎県に対馬開発のきっかけを与えた（『宮本常一著作集50』四一六頁）。

2．西海国立公園指定の事前調査の際、山階芳正が長崎県庁で倉成正企画室主査と対馬についての話の中で、特に対馬が全国総合開発計画の特定地域指定を受けるが、それに伴う計画づくりが対馬開発上必ずしも機能しないことに気づき、離島開発に必要な法整備の方向に繋がった。

3．九学会連合による対馬調査にかかわらず、島根県からの離島の振興方策に関する相談があったことがきっかけ。すなわち、干ばつで疲弊した隠岐島の復興のため多くの離島を持つ長崎県に知恵を求めた結果、法整備が浮上した。

等があるが、島根県からの相談の件は別として、九学会の対馬調査がそのまま離島振興法制定に繋がっていったというのにはいささか疑問が残る。むしろ離島振興法制定運動の前段である対馬開発の動きには他の要因があったのではないか。

昭和二十五年五月二日参議院本会議で可決された国土総合開発法は同二十六日制定されたが、同法第一〇条（特定地域総合開発計画）に定める特定地域については、事前に各県から五一件の指定要望があったが（所管：経済安定本部）、政府は昭和二十六年十二月四日一九地域を指定。その中に長崎では一九番目に対馬地域が含まれた（国土計画協会編『日本の国土総合開発計画』昭和三十八年五月、東洋経済新報社、七七頁）。しかし、指定に際しての答申内容は省略するが、倉成正長崎県主査によると、答申内容は対馬振興には馴染まなかったという。因みに国会図書館収蔵の「蝋山政道旧蔵審議会関係資料　総合開発に関する反省」では、総合開発審議会委員であった蝋山政道が〈（総合開発とは、資源の開発であり）、社会政策等とは本質的に異なるということを意味している。従って後進地域の生活水準の引き上げというようなことは、それ自体においては総合開発とは無関係である。〉（二七頁）としていたが、倉成正は特定地域指定が対馬開発には馴染まないことを暗に察知していた所以であろう。

また、対馬の振興開発については、上原正夫（元長崎農業改良普及所勤務）の回顧録『誠意』（平成五年一月、自費出版）を見ると、昭和二十七年八月石黒忠篤・河合弥八参議院議長等による対馬調査が実施され、調査結果を踏まえた対馬開発について天皇陛下へ上奏された、その行為が意外にも離島振興法制定運動に直結したのではないかと考えた。因みに『長崎民友』（昭和二十七年十二月二十八日）は、そのことを次の通り紹介。

「對馬開発軌道にのる　石黒参議ら近く首相と会議」二十七日正午西岡知事は記者団と会見。対馬総合開発問題ならびに有明海干拓問題などについて次のように語った。〈さきに県の要請で対馬を視察した石黒、河合、赤木参議のほか一行十八名の視察経過については、十二月二十一日前記三参議が案内、約三時間にわたって陛下に奏上したが、さらに去る二十日、河井参議は単独で陛下にお召しになり、対馬問題を再度奏上した。この結果、三参議は正月の休みに吉田首相と会見、対馬問題について相談することになったが、これで対馬総合開発問題も本格的に軌道にのったわけで、開発も時間の問題だ〉。

というのである。もちろん、石黒参議等による対馬調査は、昭和二十六年に西岡知事の対馬訪問による島民との開発に関する約束（『民有新聞』）が下地になっていたというが、こうした動きが、西岡知事、倉成主査等をして法案制定に発展したと考える。

## 「内海離島・天草諸島の参入」

一方、法案制定運動が緒に着いた段階では、長崎以外では、鹿児島（種子島・屋久島、トカラ列島等）・新潟（佐渡島）・東京（伊豆諸島）・島根（隠岐）の五都県のみで、九州では当初、長崎・鹿児島の二県で、熊本県は全く俎上に載せられていなかった。しかし、昭和二十八年三月に上程の法案が国会の解散で審議未了になった後、関係五都県の関係者が次期国会への再上程のため共同提案者集めに奔走していたとき、その動向を感じた熊本県選出の議員が法制定運動に〈仲間入り〉を求め、同年六月の「離島民総決起大会」に天草の町村長の自主参加する機会をつくったことは周知のことである。では、何故内海離島の天草諸島を外海離島中心の離島振興法に載せようとしたのであろうか。

その最大の課題は、昭和初期段階から話題になっていた天草–本土間の架橋構想の実現願望にあったと思われる。天草の対本土架橋は、天草島民にとって悲願であるが、一方、昭和二十六年の台風被害等で、民生の安定が遅れ、特に水問題が深刻であった。財政が逼迫する熊本県にとって、主要公共事業費の国庫補助率が極めて高く設定される離島振興法案は何としても、〈仲間入り〉しなければならない財政状況にあった。

なお、熊本県が離島振興法制定運動に関わるようになったことについては、昭和二十八年三月二十日の鹿児島県議会総務委員会で副委員長の質問に対し企画室長は「……この特別法の推進については、広島、熊本などから、我々も仲間に入れてくれという要求が参っております。（後略）」と回答しているように、共同提案者集めの段階で五都県側では把握されていた。特に別の資料では、熊本県の参入がかなり強い要望であったことが判る。

また、鹿児島県では、昭和二十八年一月の離島振興対策協議会設立当初から長崎県等とともに法制定運動に強く関わってきているが、その主眼は屋久島、種子島、南西諸島の港整備等公共事業のための経費軽減を実現するためには県財政の厳しい中、国庫補助率の高率補助を目玉とする離島振興法は県政にとって喫緊課題であった。したがって、鹿児島県の場合も離島民からの改善意向を県が受けて立った、いわゆる内発的運動であったとみて良い。

このように、九州における離島振興法制定運動は、自然災害対策をはじめ、〝水と光〟に代表される民度向上、対本土格差是正を地方自治体の中核たる県が主導的に進めたことが特徴であったと言えよう。

なお、九州のネシア論上は、当然ながら奄美群島のことも述べなければならないが、奄美群島の「本土復帰」に係る国の施策が離島振興法のそれと異なる点を勘案し、本稿では割愛する。

古来より頻度の高い国際往来の拠点であった。古くは対馬壱岐を経由して松浦半島に稲作が伝わった。外交使節受入れもあった原の辻遺跡（写真右上）、白村江の戦以後設置され大和に直行する煙台（左下）、元寇千人塚が残り、同じく元寇被害のあった馬渡島（右下）も近く見える。加唐島には百済王武寧王生誕伝承地（左上）の記念碑もある（韓国島嶼学会会長は酒を注ぎ深々と腹臥位で礼をした）。朝鮮通信使ユネスコ世界記憶遺産は、日韓共同提案であるが、民間努力が実を結んだ（中）。瀬戸内（ネシアでは下蒲刈島三之瀬・長島上関）・上方を経て、江戸時には日光にまで及んだが、起点域すべて島嶼であり、対馬・壱岐・相島（表記は藍島）が担った。

# 第10遍 北九州ネシア

本土ネシアにとり中央史観の思索基点である。サブネシアでは異民族間誠信模索の拠点。昭和初期から島経由縦貫海底トンネル構想がある。本島ネシアの「半大陸化」、本格的「汎アジア化」の転換になると、島国日本観にも変化が起こりうる。架橋・トンネル後も島嶼！

係争・交流、境界・脱境界、国粋・多民族主義の拮抗・両義の空間。北九州「ネシア主体」としては、離島性・島嶼性の脱揺らぎ・親和海域に向けた内発性発揮が戦略課題の地である。島は沿岸島が主であるが、飛び出した対馬・壱岐・沖ノ島が、国全体と深く関わった。元寇遺跡は鷹島（海底遺跡＋モンゴル交流施設）・相ノ島（朝鮮通信使島）にもある。小呂島は空爆も受けた。稲作伝来（島経由松浦半島）・魏志倭人伝頃外交（金印・原辻遺跡）・百済王加唐島生誕・白村江戦・外寇被害（貧困）倭寇基地化（三島倭寇：松浦・壱岐・対馬／李朝海禁で鬱陵島無人化）・秀吉侵略・朝鮮通信使・露艦幕末一時占拠・対馬沖海戦・日韓併合・李承晩ライン・日韓平和条約・漁業協定・対馬（アリラン祭・大観光受入れ）脱境界化等過大は多々である。

対馬は島に国道が走った最初の地である。比田勝・厳原が本土別地点と航路があるので、陸路海路とも国道とした。その適用は全国の島々に波及した。幕府の開鑿（大船越）・軍の開鑿（万関）で運河＝瀬戸ができ、浅茅湾の養殖にも好影響を残した。赤米・防人・山城・要塞・狼煙・外交・通商の島から環境・観光・交流の島への時代史は、日本国境史の象徴でもある。

島々連携では東松浦半島七離島が（ミクロネシア連邦同等）レインボウネシア展開をしている。壱岐からも近い。県境を越える海路もある。国際水路部定義ではここも日本海。半島側からは韓国地名：多島海（たとうへ）接続海域でもある。どの時代も両国側からネシア役割を背負ってきた水域。本紙特別遍からも読み解き、一衣帯水の仲を、民レベルでも高めて欲しい。

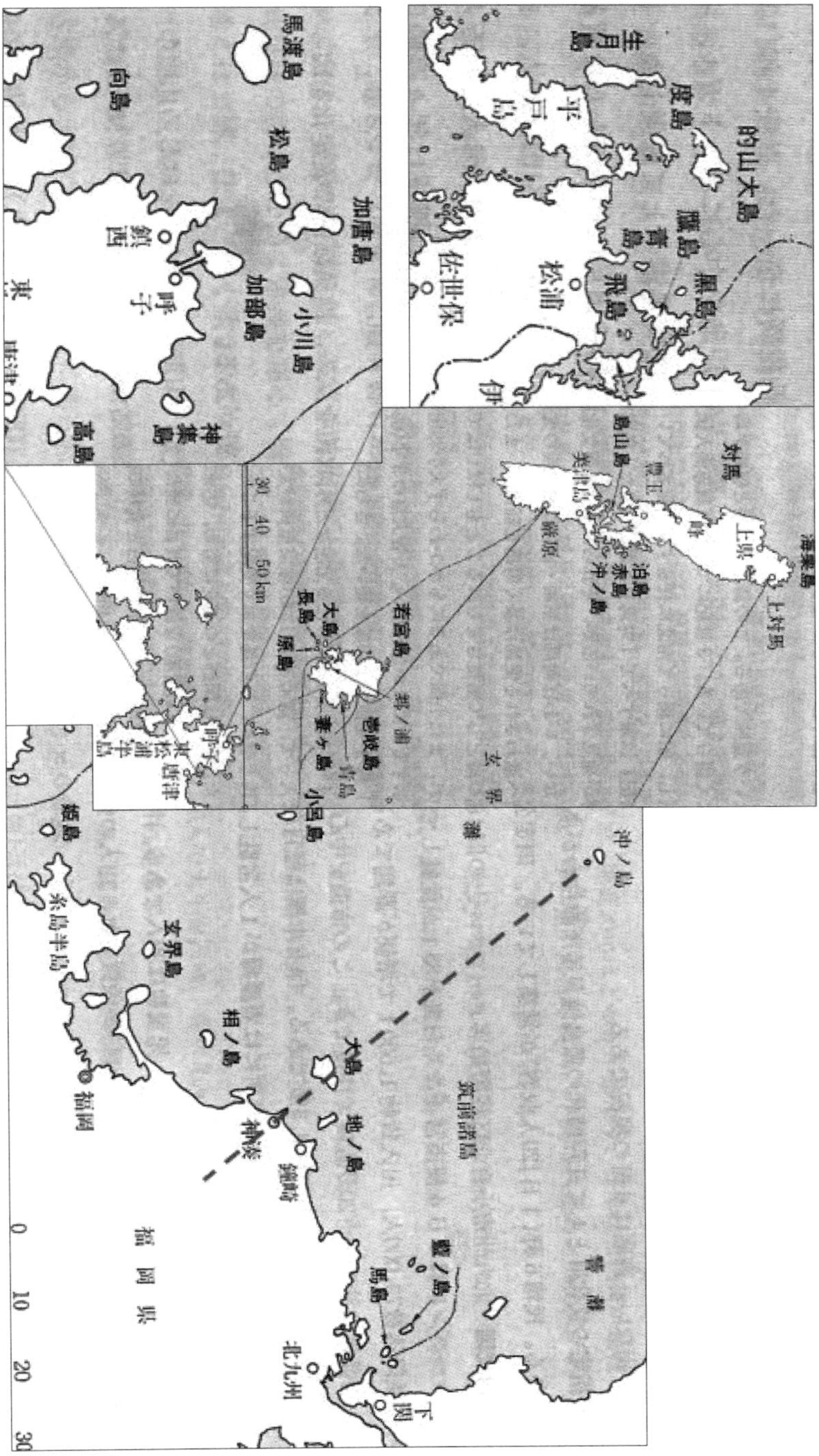
的山大島
生月島
度島
平戸島
鷹島
青島
黒島
飛島
松浦
佐世保
馬渡島
向島
松島
加唐島
加部島
鎮西
呼子
小川島
神集島
高島
対馬
豊玉
美津島
厳原
上県
泊島
赤島
沖ノ島
海栗島
上対馬
若宮島
大島
長島
原島
郷ノ浦
壱岐島
妻ヶ島
小呂島
玄界灘
東松浦半島
唐津
30 40 50 km
姫島
糸島半島
玄界島
相ノ島
大島
福岡
神湊
地ノ島
鐘崎
筑前諸島
藍ノ島
馬島
響灘
北九州
下関
福岡県
0 10 20 30

# 北九州ネシアの考古学

【対馬・壱岐・沖ノ島・鷹島】

俵寛司

●たわら・かんじ　一九六七年生。九州大学大学院比較社会文化研究院、東洋大学アジア文化研究所客員研究員。人類学・考古学（日本－アジア）。著作に『境界の考古学――対馬を掘ればアジアが見える』（風響社、二〇〇八年）、『脱植民地主義のベトナム考古学――「ベトナムモデル」「中国モデル」を超えて』（風響社、二〇一四年）、「特集　対馬の考古学の最前線」（共著、『考古学ジャーナル』二〇一九年五月号、ニューサイエンス社）等。

## 「国境」の島、対馬の考古学

対馬は、九州本土・福岡県（博多）から一三二kmに位置する「国境」の島である。対馬海峡西水道を挟んで韓国南部までの最短距離が四九・五kmと至近であることから、先史時代より日本列島とアジア大陸との交渉の窓口ともなった。南北約八二km、東西約一八km、属島を含む総面積七〇八km$^2$の対馬は、沖縄本島を除き日本では佐渡島・奄美大島に次ぐ大きさであり、南北に細長いこの島は大小の入江と島々が複雑に入り組んだリアス式海岸が発達し、海岸線の総延長は九一五kmに及ぶ。その一方、面積の八九％を山林が占め、標高二〇〇m～三〇〇mの峰々が海岸まで続く。現在の人口は三万一〇九六人（二〇一八年六月時点）、全島が長崎県に属し、二〇〇四年島内旧六町が合併して「対馬市」となった。

歴史文献において対馬の記録は、早くは陳寿により三世紀末に書かれた中国の史書『魏志倭人伝』（『三国志』「魏書」第三〇巻烏丸鮮卑東夷伝倭人条）に「対馬国」として登場し、『古事記』（七一二年）に「大八島国」の一つとして「津島」、『日本書紀』（七二〇年）には「対馬洲」「対馬島」と記される。六六三年の白村江の戦いの際に本土防衛の最前線として朝鮮式山城・金田城が築かれ、八世紀に「九州二島」（西海道）の令制国として国府が置かれた。その後、刀伊の入寇（一〇一九年）や元寇（一二七四・一二八一年）などの被害を受けながら、中世倭寇の活動や対馬藩宗氏の日朝外交など、異なる世界の間の「交流」（時に紛争を含む）の歴史に常に重要な役割を果たした。しかし近代の対馬は海峡に浮かぶ要塞島と化し、現地の学術調査を含めた「近代化」の幕開けは第二次世界大戦後のことである。

戦後対馬では、一九四八年早くも東亜考古学会による考古学的調査が全島で実施され、九学会連合（月本考古学会）による総合調査（一九五〇・一九五一年）が実施されている。戦後日本が高度経済成長を迎え、緊急発掘調査件数の増加によって膨大な資料が本土に蓄積し、様々な分野の研究が進展していったのに対し、「辺地」・「離島」としての対馬では、大学・博物館等の研究機関もなく資料蓄積や研究に遅れがあったことは否めない。そうした状況の中、一九九九年から旧峰町教育委員会により数次にわたって実施された三根遺跡、井手遺跡の発掘調査によって、弥生時代（紀元前一千年紀〜紀元三世紀）〜古墳時代（紀元三〜七世紀）に併行するまとまった集落遺跡がはじめて明らかとなった。

**写真1　対馬・金田城より浅茅湾を望む**
（2015年3月、筆者撮影）

　三根遺跡は、対馬北西部三根湾岸の丘陵部に位置する。遺跡の長さは約一六〇m、幅約六〇m、丘陵根方の標高約二五m、先端部約八mをはかる。かつてこの一帯は河口と海に連なる水際の数少ない居住適地であったと考えられ、発掘調査の結果、多数の居住関連遺構（竪穴状遺構・柱穴群等）が検出された。三根遺跡では、遺跡形成の最も古い段階より朝鮮半島系土器（無文土器：松菊里式）が含まれ、同遺跡に隣接する井手遺跡では、最下層で縄文晩期の日本列島系土器（山の寺・夜臼式）と朝鮮半島系土器（無文土器／先松菊里段階）が共伴している。これら遺跡における日本列島系と朝鮮半島・大陸系の異系統の土器が共伴する状況は、続く古墳時代・古代・中世にも継続し、対馬における生活文化の一端を示すとともに海峡を通じた「交流」の歴史を示している。

　三根遺跡の重要な発見として、大量の鉄器及び「鉄器関連遺物」の存在があげられる。鉄器関連遺物とは、完成品（完形品）としての鉄器そのものではなく、鉄器の生産及び流通プロセスの中で生じる未成品、廃材、素材、屑鉄、各種道具等の呼称である。三根遺跡は単なる集落ではなく、当時最先端の鉄器の生産や流通が行われていた可能性があり、それは農耕・居住適地の少ない対馬において、本土と変わらない段階からの生産手段の確保と自立性の高い経済活動が可能であったことを示唆している。それ以前の、対馬の社会システムもまた、内的には様々な環境に適応した資源獲得の方法や知識、外的には縄文時代以来の広範な社会的ネットワークの存在により支えられていたはずであり、既存の社会システム、すなわち「縄文」的な社会システムから新たな段階（あるいは『魏志倭人伝』等に記された対馬国）へと飛躍させる原動力の一つとして鉄器生産の意義を捉えておきたい。

日本ネシアにおいて「外部」との文化接触や受容、歴史、社会を明らかにする上で大陸・半島との「境界」に位置する対馬の考古学は不可欠である。その「自立性」／「複合性」について明らかにするためにはより細かな情報の蓄積とアジア・オセアニアなどを含めた世界的視野からの検討が必要である。今後の課題としたい。

## 東アジアとの「懸け橋」、壱岐の考古学

対馬海峡と玄界灘の間に浮かぶ壱岐島（以下、単に「壱岐」とよぶ）は、本土・福岡県（博多）から西北七六km、佐賀県（唐津）から北四一kmに位置し、先史時代より東アジア（中国大陸・朝鮮半島）と日本列島とを繋ぐ「懸け橋」として重要な役割を果たしてきた。現在の人口二万六九一三人（二〇一八年七月時点）、全島が壱岐市として長崎県に属し、東西約一五km、南北約一七km、総面積約一三九・四二km²の楕円形を呈し、本島と二三の属島（有人島四、無人島一九）からなる。一般に「壱岐・対馬」と並び称されることも多いが、その地理的、歴史的環境は全く異なる。海上より眺めるときまず印象的なのは、そのなだらかな地形である。最大標高二一二・八mの岳ノ辻を除き高い山地はわずかであり、本島の西から東にかけて流れる幡鉾川の流域には約三〇〇haの沖積平野（深江田原）が形成され、県下二番目の広さを誇る。このような環境条件を背景として、弥生時代（紀元前一千年紀～紀元三世紀）に大規模な環濠集落が出現した。原の辻遺跡である。

原の辻遺跡の調査は、大正時代における松本友雄らによる小規模な発掘に始まるが、本格的な学術調査は第二次大戦後一九五一年～一九六一年の九学会連合・東亜考古学会による発掘からである。その後、長崎県及び地元自治体による継続的な調査により、原の辻遺跡の全容が解明されてきた。多重の環濠に囲まれた規模約一〇〇haに及ぶ遺跡内には住居群や祭祀建物（掘立柱建物）、埋葬、水田、道路、船着場などの様々な遺構が数多く検出され、そこから土器、石器、金属器、自然遺物などの膨大な遺物が出土し、この中には北部九州、山陰、近畿など本土各地の土器に加え、海を隔てた朝鮮半島・中国大陸系の遺物も含まれている（無文土器、楽浪土器、五銖銭、三翼鏃など）。これらの成果を踏まえ、原の辻遺跡は弥生時代の「列島」と「半島」・「大陸」とを繋ぐ「交易」（あるいは「貿易」）の拠点と位置づけられ、中国の史書『魏志倭人伝』

に記された「一支国」（一大国）の「王都」と推定されている。また、一九九七年には弥生時代の遺跡としては登呂遺跡（静岡県）、吉野ヶ里遺跡（佐賀県）に次いで三番目となる国の特別史跡に指定され、二〇一〇年に遺跡北側に壱岐市立一支国博物館・長崎県埋蔵文化財センターが開館し、一体的な整備が行われている。

**写真２　壱岐・原の辻遺跡**（2015年8月、筆者撮影）

壱岐では原の辻以外にも各時代の遺跡が数多く存在する。弥生時代に限っても壱岐全体で六〇カ所以上が確認されており、その代表の一つが原の辻から六km西、勝本町立石東触の丘陵上に位置する環濠遺跡、カラカミ遺跡である。原の辻と同じく東亜考古学会により本格的な発掘が開始され、各種土器、石器、鉄器などの遺物のほか、モリ、アワビオコシなどの漁撈関係遺物が出土し、「農業的性格」の原の辻に対し「漁業的性格」の遺跡として論じられてきた。しかしながら、カラカミの土器には原の辻と同様に朝鮮半島系土器などの「外来系」の遺物が含まれ、二〇一三年九州大学による調査では鉄の地上炉跡も発見されるなど、鉄を介した九州本土・朝鮮半島との交易拠点であったことも推測されている。その一方で、朝鮮半島の間に位置する対馬との関係については明らかではなく、また、弥生時代の各遺跡を通じて「王墓」に相当する厚葬墓はいまだ発見されていない。そして、これら弥生時代の集落遺跡群は続く古墳時代（紀元三～七世紀）に入り解体・消滅するのである。

その後の壱岐では五世紀後半頃を境に畿内系の古墳の造営が始まり、壱岐中央部の勝本町亀石付近を中心に大型の前方後円墳や大型の円墳（対馬塚古墳・双六古墳）が築かれ、六・七世紀頃の段階（鬼の窟古墳・笹塚古墳）まで続く。その背景には三・四世紀以降の東アジア情勢および大和朝廷との政治的関係が想定されている。八世紀以降、壱岐は令制国（壱岐国）として国分寺（島分寺）

が置かれ、刀伊の入寇（一〇一九年）や元寇（一二七四・一二八一年）による被害を受けながら、近世の平戸藩・松浦家による支配を経て明治時代を迎える（一九二六年壱岐要塞司令部設置）。本土への従属と苦難に満ちた道のりを歩んだ壱岐にとって日本と東アジアの「懸け橋」としての弥生時代は輝かしい歴史といえようか。

戦後の日本考古学、特に高度経済成長下において、「邪馬台国論争」よろしく、次々と明らかとなる考古発掘の成果をもとに『魏志倭人伝』を史実として論じる風潮が盛んとなった。しかしいずれも不完全な考古資料と文献資料に依拠した歴史解釈に限界があることはいうまでもなく、「国」、「都」、「交易」といったあいまいな概念に現代の政治的解釈が入り込む危険性が常に存在する。そうした『魏志倭人伝』の歴史モデルが、戦前から続く「帝国」の世界観、あるいは本土中心の世界観といかなる関係にあるのか、検討の余地はあるだろう。ただ、本土に近い壱岐の考古学にとって「架け橋」としての歴史像よりもむしろ、日本ネシアとしての歴史像の構築にこそ、地域文化財の活用（あるいは「創生」）が叫ばれている今日、新たな可能性を秘めているように思われるのである。

## 「神宿る島」、沖ノ島の考古学

九州の玄界灘に浮かぶ沖ノ島は、九州本土、宗像市神湊より北西に六〇kmに位置し、その間の大島からも四九km離れた「絶海無人の孤島」である。対馬海峡を七五km西に隔てた対馬からも時折の海の彼方に島影が浮かぶこともあるが、ここは福岡県宗像大社の沖津宮がまつられ、島全体が御神体であることから神職や祭事などで特別に許された者以外入島を許されない。島の周囲は約四km、東西約一km、南北約〇・五kmをはかり、海抜二四三mの一ノ岳を最高地点として東西に急峻な峰々には島を形作る石英斑岩が露頭する。厳重な禁忌によって特有の自然環境が維持されてきた島でもある（国指定天然記念物「沖の島原始林」）。

この地に人類の足跡が残されたのは遥か先史時代に遡る。古くは九州縄文時代前期（約七〇〇〇〜五五〇〇年前）の曽畑式土器が出土しており、続く弥生時代の土器、土師器のほか、打製石鏃や石斧、磨石・敲石、石錘、石製の耳飾りなどが出土し、その中には島外でしか産出しない黒曜石の製品がみられる（九州では大分県姫島や佐賀県伊万里市腰岳、長崎県佐世保市針尾島などの産地が有名）。また、縄文・弥生時代の遺物には、北部九州・宗像周辺のほか、大分、熊本や瀬戸内海沿岸の広い範囲からもたらされ、さらに一七五km海峡を隔てた朝鮮半島南岸の土器も含まれる。以上の考古学的事実からみて、先史時代の沖ノ島は決して「絶海無人」ではなく、おそらくは確かな航海技術を駆使した漁民たちが九州沿岸、周防灘、瀬戸内海沿岸から集まり、中には列島と大陸を繋ぐ人々も停留し生活した、いわば「交流の島」であった可能性が高い。

このような前史を持つ沖ノ島であるが、第二次世界大戦後の一九五四年に始まり一九七一年まで三次にわたり実施された学術発掘調査によって、四世紀後半から九世紀末ごろまでの約五〇〇年間にわたる古代祭祀の存在が明らかとなった。その祭祀形式は大きく四つに分類され、遺物の編年等から巨岩上祭祀（四〜五世紀）、岩陰祭祀（五〜七世紀）、半岩陰、半露天祭祀（七世紀後半〜八世紀前期）、露天祭祀（八世紀〜九世紀末）に推移すると考えられている。

写真3　宗像・沖ノ島
（2012年8月、筆者撮影）

これらの祭祀は時代が移行するとともに遺物の種類も変化し、巨岩上祭祀と岩陰祭祀は銅鏡や玉類、鉄製の武具・工具など古墳の副葬品と類似し、半岩陰、半露天祭祀あるいは露天祭祀では金属製・滑石製の祭祀品や祭祀土器が見つかっている。この事実に着目した歴史学者の井上光貞（一九一七―一九八三）は、沖ノ島の祭祀が古代日本の国家的祭祀の形成に深くかかわっていたことを論じた。すなわち、巨岩上祭祀と岩陰祭祀の時期には、古墳などの死者（霊魂）をまつる「葬儀」に対し、神をまつる「祭儀」の独自性は未発達であり、七世紀頃（沖ノ島では半岩陰・半露天祭祀の段階）に誕生した日本の古代国家（律令国家）の「祭儀」は、七〇一年大宝律令の制定によってはじめて確立したのではなく、沖ノ島の祭祀に見られるようにそれ以前の先駆的形態を有すると推察した。十世紀初頭に成立・施行された『延喜式』に記される祭具と沖ノ島祭祀の最終段階である露天祭祀に用いられた祭具・土器の多くが一致し、沖ノ島の祭祀が日本の「国家的祭祀」の成立の原点を考える上で極めて重要な遺跡であると位置づけられた。

以上のような発見と解釈により沖ノ島は「宗像神社境内」として国の史跡に指定されたほか、八万点余りの出土品・関連遺物全てが国宝に指定されている。そして二〇一七年七月に宗像大社辺津宮（宗像市田島）、中津宮・沖津宮遥拝所（宗像市大島）、新原・奴山古墳群（福津市）、および沖ノ島前方の岩礁（小屋島・御門柱・

天狗岩）を合わせ『神宿る島』宗像・沖ノ島と関連遺産群」としてユネスコの世界文化遺産に登録された。

沖ノ島は『古事記』／『日本書紀』に記される胸形之奥津宮／遠瀛・中津宮／中瀛・邊津宮／海濱という宗像三宮の一つであり、それぞれに田心姫神・湍津姫神・市杵島姫神という宗像三女神がまつられる。もっともこのような形態になる以前、沖ノ島にあったのは巨岩を磐座とする自然崇拝であり、三宮の成立は考古学的痕跡から露天祭祀の段階までしか遡らない。また、沖ノ島祭祀と大和朝廷（ヤマト政権）との関連性が強調される一方、新原・奴山古墳群は宗像三女神を奉る一族として記紀にも登場する宗像君（「胸形君」「筑紫胸肩君」）の墳墓と推定され、それらの形態や副葬品は必ずしも中央政権やその出先機関である大宰府との従属関係だけでは解釈しきれない。沖ノ島の出土遺物のうち舶載鏡や金銅製の馬具・指輪・龍頭、ササン朝ペルシャ産カットグラス、唐三彩など同時代の東アジア・ユーラシア地域との国際的な交流を示す遺物も少なくなく、海を隔てて類似する遺跡（韓国・竹幕洞遺跡）も発見されている。

古代祭祀が途絶えた後の沖ノ島は、江戸時代、黒田藩により防人が置かれ、近代には軍事拠点となった歴史がある。戦後の発掘調査から約半世紀を経て「世界遺産」という新たなグローバル化の局面を迎え、ナショナルヒストリーを強調するだけではなく、人類史において「祭祀」とはなにか、さらに「国家」とは何かを問いなおすことが沖ノ島の考古学に求められている。

## 「神風」の島、鷹島の考古学

鷹島は九州北西部、伊万里湾に浮かぶ東西約五km、南北約一三km、人口約二〇〇〇人（二〇一八年三月現在）の島であり、全島が長崎県松浦市に属し、本土側の今福港、御厨港から島東岸の殿浦、南岸の船唐津、北西岸の阿翁の各港をフェリーが繋ぐほか、二〇〇九年に佐賀県唐津市肥前町との間の日比水道に鷹島肥前大橋が開通し陸路でのアクセスが可能となった。

鷹島では先史時代から近世まで各時代の遺跡が存在するが、「元寇」の遺跡島としてよく知られている。元寇とは十三世紀に大陸を支配したモンゴル帝国が一二七四（文永十一）年と一二八一（弘安四）年の二度にわたり鎌倉時代の日本に侵攻した歴史的事件である（蒙古襲来、モンゴル襲来、文永・弘安の役ともいう）。島の南岸海域に所在する「鷹島海底遺跡」はこの時の戦闘に関わる遺構・遺物を包蔵する海底遺跡の総称であり、一九八〇年から古代オリエント博物館（江上波夫）、旧鷹島町、松浦市、長崎県等による調査が継続的に行われ、二〇一一年十月の琉球大学（池田榮史）による調査によって保存状態の良い船体遺構（鷹島一号沈没船）が発見され、翌二〇一二年三月には鷹島海底遺跡の一部である鷹島南岸東部の神崎港沖海域約三八万四〇〇〇m$^2$が「鷹島神崎遺跡」として海底遺跡としては日本で初めて国指定史跡に指定された。また、同遺跡周辺では二〇一五年の調査で別の船体（鷹島二号沈没船）も確認されている。

元寇に関する従来の語りは、数十万のモンゴル軍の襲来に際して台風が吹き、文永の役で敵軍が一日で退散し、弘安の役ではさらに台風により集結していた敵船が沈み、全滅したというものであった。しかし近年の実証的研究（服部英雄『蒙古襲来と神風――中世の対外戦争の真実』）によれば、文永の役の主体となった高麗軍の全兵力は六千人弱、艦船は一〇〇隻程度とみられ、九州本土の戦いは最大の攻略目標である大宰府とその防衛拠点である博多湾沿岸・志賀島をめぐり行われたもので、「神風」により瞬時に壊滅したわけではない。弘安の役において実際に台風は来たものの、日本側も台風の損害を被りながら現地での戦闘は続いたのであり、推定一二〇〇隻近い艦船のうち実際に鷹島沖に沈んだのは数十隻程度との見方もある。ちなみに文永の役の際、全滅した対馬の守護代宗助国の家臣である阿比留小太郎はモンゴル軍の襲来を大宰府へ報告する使命を帯びて兵衛次郎とともに対馬を脱し、博多の防衛戦に加わった後も、弘安の役で少弐景資の配下として鷹島で戦って最期を迎え、彼らの墓もこの地にある。彼らの思いは常に故郷の島に向けられていた。

国難に際して神のご加護により大風が吹き、異国の敵が追い払われるという「神風」、その元になった鎌倉時代の史料（『八幡愚童訓』）の記述が荒唐無稽であるにもかかわらず、第二次世界大戦末期において「神国日本」を裏付ける材料として使われ、その結果おびただしい数の犠牲者を生んだ歴史的悲劇を決して忘れてはならない。

**写真4　松浦市・鷹島神崎遺跡の指定海域（沿岸左側）、対岸に松浦党梶谷城跡がみえる。**（2018年3月筆者撮影）

# 宮本常一の〈功罪〉を考える

【対馬研究を志す立場から】

村上和弘

●むらかみ・かずひろ　一九六五年生。愛媛大学（国際連携推進機構）教授。文化人類学・民俗学、日本語・日本事情教育。著作に「『厳原港まつり』の戦後史」（『日本文化の人類学／異文化の民俗学』所収、法蔵館、二〇〇八年）、「変則貿易の時代――戦後対馬における日韓『交流』の諸相」（『島嶼研究』一七―一号、二〇一六年）等。

## 対馬における〈交通と交流〉をめぐって

筆者が初めて対馬を訪れたのは確か二〇〇一年のことであったと思う。当時は韓国の大学に勤務していたのだが、同僚の韓国人教員から「対馬でアリラン祭というイベントがあるらしいが、一緒に見に行かないか？　隣の釜山から船も出ているし」と誘われ、何もわからぬまま対馬を訪れたというわけである。だが、初めて目にした対馬の様子は、筆者にとってあらゆる意味で衝撃的であった。

まず、来島目的であったはずの「対馬アリラン祭」（二〇一三～「対馬厳原港まつり」に改称）の実態が、日韓交流イベントというよりは、むしろ地元密着志向のマツリであろうとしていたことが垣間見られた点である。実際、アリラン祭への改称（一九八八年）以前、開催地の厳原《いずはら》では同種のイベントが「港まつり」の名称で、地元商工会の青年部を中心に一九六四年から続けられてきていた。

また、対馬の広大さにも驚かされた。初めて訪れた際には、恥ずかしながら、対馬＝離島＝小さい、という先入観を抱いていた。だが、実際には、対馬は東京二三区を上回る総面積を有しており、指定離島としては佐渡島・奄美大島に次ぐ国内第三位の大きさなのである。

さらに、来島を続けるうちに、「アリラン祭」の開催地であった厳原は、対馬の中でも特異な存在であることにも気づかされることになった。東京は日本の首都であり、日本を代表する存在でもある。だが、東京は決して日本の標準ではない。同様の意味で、厳原だけを見ていても対馬の全体像は見えてこないし、場合によっては包括的な理解の妨げにもなりかねない。

では、いったいどのようにすれば、広大な対馬の全体像を曲がりなりにも把握することができるのであろうか。そこで筆者が着目したのが、地域と地域をつなぐ〈交通〉であり、その結果としての〈交流〉という営みであった。このような観点から筆者は二〇〇一年以降、近現代対馬における島外および島内交通の変遷と、それにともなう生活の変化について調査を続けてきた。

なお、筆者の最終的な関心は、あくまで島内交通・島外交通の両者に目配りした上での対馬の〈交通と交流〉にあるが、近年は、どちらかといえば島内交通の変遷にともなう生活の変化に重点を置きつつある。島外交通の拠点でもあった厳原や比田勝《ひたかつ》などはともかくとして、津々浦々の集落に暮らす人々にとっては、島内交通こそが日々の生活に密着した重要な関心事であったと考えるからである。この小文では、二〇〇一年以降、継続して収集してきた現地調査のデータ類から、主に対馬島内での〈交通と交流〉について述べてみたい。

## 海上交通の時代の暮らし（〜一九六〇年代）

対馬は広大な面積に加え、その九〇％近くを山地が占める、きわめて山がちな島である。さらに東西の幅が約一八kmであるのに対し南北は約八一kmと極端に細長い。『壱岐・対馬の道』（司馬遼太郎）が記すように、まさに海から山脈が突き出たような形状をしているのである。このような険しい地勢のため、島内の各集落は、大きくは東西／南北に、さらには津々浦々の単位で分断されてきた。

だが、当然ながら集落間の往来がなかったわけではない。主《しゅ》邑《ゆう》・厳原および北部の拠点である比田勝《ひたかつ》・佐須奈《さすな》と他の集落との関係で言えば、陸上交通への転換の契機となった対馬縦貫道路開通（一九六八年）以前、対馬の島内交通は、東西の両沿岸航路そして渡海船や個人の持ち船といった各種の海上交通によって支えられてきた。

まずは**図1**（島内紙『対馬新聞』掲載、一九五四年）を見てほしい。主要集落のほとんどが海岸近くに位置している点、そして道路の多くが白抜き二重線、すなわち未開通道路であった点が見て取れるだろう。当時、これらの未開通道路は図面上のものに過ぎず、島内交通の主役は海上に実線で示された東西両岸の沿岸航路（沿岸船）であった。沿岸航路は南部・東海岸の厳原を拠点とし、原則として往路一日・復路一日で南北を結んでいたが、特に西沿岸航路は欠航も多かったようだ。また、**図1**には掲載されていないが、中央部を大きくえぐる浅茅湾には各事業者による渡海船航路が張りめぐらされていた。中でも浅茅湾南部の「樽が浜」は近くの商業地である雞知《けち》や主邑・厳原へと至る海陸の結節点として多くの渡海船が発着し、朝夕は港での改札が困難になるほど混雑したという。

ただ、筆者がお話を伺った限りでは、沿岸船の乗客は多くが厳原や島外からの行商等で、集落の人々が利用する機会は思いのほか少なかったようだ。寄港地には必ずあったコミセ（小店）兼キ

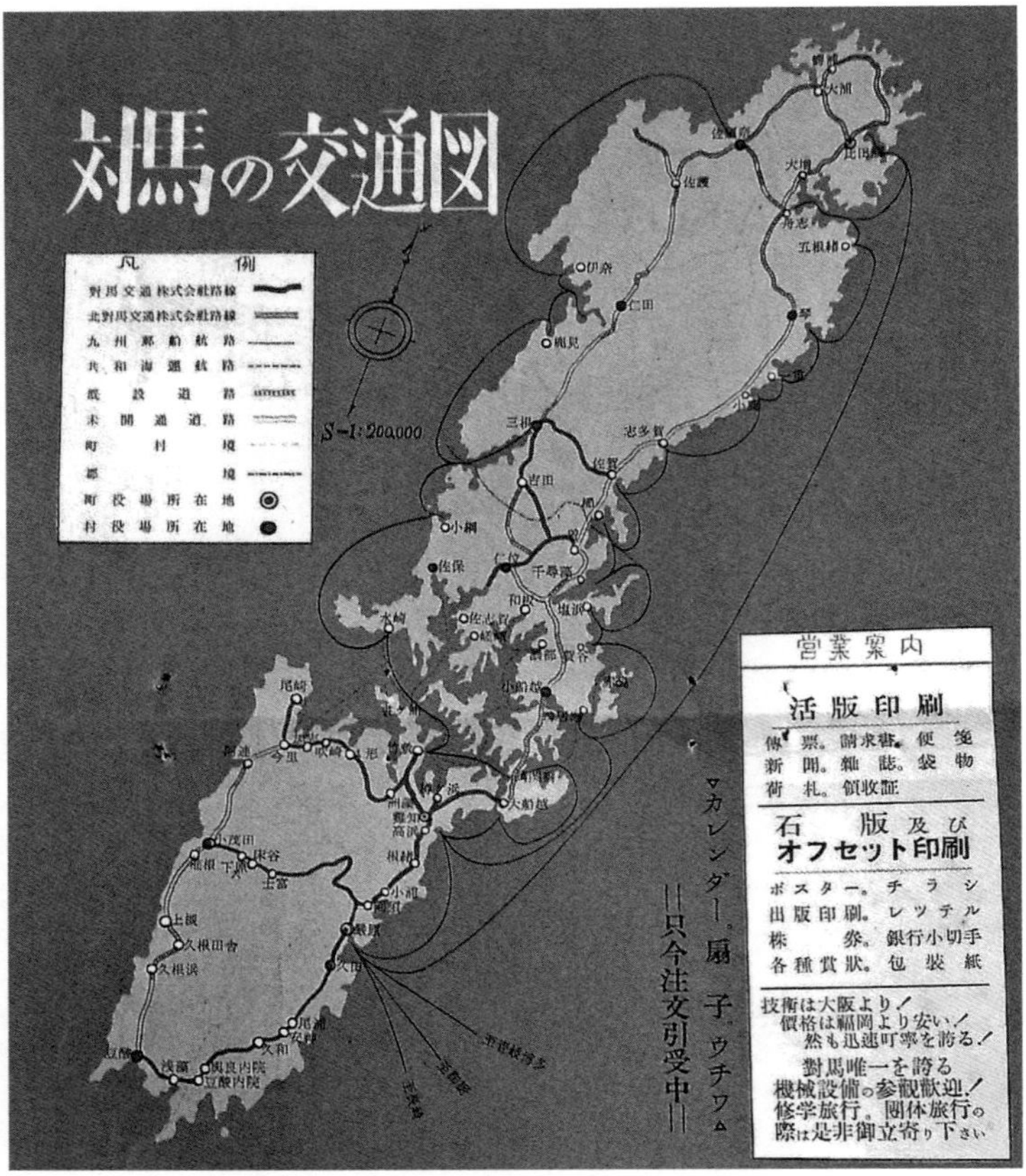


**図 1　対馬の交通図**（1954 年、対馬新聞）

センドイヤ（汽船問屋）の仕入れなどの貨物利用が中心だった模様である。浅茅湾の渡海船についても、病院通いや集落内ではすぐ手に入らないような買い物、あるいは帰省や祭りの見物などで利用しており、日々の暮らしの一部ではあるものの、それなりに特別な機会に利用するものであったと考えられる。なお、沿岸船や渡海船などの定期航路以外にも、自家の持船やいわゆる白タク風の交通手段も利用されていた。また、東海岸の集落だと厳原方面からの行商船が来ることもあったという。

言い古されたことではあるが、漁村の人々にとって海は天然の生活道路であった。当時の日常的な生活感覚としては、船を操る術さえ有していれば、さほど不便を感じることはなかったように思われる。

### 宮本常一の〈功罪〉を考える

さて、筆者の〈交通と交流〉への注目は、お気付きの通り、宮本常一の諸著作から着想を得ている。宮本は一般には民俗学者として知られているが、地方で生きる人々のための社会活動、

**図2　沿岸船・生田丸**（永留史彦氏提供）

なかでも離島振興法（一九五三年）の成立に尽力した人物として名高い。そして、その背景には、八学会連合（のち九学会）調査団メンバーとして初めて対馬を訪れた際、中央から〈見捨てられた島〉であった対馬の現状に衝撃を受けた点が挙げられる。のちに宮本は、「これほどの島がこんなに見すてられていいものであろうか」（「遅れをとりもどすために」）と述べ、明治以降の近代化を経て海上交通から陸上交通への転換がなされた今日、島々が資本主義社会へ参入し生活水準の向上を図るためには、島内および島外交通の整備が不可欠である、と説いている。離島振興法に尽力した宮本の基本認識を示す記述であろう。

ところで、宮本が対馬を訪れる契機となった一九五〇―一九五一年の八学会調査は、国内的には戦後の混乱がある程度落ち着きつつあった一方、対外的には、一九四八―一九四九年にかけて李承晩・韓国大統領（当時）が韓国国内向けに対馬の返還／割譲要求の意向を繰り返し表明していた時期に行われた。敗戦により台湾・朝鮮等の〈外地〉を失った日本にとって、戦後日本の最外縁に位置することになった対馬は、当時の国際情勢上も、また、社会文化的にも重要な関心の対象であったことは間違いないだろう。

では、八学会の調査結果はどのようなものだったのだろうか。端的に述べれば、それは「対馬は日本である」というものであった。すなわち、考古学的なスケールでの対外交流はあったものの、調査時点での「現在」においては朝鮮半島からの社会文化的影響はほぼ認められない、とされた。直前に勃発した朝鮮戦争の影響を受けて島内居住朝鮮半島出身者の調査が中止になるなど、調査対象等に偏りが生じた点には充分に留意すべきだが、この小文では調査結果がもたらした帰結に注目しておきたい。学術調査の結果を経て、対馬は日本の領域として位置づけられることになった。それは同時に、「中世社会の残存」（宮本常一）というフレーズが端的に象徴するように、対馬を〈辺境の島＝未開の島〉として、社会文化的にも戦後日本の最外縁として位置づけることになったと考えられるからである。この点では、宮本が抱いた〈見捨てられた島〉という義憤や、その後の離島振興への尽力もまた、〈辺境の島＝未開の島〉という対馬認識と通底するものであったと言えるだろう。

ところで、冒頭に記したとおり、筆者が初めて対馬を訪れたのは二〇〇一年であり、宮本とは約半世紀のタイムラグがある。その間に対馬は大きく変貌した。博多航路には新造船が就航し、対馬空港も開港した。また、島内は津々浦々まで自動車道路が開通し、CATVや携帯電波網の整備も進んでいる。これらの点で、「隔絶性の解消」は相当程度達成されたと考えてもよいだろう。まさしく離島振興法制定の賜物であり、人々の暮らしのために尽力した宮本が残してくれた遺産でもある。だが、それは結果として、公共工事や公的補助金に多くを依存する地域社会を生み出すことになったようにも感じられる。そして筆者が調査を始めた二〇〇〇年代以降、日本の地域社会は、いわゆる三位一体改革によって再び急激な変貌を迫られていくことになったのである。

対馬の調査研究を志す者にとって宮本常一は避けて通れない存在である。研究成果という点でも、また、地域に生きる人々の生活向上に尽くしたという点でも、宮本が対馬に与えた影響はきわめて大きい。だが、宮本の初来島から七〇年近くがたち、最後の来島からでも四〇年以上を経た今日、改めて宮本が残したものの功罪を見つめ直す時期に来ているように思われる。

ただ、一つだけ忘れてはならないのは、宮本の関心は、つねに「いまを生きる人々」にあったということだろう。だからこそ、宮本が残したものは筆者にとって巨大な壁でありつづけているのである。

〈補足〉紙数の制約上、註および参考文献は省略した。この点、御容赦願いたい。

〈謝辞〉対馬在住・対馬出身の皆さまには、毎回お寄せ下さる御厚意に対し深く感謝の意を表したい。なお、本稿を考える上での基礎となった諸調査に際しては、ＪＳＰＳ科研費（16652063, 21320165, 23520988, 17K03286）の支援を受けた。

# 対馬発離島振興と域学連携の地域効果

阿比留勝利

●あびる・かつとし　一九四三年生。元城西国際大学客員教授、元国土審議会特別委員。地域計画。著作に『観光実務ハンドブック』（共著、丸善、二〇〇七年）、「〝我が島学運動〟から固有文化の島づくり目指せ――海洋立国・日本を支える離島」（『季刊しま』二〇一四年三月）、「離島振興総論――これからの離島振興を考える」（『法政大学人間環境論集』二〇一六年一月）等。

## 国境離島対馬の問題状況と認識

対馬は朝鮮半島と一衣帯水の国境離島だ。古来「離島性」と「国境性」の制約と可能性の中で生きてきた。戦後は離島振興法（昭和二十八年、以下「離振法」）の基盤整備を軸に生活は向上した。しかし、最盛期には約七万人いた人口は近年では三万一千人（平成二十七年国勢調査）に減り、高齢化率も三四％だ。長期予測では二万人を切る。改正離振法は人口維持からソフト支援に転じ、国境離島法（略称、平成二十八年）による地域維持、交通・流通費等の支援策も緒についた。一方、近年、釜山からの韓国人観光客が増加し、投資交流もみられる。「振り返れば未来」の観点から大陸・海域文化の十字路の蓄積を捉え直し、新しい発想での振興策が求められている次元にあると感じる。

## 対馬発域学連携の特性
### ――的確な目標、対馬学との連動、実践的学びの展開

対馬発域学連携は総務省「域学連携地域活力創出モデル実証事業（平成二十四年度補正）」から始まる。連携のねらいは人財育成と地域課題解決への協力だが、「地域おこしのよそ者・若者・ばか者論」にいうよそ者、若者の革新力・感性や関係人口化の期待もある。対馬発域学連携の第一の特性は「対馬市域学連携地域づくり推進計画――学びの力を地域に、地域の力を学びに」（計画期間二十六年〜三十四年度）において対馬を国内外大学のサテライトキャンパス（フィールドキャンパス『対馬学舎』）とした点だ。「国内外」とは大陸・海洋文化の十字路を活かす含意とみる。第二は「対馬学」構築との連動だ。「対馬学」とは市民・学生・研究者・行政等を支える地元学だ。第三は学び部門を「島おこし実践塾（入

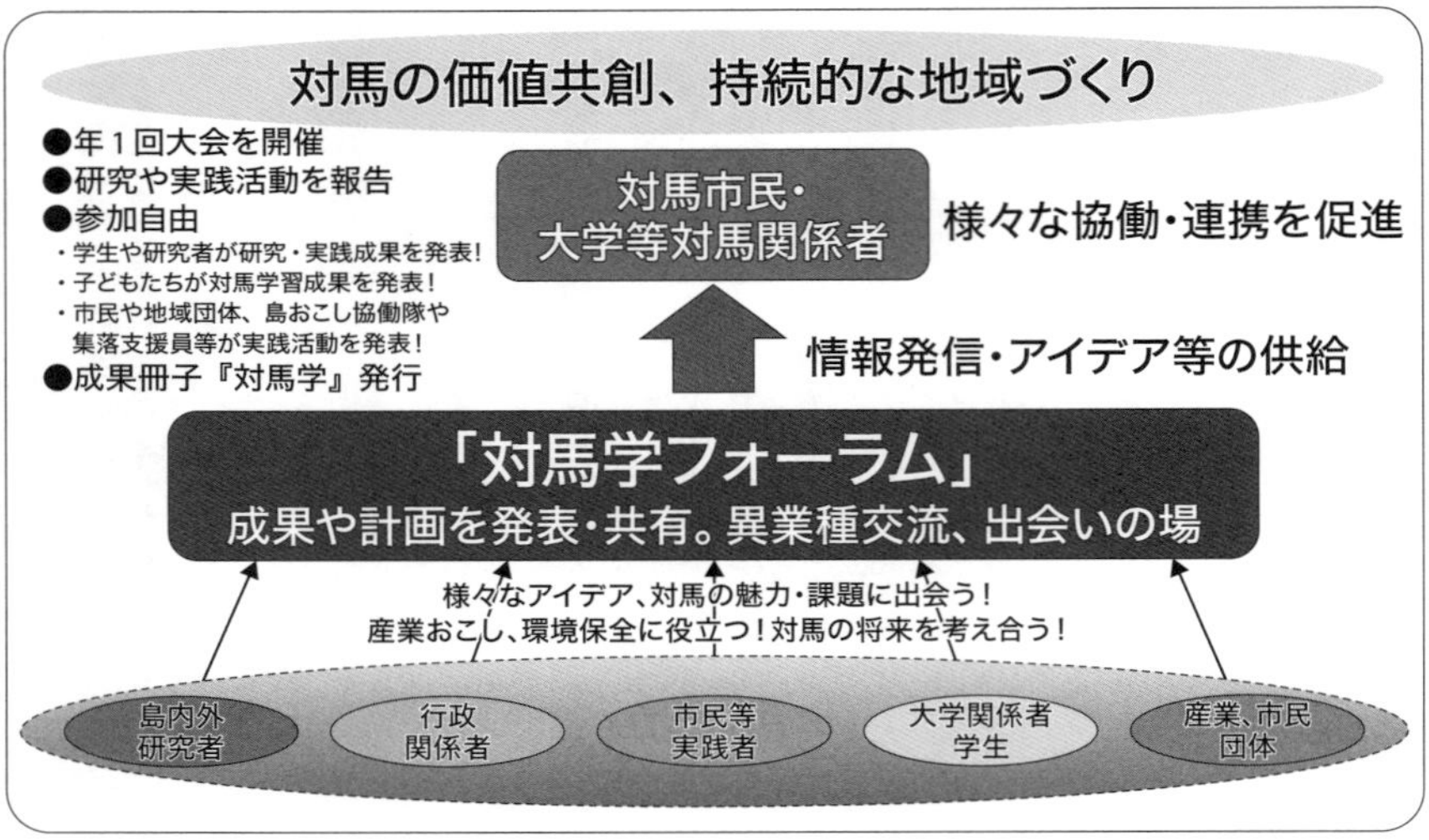


図　域学連携「対馬学フォーラム」のねらいと仕組み
（提供：対馬市しまの力創成課）

門）」「現場学（実習）」「対馬の学術研究」「大学主催合宿・研究等サポート」とし、学術研究奨励補助制度を創設した点だ。

## 高まる対馬発域学連携の発信力と地域効果

学生等の募集は、正規のインターンシップ科目をもつ内外の該当大学に実習案内書を送って学内で参加希望学生を募る方法を軸に、提携大学等教員のゼミ・研究室所属学生への案内と口コミが中心だ。ほかは主に域学連携ポータルサイト、島内のシンクタンク（一社）ＭＩＴのFacebook、国土交通省「若者の地方体験交流のご案内」（全大学配布）への掲載だ。国内向けでは島おこし協働隊（地域おこし協力隊）の現役・ＯＢＯＧによる情報発信力が大きい。Facebookページ「いいね数」は国内有数で、繋がり来訪もかなりあるようだ。新聞や雑誌、テレビ、ラジオの取材・視察も多く、国内での発信力は高まっている。島内でも連携プログラム、持続可能な開発を学ぶＥＳＤ対馬学、対馬学フォーラム等で各層に浸透中だ。対馬学フォーラムではポスター発表等と併せて「対馬学へようこそ」（研究報告書）が配布される。二十九年度版ではポスター発表六〇件、二十八年度奨励補助研究七件の成果要旨を掲載した。海外募集は韓国の連携協定大学等が中心だ。二十九年度の域学連携プログラムへの参加校数は国内外八〇、学生来島延人数は五六九名、教員来島延人数一八五名、滞在延人数合計三五七八名、二十九年度のリピーターは一〇四名だ。対馬市による経済効果の試算では二十九年度約二三〇〇万円、三カ年度累積六二〇〇万円である。経済振興に係わる研究等は、せんだんご速醸に関する技術開発、学生のホームステイ受け入れ民家の農林漁家民泊の開業等多様で、大学分校の設置も検討が進められている。社会効果の誘発活動では、学校に対して行った日本脳炎予防の「感染症教室」の巡回等多様だ（参考　対馬市しまの力創成課提供資料）。

## 対馬発離島振興から多様性が共存する島国の創生を期待

対馬発域学連携の取組は対馬高等学校の「ＥＳＤ対馬学」等を含めて児童生徒、市民各界各層に波及しつつある。計画の現段階は第二ステップだから、協定大学等との取組を充実しつつ全体計画の先出し・芽育てを中心に進められている感じだ。昨今、国ではサテライト大学の政策支援等が検討の俎上に登る流れにある。それらも見据えてフィールドキャンパスのさらなる魅力づくりと体制強化が緊要だ。

以上を踏まえ、改めて対馬発離島振興をどう考えるべきか。それは国境故に内外に残る惰性化した〝辺境性〟のイメージやその残滓を〝独自性〟、〝先端性〟（フロンティア）として再吟味し、域学連携を駆使して地域資産を科学するとともに〝南北に市糴《してき》〟した地域遺伝子を覚醒させて新たな価値創造に繋げ、対馬学を構築する。そして、その発信と交流から来住を促進して混住コミュニティの形成に繋ぐことだ。対馬が今「国境性」（国際性）を「先端性」と読み替え、新たな島づくりを示すことは、「多様性の共存体」である島国日本に多元的魅力と活力ある新たなヤポネシアを創生することにつながると思う。対馬発離島振興が島国日本再編の尖兵になることを期待して結びとする。

# 北九州ネシアの地域資源を活用した広域連携による地域経営

【福岡県うきは市との地域間連携】

吉岡慎一

●よしおか・しんいち　一九五八年生。前うきは市副市長。地域経営。著作に『地域旅で地域力創造』（学芸出版社、二〇一一年）、『観光実務ハンドブック』（丸善、二〇〇七年）、『オートビレッジ』（第一法規出版、一九九二年、いずれも共著）等。

## 北九州ネシアとうきは市

うきは市は、福岡県の内陸部に位置する人口三万人の小さな市である。市の周囲は久留米市、朝倉市、八女市、大分県日田市に囲まれ、一見海とのつながりは感じられない地域である。しかしながら、うきは市は玄界灘、有明海等、海とのつながりの中で地域が発展してきた経緯がある。

この点については、うきは市の地理的な位置が大きく影響を及ぼしている。有明海からみると筑後川が形成する低地の最上流がうきは市であり、舟運や陸路により沿岸地域との密接な交流が行われてきた。また、博多湾から見ると、福岡市と大宰府を結ぶ直線的なラインに沿った平野部をさらに南東に突き進んで、ちょうど山地とぶつかるところがうきは市である。つまり、北九州ネシアを中心にみると、うきは市はその後背地域として、政治経済的にみて極めて重要な位置に立地していることとなる（**写真1**）。

このようなことから、うきは市には古墳時代から多くの人々が定住し、地域社会を形成してきた。その証左として、うきは市内には多くの古墳が現存し、国指定の装飾古墳の一割にあたる七基が残されていることがあげられる。

福岡県内の小さな市としては、まずは福岡市、そして東京を視野に入れて行政及び経済活動を考えることも多いのが実態だが、北九州ネシアとのつながりも重要なものとなっており、それが島嶼地域、内陸地域双方にとって重要な意味を持っている。

筆者は、平成二十五年度から平成二十九年度までの約四年間、福岡県うきは市の副市長として在職していた。ここでは、この時の知見をベースに、北九州ネシアの中核となる、壱岐・対馬とうきはとの連携について概観したい。

### 壱岐との連携

壱岐市との連携は、平成二十四年にうきは市の小学生が、夏休みに壱岐市を体験学習のため訪れたことがきっかけとなっている。海のないうきは市の子供にとって海と触れ合うことは貴重な体験であり、将来のうきは市を担う人材育成の一環として、うきは市教育委員会が主体となり実施している。また、翌平成二十五年度からは、「うきは市民大学」の「こども未来学部」の活動として位置づけられ、「壱岐夏休み感動体験」事業として、より体系的に実施されるようになり現在に至っている。

写真１　道の駅うきはの西見台から博多湾方面を望む

写真２　壱岐島夏休み感動体験（シーカヤック）（写真提供：うきは市）

壱岐における主な活動内容は、壱岐の歴史学習、イカの一夜干し作り体験、マリンスポーツ体験、船釣り体験等であり、壱岐の持っている特色ある地域資源を最大限活用したものとなっている（写真2、3）。

また、平成二十七年からは壱岐市の小学生が、夏休みに「壱岐市青少年体験事業inうきは」として、うきは市に来訪することとなり、交流が双方向に発展している。

このような人的な交流をきっかけに、経済的な交流も発生している。

壱岐市、うきは市では、それぞれ生産される産品が大きく異なっており、相互補完の関係となっていることがその背景にある。具体的な交流活動としては、イベント時における出店、ふるさと納税の返礼品について相互連携が図られている。なお、ふるさと納税の返礼品については、地元産を中心に再精査する必要性から、平成三十年度においては取り扱いを中断している。

壱岐市が同市と同程度の人口規模を持つ内陸部の小さな都市であるうきは市との連携を行う意義として、壱岐の持つ自然環境や特産品などの地域資源が、持続可能なキャパシティを超えることなく活用され、地域資源の相互活用を図ることにより、地域経営に係る一層の多様性の実現が図られていることが重要であると考えられる。

## 対馬との連携

対馬とうきは市との連携については、民間レベルでの投資がうきは市から対馬市に対して行われていることが特筆される。具体的には、うきは市に本社のある企業が、平成二十九年、対馬市に免税店を出店するといった動きが出ている。

対馬は近年韓国からの入込客が増加しており、出入国管理統計によると二〇一六年の比田勝港、厳原港からの外国人入国者は二六万人強となっている。二〇〇六年においては四万二〇〇〇人強であるので、この一〇年間に六倍を超える増加を示している。

このような急激な入込客の増加により、地域の社会環境も大きく変化しており、新たなビジネスチャンスが対馬に生じることとなった。そして、免税店やホテルが新たに立地することとなっている。

うきは市の企業においてもこのようなビジネス環境の変化をとらえて、対馬に出店しているものである。免税店の出店を行ったのは、株式会社かがし屋で、同社は文具の小売を中心とした個人商店として昭和二十三年に創業しているが、昭和五十四年に株式会社化し、その後は、事務機器・OA機器、携帯電話代理店、福祉用具介護用品の貸与および販売、フードサービス事業、太陽光発電事業など、業務の多角化を図っているが、免税店の出店は今回が初めてである。

免税店の立地は厳原の市街地の中心部であり、取扱商品は、文具、雑貨、酒類、食品などである。一般的な免税店とは異なり、同社の重要な経営資源である文具が主力商品になっていることが特徴的である。韓国からの観光客にとって日本の文具は人気があり、売上も好調とのことであるが、最近は食品の売上比率が高まっているとのことである（写真4、5）。

同社においては、対馬の置かれた社会環境そしてターゲットとなる韓国からの観光客の嗜好を適切に分析し事業化を行うことにより、対馬において新たな事業を確立するとともに雇用の創出を行っている。このように、韓半島から見て北九州ネシアへのゲートウェイとなる対馬は、諸外国との関係の中、新たな経営資源の創出が行われやすい条件を有しており、これが当該地域における大きな強みになっていくものと考えられる。

北九州ネシアに属する島々には、本稿でみてきた壱岐・対馬以外にも多様な島々があり、それぞれの特性を持っている。それぞれの島が持っている基本的な資源、特性だけではなく、対馬における韓国人観光客の増大等にみられるように、社会環境の変化により様々なチャンスも生まれてくるものと考えられる。北九州ネシアの後背地には広大な北部九州、さらには本州が広がっており、これらの地域が持つ資源との連携を図ることにより、島嶼地域ならではの地域経営を図っていくことが可能と考えられる。

**写真3　壱岐島夏休み感動体験の壱岐の方々の見送り**
（写真提供：うきは市）

**写真4　かがし屋対馬厳原店**（写真提供：㈱かがし屋）

**写真5　店舗内観**（写真提供：㈱かがし屋）

# 唐津ネシアの交流力

## 【島・本土間（タテ）の交流から島々間（ヨコ）の交流へ】

小林恒夫

●こばやし・つねお　一九五〇年生。佐賀大学名誉教授。農業経済学。著作に『半島地域農漁業の社会経済構造』（二〇〇四年）、『営農集団の展開と構造』（二〇〇六年、以上九州大学出版会）、『地域農業構造変動論』（昭和堂、二〇一三年）、『佐賀「肥前杜氏」史研究』（二〇一一年）、『佐賀農漁業の近現代史』（二〇一六年、以上農林統計出版）、『玄界灘島嶼社会の変容』（筑波書房、二〇一六年）等。

### 玄海諸島も人口減・超高齢社会
### ——二〇一五年国勢調査で「限界集落（島嶼）」出現

佐賀県には唐津市のみに七つの小島（玄海諸島）が存在し、それらの人口は二〇一五年国勢調査で小川島三四八人、馬渡島三四七人、神集島三二一人、高島二四一人、加唐島一三一人、向島五六人、松島四〇人、計一四八四人となっている。そして同国勢調査で神集島と高島の二島で六十五歳以上人口の割合がはじめて過半数（いわゆる「限界集落」）となったことに現れているように、玄海諸島も他の多くの島々と同様、たしかに過疎・超高齢化の様相を呈している。

### 七つの島は七（虹）色に輝く——レインボー・アイランズ

しかし、玄海諸島は決して「離島」のイメージとは違い、いずれも定期船で片道三〇分以内に着く「近海小島」であり、またインフラ整備も進んでいるため、本土との間の人々の交流を軸に、それぞれ七島七様の元気な取組を行っている。すなわち、小川島ではかつての捕鯨の史跡の見学者や島農園の体験者の受け入れを積極的に行い、また福岡市の私立大学との交流を続けている。また馬渡島には釣り客だけでなく、塵ひとつない華麗なカトリック教会への見学者が絶えない。神集島は船で五分という地の利も手伝って、万葉歌碑を利用した島巡りツアーや夏祭り（祇園祭）見学・参加者が少なくない。高島には祈念すると宝くじが当たるという神社詣でのため週末には定期船いっぱいの観光客が押し寄せる。加唐島は古代朝鮮国家百済の第二十五代「武寧王」の誕生地とされることから毎年の日韓交流と良質島椿の実と油の特産化の取組がめだつ。向島は人口五〇人ほどの海士漁中心の小島だが、リピーターの少なくない漁師民宿の存在が注目され(1)、また地元佐賀大学生との交流が続けられている。一九九〇年代に家族や妻を伴っての島出身者のUターンが複数事例発生した結果人口が三〇名ほども増加し、一時休校の小学校分校が再開（開校）して注目された(2)。松島では近年また青年のUターンが見られ島内ライフサイクルの復活が期待されている。こうしていま玄海諸島は七色に輝いていると言って良い。まさにレインボー・アイランズの名にふさわしい。

さらには松島でのオリーブ栽培・搾油の実現を契機としたUターン青年による二〇一六年からのイタリアンレストランの立ち上げ(3)と、全国的に島の小中学校の閉校が止まらないなかで二〇一八年度開始の「島留学」による加唐島中学存続といった注目される成果も付け加えなければならない。

2012年4月開催の物産展

## 本土との交流（タテ）から島間の交流（ヨコ）の開始

さて、以上の多様な交流はそれぞれの島と本土との間のいわばタテの交流であり、七つの島々が共通して取り組む本格的なヨコの交流まではまだ至っていない弱点を持つ。

しかしこの点でも近年新たな取組が開始されてきている。その一つは七つの島間での回り持ちのソフトボール大会であるが、とくに本稿で取り上げたいのは二〇一三年四月から七つの島の特産物を本土の山間部の農産物直売所で販売する物産展を開始し、二〇一九年四月で一九回目を重ねるに至ったことである（写真）。物産展では各島から持参したイカ製品、海藻加工品、サザエ・アワビ焼きなどの海産物が即売されるが、このことを通じて各島民が島間の連帯性を強め、新たな取組につなげていくことが期待される。なお最後に以上の取組において二〇一一年度からの市雇用の地域おこし協力隊員の長年の努力が大きくかかわっていることを忘れてはならない。

注

（1）小林恒夫『玄界灘島嶼社会の変容』筑波書房、二〇一六年。

（2）本木修次『小さな離島に行こう』一九九五年、同『小さな島の分校めぐり』一九九八年、ともにハート出版。椎名誠編著『でっかい旅なのだ』新潮社、二〇〇一年。

（3）日本離島センター『しま』No.253、二〇一八年三月号。

# 北九州ネシアの国境三機能

【税関・出入国審査・検疫】

大西広之

●おおにし・ひろゆき　一九六九年生。四国大学附属経営情報研究所特別研究員。国境・外国人法制。著作に「日本における出入国管理と渡航文書の実務」『越境とアイデンティフィケーション――国籍・パスポート・ＩＤ』（共著、新曜社、二〇一二年）、『パスポート学』（共編著、北海道大学出版会、二〇一六年）等。

## 国境管理システムと組織・機構

主権国家には領域が存在し、その境界である国境には、各国の領域における通関、出入国管理及び衛生に関する脅威から国を守る役割を有している。それぞれの役割は相互に連関し、国境管理システムとして機能している。このような国境の機能は、customs（税関）、immigration（出入国審査）、quarantine（検疫）の頭文字からＣＩＱ（シー・アイ・キュー）と呼ばれ、一般的に出入国手続の総称として用いられている。日本においてこれらの手続を所管する組織は、国家行政組織法（昭和二十三年法律第百二十号）及び各省の設置法などの法令により、以下の五つと定められている。財務省の地方支分部局である税関は、旅行者の所持品に対し、法律で定めた基準に従い、持ち込みを禁止したり、免税または課税を行う。法務省の外局たる出入国在留管理庁の地方支分部局である地方出入国在留管理局は、旅券等（パスポート）や査証（ビザ）などにより出入国者を審査し記録を行う。厚生労働省の施設等機関である検疫所は、旅行者が必要な予防接種を行っているかなどをチェックをするとともに、農林水産省の施設等機関である植物防疫所と動物検疫所は、動物や植物が持ち込まれるときに検査を行う。

日本は領土の周囲を海に囲まれており、国家と国家との版図を区画する境界線である国境が、すべて領海の縁辺にある。そのため、日本においては国土防衛を主たる任務とする自衛隊や領海警備が主たる任務である海上保安庁が行う警察活動も、ＣＩＱの機能とともに重要な役割を担っている。国際的な人や物などの移動を管理ないし規制するための手続は、周囲を海に囲まれ、陸地の国境を有しない日本では、外国人が領海内に入る入国と、外国人が領土に入る上陸を別個の概念として区別し、それぞれ異なった規制をするという法制度を採用している。そのため、日本の領海や領空に入ったのち、はじめて領土に上陸する場所である空港や港湾に審査（検査）場が設置され、審査（検査）を実施するため配置された審査官等が、審査、検査を実施している。このような理由から、これらの審査等を実施する施設は、空港や港湾に設置される必要があるが、貨物の輸出入、外国の貿易船や航空機の入出港は、関税法施行令（昭和二十九年政令第百五十号）で許されている開港又は税関空港に限られ、外国人が出入国すべき港又は飛行場は、出入国管理及び難民認定法施行規則（昭和五十六年法務省令第五十四号）で定められている出入国港に限定されていることから、すべての空港、港湾に設置されているわけではない。

九州北部地域においては、福岡、北九州、佐賀、長崎の各空港と福岡港、佐世保港などの主要な港には、ＣＩＱ施設が設置されている。[1]特に長崎県の対馬は、韓国まで至近の距離にある国境の島とされ、厳原港、比田勝港の二カ所にＣＩＱ施設があり、近年、韓国人観光客の入国が大幅に増加している。このような地理的条件のため、大陸との交流において、対馬は歴史的に重要な役割を担ってきた。一方、外国と接する境界線を有している同じ国境地域でありながら、壱岐や五島といった地域は開港等に指定されておらず、このような地域からは直接に日本国外との往来を行うことはできない。このような現状は、日本最西端にあり、台湾とは石垣島より近くの距離にあり、国境の島である沖縄県の与那国島でも同様であり、与那国町は、これまでも国境の離島における開港要件の緩和等を内容とする構造改革特区を提案し、「与那国特区」「自由往来」を実現することによって、国境交流を通じた地域活性化と人づくりをめざす自立ビジョン基本戦略を定めたりしている。歴史的に見て与那国と台湾の交流が盛んだった時期は、台湾が日本の植民地だった時期であり、現在は与那国と台湾の間の交流はあまり盛んではない。その理由としては、与那国の港が開港地区として指定されていないこと、外国なので入国手続きや検疫があること、そして何より直接与那国と台湾を結ぶ船や飛行機がないことがあげられている。このことは、ＣＩＱの設置の有無が地域社会へ影響を及ぼしている証左といえる。

## 国境管理の変革と今後の審査体制のあり方

ところで、国際的な人の移動を管理ないし規制するための出入国管理、特に出入国港に配置された入国審査官が実施する上陸審査は、国境における手続の主要分野のひとつであるが、国境地域における出入国審査の可能性をしめす近時の政策として、プレクリアランスと個人識別情報を活用した審査の自動化があげられる。出入国管理において、入国手続きの円滑化などを目的に実施される、相手国の空港内で自国の係員が入国審査を行う制度であるプレクリアランスは、日本においても導入されているが、これは、地方空港に到着する航空機の乗客を出国地で審査する事前審査制度であり、韓国・台湾へ派遣された入国審査官が、現地空港に設置された専用ブースで偽造パスポートの識別・国際テロリストのブラックリスト照合などを行い。審査にパスした乗客のパスポートには、審査済みの印をつけたカードを添付し、日本到着後は本人確認のみで入管手続が完了する仕組みである。そのため、日本で上陸審査場を設置せず、手続きのすべてを省略することができない。また、平成十九年より、事前に利用希望者登録を行った日本人及び再入国許可を受けていることなど一定の要件に該当する外国人について、出入国審査においてパスポートと指紋等の個人識別情報の照合により本人確認を行い、一般の出入国審査ブースで入国審査官の審査を受けることなく、自動化ゲートを通過して出入国手続を受けることが可能となった。しかし、事前の登録が必要なことから自動化ゲートの利用は低調な水準にとどまっていた。そこで、平成二十九年から、ＩＣ旅券のＩＣチップ内の顔の画像と、顔認証ゲートのカメラで撮影した顔の画像を照合して本人確認を行うことにより事前の利用登録を不要とする顔認証ゲートが導入されている。これは、訪日外国人旅行者数を増やすための様々な取組が行われているところ、顔認証技術を活用して手続きを合理化し、審査の厳格さを維持しつつ更なる円滑化を図ることを目的としている。今後、プレクリアランスについては、出発地においてＣＩＱすべての審査を実施し、到着地では審査を不要とすること。さらには、これらの審査を完全に自動化することができれば、開港および出入国港等の指定要件を緩和することが可能になるのではないだろうか。その結果、国境地域の活性化に寄与するものと考えられる。一方、平成二十九年に施行された有人国境離島地域の保全及び特定有人国境離島地域に係る地域社会の維持に関する特別措置法（平成二十八年法律第三十三号）は、有人国境離島地域に係る地域社会の維持を目的とし、国は、有人国境離島地域に国の行政機関の施設を設置するよう努めるものとされた。国家公務員の定員は、これまで継続的に定員削減が行われ、現在も定員合理化計画が進められているが、出入国在留管理局関係の職員数は入国管理局の時代を通じて過去最高となっており、さらなる増員を行う目標を設定している。

年々国境を越えた人や物の移動が増加する状況にあっては、電子政府の推進による審査の自動化の研究を推進すること、今後も行政需要に見合った増員による国境の行政実施体制の拡充を図ることが、地域活性化のため国境交流を切望する国境離島のために必要であるといえよう。

**注**

（1）九州北部地域（福岡、佐賀、長崎）において指定されている出入国港は、博多港、苅田港、三池港、唐津港、伊万里港、長崎港、佐世保港、比田勝港、厳原港、福岡空港、北九州空港、佐賀空港、長崎空港があり、これらの場所ではＣＩＱの審査が行われている。

# 第11遍 瀬戸内ネシア

瀬戸内ネシア琵琶湖有人島沖島（おきしま）や「古い伝えの」竹生島（写真上右）も含まれる。舟も淡水用に釘使用例もあった。船形も特有の舟底が広く浅く、前方に長い（沖島集落前：写真中右）。湖水の波に対応している。瀬戸内ネシア内の例外であり干満もない。瀬戸内海では干満差が大きいので船着き場は、階段状の雁木が組まれる（下蒲刈島：上左）。瀬戸内海は一般には平穏水域と景観美と穏やかな気候。しかし干満時の激流（鳴門渦：中）が、海賊などの特有の歴史を残した。海のルールが確立してもいたので、北前船などの通商ルートとしてはむしろ安定していた。かつて栄えた大崎下島御手洗地区（下）等は、重要伝統的建造物群保存地区にも指定されている。江田島や大津島のように、内海であっても国防の最前線の最前線役割を担ったところもある。広島生口島育ちの平山郁夫は、世界につながる海を、内海にあって子供時代から意識していた。

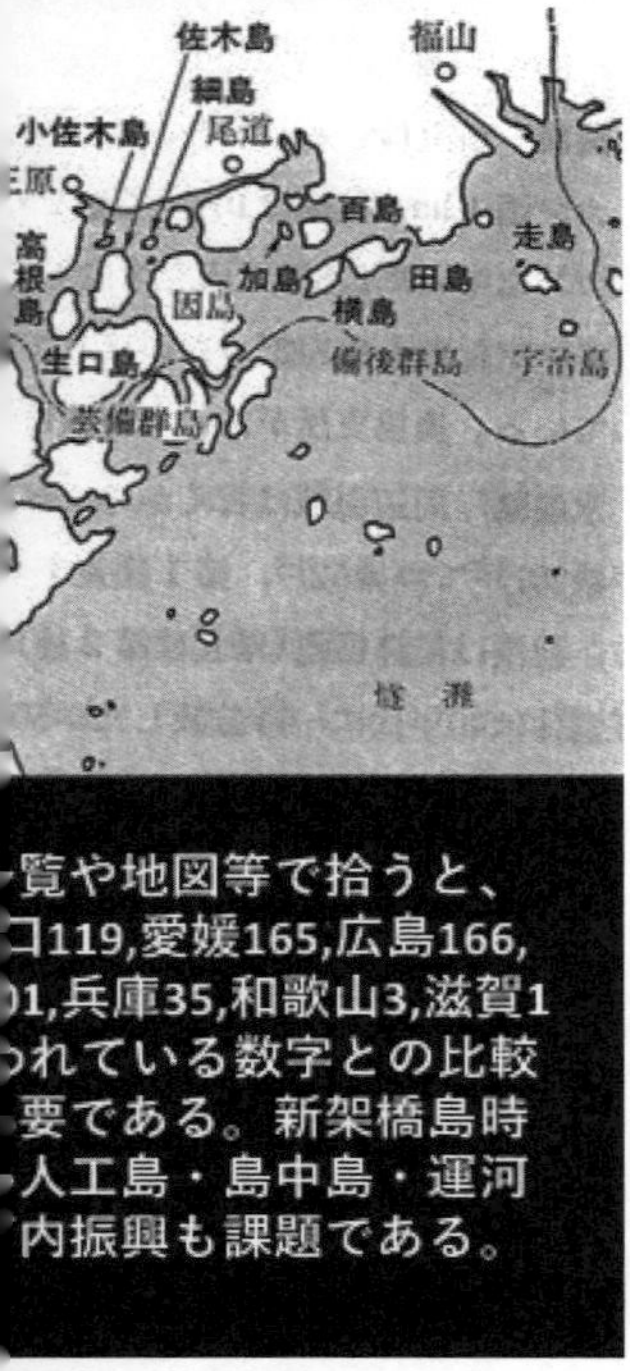


瀬戸内海ネシアとはしない。琵琶湖沖島（おきしま）も離島振興の対象。内海に注ぐ流域が瀬戸内。日本最大の多島海で七一九島。日本初国立公園が瀬戸内海。日本国開闢の時代からの大幹線。海軍（海賊）も跋扈したが江戸期の上方への北前船交易は国（内）富の源泉。世界屈指の交通（水路・架橋）・海の畑（水産・水質）・景観（環境・観光）・文化圏・平穏水域である。

瀬戸内ネシア
東部地域
右)兵庫/和歌山/
徳島
中)岡山/香川
(香川県離島は
稲田担当部参照)
笠岡諸島
六島
香川県
塩飽諸島
牛島
香川県豊島
日生諸島
鹿久居島
頭島
岡山県
岡山
倉敷
笠岡
玉野
高松
坂出
小豆島
直島
西島
家島
播
岡山
長島
愛媛県
大三島
柳井
周防大島
忽那諸島
安居島
怒和島
中島
睦月島
野忽那島
津和地島
二神島
由利島
釣島
青島
松山
伊予灘
岡村島
大下島
小大下島
三原
大三島
関前諸島
小島
津島
来島
馬島
今治
大島
伯方島
鵜島
岩城島
佐島
弓削島
生名島
上島諸島
高井神島
魚島
魚島群島
越智諸島
比岐島
瀬戸内ネシア西部地域
右)広島島嶼(地名詳細)
下)山口島嶼(地名詳細)
瀬戸内大分島嶼には姫島+
佐賀関近辺まで境界域として
含む
山口県
周防大島
大分県
姫島
広島県
広島
愛媛県
大三島
大竹
厳島
江田島
呉
上蒲刈島
阿多田島
能美島
大黒神島
倉橋島
沖野島
安芸群島
下蒲刈島
蒲刈群島
上大崎群島
大崎上島
大崎下島
下大崎群島
生野島
竹原
船島
長島
安芸灘
鹿島
横島
山口
防府
徳山
下関
黒島
前島
笠佐島
柳井
端島
柱島
柱島群島
頭島
浮島
屋代島
大津島
野島
馬島
牛島
周南諸島
周防灘
姫島
祝島
長島
平郡島
八島
佐合島
立島
沖家室島
情島
周防大島群島
大水無瀬島
四国
国東半島
自然島は島嶼
福岡3,大分6,
香川116, 岡山
計715 巻間
や現場確認も
代にふさわし
島も含めた瀬

# 風景論からみた瀬戸内ネシアの価値

西田正憲

●にしだ・まさのり　一九五一年生。奈良県立大学名誉教授・関西大学東西学術研究所客員研究員。風景論。著作に『瀬戸内海の発見』（中公新書、一九九三年）、『自然の風景論』（清水弘文堂書房、二〇一一年）等。

## 風景の輝き

現代社会はグローバル化、ＩＴ化、経済低迷、少子高齢化、格差社会と変化の激しい時代であり、我々はどこに漂着するのだろうか。このような時、現代文明を反省できる座標軸のような依るべき場所が必要である。

多島海の瀬戸内海における過去の風景写真を調べると、一九三〇年頃には沿岸に広大な塩田が広がり、島々には段々畑・傾斜畑が連なり、隅々まできれいに耕されている。一九六〇年頃になると島の花卉園芸やオリーブ園の風景が現れ、花の瀬戸内海、穏和な瀬戸内海のイメージが形成される。島々の港も行き交う人々の活気が伝わってくる。しかし、この頃から沿岸にはコンビナートが建設され、瀬戸内海は赤潮の海となって、高度経済成長が推進される。都市化・工業化で島々の人々は本土に吸いあげられ、さらに近年の首都圏一極集中で今日の過疎化・高齢化という全国の中山間地域と同様に島々の疲弊が出来することとなる。

このような瀬戸内ネシアだが、希望の光はある。現在、瀬戸内海のしまなみ海道や備讃瀬戸の島々はサイクリングやアートツーリズムでにぎわっている。レモンやオリーブも清新なイメージを生みだしている。来訪者は瀬戸内海の風景の輝きに気づき、心を豊かにする。風土とは、たんなる環境ではなく、歴史や文化を内包し、豊かなおもむきをもっている。二十世紀は土地のおもむきである風土性を切りすててきた。島々が現代人の心を捉えてやまないのは、そこに何よりも心にしみる真に豊かな風景と過去とのつながりが残っているからであり、この体験を通して風土のもつ潜在力を肌で感じ、薄い平板な風景ではなく奥行きと深みのある風景を見出したのだ。

島々には両義的な側面がある。海は障壁であると同時に回廊で

写真　豊島から見る屋島（右）・五剣山（左）

もあり、島々は隔たりの地でもあり、繋がりの地でもある。近くの島々の文化は隔たり、遠い島々の文化が繋がることもある。島々は個性があり、多様性をもっている。また、島々は海という境界を隔てた別世界でもある。非日常という落ちついた島々でこそ、日常という慌ただしい生活を振りかえることができる。十八世紀の産業革命が進展する頃、イギリスのジェームズ・クックとフランスのアントワーヌ・ド・ブーガンヴィルが太平洋の覇権を争って調査を競い、ハワイ諸島やタヒチ島を発見して、常夏の島々に楽園幻想を抱いたように、瀬戸内ネシアは現代文明を反省する最適の場所である。

## 瀬戸内ネシアの価値

現代社会にとって離島には大きな価値がある。ひとつは、連続する時間と空間の風景であり、文明を映しだす鏡である点である。島々には瀬戸内海の独特の自然が残っている。また、その自然と一体となった独特の歴史や文化も残っている。都市文明、科学技術文明、物質文明に代表される現代文明とは、風土と過去を否定し、風土と過去とのつながりを断絶することで、壮大な文明を築いてきた。だが、離島には、風土が生き、過去が生き、それらとの連続性を確認することができる。島々をゆったりとめぐるとき、我々が築いてきた二十世紀の文明とは何であったのかを考えずにはいられない。島々の風景は、二十世紀の文明を映しだす鏡といえよう。

もうひとつは、離島には、場所の記憶、つまり土地の意味が明確に残っている点である。連続する空間と時間の風景とは、場所の記憶や場所の物語の再生でもある。二十世紀は場所の記憶と物語を消しさり、壮大な物質文明を築き、いたる所を均質化してきた。しかし、人間は忘れてしまったが、場所のみが覚えている記憶があり、島々にはそのような場所が残っている。人々は離島で、場所の意味、民家の歴史、人々の営み、生の意味などに思いをはせる。それは現代文明が見失った風土性の捉え直しでもあり、土地の物語でもあるゲニウスロキの再生でもあった。離島の風景は、場所の記憶を喚起し、場所のもつ豊かな意味を捉え直すことを可能にしてくれる。

瀬戸内ネシアの風景は、内海多島海という庭園のような安らかな自然と、人々の営みがつくりだしてきた様々な歴史や文化によって織りなされている。それは、あたかも幼年期の原風景であるかのように、我々にほっとするふるさとにも似た親しみを与えてくれる。温和な気候、おだやかな海、静かにうかぶ島々、白砂青松の浜辺、港の漁船、社寺の祠と境内、山腹の段々畑、軒を接する民家、そして何よりもこれらを貫くのどかな時間、我々が現代社会のなかで失ってしまった多くのものを瀬戸内海はまだ残している。瀬戸内海は、繊細な自然と多様な歴史や文化からなる独特の風土の力を持続し、我々が突き進んできた現代文明とは何だったのか鋭く問いかけてくる。

# 貝塚から「瀬戸内海」以前を考える

**遠部慎**

●おんべ・しん　一九七六年生。久万高原町教育委員会学芸員。考古学。著作に『犬島貝塚』（共編著、六一書房、二〇〇九年）、『歴博フォーラム　縄文時代の始まり――愛媛県上黒岩遺跡の研究成果』（共著、雄山閣、二〇〇九年）、『弥生農耕のはじまりとその年代』（共著、雄山閣、二〇〇九年）『縄文研究の新地平　続々　縄文集落調査の現在・過去・未来』（共著、六一書房、二〇一二年）等。

日本人は四方を海に囲まれた、いわゆる海洋立国である。海に規定された国土を新幹線や高速道路で繋いだ時、すべてを連結させることは困難であることは容易に理解できる。そうした中、「海路」は自由な往来を認められている。豊饒の海などと表現される

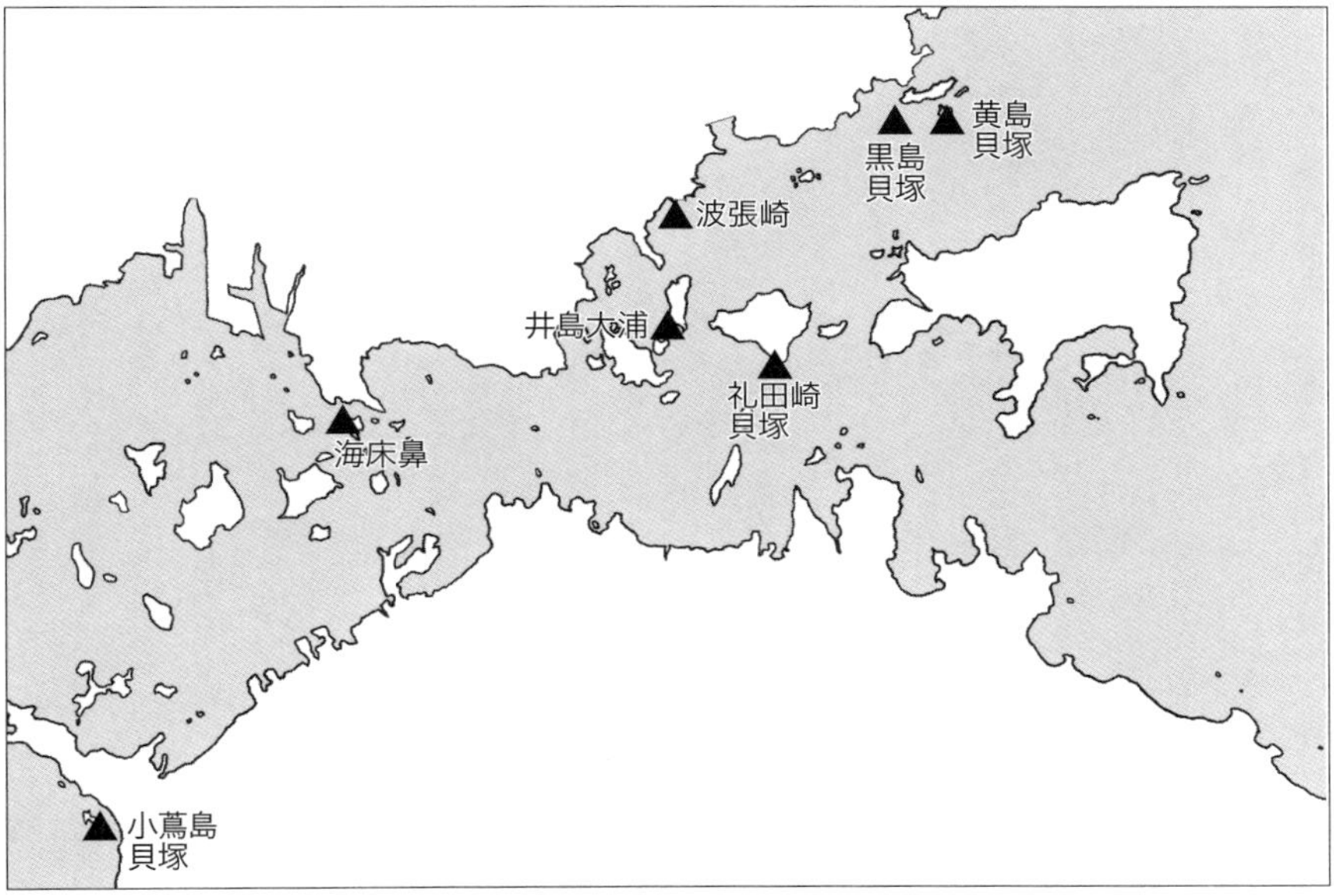


瀬戸内海における縄文時代早期貝塚

ように、私たちは海に対しどこか敬意を表しつつ、その日々を過ごしている。中でも、日本の地中海とも評される「瀬戸内海」はどことなく、一見特徴のないような海域と思われがちである。

閉鎖系海域である瀬戸内海は、壇ノ浦で知られる通り、海流の変化など複雑な海域である。その要因は、約一万五千年前、ちょうど縄文時代がはじまる頃に、東西からの海水流入に端を発し、最終的に日本海までつながることで完成する。完成する時期を約七〇〇〇年前と仮定すると、長い縄文時代の半分くらいをかけて瀬戸内海はできあがる。言い換えれば、瀬戸内海はまさに縄文時代に成立する海域であり、この海域に所在する島々は、そのほとんどは一万年以降に「海」と遭遇するのである。では、この迫りくる海に対し、人類はどのように対応したのであろうか。

この海洋環境の変化と人類の活動を考えるうえで、考古学的な知見が大きなヒントとなる。瀬戸内海の島々に存在する遺跡の通時的な動態を調べることで、人類の対応が浮かび上がってくる。縄文時代の道は詳しくわかっていないが、掘削を伴うものや、木や石による構築物や掘削を伴うものがあることがしられる（領塚 2004）。ただし、集落と集落をつなぐ道についてはほとんどわかっていない。一つの候補として、尾根道があげられる。尾根を一つの道ととらえた場合、瀬戸内海の島々はまさに、現在瀬戸大橋、しまなみ海道がそうであるように古来「道」であった可能性が高い。島伝いに人々が往来していたわけである。

櫃石島《ひついしじま》などでは、丘陵のやや平坦な部分などに旧石器時代の遺跡が濃密に分布しており、その石器製作の技法から、多様な交流があったことが読み取れる。また、その周辺の島々でもそのような人類が生活した痕跡が、遺跡という形で残されており、旧石器時代から縄文時代草創期にかけて、瀬戸内の島々での人々の行き来を読み取ることができる。

さて、縄文時代の始まる頃に瀬戸内海に海水が流入する、ということを先に述べたが、海水は、津波のように一気に流入するわけではない。長い時間をかけて、潮の満ち引きのように温暖化と連動しながら、流入する。そのため、簡単に表現すれば、陸地↓汽水域↓海域という形で、島嶼化が進んでいくわけである。

このうち汽水域は、陸と海が接するある意味で人間活動と最も密接に関係するエリアでもある（高安編 2001）。河口や、宍道湖・中海などが代表的な例である。この汽水域に残された人類活動の痕跡の一つが「貝塚」である。異論も少なくないが、縄文時代の貝塚文化は「ヤマトシジミに始まり、ヤマトシジミに終わる」（岡本 2012）といわれる。少なくとも多くの地域では、このことが裏付けられている。島嶼部ではよほど大きな湧水を有しない限り、この汽水域は発達しない。そして、瀬戸内海の島々には、豊島、犬島、黒島といったところに汽水性の貝塚が展開していた（約一万年前）。海水が流入する過程で、かろうじて干潟の存在しえたであろうエリアは黄島、小蔦島《こつたじま》貝塚（約九五〇〇年前）といった形でしばらく人の活動が確認されるが（図）、約九〇〇〇年前にはこのような貝塚文化は、瀬戸内海島嶼部ではみられなくなる。そして、現在の陸域付近では貝塚文化は展開するが、島嶼部ではほとんど貝塚は形成されないのである。つまり縄文時代の段階で、汽水域の資源利用という観点からは島嶼部は、その対象外であったことが窺われる。自然と調和した縄文時代といえども、どこでも持続可能な社会ではなく、海の到来がそのような事態を引き起こした、ともいえる。

このようなことから、海をどのようにとらえるか、リヒトホーフェンが規定した「瀬戸内海」（上村 1997）を細かく、異なる観点でとらえることが、現在の瀬戸内海でも必要な視点であろう。果たして、海は「幸せ」だけをもたらすものなのか、隔絶した世界をもたらした海に対する問いかけを、波のない瀬戸内海は静かに問いかけているように思える。海＝幸せ、それはあくまで「本土」の視点ではないか？　そして、本土とではなく、眼前の島と島が繋がっていた社会は、今ははるか昔の縄文時代のことであるが、今の私たちに必要な失われた繋がりを示しているような気がしてならない。

**参考文献**

岡本東三（2012）「沖ノ島海底遺跡の意味するもの」『考古学論攷』二二九―二七二頁、千葉大学文学部考古学研究室

上村直己（1997）「リヒトホーフェンの見た幕末・明初の九州」『文学部論叢56』五三―九六頁、熊本大学文学会

高安克己編（2001）『汽水域の科学　宍道湖・中海を例として』たたら書房

領塚正浩（2004）「縄文時代の道路跡」『史館33』一―三七頁、史館同人

# 香川からみた瀬戸内の島嶼世界

稲田道彦

## 瀬戸内海の島嶼が興隆した時代

瀬戸内海は本州と四国に挟まれた海の回廊です。太平洋や日本海の波浪が高い季節にも比較的に波が静かで安定的に航行できる航路となります。道路が未発達の時代には物資輸送の主力は海路でした。江戸幕府は江戸時代の初期に「大船建造の禁」をだしました。諸大名に五〇〇石以上の軍船の所有を禁止するものです。商船等もこの法令の影響下にあると誤解されたため、ほとんどの船舶が五〇〇石以下の小型になりました。それもあって、この時代の船舶は波の穏やかな瀬戸内海を航海することを望みました。瀬戸内海航路が整備され、水深のある港を有する島は停泊港として整備されました。現在の高速道路のサービスエリアに相当する機能を果たす場所となりました。風待ちのため、また船の補修や食料や水の補給、船員への慰安などのサービスの機能が整えられました。資本を蓄積した人は島々からも同様に物資運輸を担う廻船業を営みました。廻船問屋のある島はほかの場所に比べても華やかに繁栄しました。

さらに瀬戸内海の丸亀沖の塩飽諸島には人名《にんみょう》という特有の身分制度がありました。豊臣秀吉に始まり、徳川家康に引き継がれて、江戸時代の間、続いた制度として、幕府の海運関係の仕事を引き受ける代わりに、どの藩にも属さないで自立する船員の身分が認められました。これを人名といいます。人名は二五〇名、のちに

●いなだ・みちひこ　一九五一年生。香川大学名誉教授。文化地理学。著作に『四國徧禮道指南』（講談社学術文庫、二〇一五年）「瀬戸大橋架橋四島の二〇年」（『瀬戸内圏の地域文化の発見と観光資源の創造』香川大学瀬戸内圏研究センター、二〇一〇年）等。

四五〇名に増員されました。人名は本島《ほんじま》にある塩飽勤番所で大坂奉行所に従いながら自治をおこないました。彼らは交易に携わり漁業を経営しました。島々では当時の繁栄を語り継ぐ話を聞くことができます。同時に島々には農民や漁民の人々もいました。彼らは人名の自治に従いました。島々では過去の栄光を窺わせる住居や集落に出会うことができます。

## 志々島の変遷

次に、香川県の一つの島を事例にして、明治・大正・昭和に続く島の変遷に関する話をします。現在は三豊《みとよ》市に属する志々島《ししじま》です。隣の粟島《あわしま》とともに一八九〇年に粟島村を形成していましたが、一九五五年に詫間町と合併しました。そして詫間町は合併して二〇〇六年に三豊市になりました。島には江戸時代から続く一軒の廻船問屋「いせや」がありました。幕末には丸亀藩主が借金を申し出るほど富を蓄積していたといいます。明治時代と大正時代は廻船業と漁業の網元として多くの人を雇い、島に人をひきつけました。漁業では鯛と鰆の大敷網で漁獲を挙げていました。高度経済成長期の頃、瀬戸内海で魚の生育数が減ります。このあたりで行われた海砂利の採取が原因の一つと考えられています。それによって、多くの魚の餌となっていたイカナゴの生育環境が奪われたと推測されます。またこの頃、島から人が出ていくようになります。小学校の廃校と中学校の廃校が人口移動のきっかけになりました。子供のいる若い世帯が離島し、人口の社会減少の時代を迎えました。その後老人世帯のみが島で生活する時代を経て、さらに老人の死亡により人口の自然減少の時代が長く続いています。老人だけの島では、火災が起きても本土からの救援を待たなければ消火できないなど、地域社会の維持活動は縮小していきました。島の賑わいであった祭礼などの行事も取りやめになっていきました。

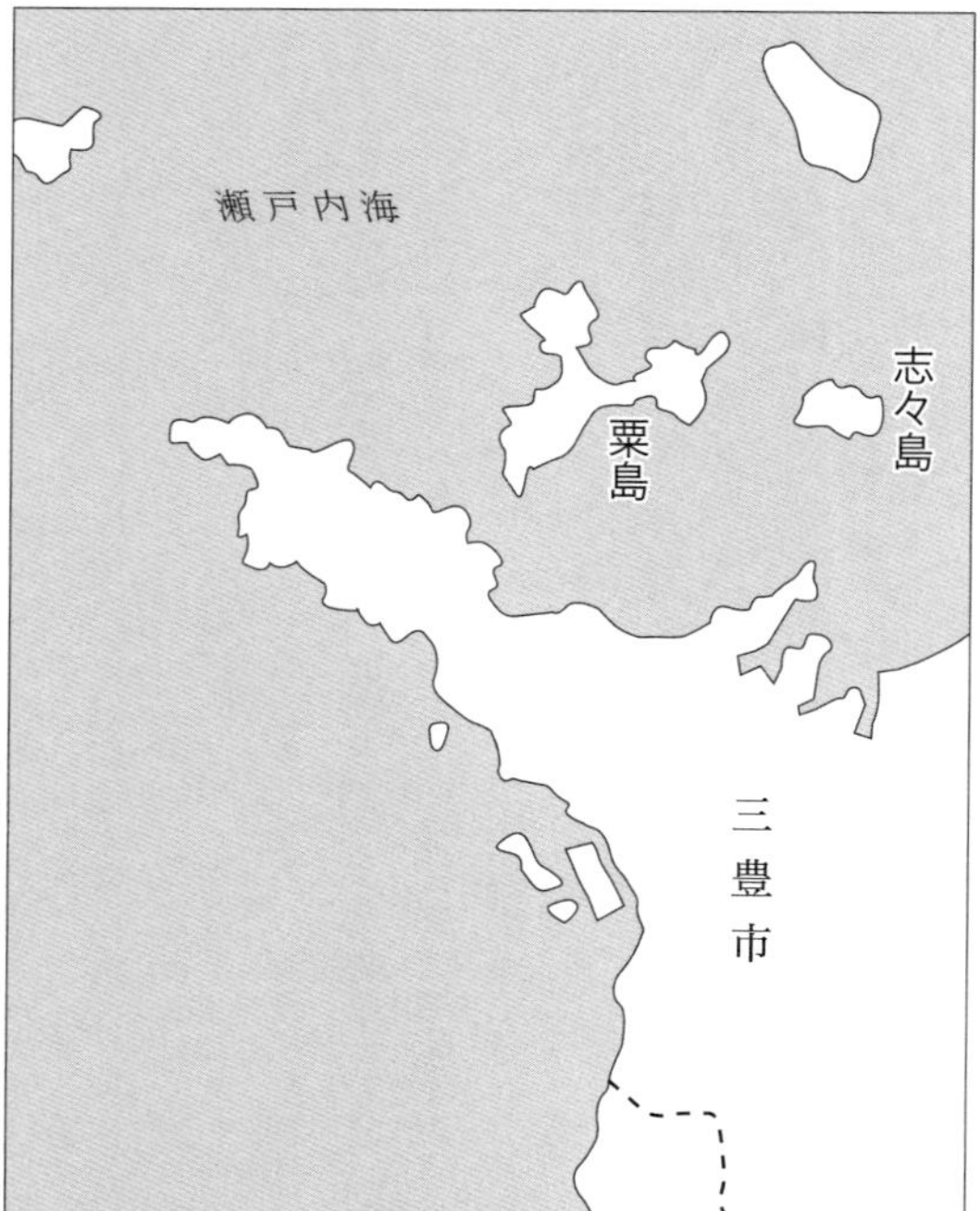


志々島は島内に自動車が通る県道が短い区間あるだけで、いま

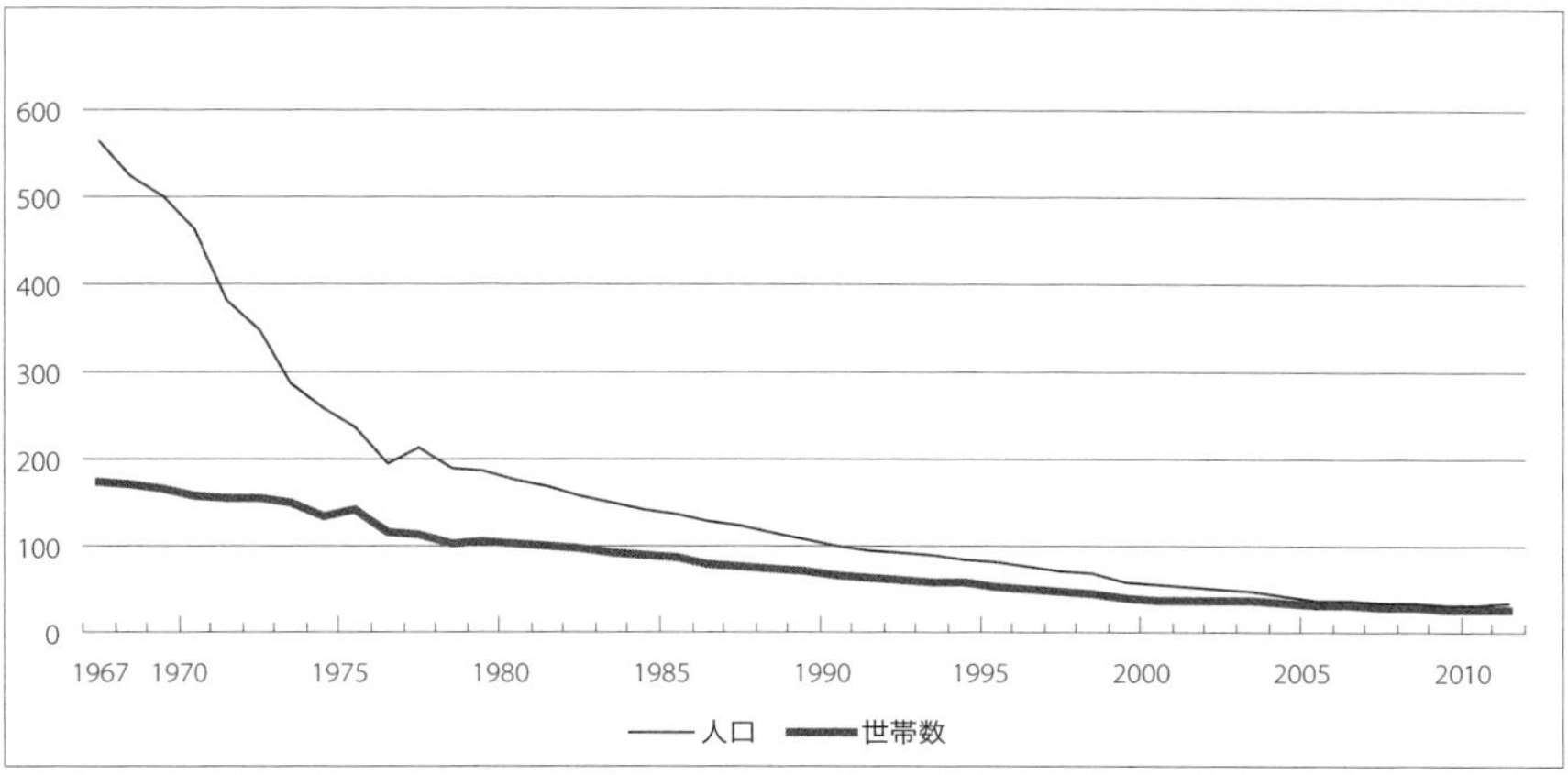


**志々島の人口と世帯数の変化**（1967 ～ 2012）

だに全島をめぐる自動車の通行できる道路がありません。坂道を老婦人がプロパンガスのボンベを背負って自宅に運んでいた姿が記憶にあります。島を一周する道路の計画があった時に、収入の源である畑が減歩によって減るのを嫌ったのと、当時運転免許を持つ人が島にいなかったという理由で断念されたと聞きます。ほとんどの家は細い歩道で港につながっています。人力が物資運搬の主要な手段です。救急患者が出た時に山道の搬送が困難であるため、そして孤立した生活は何よりも日々の生活に困難であるため、島の中心集落の空いた親戚の家に転居してくる人もいました。高齢化という現象はあれだけ守ってきた畑を荒れ地に変えました。土地の所有に対する権利意識も弱くなりました。人口が減って、前の時代にかなりの富をつぎ込んで作ったお寺も補修できずに荒れ果てています。そして病気になると四国本土の病院に入院するために、島で死ぬ人がいなくなり、島に帰るのは多くが火葬されて火葬骨になってです。島には土葬による両墓制の制度がありましたが、島の墓制の習俗はなし崩し的に火葬による墓地制度になりました。そして現在の島民の多くが檀家となっている多度津の寺院の墓地に石塔墓を建立する人も現れています。高齢化による人口の自然減少が進む社会では、今まで維持してきた共同体の仕組みが消滅せざるを得ないところまで追い込まれる状況を生みます。

一九九〇年代以前は人が住んでいたが、家主が亡くなって無住となり、その空き家が老朽化し崩れ落ちるのをあちこちで目にしていた人々の前に、二〇一〇年代になり、若い人が帰ってきました。島の関係者の子孫の世代で、多くは定年退職を機に島に帰ってきた人たちでした。屋根に上がって瓦を直してくれたとか、道路を整備してくれたとか、荷物を運んでもらったとか、共同体として機能しなくなっていた社会が少しずつもとに復し始めています。小さいながら祭りのような催しも行われ、生活の中にいろどりを感じることができるようになっています。何とかして島の伝統を維持したいという意気込みを感じることがあります。ただ、島での生活が将来も維持できる経済的な方策については試行の状況です。以前は冬も暖かい気候を利用した花や除虫菊の栽培が収入の元でしたが、それも現在は途絶えてしまいました。島には約一〇〇〇年を経た大楠があります。これと瀬戸内海の島嶼の風景を資源とする観光が、現在考えうる一つの産業ですが、これも人々の収入につながる道となっておらず、構想と着手の段階から離陸できていません。

外海離島よりも比較的本土も近く交通も相対的に便利な瀬戸内海島嶼で、社会が崩壊する寸前の過疎化が進むのでしょうか。島をめぐっていて、感じるのは本土との近さがこのような現象を生むのではないかという仮説を抱くことがあります。外海離島の人々は、この島で、自分たちで、何とかしなければならないという決意を感じることがあります。しかし、すぐそばに本土が見えている所に瀬戸内海の島はあります。このことが、過疎化が進む要因の一つではないかとの仮説を持っています。船で三〇分行けば現状とは質の違うサービスが受けられ、または収入を得ることができる、という認識が、島で、自分たちで、共同して生きていくという意欲と遠いところに心を置いてしまうように感じています。もっともっと不便な環境で、コミュニティを形成して生きている島を見るたびに、瀬戸内海の島嶼の過疎化、高齢化がなぜここまで進展するのかという疑問を持っています。

## 瀬戸大橋架橋三〇年

二〇一八年は瀬戸大橋が完成して三〇年目にあたる年です。この橋は日本の高度経済成長の時代に企画され、一九七八年に着工し、日本のバブル経済が崩壊する直前の一九八八年に完成しました。香川県坂出市の櫃石《ひついし》島、岩黒《いわくろ》島、与島の三島が橋の土台となり、見上げる橋脚が島々から立ち上がりました。完成までほとんどの人が、橋によって島々が発展するというバラ色の夢を描いていました。橋の完成に合わせて、与島には観光・遊覧を目的とするフィッシャーマンズワーフが建てられ、小与島にはリゾートホテルが建設されました。高速道路のサービスエリアの与島プラザも建設されました。与島にはほかの二島の児童・生徒数が減っても地域の中核になる学校という意味も込めて小学校と中学校が新築されました。櫃石島と岩黒島は島民の総意により取り付け道路から島への入場は島民に限るという措置がなされました。島外からの犯罪の持ち込みを恐れていました。

バブル崩壊、高価な橋の通行料などがあって、これらの施設への入場者は減りました。小与島のリゾート施設は数カ月で破綻しました。最初フィッシャーマンズを経営した京阪電鉄は二〇〇三年に撤退し、その後のフィッシャーマンズワーフの経営を引きついた八幡建設は二〇一一年に閉鎖しました。大規模な観光施設による観光開発は長続きしなかったと言えます。売っている商品も四国各地から持ち込まれ、従業員も坂出市や倉敷市児島からの通勤者が多く、島民との関りが薄い観光開発でした。そして与島では小学校が二〇〇八年、中学校が二〇〇九年に廃校になりました。島に児童生徒がいなくなったことが理由でした。また二〇一八年には櫃石島の小・中学校が廃校となりました。島に住む児童はバスで坂出市に通う選択をしました。架橋三島のうち小学校・中学校が存続しているのは、最も人口が少ない岩黒島だけになりました。地域社会で学校が果たす役割は小さいものではないと考えますが、島の人口規模の大きな順に学校が閉校していく現象は、架橋と島の生活との関係を考えるうえで何故なんだろうかと疑問を抱かせます。

## 瀬戸内国際芸術祭

香川県がベネッセの応援を受けて、開催する島々を舞台にする芸術祭である瀬戸内国際芸術祭が開かれました。第一回は二〇一〇年、第二回は二〇一三年、第三回は二〇一六年に開催されました。瀬戸内海の島民は自分たちの生活が多少侵される不便を乗り越えて、これを歓迎しました。現代アートを巡って島を旅するスタイルは都会の人々だけでなくアジアを中心とした外国の人を瀬戸内海に迎えました。多くの人は展示物だけでなく瀬戸内海の島嶼世界の風景に感動しました。こんな美しい景色の中で生活できていること。そこで営まれている人の生活、そこで暮らす人に興味を持った人も多かったようです。瀬戸内海の島の暮らしは人と人が助け合うことが当たり前に行われていましたから、そういう人の善意に接すると島に格別の思いを抱いて帰る人が出てきます。国際芸術祭は現代アートを見て回る旅ではあるが、島の景観を楽しみ、島の生活に思いを抱き、その良質の人のふるまいに触れて帰る旅となっています。そして瀬戸内海の島の生活を再認識するきっかけになって、島をたびたび訪れる人が出現し、さらには住もうかと思う若い人も現れています。島の持つ可能性を引き出す新たなきっかけになる芸術祭となっています。

## おわりに

瀬戸内海の島は江戸時代や明治時代の興隆期から、第二次世界大戦以降衰退の方向に進み、過疎高齢化や、人口減少が極限まで進む社会となろうとしていました。島の生活や文化、社会を維持するためには若い人のエネルギーが必要です。手をこまねいて島から人が減少していくのを見続けてきました。瀬戸内国際芸術祭のころから、島の生活をプラスの方向に考え、島に寄り添う若い人が表れたのは、これからの島の進む方向に大きな力となっています。島嶼の地域が社会や経済の面で持続可能なシステムを構築する必要があります。そしてこれが維持されることは従来とは少し違う生活の在り方を島の中に招来することかもしれません。

# 「島嶼ネットワーク」の歴史的展開

【笠岡諸島・六島《むしま》】

前畑明美

●まえはた・あけみ（プロフィールは297頁参照）

## 瀬戸内の中心部に位置する島

六島《むしま》は、岡山県笠岡諸島の最南端、瀬戸内の中心部に位置している。周囲は四・五八km、面積一・〇二$km^2$と小さな島であるが（写真）、比較的高い大石山一八五・二m（しま山一〇〇選）と灯台があり、航海者には多島海の難所において重要な位置性を有してきた。対岸の四国三崎半島との間約四・五kmの海を、絶えず東西に船が航行しており、雄大なパノラマ景が眼前に広がる。その航路に面した前浦港には、曲線を描いた石積みの波止や雁木が残され、かつては往来する船で賑わったこの島は、生活者には小さく限定された空間ではなかったであろうと想像する。

一方で、島の陸域もまた、意外に大きな空間スケールが感じられる。島を周回する八十八カ所の参道からは、行き届いた土地利用の跡が随所にみられるし、今ではすっかり森林に覆われた山の斜面には、花崗岩質の土地に石垣を築いて造られた「段々畑」が山の頂上近くまで続いている。年配者から伝え聞くのは、海の恩恵を受けつつ高温と乾燥、雨期に耐えて地力を落とさない巧みな栽培方法である。陸域もまた、海との関係性のもとで生活空間の

六島と穏やかな夏の瀬戸内の海（筆者撮影）

充足と最大化が目指されてきたのである。

島を取り巻く蒼海は、東西からの速い潮流が合流し、かつ岩礁の多い難所とされてきた。春から梅雨季には濃霧があり、深秋には「わいた」という突風を伴う嵐、西風の強い冬季には波が高く荒れている。そうした厳しい海を舞台として、この島ではどのような「島嶼ネットワーク」が展開されてきたのだろうか。

## 六島の「島嶼ネットワーク」の展開

伝承によれば、六島は鎌倉・室町時代、平家の落武者六人が住み始めたものの無人島化し、その後、南の粟島より七軒が移住して地引網を始め、耕地を開いて半農半漁の生業形態が定着していったという。その頃島は、東の真鍋島を本拠地とする真鍋氏五郎成縄などの支配下にあったとされている。江戸時代には福山水野藩の私領、幕府の天領となり、山の頂上付近まで開墾されてかなりの人口規模の島となった。ただし、漁場の独占的権利を真鍋島が有しており、当初は小規模なイワシ網や一本釣り、耕作で人々は暮らしを成り立たせていたのだろう。

六島の位置性が発揮されるのは、こうした人々の定着と島社会の確立後である。真鍋島で水揚げされた鯛の運搬をきっかけに、水槽を備えた「活船《いけぶね》」が活躍し始める。近隣での鮮魚等の取引は、次第に下関、明石・須磨、室戸などへと拡大し、各港で集めた水産物が堺の大市などに売られていく。全盛期とされる元禄時代には、堺の大鳥神社より分祀をして島に神社が祀られ、文献にも当時の六島の「活船」は淡路島をしのぐ勢力を有していたとある。

島々の諸港をつないで相互補完していく「島嶼ネットワーク」は、瀬戸内を中心にその後も拡大する。明治時代後期になると、帆船に代わって「ポンポン船（焼玉エンジンの船）」が登場し、取引品を多様化させて朝鮮の釜山まで航海する船も現れた。このネットワーク広域化の時代には、真鍋島との交渉の末に大網操業が始まっており、春には集まってくる鯛で海が赤く見えるほどの豊かな海で、三統の「鯛網」が活況を呈する時代ともなった。こうした「活船」と「鯛網」によって島の経済は潤い、家が次々と新築され、女性の手習い事も盛んであった。六島のネットワークの拡大と生活空間の充足は、やがて大正時代頃からその様相を変えていく。

## 小さな過疎の島へ

明治の近代化以降、本州での鉄道開通や高い工業生産性、船舶の大型化・動力化が多くの島々を通過地点としていったことは、今日の国内島嶼の衰退を考える上で重要な論点であり、指摘のなされる「活船」の動力化への乗り遅れとともにこの島の動静にも関与したはずである。再び訪れた「船の変革」は、今度は六島を逆ベクトルへと向かわせ、能動的・受動的なネットワークの断絶が島社会の衰退へと連鎖した。人々は阪神地方に働きの場を求めて島を離れ、大正から昭和初期に頻発した干ばつでこの傾向がさらに強まった。疎開者による人口の急増と復興期の急減という戦中戦後の社会変動に翻弄されながら、ついに一九六〇年代、「活船」は「島嶼ネットワーク」とともに姿を消し、島は小さな過疎の島へと変貌していく。

六島は一九五七年、国の離島振興対策の実施地域に指定され、インフラ事業の財政措置により、海底ケーブルで水と電気が送られ、港も大型フェリーの接岸が可能となった。電話やインターネットの利用、定期船で市内への通院、買物もできる。しかし島は静まり返り、内発的発展として「灯台と水仙の島」を目指した人々も高齢となった。島の人口は二〇一五年時点で三五世帯七〇名（国勢調査）である。瀬戸内を舞台に力強く生きた人々の歩みは、島社会と海・船との関係性とそこからの「島嶼ネットワーク」の形成が、いかに島の持続可能性、社会生活空間の充足にとって重要であるかを教えてくれているように思う。島々は普遍的でダイナミックな性質、そして可能性を秘めている。

# ハンセン病「隔離の島」は今

蘭由岐子

●あららぎ・ゆきこ　一九五八年生。追手門学院大学社会学部教員。健康と病いの社会学。著作に『「病いの経験」を聞き取る――ハンセン病者のライフヒストリー〈新版〉』（生活書院、二〇一七年）、『〈語りえぬこと〉をめぐって』（『ハンセン病　日本と世界――病い・差別・いきる』工作舎、二〇一六年）等。

## 島とハンセン病

一九〇七年から始まった日本のハンセン病対策は、当初は救護の役割を果たしていたものの、一九三〇年代以降きびしい患者隔離の方向に傾いていった。戦後になっても隔離を定めた予防法が制定され、一九九六年まで継続した。そのため、療養所は、収容されたほとんどの病者たちにとって「終の棲家」となっている。今も全国に一三の国立療養所がある。現在は都市化によって交通至便になったところもあるが、どの療養所も隔離の意図にそって、基本的に辺鄙な場所に作られた。

なかでも長島愛生園（一九三〇年開設）、邑久《おく》光明園（一九三八年開設）、そして大島青松園（一九〇九年開設）の三園は瀬戸内の小さな島に位置し、島のほぼ全体が療養所である。長島愛生園と邑久光明園が岡山県瀬戸内市の長島に、大島青松園は香川県高松市沖八キロの大島にある。邑久光明園は、大阪にあった外島保養院（一九〇九年開設）が一九三四年の室戸台風で壊滅したあと、長島に再建されたものである。

現在、長島には橋が架かっている。もともと長島の西端は本土に近接し、たった二二メートルしか離れていなかった。一見、泳いで渡れそうな距離であるが、実際は潮の流れが速く、それはほぼ不可能であった。そこに橋が架かったのは一九八八年。長島愛生園と邑久光明園の両自治会による一七年間におよぶ架橋運動を経てのことであった。

他方、大島には今も船を使わないと行くことができない。現在は比較的大きな官有船が航行しているが、開園当初は、患者たちは本船に曳航された伝馬船に乗せられていたという。のちに本船に乗れるようになっても船室には入れず、時代が下って船室に入れるようになっても、長らく職員たち「健全者」と病者との席が区別されていた。ゆえに、大島青松園の病者たちにとって船は単なる交通手段ではなく、「屈辱の経験」を思い起こさせる「厭な思い出」でもあった。また、台風や冬の季節風、初夏の濃霧のときには欠航も多く、職員の通勤や生活物資の運搬に支障を来たした。たしかに、私は一九九〇年代後半に初めて大島に渡ったが、面会予定の入所者から、冬は船が揺れるから春以降に来るように言われたし、あるときは天気の急変を予測した入所者から、予定を早めに切り上げて早めの便で帰るようひどく急かされたことがある。長年、島に暮らした入所者の心遣いであった。これら交通の問題に加えて、インフラが整うまでは、島嶼に共通する「水の問題」をつねに抱えていた。

とはいえ、療養所はどこも生活水準は低く、結婚に際して断種・堕胎が施されるなど、入所者には非常に厳しい状況であった。二〇〇一年のハンセン病訴訟熊本地裁判決で、国の隔離政策はあやまりであったと明言され、以降、新たな制度的枠組みが整えられてきた。

## 開かれる島

二〇〇八年には、国の隔離政策に起因する諸問題の解決を目指した「ハンセン病問題基本法」が成立し、「元患者」の福祉の増進、名誉回復、社会復帰支援の措置をとることが国に義務づけられるとともに、国立療養所の土地、建物、設備等を地方公共団体または地域住民が利用できるようになった。ここに、国立療養所の在り方を大きく転換できる可能性が出てきた。他方、入所者の平均年齢は八十歳を優に超え、当事者たちの多くが鬼籍に入るようになり、療養所の将来構想の具体化が急がれるようになった。

長島愛生園では、かねてより入所者が収集していた史資料をもとに歴史館が開館し（一九九六年一部開館、二〇〇四年全館開館）、いまや年間一万人を超える見学者を数えている。邑久光明園では、二〇〇七年から某国立大学のボランティア団体が活動を開始し、二〇一〇年には大学と園が協定を締結した。学生たちが草むしりやゴミ拾い、土木作業などのワークをしながら入所者たちと交流し、経験を通してハンセン病の歴史を学んでいる。また、二〇一六年には岡山市の社会福祉法人が特別養護老人ホームを開設し、地域の高齢者のあらたな生活の場が開かれた。大島青松園は、当初、将来構想の策定が遅れていたが、二〇一〇年に瀬戸内国際芸術祭の会場のひとつとなったことで、近年一挙に社会に開かれていった感がある。訪問者は、病者の住まい（寮）を改造した展示、園内でとれた食材を使った料理や入所者たちの思い出の菓子を出すカフェ等、アートを通してハンセン病世界を垣間見ることができる。

そして、二〇一八年一月、これら瀬戸内三園のユネスコ世界遺産登録を目指すＮＰＯ法人「ハンセン病療養所世界遺産登録推進協議会」が設立された。すでに二〇〇一年、病名の由来となったハンセン医師の出身地ノルウェーのハンセン病関連歴史資料が世界記憶遺産に登録されており、二〇一〇年代に入ってからは世界各地の療養所も世界遺産登録を模索し始めた。その動向に日本も学び、療養所の自治会とともに所在地の行政、地域住民たちが協同して入所者たちの「生きぬいた証」を場所・建造物・史資料のかたちで残す方針を決めたのである。今こそ私たちは、「差別にうちひしがれ（た）、人生の敗北者としての汚名だけは返上しなければならぬ」という病者たちの思いを共有しなければなるまい。かつての隔離の島は、現在、解放の島へと変貌しようとしている。

**参考文献**

蘭由岐子　2017『「病いの経験」を聞き取る――ハンセン病者のライフヒストリー〔新版〕』生活書院。
大島青松園入園者自治会（協和会）　1981『閉ざされた島の昭和史――大島青松園入園者自治会五十年史』。

**自治会誌**

『愛生』長島愛生園長濤会。
『楓』国立療養所邑久光明園慰安会。
『青松』国立療養所大島青松園協和会。
＊各園自治会誌は購読できます。

# 瀬戸内オリーブ基金が伝える豊島事件の意義と教訓

岩城裕

●いわき・ひろし　一九五九年生。弁護士（大阪弁護士会所属）。NPO法人瀬戸内オリーブ基金理事長。

## 豊島事件とは

一九七八年から豊島西端の海岸沿いに大量の産業廃棄物が搬入されるとともに野焼きが始まりました。これを行った業者は、ミミズの養殖をするとの名目で、ミミズの餌になる無害な産業廃棄物を処理する許可を得ていましたが、実際には、自動車の破砕くず（シュレッダーダスト）、有害物質を含む廃油の入ったドラム缶、汚泥等を現場に不法投棄していました。

豊島住民は、業者を指導監督する立場にある香川県に対して、業者の不法投棄を取り締まるよう求めましたが、香川県は、業者が持ち込んでいるのは廃棄物ではなく、「金属回収の原料」であると認定し、およそ七年間にわたって業者の不法投棄を事実上容認しました。

一九九〇年一月、兵庫県警が業者を廃棄物処理法違反で摘発し、不法投棄はようやく終息しましたが、現場には膨大な廃棄物が残されました。香川県は、当時の廃棄物の認定に誤りはなかったと主張するとともに、廃棄物をそのままにしておいても周辺の生活環境に重大な影響はないとして、不法投棄された廃棄物を適切な処理をすることなく放置する方針を示しました。

一九九三年十一月、ほぼ全員の豊島住民が香川県、業者、業者に廃棄物処理を委託した企業等に対し、廃棄物の撤去を求める公害調停を申請しました。弁護団長には元日本弁護士連合会会長の中坊公平氏が就任し、私は中坊法律事務所の勤務弁護士として、この事件にかかわりました。

二〇〇〇年六月、島をあげたすさまじい取り組みの結果、の豊島住民と香川県の調停が成立し、香川県は平成二十九年三月末までに廃棄物を豊島から完全撤去すること、廃棄物は無害化処理をすることを約束しました。

二〇一七年三月、香川県は廃棄物を豊島から撤去する事業を終了しましたが、その後も現場に埋め込まれていた廃棄物が発見されており、廃棄物処理は完全には終了していません。また、今後数年間にわたり地下水の浄化が必要です。

## 豊島事件の意義と教訓

豊島の廃棄物撤去と無害化処理は全て香川県の公費と国の財政支援によってまかなわれており、これまでに費やした費用は七七〇億円に達しています。そもそも瀬戸内の小さな島のごみを処理するために、このように莫大な公的費用を使う必要があったのでしょうか。また、そのことには、どのような意味があったのでしょうか。

### ①過疎の島が声をあげなければならなかった

都市部で発生した大量のごみは、不法投棄という形をとって抵抗力の弱い過疎地に流れ込んでいました。都市部の住民はごみの行方に無関心であり、過疎地の痛みは都市部には届いていませんでした。過疎の島・豊島が死にものぐるいの声を上げることによって、ようやく社会はごみ問題の深刻さに気づきました。

### ②破壊された自然を回復するためには莫大な費用と手間がかかる

豊島は瀬戸内海国立公園に属しており、島も海も景観も貴重な自然です。私たちは、国の財産でもある破壊された自然を回復するためには、莫大な費用がかかることを学びました。また、豊島

産廃現場（1991年2月　撮影：小林惠）

の廃棄物を適切に処理するために、多数の学者・専門家が、長期間にわたって献身的に関与されました。豊島の廃棄物撤去はこれらの方々の努力なしには実現しませんでした。私たちは、破壊された自然を回復するためには、とてつもない手間と労力がかかることも学びました。

### ③大量廃棄の社会から資源循環型社会へ

豊島事件が大きな要因になって、数次にわたり廃棄物処理法が改正されました。不法投棄の罰則が強化されただけでなく、産業廃棄物の最終的な責任者は排出事業者であるとされました。廃棄物を排出する企業は、自分が出したごみの行方に無関心ではいられなくなったのです。

また家電製品や自動車、建設廃材等についてリサイクル法が制定されたことなどにより、産業廃棄物の再資源化が進み、最終的にごみとして処分される量は大幅に減少しました。豊島事件は、わが国が廃棄物の発生抑制（Reduce）・再使用（Reuse）・資源の再生利用（Recycle）を行動目標とする循環型社会に転換してゆくきっかけになりました。

## 瀬戸内オリーブ基金の活動と役割

瀬戸内オリーブ基金（オリーブ基金）は、公害調停の成立を契機として、中坊弁護士と安藤忠雄氏（建築家）が呼びかけ人となっ

**オリーブ収穫祭**（2014 年 11 月　撮影：小林惠）

て設立されました。設立の趣旨は、植樹・緑化活動を通じて、一人一人が環境を守り、自然と共に生きてきた人類の原点を見直す意識を促し、次の世代へ美しいふるさとを託すこととされています。

豊島の過疎化と高齢化は急速に進行しており、豊島事件の風化も進んでいます。オリーブ基金は、その設立の経緯からしても、豊島事件の意義と教訓を伝えていくことを重要な課題であると考え、ＨＰ「豊島・島の学校　豊かな島と海を次の世代に」（http://www.teshima-school.jp/）を制作・公開しています。また、二〇一七年に高松と東京都豊島区で、二〇一八年に愛媛大学で、それぞれ豊島事件の写真展を開催しました。

オリーブ基金は、瀬戸内の環境ＮＰＯに対して活動資金を助成しているほか、自らも豊島の現場周辺の植生回復事業や海ごみ・マイクロプラスチックを減らす事業に取り組んでいます。海ごみ・マイクロプラスチックの問題は、豊島事件と同種の社会問題であり、私たちの社会のあり方は持続可能なのかが問われています。

オリーブ基金は、今後、瀬戸内地方の環境ＮＰＯのハブとして、行政や市民の方々とともに、息長く期待される役割を果たしたいと考えています。

# 瀬戸内海島嶼部の海ごみ回収困難地域について

伴場一昭

●ばんば・かずあき　一九五九年生。ＮＰＯ法人瀬戸内オリーブ基金職員。日本島嶼学会会員。

海に流れ込むごみ、特にプラスチックごみが引き起こす問題については、近年ようやく社会での関心が高まってきた。研究者や行政による研究も進み、十分とは言えないが法制度も整備過程にある。ここでは主に生活者の視点から見た、瀬戸内海島嶼部の漂着ごみの一端について述べてみたい。

自然界に流出したごみに対して市民ができることは、排出抑制と回収である。海岸漂着ごみ問題が深刻化する以前から、沿岸部の住民は、生活圏の美化を目的として、海岸のごみ拾い活動を行ってきた。主体は自治会など地元住民、漁協、ボランティアグループ等で、このような活動から、海岸線の漂着ごみに関しては回収する機会があった。

しかし近年、離島では状況が変化してきており、海岸線に漂着したごみは、回収される機会に恵まれず、多くは放置されたままになっている。香川県を事例として見てみる。香川県には、二四の有人島と九二の無人島の計一一六島がある。

## 牛島の事例

牛島は、香川県丸亀市の北に位置し、人口は五世帯八人である。典型的な過疎・高齢化が進む離島である。定期船が牛島の港に着くと、すでに港自体に多くのペットボトルやビニール袋が散乱していることがわかる。

牛島で海岸漂着ごみの回収が困難な理由は次のとおりである。

●島の周囲は約四km。わずか八人の住民では回収作業が困難なこと。

●岡山県から県境を越えて流れ着いたごみであり住民が出したものではないこと。

●生活不燃ごみの回収は、丸亀市生活環境部クリーン課によって年にわずか一回しかない。その間の保管は住民負担となり、衛生上問題となること。

海守さぬき会・瀬戸内オリーブ基金・高松市の小学生らが、牛島の北端部の海岸清掃を行ったところ、一時間弱の作業時間で、缶・瓶・ペットボトル・プラスチック包装類等を合わせて、約一二〇kg（約二・〇$m^3$）の漂着ごみを回収することができた。このごみを回収するにあたりかかる費用は、市民団体と参加者の自費負担と民間の補助金だった。

## 豊島《てしま》／手島・広島・本島の事例

豊島は、香川県土庄町に属し、周囲約二〇kmと香川県では小豆島に次いで二番目に大きく、人口は減少傾向にあり高齢化も進んでいるが約八〇〇人が住んでおり、けっして小さな島ではない。豊島では、年数回自治会が主体となり島内複数箇所での海岸清掃があり、この他にも漁協、PTA・子ども会による海岸清掃も行われている。かつてはアースデーに合わせての海岸清掃も行われていた。

このような島であっても、海岸清掃が行われていない海岸線がある。その理由は「交通困難」である。一例をあげる。

豊島の北西部には摘発当時日本最大規模と言われた有害産業廃棄物の不法投棄現場がある。産廃現場の北海岸の東側に広がる水が浦の砂浜へは現在陸路がない。かつては産廃現場内を通り抜けていくことも可能であったが、現在は産廃撤去に伴う工事の関係で通り抜けができなくなっている。よって水が浦では、長年にわたりごみは漂着する一方であり、回収されなかったごみはマイクロプラスチック化していった。

瀬戸内オリーブ基金と愛媛大学兼平研究室の学生らが、海から上陸して海岸漂着ごみの回収を試みたところ、海岸の一部、長さ約一四〇m、幅約二m、面積約二八〇$m^2$の範囲、作業時間約二時間、人数一〇人で、プラスチックごみを中心に約一六〇kgを回収した。一〇m×一〇m換算で約五七kgになる。回収したごみは船に積んで持ち出した。この場所の場合、海上での輸送手段がない限り、ごみ回収ができない状況にある。海路での海岸漂着ごみ回収には、船舶と自然海岸に安全に船をつけるための熟練した操船技術が必要となり、合わせてコストもかかる。

岡山県倉敷市の南側に位置する手島、広島、本島は香川県丸亀市に属する島である。これらの島の北側の海岸には、ペットボトルや食品容器が漂着し回収されていない。回収困難な理由は、豊島と同様に、付近に道がなくさらに船でも上陸が困難なことである。これら三島の海岸漂着ごみ問題を報道した山陽新聞の記者は、現地にカヤックで近づき記事を書いた。

豊島・手島・広島・本島に共通する問題として、これらの島に漂着したごみは、容器のラベル表示などから高梁川を通じて、岡山県側の河川から流れ出たことが推測されており、県境を越えた問題であることが、さらに対処を複雑にしている。

上記にあげた事例と筆者がこれまでに見てきた事例から考えら

瀬戸内海の牛島は人口８人。海岸に漂着するごみへの対処もままならない。市民団体の呼びかけに応じた高松市の子どもたちがごみ回収を行った。

れる事項は次のとおりである。

●有人離島であっても漂着したごみを回収できない箇所がある。無人島ではなおさらである。有人島が二四に対し無人島は九二もあり、概して無人島は上陸が困難である。

●回収できない事情は離島によって違う。

・極端な人口減少と高齢化。

・陸路がない。

・陸路があっても自動車が通れない場合がある。

・海路でも近づけない場所がある。

・島外への搬出困難。

・管理者が県・市町村・民間土地所有者ら細分されていること。

・無人島。

回収できない事情は離島によって違うことから、対策も個別に立てる必要がある。行政による状況把握も進んでいない。海ごみ対策では排出抑制と回収が重要であることが叫ばれてはいるが、離島においては実行できない事情があり、回収は進まないものと思われる。事例にあげたように市民団体による活動も少数ではあるが実施されており、一般社団法人E・Cオーシャンズは愛媛県八幡浜市の無人島佐島で海岸漂着ごみの回収を実施しているが、全体から見ると一部に過ぎない。

人が近づきにくい場所に漂着した海ごみにどう対処するかという新たな問題に対して考える必要に迫られている。

# 「島嶼性」による社会関係のゆくえ

【岡山県日生《ひなせ》諸島・頭島《かしら》】

前畑明美

●まえはた・あけみ（プロフィールは297頁参照）

## 「島嶼性」による島々の社会関係

瀬戸内の東部、岡山県の日生《ひなせ》諸島には大小一三の多様な島々がある。そのうち人の暮らしが営まれている島は、写真の左手前、最も大きな鹿久居《かくい》島、その南の人口密度の高い頭島、かつて風待ち港として栄えた沖合の大多府《おおたぶ》島、そして別荘の島といわれる鴻《こう》島、ハンセン病療養所のある長島である。

なぜ海に囲まれた小さな島々で、人の暮らしが可能となるのか。西九州ネシア遍の拙稿をご覧いただければと思うが、そこでは島らしさである「島嶼性」が活かされて、海に寄り添った協力的な生活体系が広がっているためである。島の時間が紡ぎ出す縦糸と地域的な横糸の繋がりが、人々の生存活動を担保する「コミュニティ」を創り出し、そうした島内の有機的な人の繋がりが、今度は島と島とを繋いでネットワークを形成していく。海上交通によって相互補完をしながら総じて島々の完結性・循環性が高められていく、島嶼社会特有の存続システムがあるのである。海に囲まれた小さな陸域であっても、それぞれの島には、その内と外にかなり広範なスケールで社会生活空間が広がっている。島、そして島々の特別な社会関係を創出する「島嶼性」は、島に生きる人々の原動力なのである。

## 社会関係の変質と架橋化

しかしそのような「島嶼性による社会関係」が弱まるきっかけが、島国日本において幾度かある。まず明治の近代化以降、本州などでの鉄道開通や高い工業生産性、船舶の大型化・動力化がもたらした島々の通過地点化である。島同士のネットワークが途切れて相互補完が不可能となり、生産性のバランスを崩して多くの島々が衰退していく。いま一つは、戦後一九六〇年代から急速に

**2004年と2015年に大橋が完成した日生諸島と日生の町**（瀬戸内航空写真より）

進んでいった自家用車の利用、いわゆるモータリゼーションであり、こちらは個人化を促して島内の住民同士の繋がりに影響を与えている。島々の内的な社会関係を弱めることになるその典型例が「架橋化」であるが、それは島々がネットワークを失い、文字通り「離島化」してきた経緯に源流を持つことをまず銘記するべきであるだろう。

小さな島々に橋を架けていく「架橋化」は、孤立衰退を深める島々を前にして「本土―離島」という概念が出現し、戦後のいわゆる離島振興政策において「隔絶性の解消」が柱とされたことから一般化した。今日も「悲願の橋」や「夢の架け橋」というスローガンのもと、「離島からの脱却」が島々で目指されている。日生諸島では二〇一五年に鹿久居島が本州と結ばれ（備前♡日生大橋七六五m）、それによって二〇〇四年に同島へと橋が架けられていた頭島《かしら》（頭島大橋三〇〇m）もまた本州と陸続きになった（**写真**）。

歴史的には「架橋化」は、厳しい海の環境や島の水産資源の保護、航路の重要性などから、住民にとっては現実的な選択肢ではなかったといわれている。「船と操船技術」を有する人々にとってはむしろ海橋は航行に支障をきたす存在物であり、江戸時代以前から橋があるという神奈川県江ノ島や高知県柏島、宮崎県青島では、いずれも人が歩いて渡るほどのものであり、その用途も本土居住者の参拝用・観光用としてなのである。

## 頭島における人々の隔絶と「島嶼ネットワーク」の縮小

日生の沖合四㎞ほどに浮かぶ頭島は、周囲四・〇㎞、面積〇・六〇$km^2$で、カキ養殖と柑橘栽培、観光を基幹産業としている。人口密度の高い島であるが、他の島同様に過疎化しており、二〇一五年時点で一四九世帯三一九人（国勢調査）となっている。架橋化を受けて島は本州と陸続きとなり、日生の町へは自家用車によリ短時間で往復（片道一〇分ほど）できるようになった。二〇一七年からは路線バスが運行され（日七便）、定期船（片道二五分。日九便から四便に減便）も利用できるが、人々の島外移動は基本的に海上交通から陸上交通へと移行した。

大橋の開通直後より、違法駐車やゴミの投棄、野生動物による被害など、外部から持ち込まれた可視的問題が注目されているが、じつは個人単位の移動形態が、住民同士の人間関係、さらにはコミュニティへと影響を及ぼし、島では社会存続に関わる問題が顕在化している。交流の場であった港はひっそりとし、「誰も海の側に住んでいる者のことを考えない。（防潮施設を）誰も直そうとしない」（八十代男性）など、海に寄り添った島の協力的な生活体系や住民関係は変質し、住民が個別化しつつある。筆者は「（以前とは）まったく別の場所」というインフォーマントの島認識が、調査時の記憶として強く残っているが、そこでは「人と話さなくなり、自分が縮こまって小さくなったような気がする」（六十代女性）というように、島の内と外の社会関係が弱まり、人々の社会生活空間が狭められてきている。

「隔絶性の解消」のための架橋化が、「人々の隔絶」をもたらしてきている。移動の確実性が高まったことで島同士の相互補完が活発化し、外的な社会関係が強められたという状況も頭島ではみられない。こうした架橋島の実相からは、じつは「隔絶性」自体が、島らしさを構成している大切な要素であり、島の協力的な生活体系を築く上での土台であったことがよくわかる。それを含んだ総体としての「島嶼性」こそがコミュニティやネットワークを創り出すのであり、それが欠落した時、島嶼社会システムは起動せず、自らの大切な存在場所をも失うということなのだろうか。

# 淡路島の古代から続く島力・島可能性

仲田成徳

●なかた・しげのり　一九五七年生。公益財団法人日本離島センター事務局長。地域振興。著書に『島——日本編』（共著、講談社、二〇〇四年）等。

## 淡路島を語るうえで

淡路（一般的に地元の人は島を付けないで呼ぶ）は、その立地条件から古来より「御食国」として、朝廷に食を献上する役割を担ってきたほど海の幸、陸の幸ともに恵まれた地域であった。「淡路人形浄瑠璃」に代表されるように、豊かな伝統文化も育まれ、歴史上でも近世でも、政財界はじめスポーツ、芸能といった分野でも多彩な人材を輩出している。その意味でも、淡路の持つ島力は食糧生産力とともに、人材輩出力にも表れているといえる。

本書で語られる「ネシア論」の「ネシア」は諸島とか島々の集まりという意味のようであり、世界中に「〇〇ネシア」という地名が見受けられる。淡路は通常単体の島としてとらえられるが、広域的な視点で瀬戸内海に存する島々を仮に「瀬戸内海諸島」としてとらえて見ると、淡路は瀬戸内海という海域の一番東に位置する有人島であり、かつ最大の面積・人口を有する島である。

島としての淡路の特徴として、その大きさ故に本州と四国の間に一つだけで横たわる島であることがあげられる。本四架橋三ルートを例に見ても、他は多数の島々を介して本州と四国を結んでいるのに対して、淡路はただ一つの島だけで結んでいる（正確に言うと、四国側の無人島や至近の島も含む）。

海外の島を日本の島と比較して語られる時によく引き合いに出され、「シンガポールは淡路島とほぼ同じくらいの面積」とか、「地中海の島国マルタ共和国は淡路島のほぼ半分」「シングルモルトの聖地・スコットランドのアイラ島は淡路島とほぼ同じ面積」というように引用されることが多い。

また淡路は意外にも「一番・最初」が多い。日本の島（我が国では沖縄本島より小さいものを島と呼ぶ）で最大の人口を有し、何より伊邪那岐命《いざなきのみこと》と伊邪那美命《いざなみのみこと》の国生み神話の世界では、日本で一番最初に生まれた島（洲）である。

かつて淡路と本土を結んでいた海上交通の中でも、明石海峡と鳴門海峡を走っていたフェリー航路は、わが国最初のカーフェリー航路であり、当初は県営、後に日本道路公団～民営会社が運航していた。これは海上国道を実質的に具現化したものであり、二四時間フェリーを走らせることにより常時本土と結んでいるという状態を作り出していた。余談ではあるが、フェリーが終夜運航のため、ドライバーの食事・休憩場所としてのドライブ・インも二四時間営業していた。コンビニなどなかった時代の話ではあるが。

また島では珍しく、唯一といってよい旅客鉄道が走っていた時代もあり、洲本～福良間では淡路交通（現在はバス運行のみ）が一九六六年まで電車を走らせていた。洲本は淡路の中心で、かつては三熊城に徳島藩の城代がおり、城下町の風情をたたえ、近世では兵庫県の出先機関所在地で、パチンコ店、映画館といった娯楽施設も県下では極めて早くから存在した町である。また福良は鳴門海峡を望む四国への出入り口として、現在でも「鳴門の渦潮」を観潮する拠点である。

さらに、珍しいナンバーワンとして「ため池の数が日本一」なのである。雨の少ない地域で、大きな川もなく、特に北部は地形が急峻であるため、農業用水確保のためそうなっている。兵庫県内三万八千カ所の六割が淡路にあり、自治体別に見ると淡路市だけで一万三千三百一カ所にのぼり、これは全国一位である。ため池はかつて数年に一回水を抜き、池の清掃を行っていた。その際池に堆積された養分が海に流れ出て、海の栄養となったともいわれていて、まさに「ため池が淡路の食資源を支えていた」ともいえる。

## 架橋後の淡路

一九八五年に大鳴門橋が完成し、四国と陸続きとなり、一九九八年四月世界一の吊り橋「明石海峡大橋」の完成により名実ともに本土と陸続きになった。架橋による劇的変化はいろんなところで現れた。交通機関では主流のフェリー、高速船などの海上交通が絶滅（後年、淡路ジェノバラインが高速旅客船航路を復活し、現在では自転車ツーリストにとっても貴重な渡海手段となっている）。

対本土交通は架橋が自動車専用道のため高速バス中心となった。高速バスはかつての航路発地以外の「道の駅」などからも運行されているが、人口減と相まって島内一般バス路線は縮小の一途をたどっている。

マイナス面ばかり書いてしまったようだが、架橋のプラス面として、本土との交流が容易になり、淡路の資源に着目した事業所の進出も見られるし、カフェなどカジュアル系の飲食店も増えた。

国生み神話に登場する「おのころ島」伝承地の一つである絵島から明石海峡大橋を望む

さらに、京阪神に住む人たちが週末や休日を淡路で過ごすという新しい生活パターンも見られるようになってきた。

新年の新聞記事に、「淡路の人口は減っているものの、島内生産額は増えている」といううれしい記事を見つけた。たまねぎのブランド化など地道な取り組みが実を結んだともいえるが、まだまだ島としての伸びしろを感じさせてくれたと思っている。

最後に最近のスポーツ界からの話題に触れると、二〇一九年のプロ野球開幕から阪神タイガースで大活躍しているルーキー・近本光司選手、新春の箱根駅伝に四年連続出場し、二月のクロスカントリー日本選手権シニア男子一〇キロの覇者・坂東悠汰選手も淡路の生まれ育ちである。

淡路の風土が生み出す力はまだまだ続く。

# 聖地・大三島を護る=創る

伊東豊雄

●いとう・とよお　一九四一年生。建築家。東京大学工学部建築学科卒業。主な作品に、「せんだいメディアテーク」「みんなの森　ぎふメディアコスモス」「台中国家歌劇院」（台湾）など。日本建築学会賞、ヴェネチア・ビエンナーレ金獅子賞、プリツカー建築賞など受賞。近著に『「建築」で日本を変える』（集英社）、『日本語の建築』（PHP研究所）、『伊東豊雄　21世紀の建築をめざして』（エクスナレッジ）等。

## 危機に瀕する聖地・大三島

大三島は多島海、瀬戸内にあっても特別な島です。何故なら大山祇神社（図1）の存在によって、古くは「御島」と記されたように、神の島とされていたからです。

大山祇神社は推古天皇の時代、五九四年に創建したと伝えられ、日本総鎮守として全国に一万以上の支社を持つと言われています。神社は背後に鷲ケ頭山を抱き、宮浦港から参道を介して海に結ばれていました。大山祇神を祀る代表的な神社として「山の神」であると同時に、海に開かれ村上海賊も戦の前に詣でたので「海の神」「戦いの神」としても崇められていたようです。島にアクセスするには船によるしかありませんでした。

このため島は全く開発も行われず、農耕のみが営まれ、美しい伝統的な風景が継承されてきたのです（図2）。島として自立し、独自の秩序が護られてきました。

しかし、二〇〇六年に尾道—今治を結ぶ「しまなみ海道」の開通によって、大三島にもハイウェイで到達できるようになりました。その結果、大山祇神社に参拝する人のほとんどはマイカーやバスで訪れるようになり、船で港から参道を通って参拝する人は皆無となってしまいました。便利になったとは言えるでしょうが、伝統的な神社詣の意味は失われてしまったのです。

大三島が護ってきた島独特の秩序は「しまなみ海道」という近代的な交通手段によって崩壊しつつあります。即ち島の周囲にはりめぐらされていた「結界」が破壊され、「聖地」としての大三島の特異性が失われかかっているのです。

「聖地」について中沢新一氏は、次のような場所だと述べています（『アースダイバー　東京の聖地』講談社）。

①「結界」によって周囲から自立したシステムを持つ特別な地域であること
②「自然」に結ばれる回路を備えていること
③単なる観光地でなく、人々がそこで生き生きとした活動をしていること

中沢氏は東京の聖地として「築地市場」や「明治神宮　内苑／外苑」を挙げていますが、上記三条件に照らせば、大三島もまた「聖地」だと言えるでしょう。「築地市場」や「明治神宮外苑」がグローバル経済によって「聖地」崩壊の危機にさらされているように、大三島も「しまなみ海道」の開通によって同様な危機に瀕しているのです。

**図1　大山祇神社**（© 高橋マナミ）

**図2　柑橘畑が広がる風景**（© 西部裕介）

**図3　今治市伊東豊雄建築ミュージアム**（© 中村絵）

図４　大三島みんなの家（© 宮畑周平）

図５　大三島みんなのワイナリーの葡萄畑（© 宮畑周平）

図６　大三島 憩の家（© 青木勝洋）

## 伝統を「護ること」と「創ること」が同義の島へ

私達は島の現況を受け入れた上で、なお島が「聖地」としての美しさを保ち続けて欲しい。そのような願いはどのようにして叶えられるのでしょうか。

大三島には大山祇神社の参拝客ばかりでなく、年間二〇万人以上ものサイクリストが「しまなみ海道」を通過していると言われています。経済的豊かさのみを求めて、大資本によって島を開発すれば、島は単なる「観光地」になってしまうでしょう。島独自の秩序は失われて、グローバル経済に覆われた島になってしまうようなことは、決して島の人々の本意ではないと思われます。長く住んできた島の住民は私達に対し、「このまま何もせんでええんじゃ。わしらは十分幸せだから」と言います。しかしこのまま放置すると若者は島を出ていったまま戻ってこない。高齢化はますます進行して、やがて限界集落となってしまうに違いありません。こうした悩みは大三島だけでなく、日本の過疎地域全体に関わる深刻な問題です。

私達は二〇一一年に今治市伊東豊雄建築ミュージアム（図3）が開館したことをきっかけに、同年に設立した私の私塾である「伊東建築塾」の塾生達と島に通い、島を元気にするための活動を始めました。

二〇一四年から大山祇神社参道に建つ元法務局の空き家を改修し、二〇一六年に「大三島みんなの家」として、近隣住民の人々が集まることの出来る施設を開設しました（図4）。

また、二〇一四年から柑橘の耕作放棄地を借りて葡萄畑に変えて住民の協力を得ながらワインづくりを始めました（図5）。二〇一八年秋には岡山のワイナリーにて委託試験醸造を行い、約一八〇〇本の白ワイン及び赤ワインが完成しました。二〇一九年には島内に醸造所が完成し、大三島産ワインの生産が始められる予定です。

そして、二〇一七年度には元小学校の校舎だった民宿「大三島憩の家」（図6）の改修工事を手がけ、耐震補強や雨漏りする屋根の修復、客室の洋室化や海が見える展望風呂の新設などを行いました。今後は今まで以上に居心地良く、豊かな趣のある場所として、観光客や地域住民の拠り所となることを願っています。

これらの活動はいずれもささやかなものですが、私達はこうした活動を地道に積み上げることで、明日のライフスタイルのモデルを大三島でつくり上げたいのです。

前述した通り、毎年多くの大山祇神社の参拝者や「しまなみ海道」のサイクリスト達が島を訪れてくれるのは有難い限りですが、単なる観光客としてではなく、彼らの明日のライフスタイルを探すために島を訪れて欲しいのです。そのためには大三島が、「伝統を護りつつ未来へ向かって創造的である」ような島にならなくてはなりません。即ち「護ること」が「創ること」と同義語であるような島になることです。

幸い島には「明日の大三島」を夢見て汗を流している若い人々がいます。私達はこれらの人々と協力して大三島を「新しい聖地」とするべく、これからも「護る＝創る」活動を続けていきたいと考えています。

舳倉島は、かつては冬季不在。今も輪島に舳倉の実家や別宅。日本海に突き出した半島の先にセツ島。夏季のみ素潜り。さらにその先にある。渡り鳥観察のメッカ（写真左下）。遭難者や、沿海州からの密航者が出没する海域でもある。低平な島で海上に見つけにくい島。漁師にとっても危険が伴うので、石積みで安全距離と漁場の方向を見定める。灯台・鉄塔等でそれは昔話（左上）。韓国済州島系の影響を受けた海女は、宗像鐘ケ崎に発し、青潮下流の石川県能登半島沖のこの島にまで達する。海女たちは、ウエットのみか衣もまとわなかった程たくましかった。望遠で写真を撮っていると✖マークで指示する初老の女性がいた。従うと、着替えた後、自宅倉庫から干芽株を取り出し分けてくれた。商品。恐縮したが、何せ媚びぬ実力者たちである。黒潮分流の青潮（対馬暖流）は、下北半島大間沖弁天島（右下）を経て再び太平洋に達する。北前船交易路と日本海気候もそこにまで及んでいる。汎日本海の主人公を島人に置くとき、日本海ネシア人口の多さと、果たすべき役割の大きさに気づく。環境・漂着ごみ・水産資源の共同管理のみならず、技術・文化・人的交流や観光（特にクルージング）・保養（アイランドセラピー）・スポレク（海・陸・山一帯地）・食（一医・農水と三位一体）の面でも、未来志向的な国際役割があるに違いない。佐渡アースセレブレーション並みのイベントも多様に欲しい。国際会議・学会もその一つである(学会＝国際小島嶼文化会議を 2009 年佐渡で開催した。その時は佐渡･隠岐･粟島･奄美大島・三宅・小笠原の芸能 2 日間で歓迎した：中央は無形文化財の隠岐中島神楽)。

# 第12遍

# 日本海ネシア

青潮と北前船の歴史を抜きにこのネシアの一体（帯）性は語れない。ジオの偶然であろうか、本州沿岸から不思議な等距離性と程良い間隔で繋がっている。時代が下り、陸が主の交通体系に替わると、情報・文化・経済の先進地性が崩れ、連携性も絶たれる。対岸都市の末端地に置かれる。現在は意図しないと島々間は繋がりにくい。食・芸能・産業（特産／観光）・海上漂着物・離島振興・国境特別措置法・Jアラート・防災・共通テーマ島過疎……。

展望は環日本海からさらには汎（あまねく＝島こそ主人公）日本海にある。国際の海の対岸距離は七〇〇㎞。遠いようで鹿児島県北端島から南端島までの距離は六一〇㎞。東京から小笠原まで一〇〇〇㎞。決して遠い対岸ではない。飛行機とクルージング時代、島の文物が国際誘客・特需となるか、真の島らしさ・海のふる里・里海の良質性が問われる。［左上］島根高島は無人化した。見島には固有の古墳群がある。角島は橋・浜木綿が観光資源。［左下］七ッ島は季節海女漁の島。舳倉島海女も鐘ヶ崎（福岡＝済州島）系。渡り鳥観察メッカ。［中］日本海ネシア最大島数域。神楽の島。青年会議所四島連携等活気があった。世界ジオ地。中ノ島海士町のIターン受入れ起業家・高校生留学・電子冷却水産物・潮風牛出荷等は先進モデル。［右］カンゾウ・漂着ゴミ・学生参加で、佐渡・粟島・飛島三島交流が続いている。男鹿半島・象潟は元は島であった。青森下北半島内湾まで、帆船時代交通路で日本海性気候圏でもある。

島の名前付地図は離島振興協議会『離島振興三〇年（下巻）』を用いた。各地区架橋前の得がたい「島嶼域」の原図・原景である。日本海文化圏は島々存在無くしてあり得なかった。受け身の時代から発信の時代。個性相互理解、深見の内実化・持続には課題の共有。「海島文化交流圏」は実在であった。汎日本海構想の果実は如何に⁉　誰に⁉　成功体験に期待したい。

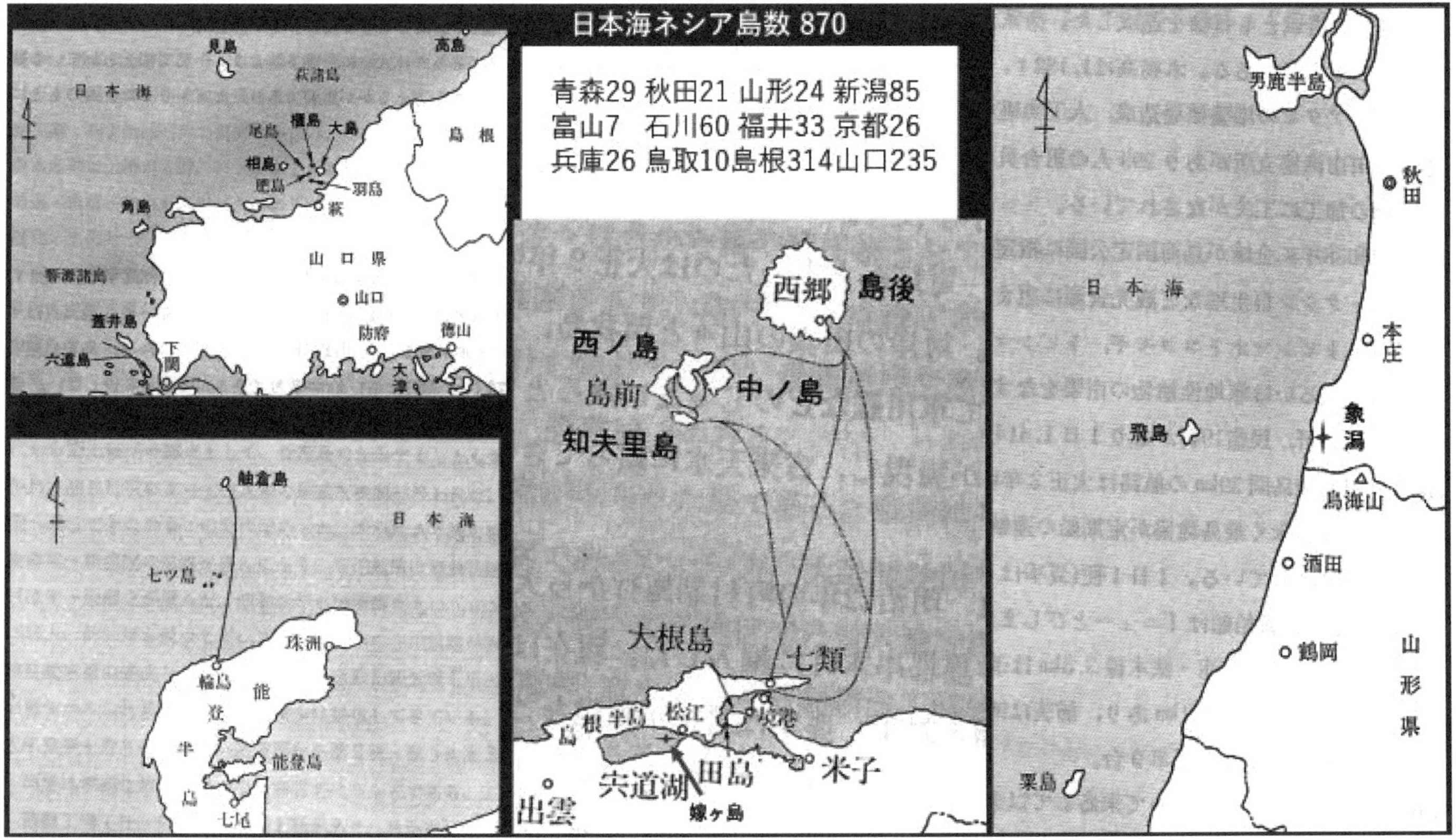
日本海ネシア島数 870
青森29 秋田21 山形24 新潟85
富山7 石川60 福井33 京都26
兵庫26 鳥取10島根314山口235
見島
高島
萩諸島
日本海
尾島
櫃島
大島
相島
肥島
羽島
萩
島根
角島
山口県
山口
蓋井島
六連島
下関
防府
徳山
大津
舳倉島
日本海
七ツ島
珠洲
輪島
能
登
半
島
能登島
七尾
島後
西郷
西ノ島
島前
中ノ島
知夫里島
大根島
七類
島根半島
松江
境港
米子
田島
宍道湖
嫁ヶ島
出雲
男鹿半島
秋田
日本海
本庄
象潟
飛島
鳥海山
酒田
鶴岡
山形県
粟島

# 蓋井島《ふたおい》
## 【山ノ神と海の豊かさ】
土屋久

●つちや・ひさし　一九六三年生。順天堂大学・共立女子大学兼任講師。宗教史・精神文化誌。著作に『志々島の暮らしとこころ』（ＮＰＯ法人瀬戸内オリーブ基金）、『生活文化論ノート』（共著、高志書院、二〇〇四年）、「島の精神文化誌」（『しま』二〇〇九年九月号より連載中）等。

### 大規模な山ノ神神事

蓋井島は、本州西端、響灘《ひびきなだ》に浮かぶ島である。

人口一〇〇人に満たない（二〇一八年現在）島ではあるが、ここには、全国的な規模でみても大掛かりな山ノ神の神事が伝わっている。

豊な原生林が広がるこの島では、山ノ神が鎮まる四つの森があり、この森のことを島では「山」と称している。六年ごとにおこなわれる神事の時以外には、そこへの立ち入りは厳禁である。「山」には、社や祠などはなく、多少開けた空間に、枯木や倒木を円錐状に組み合わせた「神籬《ひもろぎ》」があり、その前に壺が置かれているのみだ。

島内の各戸は、四つのいずれかの「山」に属しており、神事の際には、自戸が属する「山」の山ノ神の祀りをおこなうこととなる。

神事の大筋は、山ノ神が「山」から各組の「当元」（神事の世話をする家）の、神事にあわせて誂えられた祭壇に迎えられ、二夜三日の間饗応され、再び元の「神籬」に鎮められるというものである。

各「当元」では、神事執行の責任者である「当主」を決め、神官とともに、山ノ神の祀りを執りおこなう。また、「当主」とは別に、神事の実際を差配する「世話人」という役職も各組ごとに置かれている。

各山の「神籬」の回りには、山ノ神に供えるツクリモノと称する出し物が設置され、各組は、競って趣向を凝らす。神官や「当主」がおこなう祭祀の厳粛さとは裏腹に、ツクリモノは遊び心に富んでおり、この両者の不可思議なバランスが、神事を他に類を見ないものとしている。

**「神鎮め」の神事**（四の山、2012年　撮影：小林惠）

この神事は、先にも若干触れたが、六年に一度、辰年と戌年の十一月におこなわれる周期的なもので、古文書には、一七〇〇年代の記録がみられるというのだが、その起源は、現在のところ詳らかにされていない。

筆者は、二〇一二年の辰年、十一月二十三日から同二十五日の間におこなわれた神事を見学する機会に恵まれた。その時の次第は以下の通りである。

二十三日　各「当元」での祭壇の準備と「神迎え」の神事。

二十四日　一の山と二の山の「当元」での、それぞれ昼と夜とに、「大祭（大賄い）」と称される宴。

二十五日　各「当元」での「神送り」と各山での「神鎮め」の神事。同日夜、三の山と四の山の「当元」での「大祭」。

筆者に遡ること約半世紀前、一九五〇年代の後半にこの神事を調査した松沢寿一・国分直一らは、一の山が老夫、二の山が老婦、三の山が娘、四の山をその聟とする伝承を採取している。このことから彼らは、蓋井島の山ノ神の信仰が祖霊信仰と関係することを指摘するとともに、山神を老夫婦とする点に、朝鮮の山神信仰との共通点を見いだしている（松沢・国分他 1957: 30-31）。

また国分は、この神事が、「霜月をえらんで行われていることは、この山の神祭が稲の収穫祭としての性格をもっていることを語っている」（国分 1977: 57）とも述べている。

## 農業から漁業へ、生業の変化

実際、蓋井島は、面積二・四四〇km²の小さな島にもかかわらず、棚田が広がり稲作がおこなわれてきた。稲作は現在（二〇一八年）でもおこなわれているのだが、大部は自家消費用の米作りである。もともと農業を生業としてきたこの島は、半農半漁の時代を経て、第二次世界大戦後に漁業を生業とした社会に本格的に変貌している（平岡 2009: 89-90）。

一本釣りや建網漁、大型定置網漁の他、島には、延宝六年（一六七三）から明治にかけて鐘崎（現宗像市）から海人漁も伝わり（伊藤 1990: 401）、現在、三〇名ほどの海人がいて（内、海女は五名ほど）、サザエやアワビ、ムラサキウニ等を採っているという。

陸から海へと、生活の糧を得る場は変わったが、これは時代時代にあわせて島の幸を見いだし、それを積極的に利用していこうとする蓋井島の人たちの精神性のなせる技にほかならない。

神事に関していえば、昨二〇一八年は戊年で、山ノ神の神事の歳であった。生業の変化や人口減等により、神事をおこなうに当り、様々な困難が生じていると聴く。これまで「当元」の家でおこなわれてきた「大祭」が、漁村センターに変更されたり、出される料理が、賄いから仕出しに変わったりする等の変化も一部あったという。しかしこれも、現実を見極め、貴重な神事を続ける上での、蓋井島の方々の積極的かつ柔軟な精神の現れだと筆者には思われるのである。

**主な引用・参考文献**

伊藤彰　1990「鐘崎と海人文化」『玄界灘の島々』
国分直一　1977「山と海をめぐる信仰」『どるめん』一二号　ＪＩＣＣ出版局
平岡昭利　2009「エミュー牧場を経営する漁業の島」『離島に吹くあたらしい風』海青社
松沢寿一・国分直一他　1957「蓋井島村落の歴史的・社会的構造」『農林省水産　講習所研究報告書人文科学篇（3）』農林省水産講習所
拙論　2013.1「『山ノ神』鎮まる森の島　蓋井島」『しま』58（3）　日本離島センター
　2013.3「聞き書き島の精神文化誌『山ノ神』神事（前篇）」『しま』58（4）　日本離島センター
　2013.6「聞き書き島の精神文化誌『山ノ神』神事（後篇）」『しま』59（1）　日本離島センター

# 平泉と奄美
## 【列島を縦断した夜光貝】

高梨修

●たかなし・おさむ（プロフィールは164頁参照）

### 平泉と夜光貝

平成二十三年（二〇一一）に世界遺産に登録された「平泉」は、中尊寺・毛越寺・観自在王院跡・無量光院跡の寺院群及び浄土庭園、信仰の聖地・金鶏山を中心に、柳之御所跡・加羅御所跡等の大型建物跡から成る中世都市遺産である。かつては「みちのくの京都」と称されたが、最近の研究成果では公家風の古代都市ではなく、鎌倉造営の範型として影響を与えた武家風の中世都市として評価されている。

極楽浄土を地上に再現しようとした寺院群は、建物が残されている中尊寺金色堂にみれるように、金箔と螺鈿で全面が装飾された黄金と白銀の光輝を放つ荘厳な仕様で造られていたのではないかと考えられている。

中尊寺金色堂は、十二世紀に建立されたものであるが、その螺鈿は南海産の夜光貝が使用されていて、数百個程度で賄える分量ではない。螺鈿原材である夜光貝の入手環境が、きちんと整えられていた様子が窺われる。平安時代に藤原明衡が著した『新猿楽記』には、東は「俘囚之地」から西は「貴賀之島」まで国家領域を越境して交易活動を展開していた商人が描かれているが、奥州藤原氏も、その巨大な財力を背景として、日宋貿易に連なるそうした商人たちから平泉造営に必要な物資を集積させていたにちがいない。

### 夜光貝交易

『新猿楽記』を著した藤原明衡をはじめ平安時代の貴族たちには、「貴賀之島（キカイガシマ）」は赤木・蘇芳・檳榔・桂皮・夜光貝等の宝物の産地として認識されていた。そのキカイガシマの場所は特定されていないが、薩南諸島（南西諸島の鹿児島県側島嶼）の

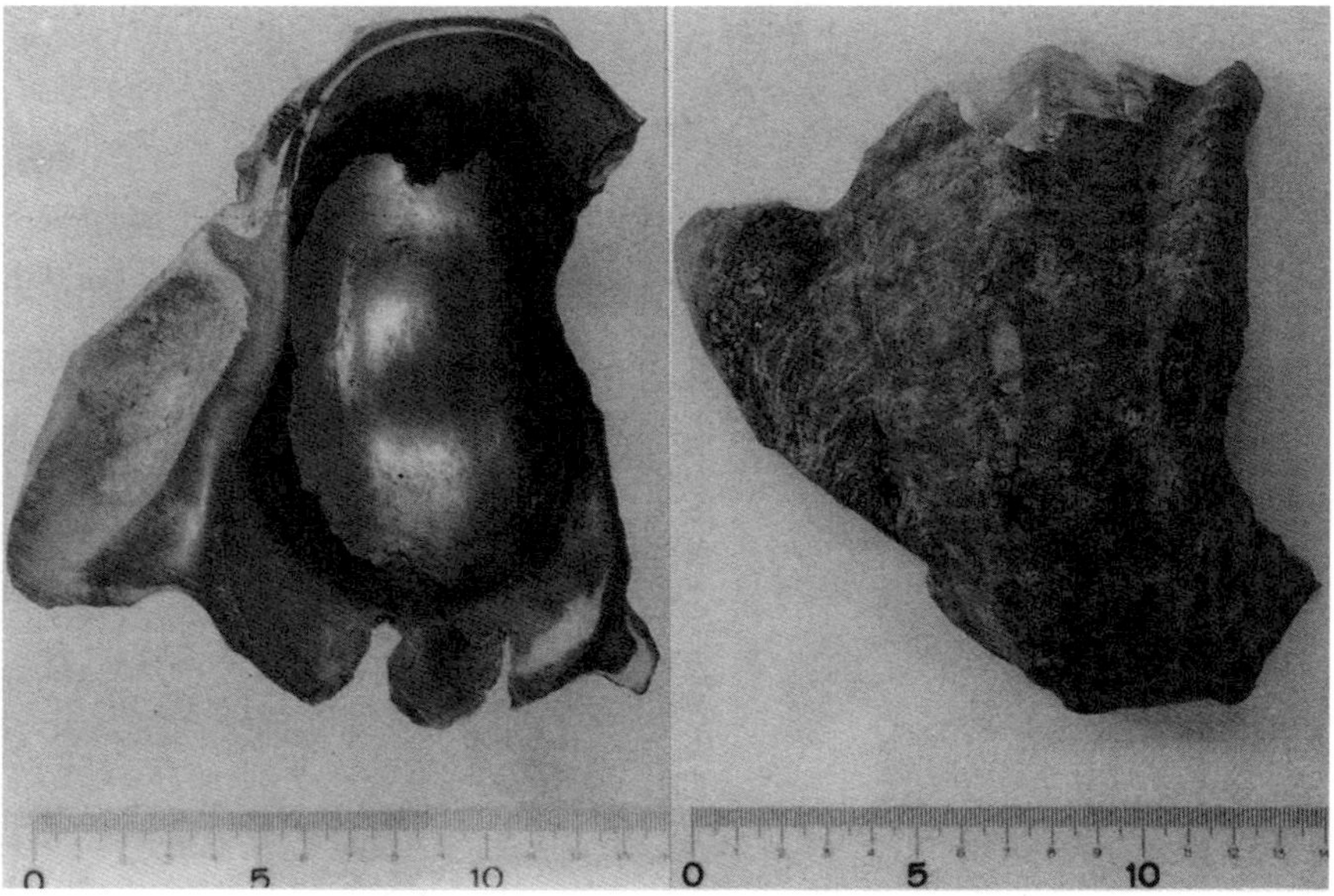

鎌倉市若宮大路遺跡群から出土した夜光貝製酒杯

一つである奄美群島にキカイガシマの名称を残す「喜界島」が実在し、この島から平安時代が中心となる「城久遺跡」が発見されて以降、その候補地として注目されている。それは城久遺跡が平安時代に盛期を迎える大規模遺跡で、九州から搬入された遺物が大量出土したため、九州から南漸した移住者により営まれた交易拠点ではないかと推測されているからである。中尊寺金色堂で使用されている夜光貝は、奄美産のものが運ばれた可能性が高い。

平泉に関連して、明治二十七年（一八九四）、秋田市四ッ小屋の字小阿地の遺跡から夜光貝製勾玉が発見されている。夜光貝の軸芯を使用したもので、その年代は判然としないが、勾玉の盛行時期や周辺遺跡等から古墳時代から平安時代頃ではないかと考えられている。夜光貝交易は、太平洋側だけではなく、日本海側からも出羽国まで通じていた可能性がある。

## 鎌倉幕府と夜光貝

十二世紀末に鎌倉幕府を開設した源頼朝は、その直前、義経与党が潜伏しているかもしれないと文治三年（一一八七）にキカイガシマ合戦を強行、翌年の文治四年（一一八八）には義経が死亡したにもかかわらず潜伏していた奥州合戦を強行し、二八万人の軍勢を率いて平泉に攻め込んでいる。その際、頼朝は平泉の寺院群に感銘を受け、それらを模して鎌倉に永福寺を建立したと『吾妻鏡』は伝えている。この永福寺は、螺鈿が潤沢に用いられた豪華な寺院と推定され、実際に鎌倉市永福寺苑池跡の発掘調査で八点の螺鈿製品が出土している。また鎌倉市の千葉地遺跡から十四世紀代の夜光貝の貝殻二点が出土しているほか、若宮大路周辺遺跡群から十三世紀後半の夜光貝製酒杯一点が出土している。南海産の夜光貝は、平泉から鎌倉幕府の成立後は、おそらく鎌倉に大量の夜光貝貝殻が運び込まれるようになると考えられるのである。

薩南諸島の北半島嶼は、鎌倉時代に薩摩国河辺郡に含められ、「十二島」と呼称されるようになる。十三世紀後半頃から地頭の島津氏に加えて、郡司で得宗被官の千竈氏の両者で十二島の統治が行われていた。千竈氏は、さらに奄美群島も所領としていた。鎌倉幕府所縁の「金沢文庫」には、十四世紀前葉頃に成立した日本地図が所蔵されているが、その絵図右隅に「龍及国宇嶋　身頭島　雨見嶋　私領郡」の記載がある。この「雨見嶋　私領郡」とは、千竈氏による奄美群島統治を示すものであり、そうした情報が得宗家周辺で共有されていたと考えられている。鎌倉幕府に夜光貝を供給したのも、やはり奄美群島なのである。

南北四〇〇〇km近い距離に島嶼が連なる日本列島は、北海道以北が亜寒帯気候、奄美群島以南が亜熱帯気候となり、本州と異なる自然環境で育まれる生物等は、特に政治的社会の形成以降は「威信財」として希求され、今日では「周縁」と位置づけられてしまう地域に交易拠点が形成されていたのである。

# 日本海ネシアの陸上動物

【本土ネシアとの差異】

溝田浩二

●みぞた・こうじ（プロフィールは245頁参照）

## 大陸の出店のそのまた出店

日本はユーラシア大陸東端に位置する大陸島であり、その動物相は大陸の影響を大きく受けている。寒冷な時期に大陸からサハリン、朝鮮半島、南西諸島の三ルートを経由して侵入した動物種は、日本列島が大陸から離れたことによって個々が独自の進化を遂げた。さらに日本列島はきわめて狭い国土でありながらも南北に細長い列島であるために、北の亜寒帯林から冷温帯林、暖温帯林、そして南の亜熱帯林まで多様な植生帯をあわせもっていた。このような日本列島の成り立ちの歴史と生息環境の多様性を背景として、日本には多くの固有種を擁する、多様性に富んだ動物相が形成されたのである。

日本の動物相は主に大陸からやってきた動物種によって構成されていることから、しばしば〝大陸の出店〟と表現される。そう考えると、日本海ネシアの島嶼は〝大陸の出店のそのまた出店〟ということになるのだろう。富山県が一九九五年に製作した環日本海諸国図を眺めると、そのことがよくわかる。これは日本海を軸にして上下をひっくり返したいわゆる「逆さ地図」であり、かつて大陸の動物がサハリンや朝鮮半島といった陸橋を歩いて日本列島に移動してきた歴史や、本土ネシアと日本海ネシアとのつながりを感覚的に理解することができる。また、日本海ネシアには春と秋に中央アジアやヨーロッパ方面から多く渡り鳥が飛来するが、渡り鳥の中継地として重要であることも納得できるだろう。この「逆さ地図」を眺めていると、日本海ネシアの島々は隔絶された孤島などではなく、サハリン・北海道・本州とその対岸のロシア沿海州・朝鮮半島に囲まれ、環日本海地域の中心に位置していることに気づかされる。すなわち、日本海ネシアの生物多様性

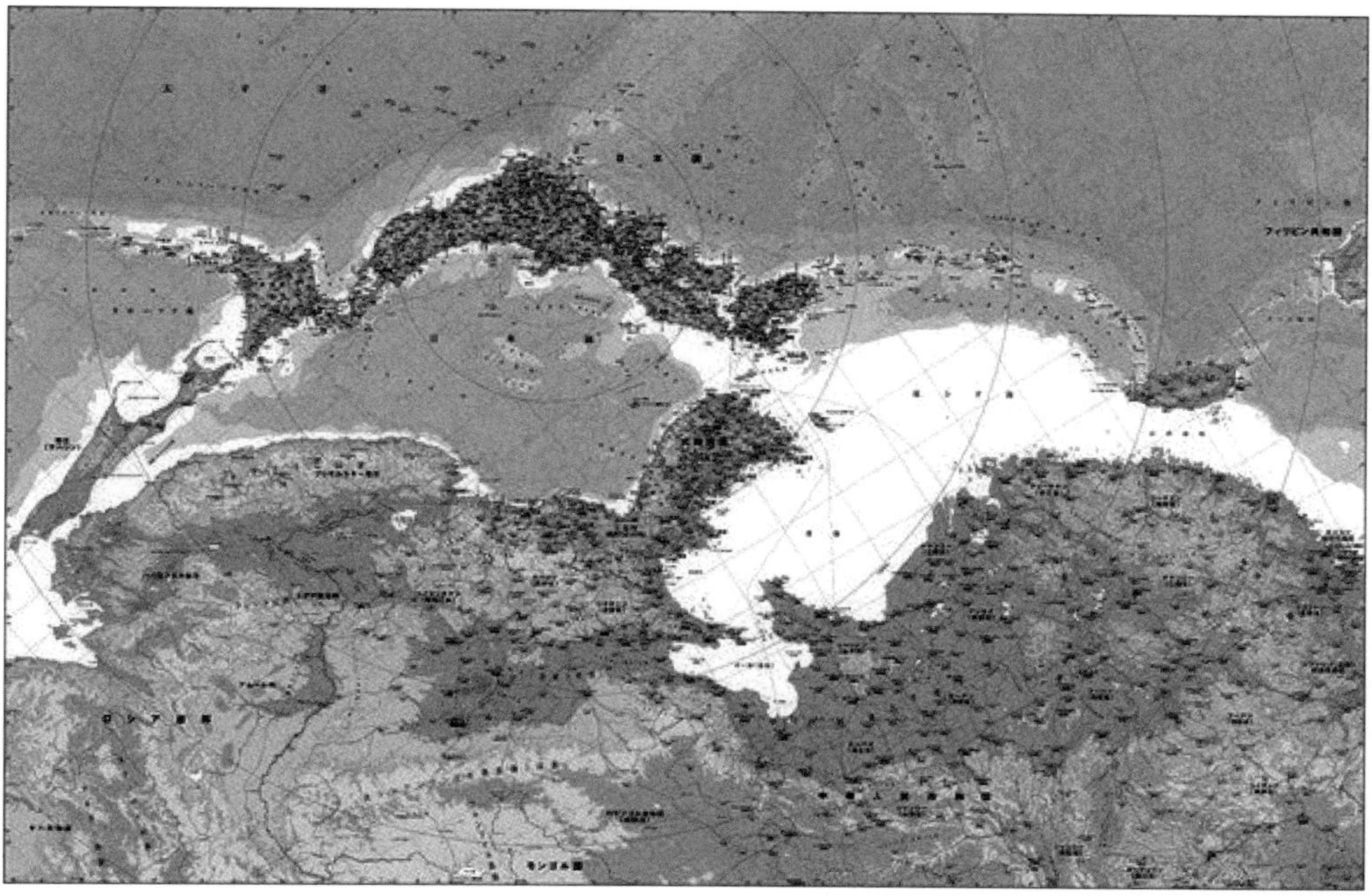

環日本海・東アジア諸国図

の解明には、ロシア沿海州、サハリン、朝鮮半島といった日本海をとりまく大陸側の諸地域のデータが不可欠であり、関連諸国との友好にもとづく共同研究の発展が望まれている。

マッカーサー・ウィルソン（1967）による「島嶼生態学の理論」では、生物の種数は島の面積と供給源からの距離によって決まるとされる。すなわち、ある島にみられる生物の種数は、小さな島より大きな島の方が、大陸から遠く離れた島よりも近くの島の方が多くなる、という理屈である。日本海ネシアに属する島嶼群はいずれも小面積であり、本土ネシアからの距離も十分に離れていることから、その動物相はおしなべて貧弱である。たとえば、本州には、ツキノワグマ、ニホンザル、ニホンイノシシ、ニホンジカといった大型哺乳類が生息するが、日本海ネシアにはまったく生息していない。大型哺乳類は生態系ピラミッドの上位に位置するため、その存在の有無は島嶼生態系に大きな影響を及ぼす。日本海ネシアで最大の哺乳類は、本来、草食性のノウサギ（佐渡のサドノウサギ、隠岐のオキノウサギ）であった。飛島や粟島にはノウサギは生息しておらず、モグラやジネズミが最大の哺乳類となっている。日本海ネシアに大陸や本土ネシアから大型哺乳類が侵入しなかったことで、隔離による遺存・固有化に支えられた種が温存されてきたのであろう。そのことが、佐渡に最後までトキを残存させた大きな要因になったと考えられる。

## 導入動物による生態系の撹乱

島の生態系は脆弱な側面をもつ。佐渡には、サドノウサギをはじめ、サドトガリネズミ、サドモグラ、サドハタネズミ、サドカケス、サドマイマイ、サドマイマイカブリなど多くの固有種・固有亜種が生息している。しかし、江戸時代には鉱山で使用する鞴《ふいご》で用いる皮革を得るためにタヌキが、昭和三十年代には植林した苗木を食害するサドノウサギを駆除するためにホンドテンが、それぞれ持ち込まれた。両種は急激に個体数を増やし、固有亜種であるサドノウサギが激減してしまった（現在は新潟県レッドリストの準絶滅危惧種に指定されている）。

同様に、隠岐にはオキノウサギ、オキサンショウウオ、オキタゴガエル、オキマイマイなどの固有種・固有亜種が生息している。また、ヤマネも離島で唯一生息している（遺伝子解析から隠岐個体群と本州個体群の分岐年代が一三〇万年前以前であるとする結果が出ており、隠岐固有種である可能性も指摘されている）。ところが、知夫里島では持ち込まれたタヌキが大繁殖し、農業被害が深刻化している。タヌキは雑食性で隠岐の生態系ピラミッドの最上位に位置するため、生態系や群集構造にさらなる変化をもたらす可能性が懸念されている。

日本海ネシアにくらす野生動物は、それぞれの種が固有の遺伝的多様性をもったユニークな存在である。気の遠くなるような時間をかけてそれぞれの島嶼環境に適応することで、生物多様性を花開かせてきたのである。そんな日本海ネシアのユニークな生きものたちが、これ以上の人為的撹乱を受けることなく、いつまでも息づいてゆくことを願ってやまない。

# 森林植生から見た佐渡島の自然

本間航介

●ほんま・こうすけ　一九六八年生。新潟大学佐渡自然共生科学センター准教授。博士(理学)。森林生態学、自然保護学。著作に『低温と環境の科学事典』(朝倉書店、二〇一六年)、『島との共存をめざして』(中央法規、二〇一〇年)、『佐渡島環境大全』(新潟県佐渡市、二〇一二年)、『雪山の生態学』(東海大学出版会、二〇〇二年)、『環境変動と生物集団』(海遊舎、一九九九年、いずれも共著)等。

佐渡島は不思議に溢れた島である。この島は日本海の形成に伴って本州から僅か六〇kmの位置に隆起したにも関わらず本州と繋がった形跡がない。しかも、日本列島のほぼ真ん中にあって島のサイズもかなり大きい。こうした特徴のため、独自の生物相と生態系が形成されており、生態学を研究する筆者のような者から見ると「ネタの宝庫」ともいうべき場所なのである。筆者はこの島の自然に魅了され、気がつくと二〇年近くこの島で暮らしながら研究を続けている。

## 島の生物地理学から見た佐渡島

離島には、生物多様性の概要を規定する共通のメカニズムがある。マッカーサーとウィルソンによる「島の生物地理学」(1967)において提唱された「平衡理論」を用いると、佐渡島の生物多様性は、大陸(本州)から近く面積が大きいので、移入率は高く、絶滅率が低くなり、最終的に高い種数で平衡状態に達するという予測が成り立つ。実際、佐渡島の維管束植物の多様性は高く、記録されている約一六五〇種類(亜種・変種含む)は、佐渡よりも遙かに面積が大きい沖縄県全域での二一〇〇種という数字と比較して遜色ない。多くの植物が、実際に越佐海峡六〇kmの距離を何らかの方法で越えてこの島に定着し生き延びてきた結果である。彼らを本州から佐渡まで運んだのが海流なのか、鳥なのか、それとも本州からの陸橋が過去に存在して自力で渡ってきたのかは謎である。

佐渡島の植物の多様性の高さには、面積・本州からの距離という基本要素の他に、環境の多様性も大きく貢献している。佐渡島はその真ん中を北緯三八度線が横切るが、これは日本列島における暖温帯(シイ・カシ帯とも言われ、ヒマラヤ南部から連なる植生帯)

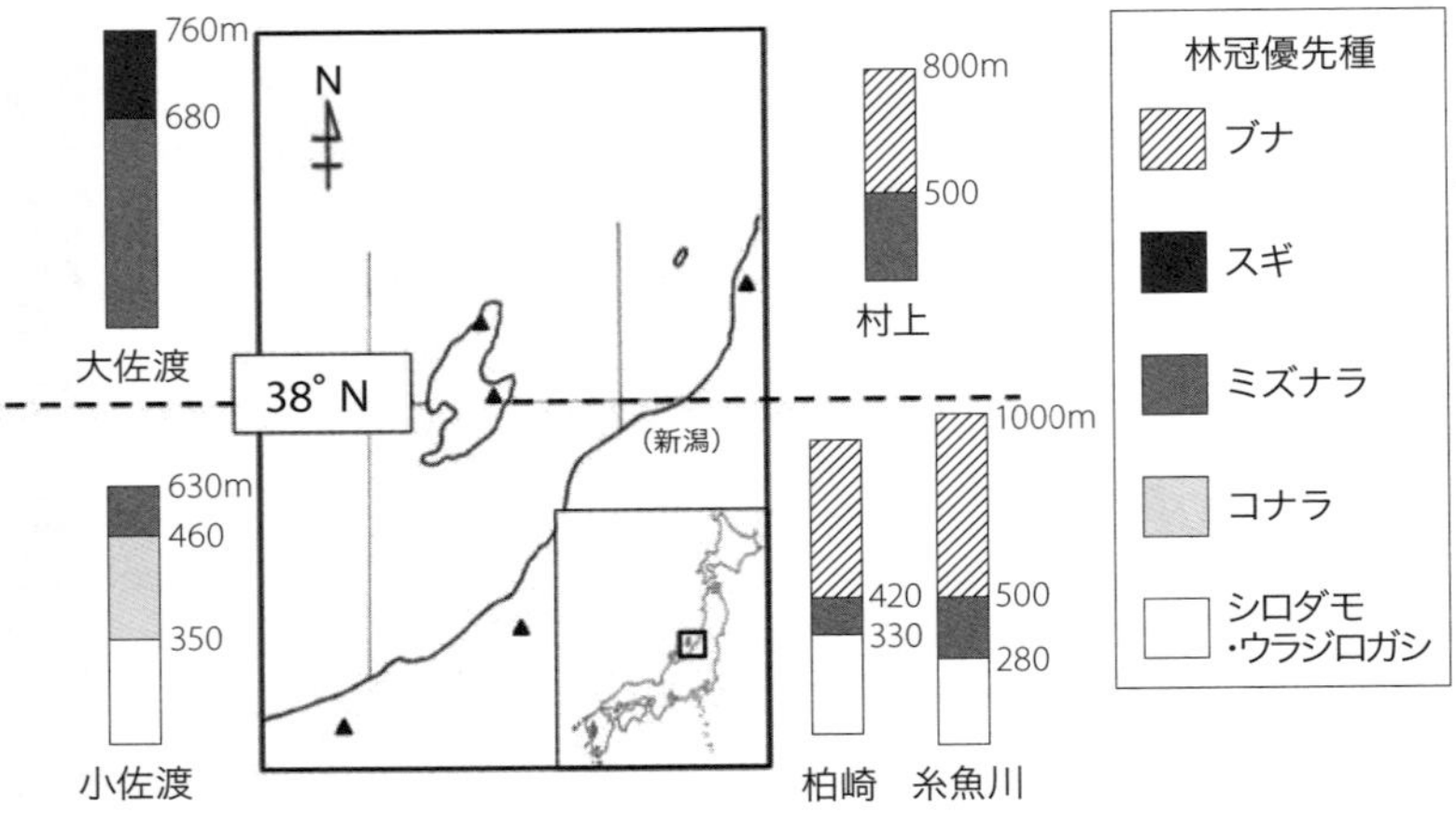


**図　佐渡島と本州における森林群集の垂直分布の違い**
（平成22年度佐渡天然スギ林植物基礎調査報告書より）

の北限にあたる。このため、島の南部（小佐渡）は暖温帯となり、北部（大佐渡）には冷温帯（ブナ帯）要素の植物が分布する。海抜ゼロの海岸線から金北山山頂まで一〇〇〇m強の標高差がつくり出す環境傾度も大きい。冬期には海岸線の積雪はほとんどない佐渡島だが、大佐渡山地の稜線部には平均三m、最大六mの豪雪が積もる。山地からは流程僅か数キロの河川が、「全体が滝」と言っても過言ではない急勾配で流下するので、山腹はヒダ状に浸食され斜面崩壊も頻繁に起きる。これらの地形・気象からつくり出された複雑な環境のモザイクが、本州から渡ってきた生物たちを受け入れる条件として上手く機能したのだろう。

## 本州とは異なる種間関係

本州側から渡ってきた植物たちは、佐渡島の中で森林群集を構成するが、その中身も本州と同じではないことが我々のこれまでの研究で分かってきている。例えば、大佐渡山地は、金北山を中心とする南側はブナ林であるが、山毛欅《ぶな》ヶ《が》平山《ひらやま》などが属する北半分は海岸部がカシワ、中標高帯はヒノキアスナロ、高標高帯はスギを優占種とする森林が分布する。本州の日本海側多雪地では山地部の基本的な植生はブナ林であり、これは大佐渡山地の南側と似ているのだが、他方、大佐渡北部で見られるスギとヒノキアスナロの優占する植生は、本州でも珍しいものであり、小さな山塊の南北でスギとブナが入れ替わるのは特に珍しい（**図**）。

また、本州の山地に高頻度で出現するミズメ・シラカンバなどカバノキ科の複数種が分布しないことや、モミ・ツガ・トウヒなど本州で有力な針葉樹が欠落することも特徴で、これによって樹木の種間関係に本州側とは大きな違いが生じている。標高軸に沿った植生帯の変化は不明瞭で、「なぜ、この植物がこの環境で出てくるの?」と、本州の常識で見ると頭の中をかき回されるような思いをすることも多い。標高五〇mに分布するハクサンシャクナゲや、標高五〇〇mに分布するブナ純林もこの緯度では珍しい。もともと、我々が理科の教科書で覚えさせられてきた日本の植生分布も、植物種間の生息地を巡るせめぎ合いの結果として出来上がったもので、本来個々の植物種はより広範な生理的適応幅を持っている。大陸側では競争力が低いためにマイナーな種類に留まっているが、それが実は広い生理的適応幅を持っていた場合、島嶼側では競争関係の変化によってポテンシャル発揮の場が与えられ異形の植生帯が出来上がるのである。

こうした、個々の種の分布パターンの成立過程を考える時には、木材化石や花粉化石を用いて数万年から数十万年程度の時間軸の中で彼らがどの様な栄枯盛衰の歴史をたどってきたのかを推定するのが基本である。これまでに佐渡島で得られた花粉分析試料はまだ数えるほどしかないが、今後化石資料の質や量が増えてくれば、この島の植物相が驚くほどダイナミックな変遷をとげてきたことが明らかになるだろう。

**参考文献**

MacArthur, R. H. and E. O. Wilson. 1967. The theory of island biogeography. Princeton University Press, Princeton, xii+203 pp.
崎尾均・本間航介・高橋もなみ．2010. 平成二十二年度佐渡天然スギ林植物基礎調査報告書．40pp. 新潟県佐渡市．
松江実千代・那須孝悌．1997. 加茂湖湖底ボーリングの花粉分析結果．In: 立石雅明（eds.）『湖底堆積物の堆積学的解析による佐渡島加茂湖の物質循環システムと環境変化（平成七年度～平成八年度科学研究費補助金研究成果報告書）．p. 35-40. 新潟大学理学部．

# 資源を生かす
## 【佐渡式イカ釣具の思想】

池田哲夫

島は、古くから海の資源に生活を依存してきた。

今では見られなくなったが、季節的に群游するスルメイカを釣獲する卓越した漁具・漁法が佐渡島で考案された。

釣獲したイカは、腹を割き内臓を取り去り、乾燥して鯣《するめ》に加工した。佐渡ではスルメイカを「マイカ」と呼ぶが、マイカの「マ」はこの地方の主流のイカをさしている。鯣は保存のきく換金商品となることから、佐渡島の沿岸地域では「イカは米櫃」「イカの銭は米の銭」などともいわれるほど、イカ漁への生活依存度が高かった。

### スルメイカ——日本海を大回游

日本海沿岸では、スルメイカが初夏から晩秋にかけて大回游する。とくに冬季間に九州西方で生まれた冬生まれ群と呼ばれるイカの群れは、初夏から晩秋にかけて日本海を北上・南下し、資源量も豊富であった。山形県飛島、新潟県佐渡島、島根県隠岐島、長崎県対馬など日本海でイカの産地として知られる地域は、この冬生まれ群の回游路上にあたる（奈須 一九九一）。

佐渡島はイカの回游路上にあり、イカ資源量も豊富で、鯣に加工すれば換金商品となることから、それを釣獲する漁具の考案や改良が試みられたのも当然であった。

### 佐渡式イカ釣具——回游する深さに応じた三種の釣具

佐渡のイカ釣具はイカの回游する深さに応じて使い分ける独特の釣具であったことから、筆者は佐渡式イカ釣具と呼んでいる。特徴は以下のようなものであった（図）。

**ソクグ（ソコ・ソク・ソクマタ・ヨマなどとも呼ばれる）**

水深四〇～七〇尋（約六〇～一〇五メートル）の深層を回游する

●いけだ・てつお　一九五一年生。新潟大学名誉教授。民俗学。著作に『近代の漁撈技術と民俗』（吉川弘文館、二〇〇四年）、『佐渡島の民俗』（高志書院、二〇〇六年）、『佐渡能楽史序説——現存能舞台三五棟』（共著、高志書院、二〇〇八年）等。

イカを釣り上げるのに使った。

**トンボ**

トンボは中層釣具で、ソクグを使って深層のイカを釣り上げながら徐々にその群れを誘い上げ、水深七〜八尋（約一〇メートル前後）の深さにまであがってくるとこれで釣り上げた。この釣具そのものもトンボというが、この釣具に使用する擬餌鉤もトンボと呼ぶ。舟上からの操作にともなう敏捷な動きが求められることから、擬餌鉤[1]の材質にも鉛、鉄、動物の骨や角を用いるなど様々な工夫がされている。一八九〇（明治二十三）年頃から、ソクグから考案されたという二股になったヤマデが用いられるようになった。

**ツノ（ツノマタ・ハネゴ・ハネなどとも呼ぶ）**

ソクやトンボを使って、海面近くまで浮上させた（浮上している）

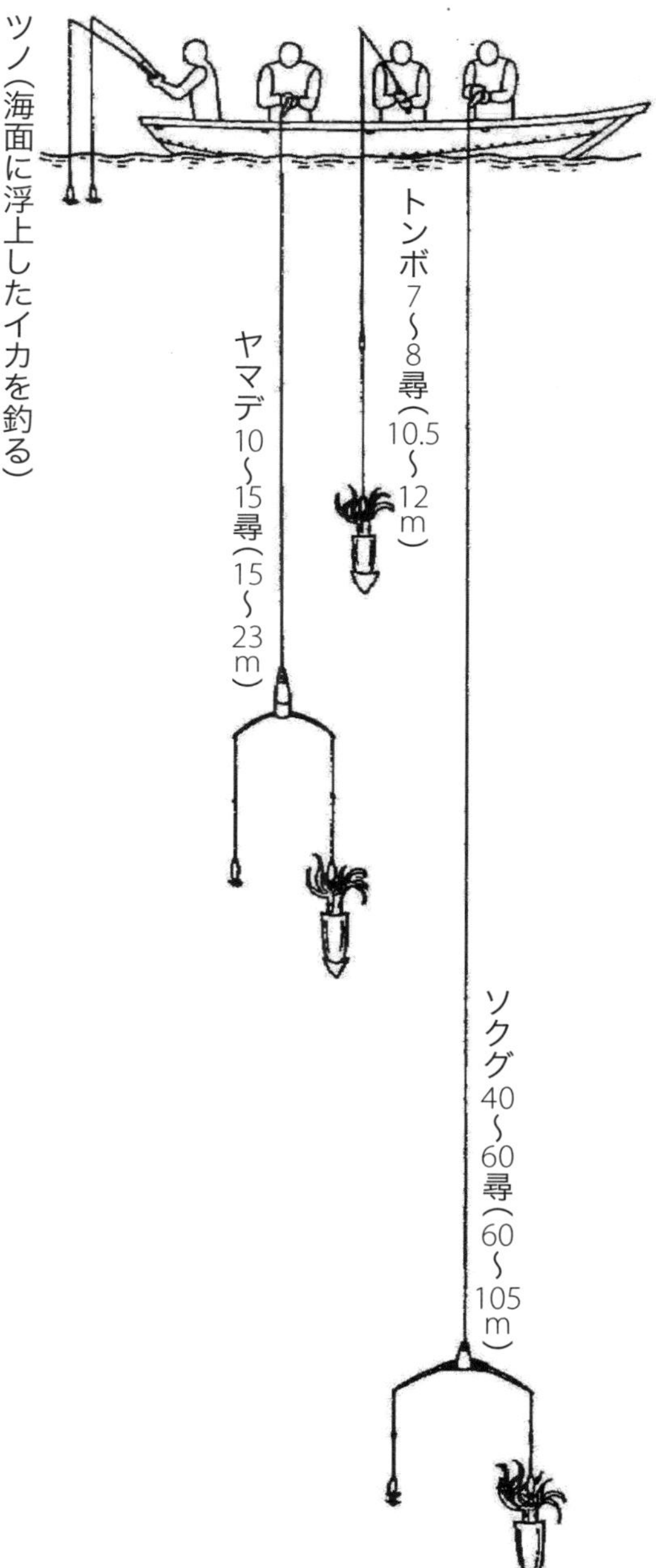


**佐渡式イカ釣具の使い方**
回游するイカの深さに応じて使い分けた

イカの群れを釣り上げる釣具で、一つの柄から二本の竿が出ており、これを片手に一本ずつ持つ。四本の竿を同時に使うことになるが、一度に四本を海中に投入するのではなく、四本の竿を交互に間断なく使いイカを釣り上げる。このツノこそがイカを多獲する釣具であり、佐渡式イカ釣具の特徴であった。これらの釣具は江戸時代後期には具備していたという。

佐渡式イカ釣具を使うには熟練を要し、舟上では熟練度に応じて釣具を操作する漁師の位置も決まっていた。イカは夜に釣るものとされ、漁師は潮流などの海況はもちろん、漁獲に関わる月や星の出入りなどにいたるまでイカの習性を熟知している必要があった。

昭和二十（一九四五）年頃には、三種の釣具を一種の釣具の使用で可能にした連結トンボが開発され、煩雑な操作や勘をともなう佐渡式イカ釣具は急激に姿を消した。

## 佐渡式イカ釣具と技術移動

筆者は、佐渡式イカ釣具の分布が日本海沿岸地域や朝鮮半島東岸にまで及んでいたことを確認している。佐渡式イカ釣具は、明治時代、国の勧業施策としての水産博覧会等で全国の水産関係者に優秀な漁具として技術移動(2)している。他方、回游するイカの群れを追った出稼ぎ漁師等によって、出稼ぎ先で民間によっても技術移動している。

スルメイカは、現在コンピュータ制御の自動イカ釣具で釣獲され、これまで必要とされた人間の持つ勘とかコツといったものが軽んじられ、海に寄せる思いも薄らいでいる。

しかし、佐渡の海府では、今でも小正月には神棚の前にイカを模したツクリモノを作り象徴的に飾っている。機械化された今日でも、かつての生業のありようを示している祈りの形が、海の恩恵を忘れるなと語りかけているように思えてならない。

**注**

（1）ソクグ、ツノには生イカの切り身を巻き付けた鈎を使用。
（2）筆者は、技術に関する伝播について、伝わり方が急速であることから技術移動と呼んでいる。

**参考文献等**


池田哲夫　二〇〇四『近代の漁撈技術と民俗』吉川弘文館
奈須啓二他　一九九一『イカ――その生物から消費まで』成山堂書店

# 鼓童の島内被教育力と内外発信活動

菅野敦司

●すがの・あつし　一九五六年生。中央大学経済学部国際学科卒。カリフォルニア大学サンタバーバラ校大学院経済学修士（開発・統計経済学）。一九八二年より鼓童に参加。これまで、主に海外との制作業務を担当し、鼓童のマネージャーとして三五ヶ国を訪ねる。一九八八年より佐渡で毎年開催されている、国際芸術祭「アース・セレブレーション」では、総合プロデューサーとして企画の立案と運営を統括。また、佐渡の廃校を拠点としてコーネル大学経営大学院と共同で進める、社会人向け研修プログラム「未来の学校」を推進する等、日本の地方から未来を構想する事業を実施。一般社団法人佐渡観光交流機構監事、アメリカの非営利団体 Kodo Arts Sphere America 理事、にいがた観光カリスマ。

日本の伝統芸能・工芸を学ぶ学校（日本海大学）を作り、地域を担う人材を育てる、という目的で一九七一年に佐渡で始まった私たちの活動も、今年で「鼓童」創設から三六年、前身の「佐渡の國　鬼太鼓座」（以下鬼太鼓座）から四八年になる。その間社会の中での太鼓をはじめとする伝統芸能に対する関心と役割は大きく変わってきている。私たちの活動が始まった七〇年代初頭は、西欧的近代化の流れの中で、地域における芸能は疎んぜられ衰退の危機に瀕していた。そんな時代に、太鼓を中心とした芸能を元に、地域の活性化を旗印に始まった私たちの活動は、奇異なものに見られた。また、太鼓を劇場で演ずるという行為そのものが、前例のないもので、私たちが過ごした歳月は、そのような分野を確立していく道程であったといえるかもしれない。

そして、「ワン・アース（一つの地球）」をテーマに掲げ、言葉を越えた交流を重ねてきた結果、これまでに鼓童として国内外五〇カ国で六〇〇〇回以上の公演を行うまで成長することができた。

現在、日本全国には一万五〇〇〇団体以上とも言われる太鼓グループが存在し、地域おこしの面からも振興され、また邦楽教育が小中学校の授業に取り入れられるなど、太鼓を取り巻く環境は大きく変わってきている。そして、太鼓表現の舞台芸術の側面だけでなく、健常者・障がい者、日本人・外国人の垣根を超えて人をつなぎ、新たな地域コミュニティを創造していく「太鼓の力を社会に活かす」活動が求められている。そこで、鼓童では「公演以外の各種の非営利活動」を公益法人という形で独立させ、社会教育や地域活動に重点をおいた財団法人を、新潟県の認可を得て九七年に設立した。

## 人材育成

その活動の一つに人材育成の場としての、鼓童文化財団研修所の運営がある。研修所は廃校になった旧岩首中学校を地元集落からお借りして、寄宿舎兼稽古場という形で使わせていただいている。研修所の目的は、太鼓や芸能に関する技術面だけでなく、肉体的、精神的にもバランスの取れた人間育成を目指し、二年間のカリキュラムには太鼓、踊り、唄、三味線といった芸能の稽古はもちろんであるが、その他に佐渡の方々を先生に、能の謡い、茶道、陶芸などを習い、地元のお祭りの季節には鬼太鼓の稽古に毎晩通わせていただき、祭りにも参加させていただいている。そして、農業実習として田圃や畑、柿畑での作業にも取り組んでいる。研修所卒業後、数名が鼓童の準メンバーに選ばれ、見習い期間を経て正式のメンバーとなるが、メンバーにならずとも研修所を卒業し、日本各地で活躍する卒業生が増えてきている。

## 国際交流

もう一つの力を入れている活動に、国際交流がある。その中心となるのが、一九八八年より佐渡で毎年開催している国際芸術祭「アース・セレブレーション（地球の祝祭）」である。私たちが世界各地を旅する中で出会った人々を佐渡に招き、豊かな自然の中で多様な文化を交錯させる場を創りたいと考え、小木地区に鼓童村を開村したのを機に始めた。佐渡市長を大会長に、地元の行政、企業、NPO等により、実行委員会組織で運営している。昨年三〇回目の開催となり、これまでに世界約三〇カ国からゲストを招き、佐渡を世界と繋ぎ、地域の方々が島を島外の人たちに開放して、一緒に交流するイベントに育ってきている。

そのような活動が評価され、アース・セレブレーション実行委員会が一九九四年に外務大臣表彰、国際交流基金の地域交流振興賞、二〇〇八年に（財）地域活性化センターのふるさとイベント大賞（大賞・総務大臣表彰）、鼓童文化財団が二〇一七年に総務省「ふるさとづくり大賞 団体表彰（総務大臣賞）」、文化庁「地域文化功労者表彰（芸術文化分野）」の受賞をいただいた。そして、今年から文化庁が国内一一カ所を選定し、国際的な芸術文化発信拠点の形成を目指す事業の採択をいただいた。佐渡の資源を総動員して、国内外から人を呼び込み、島民と交流する中で、島の魅力を体感していただき、佐渡の活性化の原動力になるイベントとして、一段の飛躍を図っている。

最後に、私たちの活動の生みの親のお一人であり、支援者であった故本間雅彦氏（佐渡農業高校教諭）が一九六四年に作られた「佐渡発見」という小冊子に掲載した、キリスト教思想家の内村鑑三が明治三十三（一九〇〇）年に佐渡新聞に寄せた一文を紹介させていただきたい。

「佐渡は北海の一孤島なりとてジズから心に蔑しみ給う勿れ。佐渡日本国の一部分にして又宇内の一要点なり。（中略）

アース・セレブレーションは、地域に活力を生み出している。

広く世界知識を求められよ。佐渡の繁栄は佐渡一円の事のみ思うて達し得べきものに非ず。佐渡人類全体の進歩と共に開明の域に達し得る者なり。」

この言葉を受けて、本間先生は「佐渡は全人類に働きかけるチャンスを与えられて、その具体的な方法は、島全体を日本の灯台にすることである。」と書かれている。そして、佐渡の役割として「教育の島」「日本人の心のふるさと」の、二点を挙げられている。

佐渡は歴史的に、島外からの人と物の流入によって、個性ある文化が形成されてきた。しかし、明治以降、交通手段が船から鉄道、道路に変わる中で、離島と表現される辺境の地となり、外部との交流は限られ発展を阻害してきた。そのことは、逆説的に見れば、佐渡に現代の日本人が失ってしまった「何ものか」を残し、その「何ものか」がこれからの未来を考える上で、学びと癒しを提供するのではないかと考えている。その意味で、佐渡から太鼓を持って世界を旅する私たちが、島内外をつなぐ使命と役割を持っている意味をあらためて認識し、佐渡の人たちと未来を考えていく「学び」の場づくりを、これから一層深めていきたいと考えている。

# 離島佐渡専門学校の専門技術者育成活動

本間慎

●ほんま・しん　一九三一年生。東京農工大学名誉教授。一三一一五期日本学術会議会員。日本環境学会顧問・元会長。フェリス女学院大学名誉教授・元学長。伝統文化と環境福祉の専門学校顧問・元学校長。農業博士（東京大学）。著作に『おいしい水、豊かな土』（フェリス女学院大学、二〇〇二年）等。

## 本校の設立理由

二〇〇七年、佐渡を活性化することを検討していた当時の高野宏一郎市長はＮＳＧグループの池田弘会長に当該問題を依頼した。池田会長は同グループの中に佐渡活性事業部を設置した。検討した結果、歴史ある佐渡の伝統文化、トキの住む環境と高齢化が進行する佐渡の介護福祉問題の現状に鑑み、その解決に寄与する専門学校を二〇〇八年四月に開校することとなった。その名称を「伝統文化と環境福祉の専門学校」とした。設置学科は、伝統建築学科、自然環境保全学科、陶芸デザイン学科、竹芸デザイン学科、介護福祉学科とした。教育の基本理念としては、佐渡全域をキャンパスとして学び、佐渡の活性化に貢献しながら「ものをつくり、自然とふれあい、人を支え、自ら考え、自ら未来を生み出す」ことができる学生を養成したい。社会、企業そして施設で、即戦力となり、協働できる人材が輩出することを期待したい。

伝統建築、陶芸デザイン、竹芸デザイン各学科では、佐渡の豊かな歴史や文化を学びながら、次世代へその伝統技術を伝承することのできる宮大工、陶芸、竹芸家を養成する。

自然環境保全学科では、トキが自然界に舞う美しいエコアイランド佐渡を学び、ジオパーク、ジアス、佐渡金銀山の世界遺産登録に協力し、農林漁業など豊かな自然環境である「佐渡」の全域をキャンパスとして現場第一主義の現地調査や地球環境対策に貢献できる自然環境保全技術者を養成する。

介護福祉学科では、高齢化がすすむ佐渡において高齢者が安心して生活できるぬくもりに満ちた人と自然とのふれあいを大切にできる介護福祉士を養成する。

本校は以上の教育理念に基づき、地域に根ざし、地域の活性化に寄与するのみならず、全国に羽ばたける技術者の養成をめざし

**学生が建設した鳥居の前で**（熊野神社）

ている。

**学科の活動状況**

伝統建築、陶芸、竹芸、自然環境の勉学は、佐渡だからこそ、その真髄を学ぶことが可能である。それは、佐渡全域がその歴史的遺産を有しているからである。たとえば、伝統建築においては、佐渡には神社仏閣や能舞台等が多く存在し、妙宣寺には新潟県でただ一つの五重の塔があるが、これは佐渡の宮大工が建築したものである。陶芸では、「無名異焼」があり、竹生産地として竹工芸が盛んであった。江戸時代に四度、圧政の苦しみに耐えられず「農民一揆」があり、徳川幕府はその指導者二六名を処刑した。その犠牲者を祀った「佐渡一国義民殿」は台風で破壊され、地元では再建資金に苦労されているのをみかねた本校の学生たちが、ボランティアで授業の合間をみて一年がかりで再建したことは、佐渡では大きな話題となった。その他、自治体や企業との連帯で修理・再生を実践した所は、諏訪神社高欄・外壁修理、引田部神社高欄取り替え、佐和田地区能舞台修理、得勝寺改築、熊野神社鳥居建設（**写真**参照）等実践の場で宮大工の「棟梁」から直接の指導を受け腕を磨く教育が行われている。毎年、技能五輪全国大会や技能競技大会で優秀な成績を収めている。竹工芸では二〇一一年第六〇回日本伝統工芸展竹芸部門において本校の卒業生である本田責海君の作品「飛翔」が日本工芸会新人賞を受賞した。自然環境保全学科では、トキの天敵のテンの生態調査を実施したり、市民とともに環境保全活動に参加したりしている。介護福祉学科では、島内の介護施設を中心に介護、福祉事業に参加している。

　現在、島内少子化の進行もあって伝統建築学科を除く学科の学生募集は停止している。伝統建築学科では本年度から四年制の京都造形芸術大学との併修コースを設け、佐渡で同大学と当該専門学校を同時に卒業できる制度を設けている。

　地域住民や行政と連帯し、活性化を進めながら技術を修得できる専門学校の存在意義は大きいといえるであろう。

# 協働が根付く粟島の暮らし

野呂一仁

●のろ・かずひと　一九七一年生。立正大学文学部専任講師。地域社会学。著作に「島嶼地域における外的資源の導入とその受容――日本海島嶼新潟県粟島を事例に」(『立正大学人文科学研究所年報』五五号二〇一八年三月)、「島嶼地域における協働の形――日本海島嶼の事例」(『立正大学文学部論叢』一四〇号二〇一七年三月)等。

## 独立自尊の島

　日本海佐渡島の北東に位置する粟島《あわしま》は、約九$\mathrm{km}^2$の島である。二〇一八年現在一島一村を成し、島を東海岸と西海岸に分ける標高二〇〇mほどの山々が島の背骨のように連なっている。東海岸に内浦、西海岸に釜谷の二集落があり、新潟県村上市の岩船港と島を結ぶ粟島汽船の定期船が発着する粟島港のある内浦集落には、粟島浦村役場をはじめ、粟島浦漁業協同組合など島の主要な公共機関が集積している。西海岸の釜谷集落は、新潟県道三二一号釜谷内浦線を粟島港から約六km進んだ先にある約三〇世帯から構成されており、第一種釜谷漁港から二〇〇mほど続く狭あい道路を挟み家屋が密集している。

　北前船の往来が盛んな頃には、海上時化の際、島の東側が島陰となり、船の一時的な避難場所として重宝されていた。また、明治初期には、島で湧出する豊富な水の補給を求めて、航行する船舶が島の東海岸の内浦集落の沖合に投錨するなどの記録もあり、

**栗島の西海岸釜谷集落全景**（筆者撮影）

日本海の海上交通が盛んな頃には、一定の役割を担っていたことが近年明らかになっている。しかし、近代の鉄道網整備や、その後のモータリゼーションは粟島の地位を相対的に低下させ、海路を通しての他地域との交流は、本土側の一地点ないし二地点間の行き来が中心となり、交流の多様性は失われていった。

中心となる産業は漁業である。かつては全戸から人を出し、「大謀網漁」と呼ばれる大型定置網漁が行われていた。島の協働の象徴とも言えたが、高齢化が進む中で全戸からの人の供出は困難となり、また定置網の更新時期を契機として、平成八年に粟島定置株式会社が設立され、大型定置網漁は協働の伝統を引き継ぎつつ、島の漁業の中核としての役割を果たしている。集落毎の漁港では刺し網漁を中心とした各戸の漁業が営まれている。また漁業を営む多くの家では民宿、遊漁船を営業しており、漁業と並ぶ島の主要産業となっている。

## 島が抱える課題

島の漁業において高齢化の問題は、対策を必要とする喫緊の課題である。漁業後継者の不在は、漁協の成立要件を満たせないという事態が生じる。漁業を維持できない島では、漁業と連関する観光業の衰退につながり、そのことは離島航路の維持を困難にする。粟島での人口減少は、島全体の問題として共有され、様々な施策が打ち出されている。特に島の外部との交流促進は、島のありようを大きく変化させている。

日本海で近接する佐渡島、山形県酒田市の飛島との交流事業「三島交流」は、かつて海路で繋がっていた三つの島を、現代において繋げる意欲的な交流事業であり、近接していることの意味を表出させる取り組みが行われている。また、毎年六月に実施される「クリーンアップ作戦」は、島の海岸に流れ着く漂着ゴミを撤去する取り組みであり、島外から多くのボランティアを募り、大規模な海岸清掃が行われる。ゴミの種類から見えてくる島と海の関係や、回収した大量の漂着ゴミ処分問題、ボランティアの協力がないとこの問題に対処できないという島の実情、具体的には人口減少や高齢化について、多くの人に気づいてもらうきっかけを作っている。

人口減少の主な要因は、島内に高等学校が所在せず、十五歳人口がほぼ自動的に流出し、流出した人口を島に還流させるための枠組みがうまく構築されていないことにあるといえる。また医師の常駐がなく、島の医療を支えるへき地診療所も、村で採用する看護師の定着が進まず、健康不安を抱える高齢者にとっては定住条件が厳しい状況にある。人口を増やす取り組みと併せて、減少を止める施策が必要となる。粟島浦村教育委員会が行っている事業「粟島しおかぜ留学」は島の魅力を活用し、島外の児童生徒を受け入れることで、児童生徒数の増加とともに、連動する教職員の増加、事業にかかわる雇用を創出し、人口増の一翼を担っている。

観光業の振興も島にとって重要なテーマである。釣り客を対象とした船宿ともいえる業態は早くから行われており、かつては釣り客を本土に送迎し、島での釣りに関わる一切の世話をすることが行われていた。現在島にある民宿は、その流れを汲んでいるところもある。島の観光は釣りというレジャーに負うところが大きいが、新たな形態の観光も模索されているところである。二〇一六年には新業態の宿泊施設としてゲストハウスが誕生し、粟島観光の多様化に一石を投じた。また「あわしま自然学校」という自然体験型の観光メニューの拡充は、外部からのノウハウを取り入れ、粟島の魅力を外部に発信するツールとして今後期待されるものである。

規模が小さく、協働の伝統や、島のことは島で決める意識など、内発的発展のための要件は備えている粟島ではあるが、その担い手の確保が求められている。外部ノウハウの導入は、ワカメ養殖など漁業分野での実績を備えていることから、漁業以外の分野に水平展開することが島の将来に必要である。現在進められている行政分野での外部人的資源の導入と併せて、民間セクターでの人材育成が期待される。

**参考文献**
粟島浦村教育委員会、新編粟島今昔物語創刊号
長嶋俊介、2015『九州広域列島論——ネシアの主人公とタイムカプセルの輝き』鹿児島大学国際島嶼教育研究センター、北斗書房
山内道夫・岩本悠・田中輝美、2015『未来を変えた島の学校』岩波書店

# 花がおこし結ぶ島づくり

## 【飛島・粟島・佐渡島の三島交流と「とびしま未来協議会」の挑戦】

呉尚浩

●ご・なおひろ　一九六六年生。東北公益文科大学教授。とびしま未来協議会事務局長。地域づくり論、環境社会学。著作に「都市近郊における里山保全の新たな展開と課題」（『アメニティと歴史・自然遺産』東洋経済新報社、二〇〇〇年）、「飛島・心の交流からはじまる島づくりをめざして」（『大学地域論』論創社、二〇〇六年）、「森と人の新たなつながり――多様な主体の共創による庄内海岸の森づくり」（『鳥海山の水と暮らし』東北出版企画、二〇一〇年）、「海岸ごみの問題」（『海岸林との共生』山形大学出版会、二〇一一年、いずれも共著）等。

日本海に浮かぶ飛島は、山形県唯一の離島であり、酒田市の一部離島である。酒田港沖北西三九・三キロに位置し、周囲一二・〇km、面積二・七五km²。二〇一九年四月末においては、人口一九一人、平均年齢六十九・九歳（高齢化率七四・九％）である。

飛島との出会いは、酒田市に東北公益文科大学が開学した二〇〇一年に、はじめての一年生の夏合宿で、飛島を訪れたことである。私たちが目にしたのは、小さい島だからこそ歩いて周り容易にアクセスできる島の自然の豊かさ、伝統的な漁村の風景とそこで自然と共に生きる人々のたくましさ、そして島の西海岸に押し寄せ、浜を埋め尽くす膨大なごみの山であった。その感動と衝撃のあまり、この飛島の魅力を発信し、高齢化し人口減少が続く島の将来に希望を持たせ、ごみをなくすことのお手伝いをしたいとの強い思いが、私と学生に湧き起こってきた。以来一九年にわたり、教員・学生ともに、島民・島の応援団の皆さんと一緒に、島づくりに携わらせていただいている。

海ごみ問題については、二〇〇一年からはじまった多様な主体の協働による飛島クリーンアップ作戦と、全国的な市民主導による海ごみ問題解決への動きが連動し、二〇〇三年にはじめての離島ゴミサミットを飛島で開催。その後、全国各地で開催された同サミット（その後海ごみサミット）が大きな役割を果たし、二〇〇九年には超党派の議員立法で「海岸漂着物処理推進法」が制定される中で、同クリーンアップは全国のモデル的事例として知られることになった。この間、島の西海岸の一部分は、毎年新たに押し寄せるごみはいまだに続くものの、ひとたびリセットさせることとなり、本来の砂浜が見えるようになった。

最近では、二〇一六年から「美しい山形の海プラットフォーム」が主催し、NPO法人IVUSA（国際ボランティア学生協会）が中心となり運営する全国一五〇人規模の学生ボランティアによる四泊五日の海岸清掃企画「いぐべ、飛島」が開催されるようになり、その協力は避難路の整備など地域課題の支援へと広がることが期待されている。

## 共に島の未来を考え、実現していく場としての「とびしま未来協議会」の誕生

一方で、「地域住民の主体的な発想や行動を核とし、地域資源を持続可能な形で活かす」内発的島づくりの始動への道のりは一歩ずつであった。飛島クリーンアップ作戦の存在は、島外者が関わることで、島の三集落のそれぞれで浜が管理・利用されていた島人の意識を変えることになり「飛島の浜」との認識を生み、島民の島づくりにおける連帯感を少なからず生み出した。また、従来あまりなかった島づくりや自然保全活動に島外者が関わる契機となった。

二〇〇四年には、年に一度の天保そば・ごどいも収穫感謝会がスタートし、島のさまざまな分野の応援団と島民、応援団同士の交流・協力が進んだ。二〇〇五年には、お茶のみ話の中から島民のアイディアを拾い上げ、島民一人と学生・教員一〇人ほどで、海ごみを回収した海岸に島本来の景観を取り戻す「トビシマカンゾウ保全」の活動がはじまった。

二〇〇七年に、大学の教員と大学院生・学部生からなる「とびしま未来研究会」(二〇一六年から「とびしま未来研究所」)が、山形県から離島振興推進調査を受託した際には、①島民がより豊かに住み続けるための施策、②U・Iターン者を誘致するための施策、③交流人口を増やすための施策、④自然環境保全・自然資源活用による島づくりのための施策、⑤合意形成の場づくりのための施策の五分野にわたって提案し、その中心に据えたのが飛島において弱体化していた合意形成の場の新たな創出であった。

その後、この提案の多くが実を結ぶことになるが、特に合意形成については、自由に島の未来を語ることのできる井戸端会議的、サロン的なインフォーマルな場と、公的に合意形成を行い事業を実行できる場と仕組みづくりの必要を長らく痛感していた。前者は、二〇〇八年から学生たちによる夏季の観光客・島民を対象とした情報共有・サロン的な「しまの家」事業としてはじまり、後者は、二〇一一年に島民、島の応援団(NPO、大学、市民団体など)、行政(酒田市、山形県)が、共に島の未来を考え、実現していく場である「とびしま未来協議会」の発足につながった。同年から、しまの家を発展させ「しまかへ」(発足時はしまCafé)を協議会事業としてスタートし、その後ここを中心的な拠点として二十代から三十代のU・Iターン者が生まれることになった。

住民参加がはじめて謳われた二〇一三年の離島振興計画策定の際には、協議会が島民案をまとめ、それを県と市に提案することで、一部離島における住民参加の島づくり計画策定の良き事例と

**第10回を迎えた佐渡島・粟島・飛島の三島交流会**（2018年8月、飛島にて開催）

なった。その際、島民・応援団関わらず、最も多くの関心を集め、活発に議論されたのが津波を中心とする防災問題であった。そこで、協議会活動の活性化のために「地区防災計画づくり」を核とした地区防災・減災の仕組みづくりをその後の協議会の主要なテーマの一つとして進めている。

## ごみの交流から花の交流へ
### ——三島交流によって活性化された内発的な島づくり

さて、新潟県佐渡島・粟島、飛島による三島交流は二〇〇七年に佐渡で開催された第五回海ごみサミットの機会に、佐渡でトビシマカンゾウ保全に関わっている「佐渡・花の島プロジェクト実行委員会」のメンバーが、酒田副市長にカンゾウのふるさとである飛島との交流を申し入れたことではじまった。期せずして、このサミットには、飛島と佐渡島の間に位置する粟島浦村からも村長をはじめ参加があったために、カンゾウに限らず広く「島の自然資源を活かす島づくりを共に学び合う」年に一度の交流会として二〇〇七年にスタートした。

第一回目の飛島での三島交流会の準備にあたってはカンゾウ保全に飛島島民が多く参加することとなり、第二回の佐渡交流会において大野亀地区のカンゾウ保全作業から島民が直接学んだことで、学生主体ではじまったカンゾウ保全は島民主体の活動へと引き継がれ、内発的島づくりの第一歩となった。

その他の三島交流の成果としては、飛島での経験を活かし粟島クリーンアップ作戦がはじまったり、緑のふるさと協力隊（NPO法人地球緑化センター事業）を導入して成功している粟島から学び飛島でも協力隊を招くなど、互いの島づくりにおいて大きな成果が見られた。また、同時期に三島を結ぶ観光船が不定期で就航したり、漁業者間の交流などの動きもあった。

このように、島びと同士が交流することにより、互いに刺激し合い、島びととしての誇りを再確認し、自分たちの島の経験にはなかったことを、他の島の経験を活かすことで乗り越えようという意識が生まれ、内発的な地域づくりの動きへとつながっている。

その後、飛島においては、緑のふるさと協力隊の導入が功を奏し、最初の隊員と他のU・Iターン組の若者が「合同会社とびしま」を設立。飛島と酒田の本土側を拠点として意欲的な事業を多角的に展開し、社員は毎年増えて現在一四人にいたっている。二〇一八年度からは、とびしま未来協議会会長として、そのメンバーであり島外（山口県）出身の二十代後半の若者が選ばれるにいたった。

二〇一七年十一月に、とびしま未来協議会は「地方自治体施行七〇周年記念」の総務大臣表彰を受賞するなど全国的にも注目を集めているが、ここに来て、飛島の島づくり、そして島々の交流を活性化させるテーマとして再び注目を集めているのが「トビシマカンゾウ」である。

とびしまの魅力発信において、大きく期待されているのが二〇一六年九月に正式に日本ジオパークに認定されたことだ。これを機に多くのジオガイドが養成され、彼らが新たな島づくりの担い手となりつつある。その流れの中で、従来の島民主体のトビシマカンゾウ保全に加えて、ジオパーク推進の流れで市民ボランティアを募ったカンゾウ保全がはじまった。新たなカンゾウ保全の担い手を迎え、二〇一七年度からは、とびしま未来協議会主導で「トビシマカンゾウ保全と活用のための意見交換会」が、関係者間で開催されることとなり、今後は専門家チームによる保全の指針づくりに取り組む予定である。さらには、三島交流での分野別交流も新たに展開され、二〇一八年六月にはじめて、トビシマカンゾウ開花期の佐渡メンバーの飛島訪島が実現した。また、同年九月には、飛島ではじまったIVUSAの全国学生による活動が、佐渡のカンゾウの大群生地である大野亀海岸、二ツ亀海岸の海岸清掃活動につながることとなった。

さらには、飛島においては、現在、山形県・酒田市が中心となり、島民、NPO、公益大などと連携して進める「飛島振興重点プロジェクト」が、「観光交流、産業振興」「安全安心・生活環境」「移住・定住」の四分野において進行中である。中でも、先の離島振興計画づくりにおける島民（協議会）案で提案された「海の拠点（観光中心）・山の拠点（防災中心）の整備」「避難路の再整備」など、長年の提案の実現へと向けた動きが進んでいる。

島の応援団（公益的な民の力）を育てること、島において応援団も含めた合意形成の場をつくること、未来のビジョンを描くこと、島じまの交流の力を活かし島民の島づくりへの主体性を育むこと、そのなかで次世代に島を引き継いでいくこと。これらによって、自然資源を活かした持続的な島づくりが、ゆっくりとではあるが着実に進んでいることに、島々の未来への確かな希望の灯がともされていることを感じている。

# 北海道・日本海離島の航路と航空路

奥野一生

●おくの・かずお　一九五三年生。名古屋商科大学非常勤講師。交通・観光地理学。著作に『日本のテーマパーク研究』（二〇〇三年）、『日本の離島と高速船交通』（二〇〇三年）、『新・日本のテーマパーク研究』（二〇一二年）、『観光地域学』（二〇一八年、以上竹林館）等。

近世後期、大型化された北前船（西廻り航路）は、沿岸港より沖合の佐渡・隠岐を寄港地とし、昆布を代表例とする特産物と上方の文化が行き交い、遠方ながら豊富な物資と最先端の情報が島嶼にもたらされた。冬季の海象に対しては、春夏秋に日本海、冬に瀬戸内海を航行する工夫がされた。近代期の鉄道開通により、航路体系は、対岸との「離島」航路となる。

## 就航船舶からみた航路の変遷

佐渡航路は、一九三一（昭和六）年上越線開通（清水トンネル開通）に続き、一九三二（昭和七）年佐渡汽船誕生（三社統合）、新潟県出資の「半官半民」で経営方針に「観光佐渡」を掲げた。同年に初代「おけさ丸」が就航、画期的快速船で、戦後の所要時間とそん色がないスピードであった。佐渡金山は、明治期から有料で坑内見学を実施、昭和初期に「観光島」へと大変貌した。一九六七（昭和四十二）年佐渡航路初のカーフェリー「さど丸」就航、一九七七（昭和五十二）年日本初・超高速船ジェットフォイル「おけさ」ボーイング社製が就航、一九八九（平成元）年超高速船ジェットフォイル四隻体制、一九九三（平成五）年離島航路最大船「おけ

奥尻空港（1984年）

さ丸」就航、超高速船ジェットフォイル・フェリーともに最多・最大の輸送体制になった。二〇〇三（平成十五）年ジェットフォイル三隻体制に減船、二〇一五（平成二十七）年オーストラリア製新型カーフェリー「あかね」就航、最新船導入という進取の気風は健在です。

隠岐航路は、一九七二（昭和四十七）年隠岐汽船フェリー「くにが」就航、一九八四（昭和五十九）年高速船「マリンスター」就航、一九九三（平成五）年高速船「レインボー」就航、一九九八（平成十）年高速船「レインボー」二隻目就航、一九九九（平成十一）年フェリー「くにが」（二代目）就航、二〇〇四（平成十六）年フェリー「おき」（三代目）就航、二〇一四（平成二十六）年超高速船ジェットフォイル就航を迎えた。

利尻・礼文・奥尻航路は、一九三七（昭和十二）年利尻礼文航路が稚内利礼運輸となり、一九六七（昭和四十二）年フェリー「奥尻丸」就航、一九七〇（昭和四十五）年フェリー「第一宗谷丸」就航、一九七二（昭和四十七）年稚内利礼運輸と道南海運が合併して東日本海フェリーに、二〇〇八（平成二十）年ハートランドフェリーとなり、海象に配慮したフェリーを導入している。

天売焼尻航路は、一九三五（昭和十）年苫前両島定期航路設立、一九四二（昭和十七）年両島運輸に、一九八九（平成元）年フェリー「おろろん」就航、一九九一（平成三）年単胴高速船「さんらいなぁ」就航、一九九二（平成四）年羽幌沿海フェリーに、二〇〇一（平成十三）年フェリー「おろろん2」就航、二〇一三（平成二十五）年単胴高速船「さんらいなぁ2」就航、継続して季節運航の高速船を配船している。

粟島航路は、一九五三（昭和二十八）年粟島汽船運航開始、一九七九（昭和五十四）年単胴高速船「いわゆり」就航、一九八三（昭和五十八）年フェリー「みゆき丸」就航、一九八九（平成元）年単胴高速船「あすか」就航、一九九二（平成四）年フェリー「あわしま」就航、二〇一一（平成二十三）年双胴高速船「きらら」就航、島規模に対し比較的大型船が就航、日本海側の海象を考慮、また、早期に高速船を導入、最新の双胴高速船「きらら」も好評で、高速船による新潟市への航路再開を目指しています。

飛島航路は、一九八九（平成元）年双胴普通船「ニューとびしま」就航、双胴高速船タイプ船を普通船として運航、日本海側初の双胴船であったが欠航率が高く、その後の飛島に大きな影響を与えた。二〇一〇（平成二十二）年双胴普通船「とびしま」就航、前船と同タイプである。

## 航空路の開設と変遷

航空路では、一九三五（昭和十）年日本海航空松江（宍道湖畔）～隠岐（黒木水上飛行場）線開設が、離島航空史上、画期的である。一九五七（昭和三十二）年北日本航空稚内～利尻（牧場内展圧滑走路）遊覧飛行開設、一九六二（昭和三十七）年利尻空港開設、一九九九（平成十一）年ジェット化（季節運航）されて新千歳空港（定期便）や成田空港（チャーター便）があるなど、盛況な離島空港である。

佐渡空港は、一九五八（昭和三十三）年の早い開設で、富士航空・日本国内航空・横浜航空・日本近距離航空・新中央航空・旭伸航空と運航会社が変遷、現在、定期便はない。

隠岐空港は一九六五（昭和四十）年供用開始、一九六九（昭和四十四）年YS化、一九八二（昭和五十七）年冬季閉鎖から通年運航化、二〇〇六（平成十八）年ジェット化（季節運航）された。

奥尻空港は、一九七四（昭和四十九）年開設、DHC六機に次いでサーブ機の運航である。

礼文空港は、一九七八（昭和五十三）年～二〇〇三（平成十五）年稚内線が運航された。

以上をまとめてみると、北前船以来、季節的制約に対応した航路・航空路体系が形成され、佐渡航路のジェットフォイルやオーストラリア製新型フェリー、粟島航路の高速船など、他の離島の先駆けとなる離島航路に適した船舶が導入された。

航空路も、利尻の新千歳線、隠岐の伊丹線と、ジェット機で大都市と結ばれている意義は大きい。海域の特異性からの対応ではあるが、離島交通の今後の展望に大いに参考となる事例を提供している。

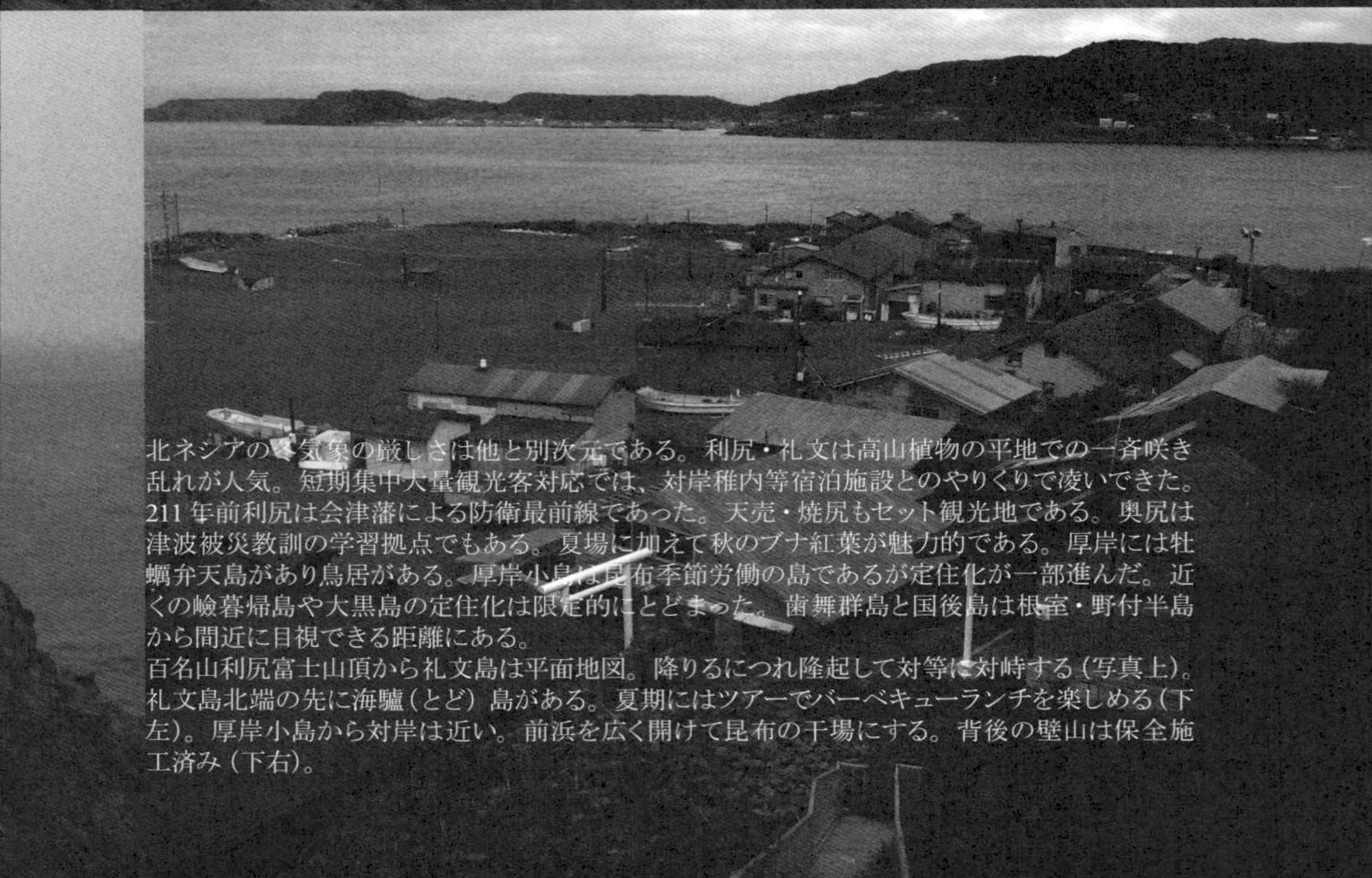

北ネシアの冬気象の厳しさは他と別次元である。利尻・礼文は高山植物の平地での一斉咲き乱れが人気。短期集中大量観光客対応では、対岸稚内等宿泊施設とのやりくりで凌いできた。211年前利尻は会津藩による防衛最前線であった。天売・焼尻もセット観光地である。奥尻は津波被災教訓の学習拠点でもある。夏場に加えて秋のブナ紅葉が魅力的である。厚岸には牡蠣弁天島があり鳥居がある。厚岸小島は昆布季節労働の島であるが定住化が一部進んだ。近くの嶮暮帰島や大黒島の定住化は限定的にとどまった。歯舞群島と国後島は根室・野付半島から間近に目視できる距離にある。
百名山利尻富士山頂から礼文島は平面地図。降りるにつれ隆起して対等に対峙する（写真上）。礼文島北端の先に海驢（とど）島がある。夏期にはツアーでバーベキューランチを楽しめる（下左）。厚岸小島から対岸は近い。前浜を広く開けて昆布の干場にする。背後の壁山は保全施工済み（下右）。

# 第13遍　北ネシア

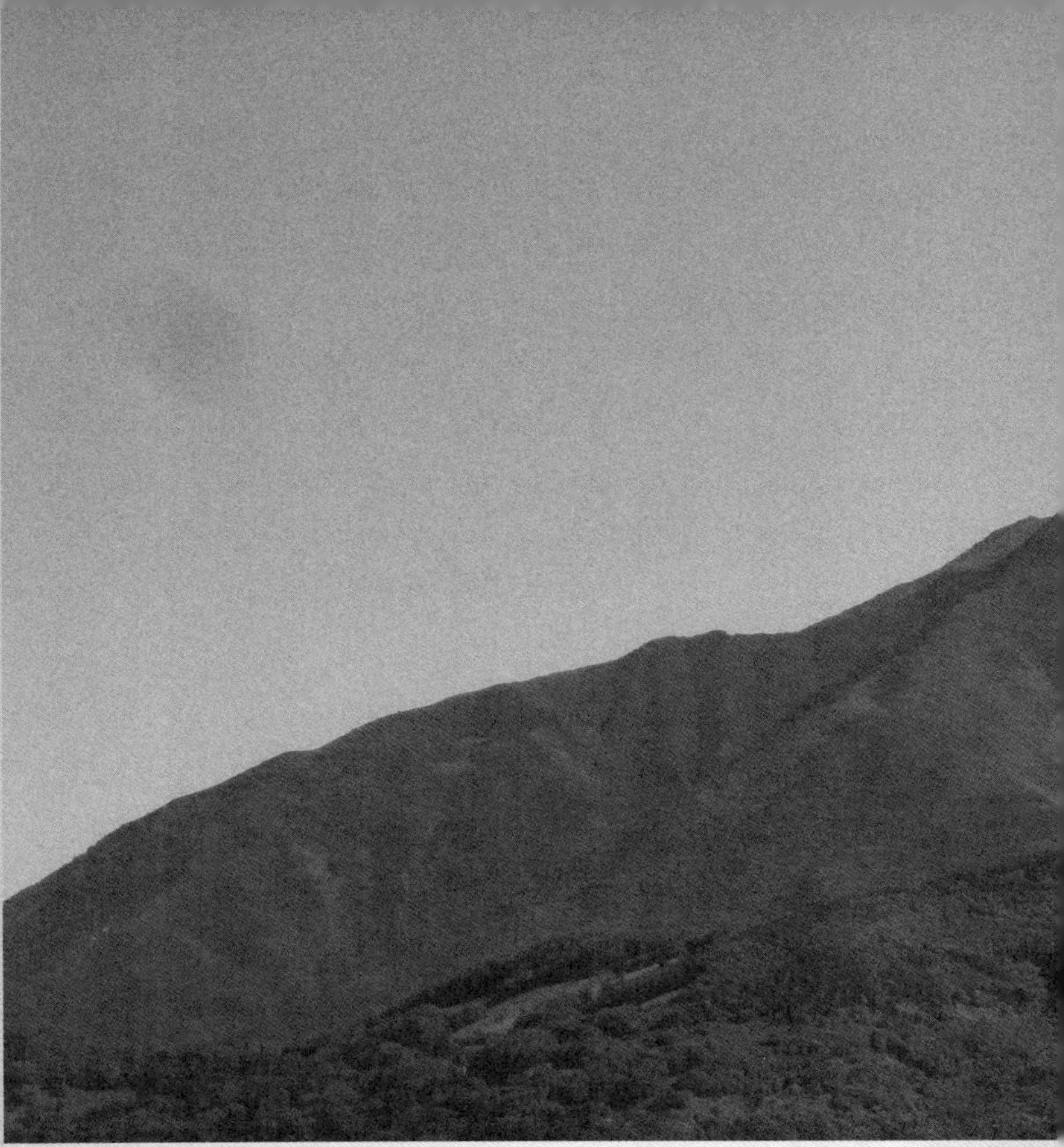

西北ネシアは日本海延長。北緯四〇度線以北の寒冷地。夏季集中観光の季節制約は本土側・隣島とも連携し洗練度を増している。松前（渡島）大島一七四一年大爆発津波では一七四一人犠牲者。一九二八年天然記念物指定後北限のオオミズナギドリは羽毛略奪で絶滅危機でもある。古くから東北から北陸地域までが出稼ぎ・定住者出身地。先住民アイヌの文化興隆も振興の鍵。東、北方ネシアの東北方四島は千葉県面積的広さ。未来志向的ネシア関係は千島・樺太経営経験＋技術貢献で、海域・環境・公園・科学・産業・暮らしの共立（共生の前提）が鍵となる。

図　隣国 ロシアとの位置関係

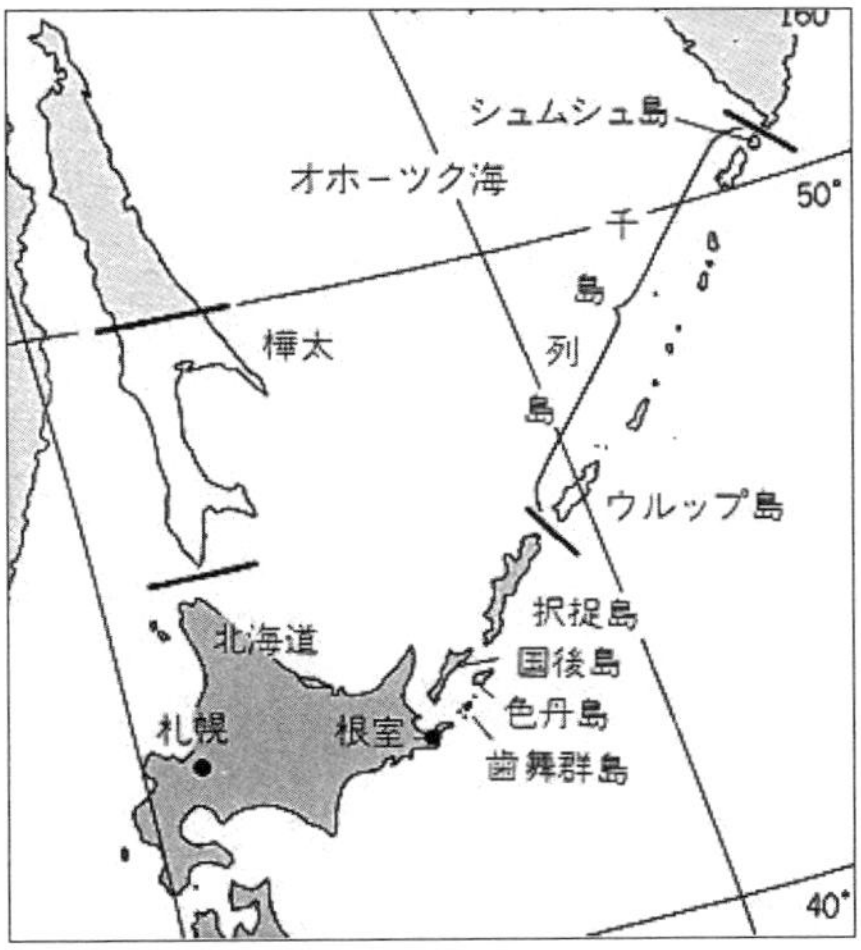


図　北ネシア全図（図から北海道を除いた島々）
自然島　185（うち北方四島 42）

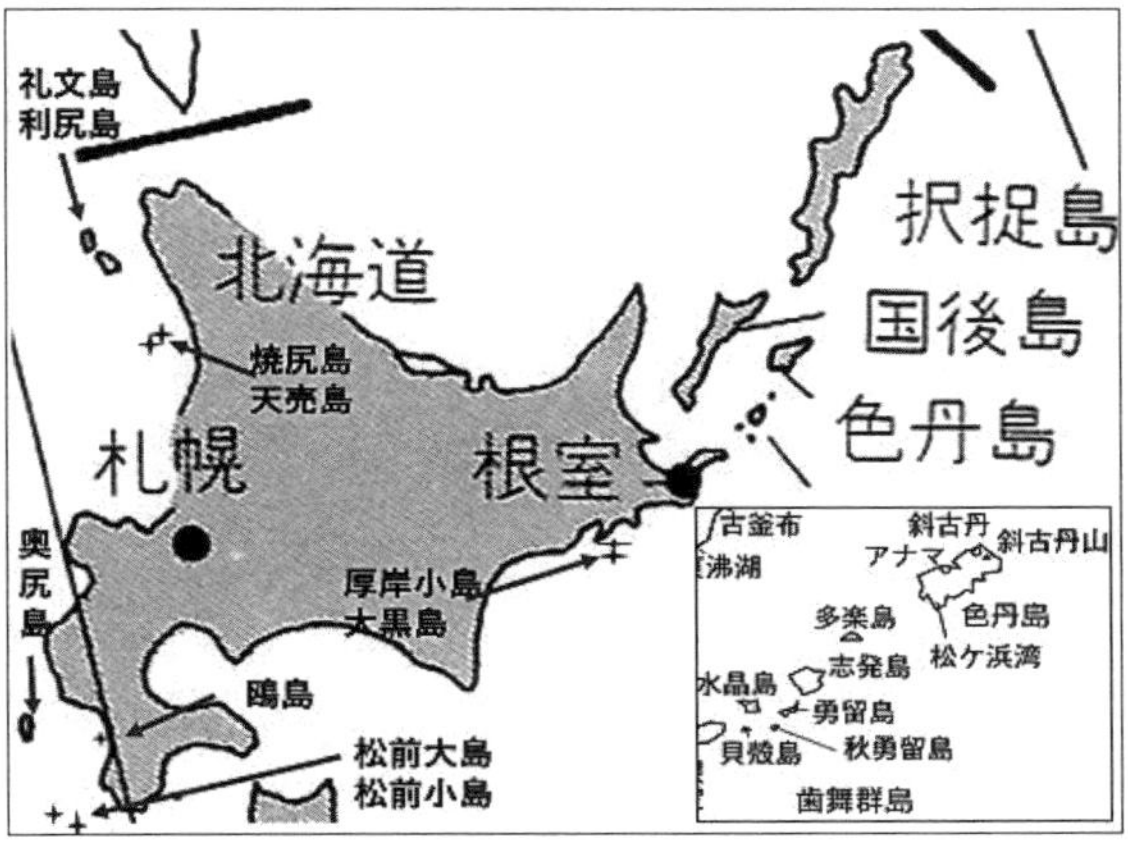


| 北方四島島名（露語島名） | 面積 $km^2$ | 1945 年 8 月世帯人口 | 村（集落） | 小学校 | 納沙布岬距離 km | 産業 | 備考 |
|---|---|---|---|---|---|---|---|
| 貝殻(シグナーリヌイ)島 | — | — | — | — | 3.7 | 昆布 | |
| 水晶(タンフィーリエフ)島 | 13.7 | 154 | 986(5) | 1 | 7.0 | 昆布蟹馬 | ヤン集 |
| 秋勇留(アヌーチナ)島 | 2.7 | 14 | 88 — | 1 | 13.7 | 昆布延縄馬 | |
| 勇留(ユーリ)島 | 10.6 | 79 | 501(3) | 1 | 16.7 | 同上 | 遠洋中継地 |
| 志発(ゼリョーヌイ)島 | 59.5 | 374 | 2,249(8) | 1 | 25.6 | 同上畑 79ha | 潜水漁旧役場 |
| 多楽(パローンスキー)島 | 11.7 | 231 | 1,457 — | 1 | 45.6 | 同上 | |
| 色丹(シコタン)島 | 250.2 | 206 | 1,038 1 | 4 | 73.3 | 水産加工海苔馬 | 国立公園構想 |
| 国後(クナシリ)島 | 1,498.6 | 1,327 | 7,364 2 | 6 | 37.4 | 馬狐林水孵化鯨 | 奥尻 45 戸 280 人 |
| 択捉(エトロフ)島 | 3,165.1 | 739 | 3,608 3 | 9 | 109.6 | 同上鉱山 | 高田屋嘉兵衛 |
| 計 42 島 | 5,032 | 3,124 | 17,291 7 | 24 | [国後ー野付半島 16.0km] | | |

データ）シマダス・日本島嶼一覧・千島歯舞諸島居住者連盟等

# 近世日本において鎖された扉に手がかけられた蝦夷のネシア

西谷榮治

●にしや・えいじ　一九五四年生。郷土史家。利尻島近世史。著作に『利尻の語り——先人たちの聞き語りで綴るもうひとつの島の歴史』（自費出版）、『利尻島　HTB豆本61』（北海道テレビ放送、一九九九年）、『利尻島の碑　利尻島豆本②』（利尻町、二〇一二年）、「リイシリ　離島の交通路」（『アイヌの道』吉川弘文館、二〇〇五年）、「史料紹介　利尻島仙法志村鯡漁場出稼漁夫に関する名簿」（『北海道の歴史と文化』北海道出版企画センター、二〇〇六年）等。

## 捕鯨船に乗って日本を目指す

一八四八年（嘉永元年）七月二日、利尻島の北にある野塚の沖合でボートが漂っていた。乗っていたのは異国人ラナルド・マクドナルドである。彼はテーシー島（礼文島）の沖合に碇泊した捕鯨船プリマス号から降船した。『The Friend』（一八四八年十二月一日号　ハワイ諸島ホノルル発行）にプリマス号の仲間が明かしたことが書かれている。「彼の意図は日本に滞在し日本語を身につけ、ここから首都江戸に行き、もし英国あるいは米国人が日本人と貿易を始めたら、通訳として働きたいと思っていた」とのことである。

ラナルド・マクドナルドの日本入国という目的は、どのようにしてつくられたのであろうか。それは、一八四七年秋にプリマス号に乗って捕鯨漁に出るまでハワイに滞在していた時に、『The Friend』（一八四六年二月二日号）を見たことによると思われる。そこには太平洋で日本の漂流民を助けた捕鯨船マンハッタン号の日本訪問記が書かれている、また捕鯨船の仲間の話題などから日本についての知識を吸収したと思われる。このことは、ラナルド・マクドナルドが一八四九年四月に長崎を出て香港から五月二十四日付で『The Friend』編集者デーモン氏に宛てた手紙が明らかにしてくれる。「私の日本への旅行にあなたが大きな興味を持ってくれ、その親切さに感謝します。時間がなく、旅行の一端もお知らせできませんでした。船は明日出航します。私はもちろん、予想されたように消え去ることなく、生きています。私は意図的にボートを転覆させ、舵とコンパスを放ち、現地人に自分自身が遭難者だと演じました。現地人は私の上陸を許してくれないだろうと思ったからです」。この手紙からは鎖国の日本には自分自身が

ラナルド・マクドナルド上陸海岸に建立されている吉村昭文学碑

異国人であることから漂流を装わなければ入国できないことをしっかりと捉えていたと読み取れる。

## 北の島から鎖国の日本に入る

プリマス号船長エドワーズがラナルド・マクドナルドに出した降船証明書が同じく『The Friend』（一八四八年十二月一日号）に載っている。「本証明書はラナルド・マクドナルドが日本諸島への冒険の目的で本プリマス号をたしかに降船したこと、ボートと装具一切は公正に同人の所有に属するものである」としている。捕鯨漁が終わってテーシー島沖合で降船したことは『The Friend』（一八四八年十二月一日号）や長崎で乗ったアメリカ軍艦プレブル号ジェームズ・グリン艦長の尋問調書の内容が詳細に書かれている。捕鯨船プリマス号が見えなくなってから、ある湾に入ったが思うように進めなかったので湾の反対側に海路をとり、そこでトドにピストルを撃ったこと、そこから海の底を探しながら無人島に上陸し二晩過ごしたこと、その間に予め計画したボートの転覆と復元を試したこと、そこには興味あるものが何も見えなかったので約一〇マイル離れたティモシー島を目指したなどとある。

ここに出てくるテーシー島、ティモシー島とは『プロビデンス号　北太平洋探検航海記』の一七九七年九月六日に「正午を過ぎ間もなくして、尖鋒島から一艘のカヌーが乗船しようとやって来た。これらの人々は、ボルケイノ湾の人々とあらゆる点で同じであった。彼らは尖鋒島をTimo-sheeと呼んでいた。また、もう一つの島はTee-sheeであった。Timo-sheeは不規則な姿形で、周囲は六、七リーグであった。その裾野から高く尖った山に次第に上昇し、明らかに火山性の噴火口があることを示していた」とある。一七九七年にイギリスのウィリアム・ロバート・ブロートン艦長指揮下での北太平洋海域探検航海で蝦夷地エトモ（室蘭）に再航し、その後、樺太探検に向かった。その途中、尖峰島でアイヌの人たちと出会い、その島をTimo-shee［利尻島］、もう一つの島をtee-shee［礼文島］であることを航海記に綴った。この情報が後の世界の捕鯨船の航海に大きく役立ったのではないかと思われる。ラナルド・マクドナルドが乗っていたプリマス号はTimo-shee、Tee-sheeと島名が記載された地図を航海に使っていたと思う。それにマンハッタン号の記事を組み合わせて、鎖国の日本に入るには、漂流を装って島から入ることを企てたのだろう。近世の日本において蝦夷の島々は鎖された扉に手をかけられるネシアであったとラナルド・マクドナルドの利尻島上陸が物語っている。

# 北方領土「残留」を選んだ日本人の軌跡

本間浩昭

●ほんま・ひろあき　一九六〇年生。毎日新聞社報道部根室記者。NPO法人北の海の動物センター理事。北方領土問題。著作に『北の味たんけん』（一九九三年）『北の食材たんけん』（一九九五年、以上毎日新聞社）、共著に『エゾシカを食卓へ』（丸善プラネット、一九九八年）『知床・北方四島』（カラー版岩波新書、二〇〇八年）『領土という病』（北海道大学出版会、二〇一四年）など。

北方領土の元島民らが、かつての居住地跡を散策する渡航の枠組みで北海道根室市の根室港から歯舞群島・水晶島に向かった自由訪問団（四三人）は二〇一六年五月、入域手続きをめぐるトラブルのため古里を目前にして引き返した。国後島古釜布沖での入域手続きの際、訪問する島の名をロシア地名「タンフィーリエフ島」と記入することを求められたためである。ロシア名での記入は「水晶島をロシアの領土であると認めることにつながりかねない」と日本外務省も踏ん張ったが、ロシア側は譲らなかった。高齢化の著しい元島民のため、人道的な観点から行われている事業であるが、それすら許されない外交という名の陥穽。そもそも指

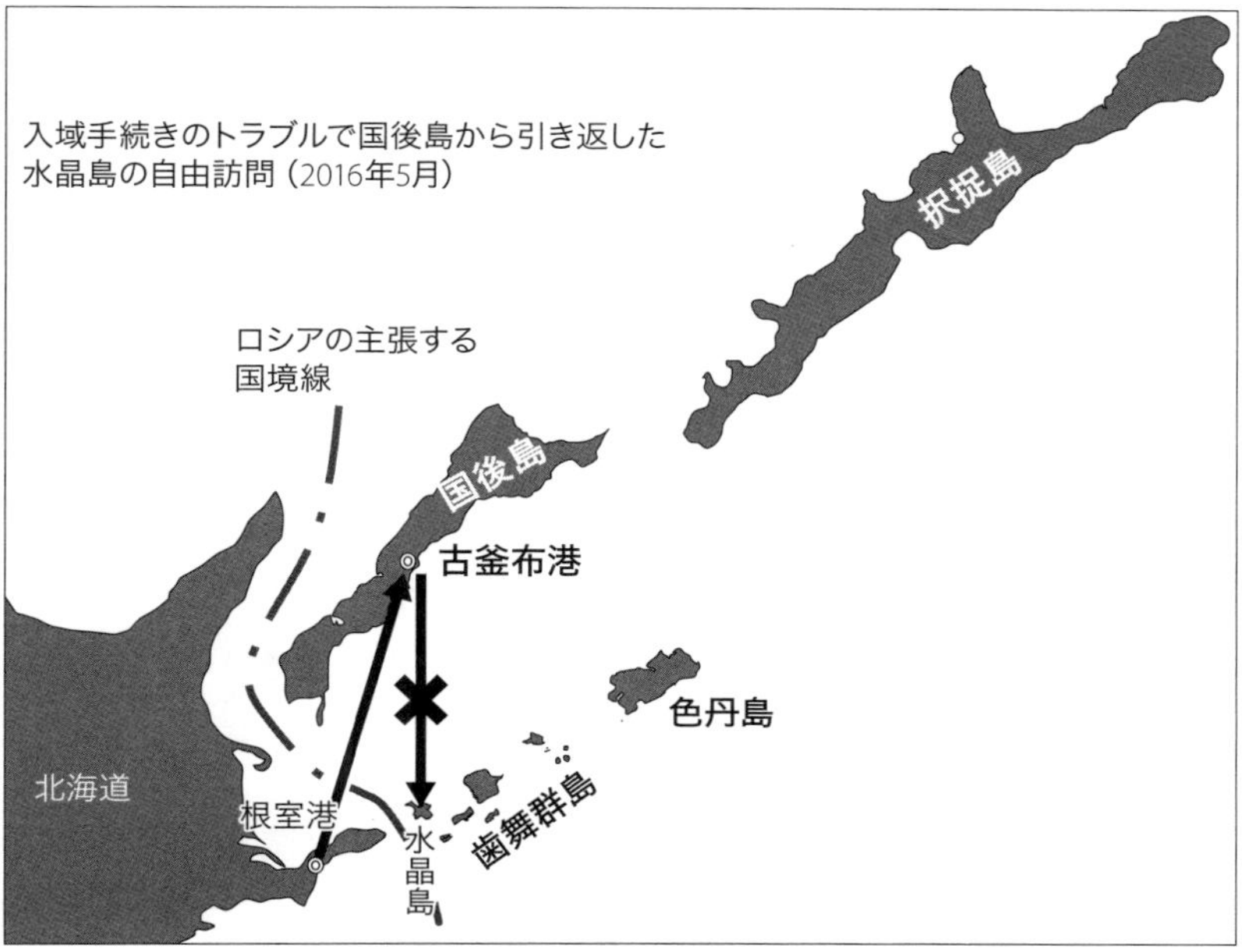


水晶島大迂回

呼の間にある水晶島に行くのに、わざわざ国後島を経由して行くこと自体、島々を実効支配する隣国の壁が立ちはだかる。

翌朝、失意の元島民、当時八十九歳の油本繁さん＝千葉県白子町在住＝をマイカーに乗せ、納沙布岬に走った。岬の背後にそびえる「望郷の塔（オーロラタワー）」の高さ九〇メートルの展望室からは、星を横に引き延ばしたような形をした水晶島がくっきり見えた。

島には母、キヨ（一九五〇年死去）が眠る。わずか七キロ先の古里にたどり着けなかった油本さんの悔しさは想像に難くない。「母親に申し訳なくて」。そう言って岬を後にした。

日ソ中立条約を破棄して対日参戦したソ連軍が択捉島に侵攻したのは、一九四五年八月二十八日であった。第二次世界大戦に終止符を打つ「ポツダム宣言」の受諾から一三日目。米軍が占領していないことが分かると、ソ連軍は国後島、色丹島、歯舞群島にも進軍し、九月五日までに全島を占領した。ロシアに返還を求めている北方領土の島々は、そうして奪われた。

島々には当時、一万七二九一人の住民が暮らしていた。予期せぬ侵攻に命の危険を感じた島民のほぼ半数は、ソ連軍の監視の手薄な夜陰に紛れて小型の動力船で脱出した。残りの半数は二〜三年間、ソ連占領下で混住を強いられた後、樺太経由で強制送還された。

## 残留を決めた理由

大多数の島民は、そうして故郷の島々を追われたが、油本家六人は、ソ連実効支配下の水晶島にとどまった。理由はいくつかある。「日本に帰るか、ソ連に残るかは各自の判断で行える。でも考えてもみてくれ、資本主義の国へ行って資本家に搾取されて生活するか、自由なソ連で生活するか」という記事を読んだからである。サハリンで発行されていた「新生命」という日本語新聞だった。プロパガンダと疑って排除する選択もあったが、戦争に負けた日本は焼け野原で、植民地から二〇〇万人が帰還し、ひどい食糧難だとも聞いていた。一家が生き延びるには、島に踏みとどまる道の方が良いように思えた。それもこれも「いずれ島は日本に返還されるはず」と確信があったからである。ソ連軍侵攻直後に北海道根室支庁から出された「各自、自分の財産を守って引き続き頑張るように」との訓令も軍国少年の脳裏には深く刻まれ、「その日まで頑張ろう」と思ったのだという。

水晶島には最終的に油本家とアイヌの老夫婦の計八人だけが残った。放牧されていた約一〇〇頭の馬の排せつ物を肥料に、野菜を栽培して駐留ソ連兵や民間人に売ることで、日本人の大半が引き揚げた後の三年間は豊かに暮らせた。

## やがて古里を追われ、サハリンへ

だが、一家の運命は再び戦争で狂わされた。「島を立ち退け」との命令が下ったのである。有無を言わさぬ退去命令で一九五一年八月、一家は水晶島を追われた。「朝鮮戦争が始まり、国境に日本人を置いておくわけにいかなくなったのでしょう」。油本さんはそう推測する。

強制移住先はサハリンだった。教師の資格を得るため、ソ連の国籍も取得、二重国籍となった。やがて日本では高度成長が始まった。日ソ共同宣言（五六年）で「希望者は日本へ帰す」と合意されたはずだったが、こと油本さんだけは認められなかった。「貴殿の帰国願いは拒否する、との最高会議の決定」だという。何度申請しても、はねつけられた。油本さんは「（機密を）知りすぎた人間と思われたのかもしれません」と振り返る。

油本さんは最後の手段に出た。六九年秋、有給休暇で黒海を旅行するついでにモスクワの日本大使館に駆け込んだのである。事情を話すと大使館員は驚き、「必ず帰国できるようにする」と約束、油本さんは嘆願書を大使宛てに提出した。それでも紆余曲折があり、念願の帰国を果たせたのは、一年以上が過ぎた七〇年十二月のことである。

帰国後は堪能なロシア語を買われて伊藤忠商事に勤務、サハリンで油田開発プロジェクトに携わった。引退後は介護施設も運営した。油本さんの半生は、連続ドラマか映画が一本できるぐらい波乱に富む。

水晶島への訪問事業は、その後二年続けて実施が見送られた。ロシアは近年、辺境地域の警備を強化し、最前線の水晶島に駐留する国境警備隊も硬化の兆候がみられる。一月で満九十二歳を迎えた油本さんは、それでもふるさと再訪の日を諦めない。「いつかきっと」と。

# ふる里奥尻に寄せる想い

麻生直子

●あそう・なおこ　一九四一年生。詩人・評論家。日本文芸家会員。日本現代詩人会理事。著作に詩集『奥尻島断章』（潮流出版社、一九九四年）、『足形のレリーフ』（梧桐書院、二〇〇六年）、『端境の海』（思潮社、二〇一八年）他。評論に『現代女性詩人論』（土曜美術社、一九九一年）、編著に『奥尻　駆けぬける夏』（北海道新聞社、一九九九年）、『女性たちの現代詩』（梧桐書院、二〇〇四年）、『伊賀ふで詩集　アイヌ母（ハポ）のうた』（現代書館、二〇一二年）等。季刊詩誌「潮流詩派」編集、発行人。

## 奥尻での学術セミナーの開催

二〇一五年九月、北海道奥尻島に於いて「日本島嶼学会奥尻島大会」が開催された。学術セミナーは島民にも開放され、私も急遽、東京から聴講に参加させて戴いた。学会では奥尻の地層にみる歴史や、人口の推移、産業の将来像などの研究発表や提言があり、島の発展を願う者として感銘を受けた。また、研究者たちの世界的な島嶼研究の知見と学術報告に、多様性に富んだ知識と魅力を得た。

奥尻島は、一九九三年の北海道南西沖地震と大津波による最大の被災地となり、当時四〇〇〇人余りの人口のうち一九八人の犠牲者が出た。島の復興宣言は五年後、二〇一八年で二五年の歳月が流れた。その間、地震国・日本列島は相次ぐ巨大地震や津波の脅威など、自然災害に遭遇し、全国的な防災意識が喚起されるようになった。その意味では、奥尻には過去から未来に繋ぐ「防災の島」としての在り方ばかりでなく、行政力、住民の活力が試されてきた情況がある。

## 奥尻島の過去と現在

二〇一八年三月三十一日「北海道新聞」の一面に〈道内人口二五%減四〇〇万人〉の見出しで、三〇年後の二〇四五年推計（厚生労働省の国立社会保障・人口問題研究所発表）が掲載され、その減少率に驚きが走った。奥尻の人口は現在二六九〇人であり、三〇年後の推計では九三四人という数字が記されていた。全国的な視点でも地域人口の激減は誰もが感じているが、奥尻は島外からの移住などで人口は増えている。

奥尻島はアイヌ語でイクシュン・シリ（向うの島）と呼ばれ、擦文遺跡やアイヌ語の地名が残る。江戸時代の北前船をはじめとする海運ルートの交易で、初期には終点と始発の蝦夷地・松前江差を中心に、瀬戸内、若狭、近江、金沢、能登、佐渡など、日本海沿岸の寄港地からの移住や、廻船の発達でさらに小樽へと北上し、明治政府が樺太開拓使を設置してから太平洋戦争の敗戦まで、樺太には、日本人移民が四〇万人を超え、朝鮮半島からの徴用労働者も四万人余りに及んだといわれる。敗戦と共に樺太や国後、択捉などから引き揚げた人々は一時的に根室や釧路などに抑留され、主に道内各地に移住先を求め、奥尻では国後からの二〇〇人の集団入植を受け入れた。樺太、利尻島、礼文島からの帰郷者や、旧満州からの帰島家族もいる。私の祖父母は、第一次世界大戦の頃、硫黄鉱の産出で東洋一を誇り、人口が一万人以上に膨れ上がった時期の奥尻に、東京から移住している。

津波震災以降の島で、被災した小中学校の生徒たちとの詩の教室や、地域の人たちに経験談を聞くと、前述のようなルーツを持ち、祖先の冒険心や進取の気概を敬い、その末裔であることを誇りとしている人たちが多い。その感性の豊かさは、子供心に祖父母や両親に望郷や人生経験を聞きながら育った人間の生命力が備わる。

朝鮮戦争が始まった一九五〇年代には奥尻に米軍がレーダ基地を設置に来た。米兵たちは島民に最新の映画鑑賞会や合同運動会を開き、キャンプの食事を振るまうなど、親切で尊敬もされた。各家に電灯が灯ったのは一九五三年代であり、米軍のお陰だった。後年、三沢基地からの自衛隊駐屯地になり隊員とその家族が五〇〇人程在住するようになったが、今後、先端科学技術の導入で隊員数の大幅削減が杞憂されている。

明るい話題は、新村卓実町長と教育委が二〇一七年に、道立から町立の奥尻高校を中高一貫として実現させた。高校生の島留学に初年度は五名、二年目の二〇一八年は一六名の入学者があった。俵谷俊彦校長は、「まなびじま奥尻プロジェクト」を立ち上げ、発信力を発揮し、各地に足を運び、生徒個人の課題研究やスクーバダイビング、個別指導やインターネットを通じた世界が可能なことや、地方創成に関わり、町民に英語塾を開くなど、教育の理想像を熱く語る。校長自身は利尻島生まれで、母親はサハリン生まれとの話。実際に高校を訪ね、教室も見学させて戴いたが、人間の魅力は時代を逞しく生きたルーツから受け継がれ、次世代に引き継いでいくものであり、そのなかで教師や生徒たちの知性が培われると思う。

島外生は下宿生活で〈島おじ・島おば・島おや〉の人間性にふれ、彼らの存在が生徒を気遣う大人たちにも、地元生まれの生徒たちにも、よい刺激になっている。

奥尻は、地熱発電に成功し、二〇一七年に民間経営会社から北海道電力に売電が出来るようになった。国内の離島では、八丈島に続く二島目のエネルギー開発事業になるという。島ブランドのコメやワインや日本酒、牛肉の定着、海産物のウニ、アワビに加え、岩ガキの養殖も始めた。観光客は海外からの来島も増え、豪華客船の寄港もあり、例年六月のムーンライトマラソンには五〇〇人の募集を上回る応募者があり、ランナーたちは、町民のサポーターのみならず、夕焼けや月明かりのなかを、海上からイカ釣り船の漁火や大漁旗のエールを受けながら海岸道を走り、前夜祭、後夜祭には鍋料理なども振舞われる。

災害時、小中学生だった小さな詩人たちと編んだ詩集『奥尻駆けぬける夏』の思い出が蘇る。いま、逞しく成長した水野恭介さんや学芸員の稲垣森太さんらの力を借りて、我が家の蔵書から詩集を送り、旅する人に手に取って読んで貰えるような構想を練っている。

また、中学生で津波を体験した定池裕季さんが災害研究の道に進み仙台で防災教育に取り組み、島で地域安全学会のシンポジウムを開くなど貴重な活躍をしている。体験は人を育てる。いま、北前船時代の日本海文化が見直されようとしている。自然と人の豊かな島の未来像に期待している。

# 埋葬の視点から見た「島の人生」

遠部慎

●おんべ・しん（プロフィールは344頁参照）

墓からは埋葬された人が、生前に身を装っていたであろう、いわゆる装身具が見つかることがある。大珠と呼ばれるヒスイや蛇紋岩などで製作される装身具は、埋葬に伴う遺物、すなわち副装品として認識されており（栗島 2012）、実際に人骨を伴う墓からも見つかっている。特に、北海道礼文島船泊遺跡と、福岡県山鹿貝塚の縄文時代後期（約三五〇〇年前）の人骨に伴う事例は、どちらも胸骨の付近から大珠が出土しており、その状況はきわめて共通している。海を隔てた遠く離れた地域で、装身具のみならず、葬法も共通していることを示唆している（小林 2001）（**図**）。

弥生時代では、北海道まで南海産（沖縄周辺）のイモガイ製「貝輪」（伊達市有珠モシリ遺跡：一〜三世紀？）が伝わっていることは、北海道と南島の交流を考えるうえでよく知られている（大島 1997）。こうした事例は現在でも東北地方はおろか東日本でも見つかっておらず、発見された当時、日本海側では島根県までしか確認されていなかったため、大きな衝撃を与えた。さらに、貝輪の被葬者の改葬が行われていたため、縄文時代以来の北海道の葬制と大きく異なっている。そのような脈絡の中で、青苗遺跡や有珠モシリ遺跡もとらえられるとしたら、文字や貨幣経済のない世界、農耕開始期以前にも海を介在した広域のネットワークが構築されており、モノだけでなく習俗とともにもたらされていることが想像できる。

北海道はそもそも稲作農耕を受容しておらず、弥生時代の区分概念はなく、縄文時代のあとは続縄文時代となる。本州で律令に基づき、国の形が作られていくなか、北海道では古墳文化の影響を受けた「擦文文化」が成立し、その後半の時期になると奥尻島や礼文島を含む北海道全域に拡大することになる。また、続縄文時代の後半からは、サハリンからオホーツク文化（五世紀から十三

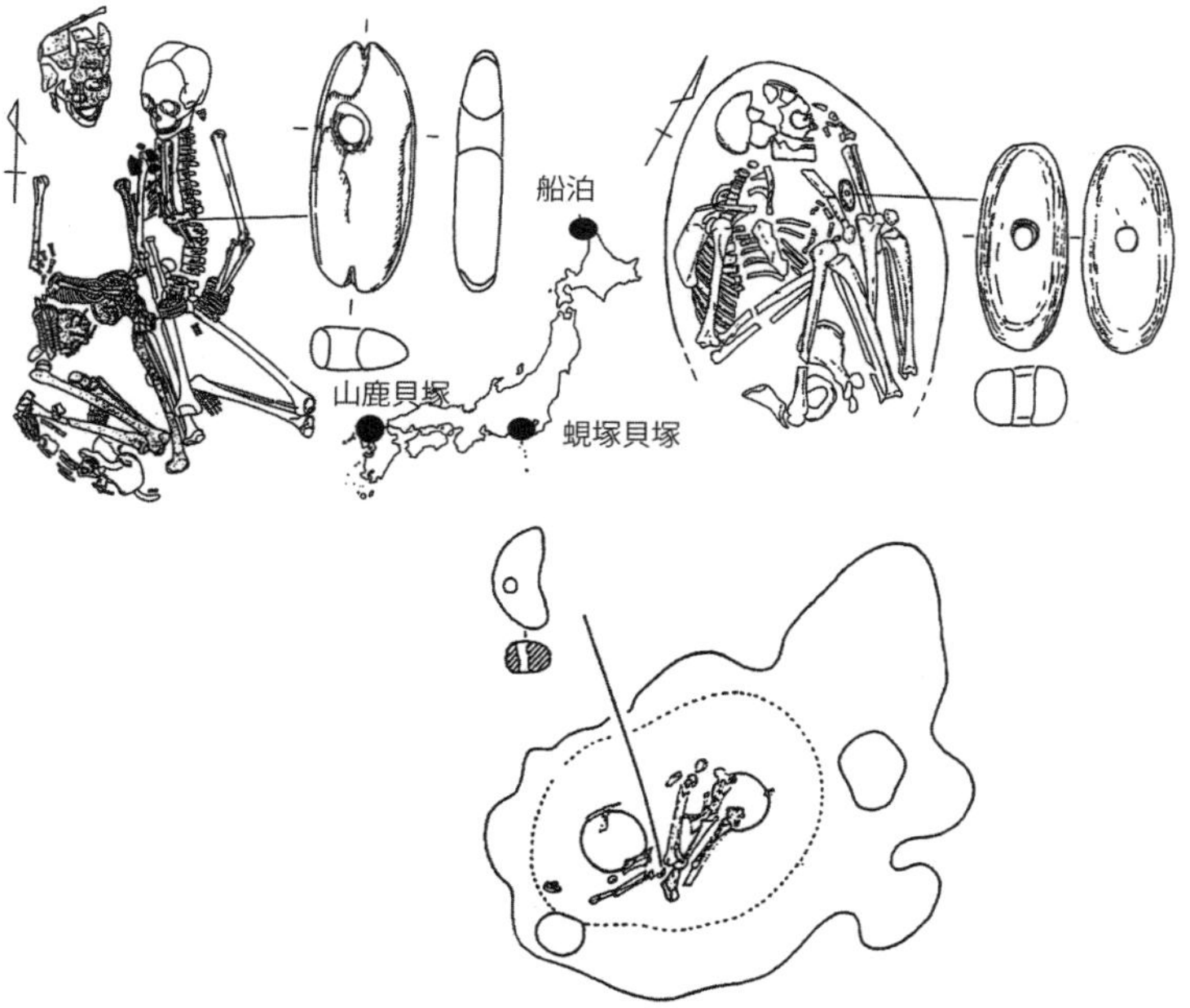


縄文時代後期の大珠埋葬人骨

世紀）という独特の文化を持つ人々が南下し、道北・道東の沿岸部、千島列島に展開する（小杉 2011）。北海道の古代の離島は、南北から様々な人々が行き交うダイナミックな時代であった、といえる。

オホーツク文化の人々は、北東アジア、とりわけアムール川流域やサハリンなどの地域と関係が強い人々で、海での狩猟や漁労を生業としたことから、遺跡のほとんどは海沿いに分布し、海と強い親和性をもった文化をもちつつも、食用としての豚やイヌの家畜もまた有していた。豚やイヌはヒトときわめて高い相関性があり、陸地から見えないような離島に移動することはなく、海洋資源への依存が高い時期にイヌ利用が発達することも指摘されている（内山 2014）。

しかし、例えば北海道の奥尻・礼文・北方四島・千島列島といった島々も時代によっては異なった文化形態を持っていたことが指摘されている。擦文文化の後半（十一世紀後半）には、青苗文化・擦文文化・トビニタイ文化（オホーツク文化）といった地域性の中に組み込まれる（瀬川 2005）。さらには千島列島と道東部との地域差も指摘されている（熊木・高橋編 2010）。そうした擦文時代でも、一方的に北方からの影響だけでなく、前半期の八世紀には都城と関連する玉類が奥尻島青苗遺跡にもたらされている（大賀 2016）。はるか遠い世界との関連はサハリン側だけに限定されるものではなく、明らかにそこに埋葬された「島人」の意思が反映されている。

このようなことを、陸地から離れた島の多い日本海側や北海道域でとらえると、非常に興味深い視点が提供できるだろう。日本列島周辺に存在する離島に、明らかに本州と異なった社会があることを暗示している。さらには、人が生活できる最低限の領域や範囲、そして資源利用に対してのヒントにもなるだろう。このように、決して陸地から見ることが出来ない離島に暮らす人々も、はるか遠くの異世界を知っており、そこもまた現在の日本国の一部なのである。であるならば、二十一世紀のキーワードともいえる多様性に目を向けることは難しくないはずである。

墓という人間しかつくらない「装置」をつくる場所を「島」とすること自体、「島（人）の人生」であり、そこに主体がある。それはアイデンティティに他ならず、埋葬は後に残された者たちによってなされるが、そこには生前の意思が強く反映されている。そして、島の風景の中に根付き、再生産されるのである。離島というと、一見、過疎でさびれ、流行から遅れ、時間の流れがゆっくりしている中で営まれるイメージととらえがちであるが、そこで人々が最終的に選択することが、いかに尊いことなのか、改めてわかるのは、その再生産や再生を見つめた時ではなかろうか。モノを通じて見つめた時に私たちは気づくだろう、そこが最先端のモノを受容していた場所であることを。その受容のあり方を尊重することが、多様性の理解にむけての一歩となるはずであり、日本歴史や社会を見つめ直すヒントになるはずである。

**参考文献**


内山幸子（2014）『イヌの考古学』同成社

大賀克彦（2016）「奥尻島青苗遺跡出土の玉類」『玉文化』2、日本玉文化学会、三三五―三六七頁

大島直行（1997）「北海道出土貝製品の意味するもの」『北の貝の道、南の貝の道――貝製品のシンボリズム』東北芸術工科大学東北文化研究センター、二一―二五頁

熊木俊郎・高橋健編（2010）『千島列島先史文化の考古学的研究　東京大学常呂実習施設研究報告第七集』

栗島義明（2012）『縄文時代のヒスイ大珠を巡る研究』明治大学

小杉康（2011）「列島北東部の考古学」『はじめて出会う考古学』有斐閣アルマ、二六三―二八二頁

小林青樹（2001）「農耕社会形成以前の日本海沿岸地域」『古代文化』53―4、古代学協会、一―一一頁

瀬川拓郎（2005）『アイヌ・エコシステムの考古学』北海道出版企画センター

領塚正浩（2004）「縄文時代の道路跡」『史館三三』史館同人、一―三七頁

# 北ネシアの陸上動物

【利用と保護】

溝田浩二

●みぞた・こうじ（プロフィールは245頁参照）

## ブラキストン線以北の動物相

北海道と本州を隔てる津軽海峡は「ブラキストン線」と呼ばれ、日本列島におけるもっとも重要な生物地理境界線のひとつとなっている（増田 二〇一八）。ブラキストン線より北に位置する北海道には、本州以南とはかなり異なった動物が分布している。たとえば、北海道にはヒグマが生息するのに対して、本州にはツキノワグマが生息している。また、北海道には哺乳類の固有種がみられず北方系大陸種との共通種が分布するのに対して、本州以南にはニホンザル、ニホンカモシカのような日本固有種が分布している、といった具合である。

北ネシアは、北海道本島とそれをとりまく島嶼の総体である。北海道本島には日本ではここでしかみられない野生動物が多くみられる。日本最大の陸上哺乳類であるヒグマをはじめ、エゾシカ、キタキツネ、ナキウサギ、タンチョウ、オジロワシ、オオワシ、シマフクロウ、クマゲラなどがその代表である。また、北海道本島をとりまく島嶼群も個性的である。日本海側には、花の浮島とも称され豊かなフローラを誇る礼文島、孤高の火山島である利尻島、海鳥に恵まれた天売島、イチイ（オンコ）の原生林が広がる焼尻島、ブナの原生林におおわれた奥尻島、オオミズナギドリの繁殖地として知られる渡島大島、サザエの北限地である渡島小島などである。太平洋側には、コシジロウミツバメが舞う大黒島、世界最小級の哺乳類トウキョウトガリネズミが生息する嶮暮帰島、戦時中には養狐事業が営まれ、現在は野生化したウマがくらすユルリ島・モユルリ島、海鳥や海獣の宝庫である霧多布島など、多彩な島々が並んでいる。北ネシアの沿岸水域には、クジラ・イルカ類、アシカ・アザラシ類、ラッコなど寒冷な海洋環境に適応した海棲哺乳類も豊富である。

## 人と動物との共存に向けて

狩猟・採集・漁撈が生業活動の中心であった縄文文化において、本州以南ではニホンイノシシとニホンジカが主要な狩猟対象であった。それに対して、ニホンイノシシが分布しない北海道では海獣類（アシカ・アザラシ類）やエゾシカ、ヒグマなどが主要な狩猟対象となった。稲作に依存するくらしが近代に至るまで根づかなかった北海道では、大型哺乳類の狩猟がひときわ長く生業の中心的な位置を占めてきたのである（佐藤 二〇一八）。特にエゾシカは、集団性をもち捕獲が容易なこと、タンパク源となる肉が豊富なこと、皮・角・骨など多方面に利用できること等の理由から、北海道の先史時代人にとって重要な狩猟対象であり続けた（高橋 二〇一八）。

図１　毛皮を採取するために奥尻島に人為的に持ち込まれたタヌキ

図２　奥尻島の路上に残されたタヌキのため糞。大量のアオカナブンが捕食されていることがわかる。

明治期には大雪による二度の大量死が起こり、一時は絶滅が心配されるほど個体数を減らしたが、天敵のエゾオオカミが絶滅したり狩猟者人口が減少するなどして、一九八〇年代後半になると個体数が一気に増加に転じた。二〇一七年度のエゾシカの推定個体数は五三―一二五万頭にまで回復し、逆に、農業被害、林業被害、自動車や列車事故の多発などが深刻な問題となっている。

ヒグマもエゾシカと同様に、人との軋轢が顕著である。ヒグマは肉（胆のうや掌を含む）、毛皮などが利用される資源であるとともに、アイヌの人々にとって山の神として崇められる大切な存在であった。アイヌの人々は銃などの近代的な猟具を持たなかったが、豊富な知識と経験に裏打ちされた狩猟技術によって野生動物を持続的に利用してきた。しかし、一五〇年前に開拓使たちが北海道に足を踏み入れて以来、ヒグマによる凄惨な事件がたびたび発生し、ヒグマの捕獲が奨励されるようになった。その結果、一九七〇年代からヒグマ個体群は顕著に衰退しはじめた。しかし、それでも現在に至るまで人とヒグマとの軋轢は続いている。土地開発が進んだことでヒグマの生息域との緩衝地帯がなくなり、市街地でもヒグマが目撃されるケースが増えている。二〇一八年五月にはヒグマが生息していない利尻島（北海道本土から二〇km離れている）で足跡や糞などの痕跡が発見され、大きなニュースとなった。

北ネシアでは外来種の問題も深刻である。「北海道の外来種リスト（通称、北海道ブルーリスト）二〇一〇」には八六〇種の動植物が登録されている。哺乳類は二五種が登録されており、戦前に毛皮をとるために持ち込まれたミンク、ニホンテン、カイウサギ、ペットや観賞用に持ち込まれたアライグマ、ノネコ、チョウセンシマリスなどが含まれている。島嶼部では大量発生したネズミ類による農業被害を克服するために、北海道庁が組織的にニホンイタチを天敵として導入した記録もある。この他、ドブネズミやクマネズミ、ハツカネズミのように物資に紛れて持ち込まれた動物や、奥尻島のハクビシンのように導入の経緯がよくわからない動物もいる。いずれにせよ、外来種は広範囲な環境に生息できる適応能力、旺盛な繁殖力、幅の広い食性を備えており、天敵の少ない島嶼環境では大きな脅威となる。

北ネシアの野生動物たちは、時代の流れや人間の欲望に翻弄されながら、利用されたり保護されたりしてきた。今こそ人と動物との関係を見つめなおし、共存に向けて歩を進めてゆくことが求められている。

**引用文献**

佐藤孝雄（二〇一八）「北海道に探る多種共存の糸口」『ビオストーリー』三〇巻、八―一一頁。
高橋理（二〇一八）「エゾシカと人の関係――縄文から近代まで」『ビオストーリー』三〇巻、一六―二二頁。
増田隆一（二〇一八）「遺伝子が解き明かす北海道の生物地理」『ビオストーリー』三〇巻、一二―一五頁。

# 北ネシア観光とダークツーリズム

井出明

●いで・あきら　一九六八年生。金沢大学国際基幹教育院准教授。著作に『ダークツーリズム拡張――近代の再構築』（美術出版社、二〇一八年）、『ダークツーリズム　悲しみの記憶をめぐる旅』（幻冬舎新書、二〇一八年）等。

北海道は十九世紀後半以降開拓が本格化したが、それは日本の「近代化」と重なる時期であり、さらに裏を返せば、これはアイヌを始めとする北方諸民族の苦難の時代でもあった。

本稿では十九世紀後半以降の北海道および周辺の状況について、悲劇の記憶を巡る旅である「ダークツーリズム」の観点から捉え直す。

## 近代化のための労働力としての「囚人」と屯田兵

北海道には、江戸時代に現在の函館を中心としたエリアに松前藩がおかれていたが、十九世紀後半の明治国家体制の成立に伴って、この大地は新生日本の帝国主義政策を展開する場として発展した。大部分が「原野」であった北海道に対しては、「殖産興業」を実践するための開拓地としての役割と、ロシアの極東南下政策を押し止める軍事拠点として、「富国強兵」への貢献が期待された。

前者については、いわゆる「集治監」と呼ばれる施設に多くの「囚人」を本土から移送し、原野の開拓や道路開削に従事させた。「囚人」と呼ばれた存在は、必ずしも凶悪犯を指すわけではなく、神風連の乱を始めとして西南戦争の賊軍や、更には自由民権運動に関わった政治犯など、明治国家体制に反逆した者たちが多数収監され、強制労働に従事させられた。彼らの労苦によって作られた道路としては、網走から北見そして旭川方面につながる中央道路が知られ、これは現地では別名「囚人道路」と呼ばれている。

また、開発と国防を両立させる存在として、明治政府は一八七五年に屯田兵による開墾と対ロシアを念頭に置いた軍事訓練を始めた。屯田兵は当初、士族階級に限って志願制で募集したため、精鋭が集まるとともに、札幌近郊の琴似地区に見られるように相応の成功を収めた。ただその中にも、戊辰戦争の敗軍出身者に対する差別的および懲罰的な扱いはあったようで、屯田の村も決し

「囚人」による北海道開拓の苦難を伝える博物館網走監獄の様子

て一枚岩ではなかった。しかも、時が進むに連れ、士族階級のみを対象としていては十分な志願者を集めることができなくなっていたため、一八九〇年代にはなし崩し的に募集対象が拡大され、最終的には出身階級を問わずに屯田兵に志願できることとなった。後期の屯田は、相対的に開拓が遅れた地域での作業に従事したため、過酷さは一層のものであった。

## 先住民の悲劇

北海道の先住民としては、一般にアイヌが知られている。アイヌ民族の苦難はすでに前近代の江戸時代から始まっており、徳川幕府における最北端の藩である松前藩が強大な力を持ってアイヌを屈服させていった。明治期に入るころには、和人と呼ばれた日本人による支配体制はすでに確立しており、アイヌを日本側の指揮命令系統の下においていた。そして、近代の明治国家体制のもとでは、「日本国民」としての自覚が強要されるようになり、民族的アイデンティティが消失したばかりか、民族の人口そのものも減少した。

## 北海道を観る視点

さて、冒頭で「囚人」による道路開削について言及したが、これについてはオーストラリアの開拓史と重なるところがある。一方で、初期北海道の開拓に関して、各種のキリスト教系団体が尽力したことにも留意が必要である。北海道開拓において、北見の北光社、浦賀の赤心社、遠軽の北海道教育同志会などの諸団体が活動し、大きな成果を収めている。キリスト教徒達が新天地を求めて未開の地に入植していく構造は、北アメリカの勃興期と同種の大志が感じられる。換言すれば、北海道の近代史はオーストラリア的な側面と北米的な側面が共存しているとさえ言えよう。そして、先住民が弾圧を受け、悲劇的な状況に陥るという点は、北米にもオーストラリアにも通じる近代の悲劇である。

また北海道の近代を論ずるにあたっては、第二次世界大戦後の苦難についても言及する必要がある。大戦末期に日ソ中立条約を一方的に破棄したソ連は、樺太における北緯五〇度線の国境を突破するとともに、歯舞・色丹・国後・択捉の北方四島についても終戦後にソ連の統治の下に置いた。ソ連の占領地域に住んでいた人々のほとんどは、戦後、日本国内への引き揚げを目指すのであるが、そのために北海道で極端な集住が起きたケースが報告されている。稚内は、もともとは旧樺太に日本からの移住者を送り出す港であり、稚内自体の居住人口はそれほど多くなかったのであるが、戦後の引き上げによって滞留人口が三万人を超えてしまい、これを契機として市制が施行される事になった。奥尻島の神威脇地区は、国後島からの引揚者が作った地域であり、ここにもソ連の侵攻が影を落とす。先住民の問題も深刻であり、旧日本領の南樺太に居住していたウイルタやニヴフのなかには、日本に強制的に移送される者も多く、その後、民族的アイデンティティへの悩みは一層深くなった。

## ダークツーリズムの観点から

ここまでを概観するに、北海道は日本とロシア（ソ連）の膨張政策の中で存在していたために、いわば大国の間で翻弄される存在であったと言ってよいであろう。この地政学上独特の位置を占める北海道という存在は、近代社会の多くの悲しみの記憶を有しており、世界的視座にたったとしても非常に重要なダークツーリズムの目的地であると考える。


**参考文献**

重松一義『北海道行刑史』1970、図譜出版

白井暢明「高知県民の北海道開拓——北見・北光社を中心に」『札幌大学総合研究』2、201-220、2011、札幌大学

若林滋「屯田兵たちの明治維新——北海道開拓史の一視点（上）」『屯田』41、2007、北海道屯田倶楽部

若林滋「屯田兵たちの明治維新——北海道開拓史の一視点（下）」『屯田』42、2007、北海道屯田倶楽部

# 冬季観光制約島での地域振興可能性

上田嘉通

●うえだ・よしみち　一九八一年生。一般社団法人島総合研究所代表理事。地域産業振興。離島地域を専門とするコンサルタントとして、国内の八〇近い離島の調査・コンサルティングに関わる。総務省地域力創造アドバイザー、農林水産省六次産業化プランナー、全国商工会連合会専門家等を務める。

## 離島における観光の意義

近年、地方創生や有人国境離島法の施行を受けて、離島における地域振興の切り札として観光を推進する傾向が強まっている。離島という閉ざされた経済環境において、外貨を獲得して島内の経済規模を拡大させ、所得の向上、さらには雇用の拡大を図り、離島の地域社会を維持したいという意図がある。

こうした観点で離島を見ると、通年で安定する観光が必要であるが、北海道や新潟県などの日本海側の離島は、冬季に雪で覆われたり、海が荒れて船が欠航しやすくなるため、冬は観光のオフシーズンと捉えている。

本稿では、これら冬季に観光を諦めている離島を「冬季観光制約島」と称し、冬季の離島の観光、生活実態などの考察を通じ、今後の地域振興の可能性を論じてみたい。

## 冬季観光制約島の実態

冬季観光制約島の多くは、冬季にアクセスしづらい、観光資源が乏しい、冬のアクティビティがないなどの点では共通しているが、離島の規模、宿泊施設の状況により、以下の通り二パターンに分けられる。

### ①一定の規模があり、団体旅行が訪れる離島

礼文島、利尻島、佐渡島、島後など、一定規模の離島で、春～夏にかけて団体旅行で観光客が訪れる離島である。こうした離島は、規模の大きなホテルが整備されており、団体客の受け入れ体制が比較的整っている。こうした離島の課題は、繁忙期と閑散期の格差である。全国的に個人型の観光にシフトする中にあって、規模の大きなホテルがあることから、一定の稼働率を確保するた

めに、団体旅行に依存し薄利多売のビジネスに陥っている。団体旅行がなくなる冬季は営業をしないところが多い。こうした離島では、旅行会社への過度な依存からの脱却と、高付加価値の観光へのシフトが最も重要なキーワードとなる。

### ②小規模であり民宿等が主要な宿泊施設となっている離島

天売島、焼尻島、粟島、島前三島など、主要な宿泊施設が民宿やペンションの場合も、冬季休業する施設は多い。小規模な離島では、宿泊施設の経営者が高齢であることが多く、一定の貯蓄があり、年金も受給しており、通年で営業する必要性を感じていない。これは、現在の経営者は良いのだが、後継者が事業を承継する場合には、通年営業が必須となる場合が多く、冬季に島がオフシーズンになる環境では、後継者は現れにくい。高齢化と後継者不足で宿が廃業し、受け入れ容量が減ることで観光客数が減り、島の観光が衰退するというネガティブスパイラルに陥っている。

## 冬季の制約を解消するための方向性

### 本当の島を見るのは閑散期

竹富島では夜の島が本当の竹富と言われる。小笠原諸島では、ファンは二航海以上滞在し静かな出港期間を楽しむ。閑散期にこそ島の暮らしが表出し、本当の島の魅力に触れることができる。島の魅力のひとつは、過酷な環境の中で生き抜いてきた生命力あふれる「人」である。繁忙期はじっくり触れ合うことができないが、冬の閑散期なら可能だ。

### 目的型の観光を創出する

例えば、島内の医者、温泉、観光関連事業者、農家、漁師などと連携して、ファスティング（プチ断食）ツアーを開催することが考えられる。健康を目的とするツアーであるため季節は問わない。また、時間に余裕のあるシニア層には欠航リスクは障壁にならず、少人数でも消費額は大きい。また、利尻島では、欧米を中心にバックカントリーが人気を博している。これも、ニッチではあるが根強いファンがいる目的型観光である。

### デメリットをメリットに変える

「欠航して良かった」と思せる逆転の発想である。八丈島では、「欠航流人」というパーティーを開き、観光客と島民が交流する機会を創出している。

### 島民が冬季の価値を再発見する

冬季観光制約島を、冬季観光制約島たらしめているのは、島民の意識である。観光に必要なのは、コンテンツ作りでも、情報発信でもない。「冬の島に遊びにおいで」と胸を張って言える島民を増やすこと、これが最も重要である。そのために、島民自らに、冬季の島の楽しみ方を発掘し、共有してほしい。

### 先入観のない冬季観光を

観光ガイドやホテルの従業員の中には、現在でも冬季は島外に出稼ぎに行っている方がいる。島の仕事で通年暮らせないのは残念である。

しかし、近年の観光ニーズは多様化し、若者や欧米観光客をはじめとして、ニッチな分野も好まれるようになってきている。雪で覆われているから、船が欠航しやすいからこそ行ってみたいという価値観もある。また、離島観光の魅力が「人」だとすれば、それを最も感じられるのは冬季と言えるだろう。

もう一度、先入観なしに考えてほしい。冬季は本当に観光に制約があるだろうか。

# 北海道とボーダーツーリズム

岩下明裕

●いわした・あきひろ　一九六二年生。北海道大学教授。ボーダースタディーズ。著作に『ボーダーツーリズム――観光で地域を創る』（共著、北海道大学出版会、二〇一七年）等。

ボーダーツーリズムは、国境や境界を越えて、こちら側の空間と向こう側の空間をつなぐことで、地域の見え方を変えることができる。日本の北の端、北海道もボーダーツーリズムによってこれまでとは違う地域の描き方が可能となる。

「さいはて稚内」。ここに訪れる多くの日本人は、行き止まりの宗谷本線の稚内駅のホームに降り、宗谷岬を目指す。日本の最北端を目指して。だが、この稚内を起点に始まる旅もある。かつてはここから連絡船で結ばれていたロシアのサハリン、日本統治下の樺太が「向こう側」にある。数年前に定期フェリーが撤退し、旅のルートは途絶えがちだが、晴れた日には岬や公園から「向こう側」のサハリン・クリリオン岬が見える。

## 国境を越えない「国境の旅」

「向こう側」に渡れなくても、「向こう側」を感じる地域が北海道にはいくつもある。道東・根室を起点に、標津、網走、紋別、猿払と太平洋からオホーツク海沿いに北上し、道北・稚内の日本海へと廻るバスの旅を組織したことがある。国境を越えない、この「国境の旅」も歴史や文化がボーダーフルだ。根室ではアイヌのチャシを見て、納沙布岬からロシアが支配する歯舞諸島を望む。標津から同じくロシアが支配する国後島が大きく見え、戦後ロシアによって追い出された元島民の話しを聞く。いわゆる北方領土との間に国境は引かれてはいないが、ロシアが支配するれっきとした線が存在し、「向こう側」には自由に行けない。日本政府によれば、国境は択捉島の「向こう側」にあるはずだから、この線を国境と呼んではいけないそうだ。しかし、確固たる「見えない壁」がここにはそびえたつ。

国後島と世界遺産を一緒に構成してもおかしくない、知床半島を横目に北上すると、網走のまち。北海道でもっとも人気のある博物館のひとつ、監獄博物館を訪れよう。道東の開発は、近代において、アイヌ、囚人、タコ（強制労働）、朝鮮人と労働者をすりつぶした上になされたものだが、なぜ囚人労働による開発が急がれたか説明がある。まさしく「ロシアの脅威」を意識してだ。だが若き高倉健が主演した「網走番外地」で描かれた風景は、「向こう側」のシベリア開発、ロシアの囚人労働のそれと重なる。お互いがフロンティアでせめぎあう。

網走はまたオホーツク文化の「ゲートウェイ」でもあった。モヨロ貝塚、そして先住民を展示した博物館もある。これらは北海道の東の端が、海を通じて「向こう側」とつながっていたことを体感できる。

ピョンチャン冬季オリンピックで人気が沸騰したカーリングの聖地、北見・常呂を越えてさらに北へ。紋別は網走と同様に流氷で知られたまちだ。オホーツクの港に流れ着く流氷は、いずれもユーラシア大陸の東の海で発生する。行き止まりにみえる地域のつながりは自然の連鎖のなかにあり、ひとがつくった国境の人為性がはっきりとわかる。

宗谷岬の手前に、猿払村がある。村とは言うものの、日本有数のホタテ漁の拠点であり、道内で指折りの裕福な地域だ。その猿払村の道の駅に、船をかたどった記念碑がある。インディギルカ号事件。一九三九年十二月、スターリン統治下のソ連から一隻の船が猿払沖で座礁、沈没。後に囚人船と判明するが、この遭難した船の乗員四〇〇名あまりを村の住民が総出で救出した逸話が残る。近くの小さな記念館に当時の写真がたくさんかざられている。生存者は小樽港からウラジオストクへ帰国したと言われる。

その猿払村には、かつて日本領であった樺太との間を結んでいた電信用の海底ケーブルの跡が施設として公開されている。同じ

根室から身近な対岸国後島（撮影：伊藤薫）

ような設備は、国後島と結んだ根室にも残っていたが、こちらは朽ちた通信庫。国後側の通信庫の近くに住んでいた元島民の二世が、この根室の通信庫の保存運動を続けており、根室市も昨今、保存に力を入れ始めた。

猿払を出て北上すると、宗谷岬に着く。岬の上の丘にあがると、「祈りの塔」がそびえる。一九八三年九月一日、サハリン沖で撃墜され、二六九名が犠牲になった大韓航空機事件を偲んだメモリアルだ。一九九一年夏、初めて岬を訪れたとき、この事件の犠牲者の一人となった私の卒業した中学校の英語教諭・グレゴリー先生の名前を記念碑に見つけた。冷戦期のソ連との国境。「ゲートウェイ」が閉ざされた「砦」の時代も大きく変わった。

稚内に戻り、ノシャップ岬へ。日本海が見え始めた瞬間、富士山のような島が見える。「白い恋人」の写真でも知られる利尻富士。利尻島がこの度の終点となる。利尻や礼文もまた離島として、「向こう側」の世界とさまざまな交流の歴史を持つ。

## 「さいはて」から始まる物語

ボーダーツーリズム。それは北の端が、北の行き止まりではなく、更なる北への始まりであることを教えてくれる。いまの日本のかたちは、かつての日本のかたちでもなく、未来のそれでもない。ネシアの思想は、私たちに新しいまなざしを与えてくれる。

# 日本のなかの北極、北極のなかの北海道

高橋美野梨

●たかはし・みのり　一九八二年生。北海道大学スラブ・ユーラシア研究センター／北極域研究センター助教。国際政治学。著作に *The Influence of Sub-state Actors on National Security*（編著、Springer、二〇一九年）、『アイスランド・グリーンランド・北極を知るための65章』（共編著、明石書店、二〇一六年）、『自己決定権をめぐる政治学』（明石書店、二〇一三年）等。

## 連なりの中で考える

北極海の海氷面積の減少が、日本や欧米などの中緯度北部地域の気候に影響を与えていることは、近年、多くの場で指摘されるようになってきた。例えば、気象庁の観測地点五八カ所で、観測史上最低気温を記録した二〇一八年初頭の気象は、ラニーニャ現象などと連関しつつ、北極海の海氷の減少が、中緯度域の上層を流れる偏西風の蛇行を強め、北極の寒気が南下したことによって発生している（『朝日新聞』二〇一八年三月十八日朝刊・二五面）。海氷の減少を促す温暖化が、中緯度北部地域を厳冬化させるという相関は、日本をはじめとする北極海非近接国の生態系や人々の生活環境、健康及び幸福（ウェルビーイング）、さらには観光、海運などにも深刻で不可逆的な影響を与える恐れがある。

北極海の海氷が観測史上過去最少を記録したのは二〇〇七年九月であった。二〇一二年九月にその記録を更新したことで、当該海域への注目は一気に高まった。こうした環境変化は、日本政府の北極への係わり方を、よりプロアクティブに変質させることにもつながった。日本政府は、二〇〇九年七月に北極評議会（AC: Arctic Council、北極圏諸国間の連携を目的としたハイレベルの政府間協議体）にオブザーバー資格を申請し、二〇一三年五月に承認されたことを足掛かりとして、同年には外務省に北極担当大使を新設、二〇一五年十月には日本初の北極政策を策定した。政策には、環境変化のメカニズムを科学的に解明していくことと同時に、北極に住む先住民の生活や文化基盤の持続可能性、社会経済的な要因の累積的な影響、そして供給源の多角化の観点から見た北極の資源開発の可能性など、日本が北極に主体的に係わっていこうとする姿勢が明確に示されている。

なかでも、日本と北極海とをつなぐベーリング・チュクチ海は、

北極圏監視評価プログラム作業部会（AMAP: Arctic Monitoring and Assessment Programme）が発行する報告書『変動する北極への適応行動（AACA: Adaptation Actions for a Changing Arctic)』において、社会経済条件及び生態学的条件に照らして、環境変化が最も顕著に現れている海域の一つに選定されており、日本が北極と無関係ではなく、むしろ海を介して地理的な連なりの中に存在していることを意識させることとなった。当該海域の水温上昇・海氷変動と生物生産・食物網の動態との相互作用は、ＡＡＣＡ報告書で選定されているバフィン湾／デービス海峡およびバレンツ海域の気温上昇、降水量、風速、積雪、氷床、湖氷の形成や、人口動態、都市化、インフラを含む社会経済的状況と連動しながら、世界大に影響を与え得るものとして（カスケーディング・エフェクト）、世界の注目を集めている。

北極海を望む

## 結節点としての北海道

こうした中で、北極と日本とを結節させる場として、北海道の持つ役割は小さくない。例えば、商業航路としての北極海航路の展開を考慮した時、カナダ寄りの北西航路もロシア沿岸を通過する北東航路も、ともにベーリング海を通過し北海道へと至る海域を通るため、その玄関口となる国際拠点港湾としての苫小牧港や室蘭港の果たす役割は大きいとされている。

実際に、北海道は、二〇一三年に策定した『北東アジア・ターミナル構想』の中で、北極海航路の利活用の促進を掲げ、道内港湾をアジアの拠点とすべく多年的な取り組みを推進している。北海道の優位性として挙げられているのは、①東アジアで最も北に位置する国際港湾を備えていることでアジアの玄関口としての役割を果たせるという地理的優位性、②四方を海に囲まれた島として港湾が交通の重要な結節点となってきたという歴史性、③主要港湾の周辺に鉄鋼業、機械器具製造業などが集まる産業の集積性、そして④二〇一五年四月に日本初の北極研究のナショナルセンターが北海道大学に組織されたことをはじめ北極圏フィールドの調査研究機関が集中しているという拠点性の四点である。

また、オホーツク文化に象徴される樺太や南千島との文化接触、狩猟・漁労・採集といった生業活動を営んできたアイヌ、イヌイット、ユピック、チュクチなどの相似性をはじめ、衣食住、生業、精神文化などの点で広く北方諸民族社会とのつながりを見出すことができる点も、北海道と北極とが分かちがたい地域であることを示している。北海道の歴史的身体は、「海路や、列島伝いの繋がり」を抜きに語ることはできないのである（長嶋俊介『九州広域列島論——ネシアの主人公とタイムカプセルの輝き』北斗書房、二〇一五年、五〇頁）。

さらに、一月の平均気温が〇度の等温線内（インナー・ウィンター・ゾーン）にある北海道の持つ環境的特質は、アンカレッジ（米国）、トロムソ（ノルウェー）ノボシビルスク（ロシア）、ウランバートル（モンゴル）といった他の北方都市との気候的・風土的つながりを否応なく意識させる。実際に、インナー・ウィンター・ゾーンの冬の都市を結集させ、一九八二年より継続開催されている「北方都市会議」（二〇〇四年より世界冬の都市市長会議に名称変更）は、北海道の「北」へのメンタリティを起点として、札幌市がイニシアティブを採り組織された国際会議であった。こうした北へと方向づけられる北海道の環境的・空間的身体を、国家（territorial sovereign state）としての日本に投影していく中で、北極に対する当事者性が日本政府に付与され、二〇一〇年代以降の行動指向的なアプローチが形作られた、と見ることも不自然ではないだろう。

科学技術外交推進会議が二〇一八年三月に発表した報告書『Achieving Innovative Solutions for Arctic Challenges』には、国際社会において日本が他の国々と協力しつつ、開放的で持続可能な北極を次世代に継承していく必要性、そして国を越え（international）、多様な学域におよび（interdisciplinary）、先住民や企業などさまざまな主体を包摂する（inclusive）、独創性を有する（ingenuity）、イノベーションの創出（innovation）という五つのIを手掛かりに、日本が当該分野において積極的な役割を担っていくことが謳われている。北極海と地理的に近接しない日本が、北海道を基点に、ベーリング・チュクチ海を経て北極との地理的な連なりを意識する時、眼前に立ち現れるのは、国家にのみ回収されない多層的な結節点（multiple nodes）の存在であり、越境する社会経済的、生態学的動態の中に私たちが生きているという現実である。国境を超え現象化する環境は、世界が相互につながっている（interconnectedness）ことを私たちに教えてくれている。

番外遍

# 済州島海政学

麗水
チェジュ
済州
ハルラ
漢拏山
<1950>
チェジュ
済州島
西水道
対馬
五島列
男女群島
宇治群
群島
東シナ海
East China Sea
薩南諸
奄美大
硫黄島島
徳之
沖永良部
与論島
久米島
沖縄島
那覇
沖縄諸島
琉球諸島
尖閣諸島
宮古島
石垣島
先島諸島
南西
琉球海溝
Ryukyu Trench

海政学とは耳慣れない言葉かもしれない。陸の論理を先行させてきた、学問と政治と時代趨勢やメディア論調のせいかもしれない。ここで提示される海政学には、きな臭さも、異様な緊張も、国家主義的な蟠《わだかま》りのかけらもない。あるのは水平線と交わりと繫がりである。海には、陸とは異なる、論理と、存在理由と、自然現象がある。それがもたらすヒトやモノや情報・文化・経済の流れ方がある。生業や暮らしや祈りや災害の在り方も異なる。それは風土論を超えて民族性や文明性にも影響を与えて来た。

ネシア世界を論ずるうえで欠かせない次元に海域がある。比較的大きな島の塊が、どの海域に存在するかによって、そのグループのアイデンティティと、共通課題と、他地域（ネシア群と大陸）との関係性が異なってくる。日本を知るためにも、世界図的俯瞰で見てみる。世界の海は、大洋（海洋）と、縁海と、地中海と、内海に大別される。

「内海」とは、陸地と陸地との間に挟まれ、狭い海峡によって外洋と繫がっている海域。陸側の半島、海域内の島々が、無数の瀬戸を作る。人文的な観点では、内海は人々の往来の妨げとはならず、両岸の交流は外海（地中海・縁海・海洋）よりも盛んである。また帆船時代においては、安全で安定した好適な幹線交通路を提供した。風（縁海）や海流（海洋）や塩分濃度（地中海）の影響ではなく、潮流の直接的な影響を強く受ける場所である。瀬戸内ネシアはその典型である。西ネシアの一部もそこに存在する。国境を接した内海であれば海政学が問題になる。地政学論理が働けば、相当窮屈な世界である。

「縁海」とは、大陸周辺の海で、大洋の一部が島、列島、半島に囲まれ部分的に閉じた海。日本海ネシアや北ネシアの一部がそれに含まれる。九州から北と西の海域、トカラ・奄美・ウチナー・先島と大陸（中国等）との海域も実は縁海（東シナ海・南シナ海）である。そこが緊張の海なのか融和の海なのかによって、ネシアのフロンティア性が閉鎖性から開放性に逆転してくる。その逆も真である。

大陸のみによって囲まれている海が「地中海」。欧州地中海以外にも、北極（地中）海、アメリカ地中海、バフィン湾、バルト海、ペルシャ湾、紅海、豪亜地中海がある。塩分濃度での対流が顕著な場所である。「内海」「縁海」「地中海」は海洋循環＋気候面でも違いがあるが、その文明論的読み解きにはさらに深い関心を覚える。

むろん完全なる大洋に属するネシアも日本にはある。小笠原ネシア、黒潮太平洋ネシアの全部または一部、大東諸島等であり、太平洋側に半分面した島々も大きくその影響を受けている。そこは例え遠距離であっても地球規模的な海流と風が、繋がりをもたらしてきた。

日本ネシアから少しだけ目を転じてみると、韓半島には多島海（タトーヘ）があり、その南に大きな島、済州島がある。彼らも頻繁に黒潮（青潮）文化を論ずる。そこから見えてくる海の世界と論理と歴史をひも解くとき、日本ネシア観は、関係史と相対化で、さらに深みを加えていくことであろう。

# 耽《たん》羅《ら》鰒《ふぐ》と耽羅海

## 【公共体の海政学のために】


全京秀（鄭美愛訳）

●ジョン・ギョンス　一九四九年生。生態人類学・文化理論・人類学史（関心分野）。人類学博士。元ソウル大学人類学科教授、元貴州大学特聘教授、元イェール大学訪問教授、現神奈川大学日本常民文化研究所客員研究員。著作に『人類学者マリノフスキー』（二〇一八年）等。


### 要約


済州島、この言葉は済州という言葉に島が融合されたものである。済州という言葉は、高麗が耽羅を征服した一一〇五年以後、十三世紀半ばに高麗によって作られた。その言葉の意味は「水の向こうにある土地」である。この語を用いる視点は、この島に住む人ではなく、陸地、すなわち、韓半島に住む人々のものである。「済州」という言葉には、「植民地」という意味合いが含まれる。この島に住んでいる人が、そのような意味を含む言葉を抵抗なく使うことができるだろうか？　済州ではなく、耽羅のアイデンティティを回復しない限り、この島の生活の基盤は確立されない。本稿では耽羅という言葉が、文化独立の基盤であることに留意したい。本稿は、耽羅に対する認識を発見する作業である。その認識を否定することができないものが日本の奈良、平城京から出土された。一九六三年に発掘された木簡の中に「耽羅鰒《ふぐ》」という言葉が登場した。大和朝廷に贈る品物のリストに、この島から輸入されたアワビが、耽羅鰒として記載されていた。この記録は七四五年のものである。日本の他の古文書にも耽羅鰒という言葉は登場する。耽羅鰒は日本の朝廷では最も重要な貢納品であった。しかし十三世紀には全く登場しなくなる。その原因は何であろうか。

本稿は、その原因を明らかにする最初の論文である。耽羅が高麗に征服された後、そしてモンゴルが高麗を占領した後、この島は軍馬を育成する牧場に転換された。国家組織の命令により、耽羅の原生林は完全に破壊された。牧場は草地を基盤とする。したがって、耽羅の原生林は済州の草地に転換されたといえる。現在、我々はその現象を目撃している。土壌生態学の研究結果によると、原生林下の土壌と草地下の土壌では、土壌を構成する基本的な構成物である土壌粒子が違う。焦点は腐蝕された落葉にある。落葉による腐蝕土は団粒（aggregation）で構成されている。これに対して、草地の土壌のほとんどは単粒で構成されている。団粒の土壌は、土壌の粒の間に空間を有し、これが水や栄養分を保存する倉庫の役割をする。草地下では森林下で可能な腐蝕土の形成が弱い。現在、この島のほとんどの河川は枯れ川（ワディ）である。上流がすべて草地であるため、草地の土壌が水を貯蔵する能力を失った結果、枯れ川が現れる。原生林で構成された島と漢拏《ハルラ》山の山麓は豊富な栄養素と水を貯蔵する能力を持っていた。牧場化の過程で漢拏山の山麓とこの島の土壌は、水と栄養分を貯蔵する倉庫を失った。その結果、川には水が流れず、海に流れ込むべき栄養分が消えた。その結果が、耽羅鰒の絶滅だと思われる。

今、地球は温暖化により予測不可能な環境の変化を経験し始めている。この島の原生林を回復することは、耽羅鰒が戻る基盤を作るきっかけとなるばかりではなく、地球環境の変化と温暖化に備える方策にもつながる。耽羅鰒が回復し、耽羅海を経て交易の道を開く方法もあろう。耽羅に対する認識の回復が、その第一歩である。耽羅海の名前を取り戻し、耽羅鰒が戻る道を開くことが、今、私たちにできることである。

## 序　文――海洋観を修正せよ

人々の生活の中で重要な二つの軸は時間と空間である。自然科学、文学、哲学、芸術、医学もすべて、時間と空間を超えることはできない。今、私がいるこの島の生活を考察するための、根源的な観点を構築する座標も時間と空間である。本稿は、この島と、この島に繋がる海という空間と、耽羅という時間、この二つの軸によって構成された論理の上で自己省察的に、そして未来志向的に耽羅論の可能性を展開しようとする。本稿では「済州」は取り扱わない。「済州論」は、次の機会に展開されることを期待する。

時間に基づく人間の生活を扱う学問を史学、空間に基づいた人間の生活を扱う学問を地理学（過去には地学といった）と呼ぶ。この二つを合わせた学問が人類学である。人類学の中でも時空超越的な構造論がクロード・レヴィ＝ストロースの構造主義人類学である。彼の人類学は、普遍的な人間像の追究に著しい貢献をした。しかし、時空間に拘束される人間と文化の実践を対象とする、人類学の立場では、構造主義は流れる雲をつかむようなものである。あまりにも考える方向が違う。本稿は、耽羅という時空拘束的生活の観点を構築し、その観点から分析するため、社会自然体系（socionatural system）の生態人類学的理論（John W. Bennett, 2003 参照）を適用する。それにより、この島の自然と文化への理解を高めるとともに、生態系を構成するすべての個体が公正に分配される共有資源として概念化された、コモンズ（commons）（van Laerhoven & Ostrom, 2007）を念頭に論を進める。

耽羅を考察するに当たってもう一つの不可欠な観点は、国家権力との関連である。国が陸地にあると考えている陸地中心主義と、それに島が従属する陸属化思想が跋扈する限り、島嶼学と海洋観は成立しない。こうした観点そのものが、陸地中心主義に基づいた不均衡によってもたらされた。陸地を中心に世界を切り刻んだ歴史はかなり古い。すでに紀元前二四〇〇～二〇〇〇年頃に、土地を取引していた歴史があることから、それ以前から陸地を中心に世界をみる人類の歴史が始まったことがわかる。石板に楔形文字で書かれたメソポタミアの土地取引文書によると、トップシーカ（Tupsikka）という人が土地を購入したが、この土地の価格として、九八グルサクガル（gur-sag-gal）の麦と一六ポンドの羊毛、一六クォートの油が支払われた（大英博物館の解説文パネル。**写真1**参照）。一グルサクガルは二四〇リットルに相当する。土地の面積についての解説がないため、その規模は不明であるが、麦の量から推定すると相当広い土地であろう。しかし、どの人間社会でも、海の面積をこのように取引したという痕跡はない（韓半島の東海岸の漁村で、ワカメ岩を相続・取引した風習があったのは、本稿で展開する論理とは脈絡が違う（Han, 1977を参照））。

**写真1　メソポタミアの石板土地取引文書**
著者がロンドン大英博物館で2013年7月に撮影

陸地中心主義と地政学的思想を基盤とする国家権力が、島の民衆を支配した後の観点から耽羅をみることは、耽羅への誤った考察を導き出す。耽羅という問題意識に立てば、国家権力の民衆掌握力が緩んでいた、または、国家が階層関係を確立できなかった時代の生活について考える必要がある。この問題では、陸地より海洋に対してより深く関心を持つ必要がある。海洋に対して陸地の地政学的戦略を適用しようとする試みが、現今の南シナ海で展開している。すなわち、中国の台頭にともなう最近の「海防策略」は、明・清代の「南海海疆」という認識を受け継いでいる。その結果が南シナ海の、いわゆる「九段線」である。明代の「抗倭安海」と「倭蛮混雑」という認識は、中華思想に基づいた愛国的な地理学者である白眉初（一八七六～一九四〇年）[1]に引き継がれた。白は一九三六年に〈中華建設新図〉を出版し、その二番目の図で「海疆南展后之中国全図」を提示した。ここで白は「南沙群島」と「西沙群島」を基準とした中華民国の「九段線」を確定することを主張し、さらに「十一段線」（白龍尾島を狙ったもの）にまで言及した（徐志良、2010: 94）。二十一世紀における中国の台頭による九段線の主張の出発点は、中華思想に基づく八〇年前の地理学的産物であった。時空座標と国家権力、この二つの観点は、中国の新帝国主義的意図を露呈させる中心的な観点である。

したがって、中国という巨大な存在が躍動する二十一世紀に、耽羅の再発見のための中軸的な観点として、時空座標と国家権力に関心を集中させざるをえない。

歴史的実体としての耽羅と済州は、植民地時代、日本人によって研究対象とされた。東京帝国大学の鳥居龍蔵は〈日本書紀〉の継体天皇二年条「二年冬十月南海中耽羅人初通百済国」が、日本で最も古い耽羅に関する記録であるとした（鳥居龍蔵、1914: 31）。西暦五〇八年である。耽羅の日本の発音では“tora”である。鳥居は〈続日本紀〉に登場する「度羅楽」（聖武天皇天平三年条）を提示して、耽羅出身の楽人たちの活動を報告した（鳥居龍蔵、1914: 37）。京城帝国大学の言語学者、小倉進平は「トラ」は、「トムラ」の転訛であると主張した。度羅楽に対して〈通証〉[2]では、それを耽羅の音だと解釈したが、後の学者たちの中には「吐火羅」のものと考える者もあるとの見方も紹介した（小倉進平、1935）。トカラ（吐火羅）は鹿児島の南のトカラ列島を指すが、この島々は規模が小さく、妥当とはいえない。植民地時代初期の済州島をみた日本人の観点には、「世宗実録 地理志」に紹介された乙羅神話をもとにした「日・耽同祖論」を裏付けようとする意図がうかがえる。〈魏志東夷伝〉に登場する内容を根拠に「韓・耽別祖論」と連動しながらも（ジョン・ギョンス、2013）、韓国と日本が対等な地位となる論理を確保することが必要だったのであろう。こうすることで耽羅の歴史地理的な位置が韓半島よりは日本列島に近いという論理の展開が可能になる。

植民地時代の日本人学者たちは、耽羅と日本の同質性に焦点を当てた。このような関心は、いわゆる「日鮮同祖論」を支持する植民主義的な言説を満足させた。この論点は朝鮮の文化統治に活用された。朝鮮総督府が制作・配布した小学校教科書では、乙那神話をとりあげ、「三乙那」が日本出身の「三処女」を妻としたことを強調した。日本と耽羅の血縁的関連性を強調し、耽羅を介して「日鮮同祖論」にまで拡張しようとする論理である。このような論理に照らし、済州島に伝わる創造神話である「ソルムンデハルマン」神話は排除された。植民地統治の目的にふさわしくない話は、排斥の対象とならざるを得なかった。伝承されている類似の話を差別化する植民主義的戦略が機能した。耽羅伝承に対しても、統治目的に肯定的なもの、否定的なものと明確に区分し、肯定的な部分は神話に、否定的な部分は迷信に二分する手法が取られた。

耽羅を読み、考え、そして耽羅に関して論議することが、耽羅に対する考察のプロセスである。このプロセスに進む人は、耽羅を対象に哲学する（doing philosophy）ものである。耽羅の自然と文化を考察することが、耽羅哲学の過程となる。「哲学」という言葉を使い、有名な哲学者の名前と高見を引用するとしても、それが哲学を追究するわけでもなく、哲学になることでもない。もし、それを哲学すると言うなら、それは衒学的な帝国主義的発想の哲学になる。哲学という言葉を輸入したことで満足し、輸入された言葉である哲学に身を包むと、自ら考察する観点、すなわち自省（reflexivity）の機会を自ら放棄することになる。

## 耽羅海と耽羅鰒

この島の生態系は火山に基づく。地質学と火山学の研究蓄積がわずかなまま、この島の生態系を論じることは、まさに砂上の楼閣である。同時に「ここは島である」という認識を基本とする島嶼生態学に関する立場を堅持しなければならない。島という自然環境に対する徹底的な認識が不可欠である。この島は、東西七三km、南北三一kmで決して小さくはない。海に囲まれた島で展開される生活のありかたに対する基本的な認識の枠組みが必要である。それが水文圏、岩石圏と生物圏への関心である（田島佳也、安渓遊地、2011）。島嶼という現象と向き合う人の目には、「山－川－海」の循環モデルが現れる。この島にそびえる漢拏山は東シナ海の沿岸で最も高い山である。この海域を航行する船乗りたちを最高の航海に導くのが漢拏山である。東シナ海の西や南からこの島に向かって航海する場合、どの程度まで近づけば漢拏山が見えるだろうか。全羅南道の南海岸では漢拏山が肉眼ではっきりと見える。沖縄の南西の与那国島では、一一〇km離れている台湾の高山連峰が明確に見える。沖縄から宮古島までの距離は約二六〇kmだが、お互いに見えない。これは緯度の問題でもある。同一の緯度から見える距離と、違う緯度から見える距離は異なる。

日本の長崎県の五島列島（大小の一四一個の島々で構成され全長一五〇kmの長さ）の最も北にある島が宇久島（面積は二五km²）である。この島は漢拏山から東に二〇〇kmほど離れている。宇久島に昔から伝わる話がある。この島の頂上は城ヶ岳（海抜二五八メートル）で、この島の女性たちは山の頂上に登って山神を祀ってきた。しかし、いつからか西に漢拏山が見えたという伝説が伝えられている（鹿児島大学長嶋俊介教授談、二〇一四年）。同じ証言は、五島列島の海民の研究をしてきた東京大学の伊藤亜人教授からも聞いた。宇久島と漢拏山は同緯度に位置している。直線距離からみると海上の条件がよければ西に漢拏山が見える。参考に、日本で富士山が見える最も遠い所は三二三kmだという記録がある。富士山が最も遠くに見える、西の和歌山県勝浦は、富士山とほぼ同緯度である。

他の場所は緯度の差があるため、地球の曲面に隠れ可視距離が短くなる。三二三㎞離れたところからも富士山が見えるということから、宇久島で漢拏山が見えたという伝説は、実際にその光景を見た宇久島の女性たちの話が伝わっている証拠であろう。宇久島から漢拏山を撮った写真が期待される。神話的な文脈で考えてみると、宇久島の女性たちの伝説は、乙那神話に登場する日本出身の「三処女」と重なる部分である。その「三処女」が船で渡った海が、この海域を舞台に住んでいた人々の物語の一部を伝えている。

五島列島に広く伝わる「高麗島の伝説」がある。遣唐使船が出発した平戸から西には、宇久、野崎、小値賀の島々が上五島を構成する。小値賀島から西に四里ほど離れた所に美良島という無人島がある。この島の東端には若干の平地があり、そこから多くの瓦が出土した。

この島からさらに西に三里ほど離れたところに漁師たちが高麗瀬または高麗曾根と呼ぶ岩礁群がある。裕福だった高麗島が海底に沈没し、高麗島にあった寺もともに沈んだ。その海域では漁師たちの網に瓦や磁器の破片がよくかかるという。日本民俗学の父と呼ばれる柳田國男は、海底に沈んだと言われる「高麗島の伝説」に導かれて、一九三一年五月五日小型船小値賀丸を借りて美良島まで航海した。そこで出会った漁師たちの証言によると、美良島から済州島までの航路は一七時間の距離である（柳田國男、1933参照）。ここまで来れば、私たちは済州島から五島列島に至るまでの海に関心を持たなければならない。私は漢拏山が見える長崎海岸から済州島を囲む海を「耽羅海」と命名する。この海は三乙那の妻だった「三処女」が渡った海でもある。耽羅海の設定は、この海域を舞台に生きた人々に関する議論の基盤であるとともに、生活の場を海の方向に実質的に広げることでもある。

海洋世界をもとにした島人の生活のモデルを、太平洋の島人から学ぶことができる。ハワイ大学の人類学者ベン・フィニ教授はポリネシアで既に失われた航海知識を再生させるために、ミクロネシアから遠洋航海の専門家であるマウ（Pius “Mau” Piailug）を招聘し、彼の指導で両艤船（double-placed canoe, ハワイ語でwa'a kaulua）を建造して、ハワイ－タヒチ間の三六二〇㎞を航海するプロジェクトを実践した（Finney, 2003: 7）。その船は近代的な設備を全く装備せず、船乗りたちの航海知識のみに依存して目的地に到達した。その結果、彼らが航海した航跡は、GPSで見せてくれた航跡とほぼ同じであることが分かった。相互に見える島々の間を航海する方法と、互いに見えない島々の間を航海する方式は異なる。

互いに見えない距離では、天体の動きと波や風の流れを読み解くことを羅針盤の代わりにする。昼間は太陽、夜には星、そして波と風に対する船乗りたちの知識が、航海を可能にした。星の知識は、海を舞台に生きる人々にとっては生存のために絶対的なものである。その延長線で、耽羅では星と星座が生活の根本に据えられ、星は信仰の対象とされた(カン・ムンギュ、2017参照)。

漂流と漂海、そして「以船為家」の海洋流民という認識は、済州島が島であるという事実、そして古くから人々の生活の舞台である東シナ海の中心に位置していることを確認させる。航海の次元でこの問題は検討されるべきであり、外部とのコミュニケーションの観点から、済州島を理解する必要がある。済州島周辺の海流や気象に関連する資料を用いることで、水文圏と大気圏で構成される生態圏の内容に繋ぐことができる。海の生活と関連した話は、さまざまな漂海録でもよく表れている。十五世紀後半に与那国島に漂流した人々の話から、済州島の人々の世界観を読み取ることができる。一五〇〇km も離れた与那国島と済州島の人々の間の相互印象記と、ハメル漂流記から、バタビアとオランダにつながる漂海録のグローバリズムという視野が、東アジアの海洋世界という枠組みの中で、済州島の理解を深化させる。陸地中心ではなく海洋中心の議論を通じて、耽羅の海洋世界が豊かに構築されるべきであろう。

〈漢書〉五行志巻二七、中之上に登場する「呉地、以船為家」の用語が「朝鮮王朝実録」でも散見されることは興味深い。中国春秋時代に観察された海上通行に関する認識が〈朝鮮王朝実録〉に同じ用語で表現されている点は、春秋時代から朝鮮時代に至るまで、時空を超えて東シナ海で続いてきた海洋文化があることを証言する。

しかし、西欧列強のアジア進出の結果でもある近代化(植民地化)を経験することで、この視点も激変した。アヘン戦争に勝利したイギリスが租借した広州と上海で発刊された新聞「申報」には、「潮恵民情土俗論」という記事が載っている(一八七二年六月二十日)。その記事で「海民」は、「広東省東部(粤東)」で「以海島為巣穴以舟楫為室家」する集団とされ、彼らは上陸して略奪と殺人を繰り返す盗賊の群れであると定義されている。「海民が嶺南の根本的な心配の種だ」と書かれた。ここでは、典型的な陸地中心の考え方に基づき、海民である蛋民を見ていることが確認される。そのような観点がイギリスの植民地経営と密接な関連をもつことが想定できる。海洋と海民をみる植民主義的視線を見いだす方法の確立が重要な優先課題である。したがって、朝鮮史の一部に編制された観点と、海の歴史という独自性の確保を前提とする観点は互いに異なる。このことこそが、耽羅の海洋性を理解する基盤である。地域ではなく海域を考えている。そのためには琉球の歴史、対馬の歴史、五島列島の歴史、そして舟山群島の歴史などを含む、海域の歴史研究の蓄積が必要である。

海域史というジャンルをどのように設定することが望ましいだろうか。耽羅海とその延長線にある東シナ海を背景に活動していた人々の話は、伝説と史書に伝えられている。紀元前四七三年、越王句践が滅ぼした呉太伯の日本移住説と(上野武、1992: 137)、紀元前二一〇年代の徐福東来説が（上野武、1992: 141）、耽羅海を含む東シナ海の海上に流布された。太伯と徐福の二集団が海上移動をするには、漢拏山と耽羅を除いた海上交通路は考えられない。六七七年から一八五九年までの約一二〇〇年間「五島列島に漂着」した記録は二五一件にのぼる（北見俊夫、1992: 313-318）。

漂着した船の出発地は、多い順に中国、朝鮮、琉球、日本である。「東亜地中海」という用語を使用していた凌純聲（一九〇一—一九八一、中国第一世代の人類学者）と、「環シナ海」を書いた国分直一の先行研究を継承した北見俊夫は（北見俊夫、1992: 273）、「東亜地中海文化圏」の設定を提案している。別の研究で、一四四三～一四八八年に発生した漂流事件をまとめた済州島関係漂流年表には一三件が記録されている（高橋公明 1992.4.20: 189）。漂流船の出発地は五島列島が四件、トカラ列島が一件、琉球列島が三件、中国沿岸各地が四件（高橋公明、1992: 188）である。ここでは漂流も海上活動と見なされる。これらの資料に基づき、私は北見と高橋の見解に同意し、耽羅海は東亜地中海の一部であると付け加えたい。

日本の海民研究は、十五・十六世紀の五島列島、済州島、舟山列島を包括する「倭寇支配地域」という仮説を想定する（網野善彦、2009: 100-101）。この仮説を証明するためには中国側の資料の詳細な検討と併せて、さらに多くのデータの裏付けが必要である。私がこの仮説を引用するには理由がある。この意見に同意することは難しいが、少なくともこの地域の海路についての議論は、肯定的に受け入れることができる。これまで提示された耽羅海の海上交通路に関する見解をまとめると以下の通りである。「北部九州の地域は大陸の文化を最初に受け入れる場所に位置し、大きく二つの大陸交通路がある。一つは、朝鮮半島から対馬、壱岐を経由し北部九州に至る道（北路）で、〈魏志倭人伝〉にも示されている。もう一つは、八世紀に至って遣唐使が通過した航路である。すなわち、五島列島のような島々を経由し南シナ海を横断して揚子江河口付近に到達する道（南路）である（下川達弥、1992: 102）。下川が提示する二つの道について拒否はしないが、彼は現実的に存在しうるもう一つの道を無視している。

彼の説明は耽羅海上に存在する済州島を全く考慮していない。したがって北九州の五島列島を起点にして耽羅を経由する航路に対する詳細な検討が必要である。一方、済州島を経由する航路を考慮したのが高橋公明である。この航路は遣唐使のために八世紀に開発された南の航路より以前から存在した、海民たちの日常的な航路であった。この航路は国家権力が及ぶ前から海民たちによって開拓され、存在した海上の土着的な航路であった。これに関して、済州島の海岸と日本列島の直結説（網野善彦、1987: 393）と全羅道—済州島—北九州を繋ぐ航路（高橋公明、1987）が提案されている。耽羅海を舞台に海上活動をしていた人々の具体的な足跡はどうであろうか。柳田國男が日本山岳会第二回大会の講演で

「山民」という概念を使っていたが（柳田國男、1909）、海に関する二冊の本を執筆した彼が「海民」という概念を使用したことはない。網野が一九七一年に定義した海民の例は「湖沼河海を問わず、水面が主生活場であり、漁業、塩業、水運業、商業から掠奪に至るまで生業をする。つまり、完全に分化された姿で住んでない人々」であり（盛本昌広、2009: 138）、「未分化な状態で生業に従事している存在として規定されている」（盛本昌広、2009: 147-148）。これらの定義からは、陸の支配論理ではなく、海、そのものの特質にみようとする意図が読み取れる。海は道である。陸のように道が見えるわけではない。海はそれ自体が道であり開かれている。生産様式という次元から見れば、稲作を中心とする農業史観の克服が必要である。農業史観に対する漁業史観（ひいては海洋史観）は海民の概念を思わせる問題提起である。

日本の記録に登場した、「耽羅人は外交使節、あるいは漂流民と考える二分法的な思考」では（森公章、1985）、「来日」（日本にやって来る）の意味を解読するに当たり、極めて限定的である。彼らは定期的に往来し、複数の目的を持って通っていた。天気が悪くなると漂流民になることもある。航路はこの海域に住んでいた人々の日常化された道であった。耽羅という言葉が具体的に登場する事例は、七三八年の「耽羅方脯」（周防国正税帳）、七四五年の「耽羅鰒」（平城宮出土木簡）、九二七年の〝耽羅鰒〟（〈延喜式〉主計上式）などである。耽羅方脯は、方脯の産地が「耽羅」という点を明確に伝えている。誰もその問題について疑問を提起しない。しかし、「耽羅鰒」の産地を特定することは簡単ではない。耽羅鰒が関心を集めたのは、それが日本では「御調」（皇室貢納の特産品）を構成する特別な品物だったからであろう。その「耽羅鰒」が乾鰒かまたは別の加工品であるかが重要である。これについての議論は、「耽羅鰒」の分量を測る単位である「斤」という字に対する考察から、ある程度解決できるだろう。〈延喜式〉の「葛貫鰒十二斤。耽羅鰒十八斤」という記録から、重量を測定して表記する単位としての「斤」の意味は、特別な加工前の乾鰒状態の測定単位と考えられる。肥後国（熊本県）から三九斤、豊後国（大分県）から一八斤貢納された「耽羅鰒」は、全て乾鰒であると考えられる。長距離の航海に備えた工夫の一つが乾鰒だった。ここでの乾鰒は、生物のアワビから殻をはがし、アワビの肉質部分だけを塩漬けにして干したもの（完乾または半乾）と考えられ、これを取引する場合には、「斤」という単位を使用した。位置から見ると、肥後国と豊後国は周防国と近い上に、耽羅にもより近い。したがって、肥後国と豊後国から進貢されたアワビの原産地が耽羅だという点については、多くの研究者たちが否定しない。

安房国（千葉県）から奈良の平城宮に進貢された「耽羅鰒」の出自に関しては、相違する意見がある。梁聖宗は、これらを産地説（今村鞆、網野善彦）と種類説（森公章）に分けた。梁は産地説に同意した（梁聖宗、1994: 4）。しかし、最近、原産地が安房国である可能性もふたたび提起されている（渡辺晃宏、2018）。私は梁聖宗の見解に同意し、安房国からの「耽羅鰒」の原産地は耽羅であると考える。第一の理由は、〈延喜式〉以後のどの文書にも、「耽羅鰒」という言葉が登場していないことである。これはもはや「耽羅鰒」が日本に輸入されなかったことの反証であろう。問題は、安房国の位置についてである。澁澤敬三をはじめ〈延喜式〉の内容を分析した学者たちは、安房国の位置が平城宮よりもはるかに東に離れていることと、安房国でも鰒が生産されたことで、安房国の人々がわざわざ耽羅の鰒を輸入して平城宮に進貢するのは理解し難いと主張した（澁澤敬三、1954）。彼らは、日本には「耽羅鰒」という名前の良質の鰒が生産され、それが平城宮に進貢されたと説明する。この意見はもっともらしく聞こえるが、この見解の基本的な前提は方向と距離の問題である。この仮定は、海流を考慮していない。移動手段が陸地の交通だと思えば、澁澤らの意見に同意するが、移動手段が船だとすると話は変わる。海流に沿った移動を交通と交通路、そして海域という側面から再考しなければならない。二つ目の理由は、名前の問題である。進貢物として定型化された「耽羅鰒」の名前は、一つの特定の種類に対する名称であると考えられる。

平城宮の西の地域で進貢される鰒と東の地域で進貢される鰒が、それぞれの地域の特性を持つという認識を表現する名称が貢進品の目録に記録されるのが通常だと思われる。その名称が同じであることは、原産地が同じであることを反映しているであろう。言葉の選択と使用の例において極めて保守的な日本文化を考えると、耽羅鰒という用語が複数の意味で用いられるとは考えにくい。

それでは、なぜ〈延喜式〉以後に「耽羅鰒」の名が日本の記録に登場しないのか。鎌倉時代の基本的な研究史料である「吾妻鏡」[3]には、建久三年（一一九一年）に源頼朝が元に年貢として「長鮑」を送ったという記録がある。この長鮑は熨斗《のし》鮑であると解釈できる。〈吾妻鏡〉の「長鮑」は「鰒」ではなく「鮑」と書いている。平城宮から出土された木簡によると、アワビを指す用語は最低三つ登場する。すでに述べたように、鰒、そして蝮（平城宮発掘調査出土木簡概報、34: 10）と鮑（地下ノ正倉院展国宝平城宮跡出土木簡第Ⅲ期展示木簡六五回）である（奈良文化財研究所、2017: 10-11）。二つめの例は、「生蝮」という言葉が書かれた木簡であり、第三は「御取鮑［三十烈］」の事例である。この三つの関係については、今後さらに研究が必要である。平城宮から出土された木簡は、八世紀前半のものと思われる。文字が異なるのは、区別しなければならない必然的な理由があるからである。伊勢神宮には昔の製法によって作られた熨斗鮑が六月と十二月の月次祭、十月の神嘗祭に奉納される。

この熨斗鮑は三重県鳥羽市国崎町の鎧崎の神宮御料鰒調製所（この名称に古来の「鰒」が残っていることに注意したい。この文字が「耽羅鰒」の遺産である可能性がある）で作られる。熨斗鮑作りは毎年六月から八月までに行われる。一回に使用するアワビは、約二〇〇kmである。鎧崎では、毎年七月一日に海士潜女神社祭りが開催される。この祭礼には伊勢神宮の舞楽団が参加する。このことからも一種の神縁が続いていることが分かる（写真2参照）。この祭礼は、潜女の始祖といわれている伝説の潜女、お弁を祀る海士潜女神社で行われる。第十一代垂仁天皇の第四皇女の倭姫命《やまとひめのみこと》が国崎を訪問したとき、「お弁」という潜女がアワビを献上したという伝説が伝えられている。〈吾妻鏡〉の記録は、もはや「耽羅鰒」の生産と調達が、伊勢では困難になった状況を反映したものではないか？　それとともに用語も「鰒」から「鮑」に変更され、両者が異なる献上品であることを示していると思われる。耽羅鰒が熨斗鮑に代替されたものと理解することができよう。すなわち、鮑が鰒を代替したわけである。これは天災地変にも相当する変化であったと考えられる。

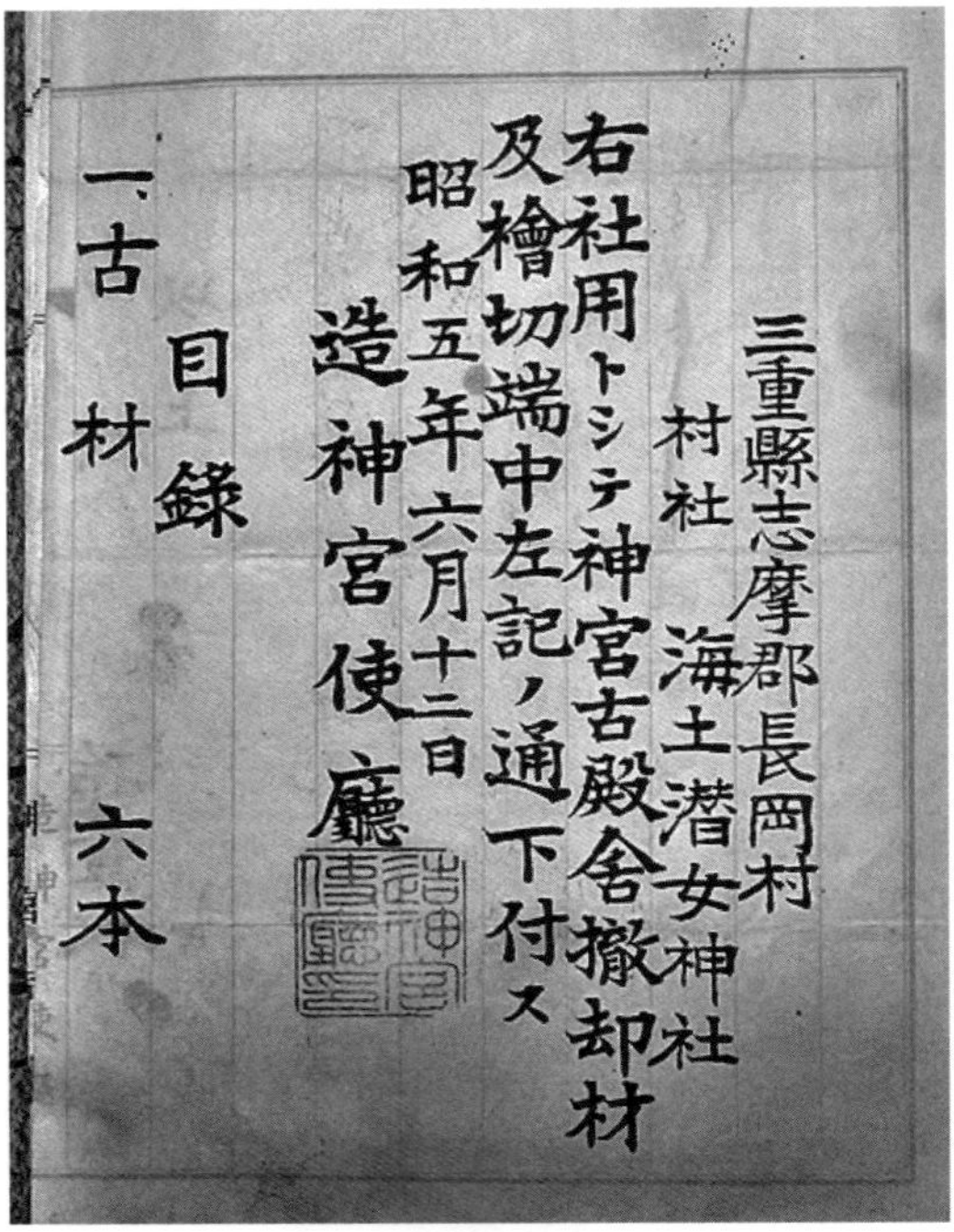
三重縣志摩郡長岡村
村社　海士潜女神社
右社用トシテ神宮古殿舎撤却材
及檜切端中左記ノ通下付ス
昭和五年六月十二日
造神宮使廳
目録
一、古材　六本

**写真２　造神宮使庁と海士潜女神社の関係を示す文書（1930年6月12日）**

伊勢神宮で20年に一度、神を左右に移動させる（正宮を左右に移す）式年遷宮の行事のとき、旧正宮から出る木材をこの神社に送った。次の遷宮は2033年に予定されている。

高麗の皇帝国体制は（ノ・ミョンホ、2017）、一一〇五年に耽羅を併合し、以後、高麗はこの島に牧馬場を建設した。済州島の中山間地域は、それ以来モンゴル人によっても牧場として開発された（キム・ドンジョン、カン・マンイク、2015; カン・マンイク、2016）。耽羅には大規模な牧場が開発され、住民は新しい仕事に動員された。一二七七年以降には元の大規模な牧場建設事業により、島の自然環境は完全に変わり、良質なアワビ（耽羅鰒）が生産されなくなった。この島における政治的構造の激変により、生態系と労働構造が変化した。日本では「耽羅鰒」の輸入が困難になった。原生林の耽羅が牧場化によって草地へ転換する過程を、歴史的に研究する必要がある。〈延喜式〉に登場する安房国からの「耽羅鰒」は、それ以前からの献上品であった。耽羅と安房国の間には、耽羅海を経由する海上交通路があった可能性がある。耽羅の人々が黒潮に乗れば、志摩半島を経て安房国に到着する沿岸航路が想定できる。その交通路に乗って、二十世紀初頭、志摩の潜女らが済州島まで嫁いだことを忘れてはならない。済州島における「潜女」の名称が、志摩の潜女たちが祀る神社の名前に（海士潜女神社）に刻印されている。その言葉の歴史的な意味づけは検討されてこなかったが、石碑に刻まれている「潜女」という文字は、歴史的・地理的に重要である。耽羅から志摩半島までの、千年を超える航路の共同体的痕跡が石碑に刻印された。これが東亜地中海と耽羅海の遺産である。そして方脯と鰒の名産地として古代日本人の脳裏に刻印されている表現が、「耽羅方脯」と「耽羅鰒」である。

耽羅のブランドであった耽羅鰒が日本に伝わった海路を、耽羅海と呼ぶことに無理はない。

## 山－川－海とミクロ生態学

漢拏山は山頂から斜面が放射状に広がり、水の流れによって河川が形成される。流域の大部分が密な原生林に覆われている場合、河川の水量は豊富だが、それが草地に変わると事情も変わる。森が多くの水を河川に供給する現象は、土壌の性質と関連する。人工草地に比べ自然林では、落葉や繊維状の根が豊富で、これらが有機物の腐蝕過程に作用する。したがって、土壌微生物の活動が森と草地では根本的に異なる。土壌成分が破壊された後の、物理学的・生物学的な土壌の変化に関する研究がある。すなわち、土壌団粒（aggregate）の安定性が、有機物と二酸化炭素、窒素および微生物の構成に関与する。この研究結果から、土壌団粒の回復が、土壌微生物や土壌菌類にも重要な影響力を及ぼすことが確認された（Shukla, *et al*, 2003: 1272）。土壌生態学の基礎的な知識は（Weil & Brady, 2016）、ミクロ生態人類学に新たな知見を提供する。「森林は牧草地より土壌有機物（腐蝕を含む）をより多く保持するため、雨水保持能力が増す。土壌団粒が形成されることにより、不規則な隙間ができるからである。団粒の形成には土粒どうしの結合力が必要である。化学・物理学的な力は別として、生物学的な力は、生物がエネルギーを投入しなければ生じない。土壌団粒を結合させる生物学的な力は、主に微生物や小さな繊維状の根が分泌する有機物に由来する。団粒土壌中には、より大きく、広い隙間が生じる。その隙間には他のものが入る余地がある。他のものとは、微生物の生活に欠かせない水や栄養分である。土壌団粒の生成は、水と栄養が染み込む空間を作る。微生物にとってこの隙間は、資源を保管する倉庫である」（李道元教授のメモから）。「土壌団粒の安定性は、二酸化炭素の貯蔵、有機物の安定性の確保、水量の確保と土壌浸食防止などに寄与する、生態系の重要な資産である。また、土壌の安定性の強化は、農業生態系の持続性と土壌浸食防止、および破壊された土地と気候変動の回復のために重要である」（Duchicela, *et al*, 2013）。土壌生態学の科学的知識は、住民の土地に対する経験知とも合致する。耽羅の原生林の回復が、この島の環

**写真3　放牧状況：木が全くない済州島の牧場**
（山口県立山口図書館所在桜圃寺内文庫所蔵）（田中源三郎 1911.1.1）

境を回復する基盤である。

誤った認識に基づく「四〇年の生態観光」がもたらした原生林の破壊に鑑みれば、コスタリカにおける原生林回復の実験から学ぶことは多い。世界で最も美しい鳥、ケツアール（quetzal、阿弥陀経に出てくる六鳥の一つである迦陵頻伽《かりょうびんが》に最も近い形の鳥ではないかと思われる）が、よみがえった原生林に巣を作るために戻って来ている。済州島の原生林を回復するプロジェクトは、耽羅鰒の生息地を取り戻すことに繋がる。緑色の羽根と赤色の胸、青色の長い尻尾をもつケツアールが、コスタリカの原生林に戻って来られたように、長径二〇センチを超える耽羅鰒が、この島の周辺海域に復活する時が来るようにしなければならない。この島の原生林を回復するプロジェクトは、百年後のこの島の人々の生活場を用意できる唯一の方法であり、厳しい気候変動から人々が生き残る理念的モデルである。ケツアールと耽羅鰒が戻ってくる光景は、オストロムが提案するコモンズガバナンスの事例でもあり、モデルにもなる（Ostrom, 2015）。コスタリカで実践されているケツアール原生林の回復のニュースは、済州島での耽羅鰒と原生林の回復にとっても朗報である。

山―川―海は、水が循環する一つの環を構成する。水が適切に供給されない状況では、海に供給される栄養分は乏しい。河川は豊富な水量を海に流し、山で作られた栄養分を海に供給する。牧場の造成によって草地主体に作り変えられた済州島の土地利用に対する、徹底した反省が求められる。厳密に言えば、現在の草地中心の景観は、一時期に特定の目的を持って「作られた自然」である。元の植民地支配下において、耽羅に与えられた牧場としての役割が、現在の草地中心の土地利用を形作った（写真3参照）。

この島の植物生態系は、高山地域を除けば、暖帯林を中心とする照葉樹林帯と落葉広葉樹林帯である。樹林帯の原生林が草地に転換されたことを厳密に評価する必要がある。現在、この島の多くの河川は涸れ川である。現在の涸れ川も、原生林を後背地にしていた時には涸れ川ではなかった。河川には常に水が流れていた。河床が玄武岩で構成されているので、この島の河川は涸れ川にならざるを得ないというのは、極めて非科学的な説である。火山島で構成された地球上の多くの島々がこれを反証する。現在、わずかに見られる淡水魚は、原生林だった頃の川の生態系を反映してはいない（キム・ワンビョン、2016; ヤン・ゲチョン、2013; イ・ワンオク、ヤン・ゲチョン、キム・デハン、キム・テヒ、2014; イ・ワンオク、ホン・ヤンギ、ヤン・ゲチョン、2015を参照）。草地と涸れ川を背後に持つ海と、原生林と河川が背後になった海の栄養供給状況ははっきり異なる。史料を扱う歴史学者たちは、文献から証拠を見つけなければならない。自然地理学を専攻する地理学者は河川の地質構造からその証拠を追跡しなければならない。生態圏の一つの軸である岩石圏を形成する火山と、それにより構成される地質への関心は、耽羅の生産基盤についての議論を可視化するだけではなく、生命基盤を生態学的に予測する作業を可能にする。火山活動とつながる人間の生活環境への認識が、耽羅を理解するための基礎的な資料を提供する。済州島の地域的差異は、地質学的には土壌によって決定される。土壌は耽羅人の作物栽培をはじめとする生産活動に関連する。火山活動によって形成された洞窟への理解は、耽羅の過去の景観の理解にも必要不可欠なデータを提供する。「アワビはそれと関連する人々のアイデンティティに関わる問題」(Field, Tsianina, 二〇〇八年）である。すなわち、耽羅の生産基盤と海上活動という研究分野を切り開く一種の象徴種（flagship species）が耽羅鰒である。耽羅鰒はこの島を代表する東亜地中海のブランドである。原生林という支えがあったからこそ、耽羅鰒のブランド化は可能であった。土壌微生物に関する土壌生態学的知識が、耽羅鰒を生み出した要因を明らかにする。アワビの生産と、原生林・河川の役割を理解するためには、土壌生態学の知識が不可欠である。

今日提起されている「度羅楽《とらがく》」と「耽羅鰒」に関連する議論は、問題解決の手がかりとなり得る。考古学的遺物の考察だけでは、耽羅史の復元は不十分である。「奪われた耽羅史にも遺産は残る」ことを証明するための手がかりが、日本の史料に登場する「度羅楽」と「耽羅鰒」である。この二つの単語は、高麗・朝鮮時代の史料には見られないにもかかわらず、日本の史料には現われる。似たような手がかりは、この島のあちこちに存在する。文献の中にも、言語の中にも、地名の中にも、伝説の中にも、それらは残っており、自然の中にも刻まれている。記録物としての「史」は奪われることがあるが、文化の本質は繭の中の蚕のようにひっそりと隠れ、自然そのものに刻印されている。耽羅文化の残片と自然の刻印を組み合わせ、耽羅の歴史のモザイク画を描き出すことが、私たちに与えられた課題である。表面的な読みやすい作業のみに安住するのではなく、隠された絵を見つけなければならない。耽羅史にはこのような困難が伴う。

耽羅史は史学の領域を超えて、文化と自然の問題に挑戦しなければならない課題である。そのためには演繹と帰納のすべての方法を動員しなければならない。現在を生きる人々を含む、生活の総体的な領域を対象としなければならない。それは断片化された記憶を組み立てる作業であり、その作業に従事する人々は、社会的記憶（social memory）について深く探求しなければならない。社会的記憶を追跡する方法はいくつかある。神話や伝説、説話などの形で伝わる話と、その話を表す言葉（speech）が分析の対象になる。この島の土地に刻印されている地名は、この島で生きてきた人々の社会や自然に対する認識体系を表象する。最も重要な対象は、この島でポンプリと呼ばれる、伝承されているシンバン（巫女）たちの叙事詩である。それは歌や詩が交ざった伝承である。

この島の人々がどのような歌を、どのような時に、どのように歌ったのかを議論したい。子守唄、労働歌、婦謡などに分類され考察されてきた、歌への関心を充実させる必要がある。歌と歌の間の関連性を把握すれば、耽羅の歌を通じて耽羅の人々の生活ぶりを体験できる。耽羅の自然を反映した歌を生かすためには、耽羅の歌を探求する精神が必要である。歌を通じて耽羅人の思想と哲学を議論することができる。

耽羅の神話を主人公を中心にして大別すると、大きく二つにまとめられる。一つは創世神話「ソルムンデハルマン」、もう一つは建国神話「乙羅」である。現在これらは、神話や伝説、巫歌というジャンルなどに分類されるが、これは後世のものであろう。分類以前はどうだったのか。近代的な科学は、特定の専門分野に分類される。このことが、耽羅の話というひとまとまりを、いくつかのジャンルに分けてしまった。しかしそれらは、「耽羅物語」という連続的で体系的な一つのジャンルである。神話・伝説・巫歌などの破片を集め、「耽羅物語」の全体像がわかる絵を描き直すべきである。近代科学によって解体された耽羅物語は復元されなければならない。その復元過程がどこまで進むかは、復元作業をする人に掛かっている。いわゆる人文科学という領域に限定される必要はない。神話は語り手の思想が現れやすい資料である。耽羅神話を背景とする耽羅思想と耽羅哲学へ、議論が発展してゆくべきであろう。「ポンプリとシャーマニズム」に基づき、「耽羅バイブル」が作られることが望ましい。この島の住民の精神世界を支配しているポンプリは、神話や説話と結びつき、耽羅思想を追求するための材料となり得る。ポンプリはシャーマニズムの中心となっており、耽羅精神史の中枢として理解される。ポンプリの場（gestalt）は、この島の人々の信仰体系を理解するための第一の材料を提供するとともに、記録と口伝が乏しい歴史を補完する。神話と伝説に結びついたポンプリとシャーマニズムを理解することは、済州島に深く刻印されている耽羅思想と耽羅哲学を展開する上で不可欠である。

耽羅物語の容れ物の役割をしてきたのが耽羅語である。耽羅語はわずかに残存するが、ユネスコにより絶滅危機の言語に指定された。耽羅語が体系的に最もよく残っているのは地名である。地名に刻まれている耽羅語の収集と分析を通じ、耽羅語の起源と構造が明らかになることが期待される。耽羅語の形成過程を理解することは、耽羅史の研究にも大きく貢献する。〈魏志東夷伝〉の馬韓條で紹介された州胡の人々は、韓とは別の言語を使用したと記録されている。この部分は軽視できない。かつて東アジアの比較文化的な視点から、州胡を引用して済州島を紹介した文献が存在する。「州胡（Chau-hu）の人々は船でコリアに牛や豚を持っていて貿易し、コリアとは違う言葉を話し、魚の皮で作った服を着ている」（MacGowan, 1891: 296）。MacGowan は〈魏志東夷伝〉の文章を多く引用しているが、最後の文章「魚の皮で作った服」は MacGowan が挿入した内容である。[4] MacGowan が提示した州胡に関する議論の中心は、「女権政治」（gynecocracy）にあった。耽羅語研究者は、第一の目標としてこの部分に関する資料を提示する必要がある。そのためには極めて細かい地名（海名を含む）の調査と分析が必要である。地名（海名）から表れる単語の分析結果は可能な限り生態学的基盤を再構築するように展開すべきである。自然の文化誌を構成すべきである。耽羅語に含まれている異なる言語をまとめることで、歴史的な変動状況を言語学的に証明できるだろう。言語はある集団の思想と世界観を反映する。耽羅語に含まれた耽羅人の思想が究明できることを期待する。

衣食住と民具は、この島で生きた人々が自然と関わった証拠である。この島の人々が着た衣服は、それ自体が特徴的な耽羅文化の表象である。衣服を論じずに、耽羅人の生活を議論することはできない。衣服を作るプロセスと材料、道具や技術などが綿密に検討され、衣服に関連する日常生活や、儀礼が解明されることで、耽羅文化の特徴を読み取ることができよう。耽羅人の思想が込められた衣服への理解を深める方法論が検討されるべきであろう。

この島の食べ物は、自然の表現であり、耽羅人の自然の利用方法を理解する近道である。材料と道具と技術だけでなく、思想が込められているのが食品である。食品は日常と儀式を表現するだけでなく、社会的地位や役割を表す。島の土や海から材料を求める方法からも、食品の姿が決定されることがある。自然に対する理解なしに食べ物を論じることはできない。食品を通じた自然転用（appropriation）のプロセスは、耽羅哲学を深化させる基礎になる。耽羅の食品は、耽羅の色を含み、手の痕跡を感じさせる。食品に関する議論は、耽羅哲学において重要な役割を担う。耽羅人の家屋に関する議論なしに耽羅文化の特徴を挙げることはできない。

なぜ「アンコリ」と「パッコリ」の構造が発生したのか？ これを「耽羅家屋」と名づけるとき、これらの形式はいつから始まったのだろうか。これは考古学的史料と歴史的史料をともに利用して明らかにすべき問題である。それらはどのような機能を満足させたのか、人々の家族関係と連動させて理解することが必要である。家屋の材料、使った技術や道具などを取り上げる以外に、社会組織的な側面と生態学的な側面、すなわち、社会自然体系に沿った分析が必要であろう。ミクロな建築学的視角だけではなく、社会文化的で歴史的なマクロな視点から、耽羅の家屋を考察する必要がある。家屋の中に生活の基盤となる思想が込められていることを究明する研究が出ることを期待する。衣食住の領域と民具には、生業と日常生活が密接に関連する。考古学的な史料の背景となる原始生産経済から始め、牧場化が進んで以降、そして近代的な農漁業が導入される過程まで、それぞれの段階における物的な証拠として提供されるのが、民具などのモノである。

生産とそれに関わる民具に対する問題意識は、家族に代表される社会構造だけではなく、生産組織の構造も反映する。社会自然体系は、文化変動のありさまを見せる。耽羅から済州につながる済州島の生活を表現するには十分な問題意識である。耽羅の自然の文化誌と耽羅文化の自然誌が作られることを期待する。

## 結語――海政学（Oceopolitics）のゆりかご

一九一六年、スウェーデンのルドルフ・チェーレン（Rudolf Kjellen）が提唱した、侵略的な「地政学（Geopolitics）」という用語はもはや機能しない。「ポリティックス」は、政治的動物であるホモサピエンスの名にふさわしく、賢い「関係」のためのものであり、「支配」を目的とするものではない。私は暫定的に、地政学の枠組みを海洋に適用し、海洋生態系をもとに海洋と島嶼を考える海政学を提示する。海洋認識を表わす海図が海洋を作り出す。耽羅から出発し、陸属化された陸地中心主義の拘束を脱却した耽羅認識が考察されるべきである。この考えは、八〇年前に白眉初が「九段線」を設定した、中華思想に基づく覇権主義や愛国主義とは異なる。耽羅海を眺望するまなざしは、歴史的事実としての耽羅鰒を背景に、海を共有しながら生きた人々の共生主義（commensalism）に基づく。共生主義に基づき、東シナ海を中心に置いた海政学の可能性を提示する。小さな島々をベースにした「島嶼学」では、耽羅の意味を正しく表現することはできない。

もし、歴史の順番を入れ替えることが容認されるのであれば、次のような論理が可能である。「近代化が韓半島を飲み込んだ」という認識である。島を陸属化する中央集権的戦略が、耽羅を流刑地の役割にとどめたのではないか？　耽羅の資源経済を牧場化によって陸地に従属させた陸属化戦略は、目下済州で進行中の、観光化の構図の中でも再現される。「牧場化から観光化へ」変わりこそすれ、植民地的な搾取の構図は、根本的なところで変わらない。「山－川－海」から成立していた耽羅生態圏は、「山－海」のみに無理矢理作り直された。外からの力によって作られた「川」が抜けた状態が現在も続いている。耽羅本来の生態圏の腰の部分が切り捨てられた状態の、矛盾した構図を誰も廃棄しようとしない点が、実に深刻な問題である。

矛盾した生態圏において、国家権力と外部資本の介入で行われる資源経済の陸属化、すなわち観光産業は、失敗確実な「国際自由都市」と、口先だけの「特別自治」という馬脚をすでに現わしている。漢拏山だけが集中的に〝開発〟され、耽羅海にはまったく関心を示さない。漢拏山と耽羅海は一つの循環系である。それを認識しなければ、耽羅海と漢拏山は、最終的に陸地と大陸から押し寄せるゴミの終着地になるであろう。気候変動による海面上昇は耽羅海でも例外ではない。済州道知事は、海面上昇に苦しむ太平洋のバヌアツの人々とわかり合える知恵と勇気を備えなければならない。海を考える根本的な観点の確立が、耽羅思想に具現化されることを切実に願う。千年前の耽羅島人は、海を生活の実践場として生きたことを遺産として残している。

千年前の生活を無視することは、現在の生活をも無視する結果をもたらす。耽羅海への認識と耽羅鰒のブランドが消えたように、現在耽羅語が消滅の危機に直面している。言語の消滅、すなわちアイデンティティの危機から解放される方法を追求しなければならない。そうしなければ、この島は他者化されてしまう。歴史の中で「済州」が耽羅を奪ったように、他者化の歴史は将来も繰返される。耽羅語が消えれば耽羅人が消える。すでにそれは相当程度進んでいる。

東アジアで耽羅の存在はユニークである。よく済州島と対比される沖縄が、十四世紀はじめに琉球国から始まったことと比較すると、耽羅はいくら短くても七世紀以上も早く一つの独立国として存在していた。沖縄が「文化独立」の旗を掲げ、琉球文化の思想と精神世界に関して深く議論してきた点について、我々も深い省察が必要である。日本、中国と朝鮮半島と交易した耽羅人、国際政治の次元で活動していた耽羅人の姿を、考古学的・歴史的史料によって全面的に見直す必要がある。陸属化された「済州」島ではなく、海洋世界の独立体であった耽羅への根本的な認識を探ることで、耽羅思想史と耽羅哲学への探求の必要性を強調したい。

植民地主義的な海洋観が存在する限り、私たちは耽羅を正しく認識することができない。

耽羅に関する記録は中国と日本の文書に存在する。なぜ耽羅に関する古代の記録が韓国には少ないのか？　この問いから始めなければならない。〈三国史記〉の編纂者が何を考え耽羅を除いたかについて、追究する必要がある。中国と日本の史料から紐解かれる耽羅史は、韓国史にとどまらず、東アジア史というカテゴリーに属する。韓国史の地方史としての議論は再検討されなければならない。

またモンゴルの史料に対する追跡も必要である。国際関係の文脈における耽羅史の再構成は必要不可欠である。耽羅関係の記録が語り継がれている文書史料との繋がりにも注目すべきである。済州島の貝塚については、古動物学の観点から貝塚出土の動物遺骸の分析と整理を期待する。海岸と海で採捕された魚類と貝類の整理によって、耽羅人の生活をさまざまな側面から見ることができるであろう。人間活動の結果として現れた貝塚遺物が意味するものが耽羅史の理解をより一層深めてくれる。

生態学と文化（社会組織、技術、観念）が結びついた、耽羅を中心とする海政学が展開されることを期待したい。海政学の中心に位置する潜女の研究には発展の可能性がある。一四〇年前に、東アジアの比較文化論において、女権政治に言及しながら州胡の存在に着目した、McGowan の議論を改めて評価したい。なぜ、潜女は集団的に潜ったか。集団的に作業をしなければならなかった理由は何か。研究にも優先順位があり手順がある。一九六〇年代、米海軍の研究資金で、生態学的研究を筆頭にデータが収集された潜女の研究が、人類文化遺産の一つに定着できるよう検討されることを待つ。潜女は生物学と文化が出会う接点で、人間への理解を深めることができるよう記録されるべきである。「物質」という言葉の意味をより真剣に考えなければならない。「潜」が、いわば「物質」ではないか？　「物質」の意味を深く刻んだ言葉が潜女であることは改めて強調する必要はない。植民地時代に定着した用語一つ正しく選択して整理することができない状況下でしっかりとした省察が可能だろうか？

アイデンティティを考えなければ正統性を論じる資格を失う。耽羅を考えている知識人たちのしっかりとした根本的な省察を促したい。海政学の中心にある潜女の研究が定着することを期待したい。生活の基盤として存在する海を失うことは、耽羅の縮小を意味する。耽羅の海政学を推進するのが耽羅哲学を実践する方法であろう。耽羅鰒が消え、耽羅語が消え、次は耽羅人が消える番が近づいているという危機感の中で、耽羅論は展開されるべきである。

**謝辞**　本稿の草稿が済州研究院の討論の場（二〇一八年六月十九日）で

発表されたとき、参加者の李道元教授（ソウル大学環境大学院）から土壌生態学に関する貴重な助言を頂いた。李道元教授の土壌微生物に関するメモや教えを頂き、本稿に多く参考にした。安渓遊地教授（山口県立大学）の案内で山口県立山口図書館の桜圃寺内文庫の史料を閲覧することができた。この場を借りて感謝申し上げる。本稿の一部は、済州学会四〇周年記念学術大会（二〇一八年六月二十一日、済州大学校人文館二号）で基調講演の形で発表された。

本稿の印刷中、金成國教授（釜山大）からある論文がラインに送信された。金文祖、2017、「社会的空間としての海——海洋社会学序説」、社会との理論 30、7-54. 金教授の「海洋社会学序説」は部分的に筆者の意見と一致する。例えば、陸地中心主義への反省を促す部分がそれである。しかし、観念の海に落ちた、海に対する社会学的な見解を展開した金教授の論旨については少し異なる意見を持つ。

**注**

（1）白眉初　名前は月恒、満州族として河北省で生まれた。中国の近代地理学者として有名である。一九〇九年北洋師範学堂を卒業し、一九一二年に中国地学会から改名された中国地理学会の編集部長として活動した。一九一三年から女子師範学校で地理と国文を教え、一九一七年八月には北京師範大学歴史地理部の主任兼地理学教授となった。本文で言及した「中華民國建設新図」は三二枚で作られた地図帳である。

（2）〈日本書紀通証〉〈日本書紀〉の注釈書である。三五冊で構成されており、谷川士清が著したもので一七四八年に起稿し、一七六二年に出版された。〈日本書紀〉全巻の最初の注釈書である。

（3）治承四年（一一八〇年）から文永三年（一二六六年）まで、幕府の史跡を編年体で記録した書物である。室町時代には、〈吾妻鏡〉と呼び、江戸時代初期の古活字本は〈東鑑〉と呼んだ。両者は同一の内容である。

（4）Daniel Jerome MacGowan（瑪高温　1815-1893）は、アメリカのマサチューセッツ州生まれで一八四三年にバプテスト派の医療宣教師として中国を訪問した。医師でありながら寧波で書籍を発刊し《博物通書》（愛華堂 1851、電報と電気に関する概説書）と〈航海金針〉（愛華堂 1853、航海と気象に関する書籍）、これらが日本に輸入された。彼は日本を三回訪問したが上海で死亡した。

**参考文献**

カン・マンイク、2016、「高麗末における耽羅牧場の運営と影響」耽羅文化 52、67-103。

カン・ムンギュ、2017、七つの星と月を抱いた耽羅王国、ハングル。

キム・ドンジョン、カン・マンイク、2015、「済州地域の牧場史と牧畜文化」京仁文化社。

キム・ワンビョン、2016、「ヨンウェ川に生息するオオウナギ」ヨンウェ川の源流を探して、済州特別自治道民俗自然史博物館、135-140。

ノ・ミョンホ、2017、「高麗前期のチョンハグァンと皇帝国体制」高麗歴史上の探索、ノ・ミョンホ編、シュウブントウ、3-24。

ヤン・ゲチョン、2013、「グァンリョン川の淡水魚類」グァンリョン川の源流を探して、済州特別自治島民俗自然史博物館、145-150。

イ・ワンオク、ホン・ヤンギ、金・デハン、キム・デヒ、2014、「ジュンムン川に生息する淡水魚類」ジュンムン川の源流を探して、済州特別自治道民俗自然史博物館、145-158。

イ・ワンオク、ホン・ヤンギ、ヤン・ゲチョン、2015、「チャンコ川に生息する淡水魚類について」チャンコ川の源流を探して、済州特別自治道民俗自然史博物館、141-154。

チョン・ギョンス、2013、「韓・耽別祖論と耽羅の文化主権」耽羅史の再解釈、済州学研究センター編、済州学研究センター、11-58。

小倉進平、1935、「済州島の異名」『帝国大学新聞』五七二号。

網野善彦、1987、「中世から見た古代の海民」大林太良編『日本の古代 第八巻』中央公論社、347-395。
網野善彦、2009、「中世の民衆像」『網野善言著作集　8』岩波書店。
上野武、1992、「太伯と徐福」網野善彦編『海と列島文化 第四巻』小学館、127-160。
北見俊夫、1992、「東シナ海の海人文化」網野善彦編『海と列島文化 第四巻』小学館、273-326。
澁澤敬三、1954、祭魚洞襍考、岡書院。
下川達弥、1992、「考古学から見た海人文化」網野善彦編『海と列島文化 第四巻』小学館、76-104。
高橋公明、1987、「中世東アジア海域にオケル海民たち交流——済州島を中心トシテ」『名古屋大学文学部研究論集　史学』33、175-194。
高橋公明、1992、「中世の海域世界と済州島」網野善彦編『海と列島文化 第四巻』小学館、163-205。
田島佳也・安渓遊地、2011、「島と海と森の環境史」湯本貴和・田島佳也・安渓遊地編『島と海と森の環境史』文一総合出版、11-16。
田中源三郎編、1911、『日本之朝鮮』有楽社。
鳥居龍蔵、1914、「民族学上より見たる済州島」『東亜の光』9（12）29-37。
森公章、1985、「耽羅方脯考」『続日本紀研究』二三九号。
盛本昌広、2009、「海民という概念」『海と非農業民』神奈川大学日本常民文化研究所編、岩波書店、137-148。
柳田國男、1909、「山民の生活」『山岳』4（3）、91-99。
——、1933、「高麗島の伝説」『島』1（1）、17-28。
梁聖宗、1994、「木簡の、耽羅鰒、についての一考察——現存する最古の記録遺物を読む」『耽羅研究会報』11、2-6。
渡辺晃宏、2018、「耽羅鰒をめぐる耽羅と日本の交流」済州研究院済州学センター、53-71。
奈良文化財研究所、2017、『地下の正倉院展——国宝 平城宮跡出土木簡』奈良文化財研究所。
徐志良、2010、「民国海疆版图演变与南海断续国界线的形成」太平洋年報、18（4）、92-97。
申報 七四號 一八七二年六月二十日字。
Bennett, John W, 2003, The Ecological Transition: Cultural Anthropology and Human Adaptation. London: Routledge.
Duchicela, Jessica & et.al, 2013, “Soil aggregate stability increase is strongly related to fungal community succession along an abandoned agricultural field chronosequence in the Bolivian Altiplano”, Journal of Applied Ecology 50, 1266–1273.
Field, Les & Lomawaima, K. Tsianina (eds.) , 2008, Abalone Tales: Collaborative Explorations of Sovereignty and and Identity in Native California, Durham, NC: Duke University Press.
Finney, Ben R, 2003, Sailing in the Wake of the Ancestors: Reviving Polynesian Voyaging, Honolulu: Bishop Museum Press.
Han, Sang-Bok, 1977, Korean Fishermen: Ecological Adaptation in Three Communities, Seoul: Seoul National University Press.
MacGowan, Daniel J, 1891, “Gyneacocracies in Eastern Asia with Anthropological Notes”, The China Review: or, Notesand Queries on the Far East 19, 285-308.
University Press.
Shukla, M.K., & et.al, 2003, “Land use and management impacts on structure and infiltration characteristics of soils in the North Appalachian region of Ohio”, Soil Science 168, 167–177.
van Laerhoven, Frank & Elinor Ostrom, 2007, “Traditions and Journal of the Commons” 1 (1) , 3–28.
Weil, Ray R. & Nyle C. Brady, 2016, The Nature and Properties of Soils (15th ed.), New York: Pearson.

# おわりに

日本ネシア論は、日本全体を一定のまとまりのある島々の群れ(ネシア)として、離れた島の群れ側から、多角的に見直す視座の提案である。同時に、海の繋がりから、日本という国域のもつ可能性を「地政学」をも超えて考え直すきっかけを提供するものであった。加えて、広域海面管理には、地球規模的責任が伴う。その責任的視座は、宇宙論的な地球観とも連動する。地球は七一%の海洋からなる水半球である。大陸もまた「四囲を水にて囲繞せられたる空間」として、大きな陸塊とはいえ、豪州がそうであるように島大陸でもある。地球=水球=島球という方程式すら成り立つ。デフォルメではなく考えてみる時に、生命体地球=ガイア仮説の中核に〝島ガイア〟を捉える必要性が出てくる。島ガイア⇓サブネシアガイア⇓〔ネシアガイア+六島大陸ガイア〕で地球環境の過去・現在・未来が文明論的に見直される時、脱工業化社会以降の新しい島世界観が見えてくるかも知れない。

刊行最終作業直前中に、エーゲ海文明の地に立ち、改めて日本ネシアを見つめ直してみた。F・ブローデル『地中海』(全五冊、浜名優美訳、藤原書店、一九九一―九五年刊行)を契機とする、川勝平太編『海から見た歴史――ブローデル「地中海」を読む』(一九九六年)を手にしつつ歩いた。藤原書店主催で、網野善彦、石井米雄、I・ウォーラーステイン、鈴木董、二宮宏之、浜下武志、家島彦一、山内昌之を加えた討論内容は、二三年を経た現在でも、色あせず斬新であり、本書日本ネシア論とのつながりと展望を得る上で妥当な内容に満ちている。インド洋・大西洋・南シナ海・東シナ海・日本の海の歴史とも関連付けた総合的な捉え直しである。全体史的な認識で、海から捉える文明論の視座の確かさが「地中海」のみならず、他の海との連関で、連動して論じられるダイナミズムがそこにはあった。太平洋史は触れられなかったが、暗示的に理解可能である。その含意(編者の頭の中には、拙稿「経済史と島嶼性」『太平洋学会誌』第一三号、一九八二年一月、八六―一三九頁)で論じた内容が当然念頭にある)を加えると、地球全体史と本格的に結びつき始めた記念すべき討論内容であったといっても良い。生活の海=平和の海と戦争の海、海の複合体と陸の複合体、一国主義ではない歴史観。世界史の陸の論理と海の論理とによる見直しである。川勝らは、K・マルクスの唯物史観と梅棹忠雄の生態史観を大陸史観として総括し、海洋史観との両立を強く主張している。これからの時代は海のネットワーク論に加えて、時空を自在航行するAI時代にふさわしい文明論が求められる。現在は第四の波(アルビン・トフラーの「第三の波」の次元超え)に突入して

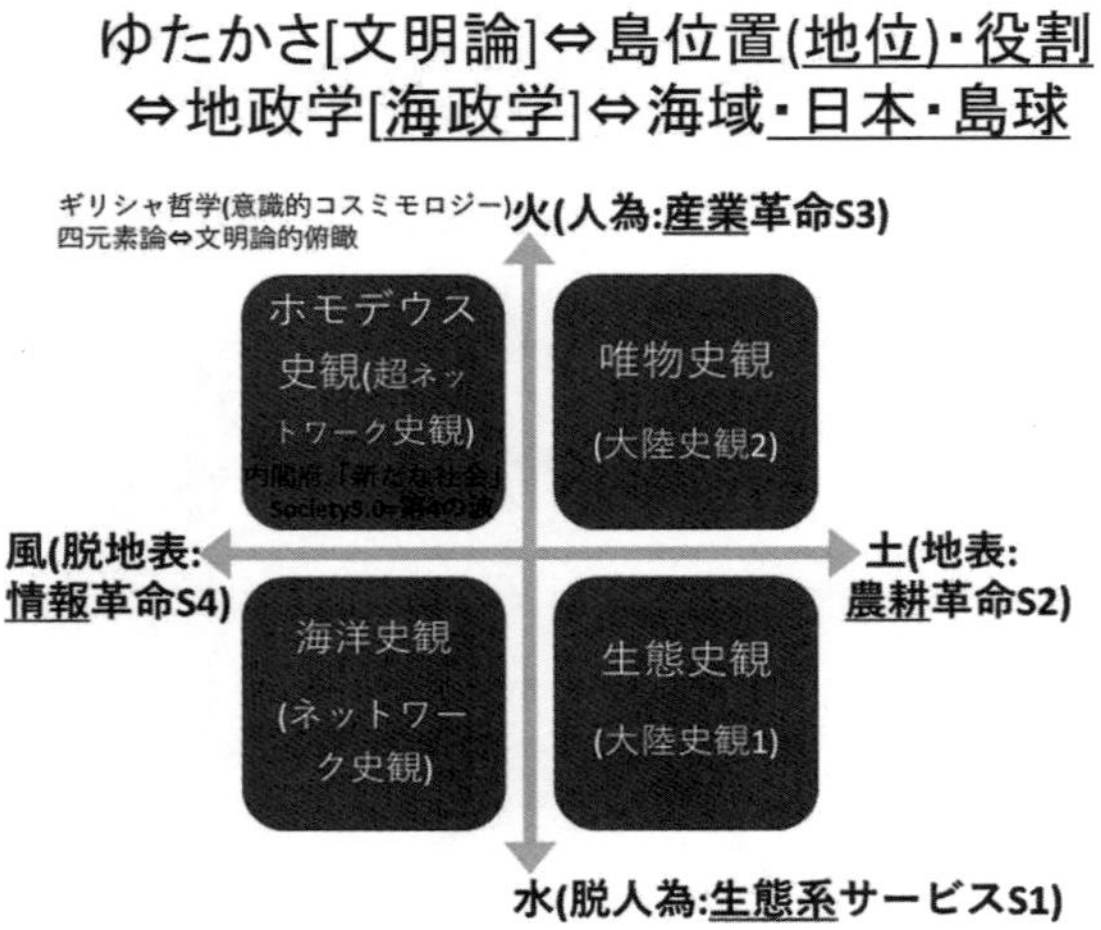


図１　大陸史観と海洋史観と新しい社会 S5.0

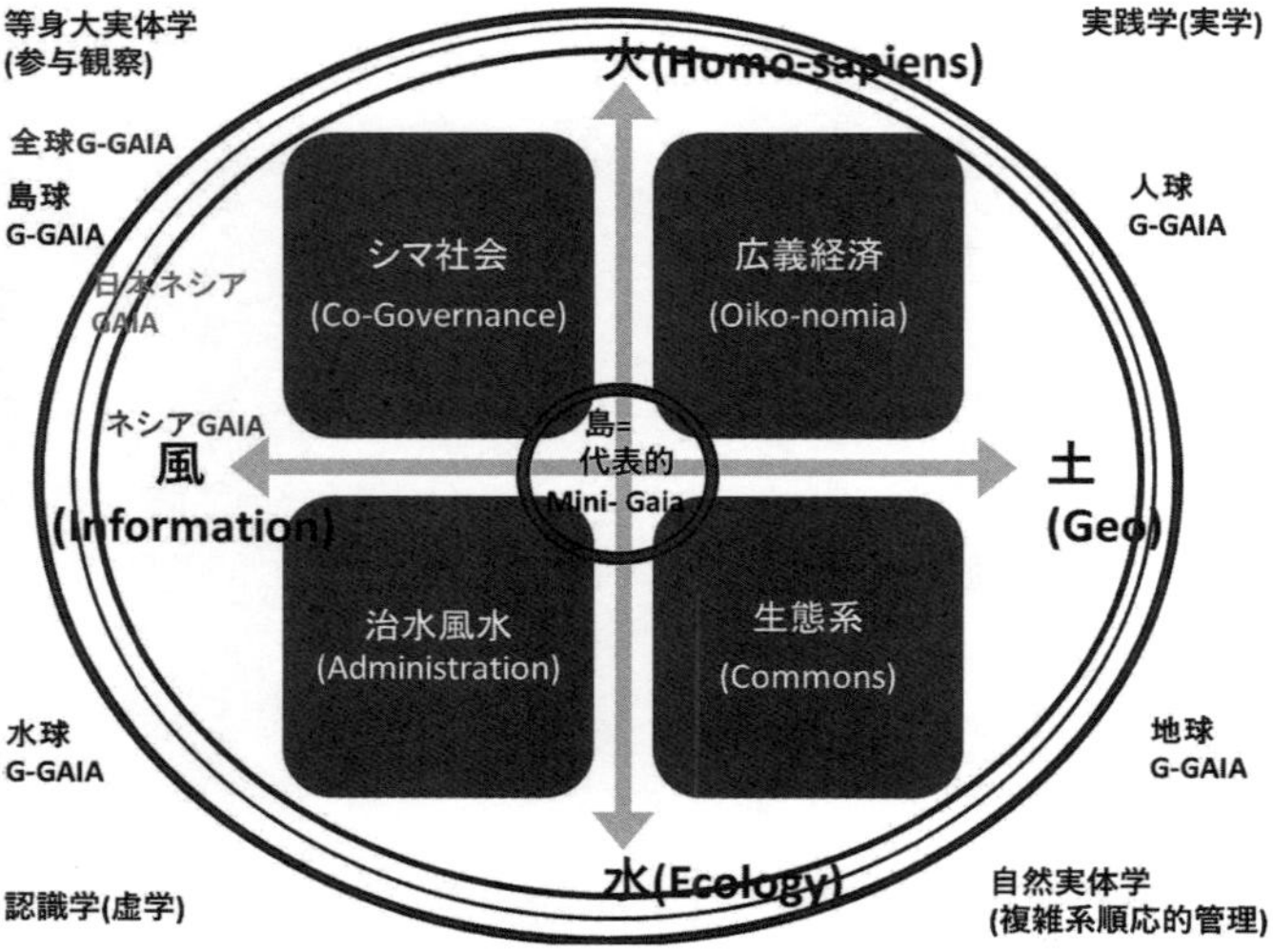


図２　島球ネシアと広義経営学と学の統合理念

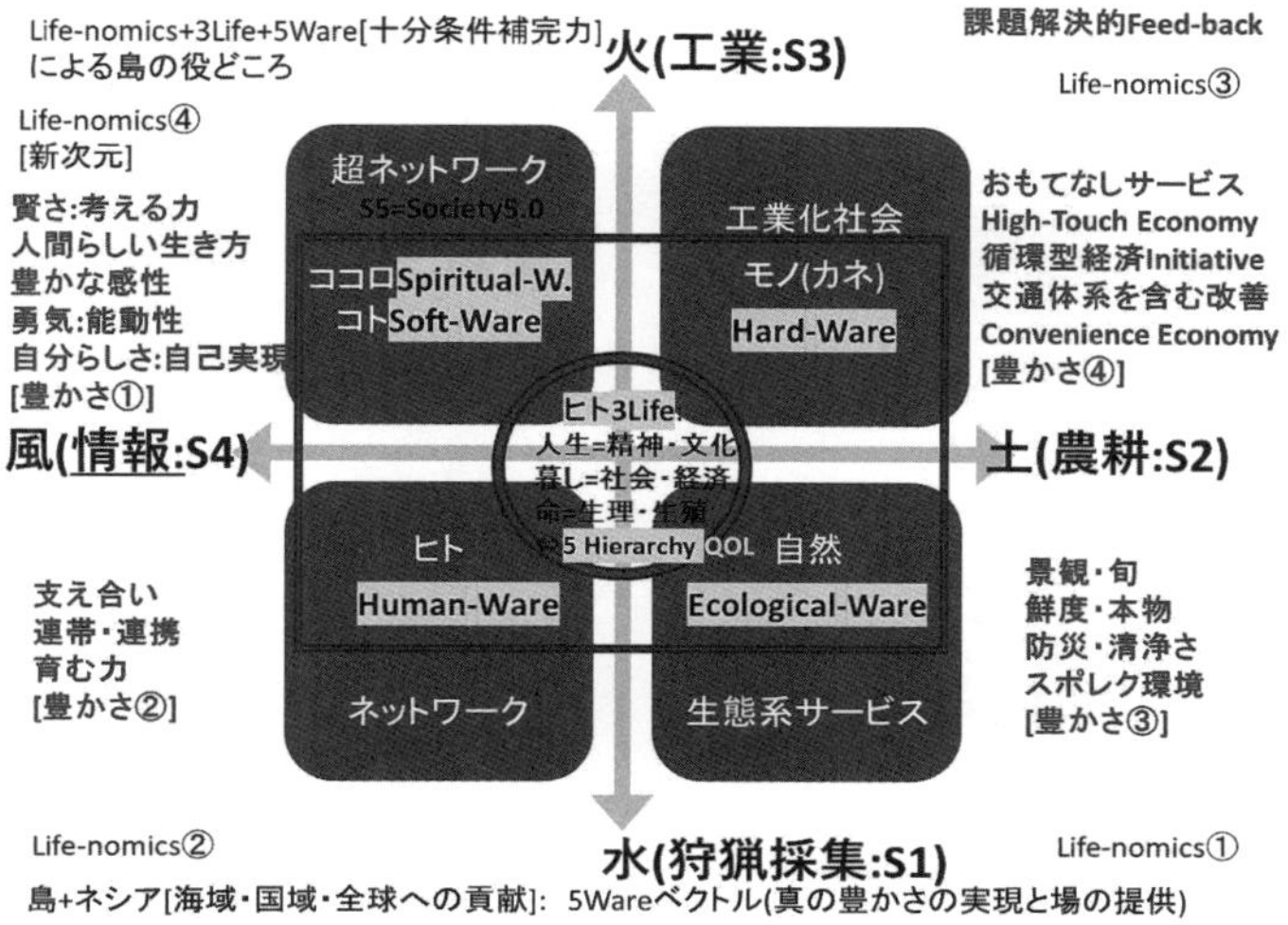


図３　島コスモスに内在する生命系経済と豊かさの経営

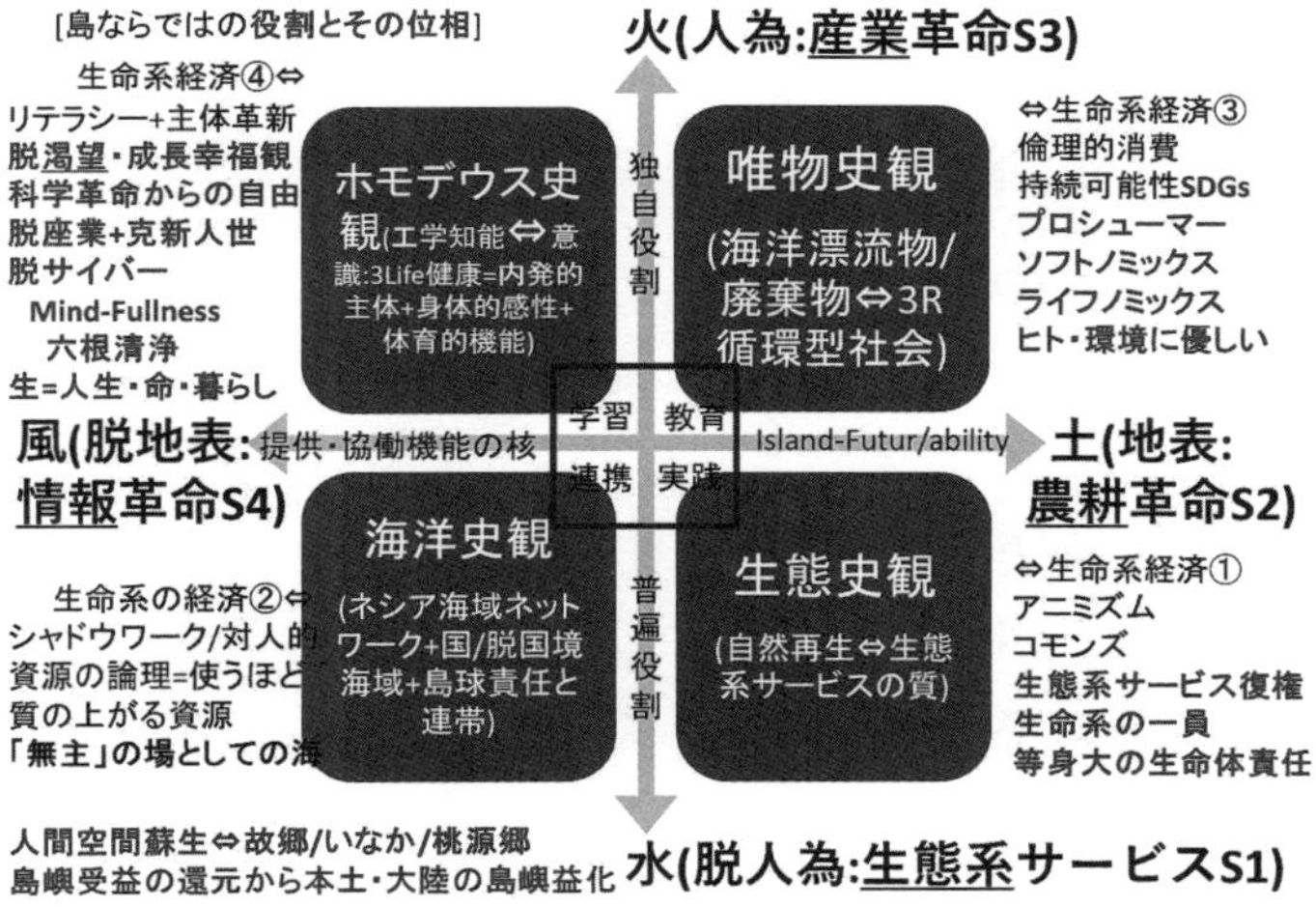


図４　陸と海の論理統合と島の場（克文明の足場）提供役割

おり、内閣府は構想「新しい社会Society 5・0（S1・0＝狩猟、S2・0＝農耕、S3・0＝工業、S4・0＝情報の各革命）」で、その全産業的組込みでの課題解決を模索し始めている。

一方、C・レヴィ＝ストロースは、一直線的発展論を脆弱で危険に導く議論であるとし、文化の多様性・強靭さ尊重に警鐘を発してきた。文明に抗した、文化論的立ち止まりにも留意が求められる。そこにこそ島の立つ位置と役割がある。時代局面に即した島役割は多次元に存在する。その典型的な島の役所《やくどころ》は、本物志向の「人間性回復の場」、提供力である。S1（S1・0の略、以下同）の生態系サービス保全力、S2の五感的体感力・享受力、S3の脱「分業」（生業の総合力）、S4の脱「座業」（心技体の総合力）、S5の脱「デジタル人間支配」（脱ホモ・デウス化としての等身大の人間性ルネッサンス）の場としての総合的な役割である。それは従来のアイランドセラピー役割に加えた、真のヒューマンルネッサンスの場提供役割でもある。小さな島とサブネシアにこそ、その可能性が最後まで残されている（参考までに、ギリシャ哲学の心性論として後世まで影響を残した四元素世界論で、文明論的総合性と島役割を図示しておく。これはあくまでも編者の独断と偏見と仮説である。本書全体の理解というよりは、本書から、一国中心的視座を取り除いて、更なるネシア可能性を考えたい人向けの示唆である。また逆に全球から見た島位置づけと役割、内発的発展とネシア連携、本土・大陸沿岸部の島受益的還元模索の必要性＝川勝平太的表現を借りれば津々浦々構想の更なる発展型をも示唆しているつもりである。建設的議論を待ちたい。海洋の生活論理、即ち生活者視座に立ち戻れないと解読可能でないかもしれないので、その議論のためにも図はやや微細に示している）。

同じ出版社から日本ネシア論が提示されることは偶然ではない。内発的発展論としての鶴見和子（典型的には『内発的発展論によるパラダイム転換　鶴見和子曼荼羅Ⅸ環の巻』）他の提示もあった。水俣・不知火・天草と関わる石牟礼道子『苦海浄土（全三部）』、沖縄経済史や独立論と関わる松島泰勝ら『島嶼沖縄の内発的発展』等、与論島からの発信としての喜山荘一『珊瑚礁の思考』、豊島での苦闘に関する石井亨『もう「ゴミの島」と言わせない』等々や、『別冊「環」⑥　琉球文化圏とは何か』等で沖縄は何度も取り上げられ、島嶼当事者性のある論述が多々出版されてきた。

「ネシアとしての日本」を学際的に深め続けることの、島益、国益、国際益、地球益を、島を研究する立場から改めて主張したい。**図1—4**はその意味もこめて表記した。上記史観の続きで言えば、本書番外遍で全京秀が「海政学」を提示してくれている。敢えて全文訳掲載を決断したのには訳があった。川勝らの指摘する次の議論としての、「海のもう一つの論理」がそこでは示されている。ここに寄せられた各島（トウ）論も短文ではあるが、それぞれ奥に深みのある緒論である。これら議論のさらなるサブネシア（海域）的・国内ネシア（海域）的・脱国境ネシア（海域）的・全球（島球）ネシア的なる広がりを期待したい。

長嶋俊介

長崎県対馬

西田正憲『瀬戸内海の発見』中央公論社、1999年
日本離島センター『日本島嶼一覧』改訂版、日本離島センター、1982年
比嘉政夫編『海洋文化論』環中国海の民俗と文化 1、凱風社、1993年
福島菊次郎『瀬戸内離島物語』社会評論社、1987年
藤田陽子・渡久地健・かりまたしげひさ編『島嶼地域の新たな展開——自然・文化・社会の融合体としての島々』九州大学出版会、2014年
藤本強『日本列島の三つの文化——北の文化・中の文化・南の文化』同成社、2009年
布施克彦『島国根性を捨ててはいけない』洋泉社、2004年
フェルナン・ブローデル『地中海』全5冊、藤原書店、1991-1995年
毎日新聞特別報道部取材班『沖縄戦争マラリア事件』東方出版、1994年
前畑明美『沖縄島嶼の架橋化と社会変容』お茶の水書房、2013年
松下志郎・下野敏見編『鹿児島の湊と薩南諸島』吉川弘文館、2002年
松島泰勝『島嶼経済史——12世紀から現在まで』藤原書店、2002年
松田毅一『キリスタン時代を歩く』中央公論社、1981年
三上絢子『米軍統治下の奄美・沖縄経済』南方新社、2013年
南日本新聞社『与論島移住史』南方新社、2005年
宮崎正勝『海からの世界史』角川書店、2005年
宮本常一『日本の離島』上・下、宮本常一著作集4・5、未來社、1969年
宮本常一・田村善次郎『海と日本人』八坂書房、1987年
村井章介・佐藤信・吉田伸之編『境界の日本史』山川出版社、1997年
村井章介・石井正敏・荒野泰典編『東アジア世界の成立』吉川弘文館、2010年
柳田國男『海南小記』柳田國男全集第1巻、筑摩書房、1989年
山内晋次『日宋貿易と「硫黄の道」』山川出版社、2009年
山口徹編『瀬戸内諸島と海の道』吉川弘文館、2001年
山脇悌二郎『長崎のオランダ商館——世界の中の鎖国日本』中央公論社、1980年
湯本貴和編『日本列島の3万5千年——人と自然の環境史』文一総合出版、2011年

2001年
五色ふるさと振興公社編『髙田屋嘉兵護翁伝』髙田屋顕彰館・歴史文化資料館、2009年
佐伯弘次編『壱岐・対馬と松浦半島』吉川弘文館、2008年
篠田謙一『DNAで語る日本人起源論』岩波書店、2015年
島尾敏雄編『ヤポネシア序説』創樹社、1977年
島津光夫『離島佐渡——その過去・現在・未来』野島出版、2008年
嶋村初吉『海峡を結んだ通信使』梓書院、2007年
下野敏見『トビウオ招き——種子島・屋久島・奄美大島・トカラ列島の民俗』八重岳書房、1984年
瀬川拓郎『アイヌと縄文——もう一つの日本の歴史』筑摩書房、2016年
瀬戸上健二郎『Dr. 瀬戸上の離島診療所日記——Dr. コトーのモデル』小学館、2006年
尖閣諸島文献資料編集会『尖閣研究——尖閣諸島海域の漁業に関する調査報告　戦前・復帰前・復帰後』2009、2012、2014年
高江洲昌哉『近代日本の地方統治と「島嶼」』ゆまに書房、2009年
高橋大輔『漂流の島——江戸時代の鳥島漂流民たちを追う』草思社、2016年
高宮広志編『奄美・沖縄諸島 先史学の最前線』南方新社、2018年
武田英子『地図から消された島——大久野島毒ガス工場』ドメス出版、1987年
田辺悟・田辺弥栄子『潮騒の島——神島民俗誌』光書房、1980年
田辺悟『島』法政大学出版会、2015年
谷川健一『蘇る海上の道・日本と琉球』文藝春秋、2007年
玉野井芳郎『地域主義からの出発』玉野井芳郎著作集3、学陽書房、1990年
鶴田啓『対馬から見た日朝関係』山川出版社、2006年
鶴見和子『内発的発展論によるパラダイム転換』鶴見和子曼荼羅 第Ⅸ巻、藤原書店、1999年
寺沢孝毅『北千島の自然誌』丸善、1995年
戸井田克也『青潮文化論の地理教育学的研究』古今書院、2016年
東海大学海洋学部編『海と日本人』東海大学出版会、1977年
当山昌直・金城友香編『硫黄鳥島』沖縄県史資料編13、沖縄県教育委員会、2002年
徳永和喜『海洋国家薩摩』南方新社、2011年
豊見山和行・高良倉吉編『琉球・沖縄の海上の道』吉川弘文館、2005年
長嶋俊介「経済史と島嶼性」『太平洋学会誌』第13号、太平洋学会、1982年
長嶋俊介・河田真智子・斎藤潤・仲田成徳『島日本編』講談社、2004年
長嶋俊介・福澄孝博・木下紀正・升屋正人・池隅千佳『日本一長い村トカラ』梓書院、2009年
長嶋俊介「島嶼と境界」日本国際政治学会編『ボーダーツーリズムの胎動』国際政治 第162号、日本国際政治学会、2010年
長嶋俊介『九州広域列島論』北斗書院、2015年
永留久恵『対馬国志』第1～3巻、昭和堂、2009年
中沼郁・斎藤公子『もう一つの明治維新——中沼了三と隠岐騒動』創風社、1991年
中村尚司・鶴見良行編著『コモンズの海——交流の道、共有の力』学陽書房、1995年
奈良県立橿原考古学研究所付属博物館編『海で繋がる倭と中国』新泉社、2013年
西川治『日本観と自然環境』暁印書館、2002年
西川潤・松島泰勝・本浜秀彦『島嶼沖縄の内発的発展』藤原書店、2010年

# 参考図書100冊

網野善彦『「日本」とは何か』講談社、2008年
荒野泰典・石井正敏・村井章介編『海上の道』アジアの中の日本史 Ⅲ、東京大学出版会、1992年
安渓遊地・当山昌直編『奄美沖縄環境史資料集成』南方新社、2011年
李善愛『海を越える済州島の海女——海の資源をめぐる女のたたかい』明石書店、2001年
池内敏『竹島——もうひとつの日韓関係史』中央公論社、2016年
石井亨『もう「ゴミの島」と言わせない』藤原書店、2018年
石原俊『「群島」の歴史社会学——小笠原諸島・硫黄島、日本・アメリカ、そして太平洋世界』弘文堂、2013年
伊豆諸島東京移管百周年記念『黒潮に生きる東京・伊豆諸島』上・下、ぎょうせい、1984年
板橋守邦『北方領土と日本海経済圏』東洋経済新報社、1991年
岩下明裕編『日本の国境——いかにこの「呪縛」を解くか』北海道大学出版会、2009年
岩下明裕編『日本の「国境問題」』別冊『環』⑲、藤原書店、2012年
岩波書店編『忘れられた島』岩波写真文庫、1955年
海勢頭豊・岡部伊都子他『琉球文化圏とは何か』別冊『環』⑥、藤原書店、2003年
梅原猛『日本学事始』梅原猛著作集第20巻、集英社、1982年
呉善花『海の彼方の国へ——日本をめざす韓国・済州島の女たち』PHP 研究所、2002年
大石直正・高良倉吉・高橋公明『周縁から見た中世日本』講談社、2001年
大島襄二編著『海を語る』海青社、1988年
岡本稔・武田信一『淡路の神話と海人族』成錦堂、1987年
小田富士雄編『沖ノ島と古代祭祀』吉川弘文館、1968年
嘉数啓『島嶼学への誘い——沖縄からみる「島」の社会経済学』岩波書店、2017年
嘉数啓『島嶼学』古今書院、2019年
加藤貞仁『北前船——寄港地と交易の物語』無明舎出版、2002年
加藤庸二『島の博物事典』成山堂書店、2015年
加藤庸二『東京湾諸島』駒草出版、2016年
紙屋敦之『幕藩制国家の琉球支配』校倉書房、1990年
川勝平太『文明の海洋史観』中央公論社、1997年
川勝平太・鶴見和子『内発的発展とは何か』藤原書店、2008年
河地貫一『うつりゆく島々』長崎正文社、1968年
川平成雄『沖縄・1930年代前後の研究』藤原書店、2004年
菊池勇夫編『蝦夷島と北方世界』吉川弘文館、2003年
菊池勇夫・真栄平房昭『列島史の南と北』吉川弘文館、2006年
木崎甲子郎・目崎茂和編著『琉球の風水土』築地書館、1985年
北見俊夫『日本海島文化の研究——民俗風土論的考察』法政大学出版局、1989年
木村信六・和田文治郎・林欽吾『千島・樺太の文化誌』北海道出版企画センター、1984年
喜山荘一『奄美自立論』南方新社、2009年
黒潮文化の会編『新・海上の道——黒潮の古代史探訪』角川書店、1979年
郡家真一『海鳴りの五島史』国書刊行会、1985年
国立民族学博物館『ラッコとガラス玉——北太平洋の先住民交易』千里文化財団、

| 西暦 | 和暦 | 事　　項 |
|---|---|---|
| 2004 | 平成16 | 〔瀬戸内〕合併が進み、島の自治体は大崎上島、直島、土庄、小豆島、淡路のみとなる<br>〔瀬戸内〕地中博物館が直島に開館、以後犬島、豊島にも開館が続く<br>〔西九州〕『水俣学研究序説』原田正純・花田昌宣<br>〔日本海〕金沢21世紀美術館開館 |
| 2005 | 平成17 | 〔北〕知床世界遺産（自然遺産）登録 |
| 2006 | 平成18 | 〔瀬戸内〕しまなみ海道開通<br>〔奄美〕名瀬市・笠利町・住用町が合併して奄美市になる<br>〔西九州〕天草市、五島市誕生<br>〔離島振興〕12月、長崎県男女群島女島の灯台最後の無人化 |
| 2007 | 平成19 | 〔離島振興〕4月、「海洋基本法」（平19法33）制定。第26条は離島の保全等明記<br>〔西九州〕伊藤市長市民葬<br>〔日本海〕『離島発 生き残るための 10 の戦略』（山内道雄）<br>〔北〕「北海道・北東北を中心とした縄文遺跡群」の1道・3県の合意 |
| 2010 | 平成22 | 〔沖縄〕尖閣沖で中国漁船と巡視船の衝突事故が起きる |
| 2011 | 平成23 | 〔小笠原〕硫黄島を除き世界自然遺産に登録 |
| 2012 | 平成24 | 〔沖縄〕「尖閣国有化」発表、沖縄にオスプレイ配置される<br>〔離島振興〕6月、離島振興法改正延長、離島の役割明記 |
| 2013 | 平成25 | 〔小笠原〕西之島が噴火<br>〔沖縄〕琉球民族独立総合研究学会が設立される |
| 2016 | 平成28 | 〔日本海〕鳥海山・飛島ジオパークとして日本ジオパーク認定<br>〔離島振興〕4月、「国境離島新法」（「有人国境離島地域の保全及び特定有人国境離島地域に係る地域社会の維持に関する特別措置法」（平28法33）公布。所管・内閣府 |
| 2017 | 平成29 | 〔瀬戸内〕豊島廃棄物等直島への積み出し処理事業終了（廃棄物輸送船「太陽」の運航） |
| 2018 | 平成30 | 〔小笠原〕防衛省が硫黄島にレーダー・サイトを建設することを決定<br>〔西九州〕長崎と天草地方の潜伏キリシタン関連遺産　世界遺産登録<br>〔沖縄〕天皇・皇后はじめて与那国島を訪問する |
| 2019 | 平成31 | 〔瀬戸内〕広島県立広島叡智学園 中学校・高等学校設立（大崎上島）<br>〔北〕アイヌ新法閣議決定 |
| 2020 | 令和2 | 〔北〕国立アイヌ民族博物館　開館 |

本年表は、編者による偏りを避けるため、次記ネシアならびに離島振興法関連主要項目に絞り特定者に依頼し、対等性すなわち公平性原則＝等量的配慮（枢要事項限定）に基づき作成したものである。当然それぞれの見方・専門性・地域認識しだいでは抜けている部分は多くなる。また掲載外ネシアについても意図的に排除したものではない。ここでは境界地域性・基幹航路歴史性にこだわった必要条件的年表作り（条件をゆるくした読者理解のための試作）を行ったものである。日本ネシア（本土ネシアを含む）全体を俯瞰する年表については、時間をかけ、熟慮した作業が求められる。読者ならびに本執筆陣による、あるいは全体史的配慮を加えての、十分条件的総合年表の近未来的実現に期待したい。

先島・ウチナー・奄美ネシア＝高江州昌哉、小笠原ネシア＝真崎翔、西九州（＋北九州ネシア境界事案を含む）・瀬戸内・日本海・北ネシア＝遠部慎、離島振興＝鈴木勇次が担当。年次別・地域別総合化をはかり、ここでの表記は（読者理解の容易化のために）沖縄・小笠原・奄美・西九州・日本海・北・離島と単純化した。その総合化・単純化・選抜結果・表記と内容に関する全責任は編者が担うものである。

| 西暦 | 和暦 | 事　　項 |
|---|---|---|
| 1972 | 昭和47 | 〔沖縄〕沖縄が日本に復帰する<br>〔離島振興〕5月、沖縄の復帰、琉球政府閉庁し沖縄県復活。<br>〔離島振興〕6月、離島振興法再延長、国庫補助率一部削減、離島医療確保対策、離島開発総合センター導入 |
| 1973 | 昭和48 | 〔瀬戸内〕瀬戸内海環境保全臨時措置法施行<br>〔奄美〕徳之島空港開港 |
| 1974 | 昭和49 | 〔瀬戸内〕岡山県水島コンビナートの三菱石油タンクから重油流出<br>〔奄美〕奄美群島国定公園指定<br>〔西九州〕長崎県立奈留高等学校の愛唱歌「瞳を閉じて」(荒井由実)<br>〔離島振興〕11月、大型主要離島の主幹道路の国道昇格 S50 から施行。 |
| 1975 | 昭和50 | 〔沖縄〕沖縄国際海洋博覧会が開催される |
| 1976 | 昭和51 | 〔奄美〕与論空港開港 |
| 1977 | 昭和52 | 〔離島振興〕「領海法」(昭52法30)の題名を「領海及び接続水域に関する法律」(昭52法30)に改正 |
| 1978 | 昭和53 | 〔沖縄〕久高島、「最後」のイザイホー |
| 1982 | 昭和57 | 〔瀬戸内〕祝島に上関原発計画 |
| 1984 | 昭和59 | 〔小笠原〕諮問機関である小笠原振興審議会が硫黄島への旧島民の帰島が困難であると決定 |
| 1986 | 昭和61 | 〔離島振興〕11月、伊豆大島三原山の大噴火で全島民約1万人島外へ避難 |
| 1988 | 昭和63 | 〔瀬戸内〕瀬戸大橋開通(櫃石・岩黒・羽佐・予・三ツ子島)<br>〔離島振興〕東京都沖ノ鳥島(北小島、東小島)に消波ブロック工事 |
| 1990 | 平成2 | 〔瀬戸内〕「廃棄物対策豊島住民会議」発足<br>〔西九州〕雲仙岳噴火 |
| 1991 | 平成3 | 〔瀬戸内〕周防大橋完成<br>〔日本海〕日本海呼称問題はじまる |
| 1992 | 平成4 | 〔沖縄〕復帰20周年、首里城正殿復元される |
| 1993 | 平成5 | 〔北〕二風谷フォーラム<br>〔北〕北海道南西沖地震<br>〔離島振興〕7月、北海道奥尻島は北海道南西沖地震の大津波で甚大な被害 |
| 1995 | 平成7 | 〔沖縄〕少女暴行事件、普天間基地移転問題起きる |
| 1996 | 平成8 | 〔瀬戸内〕厳島神社世界遺産登録<br>〔離島振興〕日本国は「国連海洋法条約」(1994年発効)を批准。排他的経済水域、島の定義等<br>〔離島振興〕「排他的経済水域及び大陸棚に関する法律」制定(200海里)(平8法74) |
| 1998 | 平成10 | 〔瀬戸内〕本四連絡道路開通<br>〔日本海〕「21世紀の国土グランドデザイン」(五全総)において「日本海国土軸」の提唱 |
| 2000 | 平成12 | 〔瀬戸内〕『住民が見た瀬戸内海』刊行<br>〔沖縄〕沖縄サミット開催される<br>〔離島振興〕9月、三宅島雄山の大噴火で全島民約4千人島外へ避難 |
| 2003 | 平成15 | 〔西九州〕国立長崎原爆死没者追悼平和祈念館開館 |

| 西暦 | 和暦 | 事　　項 |
|---|---|---|
| 1959 | 昭和34 | 〔奄美〕喜界島の旧海軍建設の空港を喜界空港として再建<br>〔離島振興〕7月、経済企画庁総合開発局に離島振興課設置<br>〔離島振興〕3月、国内旅客船公団法（昭34法46）公布、→国内旅客船公団設立。 |
| 1961 | 昭和36 | 〔小笠原〕帰島を許されない旧島民に対し、600万ドルの補償金を支払うことに米国が合意<br>〔奄美〕島尾敏雄「ヤポネシアの根っこ」発表 |
| 1962 | 昭和37 | 〔離島振興〕3月、離島振興法延長（単純延長） |
| 1963 | 昭和38 | 〔瀬戸内〕政府が十三の新産業都市と六の工業整備特別地域を指定する以後、瀬戸内海各地で埋立が激化する<br>〔奄美〕アマミノクロウサギ、国の特別天然記念物になる<br>〔日本海〕飛島鳥海国定公園に指定 |
| 1964 | 昭和39 | 〔奄美〕「奄美群島振興特別措置法」施行、奄美空港開港<br>〔沖縄〕キャラウェイ高等弁務官の裁断により大東島の土地所有権問題を解決する<br>〔離島振興〕1月、第26回審議会で離島の一部地域指定基準決定<br>〔離島振興〕国連総会は「領海及び接続水域に関する条約」（領海条約）発効。 |
| 1965 | 昭和40 | 〔小笠原〕墓参のための一時的な帰島が許される |
| 1966 | 昭和41 | 〔離島振興〕10月、海運造船合理化審議会は離島航路整備方策を答申 |
| 1967 | 昭和42 | 〔小笠原〕日米首脳会談にともなう日米共同コミュニケで、小笠原の早期返還に合意<br>〔離島振興〕7月、離島振興法の一部改正で、公立小中学校校舎等の建築補助率等引き上げ<br>〔離島振興〕8月、離島振興対象地域の第一次指定解除（天草島の一部）告示、翌年解除。 |
| 1968 | 昭和43 | 〔小笠原〕小笠原返還協定調印<br>〔小笠原〕小笠原返還<br>〔沖縄〕屋良朝苗、最初の主席公選で当選する<br>〔離島振興〕6月、小笠原諸島の施政権返還、小笠原村設置 |
| 1969 | 昭和44 | 〔奄美〕沖永良部空港開港<br>〔離島振興〕12月、「小笠原諸島復興特別措置法」制定（昭44法79）、所管・国土庁<br>〔離島振興〕宇宙開発事業団（後の宇宙航空研究開発機構）は、鹿児島県種子島に「種子島宇宙センター」設置、S49からロケット打ち上げ実験。<br>〔離島振興〕10月、日本離島センターは東京晴海に「日本離島センタービル」竣工 |
| 1970 | 昭和45 | 〔沖縄〕コザ「暴動」が起きる<br>〔離島振興〕7月、鹿児島県トカラ・臥蛇島無人島化 |
| 1971 | 昭和46 | 〔瀬戸内〕「瀬戸内海をきれいにする協議会」発足<br>〔瀬戸内〕鹿久居島原発計画<br>〔離島振興〕12月、「沖縄振興開発特別措置法」公布（昭46法131）、沖縄本島以外の大半の離島を指定。 |

| 西暦 | 和暦 | 事　　項 |
|---|---|---|
| 1949 | 昭和24 | 〔奄美〕昇曙夢『大奄美史』刊行<br>〔西九州〕長崎市平和宣言 |
| 1950 | 昭和25 | 〔小笠原〕朝鮮戦争の勃発にともない、硫黄島の後方支援基地としての重要性が米国に再確認される<br>〔離島振興〕九学会連合による長崎・対馬調査、翌年も継続調査 |
| 1951 | 昭和26 | 〔小笠原〕アーサー・ラドフォード太平洋艦隊司令官が父島に初上陸し、父島の軍事的重要性を確認<br>〔奄美〕「奄美大島日本復帰協議会」結成<br>〔沖縄〕サンフランシスコ対日講和条約の調印により沖縄がアメリカの施政権下におかれる<br>〔小笠原〕サンフランシスコ講和条約への調印により、沖縄や奄美とともに本土から分離され、引き続き米国に占領される<br>〔離島振興〕12月、国土総合開発法による特定地域に対馬が指定 |
| 1952 | 昭和27 | 〔小笠原〕米国の許しを得て、硫黄島に遺骨調査団を派遣<br>〔瀬戸内〕厳島が国の特別史跡及び特別名勝になる<br>〔離島振興〕7月「離島航路整備法」（昭27法226）制定 |
| 1953 | 昭和28 | 〔奄美〕奄美群島、日本復帰<br>〔離島振興〕1月、離島関係5都県知事（長崎、鹿児島、島根、東京、新潟）は「離島振興法（仮称）制定に関する趣意書」作成<br>〔離島振興〕6月、離島市町村の団体「全国離島振興協議会」発足<br>〔離島振興〕7月、「離島振興法」（法28法72）制定、所管・経済審議庁<br>〔離島振興〕10月、第一次離島振興法指定離島指定<br>〔離島振興〕12月、奄美群島返還 |
| 1954 | 昭和29 | 〔小笠原〕米国第7艦隊が母島と硫黄島で大規模な軍事訓練を実施<br>〔瀬戸内〕喜兵衛島製塩遺跡の発掘開始（昭和54年史跡）<br>〔奄美〕「奄美群島復興特別措置法」公布<br>〔離島振興〕6月、「奄美群島復興特別措置法」公布（昭29法189）→その後名称変更 |
| 1955 | 昭和30 | 〔小笠原〕米国空軍が硫黄島に核シェルターを建造<br>〔瀬戸内〕紫雲丸事故<br>〔沖縄〕伊江島、宜野湾で強制的な土地収用がおきる<br>〔北〕北海道熊祭りの禁止を通達 |
| 1956 | 昭和31 | 〔小笠原〕父島と硫黄島に核兵器が配備される<br>〔小笠原〕聟島と硫黄島で、模擬核爆弾を使った大規模な米英合同軍事訓練を実施<br>〔西九州〕水俣病発見<br>〔北〕日ソ共同宣言<br>〔離島振興〕11月、南方同胞援護会発足（翌年特殊法人化）→ S47.9沖縄協会<br>〔離島振興〕4月、「空港整備法」（昭31法80）公布に伴い、離島空港の国庫補助率引き上げ |
| 1957 | 昭和32 | 〔離島振興〕3月、離島振興関係公共事業予算の一括計上閣議了解<br>〔離島振興〕6月、第12回審議会で瀬戸内海離島の指定基準決定。8月から順次指定 |
| 1958 | 昭和33 | 〔奄美〕奄美史談会（のちの奄美郷土研究会）発足 |

| 西暦 | 和暦 | 事　　　項 |
|---|---|---|
| 1899 | 明治32 | 〔北〕北海道旧土人保護法 |
| 1901 | 明治34 | 〔瀬戸内〕弓削海員学校設立 |
| 1905 | 明治37 | 〔日本海〕日本海海戦 |
| 1907 | 明治40 | 〔沖縄〕沖縄県及島嶼町村制が公布される（翌年、4月に施行） |
| 1909 | 明治42 | 〔瀬戸内〕中国四国の連合の療養所「大島青松園」設立 |
| 1910 | 明治43 | 〔瀬戸内〕第1次塩業整理が行われ、製塩業は瀬戸内海に集中 |
| 1912 | 明治45 | 〔沖縄〕沖縄で最初の衆議院議員選挙（宮古・八重山除く） |
| 1914 | 大正3 | 〔西九州〕浦上天主堂献堂式 |
| 1914 | 大正4 | 〔日本海〕農民運動がさかんになり、小作争議が激発<br>〔北〕カニ缶詰の製造が開始される |
| 1919 | 大正8 | 〔沖縄〕衆議院議員選挙法が改正され宮古・八重山に選挙区が設けられる |
| 1920 | 大正9 | 〔奄美〕大島郡が普通町村制になる。ルリカケス、アマミノクロウサギ、国の天然記念物になる<br>〔沖縄〕府県制・市制町村制の特例が撤廃される |
| 1921 | 大正10 | 〔奄美〕戦後恐慌で紬、黒糖の価格暴落 |
| 1923 | 大正12 | 〔北〕『アイヌ神謡集』（知里幸恵）が刊行される |
| 1924 | 大正13 | 〔奄美〕カトリック系の大島高等女学校開校 |
| 1926 | 大正15 | 〔沖縄〕マラリア防遏規則が制定される |
| 1927 | 昭和2 | 〔瀬戸内〕大久野島が地図から消える |
| 1930 | 昭和5 | 〔日本海〕佐渡島（新潟県）でトキが再発見1934年に天然記念物指定 |
| 1933 | 昭和8 | 〔沖縄〕沖縄県振興15ヶ年計画が閣議決定<br>〔日本海〕八木・宇田アンテナを使った初の公衆無線電話が、飛島―酒田間に開通（無線通信発祥の地） |
| 1934 | 昭和9 | 〔瀬戸内〕瀬戸内海国立公園が日本初の国立公園に指定される<br>〔奄美〕排撃運動により大島高等女学校廃校 |
| 1937 | 昭和12 | 〔瀬戸内〕『瀬戸内海島嶼巡訪日記』の調査 |
| 1941 | 昭和16 | 〔奄美〕大島郡経済分離政策廃止 |
| 1943 | 昭和18 | 〔瀬戸内〕白石島名勝指定<br>〔北〕昭和新山 |
| 1944 | 昭和19 | 〔小笠原〕強制疎開が始まる<br>〔瀬戸内〕高島名勝指定 |
| 1945 | 昭和20 | 〔小笠原〕硫黄島に米国海兵隊が上陸し、「硫黄島の戦い」が始まる<br>〔小笠原〕硫黄島が陥落し、米国により軍事占領下に置かれる<br>〔西九州〕原子爆弾が長崎市に<br>〔沖縄〕沖縄戦おきる<br>〔北〕第二次世界大戦終了、占守島の戦い、北方四島ロシア占拠 |
| 1946 | 昭和21 | 〔小笠原〕GHQに許可され、126名の欧米系島民が父島へ帰島<br>〔奄美〕北緯30度以南（口之島以南）の南西諸島が日本の行政権から離れる<br>〔北〕北海道アイヌ協会設立 |

| 西暦 | 和暦 | 事項 |
|---|---|---|
| 1830 | 文政13 | 〔奄美〕第2次砂糖惣買入制開始。砂糖取締令<br>〔小笠原〕在ハワイ英国領事による父島への入植開始 |
| 1850 | 嘉永3 | 〔奄美〕名越左源太遠島（5年ほど）、その滞在時に『南島雑話』のもとになる記録を残す |
| 1853 | 嘉永6 | 〔小笠原〕マシュー・ペリー提督が父島へ上陸<br>〔小笠原〕ペリーの部下による非公式の小笠原領有宣言 |
| 1854 | 安政1 | 〔沖縄〕琉米修好条約締結される |
| 1859 | 安政6 | 〔奄美〕西郷隆盛、龍郷に流される（1862年に徳之島、沖永良部に再度流される） |
| 1864 | 元治元 | 〔瀬戸内〕下関砲台の外国船砲撃事件<br>〔奄美〕犬田布騒動 |
| 1868 | 慶応4<br>明治元 | 〔西九州〕小菅修船場完成（国史跡）<br>〔日本海〕北越戦争<br>〔北〕箱館戦争（1869年まで） |
| 1869 | 明治2 | 〔北〕蝦夷地探検家の松浦武四郎によって「北海道」と名付けられる |
| 1871 | 明治4 | 〔沖縄〕宮古島民、台湾で「生蕃」（パイワン族の住民）に殺害される（1874年、台湾出兵）<br>〔北〕開拓使がアイヌの慣習（死亡者の家の自焼、入墨、男性の耳環等）の禁止を定める |
| 1874 | 明治7 | 〔北〕琴似村に屯田兵が入植 |
| 1875 | 明治8 | 〔奄美〕在番所を廃止して、大支庁がおかれる。丸太南里ら、砂糖自由売買運動起こす（勝手世騒動） |
| 1876 | 明治9 | 〔小笠原〕小笠原群島が日本領に編入される<br>〔北〕開拓使仮学校札幌学校を札幌農学校とする（現北海道大学） |
| 1878 | 明治11 | 〔奄美〕大島商社解散、砂糖の自由売買が許可される |
| 1879 | 明治12 | 〔奄美〕大島郡の設置<br>〔沖縄〕琉球藩、沖縄県になる。琉球の所属問題で先島の分島案がでる（分島問題） |
| 1882 | 明治15 | 〔北〕開拓史を廃止し、函館・札幌・根室三県を置く |
| 1884 | 明治17 | 〔北〕北千島アイヌを色丹島に移動 |
| 1885 | 明治18 | 〔奄美〕郡役所が廃止され、金久支庁となる<br>〔沖縄〕大東島に国標を建てる |
| 1886 | 明治19 | 〔奄美〕金久支庁が大島島庁となり、島司が置かれる<br>〔北〕三県を廃止し、北海道庁を置く（1888完成：国指定重要文化財） |
| 1888 | 明治21 | 〔奄美〕大島郡が分離経済になる<br>〔北〕土俗改名 |
| 1891 | 明治24 | 〔小笠原〕火山列島が日本領に編入される |
| 1893 | 明治26 | 〔沖縄〕笹森儀助、沖縄・先島・奄美各諸島へ調査・探検にでる（翌1894年『南嶋探験』非売品として刊行） |
| 1895 | 明治28 | 〔瀬戸内〕男木島に洋式灯台完成 |
| 1896 | 明治29 | 〔沖縄〕郡の設置、島尻・中頭・国頭各郡は郡長、宮古・八重山は島司が置かれる尖閣、勅令で日本領になる |

| 西暦 | 和暦 | 事　　項 |
|---|---|---|
| 1607 | 慶長12 | 〔瀬戸内〕朝鮮通信使開始（鞆の浦、牛窓） |
| 1609 | 慶長14 | 〔奄美〕〔沖縄〕島津の琉球出兵 |
| 1610 | 慶長15 | 〔北〕松前藩、徳川家康にオットセイを献上 |
| 1611 | 慶長16 | 〔奄美〕奄美諸島が薩摩藩の直轄領になる |
| 1613 | 慶長18 | 〔奄美〕大島奉行がおかれる |
| 1616 | 元和2 | 〔奄美〕徳之島代官がおかれる<br>〔西九州〕中国船を除く外国船の平戸、長崎以外での貿易を禁止 |
| 1617 | 元和3 | 〔日本海〕鳥取藩の町人が竹島を発見<br>〔北〕松前の千軒岳周辺の礼髭・大沢両村で砂金が発見される松前藩、砂金鉱の開発に着手 |
| 1626 | 寛永3 | 〔西九州〕踏み絵の開始 |
| 1628 | 寛永5 | 〔沖縄〕宮古・八重山を3間切・3頭制になる |
| 1632 | 寛永9 | 〔沖縄〕八重山在番制度はじまる（1878年まで） |
| 1634 | 寛永11 | 〔西九州〕長崎くんち始まる |
| 1635 | 寛永12 | 〔瀬戸内〕吉原家（向島）建築、年代の明らかな最古の日本農家 |
| 1636 | 寛永13 | 〔西九州〕出島完成、ポルトガル人を収容し市中雑居を禁止 |
| 1637 | 寛永14 | 〔西九州〕島原・天草の乱（原城）<br>〔沖縄〕人頭税制度はじまる |
| 1639 | 寛永16 | 〔奄美〕大島奉行を大島代官と改称 |
| 1640 | 寛永17 | 〔日本海〕加賀大聖寺地震<br>〔北〕駒ケ岳の噴火（樽前火山灰）死者700名を数える |
| 1669 | 寛文9 | 〔北〕シャクシャインの戦い |
| 1672 | 寛文12 | 〔日本海〕出羽の米を大坂まで効率良く大量輸送するため、河村瑞賢に命じ北前船が本格化 |
| 1676 | 延宝4 | 〔日本海〕兼六園の築庭 |
| 1678 | 延宝6 | 〔西九州〕魚目で鯨網による捕鯨が始まる |
| 1691 | 元禄4 | 〔奄美〕与人の上国はじまる、沖永良部代官おかれる |
| 1693 | 元禄6 | 〔奄美〕喜界島代官おかれる |
| 1706 | 宝永3 | 〔奄美〕薩摩藩、古記録・系図の差出を命じる |
| 1715 | 正徳5 | 〔北〕松前藩主は「十州島、唐太、千島列島、勘察加」は松前藩領と報告する |
| 1729 | 享保14 | 〔沖縄〕宮古・八重山に家譜の編纂が許可される |
| 1777 | 安永6 | 〔奄美〕第1次砂糖惣買入制開始（専売制度）開始 |
| 1799 | 寛政11 | 〔北〕高田屋嘉兵衛国後・択捉航路の開拓 |
| 1804 | 文化元 | 〔西九州〕ロシア使節レザノフ長崎に来航<br>〔北〕国史跡国泰寺が、蝦夷地政策の目的で伊達の善光寺・様似の等澍院ともに蝦夷三官寺として建立される |
| 1808 | 文化5 | 〔北〕間宮海峡の発見 |
| 1828 | 文政11 | 〔西九州〕シーボルト事件 |

| 西暦 | 和暦 | 事　　　項 |
|---|---|---|
| 939 | 天慶2 | 〔日本海〕天慶の乱 |
| 1051 | 永承6 | 〔日本海〕前九年の役 |
| 1083 | 永保3 | 〔日本海〕後三年の役 |
| 1152 | 仁平2 | 〔瀬戸内〕厳島神社（平清盛）による再建 |
| 1185 | 元暦2 | 〔瀬戸内〕屋島の合戦・壇ノ浦の戦い（源平合戦） |
| 1216 | 健保4 | 〔北〕鎌倉幕府京都東寺の凶賊らを蝦夷地に流刑 |
| 1271 | 文永8 | 〔日本海〕日蓮、佐渡に流される |
| 1274 | 文永11 | 〔西九州〕元寇（文永の役） |
| 1281 | 弘安4 | 〔西九州〕元寇（弘安の役） |
| 1324 | 正中元 | 〔瀬戸内〕弓削庄訴え（小山弁房承誉） |
| 1332 | 元弘2 | 〔日本海〕史跡隠岐国分寺境内に、後醍醐天皇配流される |
| 1333 | 正慶2 | 〔西九州〕大友、少弐、島津ら九州の有力守護が鎮西探題を攻略 |
| 1350 | 観応元 | 〔沖縄〕察度が即位したと伝えられる |
| 1390 | 明徳元／文中7 | 〔沖縄〕宮古・八重山、中山に入貢したと伝えられる |
| 1406 | 応永13 | 〔沖縄〕尚巴志、中山王武寧を滅ぼす父親尚思紹即位し第一尚氏王統はじまる |
| 1407 | 応永14 | 〔沖縄〕尚思紹、中山王の冊封を受ける |
| 1419 | 応永26 | 〔瀬戸内〕能島城築城 |
| 1429 | 永享元 | 〔沖縄〕尚巴志、山南王を滅ぼし三山を統一する |
| 1432 | 永享4 | 〔北〕安東盛季、海を渡って松前に逃がれる。これに伴い多くの和人が移住 |
| 1454 | 享徳3 | 〔北〕武田信広（松前家の祖）難船し、奥尻へ |
| 1456 | 康正2 | 〔日本海〕コシャマインの反乱 |
| 1458 | 長禄2 | 〔沖縄〕万国津梁の鐘を鋳造し、首里城正殿にかける |
| 1462 | 寛正3 | 〔瀬戸内〕村上水軍、小早川氏弓削荘横領 |
| 1466 | 文正元 | 〔奄美〕尚徳、喜界島に侵攻、泊里主が大島諸島の年貢を管掌する |
| 1500 | 明応9 | 〔沖縄〕オヤケアカハチの乱、宮古・八重山に頭職設置される |
| 1500前後 | | 〔北〕各地にチャシ（アイヌ文化に特徴的な施設）が築かれる |
| 1537 | 天文6 | 〔奄美〕尚清、湯湾大親を討つ |
| 1549 | 天文18 | 〔西九州〕フランシスコ・ザビエルによるキリスト教の布教 |
| 1552 | 天文21 | 〔瀬戸内〕厳島の戦い |
| 1565 | 永禄8 | 〔瀬戸内〕ルイス・フロイスが塩飽諸島で風待ち |
| 1583 | 天正11 | 〔瀬戸内〕大坂城築城に際し、小豆島などの石材が搬出される |
| 1591 | 天正19 | 〔西九州〕朝鮮出兵 |
| 1597 | 慶長元 | 〔西九州〕キリスト教宣教師と信者26人を西坂で処刑（日本二十六聖人） |
| 1601 | 慶長6 | 〔日本海〕佐渡金山の本格操業（平成元年まで） |
| 1604 | 慶長9 | 〔北〕松前藩成立 |

# 〈附〉関連年表（BC15000 ～ 2020）

| 西暦 | 和暦 | 事　　項 |
|---|---|---|
| BC | | |
| 15000 | | ナイフ形石器の終焉（細石刃化のはじまり） |
| 13000 | | 〔瀬戸内〕瀬戸内海に海水が流入、閉鎖系海域の開始<br>〔西九州〕洞穴遺跡での生活 |
| 10500 | | 〔日本海〕鬱陵島隠岐火山灰降灰 |
| 9000 | | 〔瀬戸内〕瀬戸内海中央部まで海水流入 |
| 5000 | | 〔瀬戸内〕下関海峡の成立 |
| 1500 | | 〔日本海〕糸魚川のヒスイが各地に流通<br>〔北〕周堤墓がつくられる |
| 400 | | 〔西九州〕支石墓が伝来する<br>〔北〕続縄文時代のはじまり |
| 200 | | 〔日本海〕響灘地域に綾羅木郷、中の浜、土井ヶ浜遺跡（下関市）の成立 |
| AD | | |
| 100 | | 〔瀬戸内〕瀬戸内海島嶼部で製塩がはじまる |
| 200 | | 〔北〕フゴッペ洞穴の壁画が描かれる |
| 500 | | 〔北〕オホーツク文化のはじまり |
| 527 | | 〔西九州〕筑紫国造磐井の乱 |
| 540 | | 〔日本海〕粛慎（あしはせ）が佐渡島に来着し、漁撈（日本書紀） |
| 550 | | 〔西九州〕特徴的な装飾古墳が展開する |
| 600 | | 〔西九州〕神籠石（古代山城）が築造される |
| 647 | 大化3 | 〔日本海〕淳足策が築かれる、以後出羽、秋田にも |
| 658 | | 〔日本海〕阿部比羅夫による蝦夷征伐の開始 |
| 663 | | 〔日本海〕白村江の戦い |
| 663? | | 〔西九州〕鞠智城の築造 |
| 699 | | 〔奄美〕多禰・夜久・奄美・度感らの人が朝廷に方物献上 |
| 700<br>前半 | | 〔西九州〕肥前国彼杵郡浮穴郷　土蜘蛛の浮穴沫媛（うきあなあわひめ）を景行天皇が制圧 |
| 719 | 養老3 | 〔瀬戸内〕大山祇神社神社遷宮 |
| 750 | 天平<br>勝宝2 | 〔北〕北海道式古墳がつくられる |
| 788 | 延暦7 | 〔日本海〕アテルイの戦い |
| 800 | 延暦19 | 〔北〕擦文時代 |
| 818 | 弘仁9 | 〔日本海〕長門国司を改め、鋳銭使となす |
| 850 | 嘉祥3 | 〔北〕オホーツク文化と擦文文化が融合し、トビニタイ文化成立 |
| 934 | 承平4 | 〔瀬戸内〕朝廷が追捕海賊使を任命する |
| 939 | 天慶2 | 〔瀬戸内〕藤原純友の乱（日振島を拠点として） |

愛媛・大分間の豊後水道は屈指の養殖先進地（戸島）

〔編集後記〕

▼6800を超える島々でなりたっている日本という国。そのネシアから日本を捉える初の試みが企画された。初めは話半分と思っていたが、編者の長嶋氏はじめ何人かの協力もあり、島嶼学会を挙げての壮大な仕事となった。

▼かつて名著『地中海』（全5巻）完成の後、「海から陸を捉える」初のシンポジウムを企画出版したことがある。編者の「おわりに」を読むと、その本のインパクトが機縁になったとある。これも何かの因縁かもしれない。

▼勿論、全体といっても完全に日本ネシア全体を捉えることができていないことはいうまでもない。そのためには、やはりあと5年から10年ぐらいかけて、5倍から10倍、否100倍の紙数が必要かもしれない。しかし、本書は、まちがいなくその輪郭だけは浮かびあがらせてくれた挑戦の書といってもいいだろう。

▼日本という東西南北に延びる世界に冠たる列島の国。その多様性というか豊かさというか、それは、この海という自然に囲まれた点を逸脱しては、何にも見えてこないだろう。気候、風土、それに文化……すべてである。これだけのものを短期間でまとめ、編集された編者や執筆者にまずは乾杯したい。（亮）

別冊『環』㉕
# 日本ネシア論

2019年6月10日発行

編集兼発行人　藤原良雄
発行所　株式会社藤原書店

〒162-0041　東京都新宿区早稲田鶴巻町523
電話　03-5272-0301（代表）
FAX　03-5272-0450
URL　http://www.fujiwara-shoten.co.jp/
振替　00160-4-17013

印刷・製本　中央精版印刷株式会社


〈表紙写真〉南大東島（提供＝長嶋俊介）

ISBN 978-4-86578-223-3